U0060704

各國海域執法制度（上冊）

邊子光／著

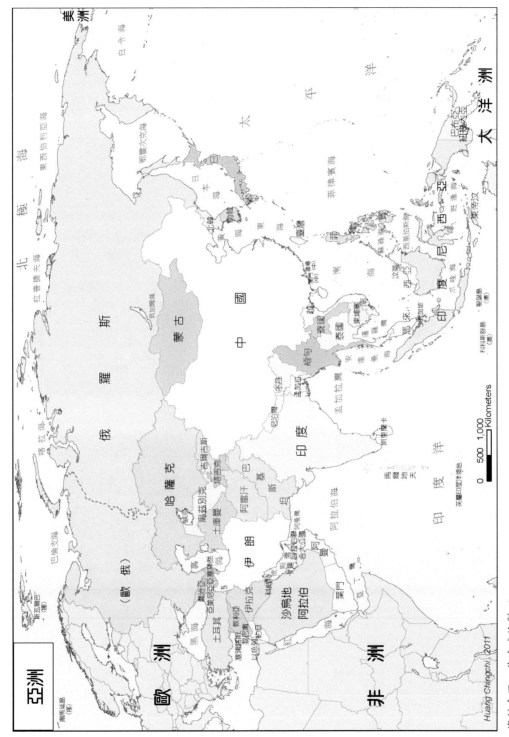

亞洲

資料來源：黃清琦繪製
Huang Chingchi, 2011

- i -

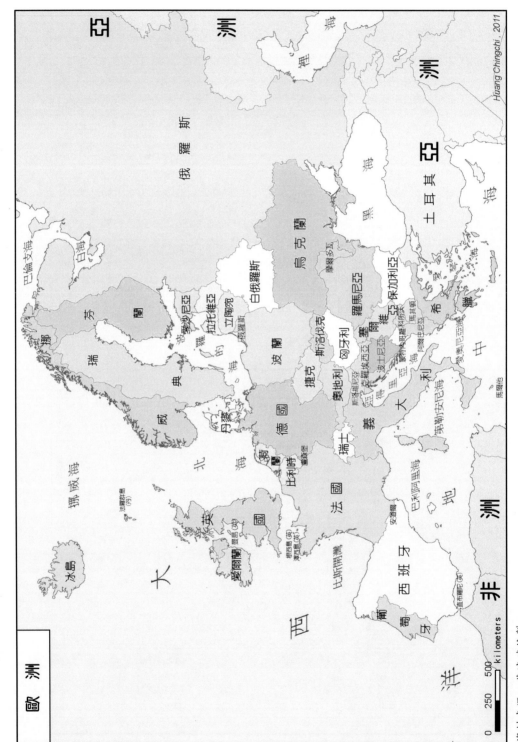

歐 洲

資料來源：黃清琦繪製

李序

　　民國九十四年冬，邊子光先生出版「海洋巡防理論與實務」一書，余作序並勉以繼續為豐富海域執法領域而努力。今天子光先生近六十萬字的大作「各國海域執法制度」出版。在介紹各國海域執法制度方面，此書是臺灣獨一的一部書，也是全世界的經典大作。

　　考諸各國有關制度方面的探討，由於分析科技的進步，先進國家都採眾多國方法，期能獲得客觀而科學性較高的結論，作為制度變革的重要參考。目前各國國家政策目標之釐定特別重視國際觀，邊氏一書，實有開闊國際視野，邁向地球村的功能。

　　邊氏大作對各國海域執法制度之介紹已近完善。深望日後能以比較研究法作更深一層的研討。藉異同對比的研究，見其優劣，獲得理想的結論，作為各國立法的參考；終使各國制度漸趨一致，以減少各國海域執法之衝突，而有助國際海域和平之建立。

李元簇　民國101年4月4日

各國海域執法制度

自序

　　八十七年冬，時任警政署水上警察局副局長並兼任警大講授「各國海巡制度比較」，由於所知有限，僅介紹少數先進大國而已！但是，授課老師編撰教材，應是最基本的自我要求，余豈能自外乎！從此開始蒐集資料，閱讀書籍，走上著述的道路。第二年，政府決定成立海巡總署，籌備會於焉而生。在某次會議中，某單位代表提及全世界岸海合一的國家只有芬蘭。當時我自問，他說得對嗎？假如不是，又是什麼？我竟然一無所知，更強化我探究各國海域執法制度的決心。

　　十餘年撰寫歷程，三項重點說明如下：(一) 多數國探究 (exploration)，工程甚為浩大，有此必要嗎？睽諸各國制度的探究，眾多國的途徑，輔以先進的分析科技，其發現 (finding) 科學性高，適宜作為建構理論的重要內涵。(二) 既是辭典，也是教科書。全世界 154 沿海國，60 個地區，完成 151 國及 10 地區。維基百科約 40 餘國介紹，內容欠完整，本書可彌補此缺失，既具辭典功能，亦是標準的教科書。(三) 探究性強。長久以來海域執法領域乏人耕耘，因此本書主題新穎而值得開發，由無至有，形成理論的重要基礎。

　　本書的完竣，要感謝的人難以列舉。前副總統　蕭公元簇先生，平日諄諄教導並賜序勉之，老友胡志強市長於八十七年任外交部長期間函請各外館協助蒐集資料，警大顏校長世錫先生重視警察制度研討，蔚然成風，啟發入門，劉副校長世林博士常鼓勵指導，朱金池、宋筱元、吳東明三位教授常提供諮詢，以及水警系及研究所同學諸多協助；其次，中山大學胡念祖及台師大王冠雄二位教授的指導與協助，另外，海洋巡防總局林總局長福安的大力支持，姚洲典組長、歐凌嘉隊長就美洲部份給予極大的協助；還有，東吳哲研所蔡宜禎同學近四年的協助，內子李文蘊女士的生活照顧，以及秀威科技公司總經理宋政坤不計血本，讓本書順利誕生。

　　最後，要感謝生我、養我、育我的雙親大人在天之靈，佑我身體健康，成就本書。原創本艱辛，錯誤定然多，尚請專家學者不吝賜教。

目次（上冊）

推薦序   iii

自序   v

導　論

第 1 章　導言：架構、方法、特徵及議題   3

第 2 章　海域執法的源起、定義、性質、內涵、特性及制度詮釋   15

亞洲篇

亞洲海域執法制度   29

第 3 章　日本海域執法制度   36

第 4 章　中華民國（台灣）海域執法制度   51

第 5 章　南韓海域執法制度   66

第 6 章　北韓海域執法制度   83

第 7 章　中國海域執法制度   92

第 8 章　香港海域執法制度   108

第 9 章　澳門海域執法制度   117

第 10 章　泰國海域執法制度   127

第 11 章　柬埔寨海域執法制度   137

第 12 章　汶萊海域執法制度　　　　　　　　　　144

第 13 章　緬甸海域執法制度　　　　　　　　　　151

第 14 章　越南海域執法制度　　　　　　　　　　159

第 15 章　馬來西亞海域執法制度　　　　　　　　168

第 16 章　新加坡海域執法制度　　　　　　　　　178

第 17 章　印尼海域執法制度　　　　　　　　　　188

第 18 章　菲律賓海域執法制度　　　　　　　　　196

第 19 章　東帝汶海域執法制度　　　　　　　　　209

第 20 章　俄羅斯海域執法制度　　　　　　　　　214

第 21 章　哈薩克海域執法制度　　　　　　　　　224

第 22 章　土庫曼海域執法制度　　　　　　　　　231

第 23 章　印度海域執法制度　　　　　　　　　　237

第 24 章　孟加拉海域執法制度　　　　　　　　　248

第 25 章　巴基斯坦海域執法制度　　　　　　　　257

第 26 章　馬爾地夫海域執法制度　　　　　　　　265

第 27 章　斯里蘭卡海域執法制度　　　　　　　　271

第 28 章　伊朗海域執法制度　　　　　　　　　　279

第 29 章　伊拉克海域執法制度　　　　　　　　　286

第 30 章　科威特海域執法制度　　　　　　　　　292

第 31 章　卡達海域執法制度　　　　　　　　　　298

第 32 章　巴林海域執法制度　　　　　　　　　　304

第 33 章　阿聯酋海域執法制度　　　　　　　　　309

第 34 章　沙烏地阿拉伯海域執法制度　　　　　　314

第 35 章　葉門海域執法制度　　　　　　　　　　323

第 36 章　阿曼海域執法制度　　　　　　　　　　329

第 37 章　敘利亞海域執法制度　　　　　　　　336

第 38 章　黎巴嫩海域執法制度　　　　　　　　341

第 39 章　約旦海域執法制度　　　　　　　　　349

第 40 章　以色列海域執法制度　　　　　　　　354

第 41 章　塞浦勒斯海域執法制度　　　　　　　364

第 42 章　土耳其海域執法制度　　　　　　　　370

第 43 章　喬治亞海域執法制度　　　　　　　　379

第 44 章　亞塞拜然海域執法制度　　　　　　　387

亞洲篇結論：分布、發現與詮釋　　　　　　　　394

歐洲篇

歐洲各國海域執法制度　　　　　　　　　　　407

第 45 章　丹麥海域執法制度　　　　　　　　　414

第 46 章　瑞典海域執法制度　　　　　　　　　425

第 47 章　芬蘭海域執法制度　　　　　　　　　437

第 48 章　冰島海域執法制度　　　　　　　　　445

第 49 章　挪威海域執法制度　　　　　　　　　453

第 50 章　拉托維亞海域執法制度　　　　　　　462

第 51 章　斯洛維尼亞海域執法制度　　　　　　471

第 52 章　愛沙尼亞海域執法制度　　　　　　　476

第 53 章　荷蘭海域執法制度　　　　　　　　　483

第 54 章　愛爾蘭海域執法制度　　　　　　　　497

第 55 章　波蘭海域執法制度　　　　　　　　　505

第 56 章　烏克蘭海域執法制度　　　　　　　　511

第 57 章　比利時海域執法制度　　　　　　　　519

第 58 章　英國海域執法制度　526

第 59 章　法國海域執法制度　541

第 60 章　克羅埃西亞海域執法制度　552

第 61 章　希臘海域執法制度　560

第 62 章　羅馬尼亞海域執法制度　570

第 63 章　德國海域執法制度　577

第 64 章　西班牙海域執法制度　591

第 65 章　義大利海域執法制度　604

第 66 章　葡萄牙海域執法制度　615

第 67 章　保加利亞海域執法制度　626

第 68 章　蒙特內哥羅海域執法制度　632

第 69 章　阿爾巴尼亞海域執法制度　636

第 70 章　馬爾他海域執法制度　642

第 71 章　立陶宛海域執法制度　648

第 72 章　格陵蘭海域執法制度　655

歐洲結論：分布、發現與詮釋　659

導論

第 1 章　　導言：架構、方法、特徵及議題

第 2 章　　海域執法的源起、定義、性質、
　　　　　　內涵、特性及制度詮釋

第1章　導言：架構、方法、特徵及議題

　　全世界 154 個沿海國，本書完成 151 國及 10 個地區探討，（見表 1-1）國家數完成百分比高達 99，地區數完成百分比為 17，本書以國家探討為主，地區部分僅擇其要者。

表 1-1　全球沿海國、內陸國及地區總數與完成數百分比

地型＼洲別	亞洲	歐洲	美洲	非洲	大洋洲	南極洲	北極	合計	完成數	百分比（%）
沿海國	40	29（2）	33	38（1）	14			154	151	99
內陸國	9	15	2	16	0			42		0
地區	5 2*	5	19 3*	4	22 4*	2	3 1*	60	10	17

說明：

1. 中西亞裏海（Caspian Sea）為閉鎖海（Enclosed Sea），僅靠裏海一面的有哈薩克（Kazakhstan）、土庫曼（Turkmenistan）、亞塞拜然（Azerbaijan），此三國依國際法規定列為內陸國；本書以是否有海域執法機制為要件，上述三國均有海域執法機制，故列歸為沿海國。
2. 歐洲沿海國欄（2）分別為波士尼亞（Bosnia）與摩納哥（Monaco），非洲欄的（1）為剛果共和國（The Republic of Congo），渠等因欠缺資料而無法完成探討。
3. 各洲地區加有「*」符號者，為已完成探討之地區數。
4. 南極洲是地球最南端坐落於南半球的南極區，幾乎全洲在南極圈以南，南極洲面積約有 1,400 萬平方公里，是世界上第六大洲，唯非屬本書五大洲架構之內。
5. 北極地區指的是環繞在地球北極點周圍的地區，與南極洲一起構成了地球的寒帶，主要由北冰洋和環繞在其周圍的一圈無樹木的凍土地帶所組成。北極地區包括整個北冰洋及格陵蘭島（丹麥）、加拿大、美國阿拉斯加州、俄羅斯、挪威、瑞典、芬蘭和冰島八個國家的部分地區。

　　不論是國家或地區，必須具備下列三條件之一，始為探討的對象。其一是主權獨立的國家，不以聯合國會員國為必要，如中華民國（台灣）[1]。其二必須實存海域執法機制。因此，沿海國（Coast State）固然為研探的主要對象，一面靠閉鎖海──裏海的內陸國，也是探討的對象。其三為地區（regions）。此處地區，即不是區域主義（regionalism）[2]的定義與範圍，亦非超國

---

[1]　目前聯合國共有 192 個會員國，其創立時間為 1945 年 10 月 24 日。Wikipedia,（http://zh.wikipedia.org/zh-tw/%E8%81%AF%E5%90%88%E5%9C%8B）（2011/04/28）

[2]　區域主義乃中介體制，意味著在國家整體性不受影響的情況下，保有地方分權的特色。蘇子喬譯，《政

家主義（supranationalism）[3]的界定，而是具有部份主權的區域，如庫克群島（Cook Islands）、美屬薩摩亞（America Samoa）、香港（Hong Kong）等六十個地區。（見表 1-2、表 1-3）

表 1-2　各國地區（領地）分布表

洲別＼國家	大洋洲（太平洋）	非洲（大西洋、印度洋）	亞洲（印度洋）
中國（2）			*香港（Hong Kong）、*澳門（Macau）
澳洲（6）	亞什摩及卡地埃群島（Ashmore and Cartier Islands）、珊瑚海群島（Coral Sea Islands）、賀得及麥唐納群島（Heard Island and McDonald Islands）、諾福克島（Norfolk Island）		聖誕島（Christmas Island）、科科斯群島（Cocos Islands）
紐西蘭（3）	*庫克群島（Cook Island）、紐埃（Niue）、托克勞（Tokelau）		
美國（9）	北馬里亞納群島（Northern Mariana Islands）、帕邁拉環礁（Palmyra Atoll）、*美屬薩摩亞（American Samoa）、貝克島（Baker Island）、豪蘭島（Howland Island）、*關島（Guam）、賈維斯島（Jarvis Island）、金曼礁（Kingman Reef）、中途島（Midway Islands）、威克島（Wake Island）		
法國（11）	*新喀里多尼亞（New Caledonia）、法屬波里尼西亞（Polynésie française）、瓦利斯與富圖納群島（Wallis et Futuna）	馬約特（Mayotte）	琉尼旺（Réunion）
荷蘭（3）			
丹麥（2）			
挪威（4）			
西班牙（2）		修達（Ceuta）、梅利利亞（Melilla）	
英國（16）	皮特凱恩群島（Pitcairn Islands）	聖海倫納（Saint Helena）	英屬印度洋領地（British Indian Ocean Territory）、賽普勒斯英屬基地區（U.K. Sovereign Base Areas in Cyprus）

治學的關鍵概念》，台北：五南，2009 年 6 月初，頁 277-278。原著：Andrew Heywood, "*Key Points in Politics*", Palgrave Macmillan, 2000.

[3] 超國家主義形成聯合國及歐盟，但要超過國家主權，目前仍有困難。歐信宏、胡祖慶譯，《國際關係》二版，台北：雙葉書廊，2007 年 9 月，頁 392。原著：G.S. Goldstein、G.E. Pevehouse, "*International Relations*", 7th Ed. Pearson Education, Inc. 2006.

表 1-3　各國地區（領地）分布表（續）

國家 ＼ 洲別	美洲（加勒比海、大西洋）	歐洲（大西洋）	南極	北極
中國				
澳洲				
紐西蘭				
美國	*波多黎哥（Puerto Rico）、納弗沙島（Navassa Island）、*美屬維京群島（United States Virgin Islands）			
法國	瓜德洛普（Guadeloupe）、法屬圭亞納（Guyane française）、馬提尼克（Martinique）、聖馬丁（Saint Martin）、聖巴斯島（Saint Barthélemy）、聖皮耶與密克隆群島（Saint-Pierre et Miquelon）			
荷蘭	*阿魯巴（Aruba）、荷屬聖馬丁（Sint Maarteen）、庫拉索（Curaçao）			
丹麥		法羅群島（Faroe Islands）		*格陵蘭（Greenland）
挪威			波維特島（Bouvet Island）、彼得一世島（Peter I Island）	揚馬延島（Jan Mayen）、斯瓦爾巴（Svalbard）
西班牙				
英國	南喬治亞與南三明治（South Georgia and the South Sandwich Islands）、安圭拉（Anguilla）、百慕達（Bermuda）、英屬維京群島（British Virgin Islands）、開曼群島（Cayman Islands）、蒙特塞拉特（Montserrat）、土克凱可群島（Turks and Caicos Islands）、福克蘭群島（Falkland Islands）	根西島（Guernsey）、澤西島（Jersey）、曼島（Isle of Man)、直布羅陀（Gibraltar）		

說明：本表內地區著星「*」者，為本書探討完成之地區。

　　各國海域執法制度的探討或研究，採用「眾多國間比較法」是最理想的型式，否則無法建構通則化的理論[4]，此乃本書採「眾多國間比較法」的原由。其次，本書對組織的探討，

---

[4]　我國坊間各領域有關以各國制度比較為名的論著，大多在 10 幾個國家左右。一般比較政治學領域，以國家為分析單元（units of analysis），分為單一國比較（1 個）、若干國間比較（20 個以下）、眾多國間比較（50 個以上）等三種型式，各有其優缺點，惟其中最具科學性者為多數國比較。周志杰譯，《比較政治的議題與途徑》，台北：韋伯文化，2007 年元月，頁 7-86。原著：Todd Landman, *"Issues and Methods*

採系統研究途徑（systems approach），以整體（wholeness）及次系統（subsystems）的概念及環境因素（政治、經濟、社會等）衝擊來剖析，並重視其部份與部份間的互動及互賴關係。猶如比較行政制度「生態研究途徑」（ecological approach）[5]重視環境因素。進而言之，海域執法組織結構分為內圍系統（internal system），以集中制為一個單位，如美國；分散制者為數個單位，如中國。同時，擇選與內圍系統關係強者設計外圍系統（external system），如外交、環保、漁政、國防、交通等體系，在各國海域執法組織圖中均有呈現。[6]至於制度及制度主義（institutionalism）與海域執法制度的關係，容後述之。

以宏觀（macro level）的角度探討各國海域執法制度，並以特徵（characteristics）做為結語；如此，各區域（洲）、次區域（如西歐）以及國家均呈現其特徵，必可發現海域執法領域的真相。另外，海域執法即成為一個領域，必定有探討之議題（issues），除了特徵均可作議題外，議題的範圍較廣，且隨著時間變化而產生新議題。茲分述特徵及議題如下：

壹、集中制（專職）與分散制

在組織的類別（types of organization）中，集中（權）制與分散（權）制雖較古老及傳統，但仍然是最基本與重要的類別。[7]由於各種角度的切入，產生各種組織的類別，故一個國家既是警察型，也是集中制；既是大英國協制，也是分散制，甚者，集三種類型於一個國家，如加拿大是。在海域執法制度中，集中制即是專職的，如美國、日本、台灣、新加坡等國家；至於分散制，如中國、荷蘭、德國等是。另外，海軍型及海關型不能算是集中制，因為海軍型是以國防或軍事任務為主，海域執法任務為次；海關型是以海域緝私為主，其他各類海域執法如偷渡執法、環保執法等均非海關任務，故不納入集中制的範圍。

---

in Comparative Politics : an Introduction", Routledge, 2003.

[5] 彭文賢，《行政生態學》，台北：三民，民77，頁1-20。

[6] 整體（wholeness）的同義字有 totality, holism, gestalt 等，邊子光，《海洋巡防：理論與實務》，桃園：中央警察大學，2008年11月二版，頁65-87。Fremont E. Kast & James E. Rosenzwing ,"Organization and Management: A System and Contingency Approach", McGrow - Hill Book., New York, 1985,p.114.

[7] 張金鑑，《行政學典範》，台北：中國行政學會，民國56年7月八版，頁147-152。
Mei Ko-wang, "*Comparative Criminal Justice Administration*", Taoyun: Central Police College Press 1982, p.2-5.

貳、海軍型與海關型[8]

一般而言,各國先有海軍或先有警察均而有之,然後視需要再決定是否要成立海域執法機制。因此,某些沿海國家多由海軍兼掌海域執法工作,較合成本效益。進而言之,決定成立集中而專職的海域執法機制,其因素有二:其一,海域治安狀況惡劣。馬來西亞因麻六甲海峽海盜猖獗,故而成立馬來西亞海域執法署(Malaysian Maritime Enforcement Agency);再看新加坡,由於其海域治安單純,其不但只有巡防艇沒有巡防艦,其組織隸屬僅於警政署下的四級制而已。其二,海域軍事國防狀況若何?有無敵國外患?如有,為了避免擦槍走火,需要成立集中且專職的非軍事屬性的海域執法機制,如我國海巡署是。

至於海關型,早期大英國協會員國大多沿襲英國設置完善的海關制度,其它國家效法者亦眾。且海關型以緝私為主要任務之一,無法像集中而專職的海域執法機制一般周全,故海關型不能歸類為集中制。

參、海域防衛型與大英國協型

海域防衛型(Coast Guard Model)即是集中而專職的海域執法機制之一,又重視國家防衛的職責,美國乃是此類型的首要代表,也是許多國家模仿的典範。至於大英國協型,以英國、加拿大、澳洲、紐西蘭為主,這些國家雖以"Coast Guard"為名,實際上卻以海難搜救及海污處理為主要工作,與美國的海域防衛型大相逕庭。

肆、委外制與部份委外制

大洋洲各國及地區,除了澳洲與紐西蘭外,多數島國及群島國均是二戰後獨立的小國家,因此除內政外,國防及外交均委託鄰近大國或過去宗主國處理,甚者有連同內政亦有委外者,主權形同虛設的委外制。至於部份委外制,即是部份主權委外之意。

---

[8] 邊子光,《海洋巡防理論與實務》,桃園:中央警察大學,2008 年 11 月二版,頁 95-96。

伍、岸海合一制與岸海分立制

不論從海域執法的角度,還是國防軍事的立場或是國土資源的劃分,大體上分為陸、岸、海、空四個層次。其中海岸的管理目前已成為新興並受到重視的課題。[9]此處岸海合一制乃是我國獨創的制度,依我國「海岸巡防法」的規定,除界定海岸的範圍外,需制定「海岸管制區」做為岸際執法的範圍。[10]至於岸海分立者,凡沿海國海域執法機制非岸海合一者,即屬岸海分立。換言之,即岸依陸而治,多數國家皆屬於此類。另外,以國境概念(border or frontier concept)設計的陸、海、空邊境(界)機制,不同於岸海合一制,容後再詳細說明。

陸、陸海空合一制

前段述及,陸海空合一乃是國境概念設計的邊境(界)執法機制,已有相當歷史,也有其理論基礎,且自然成長至今。德國及俄羅斯兩國率先實施,東歐及共產國家沿用較多。進而言之,此處所謂「陸」(land),乃是以陸為界,如俄羅斯與中國及哈薩克。德國除北邊濱海外,三面與他國陸地為界。故舉凡任何國家,陸界的安全維護必須設置適當的機制。至於海界(border sea),將海視為國界,如德國北邊的北海與波羅的海,乃是以海界的概念去設計,雖然,海域的劃分與規範日新月異,無礙此類組織設計。[11]至於空域,以空域為界作治安措施的設計,如國際機場、港口的入出境。其他空域之防衛既是國防系統需負責的任務。

柒、專職的教育與訓練機制

由於海域執法制度專業化程度甚深,故設置專職的教育或訓練機制,常為人們關心的重點。許多先進國家均有專職養成教育或訓練中心,例如美國、加拿大、日本、南韓等。

---

[9] 邱文彥,《海岸管理理論與實務》,台北:五南出版,2000 年,頁 5-15。

[10] 參考我國「海岸巡防法」第二條之四款。

[11] 從 1930 年海牙公約至今,國際海洋法內容不斷地創新與變革,由 1958 年日內瓦公約進入 1982 年聯合國海洋法公約的專屬經濟區,以及未來迅速發展的公海執法。筆者認為以海界作設計的機制,至今應不會改變,因為內水及領海乃是國家安全的重要區塊。

捌、內陸河湖為海域執法範圍

　　一般而言，沿海國內陸河湖如為跨州（邦、省）的河及湖，大都為海域執法的範圍。如美國的密西西比河及比鄰加拿大的五大湖，均為美國海域防衛司令部的執法範圍。其餘如亞洲中南半島跨越數國的河流以及阿拉伯半島的兩河流域，均為"coast guard"負責的執法範圍。

玖、解析編裝評估政策

　　編裝包括各類艦艇、航空器以及各式武器。檢視功能性的船艦如緝私、救難、污染及其他種類的船艦，可以得知國家對於各項工作重視與否的程度。如瑞典三分之一的船艦為污染處理的專業船舶，吾人可以下結論認為瑞典是重視海域污染處理的國家，以此類推，海難搜救亦如是。另外，航空器負責救難的有多少架？有關偵測的有多少？即可知道各國對於救難或污染處理的重視程度。最後，有關實習艇的有無，即可說明對航海技藝重視的程度如何。上述種種，均列舉為特徵。

拾、其他

一、層級數的高低

　　由二級制部會級到四級制。其中三級制——即部會以下的層級居多。如此，不但知悉 151 個沿海國有多少是二級？三級？或四級？而且可深入探究為何二級制少？三級制多？

二、設置「海洋政策」機制

　　部份先進國家，設有整體海洋政策的組織，如美國的國家海洋及大氣署（National Oceania and Atmospheric Administration, NOAA）、加拿大的漁業及海洋部（The Department of Marine and Fisheries），以及中國的國家海洋局（State Oceanic Admistration）。換言之，明顯

的區隔海洋政策的制定與海域執法機制是完全不同的區塊，讓兩者如何相輔相成，精緻海洋的管理及整體海洋政策規劃始為重點。

三、重視海洋科學的研究

海洋科學關係到國家總體經濟的成敗以及國計民生的貧富，海域執法機制協助海洋科學的研究，乃是義不容辭的義務。

四、隸屬部會的不同

前已談到大部分沿海國為三級制，即是部會之下的單位，多數集中制的國家隸屬內政部（西班牙）、交通部（日本）、國防部（印度、越南等）。各類部會之隸屬，各有其利弊得失，各國可視實際情況做評估分析。

五、軍事化、準軍事化、文職化

美國海域防衛機制是軍事化的代表，甚至它是美國第五軍種，美國海域防衛司令部享譽全球。至於準軍事化，一般是警察教育及訓練採用的方式，也有海巡機制採用此種方式，如台灣的海巡署。至於文職化，加拿大海巡學院（The Canadian Coast Guard College）採用之，至今聲譽甚佳。將此三者做為特徵，可作深度評估分析資料。

六、歷史悠久與否

歷史的悠久與否，對於一個職業或事業而言，是非常重要的。我們也可以由各沿海國找出最早成立海域執法機制的國家，哪個世紀成立的最多？目前情況如何？亦可預測未來。

七、海難搜救能量藏於民間

英國、美國、加拿大、澳洲、紐西蘭等國家均是將海難搜救能量藏於民間，此乃先進國家自然成長的制度或模式，也具特徵屬性。

八、保護漁業資源為主

　　若干國家的漁業資源為其經濟的命脈，故保護漁業為其海域執法的首要工作，如歐洲的冰島、西班牙，北美洲的加拿大，亞洲的日本、南韓、台灣以及大洋洲諸小國均是。

九、軍警文併用制

　　少數國家雖設置集中而專業的海域執法機制，然其組織成員卻由軍人、警察、文職組成，如台灣海巡署即是。

　　至於議題部分，除特徵可作議題外，其他諸如以海域執法觀點剖析海盜問題、海域犯罪問題以及海域環境保護等問題；又如，以比較方法分析各國制度、各次區域以及各區域等有關海域執法制度之比較；再如，以社會科學研究方法及應用統計學探討單變量及雙變量敘述性統計分析。[12]

　　本書架構將各沿海國及地區的探討分為五大部份[13]其一是國情概況（Country Overview），其二為歷史沿革（History），其三是組織、職掌及編裝（Organization, Duties and Equipment），其四為權限與管轄（Authority and Jurisdiction）以及最後的結語（Conclusion）——特徵（Characteristics）。

　　國情概況除了一般基本資料外，引用了自由之家（Freedomhouse）的民主自由度、國際透明組織（Transparency International）的全球清廉指數、聯合國的人類發展指數（Human Development Index）的高低，以及各國國內生產總值（Gross Domestic Product, GDP）與每人國民生產總值（Gross National Prodrct, GNP）數據等，除了強化國情概況的深度，亦可作環境所包括的政治、經濟、社會等因素與海域執法制度間關係的探討，以下簡單介紹各類指標：

一、自由之家（Freedomhouse）——政治因素

　　自由之家為一國際性非政府組織，創建於 1941 年，總部位於美國首都華盛頓特區（Washington D.C），66%的預算來自於美國政府。他們致力於民主、政治自由及人權的研

---

[12] 史麗珠、林莉華編譯，《統計學》，台北：學富，2004，頁 1-70、259-278。原著：George Argyrous,"*Statistics for Social and Health Research*",Sage Publications Ltd,2000。

[13] 本書架構參考：Donald A. Torres," Handbook of Federal Police and Investigative Agencies" Westport, Connecticut: Greenland Prees, 1985.

究與支持，其中最著名的是對各國民主自由程度的年度評估。其評比範圍包含政治權力（Political Rights）與公民自由（Civil Liberties），以 1 分至 7 分為範圍，分數越接近 1 越自由，越接近 7 則越不自由。分為三階段：自由（Free）、部分自由（Partly Free）及不自由（Not Free）。[14]此種分類方式單純且含意清楚，不如政治學中國體、政體之分類，形成縱向歷史水平世界交錯的複雜，難以歸類。

二、國際透明組織（Transparency International）──政治因素

國際透明組織成立於 1993 年，總部位於德國（Germany）柏林（Berlin），自創立以來已經在 87 個國家成立分會（National Chapters）。是國際上唯一專門致力於抑制貪污腐敗的國際性非政府組織，帶動各國民間社會的反貪腐能量。測量貪腐情況的嚴重程度及瞭解其在不同時空環境下的變化情形。[15]一個國家或地區的清廉指數得分表明企業界與國情分析專家對該國公共領域的清廉程度的觀感，其排序 10 分為高度清廉，0 分為極度腐敗。[16]

三、聯合國人類發展指數（Human Development Index）──社會經濟因素

人類發展指數是聯合國開發計劃署，從 1990 年開始發布用以衡量各國社會經濟發展程度的標準。其統計列表涵蓋 192 個聯合國成員中的 182 個國家，及香港特別行政區和巴勒斯坦管轄領土。這些國家或地區按照人類發展指數進行分類，分為極高（2009 年發布的新增分類），高，中，低。從 2009 年發布的報告開始，第一組「極高」被稱為發達國家，剩下的三組都被稱為發展中國家，極高國家中的第一名為挪威（Norway）。[17]

四、經濟及財政重要指標──經濟因素

反映整體經濟所得的兩個主要統計數字是國內生產總值（Gross Domestic Product, GDP）及國民生產總值（Gross National Product, GNP），前者計算一段特定時期本地進行的生產，而後者則計算本地居民的總體收入。進而言之，GDP 即在一個國家或地區內一段特定時間（一般為一年）裡生產的所有最終商品和服務的市價，其計算的是一個國家或地區

[14] Freedomhouse, (http://www.freedomhouse.org/template.cfm?page=1) (2011/04/28)
[15] 《國家政策論壇》，〈非政府組織與反貪腐運動：國際透明組織與台灣透明組織簡介〉台北：國家政策基金會，民國 92 年 4 月，夏季號。
[16] Transparency International , (http://www.transparency.org/) (2011/05/02)
[17] Human Development Index, (http://hdr.undp.org/en/statistics/) (2011/05/02)

內生產的產品價值。[18]GNP 即一國之國民一年內所生產的最終產品（包括勞務）的市場價值的總和，是國民收入核算中最重要的組成部分。[19]

法國總統認為 GDP 並不足以評估國家經濟成長，並建議將國民福祉、教育、健康、假期長短等統計後，算出「快樂指數」，與 GDP 一同做為評估國家經濟成長的依據。[20]

五、「已開發國家」（Developed Country）與「開發中國家」（Developing country）——經濟因素

「已開發國家」指高度工業化、經濟發展及生活水平較高、技術較為先進的國家，又稱工業化國家或高經濟開發國家。這些國家由於財富及科技，使得國民能享受高標準的生活。根據各種資料（世界銀行，國際貨幣基金組織，美國中央情報局發布的「世界概況」），已開發國家大多具有較高的人均國民生產總值。在聯合國的運作中，目前並沒有建立出一套傳統來指出哪些國家或地區是屬於已開發或開發中。[21]「開發中國家」在聯合國與世界銀行是依據每人平均國民所得方式作為判斷之標準。目前國際上，較不會有「未開發國家」這個名詞出現的，這種稱呼帶有貶抑意義。所以先進國家稱為已開發國家之外，其他都是開發中國家。

其下是歷史沿革，此處所指的並非是國家的歷史沿革，而是指海域執法制度的歷史沿革。儘管，歷史學在社會科學各學科當中，其科學性較低，但是作為一種制度的研討，歷史沿革卻是不可或缺的重要資料。

接續為組織、職掌與編裝。組織、職掌採系統研究途徑，前已提及，茲不贅述。編裝部份其主要資料來源是詹氏戰艦大全（Jane's Fighting Ship），此為 1898 年由佛瑞德‧詹（Fred T. Jane）創立，最初針對軍艦愛好者為客戶群出版書籍。後來逐步發展為百科辭典式的詹氏戰艦大全，之後逐步往其他軍事領域擴展，其出版品逐漸在軍事和運輸領域成為一家之言，常受人引用。[22]其次，詹氏戰艦大全也提供海域執法制度相關資料。第四為權限與管轄。根據國際法（海洋法為主）及各國國內法的規定，敘述其權限與管轄權。最後，每一沿海國或地區，宏觀而謹慎地導出其制度特徵，俾便掌握要旨並作統計分析。

另外，維基百科（Wikipedia）資料之引用，成為本書參考文獻的重要部分。資料的取得及搜尋，網際網路顛覆了資料書籍，已成未來的趨勢。雖然在學術研究上，以維基百科

---

[18] CIA, The World Factbook. (https://www.cia.gov/index.html) (2011/05/02)

[19] Gross National Produc , Wikipedia, (http://en.wikipedia.org/wiki/Gross_national_product) (2011/05/02)

[20] 江靜玲，《中國時報——時論廣場》〈倫敦傳真——快樂可以量化嗎？〉，2009/9/27。

[21] 發達國家，百度百科，（http://baike.baidu.com/view/35122.htm）（2011/05/12）

[22] IHS Jane's: Defense & Security Intelligence & Analysis, (http://www.janes.com/products/janes/index.aspx) (2011/05/02)

為例，其呈現的資料由不經意到懷疑，如今已欣然接受。Earl Babbie 所著《社會科學研究方法》一書中，第十七章讀寫研究中指到「善用網際網路」（using the internet）。[23]2011 年元月 15 日，維基歡度十歲，全球網友舉行慶祝活動，目前是全球第五大網站。更重要的是正確性。《自然雜誌》2005 年一篇研究認定維基自然科學條目的正確性與大英百科相去不遠。儘管如此，相信社會科學的正確性亦在追求中。故本書引用維基百科資料不在少數的理由所在。[24]

---

[23] Earl Babbie, The Practice of Social Research, (international edition) U.S. Wad swath, Ceugage Learning, 2010.

[24] 《中國時報》〈維基百科 10 歲，每月吸引 14 億人〉，2011 年元月 17 日，A11 版。

第 2 章 海域執法的源起、定義、性質、內涵、特性[1]及制度詮釋

壹、海域執法一詞之源起、性質及其定義

　　海域執法（Maritime Law Enforcement, MLE；或 Law Enforcement at Sea）一詞來自美國海域防衛機制諸多文獻中，通常列為各重大任務之一。[2]近年來，文獻中以海域治安（Maritime Security）為目標，而海域執法在任務中有各種類別如毒品、偷渡等（見圖 2-1），唯其詮釋海域治安時，直指海域治安的目標勾繪出海域防衛司令部（US Coast Guard, USCG）職責[3]，就是美國最主要的海域執法單位（Our maritime security goal Outlines the Coast Guard's responsibilities as America's principal maritime laws enforcement agency）[4]。美國給予 MLE 的範圍非常明確而具體，而且內容重點隨著時代在變。[5]

---

[1] 本章主要參考拙著，《海洋巡防理論與實務》，桃園：中央警察大學，2008 年 11 月二刷，頁 32-63。

[2] USCG 諸多文獻中，有關任務部分幾乎沒有提到對犯罪的抗制，究其因，原來隱藏在海域執法中；換言之，海域上觸犯刑法各種犯罪，既是隱藏在海域執法的內涵中。

[3] US Coast Guard 我國一直譯成「海岸防衛隊」，有失其真。蓋因美國海域防衛機制為軍事單位，其司令官為海軍上將，大西洋與太平洋區司令及參謀長為海軍中將，組織層次甚高，譯成「隊」不太妥當，故作者譯成「司令部」。至於海與岸，各有其界定與範圍，詞與意合，避免混淆，故譯為「海域防衛司令部」較妥。

[4] United State Coast Guard, International Affairs Division, U.S. Coast Guard Headquarters, Wash. D.C., April, 2001。

[5] 2002 年美國因九一一恐怖攻擊事件後設置國土安全部，致使海域執法內容有所變動。

法定任務 (Mandated Missions)	目標 (Goals)
搜索與救助(Search and Rescue) 海事安全(Marine Safety) 娛樂船安全(Recreational Boating Safety) 港口與水道安全(Port and Waterway Security) 海域執法-毒品制止(Maritime Law Enforcement-Drug Interdiction) 海域執法-海洋生物資源(Maritime Law Enforcement-Living Marine Resources) 海域執法-偷渡制止(Maritime Law Enforcement-Alien Migrant Interdiction) 海域執法-一般(Maritime Law Enforcement-General) 海洋環境污染防治(Marine Environmental Protection) 航行援助(Aids to Navigation) 破冰操作(Ice Operation) 航道管理(Waterway Management) 駕駛台監督(Bridge Administration) 國家防衛(National Defense) 國際冰河巡邏(International Ice Patrol)	海域安全 (Maritime Safety) 海域治安 (Maritime Security) 自然資源保護 (Protection of Natural Resources) 海域流通 (Maritime Mobility) 國家防衛 (National Defense)

圖 2-1　美國海域防衛機制執行法定任務完成結果目標圖
（The Coast Guard Performs Mandated Missions to Achieve Outcome Goals）

USCG 對海域執法（MLE）最簡單的界定是：「美國海域防衛司令部在公海上對懸掛美國國旗船舶，以及在美國管轄海域下所有的船舶執行聯邦法律，除了取締走私毒品及偷渡外，並執行漁業法規，及至專屬經濟區 200 浬」（The USCG enforces federal laws on U.S. flagged vessels the high seas, and all vessels in waters under U.S. jurisdiction. In addition to international drug smugglers and illegal migrants, the USCG enforces fisheries regulations and the Exclusive Economic zone out to 200 miles）[6]。進而言之，美國海域防衛司令部執行法定任務而完成設定的目標，參考上列中英文對照圖（見圖 2-1）[7]，左邊法定任務中海域執法具體列出四項；而海域安全與國家防衛於兩造均有出現，顯示其重要性。至於海域流通乃指海上交通秩序之維護相關諸多事項。

事實上，使用「海域執法」作為海巡任務之國家不多，除美國外，就是台灣、馬來西亞、荷蘭等少數國家。至於大英國協國家，如英國、加拿大、澳洲、紐西蘭等，雖有 CG 字樣，並無海域執法之實；另外，以國境掌控概念（Border Control Concept）實施陸海空合一的有德國、俄羅斯、南非共和國，以及芬蘭等，其任務中也無「海域執法」字樣；至於日本以「海上警察」為核心概念[8]；以及韓國以「安全守衛」為任務，與海域執法涵意接

---

[6] 作者於 2001 年 4 月於華盛頓首府參訪海域巡防司令部總部時簡報資料。

[7] United States Coast Guard, International Affairs Division, U.S. Coast Guard Headquarters, Wash. D.C., April, 2001.

[8] 鄭善印教授根據日本著名的海域執法學者飯田忠雄大作《海上警察權論》，將海上確保安全的的權利分為三類：第一類為「海上保安業務」，第二類為「海上警察權」，第三類為「其他海上安全事務」。又，

近。我國學者使用「海域執法」一詞頗為風行，如陳國勝教授《海域執法理論與實務》[9]、魏靜芬、徐克銘教授《國際海洋法與海域執法》[10]、胡念祖教授《海洋政策：理論與實務研究》一書[11]，其中第四章是〈海域執法的理論與實務〉，以及以論文方式探討此領域者大有人在。各家探討均有其重點，唯對「海域執法」一詞作深入尋根及整合性探究者寡。

美國海域防衛機制對於海域執法之執行及行政配套極為完備，如海域防衛組織結構中即有「情報執法處」（Intelligence and Law Enforcement Branch）直屬海軍上將司令官指揮，其他分區（District）均有情報執法組（Intelligence and Law Enforcement Unit）。其他，在「儲備訓練中心」（Reserve Training Center）設置「海域執法學校」（Maritime Law Enforcement School），其重點在執法之技術層面，故對於登檢小組（Boarding Team），施予嚴格之訓練，並頒發「海域執法手冊」（MLE Manual）。[12]首先第一章介紹「執行法律及條約方案」（Enforcement of Laws and Treaties Program），第二章介紹「法律及政策架構」（Law and Policy Framework），第三章介紹「登臨以及其他執法與程序」（Boarding and other Law Enforcement and Procedures），第四章介紹「武力使用政策」（Use of Force Policy），第五章介紹「執行毒品取締法令」（Drug Law Enforcement），第六章介紹「執行偷渡取締法令」（Immigration Law Enforcement），第七章介紹「執行漁業維護法令」（Fisheries Law Enforcement），第八章介紹「執行海洋生物保育法令」（Endangered Species, Marine Mammals and Other Wildlife, Plant and Marine Habitat Law Enforcement），第九章介紹「執行海洋污染取締法令」（Pollution Law Enforcement），第十章介紹「執行船舶安全維護法令」（Vessel Safety and Related Law Enforcement），第十一章介紹「其他法令之執行」（Enforcement of Other Laws Applicable in Maritime Realm），第十二章介紹「特殊事故執行程序」（Special Incident Procedures），諸如庇護之請求，以及勞資爭執等。由該手冊綱要可以勾繪出美國海域執法內涵架構。

2001 年 9 月 11 日，美國發生恐怖份子劫機撞毀紐約雙子星世貿中心以及攻擊五角大廈，震驚全世界。小布希總統採取斷然措施，於 2002 年通過國土安全法（The Homeland Security Act of 2002），並於同年 11 月 25 日成立國土安全部（Department of Homeland

---

海上警察權包含海上取締權、海上警備權及海上犯罪偵查權。換言之，日本的海上警察為其統稱，諸多文獻中無「海域執法」字樣，卻有海域執法之實。參閱：鄭善印主持，《海域執法標準作業程序》，行政院海巡署委託，民國 93 年元月，頁 112-113。魏靜芬教授在其新著《海洋法》一書中，開宗名義即提到「海上警察執法概念」，亦源自飯田忠雄。魏靜芬，《海洋法》，台北：五南，2008 年 8 月，頁 1-4。

[9] 陳國勝，《海域執法之理論與實務》，桃園：中央警察大學，民 89 年 3 月初版。
[10] 魏靜芬、徐克銘，《國際海洋法與海域執法》，台北：神州出版，民 90 年 6 月初版。
[11] 胡念祖，《海洋政策：理論與實務研究》，台北：五南出版，民 86 年 9 月二版，頁 133 至 188。
[12] Maritime Law Enforcement Manual, USCG, Dec 13, 1995.

Security, DHS），負責國內安全，防止恐怖活動。DHS[13]整合約二十個聯邦及海域執法機構，除海域防衛司令部（U.S. Coast Guard）以外，移民歸化署與海關合併成立「出入境及海關執法署」（Immigration and Customs　Enforcement）、「國籍及移民署」（U.S. Citizenship and Immigration Services）以及「海關及邊境保護署」（U.S. Customs and Border Protection）。其他還有「聯邦緊急事件管理總署」（Federal Emergency Management Agency）、「秘勤局」（U.S. Secret Service）等均併入國土安全部。

　　美國海域防衛司令部由運輸部轉隸國土安全部之下，其海域執法手冊也做調整。[14]其中最重要的就是增設海域國土安全執法（Maritime Homeland Security Law Enforcement）。為了抗制恐怖份子的攻擊，強化維護海岸（waterfront or ashore）的重要設施希望做到滴水不漏，其他執法方式大致不變。由此，也可以瞭解到海域執法方式隨著特殊重大事件之發生以及組織重組在變化中。

　　美國海域防衛學院（USCG Academy）分為五個部門即：工程學、數學、領導與管理、人文學與理科，其中刑事司法（Criminal Justice）及海域執法與理工科及社會科學均列為共同必修課程。進而言之，在人文學系（Humanities Department）分為三組，分別為英語組、法律組、政治組，其核心課程包括刑法及海事法實務。凡此設計，皆可看出其對海域執法之重視。

　　以整合模式詮釋「海域執法」將其分為三部分即：海域（Maritime Realm）、執行（Enforcement），以及法律及條約（Laws and Treaties），如圖 2-2 所示。

　　海域（Maritime Realm）源自國際海洋法，由一九三〇年海牙公約到一九五八年日內瓦公約至一九八二年聯合國海洋法公約，對於海域之劃分，以及海洋法律秩序（Legal Order）維護規範之內容提出增修或刪減；相信在未來的時日中，海洋劃分及規範在聯合國國際法委員會之努力下，掌握國際之脈動，不斷地精進，應是一定之趨勢。[15]

　　執行（enforcement）就是目標完成（goal achievement）的戰略與戰術。將執行與法律分開，是有其意義存在。一般而言，在教育或訓練當中，往往只重視法律，認為在法律課中講些案例或實務經驗，即可達到執行的目的，事實上這是不夠的。其次，戰略與戰術博大精深，更是執行的重要知識領域。許多海域執法失敗的案例中顯示[16]，並非法律引用錯誤，而是執行技術出了問題。故美國海域防衛機制，其訓練中心設置「海域執法

---

[13] 請參考本書「美國海域執法制度」章。

[14] The fowling is maritime law enforcement manual's, (http://www.uscg.mil/ccs/cit/cim/foia/fre-gueutly requested documents html) (2004/09/22)

[15] 近年來，我國學者對於國際海洋法之研究探討較為熱烈，出書撰文者甚多；尤其是國立海洋大學海洋法律研究所，設有碩、博士班，對於培育海法專才，功在國家。其他各大學法律系（所）亦在強化中。

[16] 從民國八十年至九十三年，共發生四件海域執法失敗案例即：三保警案、莊鎮躍案、江少南案、廖慶麟、陳原昌案（漁聖號），皆非法律之誤判，而是執行技術發生問題。參考鄭善印主持「海域執法標準作業程序之研究」，行政院海岸巡防署委託研究，民國 93 年元月，頁 234-235。

學校」，編製「海域執法手冊」，開宗明義即提到此近二百年歷史的手冊乃是經驗之累積；並提出「執法因素分析」，其因素（一）為權限（authority）：其賦予可能為美國法或外國法；（二）實體法：美國法或外國法之構成要件與係爭案件相符；（三）國際法之特定法律效果：提供法律依據，以及（四）政策及方針：檢視有利及不利之管轄權。海域執法者對於當前國家之政策及方針，必須了然於胸，抓住其脈動，轉化到執行面，才能圓滿完成任務。[17]

至於法律及條約（Laws and Treaties）包括國內法與國際法（國際海洋法為主）。國內法包括實體法及程序法，特別重視國際法與國內法互動運用之探討。[18]另外，海域執法中法律必須以其任務、治安狀況、國際環境及趨勢作為法律之重點範圍。以我國為例，大陸漁船入侵水域捕撈（66.6%）－台灣地區與大陸地區人民關係條例；走私（19.4%）－海關緝私條例、懲治走私條例；非法入出國（3.2%）－入出國及移民法、國安法；電毒炸魚（1.2%）－漁業法；毒品（1.1%）－毒品危害防制條例；槍械（0.3%）－槍炮彈藥刀械管制條例；其他（8.3%）－刑法、中華民國領海及鄰接區法、中華民國專屬經濟海域及大陸礁層法、海洋污染防治法、海岸巡防法、野生動物保育法。[19]其他類除了百分比佔8.3%高居第三序位外，其所列舉之法律均為海域執法之重點。[20]至於條約，乃1994年生效的「聯合國海洋法公約」為主。

由圖2-2顯示，將海域執法分為三個部分，唯部分與部分間互動循環反饋生生不息。海域的規範，執行的力量與技術，以及法律的內涵均會隨時代的演變而變化，嚴格來講，海域的規範應屬法律的範疇，故執行與法律探討之領域即廣且深，同等重要。

許多國家均未提及海域執法名詞者為何？作者認為以海域治安解釋之。因為海域治安之維護仍然必需依法，如日本、韓國是。海域執法其性質分析如下：

---

[17] 同前註，頁50-51。

[18] 同註10，魏靜芬、徐克銘之大作即是以此為探討之領域。

[19] 邊子光，論析海上勤務作為，第九屆水上警察學術研討會論文集，民國91年5月16日，頁68。

[20] 陳國勝教授大作中呈現諸多法律個案研究，對於修法頗具參考價值。

尹章華，《領海及鄰接區逐條釋義》，台北：文笙書局，民國87年3月。

尹章華，《專屬經濟海域及大陸礁層法逐條釋義》，台北：文笙書局，民國87年3月。

黃異，《國際海洋法》，台北：渤海堂文化，民國81年9月初版。

姜皇池，《國際海洋法總論》，台北：學林出版社，民國90年9月出版。

陳國勝，《海岸巡防法逐條釋義》，桃園中央警察大學出版社，民國90年10月初版。

陳國勝，《海岸巡防法析論》，桃園：中央警察大學出版社，民國92年元月初版。

一、中性的性質

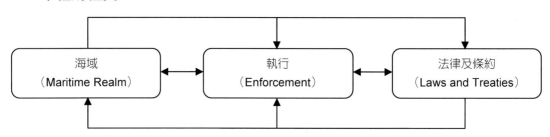

圖 2-2　海域執法循環互動圖

　　海域執法為何是中性？海域防衛（coast guard）就不是中性？在此，將海域執法與海域防衛做一比較，來說明海域執法的中性性質。

　　海域防衛是獨有所指的，既是集中並專職的機制。換言之，分散制、海軍型、海關型等均非集中制，台灣海巡署即與海域防衛同一類型。至於海域執法，不論是任何類型，均包含在內。假如本書名稱為「各國海巡制度」，僅能包括集中專職的國家，分散制及其他各種類型均無法論及，故海域執法具有中性的性質。

二、警察屬性

　　一般而言，警察意義分為法定上及學理的。[21]前者是狹義的，以我國為例，警政署所屬機關及人員即屬此類。至於後者，乃屬廣義的，以我國為例，如海巡署、調查局、憲兵隊等等，均屬學理上的警察意義。甚者，此種意義仍存在於教室或法院，君不見立法院院長執行警察權，以維護立法院的秩序，教師上課發動警察權以維持上課秩序，此種例子，舉不勝舉。故海巡署人員，具有警察屬性，其為廣義的，學理的警察意義，海洋法中的所謂海上警察權亦是明證。

三、公組織性質

　　海域執法具體呈現的是組織。組織有公私之分，此處必須是公組織性質，私組織無法發動公權力，僅是協助性質而已。

---

[21]　陳立中，《警察行政法》，台北：裕文企業有限公司，民國八十年元月增訂，頁 42 至 62。

四、弱法性質

國際公法有弱法（weak law）性質，雖然丘宏達教授在其名著《現代國際法》中駁其論點，但是弱法的事實並未消失。[22]海域執法中，條約（treaties）特別顯現為法律的主要內容，雖然是以海洋法為主，由於海洋法是國際公法的重要支派（sub-field），故弱法性質亦有存在。

五、恆久性

政府有關海域執法單位隨著改組或調整，常常被裁併，如我國「海洋巡防總局」將走入歷史既是明證；而海域執法一詞卻是恆久的，不會被裁併。故在學術上使用該名詞具有涵蓋性及恆久性。

貳、海域執法內涵、特性及制度詮釋

一、海域執法的內涵

前已說明海域執法一詞之源起、性質及其定義，茲進一步說明其內涵。

（一）陸域執法、海域執法以及空域執法[23]

以空間的不同，循著歷史的軌道，由過去到現在進入未來，由圖 2-3 所示，即可窺其梗概。

---

[22] 丘宏達，《現代國際法》，台北：三民書局，1995 年初，頁 34。
[23] 拙作〈國際海洋執法制度下之海域執法〉，載於《海洋政策與法規論叢》，內政部，頁 201，86 年 6 月初。

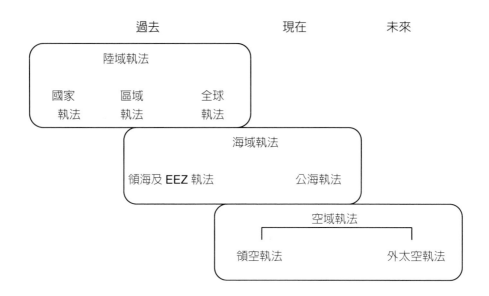

圖 2-3 陸、海、空海域執法概念圖

　　進而言之，陸域執法（Territorial Law Enforcement）不僅是出現的最早，延續至今，未來依然在進行中。至於海域執法（Maritime Law Enforcement）應是人類開發海洋後衍生的課題，由「大國崛起」[24]一片演繹出壯烈的海權爭奪史，應是十三世紀由葡萄牙開始，一直到今天的超強美國，海域執法普遍受到各沿海國高度重視，甚至現今仍在蓬勃發展中。至於空域執法（Air Law Enforcement）目前雖僅至於雛型發展，由於全球化的蓬勃發展，科技日新月異，宇宙的開發，指日可待，空域執法進入外太空的來臨亦不久矣。[25]

（二）七大海域執法力量（forces）游走於光譜上──決定組織型模

　　綜觀各沿海國，七大海域執法力量準備投入政府機構當中。如圖 2-4 所示，根據現況，列舉其掌管機構及屬性，茲分別敘述之。

1. 海域國防──海軍為主，空軍次之

　　海軍是國防三大主力之一，保疆衛國，抵禦外來侵略是其主要任務。各沿海國對海軍的發展均極重視。一般而言，沿海國具集中且專職的海域執法機制者，其海軍是協助海域執法任務；亦有非集中機制者，海軍兼為海域執法者，多有存在。因此，各沿海國海軍必定置於國防部之下，堅持其強烈地軍事屬性。至於空軍是公航空器屬性，緊追權（The right of hot pursuit）的執行，空軍是當然執法者之一。

---

[24] 「大國崛起」一片（DVD）暢銷全球，論述海權大國奮鬥史的經典之作。
[25] 趙維田，《國際航空法》，台北：水牛出版，1991 年 11 月 1 日初，頁 15-25。

- 22 -

2.海域治安──海域防衛或海洋警察

海域治安（maritime security）狹義的是指對抗制海域上所發生的犯罪（crime）。海域犯罪種類以走私（包括槍械、毒品）、偷渡為主。但有跨國性質，其餘犯罪如生態資源維護次之。廣義的治安尚包括屬於行政秩序罰的海域交通秩序。故海域治安的維護，大多數國家由海域防衛機制（coast guard）或海洋警察（maritime police）負責執行。

3.海洋漁業（maritime fishery administration）

漁業為海洋重要資源之一，各沿海國對於漁業資源之保護均甚重視，其範圍除領海及專屬經濟海域區外，尚延伸到公海漁業執法的新課題。故各沿海國對海洋漁業體系的健全與強化，不遺餘力。

4.海難搜救（disaster search and rescue, SAR）

SAR 已經是世界通用的專有名詞，海難搜救也是各沿海國的重點核心工作。現代化災害防救（包括海難）機制之建立，其屬國家層級，除了交通部門主其政外，海域防衛或海洋警察均將其納為重要工作或任務。搜索與救護硬軟體的建置與訓練，現代化及彈性的全國性災害防救機制的建立，乃是必要的。一般而言，SAR 是獨立的課題，有別於海域執法，但卻是海域執法機制的重要執行工作。

5.海域安全（maritime safty）

一般國家海域安全任務，大都交付交通部門。海域安全由聯合國海事組織（International Maritime Organization, IMO）總其成，各國遵照執行之。

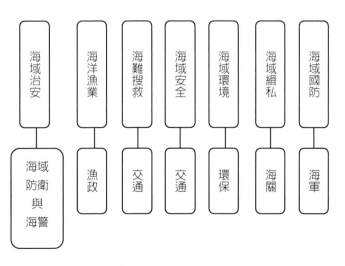

圖 2-4　七大海域執法力量及政府次系統職掌分配

6. 海洋（域）環保（maritime environment protection）

儘管海域環保與陸域環保有密不可分的關係，由於海洋面積佔全球 70.1%，故海域環保仍可獨立存在並做為環保的重要次系統。進入廿一世紀後，環保課題更是普世重視的跨國課題，如何保護海洋的乾淨？紛紛提昇為國家的重要施政。

海洋環保與海域執法關係密切，各國組織設計不盡相同。

7. 海域緝私（maritime smuggling investigation）

海域緝私應置於海域治安的次系統之一，由於各國海關制度的普及，海域緝私工作乃是由海關負責，因此將其列為七大力量之一。

從空中鳥瞰世界各國，七項力量遊走於政府各部門之光譜，集中制者至少有四目以上集合於一個單位，而分散制者卻是七目各列於不同的單位。其中顯現出特性有二，其一海軍必定在國防部之下。各國在組織調整或重組中，必定未見到海軍脫離國防而移至海洋部或海域執法機制內；其二海難搜救與海域執法相容（合作）而不相屬，如美國。

（三）國際海洋法——建立海洋法律秩序

毫無疑問地，國際海洋法是海域執法的重要內涵之一。依據一九八二年聯合國海洋法公約前言中所述「為海洋法律建立一種法律秩序，以便利國際交通和促進海洋的和平用途，海洋資源的公平而有效的利用，海洋生物資源的養護及研究，保護和保全海洋環境[26]」。綜上所論，「海域執法」乙詞，美國率先使用，已有近二百年之歷史，其他國家紛紛效法的趨勢。換言之，沿海國均有其海域執法機制，不論其為海軍、警察或文人，皆可以海域執法機制名之。

二、海域執法的特性[27]

（一）辛勞性

搭載船舶在海上執行任務，其辛勞性絕對超過陸上的執法者，故政府有海上職務加給項目頒發，即為辛勞之明證。

---

[26] 傅崑成，《聯合國海洋法公約》，一二三資訊，1994 年 5 月，頁 1。
[27] 全文摘自拙著，《海洋巡防理論與實務》，桃園：中央警察大學，2008 年 11 月二刷，頁 60。

（二）危險性

俗語有云：「行船七分險」，由於海象千變萬化，尤其在執法的過程當中，面對萬國公罪之海盜，有時雙方要使用砲擊，這是陸上執法者所沒有的武器。另外，在治安與軍事性質不明情況下所發生的初期情景，海域執法者必須參與，必增加其危險性。

（三）誘惑性

取締各種走私及非法入出國境等案件，海域執法者可能成為私梟及蛇頭賄賂的對象，故海巡工作深具誘惑性。

（四）國際性

國際性往往具有涉外性質，在海上發生的案件經常會有涉外因素牽連，形成國與國之間的問題，故其國際性特別顯著與突出。舉例而言，跨國犯罪的處理，公海執法，專屬經濟海域與日本、菲律賓間重疊海域上護漁之糾紛，南海與越南、印尼等國的爭議以及長久以來與中國之間在海上的各類案件與糾紛，極富政治敏感性，這是陸上執法所沒有的。

（五）新聞性

由於海巡工作係居第一線，深具政治敏感性，又常發生跨國性犯罪等，故成為新聞關注的焦點。近年來成為各大報頭條或第一版新聞者甚多，諸如海巡人員被挾持至大陸事件，中國海關進入我國執法案等均為新聞媒體的重大焦點。

三、制度、制度主義與海域執法制度

海域執法加上「制度」後，便有其特殊的意義與內涵，甚且，在前文中，其架構、特徵及議題或多或少均與制度有關。茲就多方面詮釋「制度」以及「海域執法制度」。

（一）何謂「制度」（institution or system）

1.辭海的解釋[28]

辭海有五種解釋，a.謂制定之禮法也；b.謂立法度也；c.宮室車服也；d.指團體內共同遵守之章程秩序；e.政治、經濟、文化各方面的規模。上述各種解釋，各有其涵意及來源，

---

[28] 《辭海（上冊）》，台北：台灣中華書局，民國83年，頁628。

惟與海域執法中所謂的制度，除 c 外，其餘四種解釋均有關係。其中更以 a 與 b 解釋最為真切。茲錄其義如下：

1. 為制定之禮法也。《易·節》：「節以制度，不傷財，不害民。」《書·周官》：「考制度於四岳。」《國語·周語》下：「制度不可以出節。」《淮南子·泰族訓》：「而制度可以為萬民儀」

2. 謂立法度也。《漢書·嚴安傳》：「臣願為民制度以防其淫。」

辭海之解釋，引經據典能達其義，惟與現代社會科學之內涵與方法仍有不同的詮釋與重點。

　2. 牛津英文辭典[29]對制度的解釋──包括規則及組織

Jan-Erik Lane 及 Svante Ersson 在其所著《新制度主義政治學》（The new institutional politics: Performance and Outcomes）一書中對於制度的解釋甚為清楚，其中即引用了牛津英文辭典對制度的解釋。[30]Lane 及 Ersson 認為制度是規則與組織，進一步認為制度一詞，即可被認定為規範，也可以被定義為一種機構（organs）或政府部門（offices）之組織或體系。並舉出牛津英文辭典同時收納了兩種對制度的解釋，作為其證明。另外，制度對組織而言是不可或缺的，沒有制度，組織也無法運作，但是，這並不代表組織即等同制度。

以上足以說明海域執法加上「制度」兩字後，猶如畫龍而點其晴，即各沿海國海域執法制度的探討，即是以組織與規則為主軸。至於制度主義（institutionalism）及新制度主義（new institutionalism）乃是著重在方法（method）及途徑（approach）上更新發展，本書亦有部份的應用，如環境中之政治、經濟、社會、地理等因素與海域執法特徵之關鍵性探討。[31]

---

[29] "The Oxford English Dictionary"volume V11, second edition, edited by R.W. Burchfield, London:Oxford University Press, 1989, pp1046-1047.

[30] 何景榮譯，《新制度主義政治學》，台北：韋伯文化，2002 年 9 月，頁 34-35，42-43。
原著：Jan-Erik Lane＆Svante Ersson, (2000), "The new institutional politics: Performance and Outcomes", Rutledge.

[31] 魏鏞，〈制度研究方法〉及〈研究途徑〉，載於《雲五社會科學大辭典（政治學）》，台北：商務，1973 年四版，頁 145，228。
陳敦源，〈新制度論的規範與方法：一個理性選擇觀點的方法論檢視〉，台北大學行政及政策學報編委會，2001 年 8 月，頁 129-184。
朱金池，《警政管理論文集》（未出版），〈第五章　新制度論的組織理論初探〉及〈第六章　警察組織理論研究新取向：制度論〉。桃園：中央警察大學，2002 年元月 21 日，頁 40-94。
薛曉源、陳家剛主編，《全球化與新制度主義》，台北：五南，2007 年，頁 19-174。

亞洲篇

第 3 章　日本海域執法制度

第 4 章　中華民國（台灣）
　　　　海域執法制度

第 5 章　南韓海域執法制度

第 6 章　北韓海域執法制度

第 7 章　中國海域執法制度

第 8 章　香港海域執法制度

第 9 章　澳門海域執法制度

第 10 章　泰國海域執法制度

第 11 章　柬埔寨海域執法制度

第 12 章　汶萊海域執法制度

第 13 章　緬甸海域執法制度

第 14 章　越南海域執法制度

第 15 章　馬來西亞海域執法制度

第 16 章　新加坡海域執法制度

第 17 章　印尼海域執法制度

第 18 章　菲律賓海域執法制度

第 19 章　東帝汶海域執法制度

第 20 章　俄羅斯海域執法制度

第 21 章　哈薩克海域執法制度

第 22 章　土庫曼海域執法制度

第 23 章　印度海域執法制度

第 24 章　孟加拉海域執法制度

第 25 章　巴基斯坦海域執法制度

第 26 章　馬爾地夫海域執法制度

第 27 章　斯里蘭卡海域執法制度

第 28 章　伊朗海域執法制度

第 29 章　伊拉克海域執法制度

第 30 章　科威特海域執法制度

第 31 章　卡達海域執法制度

第 32 章　巴林海域執法制度

第 33 章　阿聯酋海域執法制度

第 34 章　沙烏地阿拉伯海域執法制度

第 35 章　葉門海域執法制度

第 36 章　阿曼海域執法制度

第 37 章　敘利亞海域執法制度

第 38 章　黎巴嫩海域執法制度

第 39 章　約旦海域執法制度

第 40 章　以色列海域執法制度

第 41 章　塞浦勒斯海域執法制度

第 42 章　土耳其海域執法制度

第 43 章　喬治亞海域執法制度

第 44 章　亞塞拜然海域執法制度

亞洲篇結論：分布、發現與詮釋

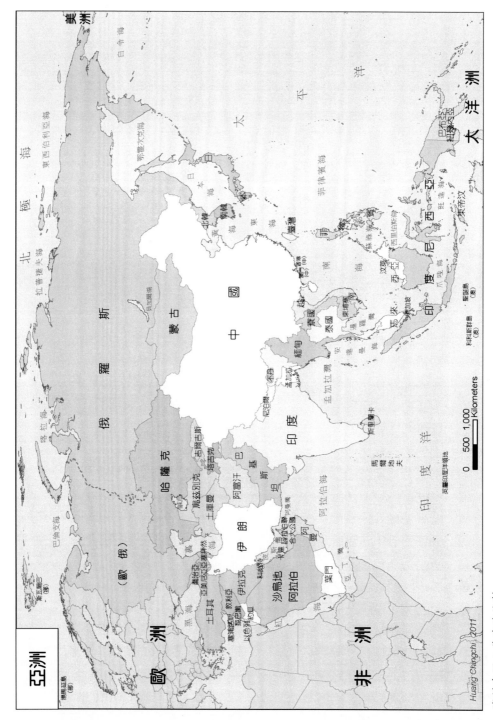

亞洲

資料來源：黃清琦繪製

Huang Chingchi, 2011

亞洲海域執法制度

導言

壹、亞洲概況（Asia Overview）

一、歷史沿革[1]

　　亞洲歷史和文化非常悠久，人類文明的五大發源地中的兩河流域文明、印度河文明和黃河文明都位於亞洲。上古時代，中國的西周王朝和西方的波斯帝國都發展成為強大的國家。東方和西方經濟和文化的交流逐漸強化，絲綢之路由中國長安經過河西走廊，遠達印度、巴比倫、羅馬、迦太基（Carthage）、開羅。

　　七世紀，西亞的阿拉伯半島興起強大的阿拉伯帝國，席捲了西亞、中亞、北非和伊比利亞半島，甚至一度佔領印度河流域。東方強大的隋唐王朝的疆域也擴張到了中亞，並深深影響朝鮮半島和日本。西元 1206 年，蒙古帝國興起與逐步擴張，並征服了中亞、東亞、西亞、東歐的廣大地區，但在此期間許多古代文明亦遭受重大破壞。蒙古帝國在第二次西征期間把當時世界先進的火藥武器和指南針傳入歐洲，促進了歐洲的文藝復興時期。1369年，伊斯蘭化的突厥人將勢力擴展到中亞、西亞，乃至東歐和此前蒙古人未進入的印度河地區。

　　東亞自十三世紀末，中國元帝國於世祖忽必烈時期動員大小船艦約 4500 艘，人員約二十萬人二度（1274 年及 1281 年）渡海進攻日本，亦先後四次短暫實施海禁；明朝（1368年至 1644 年）鄭和（1405 年至 1433 年）船艦百艘以上，人員二萬五千人七下南洋發揚國

1　亞洲，維基，（http://zh.wikipedia.org/zh-tw/%E4%BA%9A%E6%B4%B2）（2010/09/10）

威，隨之因故採鎖國政策；清朝延續政策，導致東西方經濟文化交流的萎縮。亞洲俄羅斯民族興起，之後建立的俄羅斯帝國雄據歐亞，直到二十世紀初期才結束。

十八世紀歐洲工業革命以後，隨著資本主義和殖民主義的興起和對原料和市場的需求，紛紛進入亞洲，發掘亞洲的資源，而亞洲地區的積弱，成為列強爭奪的領域，許多國家淪為殖民地或半殖民地。十九世紀末期，日本隨著明治維新的成功，國勢日盛，在軍國主義的薰染下，發動侵華戰爭；第二次世界大戰亦於 1941 年 12 月 8 日日軍偷襲珍珠港開始，在亞洲地區揭開戰幕。日本在 1945 年被美國於廣島和長崎投下兩枚原子彈後投降。二次戰後，共產主義和資本主義的對峙蔓延至亞洲，東亞地區先後建立多個共產政權，在 1950 年代至 1970 年代，韓戰和越戰是共產主義和資本主義陣營在亞洲地區爆發的主要戰爭。

西亞和南亞地區各民族於戰後紛紛爭取獨立。以印度教為主的印度和以回教為主的巴基斯坦均在 1948 年獨立。而中東的以色列和巴勒斯坦建國問題，牽涉宗教和民族上的嚴重衝突，導致以色列與周邊的回教國家衝突日增。中東地區戰爭不斷，包括 1980 年代伊拉克和伊朗的兩伊戰爭、1991 年伊拉克對科威特發動的戰爭和 2003 年美國和伊拉克之間的戰爭，以及針對美國聲稱的頭號恐怖份子領袖賓拉登（Osama bin Laden）[2]，在 2002 年發動推翻塔利班政治集團的阿富汗戰爭等。

1980 年代末，民主浪潮推翻共產政權，由東歐蔓延至亞洲，1989 年 6 月 4 日在中國發生六四天安門事件，一度為中共構成政治危機。蘇聯在 1991 年 7 月末發生政變，致蘇聯於 1991 年尾瓦解。中亞地區則有多個原蘇聯加盟共和國成為新興獨立國家如哈薩克、塔吉克等。另外，在經過近四分之一世紀印尼武裝佔據的東帝汶，最終於 2002 年 1 月 1 日通過公投獲得獨立，成為亞洲區最新一個獨立的國家。

二、地理環境[3]

亞洲大部分土地位於北半球，是五大洲中面積最大，人口最多，主要宗教的發源地。全世界十五條大河流中，有七條位於亞洲，廿個面積最大湖有 4 個位於亞洲。[4]亞洲大陸東至白令海峽（Bering Strait）的傑日尼奧夫角（Cape Dezhnev），南至印尼的努沙登加拉群島（Nusa Tenggara Islands），西至安納托利亞的巴巴角（Cape Baba），北至俄羅斯的切柳斯金角（Chinois），最高峰為珠穆朗瑪峰（Qomolangma）。亞洲西部與歐洲相連，形成地球上最大的歐亞大陸陸塊，其東北面則隔白令海峽與北美洲相望。

---

[2] 2011 年 5 月 2 日，美國總統歐巴馬聲稱賓拉登在巴基斯坦被美軍海豹部隊突襲擊斃，遺體於次日海葬於北阿拉伯海。維基，（http://zh.wikipedia.org/wiki/%E8%B3%93%E6%8B%89%E7%99%BB）（2011/07/04）

[3] 亞洲，維基，（http://zh.wikipedia.org/zh-tw/%E4%BA%9A%E6%B4%B2）（2010/09/10）

[4] 湖振洲，《海事地理學》，台北：三民書局，民國 67 年 6 月初版，頁 111、117。

亞洲東面與美洲共享太平洋（Pacific Ocean），北面擁抱半邊北冰洋（Arctic Ocean），南面瀕臨印度洋（Indian Sea），與大西洋（Atlantic Ocean）無接觸。西面以烏拉爾山脈（Ural Mountains）、烏拉爾河（Ural River）、裏海（Caspian Sea）、高加索山脈（Caucasus Mountains）、黑海（Black Sea）、土耳其海峽（Turkish Straits）及愛琴海（Aegean Sea）與歐洲分界。西南面隔亞丁灣（Gulf of Aden）、曼德海峽（Mandab Strait）、紅海（Red Sea）、蘇伊士運河（Suez Canal）與非洲相鄰。

三、政治概況[5]

區域合作在亞洲興起，為了促進亞洲區域經濟、文化的發展，各種區域性組織開始逐一成立。於 1989 年 1 月成立的「亞太經濟合作組織」（Asia Pacific Economic Cooperation, APEC），成立宗旨及目標為相互依存、促進共同利益，堅持開放性多邊貿易體制和減少區域間貿易壁壘。成員有中國、澳洲、汶萊、加拿大、智利、中國香港、印尼、日本、南韓、墨西哥、馬來西亞、紐西蘭、巴布亞紐幾內亞、秘魯、菲律賓、俄羅斯、新加坡、台灣、泰國、美國和越南等 21 國。

以東南亞國家為主要會員的「東南亞國協（Association of Southeast Asian Nations, ASEAN），亦稱東協」成立於 1967 年 8 月 8 日，現有汶萊、柬埔寨、印尼、寮國、馬來西亞、緬甸、菲律賓、新加坡、泰國和越南等 10 個成員國。東協成立初期，基於冷戰背景，主要任務之一為防止區域內共產主義勢力擴張，合作側重在軍事安全與政治中立，冷戰結束後各國政經情勢趨穩，開始轉向加強區域內經濟環保等領域的合作，並積極與區域外國家或組織展開對話與合作。

東協國家開動了和中國大陸、日本、韓國三個東亞國家的對話機制，並確定於 2010 年和中國大陸正式啟動「中國-東盟自由貿易區」（ASEAN Free Trade Area）。目前中國大陸已和泰國開始水果蔬菜零關稅機制。南亞國家也在加緊準備成立區域合作的組織，巴基斯坦和印度的關係逐漸出現緩和跡象。

西亞海灣國家以促進各國經濟、金融、貿易、海關、旅遊、立法和行政交流為宗旨設立的合作組織為「海灣阿拉伯國家合作委員會」（Gulf Cooperation Council, GCC），成立於 1981 年 5 月 25 日，成員有科威特、沙烏地阿拉伯、阿拉伯聯合大公國、巴林、卡達和阿曼等六個成員國。以及於 1970 年 3 月成立，以促進各成員國之間經濟、社會、文化和科學等方面的合作，努力消除種族隔離和種族歧視，反對一切形式的殖民主義。支援巴勒斯坦人民恢復民族權利和重返家園的鬥爭，支援穆斯林保障其尊嚴、獨立和民族權利為目的「伊

---

[5]　亞洲，維基，（http://zh.wikipedia.org/zh-tw/%E4%BA%9A%E6%B4%B2）（2010/09/10）

斯蘭會議組織」（Organization of the Islamic Conference, OIC）。本組織遍及中東、中亞、西非、北非和印度次大陸的 57 個國家組成。

1996 年以加強歐洲及亞洲對話機制而成立的「亞歐會議」（Asia-Europe Meeting），每兩年舉行一次首腦會議和外長會議，目前已經發展到 39 個成員國。

於 2001 年 6 月 15 日成立的「上海合作組織」（Shanghai Cooperation Organization，SCO），發展至今有中國大陸、俄羅斯、哈薩克、吉爾吉斯、塔吉克和烏茲別克等成員國。上海合作組織的主要宗旨是加強中亞地區和中、俄之間的聯繫，發展成員國在政治、經貿、文化、教育、科技、能源、交通、環保等範疇的合作，促進區內和平。

貳、次區域各國及濱海面分佈[6]

亞洲為五大洲中是面積最大、人口最多，主要宗教的發源地。亞洲與亞太地區不同，後者是由於軍事或經濟發展的理由而組成。亞洲共 49 個國家，其中沿海國共 40 國，內陸國 9 國。亞洲 40 個沿海國全納入探討，香港與澳門雖屬地區性，也納入探討，因為兩地位置重要，在亞洲具有影響力。

東亞（6 國）：日本（Japan）、南韓（South Korea）、北韓（North Korea）、中國（China）、蒙古國（Mongolia）、台灣（Taiwan）。

一、亞洲東部是世界人口最稠密的地區，其海運便利，亦為世界經濟成長最快速的地區，積極影響世界經濟發展。

二、東南亞（11 國）：泰國（Thailand）、寮國（Laos）、柬埔寨（Cambodia）、汶萊（Brunei）、緬甸（Burma）、越南（Vietnam）、馬來西亞（Malaysia）、新加坡（Singapore）、印尼（Indonesia）、菲律賓（Philippines）、東帝汶（East Timor）。

　　東南亞涵蓋中南半島與南洋群島，前者地形與中國大陸一脈相連，其氣候與地形適合農業發展。後者為世界最大群島，多火山、地震，山多平原少。

三、北亞（1 國）：俄羅斯（Russia）（亞洲部份）

四、中亞（5 國）：哈薩克（Kazakhstan）、吉爾吉斯（Kyrgyzstan）、塔吉克（Tajikistan）、烏茲別克（Uzbekistan）、土庫曼（Turkmenistan）。

　　中亞位於歐亞大陸內部，距海遙遠，海洋水氣難以到達，今日此地區的經濟結構逐漸由農、牧業轉為工礦業為主。

---

[6]　各次區域概況內容來自：《國中社會，第六冊（3 下）》，台北：康軒文教，民國 94 年，頁 6-17。

五、南亞（7 國）：印度（India）、不丹（Bhutan）、尼泊爾（Nepal）、孟加拉（Bangladesh）、
巴基斯坦（Pakistan）、斯里蘭卡（Sri lanka）、馬爾地夫（Maldives）。南亞以印度半島
為主體，印度大平原由印度河與恆河沖積，因此擁有肥沃土壤，加上溼熱氣候，多數
國家以農業為經濟基礎。

六、西亞（19 國）：阿富汗（Afghanistan）、伊朗（Iran）、伊拉克（Iraq）、科威特（Kuwait）、
亞美尼亞（Armenia）、亞塞拜然（Azerbaijan）、卡達（Qatar）、巴林（Bahrain）、阿拉
伯聯合大公國（United Arab Emirates）、沙烏地阿拉伯（kingdom of Saudi Arabia）、葉
門（Yemen）、阿曼（Oman）、敘利亞（Syrian）、黎巴嫩（Lebanon）、約旦（Jordon）、
以色列（Israel）、賽普勒斯（Cyprus）、土耳其（Turkey）、喬治亞（Georgia）。西亞的
幼發拉底河與底格里斯河兩河流域，是世界古文明發源地之一。二十世紀初，本地區
因石油開採帶來巨大財富，從此改變人民生活方式。由於本地區掌握全球石油動脈，
其石油供應量與價格影響全球經濟發展。二戰後，以阿戰爭、兩伊戰爭、波斯灣戰爭、
美伊戰爭，造成的石油危機，造成全球石油價格飆漲，經濟亦隨之動盪。

表 A-1　亞洲各區域、次區域沿海國（含地區）及內陸國數量表

	東亞（8）	東南亞（11）	北亞（1）	中亞（5）	南亞（7）	西亞（19）
沿海國暨地區（42）100%	日本 南韓 北韓 中國 台灣 香港* 澳門*	泰國 柬埔寨 汶萊 緬甸 越南 馬來西亞 新加坡 印尼 菲律賓 東帝汶	俄羅斯	哈薩克 土庫曼	印度 孟加拉 巴基斯坦 斯里蘭卡 馬爾地夫	伊朗 伊拉克 科威特 卡達 巴林 阿拉伯 聯合大公國 沙烏地阿拉伯 葉門 阿曼 敘利亞 黎巴嫩 約旦 以色列 賽普勒斯 土耳其 喬治亞 亞塞拜然
	（7）100%	（10）100%	（1）100%	（2）100%	（5）100%	（17）100%

內陸國 (9)	蒙古 (1)	寮國 (1)		塔吉克 烏茲別克 吉爾吉斯 (3)	不丹 尼泊爾 (2)	阿富汗 亞美尼亞 (2)

說明：表內顯示之沿海國百分比為完成海域執法制度探究之國家數。

　　亞洲國家共計 49 國，依據聯合國海洋法公約規定，內陸國的定義是指沒有海岸，國境受到其他國家所圍繞，以致缺乏出海口之國家。因此，阿富汗、亞美尼亞、寮國、蒙古國、尼泊爾、塔吉克、烏茲別克、吉爾吉斯、不丹、土庫曼、亞塞拜然、哈薩克等 12 個內陸國，沿海國共有 37 國。[7]但本書為探究海域執法專書，上述內陸國中的亞塞拜然、土庫曼以及哈薩克共同圍繞閉鎖海--裏海，唯此三個國家也都分別設有海軍或海域防衛機制，以維護國家海域安全，故將此三國視為沿海國，視為探究的對象。在本書中，沿海國及地區為 42 國。內陸國為 9 國。（見亞洲地圖與表 A-1）

　　亞洲一面濱海的國家共 17 國，東南亞有 3 國，中亞 2 國，南亞 2 國，西亞 10 國。二面濱海國家共 8 國，東亞 2 國，東南亞 2 國，北亞 1 國，西亞 3 國。三面濱海的半島國家（含地區）共 6 國，東亞 3 國，南亞 1 國，西亞 2 國。四面濱海的島嶼國家共 7 國，東亞 2 國，東南 2 國，南亞 1 國，西亞 2 國。群島國共 4 國，東南亞 3 國，南亞 1 國。（見表 A-2）

---

[7]　姜皇池，《國際海洋法──上冊》，台北：學林文化，2004 年 9 月，頁 749。

表 A-2　亞洲沿海國（含地區）)濱海面數分佈表

	東亞 （7）	東南亞 （10）	北亞 （1）	中亞 （2）	南亞 （5）	西亞 （17）
一面 濱海 （17）		緬甸 柬埔寨 汶萊		哈薩克 土庫曼	孟加拉 巴基斯坦	阿聯酋 伊朗、伊拉克 科威特、約旦 敘利亞、黎巴嫩 以色列、亞塞拜然 喬治亞
二面 濱海 （8）	北韓 中國	泰國 越南	俄羅斯			沙烏地阿拉伯 葉門 阿曼
三面 濱海 （半島） （6）	南韓 香港 澳門				印度	卡達 土耳其
島國 （7）	台灣 日本	新加坡 東帝汶			斯里蘭卡	塞浦勒斯 巴林
群島國 （4）		馬來西亞 印尼 菲律賓			馬爾地夫	

第 3 章　日本海域執法制度

目錄

第一節　國情概況（Country Overview）⋯⋯⋯⋯⋯⋯⋯36

第二節　歷史沿革（History）⋯⋯⋯⋯⋯⋯⋯⋯⋯⋯37

第三節　組織、職掌與裝備

　　　　（Organization, Duties and Equipment）⋯⋯⋯⋯40

第四節　權限與管轄（Authority and Jurisdiction）⋯⋯⋯45

第五節　教育與訓練（Education and Training）⋯⋯⋯⋯46

第六節　與我國制度之比較

　　　　（A Comparison with Taiwan Coast Guard）⋯⋯⋯47

第七節　結語（Conclusion）——特徵（Characteristics）⋯49

第一節　國情概況（Country Overview）

　　日本（Japan）位於亞洲大陸東北岸外側，所屬各島呈弧狀分布，南北細長，綿延約三千公里，由四個主要島嶼北海道、九州、本州及四國與周邊的千島群島、小笠原群島及琉球群島組成。北隔鄂霍次克海（Sea of Okhotsk）與俄羅斯（Russia）相望，西北臨日本海（Sea of Japan）與南韓（South Korea）相望，西南與中國（China）及台灣（Taiwan）以東

海（East China Sea）相隔，東為太平洋（Pacific Ocean）。全國面積 377,915 平方公里，為台灣 10.5 倍大。海岸線長 29,751 公里，領海 12 浬，專屬經濟區 200 浬。[1]

　　首都東京（Tokyo），全國人口 126,475,664（2011）[2]。國體君主立憲制，政體議會內閣制，國會分參、眾兩議院。（見圖 3-1）主要輸出汽車、船舶、電機、鋼鐵，輸入原油、食品、原料。[3]日本國內生產總值（GDP）5,391,000（百萬）美元，在 190 個國家排名第 3 名；每人國民所得（GNP）42,325 美元（2010），在 182 個國家排名第 17 名。日本在自由之家（Freedomhouse）的政治權利與公民自由兩種自由程度在 2010 年的分數前者為 1，後者為 2，歸類為自由國家；透明國際（Transparency International）中的 2010 年的貪污調查分數為 7.8，在 178 個國家中排名第 17 名；聯合國（2010）最適合居住國家的人類發展指數為 6.8，在 169 個國家中日本排名第 11 名。[4]

　　日本二戰後執行新憲法，實施君主立憲，皇位世襲，天皇僅為日本及國民之統合象徵，並無實際國政權能。日本外交政策主軸為強化對美同盟關係，確保日本和平安全環境及國家繁榮，促進與亞洲重要鄰邦進行友好對話，建立良好關係。並透過國際組織，參與國際課題，創造全球及區域之共同利益，進而全面建立國際友好環境。[5]2012 年，日本申請延伸大陸礁層案已首次獲得「聯合國大陸礁層界限委員會」批准，總面積約達三十一萬平方公里，相當於日本國土面積的 82%。[6]

第二節　歷史沿革（History）[7]

　　第二次世界大戰結束前，日本維護海上治安任務之機關為「帝國海軍」。1945 年 8 月 14 日，日本宣布無條件投降後受到國際制裁，帝國海軍隨之瓦解，維護海域治安任務之機關已蕩然無存。該國周邊海域成為走私、偷渡等不法分子的天堂。另外，日本近海的主要航道、港灣，因美、日兩國佈放之水雷及沉船造成阻塞，且航道標誌、設施亦受美軍轟炸、砲擊，破壞殆盡。日本政府為迅速恢復海域安全，取得聯軍同意及協助，自 1945 年至 1946 年期間完成撤除水雷、打撈沉船工作，並致力於重建導航設施、海難救助設備之整備事宜。

---

[1]　CIA, The World Factbook.(https://www.cia.gov/index.html) (2011/04/18)
[2]　CIA, The World Factbook.(https://www.cia.gov/index.html) (2011/04/18)
[3]　《世界各國簡介暨各國首長名冊》，中華民國外交部，2001 年，頁 20。
[4]　五類指標詳情請見本書導論，頁 11-13。
[5]　中華民國外交部，外交資訊網頁（2010/08/16）
[6]　王嘉源，《中國時報－國際新聞》〈日獲准延伸大陸棚　國土八成大〉，2012/04/29。
[7]　Japan Coast Guard, (http://www.kaiho.mlit.go.jp/index.html) (2011/04/18)

　　1946 年 5 月，韓國爆發霍亂大流行，日本深恐傳染病入侵，請求聯軍在該國「海運總局」設置「非法入境船舶監視本部」。然而，其他的海上保安業務分屬「海運局」、「燈塔局」、「航路部」掌理，事權分散，效率不彰。故整合海上事權，建立統一的海上保安制度油然而生。另外，應聯軍最高司令部邀請訪日的美國海域防衛司令部 Meals 上校，亦向日本政府建議建立一元化海上保安制度的必要性。

　　因此，日本政府於 1947 年 5 月正式向聯軍總司令部提出申請，於運輸省下設置海上保安機關的提案，1948 年 5 月 1 日，海上保安廳（Coast Guard）正式成立，成為該省之「外局」（特業幕僚兼執行機關）。2001 年 1 月 6 日，日本中央政府實施瘦身計畫，將原有 1 府 22 省廳 簡併為 1 府 12 省廳 。運輸省與北海道開發廳、國土廳、建設省合併成為「國土交通省（Ministry of Land, Infrastructure, Transport and Tourism）」，海上保安廳則改隸「國土交通省」，仍職司「警備救難」、「航路標識」、「航路」三大任務。

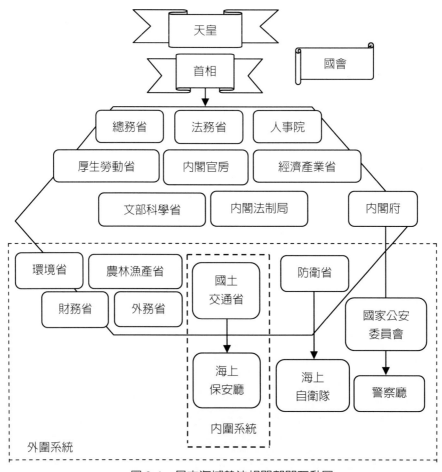

圖 3-1　日本海域執法相關部門互動圖

資料來源：作者自繪

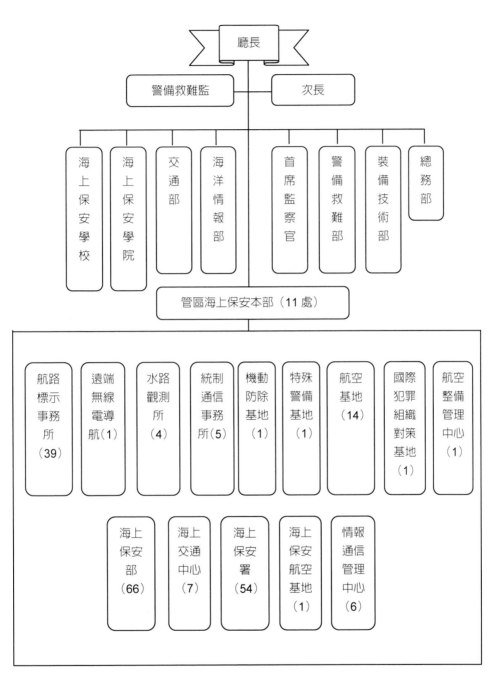

圖 3-2　海上保安廳內部組織圖

資料來源：作者自繪

第三節　組織、職掌與裝備
（Organization, Duties and Equipment）

　　日本公務員任用制度大體分為兩類，一是地方公務員，一是國家公務員。地方公務員係參加都（東京都）、道（北海道）、府（京都府、大阪府）、縣（43 個縣）及地方政府舉辦之公務員任用考試，錄取後取得任用資格，並即派任職務；國家公務員則是參加中央政府舉辦之公務員任用考試，錄取後依考試成績及意願派任各省廳任職 。然而另外還有比較特殊一類，如警察官、海上保安官，渠等參加各都、道、府、縣警察本部所屬之「警察學校」或「海上保安大學校」、「海上保安學校」入學考試，錄取者入學後即取得任官資格，畢業後不需另外參加公務員考試，此為日本與我國不同之處。另外，日本公務員依業務性質不同，可分為「特別職」、「公安職」與「一般職」，「特別職」猶如我國之「政務官」。「公安職」如警察官、檢察官、海上保安官、監獄、看守所之戒護人員等，其餘一般公務員則屬於「一般職」，故日本公務人員凡具備司法警察身分者，皆歸類於「公安職」。

日本海上保安廳（Japan Coast Guard, JCG）

一、組織與職掌[8]

　　日本海上保安廳之機關層級，比照我國而論屬行政院三級之執行機關，即「內閣」→「國土交通省」→「海上保安廳」。（見圖 3-1）JCG 下設十一個「管區海上保安本部」（地方機構），但各該「管區海上保安本部」並不隸屬於都廳、道廳、府廳、縣廳（即我國縣市政府），其人員之晉用、預算之編列，均由中央規劃、辦理，其任務之執行完全由海上保安廳長官指揮監督。JCG 基地分為 11 大區。（見圖 3-3）

　　JCG 雖然隸屬於國土交通省，但其執行之事項並非僅有國土交通省之主管業務。其他「省」（如同我國之部會）主管業務如屬於海域相關事項者，仍由「海上保安廳」執行，且執行其他省主管業務時，須受各該省「大臣」（如同我國之部會首長）之指揮監督，日本「海

---

[8]　Japan Coast Guard, (http://www.kaiho.mlit.go.jp/index.html) (2011/04/18)

上保安廳法」第十條第二項明訂：「海上保安廳長官受國土交通大臣之指揮監督，統理廳務，並指揮監督所屬人員。但執行國土交通省主管業務以外之事項時，受各該管大臣之指揮監督。」

JCG 職掌管轄範圍為負責日本之國土、領海、鄰接區及專屬經濟海域（見圖 3-5）之警備救難業務，以及依據「日本搜救協定」，執行東至東經 165 度、南至北緯 17 度海域救難任務。

JCG 任務分為三大領域，分別是「警備救難」、「航路標識」、「航路」，以及其他業務：

（一）警備救難業務

派遣巡視船艇、航空機等擔任領海警備；查緝槍械、毒品走私、偷渡、取締非法捕魚、航道警戒、海難救助、船舶火災救護、海上油污染處理及海洋環境之監視、海洋污染事件之取締等任務。

（二）航路標識業務

利用航路標識測定船、設標船、燈塔巡迴船及航行協助中心等裝備、設施，以維護管理燈塔、航路標識等助航、導航設施，並以無線電、電話、傳真等傳送氣象資料，服務在航船艇。所謂航路標識，有「光波標識」（如燈塔）、電波標識（如 DGPS 局、LORAN C 局）和音波標識等。另外，利用自然能源、有歷史、文化價值之燈塔的維護、保存以及燈塔之設計、設置等均屬航路標識業務事項。

（三）航路業務：

包括利用測量船等設備，進行航路測量、海象觀測、海洋調查；海圖、天測曆之刊行；潮流、流冰等海洋資訊之管理、提供；發行航路通報、航行警告，提供海上工程、自衛隊、美軍演習及海上障礙物等資訊，以維護航行安全。

（四）其他業務：

如離島重症、急病傷患之運送、危險地區（如海嘯、地震發生區域）之人員撤離、防止日本漁船在北方領土海域作業時遭俄羅斯公務船舶逮捕。另外，海上大規模慶典、祭典活動（如我國之海上遶境）時之安全戒護，以及舉辦各種講習宣導海上活動安全規定、注意事項等，確保海上遊憩之安全等。

圖 3-3　JCG 基地分佈圖[9]

　　近年來 JCG 執行之重要事項有：

（一）大規模災害之因應

　　為了因應地震等自然災害、海上油污染事故，成立「災害對策本部」，增添醫療設備，強化巡視船艇之應變機制、物資運送、消防救災能力，並與相關機關實施防災訓練。另外並成立了「機動防除隊」及「特殊救難隊」強化執行能力：

　　機動防除隊：海上漏油事故發生後，立即派赴現場（專機）進行指導、協調、整合各單位共同處理。亦實施海上火災事故之防範、救助。配置在橫濱海上防災基地。

9　Japan Coast Guard, (http://en.wikipedia.org/wiki/Japan_Coast_Guard) (2011/04/18)

（二）特殊救難隊

困在翻覆、沉沒船舶中人員之救助、海上遇險（難）者之救助、裝載危險物品船舶遇難時之救助、處理。執行上開任務，須有高度之知識、技能，如潛水至沉船船艙內搜救、從直升機上攀降救助等。日本現有 5 個特殊救難隊總計 30 名隊員（每隊含隊長 6 人），配置在羽田特殊救難基地。

（三）可疑船舶之對策

為了因應出沒於日本海、東海之可疑高速船舶（疑為北韓間諜船），首先在新潟、金澤、舞鶴等海上保安廳（均臨日本海）配置高速特殊警備船，並且強化小型高速巡視船的武裝、防彈能力後，配置在日本海沿岸北自秋田、南至長崎等五個保安署。爾後將陸續建構配備 40 厘米機槍之新型 1,000 噸級及 2,000 噸級大型高速巡視船。另外，並與海上自衛隊實施聯合訓練、交換情報，於海上警衛行動令發布時共同行動因應。

（四）東南亞海盜對策

近年來，麻六甲海域附近海盜案件激增，成為附近各國迫切解決的問題。海上保安廳除了與相關各國交換情報外，並派遣直升機搭載艦與各該國海上治安機關實施聯合訓練、進行聯合巡邏，共同打擊海盜犯罪，確保該海域之安全。

二、裝備

JCG 員額總計約 12,636 人（2011），JCG 艦艇總計 452 艘，分別是 121 艘巡邏艦、237 艘巡邏艇、63 艘特殊警備救難艇（3 艘調查艇、2 艘警備艇、58 艘監視取締艇）、13 艘測量船、1 艘航路標識測定船、1 艘設標船、13 艘燈塔巡邏船、3 艘實習船。另設有總計 72 架航空器，分別是 27 架定翼機、45 架直升機。[10]

---

[10] Japan Coast Guard, (http://www.kaiho.mlit.go.jp/index.html) (2011/08/22)

階級章	海上保安廳	海上自衛隊	US Coast Guard	警察
	海上保安廳長官	海上幕僚長	上將	警視總監
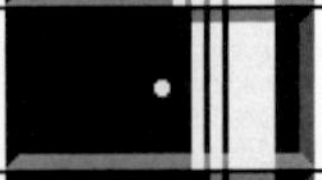	一等海上保安監（甲）次長	海將	中將	警視監
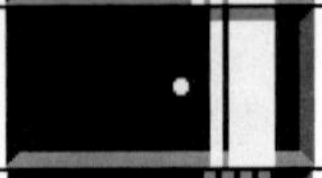	一等海上保安監（乙）警備救難監	海將補	少將	警視長
	二等海上保安監	一等海佐	上校	警視正
	三等海上保安監	二等海佐	中校	警視
	一等海上保安正	三等海佐	少校	警部
	二等海上保安正	一等海尉	上尉	警部補
	三等海上保安正	二等海尉 三等海尉	中尉、少尉	
	一等海上保安士		一等准尉	巡查部長
	二等海上保安士	准尉	二等准尉	巡查長
	三等海上保安士		三等准尉 四等准尉	
	一等海上保安士補	海曹長 一等海曹	一曹	
	二等海上保安士補	二等海曹	二曹	巡查
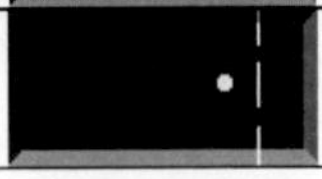	三等海上保安士補	三等海曹	三曹	

圖 3-4 海上保安廳官階級表

資料來源：作者自繪

第四節 權限與管轄（Authority and Jurisdiction）

　　日本共有 6,852 個島嶼、海岸線長 33,889 公里、陸地面積 377,873 平方公里，海域面積部分，領海（含內水）約 43 萬平方公里、鄰接區約 32 萬平方公里、專屬經濟海域約 405 萬平方公里，海域總面積約 480 萬平方公里。日本海上保安廳以如此有限的人力、裝備（每艘警備救難船平均負責約 1.07 萬平方公里海域面積之巡邏任務）負責總面積約 480 萬平方公里之海域治安、救難。[11]其人員之教育、訓練；裝備之建購、維護；勤務之規劃、執行等必有其獨到之處，足堪我國學習。

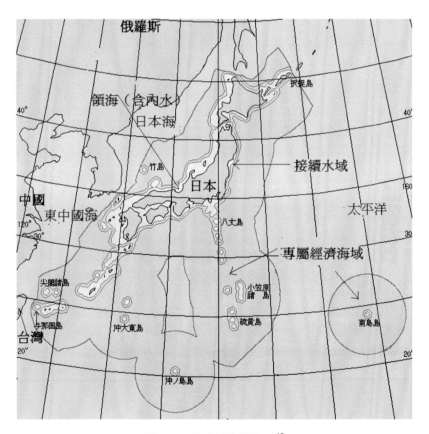

圖 3-5　日本領海概念圖[12]

---

[11] Japan Coast Guard, (http://www.kaiho.mlit.go.jp/index.html) (2010/08/16)

[12] (http://www1.kaiho.mlit.go.jp/JODC/ryokai/ryokai_setsuzoku.html) (2010/08/16)

第五節　教育與訓練（Education and Training）

　　海上保安官之任用、訓練管道只有（長官與次長除外）「海上保安學院」及「海上保安學校」（含門司分校、宮城分校），茲就各該校教育訓練狀況分述於後：

一、海上保安大學校（Coast Guard Academy）[13]

　　海上保安大學校位於廣島縣吳市，創設於 1965 年 4 月 1 日，係海上保安廳幹部養成學校，以高中畢業未滿 21 歲之青年為招收對象，每年招收約 70 名，由國家公費補助並提供生活津貼。教育期間計本科 4 年、專攻科 6 個月，合計 4 年 6 個月。學生在本科 4 年期間，研習遂行海上保安任務必要之知識、技能。其課程有行政法、國際法、刑法等法律相關學科及海上保安任務相關學識。第 2 學年下學期起，針對海事專長任務分科，分為航海、輪機及通訊，學生依科研習各領域專業知能。

　　第 3 學年起，又實施另一階段之分科教育，分為「警察學」、「安全學」，分別教授「海上犯罪論」、「海難救助工學」等相關專業知識。並對於各該專業領域所需知能深入研習。本科畢業後即進入專攻科課程。此時畢業生先授予學士學位，取得報考研究所之資格（但海上保安大學校並非日本大學法規定之大學，並未設立研究所，故畢業生欲進入研究所，需報考一般大學相關系所）。

　　專攻科之課程，係登船環繞世界一周，亦即進入實習階段（海上保安大學配置一艘 3,000 噸級的巡視船，專供實習用），期間在船上學習犯罪偵查、鑑識、海難救助等實務經驗。

　　專攻科課程結束後，即派巡視船擔任基層幹部職務（階級為三等海上保安士），從事海難救助、海上犯罪偵查等任務。之後，交替從事陸上、海上工作，依其工作成績逐步晉升職務。

　　另外，海上保安大學校設置「國際海洋政策研究中心」，獨自進行國際海洋政策相關領域之研究，並推動與國內外研究機構共同研究機制，其研究成果在各種國際會議上發表，使日本居於國際海洋政策研究之領導地位，為其首要目標。

---

[13] Japan Coast Guard, (http://www.kaiho.mlit.go.jp/index.html) (2010/08/16)

二、海上保安學校（Coast Guard School）[14]

　　海上保安學校位於京都府舞鶴市，係海上保安廳基層執行人員（階級自三等海上保安士補至一等海上保安士補）之養成學校，創設於 1951 年 11 月 16 日。海上保安學校的課程有「船舶航行」（航海、輪機、後勤補給）、「情報」（情報通信、助航）、「海洋科學」、「航空」等。船舶航行、海洋科學、航空課程修業期間 1 年、情報課程 2 年。畢業後，修習船舶航行及情報通信課程者，執行警備救難等相關任務，修習助航課程者，執行航路標識任務，修習海洋科學者，執行航路任務，修習航空課程者，繼續接受另一階段之訓練後，擔任航空機之駕駛員等相關空、地勤職務。服務一定期間後，成績優異者，經考試錄取可進入海上保安大學校特修科（修業期間 1 年）進修，結業後即升任三等海上保安士。

　　海上保安學校另有「門司」及「宮城」兩個分校：

（一）門司分校

　　位於北九州市，主要辦理在職訓練。為提昇海上保安官任務執行能力、熟習專業技能，調訓日本全國各地海上保安廳、巡視船艇服勤之人員，施予國際犯罪偵查、海上交通管制等專業訓練。

（二）宮城分校

　　宮城分校位於宮城縣岩沼市，係海上保安廳飛行員之養成學校，除了訓練飛行外，旋翼機海上救難等 8 項特殊技術訓練課程是宮城分校訓練主軸，訓練海上保安官能在惡劣海象環境下救助人命，完成使命。

第六節　與我國制度之比較
（A Comparison with Taiwan Coast Guard）

　　我國行政院海岸巡防署「海洋巡防總局」與日本國土交通省所屬「海上保安廳」同屬「海上警察機關」，專責海域執法、海難救助等事項，而彼此之差異為何？試將所知部分簡述如次，俾作為我國精進海域執法事項之參考。

---

[14]　Japan Coast Guard, (http://www.kaiho.mlit.go.jp/index.html) (2011/04/18)

一、組織職掌與裝備

（一）台灣

海洋巡防總局源自臺灣省政府警務處淡水水上警察巡邏隊、內政部警政署保安警察第七總隊、內政部警政署水上警察局，各該時期皆屬警察體系，其制度、職掌等均為警察模式；思維，執行事項著重於海域治安，故船艇之設計以查緝走私、偷渡為主，至海洋巡防總局成立後，雖逐步重視海難救助、海洋環保等事項，然船艇之購建並非一朝一夕，因此，對於裝備之籌建仍有極大精進之空間。

（二）日本

海上保安廳與「國土交通省」之關係如同我國「內政部警政署」與「刑事警察局」，係「國土交通省」之特業幕僚兼執行機關。海上保安廳有其主管事項，仍兼負執行其他機關之主管事項，故日本之海洋事務並無統一之機關主政，分由相關機關主管，而執行機關則幾乎委由海上保安廳。

海上保安廳於 1948 年 5 月成立，迄今已 57 年有餘，其成立初期船艇之規模亦非今日之狀況，歷經歲月及經驗之累積，始有今日因應不同任務而建造不同功能之船舶，應可供我國未來建置船艇之參考。

二、教育與訓練

（一）台灣

現階段養成教育委託「臺灣警察專科學校」、「中央警察大學」辦理。養成教育並未針對海事專業職掌分科實施，畢業前亦尚未完成取得專業證照之基本資格，而畢業後雖鼓勵考試取得證照，然為強制性分類，故大多參加航海證照之考試，形成「輪機」、「通信」人才不足之現象。而航海人才部分，亦未積極規劃訓練大艦之航海人員，將面臨停擺之窘境。至於在職訓練部分，目前僅中部基地之海污染處理訓練較具規模外，其他事項似乎付之闕如。故應積極規劃，始能因應具專業性且繁重之任務。

（二）日本

擔任海上保安官之管道，僅有「海上保安大學校」、「海上保安學校」一途。各該學校於新生入學時，即實施「航海」、「輪機」、「通信」之海事專長分科，畢業後，皆具「海上

保安官」、「司法警察官」身分，然而「海事職務」部分，則各依專長任職，且終身不變。專業訓練部分，訓練機構計有「海上保安學校」之「門司分校」、「宮城分校」及「橫濱海上防災基地」等處所，針對不同事項遴選優秀人員施予專業訓練，以因應海域執法、海難救助、海洋環保等艱鉅任務。

第七節　結語（Conclusion）——特徵（Characteristics）

日本以北海道、九州、本州及四國四大主要島嶼及周邊的千島群島、小笠原群島及琉球群島組成，呈現為南北細長。北面鄂霍次克海，西北臨日本海，西南面東海，東邊則為太平洋。身為執法單位的海上保安廳，在總長 29,751 公里的海岸線上分有 11 大區域基地。以下為日本海域執法制度特徵。

一、集中制

日本設有海上保安廳專責海域執法任務。

二、岸海分立

海上保安廳負責日本之領海、鄰接區及專屬經濟海域之海域執法及各項海事服務等業務，並不負責岸際執法或港口安全維護等工作。

三、專業教育搖籃

海上保安官之進用只有兩個管道，亦即養成教育單位，一為「海上保安大學校」、一為「海上保安學校」，此外別無他途，該兩個學校均隸屬於海上保安廳，其教育、訓練之規劃、預算之編列、執行均受制於海上保安廳。職務歷練方面，為海上、陸上工作交互歷練。而海上職務歷練部分，則從小艇起，依序漸進派任至大艦服務。海域執法任務之遂行，需仰賴合作無間、高度默契之團隊，而海上保安官之來源僅有「海上保安大學校」、「海上保安學校」，故渠等歷經學校教育、訓練、實習等階段，其教育背景、工作目標、思維模式等均如出一轍，且服從性極高，因此，執行能力相對提高。海上保安廳之人員進用、教育訓練及職務歷練模式，殊值我國海岸巡防機關參考。

四、三級制──隸屬於國土交通省

　　海上保安廳之機關層級，於日本行政組織架構中屬三級機關，即隸屬內閣府下轄之國土交通省，比照我國而論屬行政院三級之執行機關等同海巡署下轄之海洋總局，其下設十一個「管區海上保安本部」（地方機構），與我國「海洋巡防總局」各海巡隊及直屬船隊一樣，屬於派出單位，其任務之執行完全由海上保安廳長官指揮監督。

五、專屬航空器

　　共設有航空器 72 架，含定翼機 27 架定翼機，直升機 45 架，空中偵巡能量傲視全球僅次於美國。

六、重視海難搜救與海域執法

　　日本海上保安廳其警備救難船 63 艘，佔總數 452 艘 14%。

七、重視人員操作實習

　　設有 3 艘教育訓練船。

第4章　中華民國（台灣）海域執法制度

目錄

第一節　國情概況（Country Overview）……………………… 51

第二節　歷史沿革（History）………………………………… 52

第三節　組織、職掌與裝備
　　　　（Organization, Duties and Equipment）…………… 56

第四節　權限與管轄（Authority and Jurisdiction）………… 61

第五節　教育與訓練（Education and Training）…………… 62

第六節　結語（Conclusion）──特徵（Characteristics）… 64

第一節　國情概況（Country Overview）

中華民國（Republic of China）亦稱台灣（Taiwan），位於東亞、東臨太平洋（Pacific Ocean），西與中國大陸隔台灣海峽（Taiwan Strait）相望，南與菲律賓相隔巴士海峽（Bashi Channel）。政府管轄地區包含台灣本島、澎湖、金門、馬祖、東沙群島、南沙群島[1]的太平島與中洲礁等地。全國面積為 36,191 平方公里，海岸線長 1,566.3 公里，領海 12 浬，專屬經濟海域 200 浬。[2]

首都台北（Taipei），全國人口 23,071,779 人（2011）。[3]政體總統制，將行政、立法、司法、考試、監察等五權分立，民選總統為國家元首，行政院為最高行政機關。（見圖 4-2）

---

[1] 南沙群島西鄰越南，東鄰菲律賓，北與中國海南島相望，南臨馬來西亞、汶萊。台灣、中國大陸與越南三方均聲稱擁有該群島完整的主權外，馬來西亞、菲律賓則宣稱擁有部分島嶼的主權，並且皆有部署軍力在此地區確保自身的權益，汶萊與印度尼西亞則是宣稱擁有此區海域的主權，進而間接包含了南沙群島，但卻沒有任何實際官方行動。現下台灣實際控制之島嶼及珊瑚礁為太平島嶼中洲礁。（http://zh.wikipedia.org/zh-tw/%E5%8D%97%E6%B2%99%E7%BE%A4%E5%B3%B6）（2010/09/06）

[2] *Jane's Fighting Ships.2004-2005*, Edited by Commodore Stephen Saunders RN, Virginia U.S.A, p.717.

[3] CIA, The World Factbook.(https://www.cia.gov/index.html) (2011/05/20)

主要輸出電機產品、紡織品、基本金屬，輸入資訊與通訊產品、原油、化學品。[4]台灣國內生產總值（GDP）427,000（百萬）美元，在 190 個國家排名第 24 名；每人國民所得（GNP）18,303 美元（2010），在 182 個國家排名第 37 名。台灣政治權利與公民自由兩種自由程度在 2010 年的前者為 1，後者為 2，歸類為自由國家；透明國際（Transparency International）中的 2010 年的貪污調查分數為 5.8，在 178 個國家中排名第 33 名。[5]

　　1911 年成立中華民國臨時政府，1926 年組成國民政府。1937 年至 1945 年展開抗日及二戰，後與中共發生戰爭。1949 年中華民國遷至台灣，同年 10 月中共成立中華人民共和國，形成兩國長期對立政局。1990 年前，蔣經國總統實施十大建設，振興經濟成為亞洲四小龍之一，政治上宣佈解除戒嚴。1991 年後，李登輝總統消除萬年國會，宣告終止動員戡亂。2000 年陳水扁當選總統，政黨和平輪替，其卸任後，貪污定讞，舉世譁然；2008 年馬英九總統採取外交休兵政策，兩岸全面開放通航與各種交流緩解關係，目前仍算平靜穩定。[6]

第二節　歷史沿革（History）[7]

　　民國初年，政府廢除清朝原水師編制改組成立水上警察，並有中央法令訂定統一之組織規章，其指揮編制仍隸屬於地方行政機關。事實上，由於民初軍閥割據，中央政令難以確實貫徹到地方，水警人員訓練不易及經費預算龐大。民國 22 年曾取消水警組織之設置，一直到抗戰勝利前，水警組織付之闕如。民國 34 年 12 月 15 日公佈之「台灣省省轄市警察局組織規程」第九條提到，市警察局於必要時得呈准設置水上警察分駐所。民國 35 年 1 月 9 日公佈之「台灣行政長官公署警務處辦事細則」第十四條提到該處第一科掌理有關水陸警察編制、訓練，遣調及配備等事項。[8]民國 35 年 2 月 14 日「台灣省各縣警察機關組織規程」第十二條提到，縣警察局於必要時，得呈准設置水上警察所。

　　對日抗戰勝利後，國共戰爭使國民政府退居台灣，並於民國 38 年 5 月 19 日宣布戒嚴令，當時海洋管理以軍事機關為主。在戒嚴時期（民國 38 年至 76 年）涉及有關海域執法之機關主要有海軍、海關、警察、警備總部等單位。依據民國 57 年 9 月 21 日公佈「台灣省淡水水上警察巡邏隊組織規程」，民國 58 年正式成立「台灣省淡水水上警察巡邏隊」使

4　《世界各國簡介暨各國首長名冊》，中華民國外交部，2001 年，頁 2。
5　四類指標來源詳情請見本書導論，頁 11-13。
6　中華民國外交部，外交資訊網頁（2010/09/06）
7　邊子光，《海洋巡防理論與實務》，桃園：中央警察大學出版社，2008 年 11 月二刷，頁 3-31。
8　台灣行政長官公署警務處編，台灣警務，民國 35 年，頁 18。

水警發展邁進一步。但該隊所管轄之區域範圍基本上只限於淡水河流域，而且任務範圍縮限在治安與安全維護。

民國 68 年政府經總統令宣佈擴張領海至 12 浬，並建立 200 浬經濟海域後，我國海軍即開始在特定巡弋範圍中執行「護漁」任務。在解嚴之前，海軍除了本身本所執行之國防任務之外，亦被賦予「護漁」、「聯合緝私」、「反偷渡」等執法任務。在戒嚴時期以軍事管制為主的狀態下，警備總部是負責統籌指揮海防之主要機關。其重要工作重點如下：一、海岸警備；二、船舶電信管制；三、漁航保防；四、海上警備。其中海上警備與海域執法有關，民國 59 年 9 月，編成海上警備隊，負責轄區之海上警備，並擔任近海（3 浬內）之巡邏。民國 75 年 9 月 5 日，裁撤海上警備隊，並自同年 9 月 16 日生效。

民國 76 年 7 月 15 日解嚴之後，大陸漁船頻頻闖入台灣海域與我國漁船從事走私械彈、爆裂物、毒品、大陸農漁產品、物品、偷渡等不法活動，尤其是當時我國遠洋漁船經常於公海濫捕鮭魚，美國海域防衛司令部出面干涉取締，我國政府在美國政府壓力下，乃由行政院農業發展委員會協調內政部成立遠洋巡護警察隊。

民國 79 年 1 月警政署乃依「內政部警政署保安警察組織通則」，成立「保安警察第七總隊」並編組巡護中隊，負責領海 6 浬內，查緝偷運械彈、爆裂物、毒品、防止偷渡及協助查緝走私，及配合行政院農委會「漁業巡護船隊」執行遠洋近海等漁業警察任務。隨後依據警察法第五條修正 6 浬為 12 浬。

為能有效因應愈趨複雜之海洋事務及落實保障漁民權益、保護海洋環境、生態資源等更積極之施政目標，民國 87 年 6 月 15 日以保七總隊為基礎成立水上警察局（Marine Police Bureau）。雖然，水上警察局的成立仍以執法為主，但任務走向已逐步擴展至其他領域，已具專責海域執法機構雛形。

圖 4-1　海岸巡防署署徽[9]

說明：海岸巡防署署徽頂端之國徽象徵效忠中華民國，保護疆域之意涵，金黃色警鴿象徵警戒、和平、效率，金黃色法龍象徵保護疆域、沿海、維護人民安全，白色天秤則象徵公平。

---

[9]　行政院海岸巡防署全球資訊網，（http://www.cga.gov.tw/GipOpen/wSite/mp?mp=999）（2010/09/06）

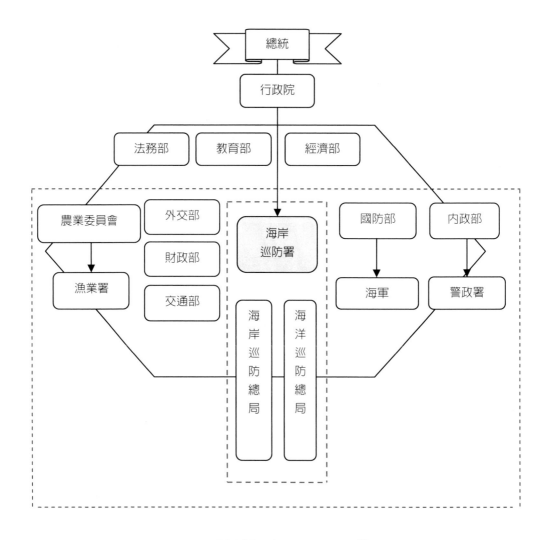

圖 4-2　台灣海域執法相關部門互動圖[10]

資料來源：作者自繪

　　我國在海岸巡防署成立之前，海防工作係由內政部、國防部及財政部等單位分別執行，其中尚包括農委會、交通部、衛生署及環保署等單位之相關事務，由於無專責機關，事權不一，因此於民國 88 年 3 月 22 日成立籌備委員會，規劃海岸巡防署直隸行政院，於民國 89 年 1 月 28 日成立「行政院海岸巡防署」，統一岸海事權。民國 99 年 2 月 3 日修正行政院組織法，自民國 102 年元旦起升格為海洋委員會。原行政院海岸巡防署擬降為隸屬於該會之二級機關。暫定名為行政院海洋委員會海巡署。（見圖 4-2 及 4-3）

---

[10] 邊子光，《海洋巡防理論與實務》，桃園：中央警察大學出版社，2008 年 11 月二刷，頁 87。

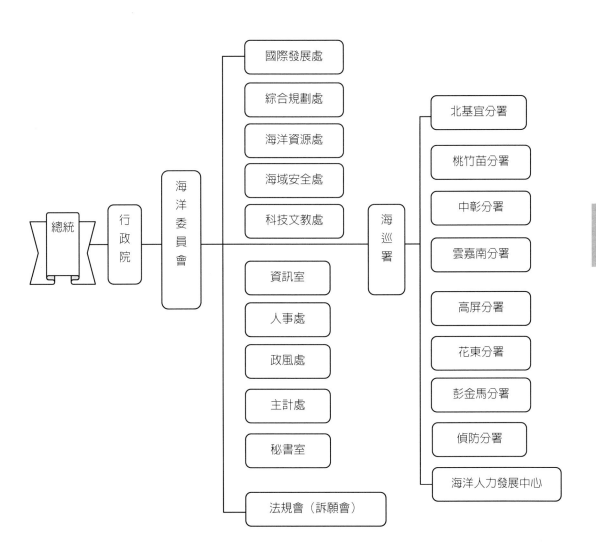

圖 4-3　未來台灣（2012）海域執法相關部門互動圖

資料來源：作者自繪

第三節　組織、職掌與裝備
（Organization, Duties and Equipment）

一、行政院海岸巡防署（Coast Guard）

（一）組織[11]

　　行政院海岸巡防署（簡稱海巡署）隸屬行政院為二級機關，署本部下轄海岸巡防總局及海洋巡防總局。勤務部署如下：（見圖 4-3、4-4）

　　1、台灣本島

　　海岸巡防總局下轄北、中、南、東四個地區巡防局，底下佈署八個岸巡總隊、二十五個岸巡大隊、兩個安檢大隊，大隊（含）以下佈署二百六十個哨所、三十個安檢所、二九八個安檢站、二十七個河道搜查組。另有十七個機動查緝隊。

　　海洋巡防總局分成北、中、南、東四個機動海巡隊及 14 個海巡隊及 2 個直屬船隊，負責海岸之外的海域。其人員組成則多為警察出身，具有司法警察身份，亦有自關稅總局調任者。

　　2、離島地區

　　海岸巡防總局佈署金門總隊、澎湖總隊、東沙、南沙指揮部、馬祖大隊、烏坵區隊及七十三個安檢站，三個機動查緝隊。海洋巡防總局佈署金門、馬祖各一個甲種海巡隊，東、南沙設海巡中隊。

---

[11] 行政院海岸巡防署全球資訊網，（http://www.cga.gov.tw/GipOpen/wSite/mp?mp=999）（2010/09/06）

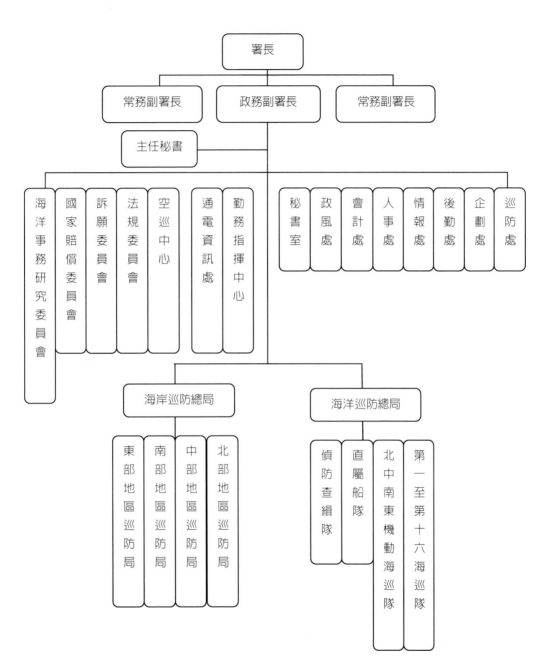

圖 4-4　行政院海岸巡防署組織圖[12]

資料來源：作者自繪

---

[12] 邊子光，《海洋巡防理論與實務》，桃園：中央警察大學出版社，2008 年 11 月二刷，頁 78。

（二）職掌

海巡署之任務為平時維護台灣地區海域及海岸秩序，與資源保護利用，確保國家安全，保障人民權益（海岸巡防法第一條）。戰爭或事變發生時，依行政院命令納入國防軍事體系（海岸巡防署組織法第二十四條）。其職掌依海岸巡防法第四條規定，巡防機關掌理下列事項：

1、海岸管制區之管制及安全維護事項。

2、入出港船舶或其他水上運輸工具之安全檢查。

3、海域、海岸、河口與非通商口岸之查緝走私、防止非法入出國、執行通商口岸人員之安全檢查及其他犯罪調查事項。

4、海域及海岸巡防涉外事務之協調、調查及處理事項。

5、走私情報之蒐集、滲透及安全情報之調查處理事項。

6、海洋事務研究發展事項。

7、執行事項：

（1）海上交通秩序之管制及維護事項。

（2）海上救難、海洋災害救護及海上糾紛之處理事項。

（3）漁業巡護及漁業資源之維護事項。

（4）海洋環境保護及保育事項。

8、其他有關海岸巡防之事項。

前項第五款有關海域及海岸巡防國家安全情報部分，應受國家安全局之指導、協調及支援。

（三）裝備

署本部編制員額440員，現有員額313員，海岸巡防總局編制員額18,013員，現有員額12,556員，海洋巡防總局編制員額3,000員，現有員額2,148員，總編制員額21,453員，現有實際員額共15,017員。在艦艇配置方面，分為巡防艦艇及功能性艦艇。巡防艦艇：

1. 1 艘 2,000 噸巡防艦（台南艦）

2. 2 艘 1800 噸級巡防艦（和、偉星艦）

3. 2 艘 800 噸級巡護船（謀、福星艦）

4. 2 艘 500 噸巡航艦（金門、連江艦）

5. 4 艘 600 噸巡防艦（台中、基隆、澎湖、花蓮艦）

6. 4 艘 500 噸巡航艦（南投、台北、德星、欽星艦）

7. 18 艘 100 噸巡邏艇

8. 3 艘第二代 100 噸巡邏艇

9. 3 艘第三代 100 噸巡邏艇

10. 5 艘 60 噸、15 艘 50 噸、24 艘 35 噸、14 艘 30 噸、20 艘 20 噸巡邏艇

11. 8 艘 M6 特勤快艇

12. 30 艘 M4 快艇

功能性艦艇及裝備：

1. 5 艘分別為 100 噸、200 噸、400 噸、800 噸、1000 噸巡護艦

2. 3 艘自動扶正搜救艇

3. 4 艘 100 噸除污船

4. 4 架直升機

另外，目前海巡署仍持續建造新式船艦，2010 年建造 2,000 噸巡防艦，預計 2012 年 12 月可服役。計畫於 2011 年建造 3,000 噸巡防艦（新北、高雄艦）預計於 2014 年完工。以及 2011 年 12 月開始建造 4 艘 1,000 噸巡防艦。[13]

二、台灣海軍（Navy）

（一）組織與職掌[14]

海軍總司令部隸屬國防部，下轄艦隊司令部、陸戰隊司令部、教育訓練暨準則發展司令部、後勤司令部、驅逐艦隊、巡防艦隊、潛艦戰隊、水雷艦隊、勤務艦隊、兩棲艦隊、飛彈快艇部隊、海軍航空部隊、岸置飛彈部隊、海洋監偵指揮部、基地指揮部、陸戰旅、海測局、海發中心。

海軍任務以維護臺海安全及維持對外航運暢通為目的，平時執行海上偵巡、外島運補與護航等任務；戰時反制敵人海上封鎖與水面截擊，聯合陸、空軍遂行聯合作戰。陸戰隊平時執行海軍基地防衛、戍守指定外島；戰時依令遂行作戰。

由以上觀之，海軍戰時對外作戰防衛領海主權，平時整備訓練維持戰力隨時準備作戰，故海軍主要以戰備為考量，以護漁任務為例：護漁任務在民國 79 年前全權責由海軍負責，民國 79 年保七總隊成立後，雖保七總隊已依法負擔部份的護漁任務，但我國護漁任務仍以海軍為主。海巡署成立之後，海軍已退居擔任備援與策應的角色，除非發生武裝衝突或他國出動軍艦等重大事件，海軍始全力協助配合海巡署，採取積極作為，共同執行護漁。[15]

---

[13] 行政院海岸巡防署全球資訊網，（http://www.cga.gov.tw/GipOpen/wSite/mp?mp=999）（2011/08/22）

[14] 中華民國海軍，（http://navy.mnd.gov.tw/index.aspx）（2010/09/06）

[15] 針對九十四年六月中日釣魚台海域漁權爭議引發蘇澳漁民抗爭，海軍於六月十五日發布新聞稿第四項第四款：「對於護漁問題，海軍雖依法擔任備援與策應的角色，然基於政府單位一體行事之精神，國軍

（二）裝備

目前人員約 38,000 員，配置潛艇 4 艘、驅逐艦 11 艘（含 4 艘紀德艦）、巡邏艦 22 艘【含 8 艘諾克斯級、8 艘乾坤級、6 艘康定級）、巡邏艇共 80 艘（含 12 艘錦江級 680 噸、2 艘龍江級、47 艘海鷗級）、1 艘光華六代飛彈快艇（另 28 艘 2004 年底後陸續交船）、8 艘寧海級）】，兩棲作戰艇 309 艘（1 艘 LSDM、2 艘 LSDH、2 艘 LSTH、4 艘 LSM、12 艘 LST、18 艘 LCU、170 艘 LCM、100 艘 LCPYs），獵雷艦（4 艘進取級、4 艘副長級、4 艘永豐級）12 艘，海測船 1 艘（達觀號），輔助船 14 艘，拖船 35 艘、42 架旋翼機、15 架定翼機，總計各式艦艇 488 架、飛機 57 架。[16]

三、台灣關稅總局（Customs）

（一）組織與職掌[17]

關稅總局隸屬財政部，關稅總局下直轄基隆、台北、台中、高雄四關稅局。基隆、台北、高雄三關稅局為一等關稅局，台中關稅局為二等關稅局。各關稅局為應業務需要得於轄區內必要地點設分局、支局，目前計有八分局、四支局、及一支局籌備處，其中台北關稅局不負責港口業務。關稅總局掌理關稅稽徵、查緝走私、保稅退稅、貿易統計、建管助航設備及接受其他機關委託代徵稅費、執行管制。

在查緝走私方面，基隆關稅局負責基隆、蘇澳、花蓮各通商口岸（含港區、錨地及鄰近水域）之海上查緝走私業務。台中關稅局負責台中港麥寮港各通商口岸（含港區、錨地及鄰近水域）之海上查緝走私業務。高雄關稅局負責高雄港（含港區、錨地及鄰近水域）之海上查緝走私業務。海關除查緝走私外，各關稅局巡緝艇視天候狀況機動巡邏執行全島海外之巡弋查緝任務協助防止偷渡等任務，基隆關稅局負責台灣北部及東北部，台中關稅局負責中西部海域，高雄關稅局負責南部、東南部和澎湖海域。

（二）裝備

目前關稅總局人員總共約 3,930 人，船艇配置方面，民國 89 年 12 月 26 日行政院研考會邀集財政部、海巡署等相關單位研商將財政部關稅總局正在建造之 4 艘 600 噸級緝私艦撥交海巡署。海巡署則移撥 100 噸級巡邏艇，50 噸級巡邏艇各 4 艘與海關，其中基隆關稅

將本著「不引發爭端、不升高衝突、兼顧漁民生計」的原則，全力協助、配合海巡署，採積極作為，共同執行護漁，籲請國人放心與支持。」

[16] 中華民國海軍，（http://navy.mnd.gov.tw/index.aspx）（2010/09/06）
Jane's Fighting Ships.2004-2005, Edited by Commodore Stephen Saunders RN, Virginia U.S.A, pp.717-728.
[17] 中華民國財政部關稅總局，（http://web.customs.gov.tw/mp.asp）（2010/09/06）

局配置 100 噸級巡緝艇 2 艘（海恩、海清），50 噸級巡緝艇二艘（海瀛、海東）。台中關稅局配置 100 噸級巡緝艇 1 艘（海良）。高雄關稅局配置 100 噸巡緝艇 1 艘（海成）50 噸級巡緝艇 2 艘（海克、海達）。另配置 964 噸級運補艦 1 艘（運星）負責燈塔維修補給。

第四節　權限與管轄（Authority and Jurisdiction）

一、行政院海岸巡防署

　　海岸巡防法通過後該法成為海岸巡防署發動職權之執法依據，依據該法第四條第三款規定海巡署執法範圍包含海域及海岸，因此，海巡署儼然成為海域及海岸之主要執法機關。但是，依據中華民國領海及鄰接區法第十七條規定：「中華民國之國防、警察、海關或其他有關機關人員，對於在領海或鄰接區內之人或物，認為有違犯中華民國相關法令之虞者，得進行緊追、登臨、檢查；……。」另專屬經濟海域及大陸礁層法第十六條：「中華民國之國防、警察或其他機關，對在專屬經濟海域或大陸礁層之人或物，認為有違反中華民國相關法令之虞時，得進行緊追、登臨、檢查；……。」從海域雙法觀之，基於政府一體原則，所有政府資源皆應充分適當利用，其他機關亦可依據海域雙法協助各海洋事務主管機關執行各項海洋事務。

二、海軍

　　海軍戰時對外作戰防衛領海主權，平時整備訓練維持戰力隨時準備作戰，故海軍主要以海上防衛為考量，但是基於政府一體之原則，海軍在海域執法、護漁、重大海難事件、海洋污染等重大事故發生時，不論任何海域仍需協助各相關機關執行相關事宜。尤其在海難搜救及海洋汙染方面，「行政院國家搜救指揮中心作業手冊」及依海洋污染防治法第十條核定之「重大污染緊急應變計畫」組織架構中，其分工計畫中皆清楚律定國防部甚至海軍之職責。另外，在海上交通安全管理部份，海軍海洋測量局辦理潮汐表、日月出沒表、航行指南及海圖資料編印等。

三、關稅總局

　　海關緝私條例第六條：「海關緝私，應在中華民國通商口岸，沿海 24 浬以內之水域，及依本條例或其他法律得為查緝之區域或場所為之。」另專屬經濟海域及大陸礁層法第十六條中並未提及海關，因此，海關係以沿海 24 浬內為執法範圍。海關緝私條例第十六條規定，海關緝私，遇有必要時，得請軍警及其他有關機關協助之。第十六條第二項又提到，軍警機關可於非通商口岸巡行查緝走私。因此，在法理上緝私屬於關稅總局主管業務，但是海巡署成立之後，關稅總局船艇移交海巡署後，海域緝私幾乎完全由海巡署執行，海關僅由海巡署移撥之八艘小型艦艇執行港區、錨地及鄰近水域之查緝任務。在海上交通管理部份，目前海關負責燈塔及助航設備之修建與維護，海岸助航設施由關稅總局海務處負責管理，離島燈塔的補給由運星艦負責。[18]

第五節　教育與訓練（Education and Training）[19]

　　海巡署係合併海岸巡防司令部、水上警察局、關稅總局艦艇等軍、警、關、文四種身分之人員，由於洋、岸總局職掌、身分不同，故人員晉用管道及所受教育訓練亦不同。海巡署成立後，在新進人力方面除每年水上警察特考外，曾辦理「海巡特考」考試數次，此為洋岸總局共同取才之管道。

一、教育方面

（一）基礎教育

　　海洋總局幹部及基層人員之晉用係經中央警察大學水警研究所、水警系及警察專科學校海洋巡防科及其他各大專院校畢業，經三、四等司法警察特考及格者依法分發任用。海洋總局另行請增辦理四等水警特考乙次，錄取三十二名，經過一年之警察專科學校養成教育及實務單位職前訓練後分發任用。常備役軍官來源為各軍事院校正期班或專科班，另基

---

[18] 邊子光，《海洋巡防理論與實務》，桃園：中央警察大學出版社，2008 年 11 月二刷，頁 402。
[19] 邊子光，《海洋巡防理論與實務》，桃園：中央警察大學出版社，2008 年 11 月二刷，頁 133、138。

層國防義務役軍士官兵，來源係與國防部各軍種共同選兵，於各地區巡防局訓練大隊施予十週之海岸巡防相關專業訓練後，分發岸巡各基層單位服務，一年六個月服役期滿退伍。

（二）進修及深造教育

分為國內外研究及訓練，以培育本署多元人才。配合政府終身學習政策，充分利用國內外大學、研究所教育資源，鼓勵同仁繼續投考與本署業務相關之法律、航海、科技、管理等院校研究所在職進修。

二、訓練方面

結束學校教育之後，海洋、海岸兩總局人員研習中心針對任務屬性之不同施予其他專業訓練。海洋總局規劃各項在職專長訓練，包含：

（一）職前訓練

海巡署新進人員一律接受各研習中心辦理之職前訓練，以熟悉海巡署勤業務概況，分發至各海巡隊即近岸巡防艇之軍職人員以艦艇技能為主並須具備基本新四項專長訓練。海岸總局由於初任海巡人員皆未具司法警察身分，訓練項目首先包括執法專業所需之「司法警察專長訓練」。

（二）專業訓練

針對任務需求海洋總局由各業務單位辦理各項專業訓練，例如：海事法律、偵防實務、船艦航儀操作訓練（動力小船訓練、航海、輪機、雷達、航儀通訊等）、水上求（救）生、海難救助、海洋污染防治及中、高階幹部等訓練，其他包含外語、資訊等。

海岸總局辦理之專業訓練有：甲乙級船員訓練、動力小艇訓練、水上求救生訓練、潛水人員訓練、查艙技巧訓練、情報幹部講習、司法小組講習班、雷達操作班、通信系統作業班、資訊裝備維護班。

（三）國際交流

為引進先進海事國家海域執法機制相關學術與技術，成立以來多次邀請國外海域執法專家來署授課交流，包括美國緝毒局來署講授海域查緝要領，美國海域防衛司令部教練團在海洋總局訓練海難搜救及小型搜救艇操作等。此外並多次派遣種子師資，赴美國海域防衛司令部預備軍官學校（U.S. Coast Guard Officer Candidate School），加拿大海域防衛學院

（Canadian Coast Guard College）及英國特種部隊接受海域執法、海難搜救、海污處理及特勤反恐訓練，相關訓練已引進許多先進海事國家海域執法機制執勤技能與科技。[20]

第六節　結語（Conclusion）──特徵（Characteristics）

海岸巡防署於總長 1,566.3 公里的海岸線上，海岸巡防總局下轄四個地區巡防局，海洋巡防總局分成四個機動海巡隊及 14 個海巡隊及 2 個直屬船隊，以下為台灣海域執法制度特徵。

一、集中型海域執法機制

從海域雙法觀之，國防、警察、海關及各相關機關皆是海域執法機關，但是，依據民國八十九年一月二十六日公佈施行之海巡五法得知，且與海關艦艇整合後，海巡署已成為海域（岸）專責執法機關，其他主管或相關機關則為協助機關。

二、部會層次二級機關

海巡署隸屬行政院為部會級機關，與世界其他各海域執法機關普遍隸屬於國防部、內政部、交通部之三級或四級單位，未來行政院研考會「行政院組織重組規劃方案」可能將海巡署規劃隸屬內政及國土安全部，成為三級機關，目前尚未定案。

三、岸海合一

海巡署下轄海洋及海岸巡防總局，職掌範圍分別為海域及海岸，如同國防部下轄陸、海、空三軍一般，唯近來實施「地區責任制」，各地區局下轄若干「巡防區」，將採行完全的岸海合一，換言之，岸海均將走入歷史，只存在「海巡」二字。

---

[20] 林欽隆，〈行政院海岸巡防署〉〈人員培訓前瞻規劃方案研析〉，《海巡月刊第七期》，民國 93 年，頁 18-27。

四、多元身分

海巡署合併海岸巡防司令部、水上警察局、關稅總局艦艇人員,人員身分涵蓋軍、警、關、文等四種人員,來自不同管道、不同工作性質、不同人事制度遂形成不同組織文化,未來如何整合各項制度係海巡署一大考驗。

五、執勤範圍廣大

海巡署執法區域遍及中華民國所宣示主權海域,除台灣本島外,包含澎湖群島,另較重要者有蘭嶼、綠島、琉球嶼、釣魚臺、與龜山島。其中釣魚台海域為中日爭議性海域,目前以暫定執法線為執法水域,另外距台灣約 238 浬的東沙群島、距約 850 浬的南沙群島皆是海巡署執勤範圍。

第 5 章　南韓海域執法制度

目錄

第一節　國情概要（Country Overview）……………… 66

第二節　歷史沿革（History）……………… 67

第三節　組織、職掌與編裝

　　　　（Organization, Duties and Equipment）……… 71

第四節　權限與管轄（Authority and Jurisdiction）…… 79

第五節　教育與訓練（Education and Training）……… 80

第六節　與我國制度之比較

　　　　（A Comparison with Taiwan Coast Guard）…… 80

第七節　結語（Conclusion）──特徵（Characteristics）… 81

第一節　國情概要（Country Overview）

大韓民國（Republic of Korea）通稱南韓，位於東北亞朝鮮半島（Korea peninsula）南半部，北面隔著三八線[1]與朝鮮民主主義人民共和國相鄰。西南濱黃海（Yellow Sea），東南臨朝鮮海峽（Korea Strait），東隔日本海（Sea of Japan）與日本相望。全國面積 98,480 平方公里，是台灣的 3 倍大。海岸線長 2,413 公里，領海 12 浬，專屬經濟海域 200 浬。[2]

首都首爾（Seoul），全國人口 48,754,657 人（2011）[3]。國體立憲共和制，政體大統領制（總統制），國會一院制。（見圖 5-1）主要輸出產業用電子、紡織品、汽車、家庭用電器，輸入石油、農產品、精密機械。[4]南韓國內生產總值（GDP）986,300（百萬）美元，在 190 個國家排名第 15 名；每人國民所得（GNP）20,165 美元（2010），在 182 個國家排名第 33

---

[1] 38 線又稱休戰線，是橫跨亞洲、地中海及美國的北緯 38 度緯線。現特指為朝鮮半島上北緯 38 度附近的一條軍事分界線，緯度線北部為北韓，南部為南韓，按照朝鮮停戰協議，緯度線兩側的非軍事區寬約四公里。

[2] *Jane's Fighting Ships.2004-2005*, Edited by Commodore Stephen Saunders RN, Virginia U.S.A, p.425.

[3] CIA, The World Factbook. (https://www.cia.gov/index.html) (2011/04/18)

[4] 《世界各國簡介暨各國首長名冊》，中華民國外交部，2001 年，頁 26。

名。南韓在自由之家（Freedomhouse）的政治權利與公民自由兩種自由程度在 2010 年的分數前者為 1，後者為 2，歸類為自由國家；透明國際（Transparency International）中的 2010 年的貪污調查分數為 5.4，在 178 個國家中排名第 39 名；聯合國（2010）最適合居住國家的人類發展指數為 6.3，在 169 個國家中南韓排名第 12 名。[5]

　　南、北韓是 1950 年韓戰[6]爆發後各自成立的國家，雙方簽訂停戰協約，但雙方軍事拉鋸戰仍存在。2010 年 3 月 26 日南韓的軍艦爆炸沉沒後，促使雙方陷入緊張關係。[7]

第二節　歷史沿革（History）[8]

表 5-1　南韓海域防衛署歷史沿革表

時間	事件
1952 年 1 月 28 日	總統發布維護海域秩序令。
1953 年 12 月 14 日	制定海域防衛署組織法。
1953 年 12 月 23 日	成立韓國海域防衛署（Korea Coast Guard Force）隸屬內政部公共安全局（Department of Public Security in Ministry of Home Affairs），建立初期有 139 人、6 艘船，總部位於釜山（Busan）。
1955 年 2 月 27 日	改隸工商部海洋事務局（Marine Affairs in Ministry of Commerce & Industry）。
1962 年	再改隸內政部公共安全局，並通過韓國國家海洋警察法（Korean National Maritime Police Act），於當年五月五日海洋安全課更名為韓國海洋警察局（Korean National Maritime Police）。
1963 年至 1972 年	分別建立仁川、浦項、木浦、麗水、東草、釜山等海域防衛地區，並建立通訊、航空部門及管理機構。
1978 年 8 月 9 日	提升位階直接隸屬內政部。
1979 年 10 月 12 日	將總部由釜山遷至仁川（Incheon）。
1984 年 1 月 1 日	建立船舶維修站隸屬維修暨後勤處部門。
1987 年 9 月 15 日	於警察綜合學院設立海洋警察部門
1990 年 7 月 19 日	修正政府組織法，改組海洋污染處理局為海洋污染處理處，新建立監察課、災害防救課、鑑定暨搜救課、維修站，將情報及偵查區分為二課，並成立海上搜救小隊。
1991 年 7 月 23 日	更名為海洋警察廳（National Maritime Police Agency, NMPA）隸屬於警察署（National Police Agency），負責海上人命安全及救難任務。
1993 年 12 月 27 日	娛樂船法（Law of Leisure Boat）修正，海域防衛署負責娛樂船、人命安全及救難行動。

---

[5] 五類指標詳情請見本書導論，頁 11-13。

[6] 韓戰是二戰後冷戰期間發生的戰爭，於 1950 年 6 月 25 日開始，1953 年 7 月 27 日結束，雙方雖簽訂停戰協議，但並未簽訂和平協議，在技術層面上，雙方的爭戰並未結束。

[7] 尹德瀚，《中國時報》，〈南韓沉艦疑內部爆炸　無關北韓〉。2010/03/28。

[8] Korea Coast Guard, History, (http://www.kcg.go.kr/in%5Fsite/english/) (2010/06/11)

1995 年 9 月 14 日	搜救公約在國內有效。
1996 年 8 月 8 日	海洋警察廳改隸海洋事務暨漁業部（Ministry of Maritime Affairs and Fisheries）之下之獨立單位。
1997 年 12 月 27 日	與韓國海事大學簽訂海域防衛訓練契約。
1998 年 2 月 28 日	重新整頓內部組織。
1998 年 12 月 23 日	訂定海域防衛日。
1998 年 12 月 8 日	與中國警察機構簽訂合作協議。
1999 年 3 月 13 日	實施海上交通廣播。
2002 年 7 月 8 日	完成最後一個 Wando 地區海域防衛署分署之建立（13 個海警分署、1 個整備體系）。
2003 年 1 月 9 日	設立一支海上特攻隊（我國稱特勤隊）。
2004 年 5 月 6 日	海域防衛學院成立，校長由治安監擔任下屬組織有總務科、教務科、訓練團。
2005 年 1 月 3 日	將海洋警察廳英文名稱「National Maritime Police Agency, NMPA」改為「Korea Coast Guard, KCG」以便走向國際化。
2006 年 2 月 22 日	公佈新的四個區域指揮條例。
2006 年 3 月 23	海域防衛署創立研發中心。
2006 年 3 月 28 日	根據海域防衛署的救援條例創立海域安全辦公室。
20006 年 4 月 3 日	四個區域總部（仁川、木浦、釜山、東海）開始運作。
2007 年 9 月 14 日	全國調查組改組。
2007 年 12 月 4 日	四個指揮部精簡化，取消仁川地區總部。
2008 年 2 月 29 日	成為國土、交通及海洋事務部（Ministry of Land, Transports and Maritime Affairs, MLTM）底下的一個獨立單位。重新組織裝備技術處、計劃與協調處、警備救難處、海洋汙染控制處及情報搜查。
2008 年 3 月 10 日	重新組織財務政策課、人力資源開發課、海上安全課及水上休閒安全課。創立國際合作處、設備裝備採購課、維修課、通訊課、汙染應變及策劃課。

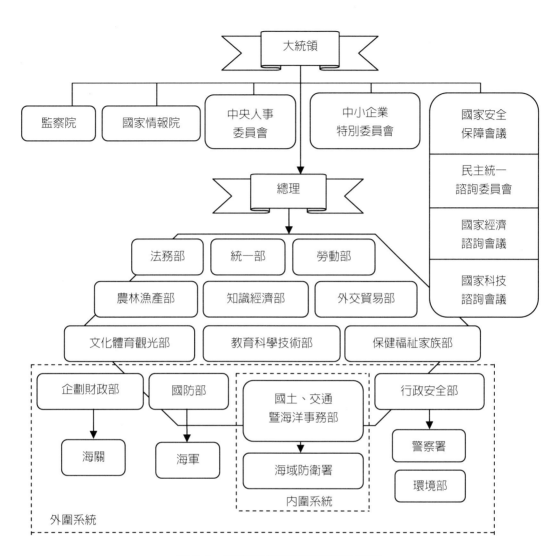

圖 5-1　南韓海域執法相關部門互動圖

資料來源：作者自繪

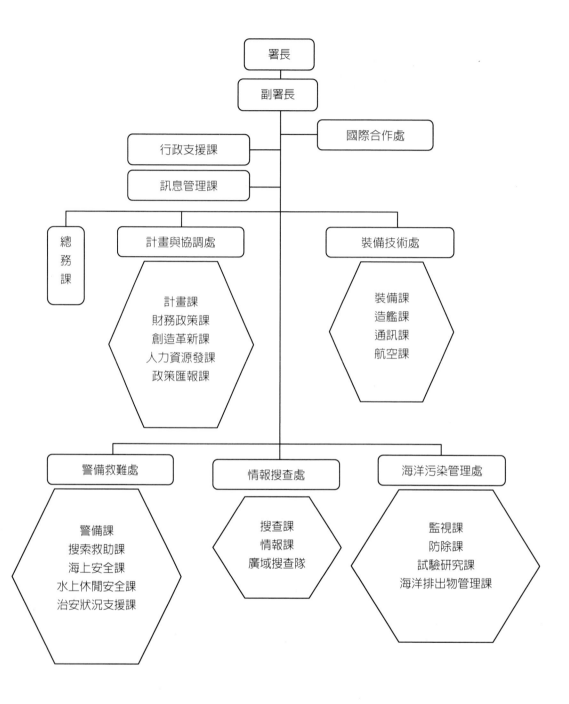

圖 5-2　南韓海域防衛署內部組織圖

資料來源：修改自 Korea Coast Guard, (http://www.kcg.go.kr/in%5Fsite/english/) (2010/06/11)

第三節　組織、職掌與編裝
（Organization, Duties and Equipment）

一、南韓海域防衛署（Korea Coast Guard）

（一）組織與職掌[9]

　　海域防衛署自成立以來內部多次改組，主管單位不斷改變。最終，中央政府於 2008 年將部會精簡化後成立的國土、交通暨海洋事務部（Ministry of Land, Transports and Maritime Affairs, MLTM）成為海域防衛署的主管機關。（見第二節歷史沿革）他們的主要任務有：

1. 海上犯罪偵查

（1）國內犯罪的偵查行動

　　　A. 取締海上強盜竊盜與暴力行為等民生犯罪。

　　　　　a. 集中配置高速機動小艇和巡邏船於港口。

　　　　　b. 透過「犯罪活動責任區域系統」，實施區域偵查活動。

　　　　　c. 藉由季節與犯罪型態之特徵控制犯罪活動。

　　　　　d. 促進守法與主動申報之精神。

　　　B. 取締非法捕魚等各種特別犯罪。

　　　　取締未經許可之非法漁業活動、海上貿易及違反「捕撈區」之政策。

　　　C. 取締破壞航行安全和海上汙染等犯罪行為。

　　　　　a. 取締違法超載、非法釣漁船等海上安全犯罪活動。

　　　　　b. 取締船舶、海洋設施、臨海工業基地等海洋污染行為。

　　　D. 取締毒品及走私等其他犯罪。

　　　　　偵察各類新型犯罪，諸如：走私、毒品犯罪活動、海運企業的貪污受賄等各種嚴重犯罪行為。

9　Korea Coast Guard, Main Operations, (http://www.kcg.go.kr/in%5Fsite/english/) (2010/06/11)

E. 接受和處理犯罪申訴書

接受及處理各種不同的民眾申訴書，諸如抗議、控告、訴願等，處理有關受害者、居民、當事人所提出之刑事及特別法令等之訴訟案。

（2）國際犯罪偵查行動

A. 為徹底杜絕海盜行為與海上搶劫而建構的海內外合作體制

建構與國內有關機關團體的合作體制及強化東南亞各國、國際海盜中心等國際合作。

B. 杜絕走私偷渡等犯罪活動

杜絕海上走私、偷渡及國際犯罪組織混入國內的活動。

C. 強力驅離外國漁船入侵行為

強化監視、取締侵犯海域的外國漁船的非法捕魚、海洋污染及在公海上對漁船進行的各種非法行為。

D. 海上反恐行動（Maritime Anti-Terror Activities）

2002 年 1 月海域防衛署成立了一支特種攻擊部隊（Special Attack Team），對抗類似脅持各型船舶等海上恐怖行動，以確保人民之生命及財產。

2. 海事搜索及救難（Maritime Search and Rescue）

（1）建立搜救體系

海洋警察依據災難救助法對海上發生的遇難事故，南韓海洋警察廳其已建立一套即時搜索系統，即透過中央協調總部（海域防衛廳）→救助協調總部（地區防衛署）→救助分部（救助隊），可透過直升機及搜救團隊的努力，處理擱淺、沉沒、失火或危難中之船舶，相輔相成為一元化指揮體系。另外，透過相關機關的合作凝聚救助力量，強化海難事故的預防及應變能力。

（2）搜尋及處理未依時返港之船舶

海上船舶在預定進港時間內，事前沒有通報而未進港時，為了掌握船舶的動態而展開搜尋活動，因海難或而遭到恐怖份子攻擊、劫持等危險時，海洋警察將立即解除這些危險狀況，以保護人民的生命和財產安全。

（3）海上災害救護任務

防止和救助海上船舶火災等災難。

A. 利用消防艇與巡邏艇上之各項裝備，展開海上災難船舶之救助及救護行動。

B. 對於因颱風、海嘯等自然災害而受難之人命與船舶展開救護行動。

（4）加入國際搜救組織

　　　　加入有關海上搜尋救助的國際公約，該公約已於 1995 年 10 月 04 日於國內生效，在發生海難事故時，確立國際間有關遇難訊息交換以及在執行救難時建立快速的合作、支援體制。

3. 海洋污染監視（Maritime Pollution Observation）

（1）預防海洋污染之監視、取締行動

　　　　根據海洋污染防治法第五十六條（出入港檢查、報告）、第五十七條（海洋環境監察員），檢查員透過檢查船舶、海上設施等相關文件及原料，確認是否有污染物質排放行為。主要檢查內容：防污設備是否設置完整、操作是否正常、其所產生之廢油、廢棄物等是否正常處理、處理過程是否確實記錄於簿冊上、是否設置緊急處理設備。

（2）利用航空器、巡邏艇監控廣大海域

　　　　監視油、貨輪主要航路，利用航空器監視專屬經濟海域污染狀況，並於發生污染事件時，搜尋污染源及評估污染狀況，隨後動員航空器除污艇警視艇形式機動艇等，進行除污及監控任務。

（3）取締違反海洋污染規定者

　　　　針對慣常及故意污染海洋環境者實施嚴格警告制度，對輕微違法者於現場實施宣導教育。重點取締事項：針對船舶設施非法處裡或排放廢油、廢棄物等污染行為、不符合排放海洋廢棄物標準之行為、與法律規定不符之廢油處理設備或保養不良者。

（4）親民活動（Activities with the people）

　　　　提供民眾親切的服務，並採單一窗口方式服務民眾以滿足民眾之要求，提供人民了解海洋、發現海洋及親近海洋之機會。

A. 到場服務制度

　　　　以「體現為民服務精神」為重點課題，海洋警察為了增進國民的便利和減少人民的不便而盡最大的努力。

　　　　特別是海洋警察以孤島偏僻地方等遠距離居民和行動不便的人為對象，為了減少他們親自到警察署接受調查的不便，擴大實施警察官們親自到現地做調查的「到現場調查服務」制度。

B. 船舶登記地管轄移交制度

在事件發生地的管轄警察署中調查事件的時候，若捕撈作業已經結束或者已回到原來居住地，在不便接受調查的情況下，在調查上沒有影響的範圍內移交到船舶登記地或居住地管轄的警察署接受調查，為增進人民便利而盡最大的努力。

C. 提供法律服務

為離島、偏僻地方等遠距離居民建立「機動民眾諮商站」，透過實施法律諮詢、民眾請願處理、漁民座談會等，積極改善海洋警察廳與民眾間的關係，率先保護漁民權益和財產。

4. 國際事務（International Affairs）

為確保國際海洋秩序，與日本、中共、俄羅斯等鄰近國家均有聯繫，建立密切的合作關係。

（1）維持與周邊國家的協調機制

A. 與俄羅斯邊境防衛隊簽訂協議

俄羅斯自社會主義改變為資本主義之後，西伯利亞濱海區域國際犯罪增加，諸如：毒品交易充斥周邊國家、違法武器秘密販售出國等國際性犯罪，而為保護專屬經濟海域之水產工業，特別是針對漁民安全、經簽訂公約之海域犯罪預防、搜救、海洋污染緊急應變等，與俄羅斯邊境防衛隊於 1998 年 9 月 11 日簽訂合作協定。

B. 與中國治安機關簽訂協議

1998 年 12 月 8 日與中國治安機關簽訂協議，針對非法移民、走私、海上搶劫等海上犯罪交換資訊和合作打擊。

C. 與日本海上保安廳簽訂協議

1999 年 4 月 29 日透過與當時的日本海上保安廳簽訂有關「海上搜救及緊急避難協定」維持合作關係，由於韓日兩國海域之間船舶交通量大增，非法捕魚、走私、偷渡等問題相對增加，因此，兩國為打擊海上犯罪、控制海洋污染等問題，必須針對廣大水域訂定協議建構合作體系。

（2）海事相關國際會議

A. 亞太海事安全機關首長會議（Asia-Pacific Heads of Maritime Safety Agencies Meeting）

為海上安全和海洋環境管理範疇建立合作機制，確保海洋事務資訊交流、協調目前所面臨之問題，1996 年 5 月 1 日於澳大利亞召開第一屆亞太地區海事機關首長海事安全國際會議。

B. 國際警察首長協會（International Association of Chiefs of Police）

國際警察首長協會係 1893 年於美國芝加哥成立，現在有 97 個國家的相關執法機關等 16,000 多名首長等組成會員，它主要討論強化世界警察機關間的合作，以及面對目前販毒、非法武器交易等情勢交換意見，韓國海洋警察廳於 1998 年加入該協會。

C. 北太平洋地區海上治安機關首長會議（North Pacific Heads of Maritime Safety Agencies Meeting）

為因應北太平洋地區的海上國際犯罪、船舶航行安全、保護海洋環境等，加強鄰近國家之間的合作關係，2000 年 12 月於東京召開第一屆北太平洋海上治安機關首長會議，並於每年度輪流於各會員國召開會議。

（3）為防止、取締國際性犯罪而召開之國際會議

A. 亞洲國家間打擊海盜及武裝搶劫之國際會議

2000 年世界共發生 469 起海盜事件，南海即發生 260 起，由於這種行為被視為超越國界的犯罪（Transnational crimes），於「亞洲地區安全會議」（ARF）中被選為主要議題，為此，2000 年 3 月 7 日在新加坡及同年於東京召開之會議中，皆以此為題大聲疾呼跨國合作之重要性，因此，韓國海域防衛廳積極與各東南亞國家如印尼、菲律賓等國之海域執法機關簽訂合作協議，加強共同打擊海盜，提升韓國海域防衛廳之國際地位。

B. 為防止海上偷渡強化國際合作

為有效因應海上偷渡犯罪，加強韓、日與韓、中海上治安間之合作，1998 年 2 月 3 日於韓國召開韓日第一屆合作會議，1999 年召開中韓海上治安會議。

5. 海上交通安全管理

（1）預防海上交通安全事故

消除海上船舶航行上的所有危險和障礙，確保順暢的海上交通秩序，預防安全事故，保護國民的生命和財產。

A. 針對港口週邊交通頻繁水域限定可航區域，事先排除事故發生原因。

B. 檢視油輪航路是否航行於安全航路，預防溢油造成海洋污染事故。

（2）客、渡、遊輪安全管理

A. 根據自身所訂定之清單及檢查重點，檢查海上遠航的客輪及遊、渡輪之消防及救生設備。

B. 盡力改善海上安全管理，提供以顧客為導向之管理服務。

C. 民眾在享受休閒時光及欣賞風景時，海洋警察都將確保民眾之安全，並每年舉辦廳長盃遊艇競賽，期能引領充滿活力之海洋文化。

海域防衛署設有專業航空隊以利任務執行，目前航空隊成員包括 25 名飛行員及 10 名維修人員，飛行員是由空軍成員經考試成為海域防衛署航空隊成員。航空隊配置共 12 架直升機。直升機上並無監控系統可供監控及掌握可疑船隻，僅能利用警頻系統通報警備艦艇，到達現場採取應變措施。各地區分署均有配置若干架之直升機，受分署之指揮管制，若是任務需要航空器支援時，由署本部直接派遣配合海上巡防艦艇，共同執行任務。

（二）裝備

南韓海域防衛局署人員約 8,500 名，海域防衛署從 1996 年起，擁有總計 186 艘艦艇，3,000 噸級以上的包含 1 艘 6,350 噸、1 艘 4,300 噸、2 艘 3,900 噸、4 艘 3,000 噸、2 艘 1,500 噸。他們首重釜山及濟州地區，因為兩地為海事案件頻繁海域，另外亦分別配置於五個搜救協調中心（Rescue Cooperation Center）。其他艦艇設計為巡邏、油污染管理、消防、海域犯罪及拖帶等，分別配置於各地區海洋警察分署。

海域防衛署多年來已陸續建造多艘巡防及特殊工作艦艇，功能型艦艇總計 250 艘，包含 1 艘 5,000 噸救難艦、2 艘 4,000 噸救難艦、1 艘 3,000 噸救難艦、2 艘 2,000 噸救難艦、5 艘 1,000 噸巡邏艦、6 艘 600 噸巡邏艦、6 艘 400 噸巡邏艦、27 艘 300 噸巡邏艦、5 艘 100 噸巡邏艦、其餘各式近海巡邏艇及特殊工作艇約 200 艘。這些船舶有藍、金、紅三色斜線，金色斜線上並塗有海域防衛署之標誌，煙囪頂端塗有綠色環線標示，中間塗上白色環線，煙囪側邊有海域防衛署之標誌。

艦上職務分配以 1,500 噸級艦艇為例，艦上配置成員共五十員，包括艦長、大副、輪機長、官員（含甲板、機艙、通信部門）及水手。各部門細分如下：

1. 甲板部門：分為行政、救難、操砲、甲板、航行等部門，由大副負責督導管理。
2. 機艙部門：分為搶修、機電、主機等部門，由輪機長負責督導管理。
3. 通信部門：僅含通信部門，由報務主任擔任。

4. 水手部門：由水手長負責督導管理（官員擔任），水手則由戰鬥警察擔任（服警察役之軍人）。

另外，海域防衛署亦配置 6 架直升機執行海上任務。[10]

二、南韓海軍（Korea Navy）

（一）組織與職掌

海軍司令部下轄三個艦隊分別為東海、黃海及韓國海峽（或稱對馬海峽（Tsushima Strait））等三個艦隊，每個艦隊皆配置有驅逐艦、護衛艦、快速攻擊艇和航空器。海軍平時任務不只是威嚇敵人勿輕啟戰端，而且亦在保護國家領土及海上主權，配合國家外交政策和提升國家聲望。平時之任務為藉由保護海上交通航路、國家的生存航線及控制廣大的海洋以保障海上活動之安全，同時，必須預防及阻止敵人之海上活動並防止敵人從側面及後方實施突擊行動。[11]海軍的「青海部隊」從 2009 年 3 月開始參與巡弋索馬利亞海域，與多國聯合打擊海盜、因應恐怖攻擊，並為行經索國海域的南韓船隻護航。2011 年 1 月，青海部隊在印度洋對索國海盜發出奇襲，奪回遭挾持的南韓運輸船。[12]

（二）裝備

海軍總計約 57,000 名人員（海軍艦艇 33,000 員、海軍陸戰隊 24,000 員，其中含義務役士兵 17,000 員 2004 年）。艦隊能量計有大型巡邏潛艇 9 艘、小型潛艇 11 艘、大型驅逐艦 7 艘、小型驅逐艦 9 艘、輕武裝快艇 28 艘、快速攻擊炮艇 5 艘（另預計建造 40 艘）、快速攻擊巡邏艇 83 艘、獵雷艦 7 艘、近岸掃雷艦 3 艘、佈雷艦 1 艘、LSTs/LSMS/LCU/LCM/LCF 登陸運輸船共 31 艘、後勤支援船 3 艘、搜救船 17 艘。總計 214 艘各式船艇。另配置艦載直升機 23 架、配屬陸地基地之巡邏直升機 21 架，總計 44 架。[13]

[10] Korea Coast Guard, Main Operations, (http://www.kcg.go.kr/in%5Fsite/english/) (2011/08/22)
　　韓國海警 3,000 噸以上大型巡邏艦簡介，（http://bbs.tiexue.net/post_2428637_1.html）（2011/08/22）
[11] South Korea Navy, (http://www.navy.mil.kr/) (2010/12/24)
[12] 閻紀宇，《中時晚報－頭版》〈南韓奇襲索國海盜　人船救回〉，2011/01/22。
[13] *Jane's Fighting Ships.2004-2005*, Edited by Commodore Stephen Saunders RN, Virginia U.S.A, pp.425-436.

三、南韓海關總署（Customs）

（一）組織與職掌[14]

　　韓國海關總署設署長及副署長各一員，下設十三位局長，署本部有六位局長分別負責企劃暨管理局、內部審核暨檢查局、通關簡化促進局、審核局、調查暨監視局、情報暨國際事務局，另六位負責各地區主要機場、港口之關務管理，最後一位於國家稅務訓練所負責關務人員之訓練事務。六個關稅局轄下另設有 28 個海關辦公室、14 個分支辦公室。海關七個主要任務：

1. 促進貿易流程簡化。
2. 針對進口貨物徵收本質及附加關稅。
3. 藉由嚴厲的查緝走私以保護國家經濟。
4. 防止毒品和爆裂物非法貿易以保護社會安全和大眾健康。
5. 危險化學物品管制及履行環境保護公約。
6. 透過初始標誌之建立預防欺騙及侵犯商品之智慧財產權，建立公平競爭之原則。
7. 廣泛的執行打擊非法國外匯兌及洗錢等交易。

（二）裝備

　　海關編制人員有 3,845 員，海關配置之船艇數並未蒐集到正確數字，僅詹氏年鑑紀載與海上防衛廳同型之 47 總噸近岸巡邏艇，其編號方式係以數字「○○－○○○」編碼，與同型之海域防衛署以英文字母「－○○」不同。

---

[14] Korea Customs, (http://www.customs.go.kr/) (2010/06/11)

第四節　權限與管轄（Authority and Jurisdiction）

一、海域防衛署

　　負責維護朝鮮半島東、西及南部海域，在領海及兩百浬經濟海域內，部署廣泛人力，以對抗走私及非法入出境之犯罪行為，並對特殊禁制區域（中、日、韓漁業協定）內之漁船嚴加注意，以確保海洋安全（Marine Security）及保護漁民權益。其主要任務如下：

（一）海上治安（Security Guard at Sea）
（二）海事搜索及救難（Maritime Search and Rescue）
（三）犯罪調查（Crime Investigation）
（四）海事安全（Safety at Sea）
（五）海洋污染控制（Maritime Pollution Control）
（六）海上反恐行動（Maritime Anti-Terror Activities）
（七）國際事務（International Affairs）
（八）親民活動（Activities with the people）

二、海軍

　　韓國海軍平時主要在該國專屬經濟海域內執行捍衛國家海權任務，維護該國人民使用海洋之權利，並作為海域執法機構之後盾威嚇敵人。

三、海關

　　海關最重要之工作是執行韓國關務法令，但是這並不表示受到法令極大之限制，韓國海關當局共執行五十五項國家法令及三十一個國際協定等等，在進出口貨物及國際旅客方面，海關已經展開深遠及廣泛的大眾服務，包含執行所有貿易相關政策、衛生及環境保護，國家安全和其他交付任務，韓國關務法令包含：日用品分級、報關估價、收稅、關稅結關、打擊非法貿易等。雖然配置有船艇，但是各項關務法令中並未提到海域執法之權責。

第五節　教育與訓練（Education and Training）

　　海域防衛署人員晉用方式有二，一為公開考試（公務人員考試，考取後為公務人員，身分為警察）；二為專業考試（對象為具有維修能力、特殊戰技、駕駛航空器之人員）。海域防衛署之成員，經公開考試或專業考試錄取後，原本僅施以在職訓練，並無養成教育之環境。1987 年 9 月 15 日警察大學設立海警學科，1997 年 12 月 29 日海域防衛署與南韓海洋大學之間簽訂海域防衛教育合同。於 2004 年 5 月 6 日於仁川永宗島成立隸屬海域防衛署的海域防衛學院，負責人員之養成教育與專業訓練。校長由治安監擔任，下轄總務科、教務科、訓練科。

第六節　與我國制度之比較
（A Comparison with Taiwan Coast Guard）

　　南韓海域防衛署成立之理由為因應第二次世界大戰後，韓國脫離日本統治，南、北韓發生戰爭；美國海域防衛署派遣 22 艘巡防艦艇支援南韓作戰，並成立顧問小組，協助南韓成立海洋警察，專職海域執法工作。[15]而我國海巡署之前身為保安警察第七總隊，於民國七十六年解嚴後，為因應防止走私、偷渡氾濫而於民國七十九年成立，其相似之處均從戒嚴（待戰）狀態轉變成為解嚴狀態國家，因而正視到海上犯罪行為氾濫而成立之單位。

　　南韓海域防衛署原隸屬於內政部警察署下，於 2008 年改隸國土、交通及海洋事務部之獨立單位；而我國海巡單位由民國七十九年成立之保安警察第七總隊至民國八十七年改制為水上警察局屬於內政部警政署之下設單位，再於民國八十九年間升格為行政院海岸巡防署。南韓與我國在海域執法機關成立之初，成員之身份均為警務人員，但南韓在 2008 年改隸國土、交通及海洋事務部後，仍以警察身份人員為主，擔負海域執法之任務；我國海域執法機關於民國八十九年間改制為行政院海岸巡防署，將文人、警察、軍人、海關（海務部分）人員整合，岸海分離，使其專業分工，共同負責海域執法工作。

---

[15] The U. S. Coast Guard's Role in the Korean Conflict, (http://www.uscg.mil/history/articles/Korean_War.asp) (2010/06/11).

南韓海域防衛署之執行任務為海上治安、海難搜救、犯罪調查、海事安全、海洋污染控制、海上反恐行動、國際事務、親民活動等項目；我國海巡署之海洋巡防總局任務，依據行政院海岸巡防署海洋巡防總局組織條例第二條規定，其內容包括：海域犯罪偵防、海上非通商口岸查緝走私、海上交通秩序管制及維護、海難搜救、海洋災害救護、漁業資源巡護、海洋環境保護及保育、海上涉外事務之協調及處理；海岸巡防總局任務，依據行政院海岸巡防署海岸巡防總局組織條例第二條規定，其內容包括：入出海岸管制區之檢查、海岸及非通商口岸之查緝走私、防止非法出入國境之事項、海岸地區之犯罪偵查及警衛、警戒事項等。在任務內容上大致是相同的。

南韓海域防衛署擁有十三個海巡隊，分布在南韓的各主要港口；而海洋巡防總局下轄十六個海巡隊、一個直屬船隊、四個機動海巡隊，分布在台灣各主要港口。

南韓海域防衛署隸屬國土、交通暨海洋事務部，主要任務為維護海上安全、海域執法、海難搜救、海洋污染防治等，平日重視親民活動，常舉辦許多海上活動，與民眾之間形成良好之互動關係；戰爭事變時，海域防衛署即依平戰時任務轉換，擔任港口安全及執行禁運等工作。而我國海域執法機關，除扮演執法角色外，目前積極發展海事服務，並舉辦多次海上親民活動（例如海巡體驗營、海安演習等），使民眾了解海洋、親近海洋、愛護海洋，朝向執法與服務並重之目標發展。

第七節　結語（Conclusion）──特徵（Characteristics）

南韓西南濱黃海，東南臨朝鮮海峽，東面日本海，海岸線長 2,413 公里，設 3 個區域總部，以下為其海域執法制度特徵。

一、集中制

南韓設有海域防衛署專責海域執法任務。

二、岸海分立

早期海域防衛署隸屬韓國內政部底下的警察署，是為岸海合一單位，改隸國土、交通暨海洋事務部後位階提升，專責海域執法及海事服務等各項海域事務之執行，並未執行海岸及陸地事務之執行。

三、三級制──隸屬於國土、交通及海洋事務部

內政部警察署海域防衛署於 2008 年改隸國土、交通及海洋事務部,為部會級底下之三級機關。負責南韓領海及專屬經濟海域內之執法工作。其組織調整後,使海洋事務政策與執行連成一體,此乃南韓海域執法制度之重大特色。

四、專業教育搖籃

海域防衛署之成員經錄取後,原本僅施以在職訓練,並無養成教育之環境。訓練之場所僅為幾間教室,為彌補缺憾,其已於 2004 年 5 月 6 日於仁川永宗島成立濱海的海域防衛學院隸屬海域防衛署,負責人員之專業訓練,校長由治安監擔任,下轄組織有總務科、教務科、訓練團。

五、重視海難搜救

具有 1,000 噸至 5,000 噸的專業救難船共 6 艘,如此裝備全世界極為罕見,也突顯其重視人命的政策。

六、專業航空隊

航空隊配置共 12 架直升機,可大範圍巡邏海域,也有利於救難行動的執行。

七、能量多元化

海域防衛署配置各式巡防及特殊工作艦艇約 250 艘,艦艇設計為巡邏、油污染清除、消防及拖帶等,分別配置於各地區海域防衛分署。除各式艦艇外,另配置航空器十二架,監控專屬經濟海域內各類違反法令之船舶及作為救難工具,與船艇形成三度空間立體執法。

第6章　北韓海域執法制度

目錄
第一節　國情概況（Country Overview）‧‧‧‧‧‧‧‧‧‧‧‧‧ 83
第二節　歷史沿革（History）‧‧‧‧‧‧‧‧‧‧‧‧‧‧‧‧‧‧‧‧‧‧‧‧‧‧‧ 85
第三節　組織、職掌與裝備
　　　　（Organization, Duties and Equipment）‧‧‧‧‧‧‧‧ 87
第四節　權限與管轄（Authority and Jurisdiction）‧‧‧‧‧ 90
第五節　教育與訓練（Education and Training）‧‧‧‧‧‧‧ 90
第六節　與我國制度之比較
　　　　（A Comparison with Taiwan Coast Guard）‧‧‧‧‧‧ 90
第七節　結語（Conclusion）——特徵（Characteristics）‧‧‧ 91

第一節　國情概況（Country Overview）

朝鮮民主主義人民共和國（Democratic People's Republic of Korea）[1]位於亞洲大陸東北部之朝鮮半島的北端。北韓南部與南韓以非軍事區（三八線）[2]分隔，北接中國（China）和俄羅斯（Russia），東臨日本海（Sea of Japan），西南面黃海（Yellow Sea）與朝鮮灣（Korea Bay）。（見圖 6-4）全國面積 122,762 平方公里，為台灣的 3 倍大。海岸線長 2,495 公里，領海 12 浬，專屬經濟海域 200 浬。

首都平壤（Pyongyang），全國人口 24,457,292 人（2011）[3]。政體蘇維埃制，憲法於 1948 年生效。政治上北韓由朝鮮勞動黨（Workers' Party of Korea, WPK）一黨獨大，1948 年北韓

---

[1] 為了與大韓民國區分，朝鮮民主主義人民共和國過去往往將自己稱為「朝鮮」或「北朝鮮」，而將大韓民國稱為「南朝鮮」。而大韓民國通常將朝鮮民主主義人民共和國稱做「北韓」，將自己稱為「南韓」或「韓國」。中國大陸官方將朝鮮民主主義人民共和國簡稱為「朝鮮」，而台灣、香港及海外華人通常習慣稱之「北韓」。參考張慧智、李敦球，《北韓》，香港：城市大學出版社，2008 年，頁 7。

[2] 非軍事區，指位於板門店將南北韓分割的地帶，分界線上的南北各設有自己的崗哨，作為兩國的緩衝區。張慧智、李敦球，《北韓》，香港：城市大學出版社，2008 年，頁 131。

[3] CIA, The World Factbook. (https://www.cia.gov/index.html) (2011/04/18)

第一位國家主席金日成首創「主體思想」[4]，金日成死後由金正日成為最高領導人。2010年金正日年老體衰，培養其子金正恩成為接班人。[5]北韓1998年廢除「國家主席」，並撤銷國家最高領導機關「中央人民委員會」，遂將已故國家主席金日成擁戴為「永遠的主席」（Eternal President）。國家元首為最高人民議會（Supreme People's Assembly）委員長，內閣總理是政府代表，但最高領導人（Supreme Leader）仍為握有實權的金正日。武裝力量最高統帥為國防委員會（National Defence Commission）委員長（Chairman），具體的軍事指揮由國防委員會負責。隨著1998年廢除國家主席後，國防委員會的許可權與職能增強，委員長的地位也隨之提高。依據憲法，國防委員長雖由最高人民議會選舉產生，但最高人民議會常任委員金永南曾說：「國防委員長的重要職責為指揮國家防禦、軍事、經濟力量、保護人民命運，是組織並領導全國的最高職位」。[6]（見圖6-1、6-2）主要輸出農產品、礦產、鋼，輸入石油燃料。[7]

北韓國內生產總值（GDP）28,000（百萬）美元，在190個國家排名第89名。北韓政治權利與公民自由兩種自由程度在2010年兩者均為7，歸類為不自由國家。[8]北韓外交的狀況於2007年改變，政府與東南亞國家協會簽訂《友好合作條約》，與成員國有外交關係，並願意遵守東協的原則。[9]北韓對外網路通訊，幾乎與世界完全斷絕，成為地球上極少數的「網路黑洞」之一。北韓國內糧食嚴重短缺，工業資源管理不善，經濟總體實力不高。2006年後北韓聲稱發射核子武器，美國積極尋求制止之道，北韓不甘示弱表示任何攔截北韓船機的舉動，就是向北韓宣戰。[10]南北韓長期處於緊張情勢，為改善情況也曾經簽訂各種條約與協議，但2009年北韓突然史無前例宣布南北韓進入全面對決狀態，並宣布一切條約與協議全部無效。[11]面對北韓的挑釁行為，美國希望金正日政權能有所改革，也希望針對北韓所持核武一事取得進展。[12]北韓將非經政府同意進入國土的人視為間諜，2009年兩位美裔女記者不慎誤闖北韓邊境遭到逮捕而被判12年勞改，國際深怕兩人成為美國與北韓緊張

---

[4] 主體思想的根本是：人是一切事物的主體，人是一切事物的決定力量。更具體的內容包括政治的自主、經濟的自立、國防的自衛。其「革命的首領觀」稱：「人民是革命建設的主人。人民應當接受首腦的指導。首腦是頭，黨是軀體，人民是手足，軀體和手足應當聽從頭腦的指揮。如果沒有頭腦，就失去了生命。」其「社會政治的生命體論」稱：「父親給人肉體的生命，領袖賜予人政治的生命。領袖是父親一樣的恩人。如同在家庭中應當聽從父親的絕對領導一樣，人民應當無條件地忠誠團結在領袖周圍，應當以忠、孝來愛戴領袖。領袖是賜予人民生命的恩人和慈父。」張慧智、李敦球，《北韓》，香港：城市大學出版社，2008年，頁42。詳請參鐸木昌之，胡慶山譯，《北朝鮮》，台北：月旦出版社，頁147-235。

[5] 夏嘉玲編譯，《聯合報－國際》〈介紹接班人　北韓公佈金正恩影像〉，2010/11/01。

[6] 張慧智、李敦球，《北韓》，香港：城市大學出版社，2008年，頁32。

[7] 《世界各國簡介暨各國首長名冊》，中華民國外交部，2001年，頁24。

[8] 二類指標來源詳情請見本書導論，頁11-12。

[9] 《中國時報》，〈國際新聞－北韓外交轉守為攻〉，2008/07/29。

[10] 陳文和，《中國時報－國際新聞》〈美擬將北韓重列支恐黑名單〉，2009/06/09。

[11] 蔡增家，《中國時報－時論廣場》〈北韓的「鎂光燈症候群」〉，2009/02/12。

[12] 《中國時報－國際新聞》，〈美政府不讓希爾續任是大錯〉，2009/02/05。

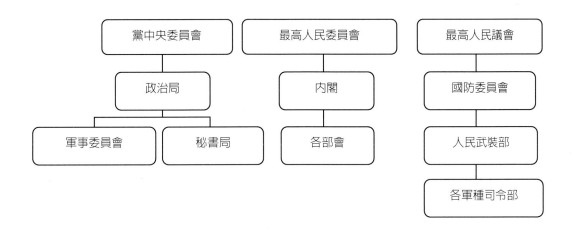

圖 6-1　北韓黨政軍關係圖[13]

資料來源：作者自繪

關係下的犧牲品。[14]更有甚者，美國「外交政策」期刊 2010 年公布全球 23 位最惡劣獨裁者，金正日列為第一。[15]2011 年 12 月 19 日，金正日逝世消息發布，由其么子金正恩接下領導權。2012 年 4 月 9 日，北韓當局邀請外媒參觀衛星發射，但試射飛彈才是其真正目的。[16]

第二節　歷史沿革（History）

　　北韓人民武部隊力量之一的海軍雛型始於 1946 年建立的海上保安部隊（Maritime Security Force），同年 7 月建立了海上安全指揮部，並將總部建於元山。1946 年為增加海域管理效率並鞏固總部遂將總部遷移至平壤。1946 年重新命名為海域防衛隊（Coast Guard）專屬於公安部（Ministry of Public Security）。1947 年為訓練專業之海軍幹部，於元山設立海域防衛幹部學院（Coast Guard Cadre Academy），1949 年正式建立人民海軍，屬人民武裝部（Ministry of People's Armed Forces）。[17]（見圖 6-1）

---

[13] 鐸木昌之，胡慶山譯，《北朝鮮》，台北：月旦出版社，2008 年，頁 99。
[14] 林家群，《中國時報──國際新聞》〈北韓判美記者 12 年勞改重刑〉，2009/06/09。
[15] 《自由時報》〈最惡劣獨裁者 金正日居首〉，2010/06/23
[16] 閻紀宇，《中國時報》〈北韓高調秀火箭 朝鮮半島緊張〉，2012/04/09。
[17] Korean People's Army Naval Force, (http://en.wikipedia.org/wiki/Korean_People's_Navy#History) (2010/10/14)

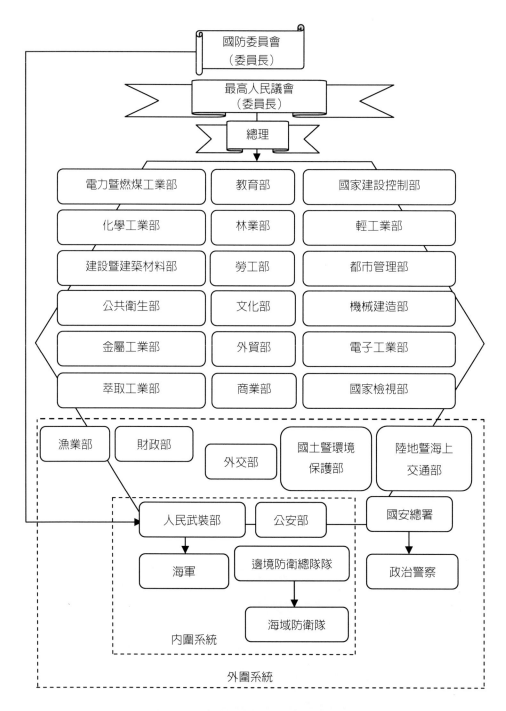

圖 6-2　北韓海域執法相關部門互動圖

資料來源：作者自繪

各國海域執法制度

　　1968 年 1 月 23 日，美國艦艇偽裝成民間海洋調查船「普韋布洛號」（Pueblo）第 17 次侵入北韓領海以偵查其軍事設施，因此被北韓海軍艦艇捕獲。同年 12 月 23 日，美國於板門店簽署「謝罪書」承認入侵北韓領海，並保證從此不再犯，北韓驅逐了逮捕的 83 名美軍，而「普韋布洛號」則留於北韓作為反美教育的戰利品教材。[18]

第三節　組織、職掌與裝備
（Organization, Duties and Equipment）

一、北韓海域防衛隊（Coast Guard）

　　北韓的二大安全單位是公安部及國安總署（State Security Agency），前者轄有邊境防衛總隊，並有海域防衛隊為其分支，執行海域執法及維護安全之任務；後者係政治（秘密）警察。（見圖 6-2、6-3）2005 年 12 月，曾有一艘從南韓返回海參威卻遭遇暴風雨的俄羅斯艦艇，在 Cape Musudan 不小心進入北韓海域，因此遭到海域防衛隊逮捕，帶回北韓港口接受調查。另外在 2008 年 2 月 23 日，北韓邊境防衛總隊也逮捕一艘侵入北韓領海的俄羅斯商船。[19]

二、北韓人民海軍（Korea People's Navy）

（一）組織與職掌

　　北韓人民海軍隸屬人民武裝部，總司令部旗下有 2 個艦隊，東海艦隊的司令部在樂園，大約有 300 艘船。其他基地有羅津、高城、金策、利原、新浦、虎島半島、無山、高城等基地。西海艦隊司令部在南浦，由 6 個海軍分遣隊組成，大約有 470 艘船，其他基地有椒島、多獅島、甕津等基地。（見圖 6-4）東海艦隊與西海艦隊除下轄戰鬥群外，兩艦隊各轄有一個狙擊旅、一個近海飛彈防禦團及若干個的雷達連。北韓海軍的後勤單位有五至七座造船廠或船舶修護廠、海軍醫學中心。[20]

---

[18] 張慧智、李敦球，《北韓》，香港：城市大學出版社，2008 年，北韓大事年表。

[19] RIANOVOSTI, North Korea coast guard arrest Russian ship in Sea of Japan (2008/02/23) , (http://en.rian.ru/russia/20080223/99927067.html) (2010/09/09)

[20] 孫建中，《海軍學術月刊》〈跨世紀北韓海軍建軍發展之概況與困境〉，第三十九卷第一期。2005 年 1 月。

　　海軍編制為艦隊→戰隊→編隊→中隊，北韓海上防衛機制除海軍之外，尚編有北韓近岸及港口安全警察（Inshore Coastal & Port Security Police Force）[21]，其為北韓情報單位之一，作戰時隸屬海軍，主要任務為協助陸、空軍作戰，並以潛艦對南韓執行騷擾或滲透。北韓使用小型潛艇主要的作戰方式，不外乎是對南韓進行滲透特攻作戰或港口佈雷兩種型式。[22]北韓海上安全問題多來自於軍事衝突，1950 年 7 月 2 日便與英、美聯合軍隊發生駁火衝突，最終由聯軍獲勝，同年 9 月 10 日與南韓也發生海州戰爭（Battle of Haeju），最終北韓艦隊遭到擊沉而戰敗。1998 年 12 月與南韓再次發生麗水之戰（Battle of Yosu），這是由北韓海軍突襲南韓海岸的前哨戰，最終仍由南韓獲勝。由此可知，不管是北韓主動攻擊或是因他人入侵而反擊之任務，主要仍以海軍為主。[23]

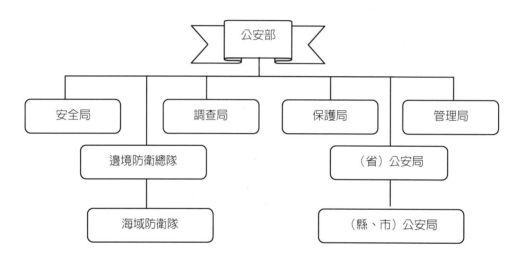

圖 6-3　北韓公安部內部組織圖

資料來源：作者自繪

---

[21]　Sam Bateman 著，夏威夷「東－西中心（East- West Center）」於 2003 年 1 月出版的文章 "Coast Guard; New Forces For Regional Order and Security" 中顯示，Bateman 將 "Inshore Coastal & Port Security Police Force" 視為隸屬於海軍，執行海域執法的準軍事單位。但是作者對此並不認同，因為並無證據顯示北韓的海域執法任務確實由此單位負責，它最多僅是維護近岸及港口安全的維安單位而已。

[22]　Korean People's Army Navy, (http://www.globalsecurity.org/military/world/dprk/navy.htm) (2005/10/25)

[23]　Battle of Chumonchin Chan, (http://en.wikipedia.org/wiki/Battle_of_Chumonchin_Chan2010/10/06), Battle of Haeju, (http://en.wikipedia.org/wiki/Battle_of_Haeju2010/10/06), Battle of Yosu, (http://en.wikipedia.org/wiki/Battle_of_Yosu2010/10/06)

圖 6-4　北韓海軍基地分布圖[24]

（二）裝備

　　目前海軍約 46,000 名人員，艦艦艇共計 708 艘，包含驅逐艦 3 艘、巡邏型潛水艇 22 艘、近海型潛艇 30 艘，其餘艦艇有小型潛艇、飛彈快艇 4 艘、巡邏艇、兩棲快艇、氣墊船、艘掃雷艦、小型潛艇之支援船艦、調查船。近岸及港口安全警察配置 10-15 艘清津級（Chong-Jin）巡邏艇，其他各式巡邏船 130 艘。[25]

---

[24]　北韓海軍基地，（http://big5.huaxia.com/thjq/jsgc/jsgcwz/2010/04/1820115.html）（2010/08/13）

[25]　Korea People's Navy, 2008, (http://en.wikipedia.org/wiki/Korean_People's_Navy) (2011/08/22)

第四節　權限與管轄（Authority and Jurisdiction）

　　北韓海軍主要聽命於國防委員會下的人民武裝部，在戰爭時不僅要維護海域安全，還需與陸軍及空軍合作。和平時期由海港警察與編制的海域防衛單位合作取締海岸及海上犯罪。

第五節　教育與訓練（Education and Training）

　　北韓海軍教育訓練機構以階層及專業訓練分為海軍大學、海軍軍官學校、海軍士官學校、海軍技術訓練所等等。

第六節　與我國制度之比較 （A Comparison with Taiwan Coast Guard）

　　首先，北韓人口與我國相當，海岸線長 2,495 公里約我國二倍，其海上防衛機制包含海軍、近岸及港口安全警察以及公安部海域防衛隊，海軍負責作戰任務，近岸及港口安全警察以及海域防衛隊負責近岸防衛與犯罪偵防，在執法層面上，北韓海軍因多屬小型艦艇，為了是對南韓進行擾亂及滲透並協助陸空軍作戰，多數的任務只停留於維護治安上；我國海巡署含括打擊毒品與走私、查緝非法入出國、保護海上生物及環境資源、維持海上交通秩序等，而北韓雖設有海域防衛隊及港口安全警察，分別負責海域防衛及海上取締犯罪，但只停留於維護治安的層面上考量，其戰時支援海軍之任務亦與世界許多國家之海域防衛機制及我國相同。

　　其次，北韓海軍編制約 60,000 員，各式艦艇 778 艘，近岸及港口安全警察及海域防衛隊編制人數不詳，艦艇則使用與海軍相同之清津級快速攻擊砲艇（80 總噸）10-15 艘，其他各式艦艇約 130 艘；而我國海巡署人力約 15,000 員，各式艦艇 156 艘，以艦艇數量比較北韓海軍艦艇數即超過我國海巡署之艦艇數。北韓海軍雖艦艇數多，但未配置專屬航空器，近岸及港口安全警察之艦艇數與海巡署相差無幾。

第七節　結語（Conclusion）──特徵（Characteristics）

　　北韓海岸線長 2,495 公里，東鄰日本海（包括東朝鮮灣），西南鄰黃海（包括西朝鮮灣），以下為其海域執法制度特徵。

一、集中制

　　北韓設立海域防衛隊專責海域執法任務。

二、警察型海域執法機制

　　北韓海域執法由隸屬於公安部的海域防衛隊負責。

三、陸海空合一

　　海域防衛隊為邊境防衛隊底下的分支，以邊境概念作為任務範圍。

四、海軍輔助

　　北韓人民海軍人數與裝備眾多，如出現難以解決之海上威脅，便由海軍執行安全任務。

第 7 章　中國海域執法制度

目錄
第一節　國家概況（Country Overview）······························ 92
第二節　組織、職掌與裝備
　　　　（Organization, Duties and Equipments）··············· 97
第三節　權限與管轄（Authority and Jurisdiction）·············· 104
第四節　教育與訓練（Education and Training）················· 105
第五節　與我國制度之比較
　　　　（A Comparison with Taiwan Coast Guard）·········· 105
第六節　結語（Conclusion）──特徵（Characteristic）····· 106

第一節　國家概況（Country Overview）

　　中華人民共和國（People's Republic of China）位在亞洲東部，東北與北韓（North Korea）及俄羅斯（Russia）相接，隔黃海（Yellow Sea）與南韓（South Korea）相望、北界蒙古（Mongolia），西北有俄羅斯、哈薩克（Kazakhstan），西接吉爾吉斯（Kyrgyzstan）、塔吉克（Tajikistan）、阿富汗（Afghanistan）、巴基斯坦（Pakistan），西南鄰印度（India）、尼泊爾（Nepal）、不丹（Bhutan），南接緬甸（Burma）、寮國（Laos）、越南（Vietnam）。全國面積 9,596,960 平方公里，為台灣 267 倍大。海岸線總長 3.2 萬公里，其中大陸海岸線 14,500 公里，領海 12 浬，專屬經濟海域 200 浬。[1]

　　首都北京（Beijing），全國人口 1,336,718,015 人（2011）[2]。國體共和制，政體社會主義共產制，全國人民代表大會是人民民主專政的政權組織。中國共產黨是唯一人民領導者及執政黨。行政制度偏重中央集權，國務院是最高行政機關，各地方行政制度採黨政混

---

[1] *Jane's Fighting Ships.2004-2005*, Edited by Commodore Stephen Saunders RN, Virginia U.S.A, p.115.
[2] CIA, The World Factbook. (https://www.cia.gov/index.html) (2011/04/18)

合制。（見圖 7-1）主席為國家元首，由全國人民代表大會選舉產生，其職務僅是象徵性，權力來自兼任總書記及中央軍事委員會主任委員。總理由國家主席提名，全國人民代表大會審議通過。地方各級人民政府由相對應各級人民代表大會產生。[3]（見圖 7-2）

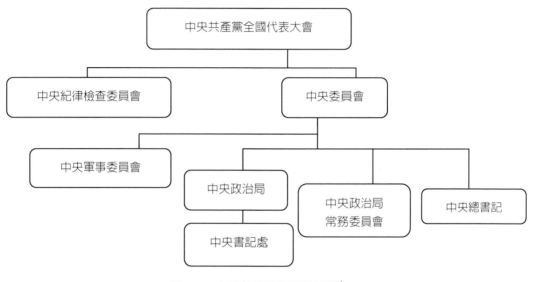

圖 7-1　中國共產黨組織結構圖[4]

資料來源：作者自繪

　　大陸國內生產總值（GDP）5,745,000（百萬）美元，在 190 個國家排名第 2 名；每人國民所得（GNP）4,283 美元（2010），在 182 個國家排名第 95 名。大陸在自由之家（Freedomhouse）的政治權利與公民自由兩種自由程度在 2010 年的分數前者為 7，後者為 6，歸類為不自由國家；透明國際（Transparency International）中的 2010 年的貪污調查分數為 3.5，在 180 個國家中排名第 78 名；聯合國（2010）最適合居住國家的人類發展指數為 6.4，在 169 個國家中中國排名第 89 名。[5]中華人民共和國奉行獨立自主的和平外交政策，確實維護本國利益，提倡建立國際政治經濟新秩序。

3　中華人民共和國，維基，（http://zh.wikipedia.org/wiki/%E4%B8%AD%E8%8F%AF%E4%BA%BA%E6%B0%91%E5%85%B1%E5%92%8C%E5%9C%8B）（2011/05/18）
4　中國共產黨全國代表大會，維基，（http://zh.wikipedia.org/zh-tw/%E4%B8%AD%E5%9B%BD%E5%85%B1%E4%BA%A7%E5%85%9A%E5%85%A8%E5%9B%BD%E4%BB%A3%E8%A1%A8%E5%A4%A7%E4%BC%9A）（2009/01/25）
5　五類指標詳情請見本書導論，頁 11-13。

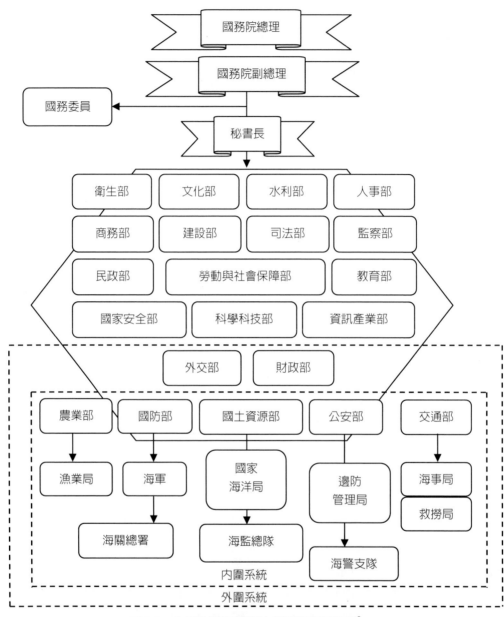

圖 7-2　中國大陸海域執法相關部門互動圖[6]

資料來源：作者自繪

---

[6]　中華人民共和國中央政府網站，（http://big5.gov.cn/gate/big5/www.gov.cn/）（2011/05/18）

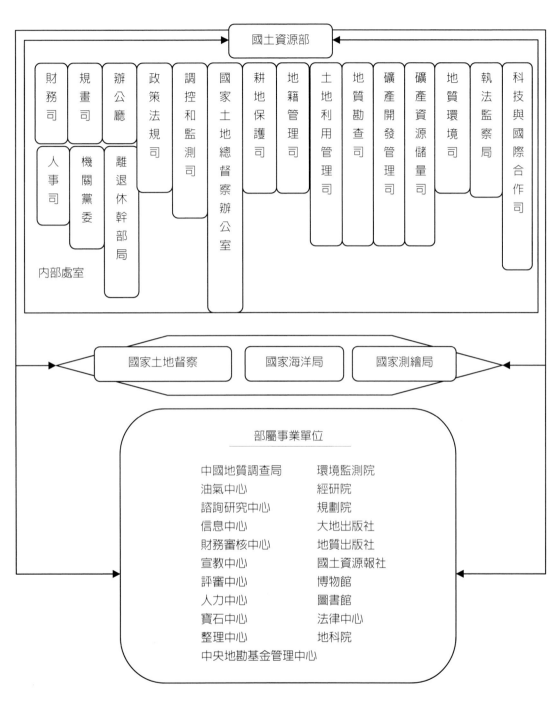

圖 7-3　中國大陸國土資源部組織結構圖

資料來源：作者自繪

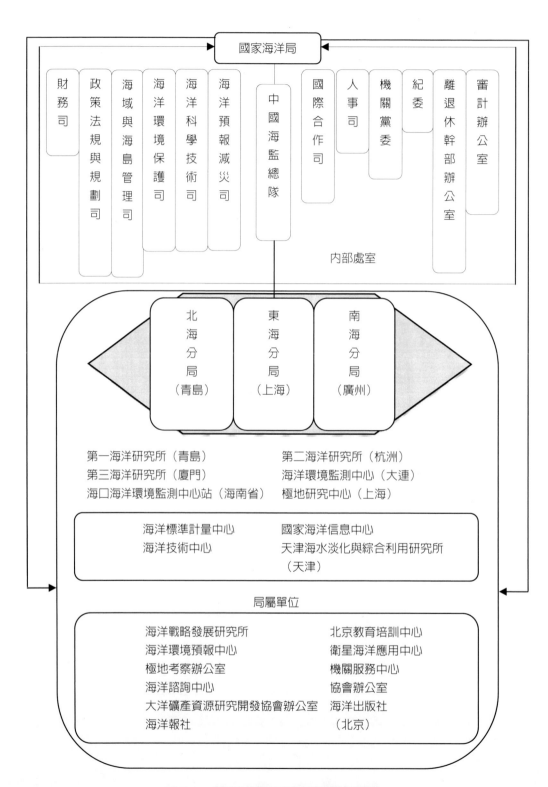

圖 7-4　中國大陸國家海洋局組織結構圖

資料來源：作者自繪

第二節　組織、職掌與裝備
（Organization, Duties and Equipments）

　　隨著中國海上交通、海洋漁業資源的利用與保護、海洋權益和海洋環境保護等法律的實施。中國主要的海上執法監督、監察的力量逐一建立起來。目前形成了以海軍為軍事執法隊伍，以海監、漁政、海事、邊防與海關等行政執法隊伍的分散型海上執法體制，分別承擔綜合性或行業性的海上執法任務。[7]

一、中國大陸國家海洋局（State Oceanic Administration）
——中國大陸海監總隊（Headquarters of China Marine Surveillance）[8]

（一）組織與職掌

　　中國海監總隊隸屬於國務院國土資源部下轄的國家海洋局。1998 年 3 月 10 日，政府將地資礦產部、國家土地管理局、國家海洋局和國家測繪局合併組建為「國土資源部」。其主要職能為土地資源、礦產資源及海洋資源的規劃、管理、保護與合理利用，充分突顯出國土資源在國民經濟中基礎地位。國家海洋局乃是部會機關，可直通國務院，其主管海洋綜合管理業務，維護海洋權益。隸屬於海洋局的海監總隊正式成立於 1998 年 10 月，是一支專門的海洋綜合行政執法隊伍，主要職責有海洋權益維護、海域使用管理、海洋環境保護、海上設施保護與海洋開發秩序維護等五大職責。（見圖 7-3、7-4）

　　中國海監包括負責對各地分隊統一指揮調度的海監總隊，指揮分別位於青島的北海分局、位於上海的東海分局、位於廣州的南海分局。（見圖 7-4）海監下設 10 個海監支隊、3 個維權執法支隊、3 個航空支隊、11 個沿海省海監總隊、74 個地市級海監支隊、200 個縣市級海監大隊、7 個國家級海洋自然保護區支隊和 1 個自然保護大隊。海監設有專業技術、培訓教育與研究中心，具備多樣現代化設施，是一支實行準軍事管理的現代化與規範化的執法隊伍。中國海監與海軍彼此建立了海上行動協調機制，在東海與南海北部定期執行維權巡航。

　　中國海監自成立以來不間斷的擴大執法力度，加強管轄海域監視，推動海域使用管理和海洋環境保護基本法律制度的落實，以便有效維護中國海洋權利。依照法

---

[7]　海洋發展戰略究所課題組，《中國海洋發展報告（2009）》，北京：海洋出版社，2009 年 1 月，頁 416。
[8]　海洋發展戰略究所課題組，《中國海洋發展報告（2009）》，北京：海洋出版社，2009 年 1 月，頁 416-417。

律、法規和國務院的規定，對內水、領海、毗連區、大陸架及專屬經濟區實施巡航監視和監督管理，並對違法、違規行為依法進行處罰。海監總隊依照相關法律與規定，其執法範圍包含在海岸一帶實施巡航監視，查處侵犯海洋權益、違法使用海域、損毀海洋環境與資源、破壞海上設施、擾亂海上秩序等違法違規行為，並根據委託或授權進行其他海上執法工作。海監總隊之主要職責有：

1. 制訂並組織實施海洋執法監察工作規劃及計畫。

2. 擬定中國海監經費使用計畫，監督管理業務經費使用。

3. 建設和管理中國海監隊伍，制定海洋執法監察工作的規章制度。

4. 組織協調中國管轄海域海洋執法監察工作，發布海洋執法監察公報與通報。

5. 組織對海上重大事件的應急監視、調查取證，並依法查處。

6. 建設和管理海洋監視網，管理海洋執法監察信息。

7. 建設和管理海洋執法監察技術支持系統，組織擬訂海洋執法監察系統的技術規範與標準。

8. 承辦海洋監察員資格管理和培訓工作，核發海洋監查員證書。

9. 擬定並組織實施中國海監船舶、飛機及設備的維護計畫，監督中國海監船舶、飛機的安全，管理海監隊伍的配備與使用。

10. 監督管理中國海監船舶與飛機，以及中國海監人員著裝與標識的使用。

11. 承辦海洋局交辦的其他事項。

12. 根據批准的「聯合國海洋法公約」及有關法律，對經批准進入管轄海域的外國調查船及其他運輸工具的科學考察、海底電纜、管道鋪設等活動實施監視。對未經批准進入中國管轄海域的外國船舶、平台及其他運載工具等按有關規定查處，必要時可進行監視和搜索。

海監總隊為配合交通部海事局將一百浬內的重要航線和海上設施等納入監管範圍，於 2010 年將海上監控權由現行 5 浬延伸至 100 浬，到 2020 年達到 200 浬專屬經濟區。[9]

（二）裝備

海監人數現約 8,000 人，採準軍事化管理方式。三大海洋分局的海監總隊之裝備共計 9 架海監飛機，260 餘艘執法艦艇，200 餘部專用車輛。[10]隨著近年海域維權執法事務的增加，海監總隊預計將人員增加至 9,000 人，裝備增加到 16 架飛機、360 艘艦艇，已於 2010 年開始建造 36 艘執法船與 54 艘執法快艇，以進一步擴大海監實力。[11]

---

[9] 中華資訊網，〈中共強化海上監控權〉，（www.ttnn.com/）（2003/02/13）

[10] 海洋發展戰略究所課題組，《中國海洋發展報告（2009）》，北京：海洋出版社，2009 年 1 月，頁 417。

[11] 美國中文網，〈中國海監總隊將大幅擴張〉，2011/06/17，（http://gate.sinovision.net:82/gate/big5/www.

二、中國海事局（China Maritime Safety Administration）[12] 與中國救助打撈局（China Rescue and Salvage Bureau）[13]

（一）組織與職掌

　　海事局是海上交通執法監督單位，1998 年時由港務監督局和船舶檢驗局合併組建而成。海事局為交通部直屬機構，實行垂直管理體制，海事局主要任務包括管理水上安全與船舶汙染，調查及處理水上交通事故、船舶汙染事故及水上交通違法等案件。負責外國籍船舶出入境及中國港口、水域的監督管理、船舶載運各種貨物的安全監督。負責禁航區、航道、交通管制區及安全作業區等水域的劃定與監督管理。管理與發佈全國航警通告。辦理國際航行警告系統，審批外國籍船舶進入非開放水域，管理沿海航標、無線電導航和水上安全通信。組織和指導水上搜尋救助並負責中國搜救中心日常任務等。海事局還需代表中國履行國際海事公約賦予締約國的責任與義務，實施海域及港口管理。

　　中國救助打撈局（簡稱救撈局）成立於 1978 年，隸屬於交通部，是唯一統管全國海難救助打撈工作的隊伍。1982 年增設 17 個救助站，形成了更完整的沿海救助網路。另外，為了彌補救助事業經費不足，減輕國家負擔，其利用自身優勢開拓拖航運輸、大件裝運、水工建築與海洋石油服務等業務領域，並自籌資金購置了各類救助打撈作業船，強化救撈力量。2003 年中國救撈體制改革，「救、撈分開」為其主要內容，從此初步形成了海空立體救助體系。救撈系統在海上人命、環境、財產應急救助和搶險救災發揮了主力軍作用。2011 年 4 月，我國大甲媽祖與湄洲媽祖共搭大陸大馬力救助專用船「東海救一一三輪」巡迴高雄、花蓮、基隆三大港，此為首次大陸救難船艦巡遊台灣，同時將與我國海難搜救單位進行技術交流。[14]

（二）裝備

　　救撈局目前擁有 180 艘不同種類船舶，12 架專業救助航空器，8,000 多名員工，分別形成救助隊伍、打撈隊伍與飛行隊伍三位一體的建制體系。以下介紹幾艘救撈局主要艦艇與航空器。

sinovision.net/index.php?module=news&act=details&col_id=3&news_id=174855）（2011/08/22）

[12] 海洋發展戰略究所課題組，《中國海洋發展報告（2009）》，北京：海洋出版社，2009 年 1 月，頁 417-418。

[13] 中國水運網，〈風雨兼程鑄輝煌 中國救撈發展綜述，2009 年 9 月 28 日〉（http://www.shuiyun.com.cn/）（2010/01/25）

[14] 陳世宗，《中國時報──兩岸新聞》〈兩岸媽祖環台　將搭大陸救難船〉，2011/04/15。

1. 救助隊伍：中國自行建造的「南海救 101」，是救難船舶中功率、航速最快，裝備最先進，救助最齊全的專業救助艦，設有直升機升降平台，進行海空聯合救助作業。「南海救 111」為未來海上救助的主力船型，另具有破冰功能。「南海救 201」為海上救助輕騎，船體為全鋁質穿浪型雙體船，為世界首次將穿浪型雙體船型運用到專業海難救助之艦艇。「東海救 113」為救助功能齊全之遠洋專業救助船，也設有直升機升降平台。「北海救 131」能夠適應環境惡劣海上救助工作。「北海救 159」具有較強海上救助能力。「北海救 169」為九五年期間建造之救助艇。「華英 394」艇上配備 VHF、GPS、雷達及監測儀等各類通訊導航設備，適合在航道複雜、事故多發或水淺而大馬力又無法駛入的海域進行搶救。

2. 飛行隊伍：救撈局分別於上海、煙台、珠海及廈門成立了四個救助飛行隊。直升機「B-7125」為雙發多用途直升機。直升機「B-7313」是現今中國海上救助的主力機型。「固定翼飛機」在救援工作中，主要承擔搜尋及巡邏任務。

3. 打撈隊伍：2,500 噸的「大力號」大型起吊船。「芝罘島號」為潛水作業船，起重力 350 噸，抗風浪能力強，具有潛水作用的減壓艙。綜合型起重工程船「德瀛輪」起重能力 1,700 噸。亞洲最大的海上浮吊「華天龍號」具有 4,000 噸全回轉起重能力。遠洋救助托輪「德意輪」、「德翔輪」、「德躍輪」及「德宏輪」。[15]

三、中國大陸漁業局（Fishing Administration）[16]

（一）組織與職掌

　　中國漁業局隸屬於農業部，主要是對海上漁業活動實施監督管理的執法單位。主要任務是確保中國海洋漁業法規的貫徹執行，對內維護漁業生產的正常秩序，對外代表國家維護中國海洋漁業權益。由農業部所屬的漁政漁港監督管理局，位於黃、渤海、東海以及南海的三個漁政分局，沿海省、自治區和直轄市以及縣市的漁政局、處或站組成。關於漁政船之任務是包括以下各項：[17]

1. 監督漁船遵守漁業法規和執行保護水產資源的有關規定，進行漁業法制的宣導教育。對違反漁業法規行為者，由隨船工作的漁政檢查員依法執行行政處罰。

2. 監督管理和相關國家或地區簽訂的漁業協定，以及有關涉外問題規定的執行。

---

[15] 中華人民共和國交通運輸部救助打撈局，（http://www.moc.gov.cn/zizhan/zhishujigou/jiulaoju/）（2010/01/25）

[16] 海洋發展戰略究所課題組，《中國海洋發展報告（2009）》，北京：海洋出版社，2009 年 1 月，頁 417。

[17] 夏章英，《漁政管理學》，北京：海洋出版社，1996 年 10 月，頁 11。

3. 監視外籍漁船和台灣、港澳地區漁船的活動或生產作業情況，並執行有關的法令規定，以維護其海洋漁業的權益。

4. 維持漁場作業秩序，及時處理海上漁業糾紛及其他事故。並對各類遇險、遭難船舶進行救助，以及幫助漁船運送傷病船員。

5. 監督檢查漁業水域污染情形，並擔任水質調查、測試、工作。

6. 收集有關漁場和漁業資源變化情形，並提供執行保護增殖和合理利用水產資源所需相關資料。

7. 根據各級政府的決定，配合有關部門執行海上查緝走私任務。

（二）裝備[18]

漁業局之漁政船達千餘艘以上，大型漁政船舶有一千噸級「中國漁政 201」、「中國漁政 118」等艦艇。大陸為因應 1996 年加入聯合國海洋法公約，世界各區域性漁業組織相繼形成，尤以所在區域中西太平洋漁業組織發展，已批准建造數艘三千噸級以上配有艦載直升機之遠洋漁政執法船舶，積極經營此區域公海漁業事務。漁業局除上述兩艘大型艦艇外，另有中國海軍將退役的軍用救助船改裝成中國漁政最大的 4,600 噸執法船「中國漁政 311」，使漁政在中國南海的執法力大增，往後將赴南沙群島巡航。[19]

四、中國大陸邊防局──海警支隊（Marine Police）

（一）組織與職掌[20]

公安邊防海警部隊是特殊警隊，隸屬於公安部底下的邊防管理局，在沿海省下設海警支隊，是維護海上治安秩序的執法力量。主要任務為打擊海上偷渡、走私、販槍、販毒及搶劫等犯罪行為，防範與打擊境外敵對勢力份子和黑社會組織從海上對中國的滲透與破壞活動，負責中國管轄水域內刑事案件的偵查、居留、押送和其他強制措施。他們不僅維護海上治安，保護沿海人民生命及財產安全，也保護了國家領海主權與權益。全中國的海警部隊組建於 2001 年完成，分別布屬在 11 個沿海省市。目前公安部之邊防管理局編制有廿七個邊防總隊（北京、天津、上海、廈門、廣州、深圳、珠江、汕頭、海口設有邊防檢查站。另新疆、內蒙、黑龍江、吉林、遼寧、四川、河南、甘肅、雲南、西藏及臨海九省建

---

[18] 林欽隆，《海巡雙月刊》，〈中西太平洋漁業委員會管理架構探討研析〉，第 6 期，2004 年 2 月。

[19] 中國評論新聞網，〈中國漁政 311 執法船將擇日赴南沙群島巡航〉，2009/3/18，（http://www.chinareviewnews.com/）（2010/01/25）

[20] 海洋發展戰略究所課題組，《中國海洋發展報告（2009）》，北京：海洋出版社，2009 年 1 月，頁 417。

有邊防總隊）邊防總隊組織編制司令部、政治部、後勤部、邊防支隊、海警支隊、總隊醫院、指揮學校。其分區配置如下：[21]

1. 沿海邊境地區：設邊防支隊、邊防派出所、邊防檢查站。
2. 海防重點區：設海警支隊。
3. 國家開放口岸：設邊防檢查站。
4. 地方工作站：設邊防工作站。

沿海省市均設有海警支隊，而支隊下轄有若干大隊，大隊下轄有若干中隊。邊防總隊執法依據主要有「公民出境入境管理法」及其實施細則；「外國人入境出境管理法」及其實施細則；「出境入境邊防檢查條例」和「實施邊境管理區通行證制度」。2000 年 3 月，公安局同意賦予邊防總隊針對走私、偷渡、販毒等案件擁有刑事管轄權，如同內陸公安機關可以獨立辦案及擁有犯罪偵查權和預審權，擴大邊防武警的權利。[22]

（二）裝備

目前海警隊擁有沿海海防巡邏警艇約一千餘艘，艇名以單位簡稱配合船性英文加噸數、序號計五位碼命名為「公邊 H（D）XXXX」、「海警 XXXX」，由 50 噸至 300 噸不等，艇上配備有機槍砲等火力。另外，海軍將 2 艘護衛艦改裝為海警巡邏艦贈與海警隊。[23]

五、中國大陸海關總署緝私局（Customs）

（一）組織與職掌[24]

中國海關總署緝私局是直屬國務院獨立機關，實行集中統一的垂直領導管理體制，專門負責全國反走私工作，包括研究提出打擊海上走私的規章制度，並與國際打擊走私的團體單位合作。中共為防堵嚴重的走私情事，於 1999 年 1 月，在海關總署底下成立「走私犯罪偵查局」，各地海關也分別成立走私偵查分局。同時，海關緝私警察單位與走私犯罪偵查局成立，是專司打擊海上走私的執法隊伍，實行了「聯合緝私、統一處理、綜合治理」的反走私體制。緝私警察由海關總署與公安部雙重領導，以海關領導為主，緝私警察依法查緝涉稅走私犯罪案件，對案件與犯罪嫌疑人依法進行偵查、居留和預審工作。為配合「走私犯罪偵查局」成立，2000 年 7 月修正「海關法」，要求查緝在海關境內涉稅走私案件及海關監管區內的非涉稅走私案件。構成犯罪者由走私犯罪偵查局負責偵查、拘留、執行逮

---

[21] 中國公安部，（http://www.mps.gov.cn）（2010/01/04）

[22] 《中國公安工作》，〈西元 2001 年〉，北京：中華人民共和國公安部出版，2002 年。

[23] 中華人民解放軍海軍，（http://news.xinhuanet.com/ziliao/2004-07/20/content_1618246.htm）（2011/08/22）

[24] 海洋發展戰略究所課題組，《中國海洋發展報告（2009）》，北京：海洋出版社，2009 年 1 月，頁 417。

捕、預審和移送該管檢察院，輕微或尚不構成犯罪者移交當地公安機關處理，作為海關及緝私公安隊的執法依據。走私犯罪偵查局於 2003 年 1 月起更名為「海關總署緝私局」，原各地分局提升層級為「○○海關緝私局」，除了原有刑事偵查職能外也增加了行政執法職能，對外開放口岸和監管業務集中的地點設立 42 個直屬海關與 101 個分局。[25]海關的隸屬關係不受行政區劃的限制；各地海關依法獨立行使職權，向總署負責，不受地方政府及其他機關的干預。[26]

（二）裝備

總人數約 20,000 人。面海各地海關轄有緝私艦，約 51 艘介於 9 噸至 180 噸，巡邏範圍 24 浬。

六、中國人民解放軍海軍（People's Liberation Army Navy）

（一）組織與職掌

海軍是中國解放軍的軍種之一，是保衛國家領海主權，保衛海域權益的主要軍事力量。中國政府為了增強自己的國防，認為除了原本的陸軍外還需要建立海軍與空軍，因此在1949年時保護沿海沿江的人民海軍部隊成立。他們是以艦艇部隊與海軍航空兵為主的軍事部隊，主要任務是協同陸軍與空軍防禦敵人從海上侵襲，保護領海主權，海軍具有在水面、水中與空中作戰的能力。人民海軍由五大兵種組成，分別是水面艦艇部隊、潛艇部隊、航空兵部隊、岸防部隊與海軍陸戰隊。海軍還組建各種勤務部隊，包括偵查、觀察、通信、工程、航海保障、水文氣象、防險救生、防化、後勤供應和裝備修理等部隊，其任務是保障海軍各兵力順利進行戰鬥活動。海軍下轄北海、東海與南海三大艦隊和海軍航空兵部，艦隊下轄基地、水警區、艦艇支隊級艦艇大隊等。[27]近年索馬利亞海域及亞丁灣海盜出沒猖獗，各國商船經過這段海域無不膽戰心驚，被搶奪的船隻不乏中國商船，因此為減少國內商船受到傷害，中國政府決定派出海軍護航艦隊執行護航任務，並在亞丁灣與索馬利亞海域的船舶主要航道附近設立七個巡邏區。[28]

---

[25] 中國新聞網，〈中國海關走私犯罪偵查機關將更名為緝私局〉，2002 年 12 月 30 日。（www.cq.xinhuanet.com/news/）（2009/01/04）

[26] 中國海關，（http://www.customs.gov.cn）（2010/01/04）

[27] 中國人民解放軍海軍，（http://news.xinhuanet.com/ziliao/2004-07/20/content_1618246.htm）（2010/01/05）

[28] 藍孝威，《聯合報－兩岸》〈中共護航艦隊　開抵亞丁灣〉，2009 年 01 月 07 日。

（二）裝備

　　海軍人員約 268,000 人，總計約有 1,445 艘艦艇。包含艦艇 26 艘驅逐艦、55 艘護衛艦、8 艘攻擊核潛艦、6 艘戰略核潛艦、1 艘彈道飛彈常規潛艦、1 艘巡弋飛彈常規潛艦、59 艘攻擊潛艦、606 艘兩棲登陸艇。約 70 艘魚雷艇、200 艘以上護衛艇、約 214 艘飛彈艇、約 24 艘掃雷艇、約 150 艘反潛艦、約 14 艘補給艦、2 艘訓練艦、2 艘醫療船、3 艘潛艦支援船、2 艘試驗艦、2 艘偵查科研船。另外，擁有總計約 173 架航空器，包含 3 架直升機，約 170 架戰鬥飛機。[29]

第三節　權限與管轄（Authority and Jurisdiction）

　　海洋的行政法工作是中國海洋管理的重要組成部分，海洋行政主管部門及其下屬的中國海監依據相關法律及法規加大了海域執法的強度，也加強了對中國管轄海域的監視、監管與執法，有效推動海域管理與環境保護法律制度的落實。參與國家海洋事業活動和管理的部門是很多的，海洋法需要與國家司法制度作協調與銜接。中國海洋執法遵守三個原則：「第一，合法性原則，指海洋機關及人員一切執法行為都須依據明確法律。第二，合理性原則，海洋執法機關及人員行政行為必須公正、適當且合理。第三，及時性和應急快速反應原則，假使海洋發生違法案件，執法機關應該在規定時間趕赴現場，按照應急計畫進行調查、取證及海上處理。」而且海洋執法行動需要依照法律規章，所有人員也都需要熟悉海洋行政法。海洋執法任務主要分為海洋維權執法、海域使用和海島執法、海洋環境保護執法等三大類。

一、海洋維權執法任務：全面監管涉外海洋科學研究活動；全面監管涉外海底電纜導管鋪設活動；定期開展大陸架與專屬經濟區域專項巡航；應急處置海洋侵權事件；建立海上重大事件協作機制和信息網。

二、海域使用和海島執法：海域使用行政執法；對海島開發利用活動檢查；鋪設海底電纜管道的管理和保護；對海砂開採活動檢查。

三、海洋環境保護執法：海洋侵廢的巡航執法；海洋工程的巡航執法；海洋生態保護執法檢查；履行海洋環境監督職能。

---

[29] 中華人民共和國解放軍海軍，（http://news.xinhuanet.com/ziliao/2004-07/20/content_1618246.htm）（2011/08/22）

中國海域執法主要在維護國家權益，這也是國務院賦予海洋行政主管部門的主要職責，也是中國海監的重要任務。依據以上基礎，中國海監定期巡航國家海域以捍衛權益，落實對中國全部管轄海域的監管。[30]

第四節　教育與訓練（Education and Training）

中國海監是一支實行準軍事管理的現代化與規範化的執法隊伍，為了不斷提高隊伍的準軍事化素質，中國海監總隊每年都會定期對機關人員進行嚴格的軍事訓練。

中國海關總署於各地設置海關學校，主要培訓通關稅務相關專業人力，而非真正海域執法者。各地海關設立緝私局具有刑事及行政之執法職能，仍隸屬公安部接管，而邊防海警亦為公安部管轄一環，故主要海域執法成員，係由中國人民公安大學、公安海警學院及公安邊防水面船艇學校或各地警察學校培養，皆直屬國家公安部。人民公安大學是公安教育系統的最高學府，設有治安系、警察管理系、偵查系、刑事科學技術系、交通管理工程系、涉外警務系、信息安全工程系、法律系、安全防範系及犯罪學系十個系，以及各專業深造研究所；專業研究所招收在職公安幹警及函授生進修。[31]

公安海警學院為具海域執法特色的高等院校；下設船艇指揮、計算機及應用、通信技術及機電管理四個科別。至於「公安邊防水面船艇學校」除因應邊防管轄權收歸中央公安部統一管轄外，主要為抓緊打擊走私等海上治安及革除以往共軍、武警勾結不法貪污情事。另外，還設有艦艇指揮、機電長、機帆長等科，招收浙江、福建、廣東、廣西等沿海省分之邊防海警基層人力養成為主，畢業後便下艦艇擔任工作。

第五節　與我國制度之比較
（A Comparison with Taiwan Coast Guard）

首先，中國大陸採事權分散的多元型海域執法制度，除了農業部漁業局之漁政船與國家海洋局之海監總隊負責專門性職能外，海關、公安邊防海警彼此間，可對海上走私、偷渡、槍毒等跨國性經濟或刑事犯罪共管。與我國海域執法制度對照比較，相近民國八十

---

[30] 海洋發展戰略究所課題組，《中國海洋發展報告》，北京：海洋出版社，2009 年 1 月，頁 417- 420。
[31] 中國人民公安大學，（http://www.cppsu.edu.cn）（2010/01/05）

亞洲篇

中國海域執法制度

- 105 -

九年海岸巡防署成立前，我行政院農委會漁業署與其對岸農業部漁業局之職掌功能相同，而隨同五艘巡護船全數移撥海巡署，政策規劃及遠洋巡護計畫擬定仍歸漁業署，但漁業巡護及漁業資源維護執法任務亦隨之轉移海巡署，這點與大陸有所不同。其次，中國國土資源部國家海洋局業務在我國並無相應統合專責機關，部分功能與內政部地政司之國土規畫業務相同，另外海軍大氣海洋局（前身為海測局）職掌國家海洋測繪工作，國科會撥交相關國立大學海洋系所運用三艘海洋研究船亦承擔部份海洋科學研發工作。而中國海監總隊暨分區總隊負責海洋資源維護執法工作，依我國「海岸巡防法」規定來看，是由海巡機關執行海洋環境保護及保育工作事項。

第六節　結語（Conclusion）——特徵（Characteristic）

一、分散制

針對海洋事務執行各項職責的主要單位有中國海監總隊、海事局、漁業局、海警部隊與海軍。

二、重視海難搜救

交通部下轄海事局及救撈局的海難搜救及打撈設備齊全且實力堅強，充分顯示政府重視人民生命與財產的保護。

三、海域執法單位為三級或四級制機關

中國海監總隊隸屬於國土資源部底下的國家海洋局，海事局隸屬於交通部，漁業局隸屬於農業部，海軍隸屬於國防部（以上為三級制）；海警隸屬於公安部底下的邊防管理局（四級制）。

四、海洋事務單位多有專屬航空器

中國海監總隊、漁業局及海軍皆有專屬的巡邏直升機或飛機。

五、重視教育訓練

中國海監部隊為了人員的專業提升，每年均定期舉辦軍事訓練。海關在各地也都設有海關學校，針對海域執法與海警部隊人員教育則設有人民公安大學、公安海警學院及公安邊防水面船艇學校或地方警察學校。

六、海軍參與救難及海域執法工作

中國海軍實力強大，索馬利亞海盜威脅中國漁商船舶安全後，海軍軍艦即開往亞丁灣護航。重大海難發生時，海軍也常協助支援救難工作。

七、國土及海洋緊密連接的政策規劃

中國各海域事務與部門是將內陸延伸至海洋為其範圍。並將海洋視為藍色國土。

第 8 章　香港海域執法制度

目錄

第一節　香港概況（Hong Kong Overview）⋯⋯⋯⋯⋯⋯⋯ 108

第二節　歷史沿革（History）⋯⋯⋯⋯⋯⋯⋯ 109

第三節　組織、職掌與編裝

　　　　（Organization, Duties and Equipment）⋯⋯⋯⋯ 110

第四節　教育與訓練（Education and Training）⋯⋯⋯⋯⋯ 114

第五節　與我國制度之比較

　　　　（A Comparison with Taiwan Coast Guard）⋯⋯⋯ 115

第六節　結語（Conclusion）──特徵（Characteristics）⋯⋯ 115

第一節　香港概況（Hong Kong Overview）

　　香港特別行政區（Hong Kong Special Administrative Region）是中國的兩個特別行政區[1]之一。地處華南沿岸、珠江口以東，由香港島、九龍半島和新界三大內陸地區，以及 262 個大小島嶼組成。北接廣東省深圳市，南臨南海（South China Sea），西面是澳門及珠海市。全境面積 1,104.32 平方公里，約為四個台北市大，香港人口 7,122,508 人（2011）。[2]香港境內生產總值（GDP）226,500（百萬）美元；每人國民所得（GNP）31,799 美元（2010）。[3]香港海岸線長 870 公里，12 浬領海是以大陸為標準，雖然有 200 浬專屬經濟海域但卻不以香港邊界為

---

[1] 特別行政區是指為特別的目的或區別於其他地方行政單位而設立的地方行政機構。中華人民共和國在地方行政上採取特別行政區的制度，是一國兩制原則的代表行政措施。現時有兩個特別行政區既香港和澳門，當地政府的領導稱為行政長官或特別行政區首長簡稱「特首」。維基，（http://zh.wikipedia.org/wiki/%E7%89%B9%E5%88%AB%E8%A1%8C%E6%94%BF%E5%8C%BA）（2011/05/20）

[2] CIA, The World Factbook. (https://www.cia.gov/index.html) (2011/05/20)

[3] 二類指標詳情請見本書導論，頁 12。

基準。[4]香港政治制度大致沿襲自英國統治時期，行政、立法、司法互不隸屬。特區成立後，種種政治制度與中國大陸截然不同。憲制性文件《基本法》確保「一國兩制」意念得到落實，法治精神和司法獨立不受北京中央政府干預。另外，根據「港人治港、高度自治」的原則，香港繼續管理除國防及外交以外的其他自身事務。香港也可以「中國香港」的名義，繼續參與國際事務。香港最高行政長官（特首）為政府決策者，是一個由八百名通過間接選舉及當然成員組成的「選舉委員會」以記名及一人一票方式產生。香港於 1997 年 7 月 1 日回歸中國，50 年內保持原有的資本主義制度和生活方式，亦可享有除外交及防務外的高度自治權。[5]

第二節　歷史沿革（History）

　　1841 年，英國與中國締結割讓港島條約後，英國派員至港島指揮維安的首席裁判司工作。往後幾年，首席裁判司在香港成立警署，1844 年後為使警政工作效率提高，從英國聘請有經驗警官來港整頓，同時亦將司法制度重新制定。1845 年後，香港各地警署均見成績，水警隊漸具執法雛形，也開始了二十四小時的全天服務。1860 年九龍割讓給英國，警政設施更加擴張，專屬於水警隊位於尖沙嘴的水警總部便此時興建完成。1869 年為增加警務人員的語言能力，自願性的警察語言學校成立，但是反應未盡理想。1872 年為改善警察的服務條件，警察語言學校的課程有所擴展，而當時的水警被視為獨立組織，另設有一所水警訓練學校。第一次世界大戰後，當局為提高警察訓練水平設立了警察訓練學校，警務工作因此有了全面的訓練。1930 年香港沿岸海盜猖獗，為船舶護航的水警得到了各大船運公司的費用支援，設備與人員的增加使任務執行更有效率，被保護的船舶幾乎沒有再被海盜襲擊過。1979 年至 1980 年，香港遭遇最大的問題是來自中國與越南的非法入境者，此時水警又再次擔任第一線的防衛工作，將偷渡者們拘留後遣返回國。八十年代警隊與水警再次進行重新改組，1997 年香港回歸祖國後，警務工作的組織便延續至今。[6]

---

[4]　*Jane's Fighting Ships.2004-2005*, Edited by Commodore Stephen Saunders RN, Virginia U.S.A, p.299.

[5]　香港，維基，（http://zh.wikipedia.org/wiki/%E9%A6%99%E6%B8%AF ）（2011/05/20）

[6]　《警隊博物館》,〈皇家香港警察隊簡史〉, 皇家香港警務處警隊博物館出版, 1994 年 2 月 ;Iain Ward. *SUI GENG, The Hong Kong Marine Police 1841~1950*. Hong Kong University Press 1991.

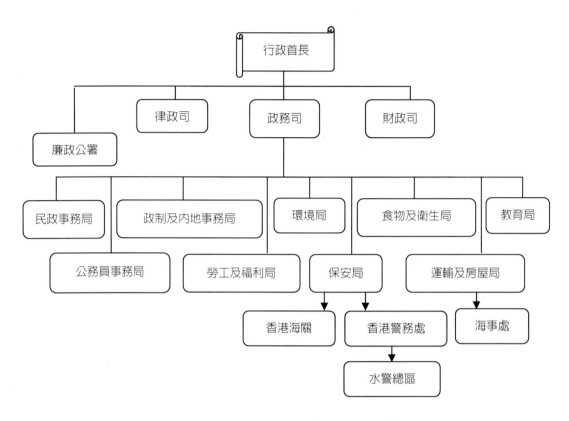

圖 8-1 香港海域執法相關部門互動圖[7]

資料來源：作者自繪

第三節 組織、職掌與編裝
（Organization, Duties and Equipment）

香港的海域執法是由水上警察（Marine Police）負責，海關（（Customs and Excise Department, CED）則負責出入境之人事物管理與調查。海難搜救與海域汙染防治則另由海事處（Marine Department）負責。

一、香港水上警察（Hong Kong Marine Police）

（一）組織與職掌

　　香港水警隸屬於保安局底下的香港警務處。香港警察為了方便執行日常警務工作，分為六大總區：香港島總區、東九龍總區、西九龍總區、新界南總區、新界北總區與水警總區。（見圖 8-1、8-2）警務管轄範圍是以警署為單位，全香港共分為二十三個警區。而水警有八個分區：東分區警署、西分區警署、南分區警署、北分區警署、長州分區警署、南丫島警崗、坪洲警崗與海港警署。[8]在總區工作的警務人員提供二十四小時的前線服務，負責執行傳統的警務工作，保護市民生命和財產、防止犯罪與維持治安，並在有緊急事故發生時對災難做出迅速回應。

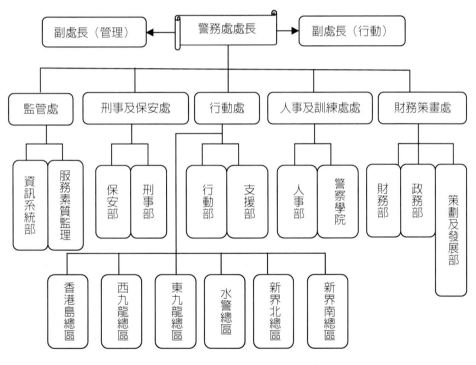

圖 8-2　香港警務處內部互動圖[9]

資料來源：作者自繪

8　香港警務處，（http://www.police.gov.hk/index.html）（2011/08/22）
9　香港警務處，（http://www.police.gov.hk/index.html）（2011/08/22）

水警人員亦經常在岸上巡邏，與各小島及偏僻村落的居民保持聯絡。水警總區指揮官是負責水警船隊及水警訓練學校的整體管理，包括擬定訓練策略及計畫、維持完備的水警船隊等範圍的工作，並由總區副指揮官協助。水警總區在香港水域範圍協助政府飛行服務隊及消防處等部門，進行海上救援及傷者運送等。其他工作包括護送政要人物、執行應急檢疫及海港法例等。隸屬水警總區行動科的小艇分區，專責海上反走私、反偷渡及反罪惡工作。[10]

水警的主要職責是維持香港特別行政區海上邊界與水域的治安：

1. 在本港水域執行法例
2. 防止水陸走私及非法出入境活動
3. 負責本港及鄰近水域的搜索與救難工作
4. 運送傷亡人士

水警總區底下由八個分區組成，執法範圍涵蓋 1,651 平方公里的香港水域及 261 個離島。總區下轄有行動科、支援科與行政科。行動科負責總區層面的行動事務：

1. 監督總區重案組在調查罪案及海上非法入境和走私集團活動
2. 監督總區指揮及控制中心
3. 後勤組
4. 總區運輸組
5. 練靶場、武器及戰術組
6. 小艇分區的日常工作

行政科負責一般行政工作以及總區財務、人事、編制和訓練事宜。支援科的職責包括：

1. 水警輪船的購置計劃
2. 水警人員在航海、駛船、輪機及安全方面的訓練及評核
3. 專業設備的選購事宜。[11]

（二）裝備

水警約有 2,600 名人員，總計 125 艘輪艦、63 艘警輪、62 艘警艇。水警與政府飛行隊合作執行搜救任務，政府飛行服務隊有 3 架 Eurocopter As 332 L2 美洲獅直升機，5 架 Eurocopter EC 155B 搜救直升機，4 架 Sikorsky S-76 A 直升機與 2 架 S-76 C 直升機。[12]

---

[10] 水警訓練學校，（http://www.scout.org.hk/article_attach/5304/P20.PDF）（2011/05/20）
[11] 香港警務處，（http://www.police.gov.hk/index.html）（2011/08/22）
[12] 香港警務處，（http://www.police.gov.hk/index.html）（2011/08/22）

二、香港海關（Hong Kong Customs and Excise Department, CED）

（一）組織與職掌

　　香港海關隸屬於保安局，其前身為出入口管理處，成立於 1909 年，初期主要負責保障稅收工作。1949 年出入口管理處與物料供應署、貿易署及工業署合併成工商署。1962 年成立工商署緝私隊 1977 年改為香港海關。1982 年成為獨立的政府部門，香港主權交移後，海關成為主要部門之一，關長須由行政長官提名，中央政府任命。海關關長除主要向保安局負責，還向經濟發展局和財經事務及庫務局負責。[13]

（二）裝備

　　海關擁有 30 艘 125 噸之艦艇，名稱為：

1. 6 艘 Sea Glory
2. 5 艘 Sea Guardian
3. 2 艘 Sea Leader
4. 8 艘 Sea Reliance
5. 9 艘 Sea Fidelity[14]

三、香港海事處（Hong Kong Marine Department）

（一）組織與職掌

　　海事處隸屬於香港的運輸及房屋局（Transport and Housing Burenu）。主要職責為：

1. 保障海上人命安全。
2. 搜索與救援－香港海上救援協調中心對所收到的海上遇險求救信息即時作出回應，並加深漁民和駕艇者對全球海上遇險和安全系統的認識。
3. 聯同入境事務處、香港海關、衛生署和香港警務處的人員，合力使中國客運碼頭、港澳客運碼頭和屯門客運碼頭運作安全且具效率。
4. 污染控制——在接獲通知兩小時內，派遣污染控制小組人員抵達處理海港範圍內發生的溢油事件；有效收集指定水域範圍內的漂浮垃圾及本地和遠洋船舶的垃圾。

---

[13] 香港海關，（http://www.customs.gov.hk/）（2011/08/22）
[14] 香港海關，（http://www.customs.gov.hk/）（2011/08/22）

5. 海事工業安全－服務各海港的航運工作，確保貨物裝卸、海上建造工程、修船和造船活動得以安全進行。
6. 在颱風襲港期間，為船隻提供避風設施和協助船隻避風。
7. 確保那些擁有並自行操作船艇的人維持海上環境安全。
8. 海上環境保護－監督並維持海域與海港之各項服務和運作均符合環保準則，並貫徹責任，使香港的港口更為清潔。[15]

第四節　教育與訓練（Education and Training）

要成為水上警察必須要先至香港警察學校受過基本課程訓練，畢業後可選擇當水警或是陸上警察。亦或是陸上警察執勤兩年後可申請轉調水警，但要通過面試及視力測驗後，再至水警訓練學校受訓一個月才可轉至水警單位。而水警學校主要訓練內容有以下航海工作知識：

一、航海技巧
二、急救
三、海事條例
四、基本繩結
五、拋錨
六、船舶操控
七、儀器導航機械原理

完成各項訓練及考取初級水手牌照，便可在警用船舶上工作，但只能駕駛橡皮小艇。在工作的同時還需要繼續進修，如救火、駕駛船舶、及海上拯救等，並考取中級水手牌照，這樣便有機會擔任警用艦艇舵手。於工作上累積經驗與同時進修，晉升為警長並考取高級航海牌照，便有機會擔當指揮警用艦艇的工作。[16]

---

[15] 香港海事處，（http://www.mardep.gov.hk/hk/home.html）（2011/05/20）
[16] 水警訓練學校，（http://www.scout.org.hk/article_attach/5304/P20.PDF）（2011/05/20）

第五節　與我國制度之比較
（A Comparison with Taiwan Coast Guard）

首先，香港水警為保安局底下之警務處的六大總區之一，直接對警務處負責；台灣海巡署隸屬於行政院並對其負責。其次，水警訓練學校是由水警總區指揮官負責管理統籌，要擔任水警之人員，皆須至水警訓練學校受訓；台灣培育海巡署人員的警察大學則是針對國內警務人員開設不同專業學系，另外，海巡人員也可由國家考試錄取任之。最後，香港水警人員執法範圍包含 261 個離島；台灣離島海域巡邏則由海巡人員負責。

第六節　結語（Conclusion）——特徵（Characteristics）

香港南臨南海，海岸線長 870 公里，設有 8 個分區，以下為香港海域執法制度特徵。

一、集中制

香港設有水警負責海域執法任務。

二、警察型海域執法機制

香港海域執法由隸屬於警務處的水警單位負責，執法範圍涵蓋 1,651 平方公里的香港水域及 261 個離島。

三、岸海合一

水警人員時常至岸上巡邏維護沿岸治安。

四、水警歷史悠久，頗具規模

1842 年英國建置水警隊，至今已有近 170 年歷史。

五、專業教育搖籃

水警從受過中心訓練的人員中甄選。

六、海關與警察（包括水警隊）同屬保安局

依國際條例，海關屬於財政系統，而香港卻與警察同屬保安局，顯示兩部門之關係密切。

第 9 章　澳門海域執法制度

目錄

第一節　澳門概況（Macau Overview）·················117

第二節　歷史沿革（History）·························118

第三節　組織、職掌與編裝
　　　　（Organization, Duties and Equipment）·········120

第四節　教育與訓練（Education and Training）·········125

第五節　與我國制度之比較
　　　　（A Comparison with Taiwan Coast Guard）·······125

第六節　結語（Conclusion）──特徵（Characteristics）····126

第一節　澳門概況（Macau Overview）

　　中華人民共和國澳門特別行政區（Macau Special Administrative Region of the People's Republic of China）是中國下轄兩個特別行政區[1]之一。位處珠江口以西，由澳門半島、氹仔、路環以及路氹城四個部份所組成。其中澳門半島北面與中國內地連接，而氹仔和路環本是兩個分離的離島，後期填海工程把兩離島完全連接成稱為路氹城的地段。（見圖 9-3）東面與香港相距 30 公里。澳門面積 29.2 平方公里，約是香港的 1/38，海岸線長 41 公里。澳門特區為一國兩治，但其海域管理範圍與廣東省之間並沒有劃分清楚。但可從澳門印務局（Printing Bureau）第 58/96/M 號法令中了解到，中華人民共和國海岸附近海域活動之船舶，該活動範圍不得離澳門海岸超過二十五浬的限制。因為澳門也並非國家，所以他們無

---

[1] 特別行政區是指為特別的目的或區別於其他地方行政單位而設立的地方行政機構。中華人民共和國在地方行政上採取特別行政區的制度，是一國兩制原則的代表行政措施。現時有兩個特別行政區既香港特別行政區和澳門特別行政區，當地政府的領導稱為行政長官或特別行政區首長簡稱「特首」。維基，（http://zh.wikipedia.org/wiki/%E7%89%B9%E5%88%AB%E8%A1%8C%E6%94%BF%E5%8C%BA）（2011/05/20）

法宣告領海與專屬經濟海域。[2]人口 573,003 人（2011）。[3]澳門境內生產總值（GDP）22,100（百萬）美元。[4]澳門回歸前，以葡萄牙派任總督為最高政治權威，國家司法體制以葡國法律為依據。[5]澳門回歸後法律遵照《澳門特別行政區基本法》，立法機關的立法會議員由民選及政府指派擔任，澳門政府的最高代表為特區首長。（見圖 9-1）澳門行政權獨大，立法會議員的提案受到嚴格限制，檢討政府政策還需要首長的同意，根本無法發揮監督制衡的功能，即使一國兩制但想要發展民主確不簡單。[6]而博弈的繁榮發展雖然提高了澳門的觀光收入，卻也讓貧富差距越來越大，失業人數年年攀升。[7]

第二節　歷史沿革（History）

1822 年議事公局委任葡萄牙籍海軍上校佛蘭西斯科·巴萊托（Francisco Victória Vasconcelos Pereira Barreto）管轄海上貿易事務與所有船舶。1841 年成立港務局，海上事務的職權由港務局局長兼港務警察總長行使。1905 年港務局遷入水師廠辦公，1909 年核准《澳門港務局規章》，1975 年原本隸屬於港務局的水警部門納入保安部隊，成立水警稽查部隊。1990 年港務局首次以聯繫會員的身分參加聯合國國際海洋事務組織以來，港務局都是以作為澳門政府代表機關來派員出席國際有關海事的會議。1999 年海事安全及防治海上污染的國際海事公約引用到澳門並生效後，港務局更獲得政府授權作為有關國際海事的對外及對內事務的負責單位，也就是船旗國[8]實施的專責部門。2005 年 7 月港務局進行改組，加強其與各單位之分組合作提高工作效率，調整並鞏固架構以便符合國際海上職權機關的客觀需要。[9]另外，1868 年成立隸屬於港務局的水警隊，1975 年納入保安部隊後成為水警稽查部

---

[2] 澳門印務局，（http://bo.io.gov.mo/bo/i/96/40/declei58_cn.asp）（2011/05/20）
[3] CIA, The World Factbook.(https://www.cia.gov/index.html)（2011/05/20）
[4] 本類指標詳情請見本書導論，頁 11。
[5] 黃鴻釗，《澳門簡史》。香港：三聯書店，1999 年 10 月，頁 364-365。
[6] 王綽中，《中國時報－澳門專題》〈一步一顛簸　民主前景不悲觀〉，2006 年 12 月 20 日。
[7] 林克倫，《中國時報－澳門專題》〈貧富懸殊　特區政府嚴厲挑戰〉，2006 年 12 月 20 日。
[8] 又稱船舶登記國。國際航行船舶，應向本國或他國政府登記取得國籍並在船尾旗桿上懸掛該登記國的國旗。船舶在登記國政府登記後，應遵守登記國的法令與條例，並受登記國的保護。國際航行船舶除了在本國登記外，還可根據政治、軍事和經濟的需要，選擇在他國登記。《找法網》。（http://china.findlaw.cn/info/minshang/haishihaishangfa/54369.html）（2011/05/20）
包君忠，《大連海事大學——閱讀新聞》〈船級社檢驗、船旗國監督與港口國監督三者的關係〉，2007 年 04 月 05 日。（http://imcrc.dlmu.edu.cn/n70c9.aspx）（2011/05/20）
[9] 澳門港務局，（http://www.marine.gov.mo/）（2011/05/20）

隊。後於 2001 年更名為澳門海關，並脫離澳門保安部隊，海關行使水警稽查隊全部職能，亦行使經濟局打擊侵權與勞工事務局打擊黑工之部分職能。[10]

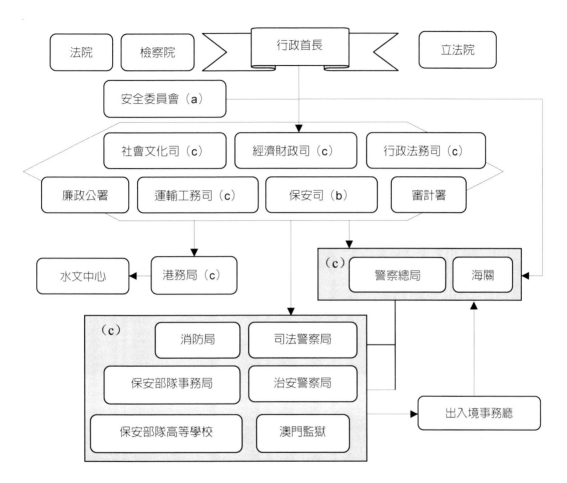

備註：
（a）行政首長為安全委員會主席
（b）保安司司長為副主席
（c）為安全委員會常設會員

圖 9-1　澳門海域執法相關部門互動圖[11]

資料來源：作者自繪

---

[10] 澳門海關，（http://www.customs.gov.mo/）（2011/05/20）
[11] 作者於民國 92 年 11 月 4 日至澳門參訪「警察局」簡報資料。《警察總局簡介－組織架構》，澳門：警察總局，2003 年 10 月 28 日。

圖 9-2　澳門海關內部組織結構圖[12]

第三節　組織、職掌與編裝
（Organization, Duties and Equipment）

一、澳門海關（Macau Customs）

（一）組織與職掌[13]

　　海關直接向行政首長負責，雖然海關於 2001 年脫離澳門保安部隊，但仍屬於澳門內部保安系統的成員之一，受保安司司長監督。[14]（見圖 9-1）他們的主要職責有：

　　1. 預防、打擊及遏止關務詐欺行為

---

[12] 澳門海關——組織架構，（http://www.customs.gov.mo/）（2011/05/20）

[13] 澳門海關，（http://www.customs.gov.mo/）（2011/08/22）

[14] 澳門保安部隊——歷史發展，（http://www.fsm.gov.mo/cht/history/history.aspx）（2010/01/05）

2. 致力預防和遏止不法販運活動

3. 配合對外貿易活動的監管工作，並為發展對外貿易活動作出貢獻，以維護澳門特別行政區在國際上的信譽

4. 根據法例對知識產權進行保護，打擊盜版行為

5. 致力履行澳門特別行政區在海關範疇內承擔的國際義務

6. 致力保護人身和財產安全，妥善執行澳門特別行政區的內部保安政策

7. 參與澳門特別行政區的民防工作，並在緊急情況中參與行動

8. 協助水上活動

9. 海上人身安全救助支援

澳門海關設有十一個檢查站，分別為關閘海關站、外港海關站、珠澳跨境工業區海關站、海上監察廳、內港海關站、澳門海關站、海島海關站、路氹新城海關站、路環九澳港海關站（九澳）、路環九澳海關站（路環）及澳門國際機場海灣站。（見圖 9-2、9-3）在每個海關站，澳門治安警察局下屬的出入境事務廳[15]設有機場邊境站、外港邊境站、路氹邊境站與關閘邊境站四個警司處，協助海關處理政府出入境相關政策，檢查證件並且調查是否有非法勞工進入澳門。（見圖 9-1）

（二）裝備

澳門海關人員約 1,200 人。海關分駐站多，為配合各式任務而擁有多艘 B 級海關輪、D 級海關輪、M 級海關輪、各式巡邏快艇及多輛巡邏車。[16]

---

[15] 作者於 92 年 11 月 4 日至澳門參訪「警察局」簡報資料。《警察總局簡介－組織架構》。澳門：警察總局。2003 年 10 月 28 日。

[16] 澳門海關，（http://www.customs.gov.mo/）（2011/08/22）

圖9-3　澳門海關站分布圖[17]

---

[17]　（http://www.awtour.com.cn/Product/Area/region25/map.htm）（2009/11/17）

二、澳門港務局（Maritime Administradtion）

（一）組織與職掌[18]

　　港務局是隸屬於澳門特別行政區政府的運輸工務司底下的局級單位，負責行使海上事務職權的公共部門。（見圖 9-1）其職責包括管理澳門所有港口範圍之事務、船舶的海事登記、船員管理與發證、港口控制、海上工程活動及碼頭作業的審核皆由港務局管理與執行。港務局有以下主要任務：

1. 水道測量
2. 沙灘救生
3. 海難搜救
4. 引航作業
5. 監管及控制航海活動
6. 執行防治海事汙染及海洋保護措施
7. 管理港口、船舶及海員事宜
8. 負責航標設置，維護海上交通與治安
9. 負責與漁業有關的活動發展
10. 研究及保護海事文化遺產
11. 建造、維修及保養船舶

　　以上各任務中，最重要之任務為搜尋與救難及海域汙染的防治。澳門政府對海上搜救任務，在船舶交通管理中心設有一個 24 小時的搜救協調中心，需要時再啟動運作，海上協調中心的協調工作是由港務局透過此中心負責。

（二）裝備[19]

　　港務局船隊共有 22 艘：

1. 2 艘分別為 35 噸與 42 噸木材結構帆船
2. 1 艘 61 噸鋼鐵結構工程船
3. 3 艘分別為 165 噸與 13 噸之鋼鐵結構運輸船
4. 1 艘 7 噸鋼鐵結構清潔船
5. 4 艘分別為 25 噸、22 噸與 7 噸鋼鐵結構汽船，2 艘 2.8 噸與 1.6 噸玻璃鋼結構汽船

---

[18] 澳門港務局，（http://www.marine.gov.mo/）（2011/08/22）
[19] 澳門港務局，（http://www.marine.gov.mo/）（2011/08/22）

6. 1 艘 1 噸玻璃鋼結構快艇

7. 4 艘 1.8 噸玻璃鋼結構舢舨

8. 2 艘分別為 73 噸與 46 噸鋼鐵結構疏浚船

9. 2 艘分別為 53 噸與 190 噸鋼鐵結構拖船

三、澳門警察

(一)組織與職掌(見圖 9-1)

　　過去維護澳門治安的警察部隊成立於 1822 年,至 1975 年改制後成立保安部隊便肩負澳門的治安工作,澳門現有的治安單位多以它為基礎做發展,其主要職責是對澳門保安系統內的其他部門提供協助。現在的治安警察局原本是保安部隊下屬的單位,直至澳門回歸後才重組轉移。現今負責澳門海域執法的海關,便是從保安部隊所屬的水警稽查隊獨立出來的。[20]

　　警察總局雖隸屬於保安司底下,卻是直接對行政首長負責。其職責為指揮級領導下屬警務機關執行行動。其權限有命令屬下機構執行任務;有效調配屬下警務機構在行動上的資源;集中處理及統籌刑事調查的一切工作,但不影響賦予司法當局在職務上的領導權,且不妨礙授予作為刑事警察機關的各屬下警務機構的技術自主權和專屬權限;搜集、分析、處理及發佈為履行職責所需的一切重要資訊;監督屬下警務機構執行計劃、指令和任務。警察總局更有權審查屬下警務機構執行行動的能力。其下屬之兩大警局,治安警察局及司法警察局。前者主要是維護社會公共秩序、打擊犯罪以及出入境管理,其下屬出入境事務廳為支援海關之單位;後者是預防與調查犯罪,協助司法當局工作。[21]

---

[20] 澳門保安部隊,(http://www.fsm.gov.mo/cht/main.aspx)(2010/01/08)

[21] 作者於 92 年 11 月 4 日至澳門參訪「警察局」簡報資料。《警察總局簡介-組織架構》,澳門:警察總局,2003 年 10 月 28 日。

第四節　教育與訓練（Education and Training）

　　澳門與海事相關之課程皆由航海學校教育。他們的課程分為海事研習課程、培訓課程、預備課程、進修課程及再培訓課程。主要課程如下：海事研習預備課程（學位後課程）、海事研習－普通培訓（學位後課程）、海上交通控制員、水道測量、沿海船舶駕長、海上巡查、國際安全管理體系評審、船舶審圖、客艙服務員、海事管理、水手與水手長、疏濬、海事、船舶機電、潛水員、海事通訊、消防基礎、海上救生、急救、助理搜救行動協調員、拖船輪機操作員、海上消防技術、處理海上油汙技術、工作安全與衛生、航行安全規則、制冷系統、船上電工實習、航標管理員、導師培訓、電腦、水上運動員－水手、水上運動員－沿岸船長、水上運動員－遠洋船長、水上運動員－業餘潛水員、英語、海事英語及普通話、校外補充活動、暑期活動。上述課程的時數與實習訓練皆須完成，才可報考政府海事相關工作。除了以上課程外，航海學校也為港務局和海關的特別職程人員開辦課程。[22]另外，協助海關，隸屬於治安警察局的出入境事務廳之人員，是由澳門保安部隊高等學校訓練出來的高等警察擔任。[23]

第五節　與我國制度之比較
（A Comparison with Taiwan Coast Guard）

　　首先，澳門港務局隸屬於運輸工務司，海關雖受保安司監督卻是直接向行政首長負責；台灣的海巡署是隸屬於行政院並向其負責。其次，澳門港務局的工作複雜，不管是海上、港口或沙灘都是他們負責查緝走私的範圍；台灣的海巡署主要執行範圍是在海域及沿岸治安維護及查緝偷渡走私。最後，澳門針對海事搜救設有 24 小時搜救協調中心，中心是由港務局統一指揮；台灣搜救主要由海巡署執行。

---

[22] 澳門航海學校，（http://www.escola-pilotagem.gov.mo/）（2011/08/22）
[23] 治安警察局──發展沿革，（http://www.fsm.gov.mo/psp/cht/index.html）（2010/01/05）

第六節 結語（Conclusion）——特徵（Characteristics）

澳門在長 41 公里的海岸線上，設有 11 個海關檢查站，以下為其海域執法制度特徵。

一、海關型海域執法機制

海關駐點皆分布於各重要出入境關口，任務皆以執法為主。其雖受保安司監督卻是直接對行政首長負責。海關所屬海上監察廳下設置海上巡邏處（船隊）、海岸巡邏處（澳門海關及海島海關巡邏站）以及海關培訓中心，故海域執法體制及設備均具規模。（見圖 9-2）

二、重視盜版與走私查緝

海關與政府相關部門合作打擊非法走私。

三、港務局負責海難搜救與汙染處理

港務局有專門的清潔艇，海難搜救中心也是受其指揮。

四、海關與警察合作密切

海關與警察總局同樣直接向行政首長負責但並設於保安司之下。

第 10 章　泰國海域執法制度

目錄

第一節　國家概況（Country Overview）……………………… 127

第二節　歷史沿革（History）………………………………… 128

第三節　組織、職掌與裝備
　　　　（Organization, Duties and Equipment）………… 130

第四節　權限與管轄（Authority and Jurisdiction）………… 133

第五節　教育與訓練（Education and Training）…………… 134

第六節　與我國制度之比較
　　　　（A Comparison with Taiwan Coast Guard）……… 134

第七節　結語（Conclusion）──特徵（Characteristics）…… 135

第一節　國家概況（Country Overview）

　　泰王國（Kingdom of Thailand）位於東南亞中心地帶，東南接連柬埔寨（Cambodia），南靠馬來西亞（Malaysia），西鄰緬甸（Burma），東北與北部與寮國（Laos）接壤，東南臨泰國灣（Gulf of Thailand），西南面安達曼海（Andaman Sea）。全國面積 514,000 平方公里，是台灣的 14 倍。海岸線全長 3,219 公里，領海 12 浬，專屬經濟海域 200 浬。[1]

　　首都為曼谷（Bangkok），全國人口 66,720,153（2011）[2]。國體君主立憲制，政體責任內閣制，國會分參、眾兩議院。泰王是泰國的元首也是精神領袖，無實際政權但地位崇高，總理為最高行政首長。（見圖 10-1）主要輸出橡膠、塑膠品、寶石，輸入石油產品、鋼鐵、

---

[1]　CIA, The World Factbook.(https://www.cia.gov/index.html) (2011/05/18)

[2]　CIA, The World Factbook.(https://www.cia.gov/index.html) (2011/05/18)

化工產品。[3]泰國國內生產總值（GDP）312,600（百萬）美元，在 190 個國家排名第 30 名；每人國民所得（GNP）4,620 美元（2010），在 182 個國家排名第 89 名。泰國政治權利與公民自由兩種自由程度在 2010 年的前者為 5，後者為 4，歸類為部份自由國家；透明國際（Transparency International）中的 2010 年的貪污調查分數為 3.5，在 178 個國家中排名第 78 名；聯合國（2010）最適合居住國家的人類發展指數為 6.3，在 169 個國家中泰國排名第 92 名。[4]

2006 年 9 月 19 日泰軍政變，廢除憲法、解散國會，成立臨時文人政府。2007 年 7 月 6 日，通過新憲草案與全民公投，並於 12 月 23 日舉行大選。但繼任總理被認為是前派人馬，反政府團體持續示威，甚至佔據國際機場達 8 日之久，直至憲法法庭宣布執政黨違憲，總理下台後，示威群眾才散去。2008 年 12 月 22 日新任總理艾比希率領內閣宣誓就職。泰國向來標榜「中立外交」，與世界各國維持友好關係，採親美、日及加強與歐洲國家之傳統關係，近年來尤重視東協關係，並採「西向政策」開拓與南亞、中東及非洲各國之政經關係。[5]

第二節　歷史沿革（History）

1939 年第二次世界大戰爆發，泰國消費品欠缺，泰國政府發布進出口產品管理條例，當時產品皆由海上運輸，而欠缺此方面人才，政府為了保護海上運輸安全提出成立水上警察局之構想。1941 年日本入侵泰國，泰國政府為了保護國土向日本宣戰，因泰國國防部評估無論在兵力或武器皆遜於日本而無法抵抗，故政府不得不加入軸心國。1946 年因二戰緣故，泰國與英國政府代表在新加坡簽訂合約，泰國必須提供一百五十萬噸白米給英國所指定之機構，泰國政府發布調查與禁止囤積米條例。1947 國會議員提出提議，要求國會對於政府所處理走私運送白米出口案件之政策召開檢討會。

---

[3]　《世界各國簡介暨各國首長名冊》，中華民國外交部，2001 年，頁 60。
[4]　五類指標詳情請見本書導論，頁 11-13。
[5]　中華民國外交部，外交資訊網頁（2010/08/19）

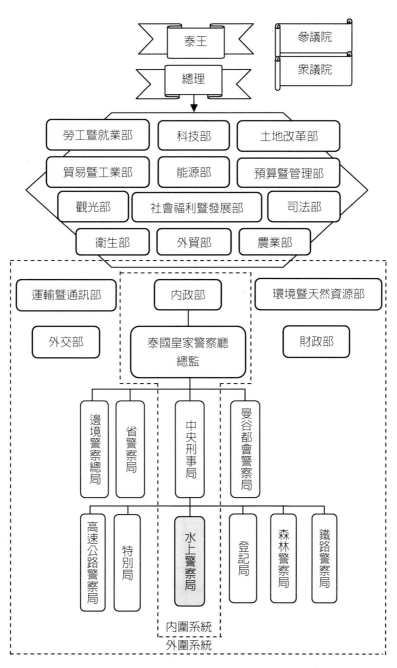

圖 10-1　泰國海域執法相關部門互動圖[6]

資料來源：作者自繪

---

[6]　邱華君編著（2000），《各國警察制度概論》，桃園：中央警察大學，頁 214。

　　1948 年泰國皇家海軍依據 1947 年海軍負有海上征剿犯罪責任條例，海軍總司令部成立巡邏海岸隊。1952 為了跟進時代變化與進步之戰術及美國所援助的新武器和裝備，政府做多方面調整，且對於查緝海上犯罪之重視，政府於泰國皇家警察廳中央調查處下設水上警察局。泰國警察皆配有軍職，且可以互調，基本上是軍警一體，所以水上警察亦含有軍事意味，其任務著重反海盜行為、剿除共產黨、海洋資源維護、皇室安全保護及海難救助等，在航運界亦扮演著重要角色，它提供船舶、設備、技術、服務、合作及其他協助為大眾服務。[7]

第三節　組織、職掌與裝備
（Organization, Duties and Equipment）

一、泰國水上警察局（Marine Police Division）

（一）組織與職掌

　　泰國水上警察局，隸屬內政部警察廳中央調查處（Central Investigation Bureau），局設局長一人，綜理局務。並設副局長七人，襄助局長處理局務。水上警察局是中央警察單位，所以在全國 73 府中，其卅府則屬該局所設之水上警察局單位，直接受該局之指揮，並不受該府或縣之其他行政機關的指揮，但在執行任務上，水上警察單位與其他行政機關仍保有良好之協助關係。

1. 水上警察局成立初期僅設三個大隊，後經數次組織修正，迄今該局組織結構大致分為內、外勤二單位：（見圖 10-2）

   A. 內勤單位：分為四個參謀分部，分別為直屬分部、後勤分部、船舶科技分部、海事事務分部。

   B. 外勤單位：設於各地重要之漁業區、港口、碼頭及邊境周圍。目前共有八個大隊，設置在全國八個重要地點，執行監督工作。大隊下設中隊及分隊。

---

[7]　胡立國（1994），《中央警官學校警政研究所第 23 期碩士論文》〈中泰水上警察之比較研究〉，頁 3-1 至 3-3。

2. 負責保衛泰國領海、港口及沿岸安全，於平常時期，負責或與軍隊聯合進行防止外來之沿海侵犯與保護國家的利益等任務。於戰爭時期，負責支援軍隊，並隸屬該軍隊之作戰管轄。

3. 刑事犯罪之征剿與預防，尤其對於違反海關法、漁業法、移民法、泰國領海內航行法、調查與禁止囤積米條例、在危急狀態中管制消費品和其他貨物法、進出口產品管理條例等征剿任務。

4. 為民服務，與一般警察單位相同，具有保護人民和交通工具之安全等任務。

5. 於公海保護泰國船隻安全及水上救生，水上警察是「國家空、海難救生」機構的一個海上主力單位，從事搜尋與搶救於領海內或公海上遇難之國、內外飛航器及船隻。

6. 保護皇室人士及國家元首有關水（海）上之安全，該單位為警察廳屬下一個主力單位，負有保護之責任。

7. 查緝走私、偷渡等任務，為其主要勤務之一。

（二）裝備[8]

水上警察局設於泰國皇家警察廳下，歸屬內政部管理，人員方面，警官計有 222 人，合格授權執法身分之員警計有 1,566 人；船艇方面，總計有 214 艘，其中包含 6 艘巡邏艦、65 艘巡邏艇、60 艘近岸巡防艇及 83 艘河流巡防艇。

1. 巡邏艦：負責遠洋及特殊任務

   A. 3 艘 180 英呎巡邏艦：一艘在泰國灣上方，一艘在泰國灣下方，另一艘在安達曼海域。

   B. 3 艘 110 英呎巡邏艦：兩艘負責執行一些特殊用途任務，如保護皇室家族安全、打擊海盜等任務。

2. 巡邏艇：設置在全國靠海 24 省的基地，每個基地置有一至三艘巡邏艇，其中包含有：

   A. 29 艘 60-70 英呎巡邏艇。2. 8 艘 80-90 英呎巡邏艇。3. 28 艘 50 英呎巡邏艇。

3. 近岸巡防艇：近岸巡邏用

   A. 23 艘 40 英呎近岸巡防艇。2. 37 艘 40 英呎近岸巡防艇。

4. 河流巡防艇：負責泰國內陸水域及近岸使用

   A. 39 艘 20-30 英呎小艇。2. 44 艘 15 英呎小艇。

---

8   Royal Thai Police, (http://www.royalthaipolice.go.th/)（2011/05/18）

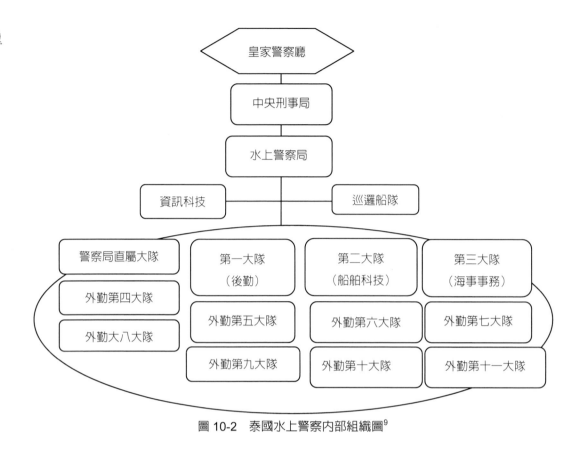

圖 10-2　泰國水上警察內部組織圖[9]

資料來源：作者自繪

二、泰國皇家海軍（Royal Thai Navy）

（一）組織與職掌

　　現代化的泰國皇家海軍發展於二次世界大戰間，目前其仍持續發展它的海域警衛力量。在 1989 年 4 月 1 日建置一艘護衛艦試驗武力，8 艘巡邏船和 4 架飛機。在 1992 年 9 月 29 日，當第 11 號巡邏船被賦予編號時，海域警衛中隊正式地被批准成立。目前，海軍的船艦和飛機每月調防一次。水上警察對內政部負責，也執行海域警衛功能。目前海域警衛隊的永久的基地還沒有被確定在何處設立；可能地點包括國家重要的東海岸工業港口（在 Laem Chabang 的地區）建立。目前武裝海上巡邏隊仍繼續執行反海盜巡邏任務。[10]

9　　中華民國外交部提供。
　　 Royal Thai Police, (http://www.royalthaipolice.go.th/)（2010/08/20）
10　World Military, (http://www.globalsecurity.org/military/world/) (2010/08/20)

（二）裝備

　　海軍的作戰力量包括皇家艦隊和皇家泰國海軍陸戰隊。皇家艦隊的 130 艘船，包括大型驅逐艦裝備地對空飛彈，快速攻擊戰鬥機武裝地對地飛彈，大型近岸巡邏船、近岸布雷艦艇、近岸掃雷艇、登陸艇，和訓練船。[11]泰國為了跟西邊的南亞強權－印度，甚至是鄰近的印尼、越南與柬埔寨等東南亞國家一別苗頭，在 1990 年代初期向西班牙訂購一艘航空母艦，使他們能掌握麻六甲海峽一帶等關鍵水域的制海權。1992 年 7 月，泰國與西班牙巴贊造船廠（Bazan，現為 IZAR 造船集團的一份子）簽下查克里·納呂貝特號王子號的建造合約，該艦於 1997 年 3 月服役。本艦的任務包括作為泰國皇家海軍旗艦、反潛、支援兩棲作戰、搜索與救援、監視與護衛、維和等等。海軍 7.96 萬人（包括海軍航空兵和海軍陸戰隊），編為 1 個作戰艦隊、1 個陸戰隊司令部、5 個海軍基地，擁有東南亞唯一的直升機航母；空軍 4.71 萬人，編為 4 個航空師、11 個飛行大隊；預備役部隊建制為 4 個步兵師。此外還有警察 18.7 萬人。[12]

第四節　權限與管轄（Authority and Jurisdiction）

一、水上警察局

　　依據西元一九六六年十月十八日「泰國政府公報」（Government Gazette）中規定，泰國領海範圍十二浬海域，其海防安全由水上警察局負責，執行海上救難、取締走私、偷渡及護漁等多項警察任務，在遠洋公海方面負責救難、維護國家安全與海上資源。而在平時即聯合海軍維護國家安全、保護國家利益等。泰國皇家水上警察局目前對內政部負責，負責海上治安、安全維護、資源保護、救生救難及海岸警衛等工作。

---

[11]　World Military, (http://www.globalsecurity.org/military/world/) (2010/08/20)
[12]　Thai Military, (http://www.globalsecurity.org/military/world/thailand/chakri-naruebet.htm) (2010/08/20)

二、海軍

泰國皇家海軍自 1948 年成立巡邏海域隊後，其任務負有執行法律、巡邏、預防級征剿海上一切犯罪事件等任務，水上警察局成立後替代其任務，然泰國皇家海軍現在亦負有海域巡邏之責。尤其泰國對於海上石油平台保護及遠洋漁船巡護，並對付海盜行為之查緝，海軍均有對其任務負責之實。1989 年海軍海域警衛中隊成立後，其任務與水上警察局均有相連性，兩個單位合作配合及管轄共同支援。

第五節　教育與訓練（Education and Training）

泰國水上警察局的來源大部分來自以下各處：
一、警察廳保送至海軍軍官學校就讀學生。
二、局本部升遷者。
三、各大專院校畢業具有工程師之資格。
其中警官來自海軍大學及警察大學之畢業生，員警則來自海軍士官學校及警察學校。

第六節　與我國制度之比較
（A Comparison with Taiwan Coast Guard）

二次大戰結束後，世界各國面臨食物缺乏窘境，泰國則影響不大，而各國米價上升時泰國米價則不提高反下降，導致許多人從事走私出口泰國米，因此政府擬訂法令管制，卻無法完全制止，泰國水上警察局因應成立。我保安警察第七總隊則是因應走私猖獗而成立，其目的大致相同。泰國水上警察局隸屬泰國內政部泰國皇家警察廳之中央調查處，屬於內政部之四級單位，我國海巡署則屬部會級二級單位。

泰國海域執法主要以水上警察局為主，泰國水上警察自 1952 年至 2010 年迄今將近六十年。而我國海上警察單位警政署保安警察第七總隊自七十九年成立後歷經水上警察局及海巡署之轉變，至今歷經不過十五年，其歷史相差甚多。然而，泰國因循歐洲體系，其軍

警均有掛配軍階。依據泰國公務人員文官任用法規定，警察係屬文官職一類，唯因國情需要，軍警可以互調互用，故警察人員掛配軍階。

　　泰國海域部分，其右方為暹羅灣，左方為安達曼海，海域狀況與我國不同。尤其是在泰國灣部分，鄰海國家眾多，如馬來西亞、柬埔寨等，臨出口有眾多國家較無經濟海域之問題，而安達曼海則有緬甸等國，且該灣藏有豐富的天然煤氣，泰國在多處設有煤氣鑽塔，海域國情與我國略有差異，其海上勤務以保護國家利益安全為主。另一方面，我國海巡署編制二萬多人，其中大部分是服役士兵，任期約二年，且無專業知識，僅負責岸際巡邏任務；泰國皇家水上警察局共有約一千八百人，除幕僚內勤人員外，其餘人員均在海上服勤，與我國海上執法人員實際人員相差無幾。

第七節　結語（Conclusion）——特徵（Characteristics）

　　泰國地處東南亞中心地帶，南面分別臨泰國灣及安達曼海，總長 3,219 公里的海岸線上，設立了 8 個大隊，以下為其海域執法制度特徵。

一、集中制

　　泰國設有水上警察局做為海域執法專責單位。

二、警察型海域執法機制

　　1950 年泰國皇家海軍總司令部成立海域巡邏隊，負責執法、巡邏、預防及征剿海上所發生的一切犯罪等任務，而該隊的任務及成立因素可是當今水上警察局的基礎。

三、四級制

　　水上警察局設於皇家警察廳下，隸屬於內政部，屬四級單位。水上警察局是中央警察單位，所以在全國七十三府中，其卅府屬該局所設之水上警察單位，直接受該局指揮，不受該府或縣之其他行政機關指揮。

四、巡邏範圍包含內陸河湖

泰國境內湄公河為國家最大河流，時常有商船或遊覽船舶往來於此，河流安全便由水警負責

五、與海軍互動密切

泰國皇家海軍自 1948 年即有海域防治犯罪之責，現今則有海岸巡邏隊執行海岸警衛任務，其任務相關性可說是相當密切，而該國海軍對於走私偷渡、海難救助、海洋環保等亦積極協助執行相關事宜。泰國皇家水上警察局平時執行一般任務，戰爭時期負責支援軍隊，並隸屬該軍隊之作戰管轄。其人員均有佩掛軍階，因應國情需要可互調任用。由此可知，為達成國家海域、海岸安全無虞之目標，泰國皇家水上警察、海軍不因非職掌事項而置身事外相互支援，彼此互動關係密切。

第 11 章　柬埔寨海域執法制度

目錄
第一節　國情概況（Country Overview） ················ 137
第二節　組織、職掌與編裝
　　　　（Organization, Duties and Equipment） ········ 140
第三節　權限與管轄（Authority and Jurisdiction） ········ 140
第四節　教育與訓練（Education and Training） ·········· 142
第五節　與我國制度之比較
　　　　（A Comparison with Taiwan Coast Guard） ······ 142
第六節　結語（Conclusion）──特徵（Characteristics） ····· 143

第一節　國情概況（Country Overview）

　　柬埔寨王國（Kingdom of Cambodia）位於中南半島，北臨寮國（Laos），西北與泰國（Thailand）接壤，東南與越南（Vietnam）為鄰，西南濱泰國灣。境內有湄公河（Mekong）、巴賽河（Bassac）和東南亞最大的淡水湖－洞里薩湖（donle sap）。（見圖 11-2）國土面積 181,040 平方公里，是台灣的 5 倍大。海岸線長 443 公里，領海 12 浬，專屬經濟海域 200 浬。[1]

　　首都位於金邊（Phnom Penh），人口 14,701,717 人（2011）[2]。國體君主立憲制，政體內閣制，內閣由總理統領，（見圖 11-1）紅色高棉[3]出身的總理韓森持續掌權二十四年，努

---

[1] *Jane's Fighting Ships.2004-2005*, Edited by Commodore Stephen Saunders RN, Virginia U.S.A, p.86.

[2] CIA, The World Factbook. (https://www.cia.gov/index.html) (2011/05/20)

[3] 紅色高棉即赤柬，意識形態結集了毛澤東思想、歐洲左翼的反殖民思想。屬於共產黨分支中的極端派別。執政期間，試圖逐步將柬埔寨改造為無分任何階級的社會，並實行非常恐怖統治，將所有城市居民強行驅趕至農村，進行全國大清洗並要求居民不必帶任何財產，這些人下鄉後，能活著回到原居住地的不到一半。初期，被清洗者包括原城市居民，特別是與西方有接觸、受西方教育的知識份子，和為政府工作等人。後期，被清洗者則包括紅高棉革命時的各級幹部。至 1995 年前後，紅色高棉內訌並

力提升柬國的經濟地位,逐步讓國家成為東南亞強國。[4]主要輸出,成衣、木材、鞋子、腰果,輸入香煙、柴油、藥品、食品。[5]柬國國內生產總值(GDP)11,360(百萬)美元,在190個國家排名第122名;每人國民所得(GNP)795美元(2010),在182個國家排名第150名。柬國在自由之家(Freedomhouse)的政治權利與公民自由兩種自由程度在2010年的分數前者為6,後者為5,歸類為不自由國家;透明國際(Transparency International)中的2010年的貪污調查分數為2.1,在178個國家中排名第154名;聯合國(2010)最適合居住國家的人類發展指數為4.9,在169個國家中柬國排名第124名。[6]

　　過去赤柬政權造成全國五分之一的人死亡,近年柬國請聯合國協助開設特別法庭懲處赤柬領導人物,以平息受到迫害人民的傷痛。[7]1954年後,柬國與泰國長期因邊境劃分與歷史遺跡歸屬問題時有衝突,2008年柬國申請將位於與泰國邊境的柏威夏神廟列入世界文化遺產,造成泰國不滿並深怕柬國得寸進尺而侵占國土。[8]泰國與柬國軍隊因神廟歸屬開始了邊境對峙並交火,兩方均不甘示弱並一再表達神廟的擁有權。[9]柬國社會一般人民生活困苦,治安較不佳,目前政府除與中國保持密切關係外,已加入聯合國及東南亞國協等國際組織。

　　逐步瓦解。維基百科:紅色高棉。(http://zh.wikipedia.org/wiki/%E7%B4%85%E8%89%B2%E9%AB%98%E6%A3%89)(2011/05/20)

[4] 梁東屏,《中國時報-論廣場》〈柬埔寨強人總理韓森〉,2008/10/25。

[5] 《世界各國簡介暨各國首長名冊》,中華民國外交部,2001年,頁12。

[6] 五類指標詳情請見本書導論,頁11-13。

[7] 王嘉源,《中國時報-國際新聞》〈屠殺元凶　赤柬主席喬森潘被捕〉,2007/11/20。

[8] 閻紀宇,《中國時報-國際新聞》〈柬柏威夏神廟申遺成功　泰怒引爆倒閣〉,2008/07/09。

[9] 梁東屏,《中國時報-國際新聞》〈不速撤離神廟就大規模衝突　泰東放狠話　駁火「10分鐘」〉,2008/10/16。

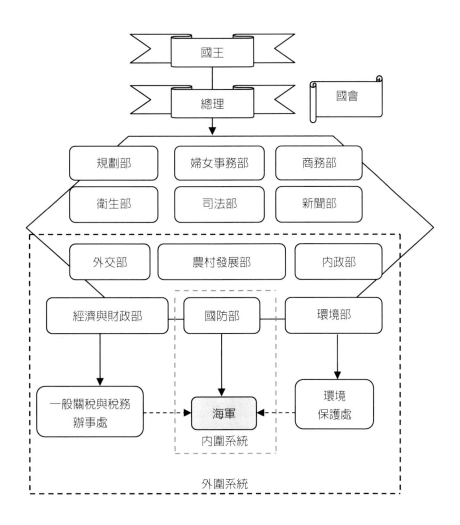

圖 11-1　柬埔寨海域執法相關部門互動圖

資料來源：作者自繪

第二節　組織、職掌與編裝
（Organization, Duties and Equipment）

一、柬埔寨皇家海軍（Royal Cambodian Navy）

（一）組織與職掌[10]

　　皇家武裝部隊人員來自義務役，皇家海軍隸屬於國防部，海軍設有海軍陸戰隊。皇家海軍的總部位於金邊，其他還有兩個據點分別位於 Ream 與 Kompong Som。[11]（見圖 11-2）Ream 是針對泰國灣海域與沿岸安全的分部；Kompong Som 地區有眾多沙灘與群島，擁有面對泰國灣的最大國際港口，是石油與各項經濟物品進出的重要港口，Kompong Som 的經貿價值極高；金邊的總部主要是維護內陸河流安全，湄公河、洞里薩湖及巴賽河三河交界於金邊，為全國提供了豐富的水資源，金邊更擁有廣大濕地與湖泊，優渥的條件與位置被稱為亞洲明珠，因此柬國海軍對所有運行船隻的流動與安全進行維護與檢測，戰爭或動亂發生時可以有效掌控所有據點，海軍的主要任務有：

1. 偵查非法捕撈作業。
2. 打擊恐怖主義與跨國犯罪。
3. 預防走私石油與破壞運輸設施。
4. 保護領海與經濟海域的安全，有必要時可動用武力抵抗。
5. 與鄰國保持海域和平。
6. 保護海域環境。
7. 在海域與河流上防止武器、毒品與人口走私販賣。

---

[10] Cambodia Ministry of National Defense, Defense White Papers 2006, (http://www.mond.gov.kh/) (2011/05/20)

[11] *Jane's Fighting Ships.2004-2005*, Edited by Commodore Stephen Saunders RN, Virginia U.S.A, p.86.

圖 11-2　柬埔寨海軍基地位置圖[12]

（二）裝備

　　目前海軍約 12,400 人，總計擁有 187 艘艦艇，包含 15 艘快速巡邏艇、2 艘快速攻擊艇，以及 170 艘電動或手動皮筏。[13]

二、柬埔寨一般關稅與稅務辦事處
（General Department of Customs and Excise）

（一）組織與職掌

　　柬埔寨一般關稅與稅務辦事處隸屬於經濟與財政部，辦事處內有 5 名副指揮官，全國有 13 個中央辦事處，城市中有 4 個主要的運作辦公室，區域性的分支有 19 處，全國有 66 個檢查分站。主要職能為對進出貨物根據不同規章收取關稅，查緝所有港口與國際機場走

---

[12] (http://www.joytour.com.tw/event/part-images/angkor/angkor-map.jpg) (2009/08/13)
[13] Royal Cambodian Navy, (http://en.wikipedia.org/wiki/Royal_Cambodian_Navy) (2011/08/22)

私活動與販毒，校對進出口貨物文件，有規律的定期整頓海關人力，保護國家經濟貿易活動並使之便利化。[14]

第三節　權限與管轄（Authority and Jurisdiction）

東埔寨海軍隸屬於國防部，任務職責與權限是根據憲法規定與保障。海軍指揮部共有三駐點，金邊海軍總部負責內陸的三條河流，Kompong Som 指揮部的任務是針對國家最大港口進行防止走私與維護石油運輸設備的任務，Ream 指揮部負責泰國灣海域與沿岸安全。

第四節　教育與訓練（Education and Training）

東埔寨海軍人員主要來自於皇家海軍學院，部分人員來自於義務役的分發。

第五節　與我國制度之比較
　　　　（A Comparison with Taiwan Coast Guard）

首先，東埔寨的執法單位來自於隸屬國防部的皇家海軍，主要任務不僅有維護港口與海域安全，查緝走私、環境保護與制止非法捕撈等，如遇到武力反抗或危害國家安全，海軍有實際的作戰能力可以運用；我國海巡署為二級制直接隸屬於行政院，主要是維護海域安全，只有在戰爭時才會受命於國防部指揮協助海軍作戰。其次，海軍巡邏與執法範圍不僅在泰國灣的海域還包含國內的三大河流及各支流；台灣則分為洋總局與岸總局，巡邏範圍多為海域與岸邊查緝，國內河流區域則較少駐點。最後，東埔寨的海軍人員多來自於海軍學校的分發，少數是來自於義務役的士兵；我國海巡人員主要是中央警大水上警察系畢業後通過考試進行分發。

---

[14] Cambodia General Department of Customs and Excise, Functions and Organization, (http://www.customs.gov. kh/Default.html) (2009/08/20)

第六節　結語（Conclusion）──特徵（Characteristics）

　　柬埔寨西南臨泰國灣，其海岸線長 442 公里，國內有湄公河、洞里薩湖及巴賽河三大河流，設有兩大區域指揮部，以下為柬國海域執法制度特徵。

一、海軍型海域執法機制

　　柬國防部底下的皇家海軍為主要執法單位。

二、內陸河湖亦為巡邏範圍

　　因柬國內陸支流多，為預防非法活動進行，因此也特別注重河流巡邏。

三、海軍甚少大型巡邏艇

　　注重河流治安，為了可以快速且不受支流大小的影響執行任務，裝備以水上摩托車與手動皮筏等小型裝備居多。

四、海軍少至遠洋執行任務

　　因柬國地理位置關係，海軍主要執行任務範圍多於沿海海岸與各主要港口。

第 12 章　汶萊海域執法制度

目錄

第一節　國情概況（Country Overview）⋯⋯⋯⋯⋯⋯⋯⋯ 144

第二節　歷史沿革（History）⋯⋯⋯⋯⋯⋯⋯⋯ 145

第三節　組織、職掌與編裝

　　　　（Organization, Duties and Equipment）⋯⋯⋯⋯ 147

第四節　與我國制度之比較

　　　　（A Comparison with Taiwan Coast Guard）⋯⋯⋯ 149

第五節　結語（Conclusion）──特徵（Characteristics）⋯⋯ 149

第一節　國情概況（Country Overview）

　　汶萊和平之國（Brunei Darussalam）位於婆羅洲（Borneo）西北部，砂勞越洲（Sarawak）與沙巴洲（Sabah）之間，西北臨南海（South China Sea）。全國面積 5,765 平方公里，台灣為其 6.2 倍大。海岸線長 161 公里，領海 12 浬，專屬經濟海域 200 浬。[1]

　　首都斯里百加灣市（Bandar Seri Begawan），全國人口 401,890 人（2011）[2]。政體馬來伊斯蘭君主憲制（Melayu Islam Beraja），世襲蘇丹為國家元首兼總理、國防部長與財政部長，設有汶萊國會。（見圖 12-1）主要輸出石油、液化煤氣，輸入機械、運輸設備、食品。[3] 汶萊國內生產總值（GDP）11,960（百萬）美元，在 190 個國家排名第 118 名；每人國民所得（GNP）28,340 美元（2010），在 182 個國家排名第 26 名。汶萊在自由之家（Freedomhouse）的政治權利與公民自由兩種自由程度在 2010 年的分數前者為 6，後者為 5，歸類為不自由

---

[1] CIA, The World Factbook. (https://www.cia.gov/index.html) (2011/03/10)

[2] CIA, The World Factbook. (https://www.cia.gov/index.html) (2011/04/21)

[3] 《世界各國簡介暨各國首長名冊》，中華民國外交部，2001 年，頁 10。

國家；透明國際（Transparency International）中的 2010 年的貪污調查分數為 5.5，在 178
個國家中排名第 38 名；聯合國（2010）最適合居住國家的人類發展指數為 6.7，在 169 個
國家中汶萊排名第 37 名。[4]

　　汶萊政治自由度不高，宗教意識強烈，但其政局穩定，治安狀況良好。其社會福利佳，
國內水、電、汽油皆獲得政府津貼，國民享有廉價醫療服務。汶萊因國小民寡，藉積極參
與國際活動，以確保其作為國際社會成員之地位，但儘量不涉入國際爭端，以避免引起爭
議。[5]

第二節　歷史沿革（History）

一、汶萊皇家警察署（Royal Brunei Police Force）

　　1921 年，通過汶萊警察法案，1923 年後，警務工作擴大到消防、監獄、人民入境事務、
汽車登記與牌照發放。1942 年至 1945 年，汶萊警察署由日本軍隊管理，1950 年其總部移
至吉隆坡（Kuala），隨之成立刑事偵查處。1951 年，於塞理亞（Seria）成立專屬培訓中
心。1957 年，成立警察樂隊，1958 年，成立入境事務處（Land Transport Department）。
1960 年，設立後勤單位，1962 年，平定國家叛亂。1965 年，警察署正式以皇家標準重組，
1967 年，在 Berakas 設立警察培訓中心，1974 年，婦女隊成立，並任命皇室公主擔任女警
隊指揮官。1984 年，警察署成為國際刑警組織（International Criminal Police Organization）
與東南亞國協警察首長組織（ASEAN Chiefs of National Police）的成員。1993 年，警察署
改隸於剛成立的汶萊內部安全部（Brunei Internal Security Department），1995 年再次重新
改組。[6]

---

[4]　五類指標詳情請見本書導論，頁 11-13。
[5]　中華民國外交部，外交資訊網頁（2011/03/10）
[6]　Royal Brunei Police Force, (http://www.polis.gov.bn/) (2011/03/14)

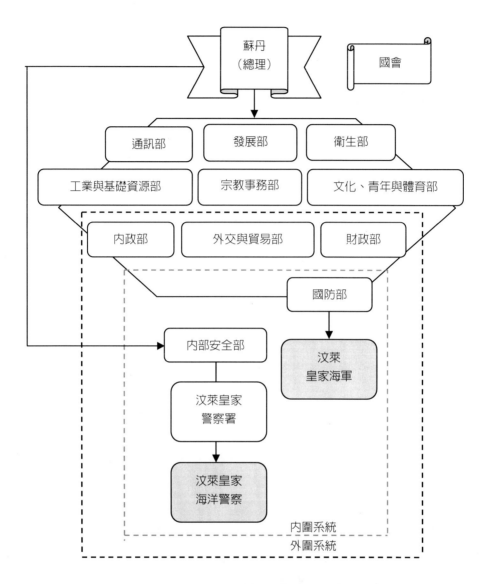

圖 12-1　汶萊海域執法相關部門互動圖

資料來源：作者自繪

二、汶萊皇家海軍

　　現行之汶萊皇家武裝部隊（Royal Brunei Armed Forces, RBAF）成立於 1961 年 5 月 31 日，時稱「汶萊皇家馬來兵團」（Askar Melayu Brunei）。1984 年 1 月 1 日，脫離英國殖民統治後正式獨立，才改為現名。現行之汶萊皇家海軍（英文：Royal Brunei Navy, RBN；馬來文：Tentera Laut Diraja Brunei, TLDB）成立於 1965 年 6 月 14 日，彼時為皇家武裝部

隊的艦艇隊（Boat Section），是僅有 18 名成員的小型分隊。成立之初，只純粹作為武裝部隊的運輸單位，隨著國家經濟成長與組織擴張，1966 年改名為艦艇連（Boat Company）。艦艇連為武裝部隊中第二個成立的分支，多數成員為馬來人。1966 年，艦艇連首先購入三艘河流巡邏艇，又於 1968 年購入第一艘快速巡邏艇。往後幾年人員與裝備增加到 42 名，共計有一艘快速巡邏艇、三艘河流巡邏艇、二艘氣墊船、一艘快速攻擊艇及數艘小型巡邏艇。1971 年後，又陸續增加數艘河流巡邏艇。1974 年，海軍總部轉移至麻拉海軍基地（Muara Naval Base）。1977 年後，RBN 的裝備以佩槍快艇與近岸巡邏艇居多。。1991 年 10 月 1 日後，武裝部隊擴張，其海軍一同進行改組。1997 年，麻拉海軍基地擴張並開始增建設施，以支援三個離岸支援船的運作，此基地亦經常有外國軍艦到訪，互相交流。[7]

第三節　組織、職掌與編裝
（Organization, Duties and Equipment）

一、汶萊皇家海洋警察（Royal Brunei Marine Police）

（一）組織與職掌

　　汶萊皇家海洋警察為汶萊皇家警察署分支，警察署則隸屬於總理辦公室直屬的內部安全部，主要任務為偵查走私、反海盜行動。汶萊主要河流有巴雷河（Belati）、圖堂河（Tutong）、汶萊河（Brunei）及坦伯朗河（Temburong），海洋警察二十四小時監測國家海域與河流，積極防止在邊界發生非法出入境與走私行為。[8]汶萊警方大多使用馬來西亞製的艦艇執行任務，在 2009 年 4 月到澳洲參訪後，他們發現雙方的任務環境相似，澳洲 85%的海難搜救與海域執法是使用 12 呎艦艇值勤，汶萊海洋警察遂訂購數艘艦艇更新編裝。[9]2009 年 7 月 8 日，海洋警察首次參加了地方執法機構的聯合行動，目的是防止並消除在汶萊水域發生的犯罪行為。海洋警察期待以此聯合行動，可以提高邊界水域的監視效率。參與部

---

[7] Royal Brunei Navy, (http://www.mindef.gov.bn/mindefweb/navy/e_intro.html) (2011/03/14)

[8] Police Carry Out Anti-Piracy Exercise On Kg Ayer Waters, (http://www.k38watersafety.com/forum/showthread.php?p=5365) (2011/03/14)

[9] Catamarans to Shape New-Look Brunei Marine Police, (http://www.naval-technology.com/contractors/ patrol/leisurecat/press1.html) (2011/03/14)

門包含海洋警察、內部安全部、移民與國家登記局、海關與稅務局、麻醉品管制局、漁農處，共超過 87 名人員參加。[10]

（二）裝備

總計有 21 艘巡邏艇，分別是 3 艘 Bendeharu 級、7 艘 14.5 metre 級、11 艘 PDB 0-1 級。

二、汶萊皇家海軍（Royal Brunei Navy, RBN）

（一）組織與職掌

汶萊皇家海軍為汶萊海上國防力量，其總部位於麻拉海軍基地。RBN 為完成其使命，主要由艦隊（Fleet）、管理處（Admin）、培訓處（Training）、後勤組（Logistic）四大分支組成。其任務範圍包含領海、專屬經濟海域、河口與內陸河流，任務包含：（一）以武力對抗海上威脅；（二）保護海洋資源；（三）維護海運路線；（四）監測專屬經濟海域；（五）執行海難搜救行動；（六）擔任 RBAF 業務活動的支援單位；（七）聽從國防部命令提供其他安全機構與部會支援。RBN 有一河流組（River Division）在河流沿岸配有人員操作巡邏艦艇，更與漁業部與工業與基礎資源部合作巡邏。RBN 雖然缺乏實戰經驗，但近年開始積極參與國際人道主義與維和任務的區域部署行動，亦廣泛與新加坡進行軍事交流。目前海軍正在擴大基地以容納購入的戰鬥型艦艇。[11]

（二）裝備

RBN 人員計有 747 人，裝備總計 37 艘巡邏艇，分別是有 2 艘 FDB 512 級、1 艘 YFL 級、2 艘 30 噸 Teraban 級、2 艘 Serasa 級的巡邏艇。3 艘 Perwira 級近岸巡邏艇、3 艘 Waspada 級巡邏艇、17 艘小型河流巡邏艇。2010 年購入 4 艘 Itjihad 級巡邏艇，2011 年購入 3 艘 Darussalam 級近岸巡邏艇。[12]

---

[10] Royal Brunei Marine Police holds joint operation to monitor Brunei waters, (http://news.brunei.fm/2009/07/08/royal-brunei-marine-police-holds-joint-operation-to-monitor-brunei-waters/) (2011/03/14)
[11] Royal Brunei Navy, (http://www.mindef.gov.bn/mindefweb/navy/e_intro.html) (2011/03/14)
[12] Royal Brunei Navy, (http://www.mindef.gov.bn/mindefweb/navy/e_intro.html) (2011/03/14)

第四節　與我國制度之比較
（A Comparison with Taiwan Coast Guard）

　　汶萊的海域執法單位為皇家警察署下轄之海洋警察，負責偵查走私、偷渡、反海盜與海難搜救等任務，具有直接執法職權，雖然是四級單位，但汶萊政府極為重視其發展，自2009年後，海洋警察便開始參加與國家各安全單位的聯合行動。我國專責海域執法的海巡署下轄之海洋巡防總局與汶萊海洋警察一樣，同為警文並立的執法單位，在部門層級上比汶萊海洋警察高。海洋巡防總局在裝備與人力上較汶萊充足，所以少與國內其他安全單位聯合行動。

第五節　結語（Conclusion）──特徵（Characteristics）

　　汶萊西北臨南海，為一面環海國家，海岸線長161公里，以下為其海域執法制度特徵。

一、警察型海域執法機制

　　皇家海洋警察為汶萊負責海域執法的專責單位。

二、集中制

　　汶萊設立海洋警察為專職海域執法單位。

三、四級制──隸屬於汶萊皇家警察署

　　汶萊海洋警察隸屬於總理直屬之國內安全部下轄的皇家警察署。

四、與國內安全單位合作

汶萊海洋警察與海軍、移民與國家登記局、海關與稅務局、麻醉品管制局、漁農處等國家安全單位進行聯合行動。

五、內陸河湖亦為巡邏範圍

汶萊海洋警察的巡邏範圍包含巴雷河、圖堂河、汶萊河及坦伯朗河。

第 13 章　緬甸海域執法制度

目錄

第一節　國情概況（Country Overview）………………………151

第二節　歷史沿革（History）………………………153

第三節　組織、職掌與裝備
　　　　（Organization, Duties and Equipment）………………154

第四節　權限與管轄（Authority and Jurisdiction）………157

第五節　教育與訓練（Education and Training）………………157

第六節　與我國制度之比較
　　　　（A Comparison with Taiwan Coast Guard）………157

第七節　結語（Conclusion）──特徵（Caracterristics）……158

第一節　國情概況（Country Overview）

緬甸聯邦（The Union of Myanmar）[1] 西北方與印度（India）及孟加拉（Bangladesh）相鄰，東南界寮國（Laos）及泰國（Thailand），西南臨孟加拉灣（Bay of Bengal）與安達曼海（Andaman Sea）。全國面積 676,578 平方公里，是台灣的 19 倍大。海岸線長 1,930 公里，領海 12 浬，經濟海域 200 浬。[2]

首都奈比多（NayPyidaw），總人口 53,999,804 人（2011）[3]。國體共和制，政體總統制，單一國會制。（見圖 13-1）主要輸出稻米、木材、橡膠，輸入運輸設備、水泥、化學品。[4]緬

---

[1]　政府流亡人士、美國與英國廣播公司偏好英國殖民時期的舊國名 Burma。聯合國、日本及其他許多國家則視 Myanmar 為正式國號。1989 年軍政府改為 Union of Myanmar，但軍政府受到缺乏合法性批評而不被接受。《聯合晚報》〈緬甸英文國號引發論戰〉，2007/09/30。

[2]　CIA, The World Factbook. (https://www.cia.gov/index.html) (2010/11/30)

[3]　CIA, The World Factbook. (https://www.cia.gov/index.html) (2011/04/18)

[4]　《世界各國簡介暨各國首長名冊》，中華民國外交部，2001 年，頁 38。

甸國內生產總值（GDP）35,650（百萬）美元，在 190 個國家排名第 84 名；每人國民所得（GNP）582 美元（2010），在 182 個國家排名第 161 名。緬甸政治與公民兩種自由程度在 2010 年的分數前者皆為 7，歸類為不自由國家；透明國際（Transparency International）中的 2010 年的貪污調查分數為 1.4，在 178 個國家中排名第 176 名；聯合國（2010）最適合居住國家的人類發展指數中，在 169 個國家中緬甸排名第 132 名。[5]

緬甸自 1866 年起，遭英國兩度統治，二戰期間被日本佔領。1948 年，脫離英國獨立，先後成立兩次政府。1988 年 9 月，軍人接管政權後便廢除憲法並解散國會，從此定名為緬甸聯邦。國家實行募兵制度。國家軍隊人數現約 38 萬人，陸軍有 34 萬人，海空各 2 萬人，另設有 6 萬多人的警察部隊。[6]政府對國內政治活動管制極嚴，對外採取「獨立」外交政策，不依附任何大國和大國集團。1988 年後，以美國為首大國對其軍事政權採取經濟與貿易制裁，但是 1997 後緬甸加入東南亞國協[7]。[8]2005 年，熱帶氣旋「納吉斯」重創緬甸，造成至少 13 萬 44 人死亡與失蹤，250 萬人陷入困境，緬甸政府卻持續鎖國政策拒絕國際團體登門援助而造成國際撻伐，最後是在東協國家的協調下，答應聯合國代表在仰光舉辦國際捐助會議。[9]

緬甸民主發展受限，在中國與俄羅斯兩國支持下，軍事獨裁政權仍然穩固，完全不受民主運動影響，民運領袖翁山蘇姬被軍政府軟禁達十一年之久。[10]2007 年，對軍政府不滿，發生由僧侶們發動的番紅花革命（Saffron Revolution）[11]，訴求是要求民生物資價格降低、與軍政府進行對話及釋放翁山蘇姬。緬甸雖為佛教國家，此行動卻完全與軍政府劃清界線並拒絕其布施，最後仍被政府以武力鎮壓，逮捕數萬人。[12]2011 年 2 月，緬甸國會選出總統，同年 8 月邀請民運人士翁山蘇姬參加官方論壇，新政府很大程度地不將翁視為威脅，是因為以目前形勢來看，翁的影響力已經有限。[13]2012 年 4 月 2 日，翁領導的「全國民主聯盟」在國會補選中大勝，已可看出民意的趨向。[14]

---

[5] 五類指標詳情請見本書導論，頁 11-13。

[6] 《中國時報－陸以正專欄》〈緬甸「僧侶革命」 大陸難逃指責〉，2007/10/01。

[7] 東南亞國協（Association of Southeast Asian Nations, ASEAN），是一個結合東南亞區域的國家組織。東協成立初期，成員多數獨裁專制國家，主要任務之一為防止區域內共產勢力擴張，合作側重在軍事安全與政治中立，冷戰結束後各國政經情勢趨穩，開始轉向加強區域內經濟環保等領域的合作，並積極與區域外國家或組織展開對話與合作。東協最知名的特點，就是在談判協商時採取東協模式（The ASEAN Way，或稱亞洲方式），也就是對成員國內政、領土和主權採取不干涉的原則。

[8] 中華民國外交部，外交資訊網頁（2009/07/08）

[9] 閻紀宇，《中國時報－國際新聞》〈緬甸政府讓步 開放國際救災〉，2005/05/20。

[10] 賴樹盛，《中國時報》〈誰關心緬甸的民主？〉，2007/05/31。

[11] 番紅花是一種暗紅帶橘的高級香料，東南亞地區的僧袍傳統上都用這種顏色。

[12] 胡琦君編譯，《中國時報－國際新聞》〈「番紅花革命」緬甸 10 萬人示威〉，2007/09/25。

[13] 梁東屏，《中國時報－東協筆記》〈緬甸示弱顯現自信〉，2011/08/20。

[14] 梁東屏，《中國時報－國際新聞》〈參選 44 席全上 緬甸全民盟大勝〉，2012/04/30。

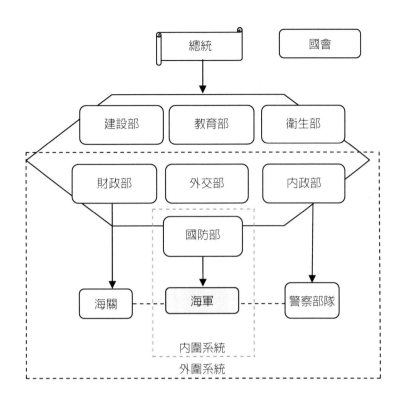

圖 13-1 緬甸海域執法相關部門互動圖

資料來源：作者自繪

第二節 歷史沿革（History）

　　緬甸為軍事執政國家，海域執法力量為海軍。海軍成立於 1940 年，力量雖然小卻也在二戰期間打擊了日本的占領。至 1947 年海軍約有 700 人，1948 年宣布獨立後，從英國皇家海軍那裡接收了一些小型艦艇。1950 至 1951 年期間美國根據共同防禦援助法案（Mutual Defence Assistance Program, MDAP）[15]，提供了 10 艘美國海域防衛的船艦給緬甸。政府成立之初海軍成功打擊某些種族與意識形態的叛亂團體行動進行防禦任務，他們還需要護送車隊與運送物資，現在海軍主要是對其內河航道與海域進行安全防禦及管理。近年有專家發現孟加拉灣有天然氣與石油資源，因此造成印度、孟加拉與緬甸的海域之爭，孟加拉派

---

[15] 共同防禦援助法案是 1949 年由美國成立的一種戰略法案，目的是在美國與蘇聯冷戰期間，共同防禦並協助可能被蘇聯或其盟國侵略的國家，切斷一切對蘇聯及其盟的武力與經濟援助。

出海軍並警告緬甸退出海域以捍衛自己國家利益，這期間印度也派出探測船，但另外兩國的探測舉動已侵犯孟加拉的海域邊境。[16]

第三節　組織、職掌與裝備
（Organization, Duties and Equipment）

緬甸海軍（Myanmar Navy）

一、組織與職掌

緬甸海軍主要任務是巡邏國內的河流與近海水域，以支持政府軍隊的反叛亂行動，海軍有三分之一的艦艇是在任何時間都專門為國內的反叛亂行動支援。海軍對河道沿岸與海域沿岸進行偵察，提供武力支援並維持城鎮周圍的安寧。他們還需在動亂期間擔任補充軍隊的後勤武力及糧食供應角色，並隨時準備進入戰鬥狀態，鎮壓反叛力量。次要的民間任務是監視和保護範圍達 148,000 平方公里的海域漁業防止濫捕，對水域進行搜救、進行環保任務、防止走私非法物品、監視並預防反叛運動和海盜活動，協助海關的收受關稅工作，而海軍的遠程艦艇巡邏行動則較少見。緬甸海軍因為沒有一個獨立的航空隊，如果需要空中支援，則會向空軍提請協助來對海上進行監視和其他形式的任務。[17]海軍總部位於奈比多，海軍的戰略總部位於仰光（Yangon），訓練總部則位於 Seikkyi，其他大部分的行政與支援單位仍在舊都仰光。緬甸國內有五大區域指揮部，分別是仰光的 Irrawaddy 區域、Sittwe 的 Danyawaddy 區域、Hainggyi Island 的 Panmawaddy 區域、Mawlamyaing 的 Mawyawaddy 區域與 Merqui 的 Tanintharyi 區域。[18]（見圖 13-2）

緬甸注重內陸河流的安全防禦，河流面積占全國的百分之七，當中以從北到南貫穿整個緬甸，起源於緬甸最北的克欽邦向仰光附近流入孟加拉灣的伊洛瓦底江（Irrawaddy）尤

---

[16] ASIA NEWS NETWORK. *Bangladesh, Burma in maritime dispute.* (http://www.asianewsnet.net/news. php?id=2417) (2008/03/11)

[17] Union of Myanmar Navy.(http://en.wikipedia.org/wiki/Myanmar_Navy) (2009/07/16)

[18] *Jane's Fighting Ships.2004-2005*, Edited by Commodore Stephen Saunders RN, Virginia U.S.A, p.487.

為重要。身為緬甸第一大河又貫穿緬甸的中心，在灌溉、航運與運輸物資有非常重要的價值，因此緬甸海軍於伊洛瓦底江沿岸有多處海軍駐點保護，而海軍針對河流巡邏的艦艇數量將近占了所有艦艇的一半。（見圖 13-2）另外，海軍於 1964 年成立的海軍步兵團（Naval infantry）擁有兩棲戰的專業能力，其勢力延伸至沿岸並優化海上力量，以突擊方式協助海軍達到目標。主要分布在 Arakan、Tenasserim 地區與 Irrawaddy 三角洲地帶以協助反叛亂行動與維護地區安全為主。[19]

圖 13-2 緬甸海軍基地分布圖[20]

---

[19] Union of Myanmar Navy, Wikipedia, (http://en.wikipedia.org/wiki/Myanmar_Navy) (2009/07/16)

[20] (http://country.bridgat.com/big5/Burma.html) (2009/07/10)

二、裝備

緬甸海軍目前約有 19,000 人，他們擁有艦艇 125 艘，分為海域巡邏艦艇 67 艘與河流巡邏艇 58 艘：

1. 6 艘 470 噸 HOUXIN 級 037/1G 型，可載 71 人的附槍快速攻擊艇。

2. 2 艘 505 噸 OSPREY 級，可載 20 人的近海巡邏艇。

3. 4 艘 213 噸 MYANMAR 級，可載 34 人的近岸巡邏艇。

4. 10 艘 392 噸 HAINAN 級 037 型，可載 69 人的近岸巡邏艇。

5. 3 艘 92 噸 PB 90 型，可載 17 人的近岸巡邏艇。

6. 6 艘 168 噸 BURMA PGM 型，可載 17 人的近岸巡邏艇。

7. 4 艘 98 噸可載 32 人的河上炮艇。

8. 2 艘 205 噸改良 Y 301 級，可載 37 人的河上炮艦。

9. 6 艘 26 噸 CARPENTARIA 級，可載 10 人的河流巡邏艇。

10. 25 艘 MICHAO 級小型巡邏艇。

11. 2 艘 66 噸 CGC 型的河上炮艇。

12. 9 艘 37 噸河流巡邏艇。

13. 10 艘 120 噸 Y 301 級的河上炮艇。

14. 3 艘 128 噸近岸巡邏快艇。

15. 6 艘 9 噸 PBR Mk II 巡邏艇。

16. 6 艘 141 噸 PGM 43 型近岸巡邏艇。

另有 18 艘水陸兩用的艦艇：

1. 1 艘 360 噸 LCU 兩用艦艇。

2. 10 艘 52 噸 LCM 3 型的兩用艦艇。

3. 4 艘 25 噸 ABAMIN 級兩用艦艇。

4. 3 艘 LCU 供給陸軍物資的艦艇。

2 艘分別為 880 噸、1,059 噸的海洋科學調查船，1 艘 108 噸的河流科學調查船。以上為緬甸海軍的海上與河流艦艇裝備，[21]近年中國在緬甸不僅建設海軍基地，還提供緬甸發展軍艦籌建工作，使海軍武裝實力增加。

---

[21] *Jane's Fighting Ships.2004-2005*, Edited by Commodore Stephen Saunders RN, Virginia U.S.A, pp.487-491.

第四節　權限與管轄（Authority and Jurisdiction）

　　海軍管轄所有境內河流與領海，聽命於國防部指揮，而國防部長又是國家和平暨發展委員會主席，可說是主席的直屬護衛軍。海軍較少至遠海地區執行任務，主要任務是預防叛黨作亂與通訊，其他諸如防止濫捕，海難搜救、海域環保、防止走私與協助海關的關稅等行政工作隊他們來說較為次要。遇到反叛作亂時就像警察一樣維護治安，要協助國內其他治安單位維持秩序並以武力鎮壓叛亂。

第五節　教育與訓練（Education and Training）

　　緬甸海軍在正式擔任軍職前都須在海軍學校經過完整訓練，就職期間的初期三年須持續接受在職訓練。海軍學校教育與訓練戰術運用與武器使用，提供情報資訊、搜救、航海教育等訓練課程。另外，海軍工程學校教育學員維修與控制海軍艦艇系統，鋪設電子與潛水路線，訓練學員破壞敵方（反叛軍居多）通訊系統。

第六節　與我國制度之比較（A Comparison with Taiwan Coast Guard）

　　首先，緬甸的海域執法由海軍負責，海軍雖隸屬於國防部實際上卻沒有真正的海戰能力，而只是在海域與河流上扮演類似警察的角色，即使有作戰能力也是用來鎮壓與攻擊叛亂行動；而我國海巡署隸屬行政院，主要任務是維護海域安全。其次，緬甸海軍駐點遍布全國，不僅在海域岸邊有其駐點，為避免叛黨聚集沿岸河流駐紮多處；台灣則分為洋總局與岸總局，國內河流區域則較少駐點。最後，緬甸海軍訓練分為職前教育（於海軍學院）與在職訓練，還有訓練海軍維修能力的工程學校，注重海軍的分工與操作能力；台灣的海巡人員與教育訓練則主要來自於警察大學水警系。

第七節　結語（Conclusion）──特徵（Caracterristics）

緬甸西南臨孟加拉灣與安達曼海，在總長 1,930 公里海岸線及內陸河湖分設有五大區域指揮部，以下為緬甸海域執法制度特徵。

一、海軍型海域執法機制

海海軍身兼二職，即軍事防衛，亦擔負海域執法的責任。

二、內陸河湖亦為巡邏範圍

緬甸河流由北而下，注入孟加拉灣，海軍有近一半艦艇數在河流沿岸執行任務，並以占全國百分之七的伊洛瓦底江為主要駐點。

三、專業教育搖籃

針對海軍教育分別設有海軍學校、海軍工程學校，並重視海員在職訓練。

四、重視海洋科學調查

設有 2 艘 880 噸及 1,059 噸的海洋科學調查船，1 艘 108 噸的河流科學調查船。

第 14 章　越南海域執法制度

目錄
第一節　國情概況（Country Overview）⋯⋯⋯⋯⋯⋯⋯⋯⋯⋯ 159
第二節　歷史沿革（History）⋯⋯⋯⋯⋯⋯⋯⋯⋯⋯⋯⋯⋯⋯ 160
第三節　組織、職掌與裝備
　　　　（Organization, Duties and Equipment）⋯⋯⋯⋯⋯ 162
第四節　權限與管轄（Authority and Jurisdiction）⋯⋯⋯⋯⋯ 165
第五節　與我國制度之比較
　　　　（A Comparison with Taiwan Coast Guard）⋯⋯⋯⋯ 166
第六節　結語（Conclusion）──特徵（Characteristics）⋯⋯ 166

第一節　國情概況（Country Overview）

　　越南社會主義共和國（Socialist Republic of Vietnam）位於中南半島東側，北鄰中國（China），西界寮國（Laos）及柬埔寨（Cambodia），東濱南海（South China Sea）的北部灣（Gulf of Tonkin）。全國面積 331,689 平方公里，是台灣的 9 倍大。海岸線長 3,444 公里，領海 12 浬，經濟海域 200 浬。[1]

　　首都河內（Hanoi），全國人口 90,549,390 人（2011）[2]。國體社會主義共和制，政體一黨制。目前由一黨專制的越南共產黨（越共）執政，總理為政府首腦，國家主席雖為國家元首，統帥各人民武裝力量並兼任國防暨安寧會主席，但實際上越共中央軍事黨委才是最

---

[1]　*Jane's Fighting Ships.2004-2005*, Edited by Commodore Stephen Saunders RN, Virginia U.S.A, pp.344.

[2]　CIA, The World Factbook. (https://www.cia.gov/index.html) (2011/04/18)

高軍事決策機構，黨書記兼任軍委書記，通過國防部對武裝力量實行領導指揮。[3]（見圖 14-1）。主要輸出米、咖啡、橡膠、鞋類，輸入機械設備、汽油、肥料、消耗品。[4]

越南國內生產總值（GDP）102,000（百萬）美元，在 190 個國家排名第 58 名；每人國民所得（GNP）1,155 美元（2010），在 182 個國家排名第 138 名。越南政治權利與公民自由兩種自由程度在 2010 年的前者為 7，後者為 6，歸類為不自由國家；透明國際（Transparency International）中的 2010 年的貪污調查分數為 2.7，在 178 個國家中排名第 116 名；聯合國（2010）最適合居住國家的人類發展指數為 5.4，在 169 個國家中越南排名第 113 名。[5]

越南受法國統治多年，1954 年法軍簽訂停戰協定，分裂為南北越，北方成立越南民主共和國，南方成立越南共和國。50 年代末，在美蘇強權介入下，越戰持續 20 餘年。1975 年 4 月 30 日，北越攻陷西貢，全國統一。1976 年 7 月 2 日，國號確定。越南自 1986 年採對外開放及經濟改革政策以來，產生不少新富階層，城鄉發展差距擴大。[6]

第二節　歷史沿革（History）

二十世紀前，越南未曾發生來自海上武力威脅或海洋經濟利益被剝奪的問題，所以近海的秩序維護僅靠水上警察維持。[7]但是二十世紀後，國際社會在聯合國主導下，不斷地研訂國際海洋法規範法則。1930 年海牙國際法會議至 1958 年日內瓦的四大公約，一直延伸到 1982 年簽訂，1994 年生效的聯合國海洋法公約。海洋法發展成果非凡，又因「美國海域防衛體制」（Coast Guard Regime）領袖羣倫，馳名國際，各國紛紛效法，[8]越南也不例外。1998 年 5 月 20 日依法成立「越南海域防衛署」（Vietnam Coast Guard），隸屬於國防部迄今。

---

[3]　中華民國外交部，外交資訊網頁（2009/07/18）

[4]　《世界各國簡介暨各國首長名冊》，中華民國外交部，2001 年，頁 68。

[5]　五類指標詳情請見本書導論，頁 11-13。

[6]　中華民國外交部，外交資訊網頁（2010/08/23）

[7]　作者於 2003 年 11 月 3 日因公務目的率團訪問越南，在河內與越南警政署國際刑警處官員會談，越方除說明越南沿海靠水警維持治安外，並要求台灣支援裝備（船舶）。

[8]　除日本、韓國將其英文名字改為 Coast Guard 外，馬來西亞海上警察於 2006 年脫離警察，成立獨立的 Coast Guard，菲律賓亦然。

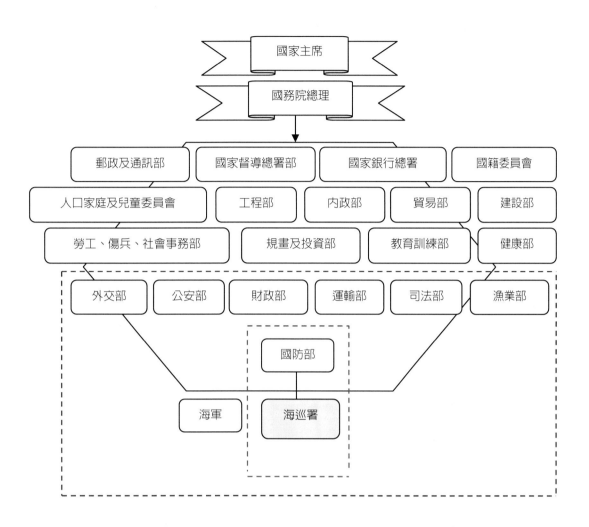

圖 14-1　越南海域執法相關部門互動圖

資料來源：作者自繪

第三節　組織、職掌與裝備
（Organization, Duties and Equipment）

越南海巡署（Vietnam Coast Guard）

一、組織與職掌[9]

　　本文將依系統途徑（System Approach）剖析越南海巡組織。[10]越南海巡署隸屬於國防部，由國務院（Government）總理（Prime Minister）管理。（見圖 14-1）其機關單位有越南海軍，公安部警政總署、移民署、公安武警、國境安全警察署，財政部的海關總署，運輸部、外交部、漁業部、自然資源及環境部等均與越南海巡署有密切關係。其次，根據 1998年 4 月 7 日，由國家主席公佈之「越南海巡條例」（Ordinance on the Vietnam Coast Guard）[11]（以下簡稱本條例），於 1998 年 9 月 1 日起生效，本條例開宗明義於前言中即指出成立越南海巡署的目的是為了針對海域及大陸架層之主權、主權權利、司法權利、治安、秩序，國家公共管理效率之增加。其依據為越南 1992 年憲法及 1982 年聯合國海洋法公約等。（本條例第一章總則（General Provision）中說明）

　　越南海巡署乃是國家第一支專業隊伍（specialized force）及軍事武力（armed force）。因此，越南海巡署隸屬於國防部，呈顯其軍事武力的特色。其值勤範圍屏除內水及海港於外，意在區隔越南海上警察（maritime police）與海巡署間執法範圍之不同。另外也規定國家各單位，全力配合越南海巡，協助其完成海巡法定的任務。第二章論及「越南海巡之職權與權利」（Responsibility, Task and Power），除了規範海巡人員積極及消極之資格外，並規範了領海、鄰接區、專屬經濟海域及大陸礁層之權利及職掌，另外也提到國際合作與世界責任。最後有關職權處理、紀律要求、武器使用均有詳細規範。第三章為「越南海巡組織」（Organization of the Coast Guard），其開宗名義即提到越南海巡組織必須依據政府之規定，

---

[9]　Governmental Structure, (http://www.vietnamembassy-usa.org/learn_about_vietnam/politics/government_structure/) (2010/08/26)

[10]　邊子光，《海洋巡防理論與實務》，桃園：中央警察大學，2008 年 11 月 2 刷，頁 65- 81。

[11]　越南第 14 次公報（official gazette），刊登於「越南法律論壇」（Vietnam Law and Legal Forum），頁 3- 6。

其人員及操作之設備由國防部提供。其次，海巡人員包含軍官、職業軍人、士官、士兵以及國防工作者（包含軍、武職人員），其餘涉及有關人事及制服之規範。第四章是「越南海巡任務管理」（State management of the Vietnam Coast Guard），其具體工作如（一）訂定及指導海巡機關執行之法規（二）律定海巡組織、領導以及指揮命令系統（三）培訓及訓練靈活之海巡軍官及職員（四）為海巡人員提供執行政策，以及（五）檢查及行政調查海巡各種活動，設置投訴、告發以及違法犯紀者的處理外，並律定國防部協調聯繫政府垂直平行相關單位，俾便完成海巡任務。第五章「海巡體制與政策」（Regimes and Policy toward Officers and Members of the Coast Guard），除軍文同工同酬外，確立國家預算。第六章「人員之獎懲」（Commendation and Landing of Vietnam Coast Guard），對有功人員依法獎勵外，違法犯紀者，依「越南人民軍紀律法」處理之。綜上所述，越南海巡有其完整的法令條例，並呈顯其軍事武力擔負海域執法的工作特色。

越南人民海軍（Vietnam People's Navy）通稱越南海軍（Vietnamese Navy）[12]，其與越南海巡平行隸屬於國防部。其資料顯示，[13]越南海巡有五大任務（一）毒品走私（二）海域執法（三）海事救助（四）災難搜救，以及（五）國家防衛－與越南海軍密切合作（national defense - alongside the Vietnam People's Navy）。其中國家任務，特別提到需與越南海軍密切合作字樣，凸顯其合作之重要性及政策方向。另外，越南海軍負責保護國家水域（national waters）、島嶼（Islands）以及海域經濟之利益，其與海上警察、海關、邊防軍（border defense force）密切合作。[14]前段文字，除凸顯其合作精神外，軍事及非軍事的任務均規範其中，惟其合作單位欠缺越南海巡署。作者以為，越南海巡署及海軍均隸屬於國防部，密切合作不言而喻。越南海軍建於 1954 年，至今五十餘年，而越南海巡署建於 1998 年至 2010 年，共 12 年而已。故海軍及海巡署的密切合作，本於國家資源同享，合乎經濟的原則。

越南海巡署與越南警察關係異常密切。根據越南 1992 年憲法第 47 條規定，[15]「國家需建立訓練精良現代化革命的人民警察（revolution people' s police）。其植基於人民，以民眾為服務的核心，保護國家安全及維護社會秩序、政治穩定、人民自由以及民主的權利，人民安逸的生活與社會主義的財產，預防各種犯罪產生，抗制犯罪」。當然，這是第四部修

---

[12] 越南憲法首創於 1946 年，經過 1959 年及 1980 年二次變革，至 1992 年乃是第四部憲法，取消國務委員會，改設國家主席、副主席、國務總理、副總理、最高人民法院以及最人民檢察院院長。Chapter one to chapter twelve, (http://www.vietnamembassy-usa.org/learn_about_vietnam/politics/constitution/) (2010/08/26)

[13] Vietnamese People's Coast Guard, (http://en.wikipedia.org/wiki/Vietnamese_People%27s_Coast_Guard) (2010/08/26)
林欽隆等，《越南、澳門國際情報交流出國報告》，行政院海巡署海洋巡防總局（未出版），2004 年 8 月 31 日，頁 32。

[14] Vietnamese People's Coast Guard, (http://en.wikipedia.org/wiki/Vietnamese_People%27s_Coast_Guard) (2010/08/26)

[15] 憲法第四章，保衛越南國土（Defence of the Socialist Vietnamese Motherland），(http://www.vietnamembassy-usa.org/learn_about_vietnam/politics/constitution/)（2010/08/26）

正憲法對警察現代化的期望，以及明定其各項責任。警政總局（General Department of Police）直隸於公安部，其下設有「海上警察處」。（見圖 14-2）另外，越南公安部下設至「國境安全警察署」（Ministry of Police）[16]，國家安全、出入境管理及國際情報等安全工作。1960年正式成立至 1987 年止，各省約有 500 警力，全國約有 21,000 人，其裝備別於一般警察，更具機動性。而警察總署則負責國內治安、交通安全以及消防等任務。

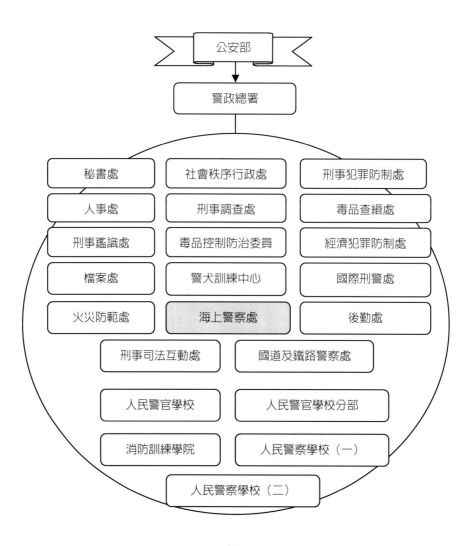

圖 14-2　越南警政總署內部組織圖

資料來源：作者自繪

---

[16] Vietnamese People's Coast Guard, (http://en.wikipedia.org/wiki/Vietnamese_People%27s_Coast_Guard) (2010/08/26)

林欽隆等，《越南、澳門國際情報交流出國報告》，行政院海巡署海洋巡防總局（未出版），2004 年 8 月 31 日，頁 9、17、32。（該報告中，將 Ministry of Police 譯為安寧總局，作者將其譯為國境安全警察署，特此說明。）

二、裝備

越南海巡署人員及裝備均來自於國防部，海巡署及海上警察之巡邏艦艇（patrol force）均由越南海軍移轉使用。越南海軍之巡邏艇數量約有 160 艘，其中內河巡邏艇（river patrol craft）三十幾艘最多，其他如快速攻擊艇（Fast attack craft）、大型巡邏艇（large patrol craft）等約 126 艘。海軍另有 6 艘小型潛水艇（midget submarines）、6 艘驅逐艦（frigates），4 艘小型快速戰艇（corvettes）。8 至 10 架路基海上航空器（land-based maritime aircraft），水陸兩棲艦 3 艘，2 艘袖珍艇（mini warfare forces）。另外，越南海軍艦艇大部分為俄製。[17]

第四節　權限與管轄（Authority and Jurisdiction）

越南對南中國海（South China Sea）主權競爭甚劇。[18]從二十世紀中葉開始，越南與中國為中沙群島出動引起攻奪戰。一直到 1965 年南北越統一後，情勢漸緩。越南與印尼為南沙群島意發生劇烈爭鬥。越南與台灣為南沙主權亦常有爭執。[19]1998 年 9 月前，越南海域執法以海軍為主，越南海巡署成立後，南海事故之處理便以海巡署為主。2007 年 7 月 19 日，Roger Mitton 於海峽時報（Straits Times）中論台灣安全研究（Taiwan Security Research）指出越南與中國為南沙群島爭端再起（Vietnam, China clash again over Spratlys）。2007 年 7 月 19 日，發生一艘越南漁船遭中國海軍擊沉，漁民一人死亡的重大爭端。後研究報告指出，早在 2007 年 4 月，越南海巡署便指出，中國海軍在南沙附近逮捕了 4 艘越南漁船，。由此說明，南海的主權爭執處理，已經由海軍換成海巡署主導。[20]另外，2007 年 1 月 15 日，越南外交部向我方抗議南沙群島（太平島）興建機場跑道，聲稱已嚴重侵犯越南主權。台灣外交部嚴重聲明南沙群島為我國領域，以宣示南沙主權。[21]另外，越南財政部的海關總署（General Department Vietnam Customs）與與海巡署關係密切。2004 年 4 月越南政府法案推動海關現代化（The Vietnam Customs Modernization Project），預計 2011 年 6 月完成。[22]本

---

[17] *Jane's Fighting Ships.2008-2009*, Edited by Commodore Stephen Saunders RN, Virginia U.S.A,pp. 907-911.

[18] 陳鴻瑜，《南沙諸島主權與國際衝突》，台北：幼獅文化，民國 76 年初版，頁 75-83，95-98。

[19] 2003 年 10 月 9 日 3 艘漁船距離我太平島 2.4 浬處，進行毒、炸魚的非法行為，我國海巡署巡防艇依法取締，沒收船上炸藥，並予以驅離乙案，引起越南政府強烈抗議。

　　詳請參考邊子光，《海岸巡防理論與實務》，桃園：中央警察大學，民國 94 年 2 月初版，頁 235-236。

[20] (http://taiwansecurity.org/8t-19070.htm) (2007/08/27)

[21] 《中國時報－兩岸新聞》〈越南抗議　我宣示南沙主權〉，2007 年 11 月 21 日。

[22] International Development, (http://www.developmentex.com/controller/bizoppsearch.srvt?aetion=viewlimited

案旨在提昇貿易、改革行政效率，增加稅收，改善外貿統計數字，減少危險以及跨國詐欺犯罪的發生，便利國家進入 WTO 等。

第五節　與我國制度之比較
（A Comparison with Taiwan Coast Guard）

　　我國海巡署為二級制的部會級，採岸海合一、軍文併用制。而越南海巡署則為三級制，亦是軍文併用。裝備編制我國大過越南。我國警察未涉入海域執法範疇，而越南內水及港口乃由警察負責執法。

第六節　結語（Conclusion）——特徵（Characteristics）

　　越南東濱南海，海岸線長 3,444 公里。以下為其海域執法制度特徵。

一、集中制

　　越南於 1998 年通過越南海巡條例，建立專職而集中的海域執法機制。

二、三級制——隸屬於國防部

　　海巡署與海軍為同屬於國防部的三級單位，其人員及裝備由國防部提供，二造關係異常密切，俾達資源共享的原則。

三、軍文併用制

　　越南海巡署組成結構以軍人為主，文人為輔，除內水由海上警察負責外，領海、連接區，專屬經濟海域、大陸礁層由海巡署負責。

&bizoppid=)

四、岸海分立

由於內水由警察負責，推斷海岸由警察負責，故越南之岸與海為分立的。

第 15 章　馬來西亞海域執法制度

目錄
第一節　國情概況（Country Overview）⋯⋯⋯⋯ 168
第二節　歷史沿革（History）⋯⋯⋯⋯ 169
第三節　組織、職掌與裝備
　　　　（Organization, Duties and Equipment）⋯⋯⋯ 170
第四節　教育與訓練（Education and Training）⋯⋯⋯ 175
第五節　與我國制度之比較
　　　　（A Comparison with Taiwan Coast Guard）⋯⋯ 175
第六節　結語（Conclusion）──特徵（Characteristics）⋯ 176

第一節　國情概況（Country Overview）

　　馬來西亞（Malaysia）位於東南亞，國土隔南海（South China Sea）分為東馬來西亞與西馬來西亞，西馬北部與泰國南部為鄰，南部則與新加坡隔柔佛海峽（Straits of Johor）以新柔長提（Tambak Johor）[1]接壤，與另一鄰國印尼之間隔著麻六甲海峽（Strait of Malacca）；東馬與印尼及汶萊為鄰。全國面積 330,257 平方公里，是台灣的 9 倍，海岸線長 4,675 公里，領海 12 浬，專屬經濟海域 200 浬。[2]

　　首都吉隆坡（Kuala Lumpur），全國人口約 28,728,207 人（2011）[3]。國體君主立憲制，政體責任內閣制，國會分參眾兩議院。首相由眾議院多屬黨領袖擔任，國家首腦由柔佛等

---

[1] 新柔長堤是連接新加坡與馬來西亞的長堤，全長 1,056 公尺，長堤有步道、鐵道以及提供新加坡蒸餾水的水管道。維基百科。
[2] 中華民國外交部，外交資訊網頁（2011/05/18）
[3] CIA, The World Factbook.(https://www.cia.gov/index.html) (2011/04/18)

九個馬來州的世襲蘇丹和麻六甲等四個州的州元首選出，擁有任命首相與解散國會等權力。（見圖 15-1）主要輸出電子零件、液化天然氣、橡膠、成衣，輸入電子零件、通訊設備、石油製品。[4]馬國國內生產總值（GDP）219,000（百萬）美元，在 190 個國家排名第 38 名；每人國民所得（GNP）7,775 美元（2010），在 182 個國家排名第 65 名。馬國政治權利與公民自由兩種自由程度在 2010 年的分數均為 4，歸類為部份自由國家；透明國際（Transparency International）中的 2010 年的貪污調查分數為 4.4，在 178 個國家中排名第 56 名；聯合國（2010）最適合居住國家的人類發展指數為 6.6，在 169 個國家中馬國排名第 57 名。[5]馬來西亞主張東南亞中立化政策，奉行中立與不結盟之外交政策，首重與東南亞國協[6]國家之合作關係，其次繼續維持與回盟國家、不結盟國家及大英國協會員國之關係。

第二節　歷史沿革（History）

　　馬來西亞過去曾有隸屬於內政部專職海域執法之海洋警察，2004 年後政府為節省國家成本與專業化，便將海洋警察併入新創設海域執法署內。馬來西亞海域執法署直接受總理管轄，它的創立是因 2004 年 5 月由國家安全委員會舉辦針對專門海域執法機構可行性的國家會議所提出的報告，後由會議同意後，開始設置海域執法署。至 2005 年 2 月 15 日正式組織完成並開始巡邏任務。海域執法署在和平時期是海域的執法單位，但於國家緊急時刻時便支援皇家空軍與海軍。

---

[4]　《世界各國簡介暨各國首長名冊》，中華民國外交部，2001 年，頁 30。

[5]　五類指標詳情請見本書導論，頁 11-13。

[6]　東南亞國協（Association of Southeast Asian Nations，ASEAN），是一個結合東南亞區域的國家組織。東協成立初期，成員多數獨裁專制國家，主要任務之一為防止區域內共產勢力擴張，合作側重在軍事安全與政治中立，冷戰結束後各國政經情勢趨穩，開始轉向加強區域內經濟環保等領域的合作，並積極與區域外國家或組織展開對話與合作。東協最知名的特點，就是在談判協商時採取東協模式（The ASEAN Way，或稱亞洲方式），也就是對成員國內政、領土和主權採取不干涉的原則。維基，（ http://zh.wikipedia.org/wiki/%E4%B8%9C%E5%8D%97%E4%BA%9A%E5%9B%BD%E5%AE%B6%E8%81%94%E7%9B%9F ）（2011/05/18）

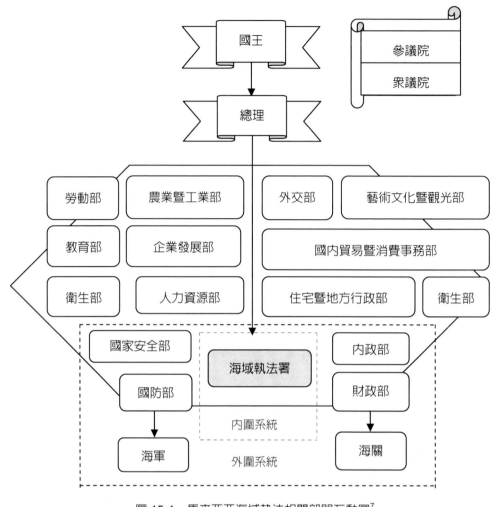

圖 15-1　馬來西亞海域執法相關部門互動圖[7]

資料來源：作者自繪

第三節　組織、職掌與裝備
（Organization, Duties and Equipment）

　　維護馬國領海秩序與安全之主要任務由直屬於總理底下合併海洋警察單位的海域執法署（Malaysia Maritime Enforcement Agency, MMEA）。另外，有關海岸聯合驅逐行動（OPS

7　Malaysia Government, (http://www.malaysia.gov.my/BM/Pages/default.aspx) (2011/05/18)

NYA BERSEPADU）則由「海事協調及執法中心」負責，包括陸、海、空軍、警各部門，執行長由海軍少將編階負責。（見圖 15-1、圖 15-2）

壹、馬來西亞海域執法署
（Malaysia Maritime Enforcement Agency, MMEA）

一、組織與職掌

　　海域執法署創立於 2004 年，是直接向總理負責的文職部會機關，其成立後便將海洋警察之人員與裝備併入署內運用。MMEA 專職海域執法及搜尋救難任務。該署由海軍官階之將領擔任指揮官。於馬來西亞長 4,675 公里之海岸線至專屬經濟海域分成五大區域：北部、南部、東部、沙巴地區與沙撈越地區，執行以領海 12 浬、專屬經濟海域 200 浬為範圍的任務。並對領海內海洋科學研究的建物與資源進行保護。[8]馬來西亞與印尼之間的麻六甲海峽為重要的國際軍事及經濟水道，卻有嚴重的海盜問題威脅航運安全。國際為遏止海盜，欲派駐海軍進入麻六甲海峽，但印尼與馬來西亞強烈反對他國進入，認為這是對其領海的侵犯。2006 年 2 月 9 日，為打擊麻六甲海峽海盜，馬國警方添購十五艘快艇，加強海域巡邏，並與印尼、泰國和新加坡舉行聯合海上演習。[9]2009 年，柔佛海峽出現軍裝海盜索取保護費，馬國因此加強海上巡邏，並向印尼當局尋求合作。[10]

---

[8]　Malaysia Maritime Enforcement Agency, (http://www.mmea.gov.my/index.php?option=com_content&view=frontpage&Itemid=1&lang=en) (2011/08/22)

[9]　《大紀元》〈麻六甲海峽海盜猖獗　馬來西亞擬購快艇追緝〉，2006/02/09，（http://www.epochtimes.com/b5/6/2/9/n1217835.htm）（2011/01/04）

[10]　《台灣立報》〈軍裝海盜橫行麻六甲海峽〉，2009/01/01，（http://www.epochtimes.com/b5/6/2/9/n1217835.htm）（2011/01/04）

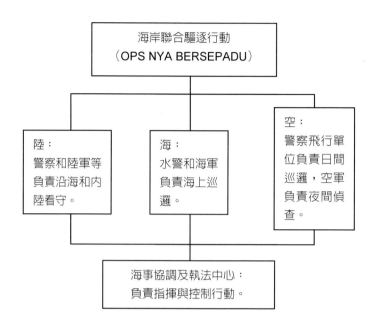

圖 15-2　三 D 岸海聯合驅逐行動圖[11]

海域執法署的主要使命有：

1. 保障馬國海域與沿岸安全。

2. 依據國際標準保護海域生物資源。

3. 建立有效率之海域搜尋與救難任務。

4. 促進國際各海事部門與馬國之合作關係。

5. 根據國家法律強制執行治安維護。

6. 依據國際海洋法維護海上和平。

7. 防止與壓制海盜行為。

8. 與國際彼此合作提供犯罪行動資源。

9. 控制與預防海域汙染。

10. 搜查非法藥物流通。

11. 戰爭或是緊急狀態時，需奉政府命令支援國家武力。

以上任務主要由一個總指揮、兩個操作分部與三個後勤分部支援。另外，MMEA 有其專屬特種部隊（Special Tactical of Action and Rescue, STAR），他們的任務是在領海地區完成救難任務，並且在馬國內河流與領海地區執行反恐怖行動。特種部隊所有人員皆是從皇家海軍的特種訓部隊訓練出來。署內針對海域搜尋與救難任務設立了海事救難協調中心

---

[11] 海岸巡防署海洋巡防總局——邊子光等，《東南亞國際情報交流出國報告》，2003 年 12 月 15 日，頁 28。

（Maritime Rescue Co-ordinating Centres, MRCC）統整各地救難任務，協調中心下設有海事救難次級中心（Maritime Rescue Sub-Centre, MRSC）負責地區性之救難任務。[12]

二、裝備

MMEA 現約 4,095 人，巡邏艇總計 126 艘：

1. 15 艘 Gagah 級。
2. 5 艘 143 噸 Ramunia 級。
3. 2 艘 53 噸 Nusa 級。
4. 15 艘 109 噸 Sipadan 級。
5. 2 艘 98.86 噸 Rhu 級。
6. 10 艘 12.5 噸 Pengawa 級快艇。
7. 1 艘 64 噸 Peninjau 級。
8. 5 艘 2,000 公斤 Pelindung 級。
9. 4 艘 77 噸 Semilang 級。
10. 2 艘 10.8 噸 Penggalang 小艇。
11. 4 艘 15 噸 Penyelamat 級。
12. 1 艘 8.9 噸 Pengaman 級輕艇。
13. 63 艘 1.5 噸 Kilat 橡皮輕艇。
14. 4 艘 63.5 噸 Malawali。
15. 2 艘 Langkawi Class 近岸巡邏艇。
16. 15 艘 230 噸 Gagah 級巡邏艇。
17. 1 艘 270 噸 Merlin Class 實習艇。
18. 3 架 AS365 N3 Dauphin 直升機。

另外，執行海域搜救任務不僅有 MMEA 的艦艇與人員，皇家海軍、警察、港務局、海關、漁業機關、商船及火災搶救單位都會支援執法署艦艇需求；針對空中執法，海域執法署航空器擁有 2 架 Bombardier 415 的水上轟炸機與 3 架 Eurocopter Dauphin 直升機，並且皇家陸海空三軍、皇家警察、民航單位及火災搶救單位也都會支援航空器並支援航空任務。[13]

貳、馬來西亞皇家海軍（Malaysia Royal Navy）

一、組織與職掌

馬國皇家海軍除保衛國家主權外，另協助近岸資源保護、水道測量、協助其他文職單位打擊海盜和專屬經濟海域執法，諸如漁場保護等，這四項任務是目前和平時期最主要的

---

[12] Malaysia Maritime Enforcement Agency, (http://www.mmea.gov.my/index.php?option=com_content&view=frontpage&Itemid=1&lang=en) (2011/08/22)

[13] Malaysia Maritime Enforcement Agency, (http://www.mmea.gov.my/index.php?option=com_content&view=frontpage&Itemid=1&lang=en) (2011/08/22)

任務，其他包含支援陸、空軍搜救和災難救助及透過與外國交流訪問協助擴展外交。[14]2011年1月，索馬利亞海盜在亞丁灣企圖搶劫馬國化學油輪，海軍接獲求救訊號趕往現場與海盜發生激烈駁火，成功解救人質後，海軍押7名海盜返國交由警方處理，然馬政府卻面臨沒有反海盜的相關法令可以對海盜提出檢控的窘境。[15]

二、裝備

馬國海軍配置人力12,500員。配備潛水艇5艘、驅逐艦2艘、輕武裝艦艇6艘、近岸巡艇2艘、後勤支援艇2艘、快速攻擊艇14艘、巡邏艇18艘、武裝艦艇4艘，兩棲武力有一艘大型運兵船、33艘LCM/LCP/LCU登陸艇、130艘小型舷外機式登陸艇，另輔助船有3艘訓練船、搜救船2艘、拖船12艘，另有12架旋翼機、4架定翼機。專屬經濟海域之巡邏主要由6艘1,650噸KEDAH級輕武裝巡邏艦負責。[16]

參、馬來西亞海關（Malaysia Customs）

一、組織與職掌[17]

負責於各港口及機場收取關稅、以促進國家貿易與工業發展；維護國家法律以保護國家經濟、社會和國家利益。另負責港口及近岸水域查緝走私事宜，避免逃漏關稅。

二、裝備

約25艘九公尺、30艘13.7公尺小型攔截艇、10艘16.5公尺16.2噸快速攔截艇、4艘28.8公尺58噸巡邏艇、10艘32公尺143噸巡邏艇和一些充氣式追捕筏。

---

[14] (http://www.apan-info.net/maritime/natl_orgs_view.asp) (2011/08/22)

[15] 中央社，《中時電子報－新聞速報》〈白抓了　馬國逮海盜恐無法可告〉，2011/01/27，(http://sports.chinatimes.com/list/4/0/20110127.html)（2011/02/08）

[16] Royal Malaysian Navy, (http://www.navy.mil.my/) (2011/08/22)

[17] Royal Malaysian Customs, (http://www.customs.gov.my/) (2011/08/22)

第四節　教育與訓練（Education and Training）

　　在教育方面，所有海域執法署人員於進入署內之前，必須接受一般能力基礎訓練，為了使他們獲得這些知識與技能，他們被送到各種不同的訓練中心，並於馬來西亞皇家海軍學院、海事大學開設特殊課程教育人員，以強化他們的知識與技能。除了在自身的訓練中心訓練外，另外亦派員至日本及美國海域防衛學院學習較先進國家之知識與技能。

　　在實務訓練方面，署內人員及海軍與泰國、印尼、汶萊、菲律賓等國海域執法機構與海軍訂定有聯合巡邏協議，可藉此操作實務訓練，另與美國、日本、韓國等海岸防衛機構訂定合作計畫。此外，海域執法署亦與新加坡海域執法機構每月互訪一次，藉以達到資訊交流，並獲得專家及裝備協助。

第五節　與我國制度之比較
（A Comparison with Taiwan Coast Guard）

　　首先，馬國海域執法署直接向總理負責之部會機構；與我國行政院海巡署屬部會級類似。其次，馬國人口總數與我國相當，但面積為台灣的九倍，海岸線總長 4,675 公里約我國三倍，分成五個執法區域，目前編制人員 4,095 人；而我國除金、馬、澎湖外，台灣本島依轄區特性劃分成七個甲種隊、五個乙種隊，編制員額 3,000 員，以目前海洋總局預算員額兩國相當，配備船艇 215 艘則較我國多。再來，維護馬國領海秩序與安全之主要任務由海域執法署負責，專屬經濟海域執法則有海軍協助，至於大陸礁是可以跨領域執法，另有關陸海空聯合驅逐行動則由「海事協調及執法中心」負責，海域搜救行動主要由海事執行代辦處；我國則由海巡署統籌海域執法。最後，海域執法署除負責領海事務外，另有執行島嶼、獨立海灘和近岸區域步行巡邏任務，執行海上、河川不易抵達地區之交通運輸任務；海岸任務與海岸巡防總局步巡勤務相似，而河川之安全維護我國則沒有。

第六節　結語（Conclusion）──特徵（Characteristics）

馬來西亞隔南海分為東馬與西馬，與印尼隔麻六甲海峽，海岸線長 4,675 公里，設有五個基地，以下為其執法制度特徵。

壹、集中制

馬來西亞設立海域執法署為專責海域法單位。

貳、岸海分立

馬國成立海域執法署的目的便是要將海域任務交予專責單位處理，因此海域執法署的權限僅限於國家海域。

參、部會級機構

海域執法署直接對總理負責。

肆、以領海執法為主，其他水域次之

維護馬國領海秩序與安全之主要任務由海域執法署負責，海軍會協助專屬經濟海域執法。但是，部分法律如漁業法、大陸礁層法規定執法署可以超越領海執法，並不全然限縮執法空間於領海。

伍、與國內政府單位及鄰國密切合作

為維護領海秩序，海域執法署經常與其他海上機構合作與協調，諸如海軍、海關、漁業部門、海事部門、環保部門及馬來西亞海上執法協調中心，另有關海岸聯合驅逐行動則由「海事協調及執法中心」負責，包括陸、海、空軍、警各部門。馬國水警除與國內政府單位密切合作外，亦與鄰國關係密切，每年召開正式會議、聯合巡邏和人員交流，這些鄰國包含印尼、泰國、新加坡、汶萊、菲律賓等，另與美國、日本、韓國海岸防衛隊等單位亦有合作關係。

陸、重視海難搜救

設有專職單位海事執行代辦處處理海域搜救任務，並與其他海事單位合作。

柒、麻六甲海峽海盜猖獗

麻六甲海峽為國際重要航道，嚴重的海盜問題威脅航運安全。

第 16 章　新加坡海域執法制度

目錄
第一節　國情概況（Country Overview） ··············· 178
第二節　歷史沿革（History） ······················· 179
第三節　組織、職掌與裝備
　　　　（Organization, Duties and Equipment） ······· 181
第四節　權限與管轄（Authority and Jurisdiction） ······· 183
第五節　教育與訓練（Education and Training） ·········· 184
第六節　與我國制度之比較
　　　　（A Comparison with Taiwan Coast Guard） ········ 186
第七節　結語（Conclusion）──特徵（Characteristics） ··· 186

第一節　國情概況（Country Overview）

　　新加坡共和國（Republic of Singapore）（簡稱星國）位於馬來西亞半島南端，北與馬來西亞（Malaysia），南與印尼（Indonesia）隔海相望，領土由新加坡島及其他 54 個小島組成。控制麻六甲海峽（Strait of Malacca）歐、亞、澳三洲海陸交通之要衝。全國面積 967 平方公里，台灣為其 37 倍大。海岸線長 193 公里，領海 3 浬，專屬捕魚區 3 浬。[1]

　　首都新加坡（Singapore），全國人口 4,740,737 人（2011）[2]。國體共和制，政體責任內閣制，民選總統為虛位元首，其委任議會多數黨領袖為總理，總理掌行政權，國會採一院制。（見圖 16-1）主要輸出石油、電訊器材，輸入電機產品、運輸設備。[3]星國國內生產總值（GDP）217,400（百萬）美元，在 190 個國家排名第 39 名；每人國民所得（GNP）42,653

[1] CIA, The World Factbook. (https://www.cia.gov/index.html) (2010/08/30)
[2] CIA, The World Factbook. (https://www.cia.gov/index.html) (2011/04/18)
[3] 《世界各國簡介暨各國首長名冊》，中華民國外交部，2001 年，頁 54。

美元（2010），在 182 個國家排名第 15 名。星國政治權利與公民自由兩種自由程度在 2010
年的前者為 5，後者為 4，歸類為部份自由國家；透明國際（Transparency International）中
的 2010 年的貪污調查分數為 9.3，在 178 個國家中排名第 1 名；聯合國（2010）最適合居
住國家的人類發展指數為 6.7，在 169 個國家中星國排名第 27 名。[4]

　　1959 年星國自治，基於歷史與政治因素，其外交政策以睦鄰為要，穩固與馬來西亞、
印尼關係，確保國家領土安全及民生資源與市場之取得。2007 年為東協之輪值主席國，星
國扮演領導角色，積極推動憲章獲東協接受。為維持東協國家主導東協走向，星國力採權
力均衡政策。[5]

第二節　歷史沿革（History）

　　新加坡海域執法由海域警察巡防隊（Police Coast Guard, PCG）（簡稱水警隊）來執行，
隸屬於內政部警政署，與該國警察組織沿革發展息息相關。新加坡警察於 1843 年創設，後
歷經「海峽殖民地警察」、「新加坡殖民地警察」，始成為現在「新加坡國家警察」，PCG 擁
有近 170 年的歷史。現今新加坡警察組織制度依 1958 年所頒訂警察條例（Police Force
Ordinance）改制。[6]新加坡警察組織運作之特色為：[7]

壹、新加坡警察採集權制，直隸於內政部和國防部，重視義勇警察之運用及國民服警察役，
　　以補充警力不足，成效甚佳，可為各國借鏡。

貳、新加坡警察雖然予人有權威很大的感覺，而其權威絕對有善惡是非的標準，辦事講求
　　效率，工作認真負責，態度頗為嚴正，頗能得到民眾的敬愛。

參、警察總監部，不但設有公共關係部門，並且有警民合作組織，在犯罪預防工作，率由
　　警民合作組織鼎力贊助，透過民間各類工商社團協助宣導，推動成效極為良好。新加
　　坡除正規警察外，尚有義勇警察隊由後備軍人組成，任務為協助社會安寧秩序和治安，
　　維護及緊急災難之救護救助等工作。

---

[4]　五類指標詳情請見本書導論，頁 11-13。
[5]　中華民國外交部，外交資訊網頁（2010/08/30）
[6]　邱華君，《各國警察制度概論》，桃園：中央警察大學，民國 85 年 5 月，頁 200。
[7]　東南亞國際情報交流出國報告書，行政院海岸巡防署海洋巡防總局，民國 92 年 12 月，頁 10-11。

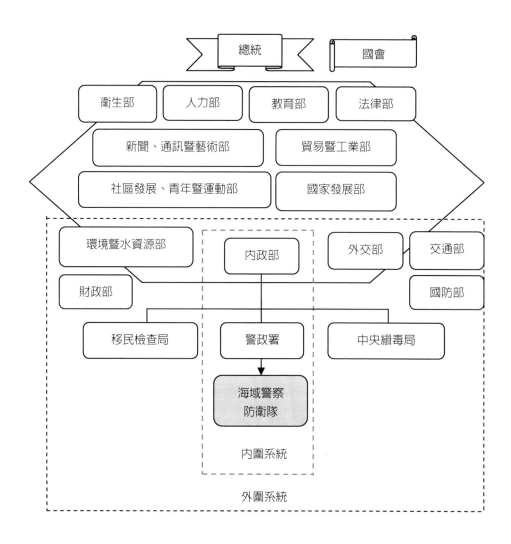

圖 16-1 新加坡海域執法相關部門互動圖

資料來源：作者自繪

第三節　組織、職掌與裝備
（Organization, Duties and Equipment）

新加坡海域警察防衛隊（Singapore Police Coast Guard, PCG）

一、組織與職掌[8]

　　PCG 歷史悠久，經過長期努力，水警隊擁有高效能的專業維安力量。PCG 隸屬內政部警政署，為四級制機關，其性質與專責海域防衛型態相近。水警隊從近 170 餘年前，僅擁有一些小舢舨，現已轉變成現代化與科技化的先進海域防衛機制，他們具有經驗豐富的指揮、控制與監視系統，配合現代化巡邏艦艇，使得現今 PCG 令人讚佩。

　　PCG 總部設於 Kailang，下設行政、維修、通訊部門，全國分成四個基地，下轄 Pulau Brani、GulBasin、Seletar、LinChuKang 等四隊（Squadron），以及一個直屬艦隊，艦艇多部署於新加坡領海所有重點海域，以便能即時抵達與因應意外與緊急事件。PCG 隊員可與陸上一般警察互調。每週服勤 44 小時，每年多十四天假期。勤務指揮中心與港務局電腦資訊互聯可掌握港區所有船隻進出動向。

　　PCG 不分晝夜進行於領海地區巡邏，並維持與本島以公路相接的島嶼，例如裕廊島（Jurong Island）、聖淘沙（Sentosa）及布拉尼島（Pulau Brani）的安全與秩序。而海盜的出現也是設立 PCG 的主要原因之一，所幸過去 10 年，近海島嶼及領海水域的海盜出沒明顯降低。

圖 16-2　新加坡海域警察防衛隊徽章[9]

---

[8]　Singapore Police Force, Police Coast Guard, (http://www.spf.gov.sg/index.html) (2010/08/30)
　　Police Coast Guard, (http://en.wikipedia.org/wiki/Police_Coast_Guard#Current_fleet) (2010/08/30)

PCG 的主要有海域國境控制（Maritime border control）及恐怖主義（Terrorism）。前者是預防非法移民進入國家海域，2006 年 8 月便發現了 22 項非法移民事件。近年因增購先進雷達以及夜視設備偷渡數量已經大幅降低。可是為防範非法移民進入，於島嶼海岸線邊境設立了不少大型圍欄，包含了林楚康島（Lim Chu Kang）、潘哥爾巴拉特（Pulau Punggol Barat）、烏敏島（Pulau Ubin）及西部實彈射擊區，圍欄全長已達 24.7 公里，PCG 更定時至島嶼沿岸巡邏。星國政府因 2001 年 9 月 11 日的襲擊事件開始重視海上恐怖主義，而樟宜海軍基地為反海上恐怖主義的主導者。政府開始加強檢查往來船隻，尤其是由國外回國的客輪，從 2004 年以來，PCG 人員加強反恐訓練，並配有檢測爆裂物、毒品及偽造文書的技能。

PCG 職掌可大別為以下七大主要任務：

（一）依法執行本國法規，必要時納入防衛國土安全體系

目的在維持公共安全、社會秩序、保護人民生命財產安全，同時與新加坡各政府機關合作，預防與偵查犯罪。平時任務乃維護領海、執行法律、犯罪偵查。另新加坡水警隊與新加坡國防存在共生依附關係（Works Symbiotically），協助新加坡武裝軍隊共同防禦新加坡水域安全，緊急作戰需要依政府命令參與防衛國土安全任務。

（二）確保該國所轄水域全天候安全

水警人員為海域執法人員，具備航海、通訊、雷達、武器等專業能力，例行性任務包括一般水域巡邏、防止走私與非法移民偷渡、入境檢查、海難搜救等事項。

（三）提升新加坡地位成為全球海運中心或支撐該國港口繁榮興盛

眾所周知新加坡為港市型態，其經貿發展命脈實繫於新加坡港運作與觀光收入，歷年進出口貨櫃吞吐量皆擠進世界前五大。也因此新加坡水警隊巡航世界重要繁榮港口，以及維護領海主權，堅持使命來維護法令。

（四）港口出入許可安全檢查

船舶所有人或代理人申請入出港航港作業應向新加坡海事暨港務局（Maritime and Port Authority of Singapore, MPA）預付保證金，一般入出港申報應備齊文件含船員、旅客名單、貨物艙單、裝貨港與卸貨港、船舶證書、以及不定時提供港口主管機關所需其他文件，以備水警查驗。

9　Singapore Police Force, Police Coast Guard, (http://www.spf.gov.sg/index.html) (2010/08/30)

（五）槍砲申報審核

PCG 為船舶武器操作申請的代理機構，申請者須通報新加坡水警隊下列事項:船舶名稱、入出港日期與時間、船舶位置、船主詳細情況、槍砲數量型號、以及申請者必須出示槍砲執照與文件。

（六）調查圍繞新加坡水上休閒活動地區

（七）動力遊艇執照認可

二、裝備

PCG 目前擁有超過 1,000 名的正式人員。現總計有 121 艘艦艇。包含 2 艘指揮艇、12 艘 45.7 噸近岸巡邏艇，10 艘 140 噸近岸巡邏艇，以及從 1984 年沿用至今的艦艇分為三代，第一代建於 1984 年有 13 艘 20 噸巡邏艇。第二代建於 1987 及 1989 年有 6 艘 14.8 噸巡邏艇。第三代分別建於 1999 年的 18 艘及 2000 年的 7 艘艦艇。還有 2002 年交付 32 艘新式艦艇，11 艘攔截快艇、4 艘充氣艇、6 艘不同型號巡邏艇。[10]

第四節　權限與管轄（Authority and Jurisdiction）

由上述說明可知新加坡水警組織定位乃警察機關一環，而其執法內涵卻具海岸防衛性質；雖曾為英國殖民地近百年，與英國海事暨海岸防衛署（MCA）僅負責船舶安全及海事服務任務不同，新加坡水警隊除全方位海域執法、海事服務，並配合其他機關偵防犯罪、維護治安。

水警巡邏艇巡防該國領海，其巡邏海域東起 Horsburgh 燈塔、西至 SultanShoal，南起 Paffles 燈塔、北至 Johor 海峽，領海面積總計超過二百平方浬，大於新加坡本國陸地面積。另外，除了新加坡領土的基地外，PCG 也維持一個島嶼據點在馬來西亞的 PuIau Ubin 服務當地居民與參與社區聯防關係（Community Bonding），尤其近幾年與東南亞馬來西亞、印尼等國合作在麻六甲海域打擊猖獗海盜活動頗有成效。

---

[10] Police Coast Guard, (http://en.wikipedia.org/wiki/Police_Coast_Guard#Current_fleet) (2010/08/30)

第五節　教育與訓練（Education and Training）[11]

壹、海域警察防衛隊教育

　　PCG 成員年齡至少須年滿十八歲，若介於十七歲至十八歲可預先申請，直至年滿十八歲始能加入服務行列。要成為一個新加坡水警隊成員必須向新加坡警政署（Singapore Police Force, SPF）提出申請，填寫網路申請，經過該單位大約一個月文書資料審核，將會進行簡短的區域面試，而第一階段區域性面試包括全身健康檢查、英文語言精通測試、心理性向評估，以及審核文件認可等四項流程，若通過第一階段測試，則必須再參加進階面試與藥物檢驗，最後，提供通過上述測試候選人臨時性任務試用，檢視其適任程度。任何國籍之外國人亦可申請加入 PCG，但其簽訂契約僅是個案基礎（case-by-case basis），其資格限制較為嚴謹，舉例而言，馬來西亞人申請加入，則必須至少用英文通過取得四項 SPM 執照。

　　一旦加入 PCG，首先必須接受六個月訓練，前三個月在警察學校接受警察人員基礎課程，集中管理全天住宿，接受新任警察人員所需必備的技能、知識、警察工作所需價值觀等課程，另外，亦必須接受體能訓練、武器訓練、警察勤務執法程序訓練、徒手搏擊防身術、基礎任務實習；往後三個月，則必須前往新加坡水警訓練學校接受海事訓練，該校位在新加坡海港邊，專長訓練課程包含航海技術、航海學、槍砲重型武器、海事通訊技術等等。在接受完成為期六個月基礎課程，一個合於標準的警察人員必須服務滿二年，但一般而言，均以服務二年半來執行個人之訓練契約。

　　基本上，PCG 人員亦有可能轉任其他警察單位，但此機會甚少，除依據各警察單位不同的人力資源需求與供給，亦須根據各單位的人力缺額和人員的潛在貢獻與專業技能。無論如何，新加坡水警隊提供很大的工作鑑別給其屬員，並致力於培育第一線執法人員，展現出 PCG 的特殊榮譽與責任，諸如調查、智力、計畫、訓練、指揮領導等專長。

---

[11]　Singapore Police Force, (http://www.spf.gov.sg/index.html) (2010/08/30)

貳、海域警察防衛隊訓練

　　PCG 籌獲先進硬體設備，致力提昇人員專業技術水平與專業化之個人能力。為培養專業化人員，新加坡水警訓練學校實施專業訓練與在職訓練，一位新進人員需受訓四星期水上警察課程，作為職前訓練，以利執行海上任務。針對操作船隻或指揮官提供進階課程與指揮任務課程，提供其生涯發展上更多經驗。此外，每週編排在職訓練，提昇現職人員素質。[12]

　　雷達施訓及消防課程，主要教授新加坡水警人員操作雷達及滅火訓練，提昇工作效率。另外，亦針對 PCG 人員強化雷達戰術訓練（The Radar Tactical Trainer, RTT）與戰鬥模擬訓練（The Fighting Simulator Trainer, FST），雷達戰術訓練乃測試水警隊人員在不同環境狀況處理船舶碰撞、擱淺和搜救，運用戰鬥模擬訓練 PCG 人員，像是 20mm 防空機砲、CIS50 自動武器、M16 攻擊步槍、HKMP5 衝鋒槍和 GLOCK 手槍、點 38 史密斯手槍等武器使用技術能力，藉由上述模擬訓練裝置提供新加坡水警隊隊員在實際可行的操作環境中一個有效率的訓練方法。

　　另外水警訓練學校每週排有在職訓練課程，以期能契合 PCG 隊員在海上巡邏的最新發展，不斷增進其學習新知及複習海事技能。訓練內容包括基本課程（所有人員均參加為期八週）、駕船訓練（分初級班與高級班），領導統御、射擊、專業知識及游泳救生，教材由隊本部制定後分由各區切實執行。

　　PCG 有眾多機會與其他鄰近國家交流合作，如馬來西亞皇家海事警察隊、印尼海軍及警政單位、或其他世界各國之知名海域防衛隊如美國、英國、加拿大、日本等，不定時進行敦睦邦交、情報聯繫計畫、聯合訓練及研究參訪活動，俾使該國水警隊幹部持續增進專業知能保持常新，增加機關競爭力。

---

[12] Singapore Police Force, Police Coast Guard, (http://www.spf.gov.sg/index.html) (2010/08/30)
Police Coast Guard, (http://en.wikipedia.org/wiki/Police_Coast_Guard#Current_fleet) (2010/08/30)

第六節　與我國制度之比較
（A Comparison with Taiwan Coast Guard）

　　PCG 為新加坡重要海域執法單位，其雖為隸屬於警政署之四級單位，但組織及裝備完整，如遇非法事件 PCG 之運作調度甚有效率。特別的是，PCG 隊員可與陸上一般警察互調互相協助，不僅負責海域執法、服務，還配合其他機關偵察犯罪、維護治安。台灣專責海域執法之海巡署與 PCG 同樣屬於集中型海域執法單位，但海巡署的層級卻屬於部會級單位，在執行任務或是運作調度上，效率甚佳。

第七節　結語（Conclusion）——特徵（Characteristics）

　　新加坡南臨麻六甲海峽，在總長 193 公里的海岸線上，設有 4 個基地，以下為其海域執法制度特徵。

壹、集中制

　　PCG 任務乃維護領海、執行法律、犯罪偵查，屬集中型海域執法組織；戰時任務配合國防部具準軍事單位性質。

貳、警察型海域執法機制

　　既名之為水警功能定位為純粹為警察機關，但其執法內涵卻具海岸防衛特性。水警人員亦有可能轉任其他陸上警察單位。

參、四級制

PCG 隸屬於內政部的警政署,內政部為責任內閣下的機關,故水警隊定位為國家四級機關,與我國早期保七總隊地位相當。

肆、岸海合一

PCG 人員從事陸上邊境監視(Land border control),故星國海岸及島嶼同為其巡邏範圍。

伍、專業教育搖籃

新加坡水警訓練學校實施專業教育訓練與在職訓練,每位新進水警人員,必須接受六個月訓練,前三個月在警察學校接受警察人員基礎課程;後三個月,則必須前往新加坡水警訓練學校接受海事教育訓練。該校致力於培育第一線艦艇執法人員,展現出新加坡水警的特殊榮譽與責任。

陸、編裝均為小艇

近岸巡邏艇以 20 噸至 140 噸為主,用於維護海域治安,並沒有專屬經濟海域,無設置巡防或緝私艦的需求。

第 17 章　印尼海域執法制度

目錄

第一節　國情概況（Country Overview）················188

第二節　歷史沿革（History）························189

第三節　組織、職掌與裝備
　　　　（Organization, Duties and Equipment）·······191

第四節　與我國制度之比較
　　　　（A Comparison with Taiwan Coast Guard）·······194

第五節　結語（Conclusion）：——特徵（Characteristics）···194

第一節　國情概況（Country Overview）

　　印度尼西亞共和國（Republic of Indonesia）全國共有 17,508 個島嶼，其中約 6,000 島嶼有人居住。北接馬來西亞（Malaysia），隔西里柏斯海（Celebes Sea）與菲律賓（Philippine）相望。東部巴布亞省（Papua）與巴布亞紐幾內亞（Papua New Guinea）相連。南界帝汶（East Timor），隔阿拉佛拉海（Arafura Sea）與澳洲相望。印尼為亞洲大陸及澳洲橋樑，為太平洋（Pacific Ocean）及印度洋（Indian Ocean）間的要衝，與新加坡（Singapore）之間隔麻六甲（Strait of Malacca）海峽。全國面積 1,904,569 平方公里，是台灣的 52 倍大。海岸線長 54,716 公里，領海為 12 浬，專屬基經濟海域 200 浬，海域面積 800 萬平方公里。[1]

　　首都雅加達（Jakarta），全國人口 245,013,943 人（2011）[2]。國體民主共和制，政體總統制。（見圖 17-1）。主要輸出原油、天然氣、橡膠、棕櫚油，輸入稻米、小麥、棉花、機械。

---

[1]　CIA, The World Factbook.(https://www.cia.gov/index.html) (2010/10/29)

[2]　CIA, The World Factbook.(https://www.cia.gov/index.html) (2011/04/18)

[3]印尼國內生產總值（GDP）695,100（百萬）美元，在 190 個國家排名第 18 名；每人國民所得（GNP）2,963 美元（2010），在 182 個國家排名第 109 名。印尼政治權利與公民自由兩種自由程度在 2010 年的分數前者為 2，後者為 3，歸類為自由國家；透明國際（Transparency International）中的 2010 年的貪污調查分數為 2.8，在 180 個國家中排名第 110 名；聯合國（2010）最適合居住國家的人類發展指數為 5.7，在 169 個國家中印尼排名第 108 名。[4]

對外與美國、歐盟、中國、俄羅斯等國密切交往，亦致力與澳、星、馬、東帝汶等鄰國維持和睦。2007 年間，印尼因境內航空公司飛安記錄不佳，因此歐盟國家對印尼境內航空公司採取禁航措施，目前該航措施已於 2009 年 7 月 18 日解除。[5]印尼、新加坡及馬來西亞之間的麻六甲海峽，是國際重要的軍事及經濟水道，當地出沒海盜被認為是印尼的獨派武裝組織，嚴重威脅世界航運安全。根據國際海事局（International Maritime Bureau, IMB）的全球海盜統計，2005 年至 2007 年麻六甲海盜案件處於高峰期，2005 年海盜案件更佔全球的三分之一，直至 2008 年後才有逐年下滑的趨勢。印尼當局報告顯示，麻六甲海域 2007年實際發生海盜案件大約 43 起， 2008 年大約 15 起，2009 年大約 13 起。[6]

第二節　歷史沿革（History）

印尼海軍成立於 1945 年 8 月 22 日，以人民海上安全服務機構（Agency of the People's Security Sea Service）的名稱成立，印尼文命名為"Badan Keamanan Rakyat-Laut (BKR)"，後於同年 10 月 5 日改名為"Angkatan Laut Republik Indonesia (ALRI)"，最終於 1970 年改為"Tentara Nasional Indonesia Angkatan Laut (TNI-AL)"的名字較為人所知。印尼海員 2008 年人數為 74,000 人，於 1990 年買進前東德的數艘船舶，包含 Frosch 級、Kondor 級、KRI Cobra與其他不同型號艦艇。2006 年印尼海軍自俄羅斯購入設有 2 架 Shipset Yakhont 導彈的兩棲輕型坦克與 BMP-3，另外還計畫購入俄羅斯現代化軍艦以強化內部實力。印尼目前努力進行海軍現代化，已經向荷蘭訂購 3 艘新型護衛艦，並計畫在 10 年內增加 60 艘巡邏艇取代過時船舶，提高水平有助於打擊海盜及海上犯罪。

---

[3]　《世界各國簡介暨各國首長名冊》，中華民國外交部，2001 年，頁 18。
[4]　五類指標詳情請見本書導論，頁 11-13。
[5]　中華民國外交部，外交資訊網頁（2010/10/30）
[6]　International Chamber Of Commerce, (http://www.icc-ccs.org/) (2010/11/03)

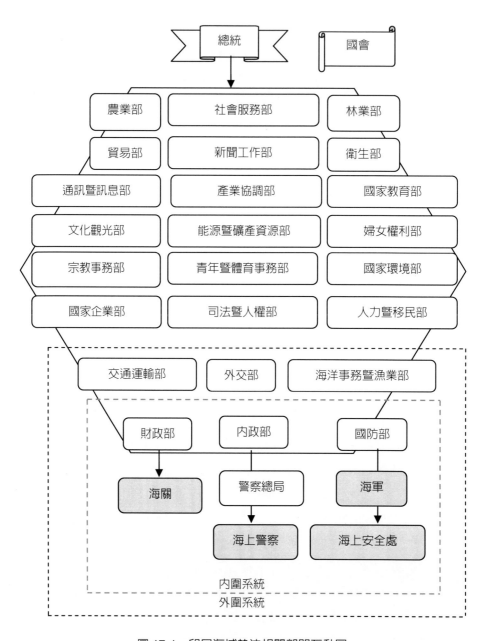

圖 17-1 印尼海域執法相關部門互動圖

資料來源：作者自繪

第三節　組織、職掌與裝備
（Organization, Duties and Equipment）

壹、印尼國家警察（Indonesian National Police）
——海上警察（Marine Police）

一、組織與職掌

　　印尼國家警察為印尼國內最重要的治安維護單位，於 1999 年 4 月前因為國家安全政策，警察附屬於軍隊底下，直至 2000 年 7 月他們的權力、人力及政策才完全轉移至內政部。國家警察下設海上警察以及空中警察兩個單位，海上警察主要參與的是海域執法、救災活動以及反恐怖行動。[7]2010 年 3 月 26 日，有一艘油輪在接近新加坡的海域漏油，印尼海上警察協助清理，設備與人員都來自於海上警察。[8]2010 年 8 月 15 日，印尼海上警察人員在印尼海域發現一艘非法捕撈的馬來西亞籍漁船，3 名印尼海上警察登上漁船調查漁民身份。附近海域的馬來西亞艦艇接近漁船並開槍警告，因為當時的印尼警察巡邏艇並無配置武力反擊，最後印尼警察連同漁船被拖回馬來西亞港口扣押。[9]

二、裝備

　　國家警察人員總數為 28 萬人，當中包含 12,000 名海上警察。海上警察共有 90 艘大小不等之巡邏艇。[10]

---

[7]　Indonesian National Police, (http://www.globalsecurity.org/military/world/indonesia/polri.htm) (2010/10/30)

[8]　Indonesian marine police help to clean oil spill, (http://thestar.com.my/news/story.asp?file=/2010/5/26/nation/20100526121050&sec=nation) (2010/11/11)

[9]　Malaysian Police Arrests Indonesian Maritime Officers, Deny Shooting, (http://www.thejakartaglobe.com/home/malaysian-police-arrests-indonesian-maritime-officers-deny-shooting/391234) (2010/11/11)

[10]　Indonesian National Police, (http://www.polri.go.id/) (2011/08/22)

貳、印尼海軍（Indonesian Navy）

一、組織與職掌

印尼海軍隸屬國防部，主要任務為巡邏國家廣大海域。海軍總司令部位於雅加達，另外分為東西兩大艦隊，東部艦隊司令部位於泗水（Surabaya），西部艦隊司令部位於雅加達。另外海軍還設有幾個重要基地遍佈於整個印尼，除了泗水及雅加達，另於古邦（Kupang）、西帝汶（West Timor）、塔胡納（Tahuna）及蘇拉威西（Sulawesi）。海軍設有海軍陸戰隊、專屬航空隊以及海上安全處（Maritime Security Agency）。海上安全處主要以近岸以及臨海作為巡邏範圍，是一特殊防衛指揮部。未來海軍計畫於泗水成立一總司令部，下設廖內（Riau）為西邊分部，巴布亞（Papua）為東邊分部，望加錫（Makassar）為中部分部。[11]

二、裝備

海軍有 74,000 人員及 177 艘艦艇。分別有 2 艘 1,390 噸攻擊潛艇，9 艘 1,968 噸至 2,835噸的驅逐艦，19 艘 769 噸至 1,450 噸護衛艦，26 艘 92 噸至 428 噸不等之巡邏艇，80 艘 400噸至 4,200 噸不等之水陸兩棲艦，12 艘 310 噸至 580 噸不等之作戰艦艇，9 艘 985 噸至 2,733噸不等之救援與搜尋艦艇，13 艘 1,525 噸至 11,522 噸不等之輔助艦艇，2 艘實習艇，5 艘拖吊船。另設有專屬 20 架直升機，41 架運輸航空器，9 架教練航空器。海上安全處設有24 艘 12 噸至 190 噸不等之巡邏艇。另外，海軍針對軍艦輔助服務，於東部司令部設有 24艘輔助艇，西部司令部設有 47 艘輔助艇。[12]

---

[11] Indonesian Navy, (http://www.tnial.mil.id/) (2011/08/22)

[12] Indonesian Navy, (http://www.tnial.mil.id/) (2011/08/22)

Indonesian Navy, (http://www.tnial.mil.id/) (2010/10/29)

參、印尼海關（Indonesian Customs）

一、組織與職掌

印尼海關隸屬於財政部，主要任務為查緝毒品、走私及偷渡等非法活動。

二、裝備

海關設有 76 艘 11 噸至 85 噸不等之巡邏艇。[13]

肆、印尼海域防衛單位（Indonesian Coast Guard）——未來計畫成立

2010 年 6 月，印尼前經濟部長表示：「印尼應該設立一個獨立的海域防衛單位，以確保當前的軍事資源是完全用於國家防衛。」以及「海軍的軍艦應該用於國防活動，不應該包含巡邏國內或國外非法捕撈或其他海上非法活動。」但是目前印尼海軍的軍艦時常用於上述任務。前經濟部長更表示：「在美國，海域防衛司令部與海軍是不同的軍事單位。」因此印尼現任海洋事務暨漁業部長便表達：「政府目前計畫在不久的將來建立一個獨立的專職海域防衛單位。」但此計畫的執行範圍還包含運輸部、國家警察以及海軍等目前仍在執行海上任務的單位，因此必須從長計議。根據國際航運組織報告，每日計有 3,000 艘不同的船舶經過麻六甲海峽，全球有 60%的能源供應船會經過印尼水域再前往東亞等發達國家。正因為理解印尼水域的重要地位，目前美國、日本都已經表示願意向印尼提供援助建立海域防衛單位，更有其他國家願意捐贈船舶。因為在印尼水域如果發生重大事件，將會強烈的影響其他國家的發展。[14]

---

[13] Indonesian Customs patrol boat, (http://en.wikipedia.org/wiki/Patrol_boat#Indonesia) (2011/0822)

[14] The Jakarta Post, Indonesia plans to establish independent coast guard soon, 2010/06/28, (http://www.thejakartapost.com/news/2010/06/28/indonesia-plans-establish-independent-coast-guard-soon.html) (2010/10/30).
People's Daily Online, Indonesia plans to set up independent coast guard, 2010/06/25, (http://english.peopledaily.com.cn/90001/90777/90851/7041330.html) (2010/10/30).

第四節　與我國制度之比較
（A Comparison with Taiwan Coast Guard）

　　印尼的海域防衛單位主要由海軍負責，但海上警察及海關也具有海上設備及能力可以執行海難救助、追緝非法活動。近年政府有意改革並設立專職海域防衛暨執法單位，以使海軍專心執行軍事防衛任務，否則海軍仍需處理非法捕撈、查緝海域犯罪等執法任務。相反地，台灣海軍專職軍事任務，海域執法則有海巡署專職處理。台灣政府將於 2012 年成立「海洋委員會」，將海岸巡防機構歸海洋委員會，使委員會具備海域執法的執行力量。

第五節　結語（Conclusion）──特徵（Characteristics）

　　印尼位於印度洋與太平洋的往來的交通要道上，國土分佈廣闊共有 17,508 個島嶼，海岸線長 54,716 公里，以下為其海域執法制度特徵。

壹、集中制

　　印尼設有海上警察做為海域執法的專責單位。

貳、警察型海域執法機制

　　印尼海域執法主要由屬於警察總局的海上警察負責。

參、未來將成立專職海域防衛機制

　　2010 年政府表示計畫在不久的將來建立一個獨立的海域防衛單位，讓海軍的軍艦專職用於國防活動。

第 18 章　菲律賓海域執法制度

目錄

第一節　國家概況（Country Overview）………………………………196

第二節　歷史沿革（History）…………………………………………197

第三節　組織、職掌與裝備

　　　　（Organization, Duties and Equipment）……………199

第四節　權限與管轄（Authority and Jurisdiction）………204

第五節　教育與訓練（Education and Training）……………205

第六節　與我國制度之比較

　　　　（A Comparison with Taiwan Coast Guard）………206

第七節　結語（Conclusion）──特徵（Characteristics）…207

第一節　國家概況（Country Overview）

　　菲律賓共和國（Republic of the Philippines）東濱太平洋，西臨南海（South China Sea），南接西里貝斯海（Celebes Sea）與蘇祿海（Sulu Sea），北為巴士海峽（Bashi Channel），由 7,107 島嶼組成，分為呂宋（Luzon）、未獅耶（Visayas）及民答那峨（Mindanao）三大群島。全國面積 300,000 平方公里，為台灣 8 倍大。海岸線長 36,289 公里，其多邊形國土聲稱其有 100 浬領海廣度，專屬經濟區為 200 浬。[1]

　　首都馬尼拉市（Manila），全國人口 101,833,938（2011）[2]。國體共和制，政體總統制，行政權屬於總統，內閣各部會首長由總統任命，國會分參、眾兩議院。（見圖 18-1）主要輸

---

[1] CIA, The World Factbook.(https://www.cia.gov/index.html) (2011/05/18)

[2] CIA, The World Factbook.(https://www.cia.gov/index.html) (2011/05/18)

出加工成衣、椰油、蝦，輸入石油、布料、小麥、稻米。[3]菲國國內生產總值（GDP）189,100（百萬）美元，在 190 個國家排名第 46 名；每人國民所得（GNP）2,011 美元（2010），在 182 個國家排名第 125 名。菲國政治權利與公民自由兩種自由程度在 2010 年的前者為 4，後者為 3，歸類為部份自由國家；透明國際（Transparency International）中的 2010 年的貪污調查分數為 2.4，在 178 個國家中排名第 134 名；聯合國（2010）最適合居住國家的人類發展指數為 5.5，在 169 個國家中菲國排名第 97 名。[4]

　　1521 年西班牙在菲律賓宿霧登陸，西國王命名為菲律賓。1565 年西班牙人進據，於 1571 年建立殖民政府，開始歷時 330 年之殖民統治。1890 年，菲律賓人反西情緒高漲。1898 年美西戰爭[5]爆發，西班牙戰敗簽署「巴黎和約」，菲改由美國統治近 50 年。二戰爆發，日本佔領菲律賓。1946 年 7 月 4 日，菲律賓正式獨立，實施美國式民主憲政。現今菲國治安欠佳，警務人員貪污案件時有所聞，因經濟發展不穩，時有罷工發生。[6]

第二節　歷史沿革（History）

　　1898 年美國佔領菲律賓，重新開啟馬尼拉港口並賦予關稅政策。1901 年菲律賓議會立法成立海域防衛暨運輸事務處，由馬尼拉港海軍上校擔任處長，事務處隸屬商務暨警察部，負責安排、管理及控制內陸水域運輸，燈塔管理亦為事務處其中一項業務。1902 年海域防衛暨運輸事務處成立一年後，獲得中國及日本製造之船舶十五艘組成海域防衛艦隊，艦隊被賦予之任務有：一、燈塔管理；二、為政府官員檢視航程；三、運送物資到卡力昂（Culion）；四、打擊非法入境之外籍人士。

　　1905 年菲律賓議會依據第 1407 法案廢除海域防衛暨運輸事務處，它的任務由航海事務處承接，航海事務處被賦予服役及徵召任務，並依據美國海軍使用之法令規章。1913 年航海事務處廢除其物資、設備、人員被併入關稅局及公共建設工程局，當時分配進入關稅局人員嚴守紀律且訓練有素，於船艇駕駛與燈塔操作上表現優異，另進入公共建設工程局人員負責燈塔及港灣設施建造與維修，亦表現的訓練有素。但是另一方面造成海域執法空窗期。1948 年菲律賓成立共和國初期，緝私及燈塔管理任務轉交菲律賓海軍巡邏隊，該巡邏隊隸屬海軍。

---

[3]　《世界各國簡介暨各國首長名冊》，中華民國外交部，2001 年，頁 50。
[4]　五類指標詳情請見本書導論，頁 11-13。
[5]　1898 年美國為奪取西班牙加勒比海殖民地進而控制加勒比海而發動的戰爭。（http://zh.wikipedia.org/zh-tw/%E7%BE%8E%E8%A5%BF%E6%88%98%E4%BA%89）（2010/08/26）
[6]　中華民國外交部，外交資訊網頁（2010/08/27）

　　1967年菲律賓國會頒布法令成立菲律賓海域防衛署（Philippine Coast Guard）隸屬海軍，原關稅局海域防衛任務由海域防衛署接手。1988年總統頒布第475號法令，海域防衛署脫離國防部門，轉而隸屬運輸暨通訊部（Department of Transportation and Communication）至今。

　　菲律賓海域防衛署轉型為非軍事組織具有正面及深遠之意義，在航運界扮演著重要角色，它提供船舶、設備、技術、服務、合作及其他協助為大眾服務，其親民政策得到人民極大的認同，未來更將挑戰海事服務、海洋環境保護和海域安全等任務。這些使命使海域防衛署面臨更多樣化的挑戰。

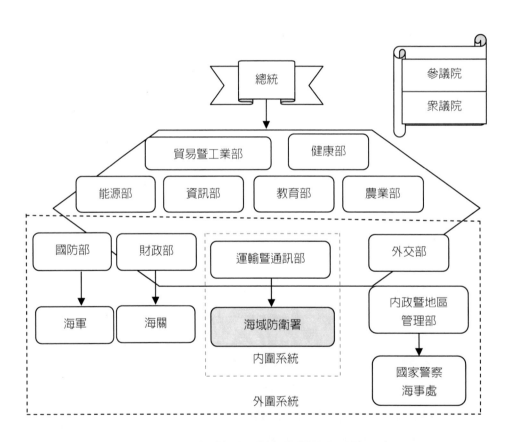

圖 18-1　菲律賓海域執法相關部門互動圖

資料來源：作者自繪

第三節　組織、職掌與裝備
（Organization, Duties and Equipment）

壹、菲律賓海域防衛署（Philippines Coast Guard, PCG）

一、組織與職掌[7]

海域防衛署隸屬運輸暨通訊部，其組織與職掌如下：（見圖 18-2）

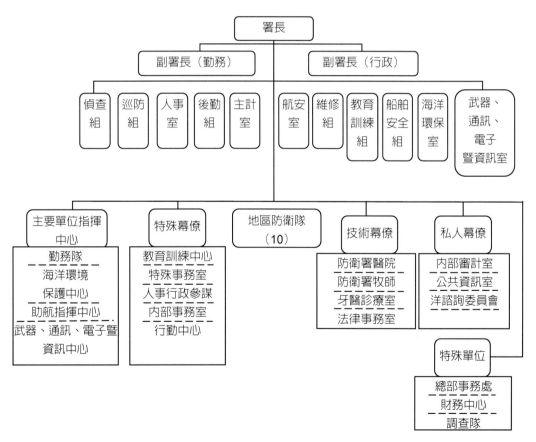

圖 18-2　菲律賓海域防衛署內部組織圖

資料來源：作者自繪

---

[7] Philippines Coast Guard, (http://www.coastguard.gov.ph/) (2010/08/27)

（一）海上安全管理（Maritime Safety Administration）

海域防衛署的海事安全管理功能將藉由港口國管制的檢視來保證船舶的適航性，它強制執行船舶安全管理標準，船舶必須通過船旗國安全檢查、緊急應變評估、航前檢查…等 SOLAS 規定項目，海域防衛署將嚴格執行 SOLAS 相關規定。

（二）海難搜救（Maritime Search and Rescue）

針對海上災難之搜索與救助，海域防衛署將持續二十四小時監控現場，立即反應並提供人船救援行動，並將現場獲得之資訊提供鄰近單位協助救援。

（三）海洋環境保護（Marine Environmental Protection）

在海洋環境保護方面，海域防衛署依據該國法令實施海上油污染預防及進入該國海域污染品之監控，係該國海洋污染唯一管理機關，其所依據之海洋環境保護法，有助於油污染緊急應變。

（四）海域執法（Maritime Law Enforcement）

海域防衛署具海域執法功能，特別是反走私、反偷渡、打擊海盜行為、非法捕魚以及販毒等違反海域秩序之行為。

（五）海上交通管理（Maritime Operations）

海上交通管理方面，海域防衛署執行海上安全活動、保護運輸口岸、港口和沿岸水域，以及海上通訊維護、戰略港口設施維護並實施緊急狀態演習，並建立航行規則及分道通航制。

另外，菲律賓海域防衛署下轄海域防衛輔助隊（Philippine Coast Guard Auxiliary, PCGA）的民間志願組織（volunteer civilian organization）。本隊為 1972 年由海軍總司令宣佈成立的海域防衛民力組織，由熱心的專業志願者支持。PCGA 主旨為協助海域防衛署執行海事法律、維護海域安全、海難搜救、海洋環境保護、青年發展以及人道主義服務。雖然 PCGA 為民間組織，但其以軍事結構作為組織方向。如同其他國際民間救援組織一樣，執行各種非警務、非軍事的支援任務。[8]

---

[8]　Philippine Coast Guard Auxiliary, (http://www.pcgaux.com/html/about_pcga.html) (2010/08/27)

圖 18-3　菲律賓海域防衛署標誌[9]

二、裝備

　　人員編制 3,500 員，總計有 68 艘艦艇，包含 4 艘補給艦、4 艘五百噸級巡邏艦、10 艘百噸級巡邏艇、50 艘小型巡邏艇（皆小於三十總噸）。另外，PCG 亦擁有 7 架航空器。[10]

貳、菲律賓國家警察海事處（National Police Maritime Group）

一、組織與職掌

　　國家警察隸屬內政暨地區管理部，國家警察下轄之海事處負責菲國海岸及內水之執法，其組織職掌如下：（見圖 18-4）

（一）結合團隊力量進行組織運作、人員訓練、裝備補給及維護，使人員在管轄水域內有效執行行動。

（二）預防並阻止於內水和沿岸地區包含岸際、港口和小島等區域違反法令事宜。

（三）對抗、取締以非法方式捕魚者，特別是使用炸藥、爆裂物、有毒物質及有關當局公布有害之方法。

（四）宣導有關海上人命安全、財產保障及海洋環境保護之相關法令。

（五）詳盡調查及檢視以求有效進行起訴相關案件，特別是違反海域刑事法令者。

（六）履行其他職責及相關法令。

---

[9]　Philippines Coast Guard, (http://www.coastguard.gov.ph/) (2010/08/27)

[10]　Philippines Coast Guard, (http://www.coastguard.gov.ph/) (2011/08/22)

二、裝備

國家警察隸屬內政暨地區管理部，目前編制人員 1,218 人。巡邏艇 34 艘、小快艇 8 艘、動力小木船 15 艘、橡皮艇 23 艘。[11]

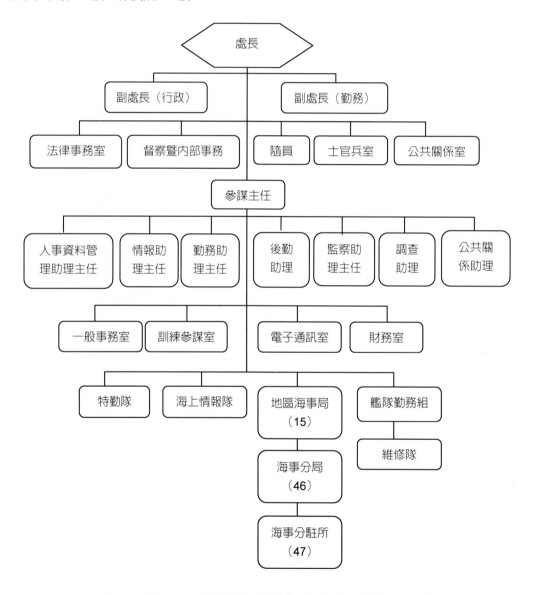

圖 18-4　菲律賓國家警察海事處內部組織圖

資料來源：作者自繪

---

[11] 外交部八十八年五月七日外（88）條三字第八八〇一〇〇七一五四號予水警局函。

參、菲律賓海關（Philippines Customs）

一、組織與職掌

　　海關隸屬財政部，海關下轄 14 個地區辦公室。其組織職掌如下：

（一）防止走私及其他詐騙方式逃漏關稅；

（二）管理船舶及航空器國外貿易；

（三）執行關稅及海關法令；

（四）管理國外郵件預防逃漏稅及避免從中夾帶物品走私；

（五）管理進出口貨物；

（六）關於關稅訴訟案件沒入和扣押之審判權。

二、裝備

　　編制人員約 5,258 人。

肆、菲律賓海軍（Philippines Navy）

一、組織與職掌

　　菲國海軍隸屬國防部，為一多面向功能海上武力，守衛國家海域及海岸，它由五個司令部組成：艦隊司令部及海軍陸戰隊司令部，進一步設置之組織有海軍勤務指揮部、海軍支援指揮部、海軍特殊單位。現代化的菲國海軍已經擴展它的角色超越最初的授權保衛國家海域，這些角色包含：

（一）防止外國勢力入侵，保衛領土。

（二）針對各類型非法闖入、入侵、海盜行為和非法毒品交易海軍將持續扮演海域安全維護之角色。

（三）協助政府其他單位保護海洋資源及環境。

（四）持續救難與救濟勤務的執行，不僅針對海上事故甚至陸上天然災害，諸如：地震、
　　　火山爆發和水災。
（五）協助國家社會經濟發展。[12]

二、裝備

　　海軍人員編制 20,500 人，艦隊人員編制 7,500 員。艦隊能量計有 1 艘驅逐艦、15 艘小
型驅逐艦、6 艘快速攻擊艇、9 艘大型巡邏艇、39 艘近岸巡邏艇、8 艘運輸船、44 艘
LCM/LCU/RUC/LCVP 登陸艇、1 艘維修船、4 艘加油船。另從空軍獲得 3 架水上飛機負責
專屬經濟海域之巡邏及打擊反抗軍。[13]

第四節　權限與管轄（Authority and Jurisdiction）

壹、海域防衛署

　　負責海岸、內水以外之海域執法、海難救助、海上安全管理、海上交通管理、海洋資
源保護及相關海事法規，並協助國家警察海事處執法。

貳、國家警察海事處

　　菲國海岸及內水之執法由國家警察海事處負責，惟因該單位預算有限，並未配備大型
巡邏艦，致河流、港灣、沿岸等水域，事實上仍由海域防衛署執行巡防、拘捕、驅離、扣
押等工作，遭逮捕人員及扣押之船隻、財物，再交由國家警察海事處收押、監管。

---

[12] Philippines Navy, (http://www.navy.mil.ph/) (2010/08/27)
[13] Philippines Navy, (http://www.navy.mil.ph/) (2011/08/22)

參、海關

海關主要負責各進出口貿易港之進出口貨物查察，防止走私及各種方式之逃漏關稅。

肆、海軍

針對各項海域及海岸事務雖非菲國海軍職掌事項，但是該國海軍將不會置身事外，積極協助相關機關執行相關事宜，如走私偷渡、海難救助、海洋環保等。

第五節　教育與訓練（Education and Training）

菲律賓海域防衛署過去隸屬國防部，內部成員皆為軍職人員，1988 年改隸交通暨通訊部後，已開始向民間招募人才，其所需資格為：菲律賓出生之菲國公民；男性 21 至 26 歲、身高至少五呎四吋；女性 21 至 25 歲身高至少五呎二吋，必須是大學畢業或同等學歷，最好擁有海上運輸、航海工程或電腦科技等相關科系畢業之畢業證書。[14]

招募之人員由海域防衛署教育訓練中心訓練，訓練中心於其二週年慶典期間，即與菲律賓進階海上操作模擬暨訓練中心（PHILCAMSAT）[15]簽訂協議備忘錄，該中心同意長期為海域防衛署提供師資協助與訓練課程，訓練課程包含：操船訓練、搜救、海上防禦、海上安全、助航及環境保護等。除此之外，它亦安排全體職員相關課程及協助教育訓練中心幕僚作課程安排訓練。

在進一步訓練上，雖然美軍已退出菲律賓，但是，菲國海軍及海域防衛署仍與美軍及美國海域防衛司令部保持密切關係，2004 年雙方即舉行第十次海上緊急應變訓練協同演習，除海上演習外另包含：空中防禦、搜救、無人駕駛飛機訓練、聯合砲彈射擊、自由發

---

[14] Philippines Coast Guard, (http://www.coastguard.gov.ph/) (2010/08/27)
[15] PHILCAMSAT 係一民間機構建立於 1992 年，最初以 Philippine Transmarine Carriers（PTC）為名，提供符合 1978 年 STCW 公約之訓練課程，目前提供更廣泛更專業之內容予商船船員及公司。

展戰術訓練，[16]這是雙方一系列演習的一部分，此演習由菲國海軍訓練中心主導，海域防衛署亦積極參與訓練演習。

第六節　與我國制度之比較
（A Comparison with Taiwan Coast Guard）

菲國由於長期為美國殖民地，獨立之後亦長期與美國保持密切關係，其海域執法制度沿襲美國，目前菲國海域防衛署為隸屬運輸暨通訊部之三級機關，我國海巡署為部會級二級機關。

菲國海域執法主要以海域防衛署為主，我國海軍在大型海難（如飛機失事）上協助海巡署，打擊走私偷渡及海洋環保上較無著墨，海軍專責海上防衛任務，岸際執法上，我國統一由海巡署負責；菲國則由國家警察海事處負責，但河流、港灣及近岸水域仍由 PCG 協助，在各進出口港關稅及查緝走私方面，菲國與我國相同皆由海關負責。

菲律賓島嶼眾多約 7,000 個，海岸線呈不規則狀，有許多海灣、小水灣、內灣，馬尼拉灣即是大型天然海灣，其總海岸線長達 36,289 公里，海岸線較我國長約 30 倍，且其為多島嶼地形，部分島嶼由反抗軍佔島為王，海岸線之管理顯較我國複雜。

在任務職掌上，菲國海域防衛署幾乎與我國海巡署相同，但仍有部分差異，由於 PCG 隸屬運輸暨通訊部，船舶安全管理及海上交通管理方面 PCG 執行，雖然職掌上我國海巡署必須協助執行海上交通安全管理，但實際上商船由交通部港務局負責。其海域防衛署配置 3,500 員與我海洋總局預算員額 3,000 員相差不多，配備艦艇 68 艘，百噸級以上 18 艘，與我國相較則明顯較少，所以部份任務仍需海軍予以協助。岸際執法上，菲國由隸屬內政暨地區管理部之國家警察海事處負責，配置 1,218 員及數十艘小艇，欲看守 31,290 公里之海岸線、內河、海灣、小島等複雜區域，海事處人員、裝備與海巡署海岸巡防總局相較明顯不足，故岸際執法仍需海域防衛署協助。

---

[16] (http://forum.apan-info.net/winter05/32-37/32.html) (2010/08/27)

第七節　結語（Conclusion）——特徵（Characteristics）

菲律賓東濱太平洋，西臨南海，南接西里貝斯海與蘇祿海，北為巴士海峽，海岸線長 36,289 公里，設有 10 個區（districts），54 個基地（stations），190 個分遣隊（detachments），以下為其海域執法制度特徵。

壹、集中制

菲律賓設海域防衛署做為專責海域執法單位。

貳、岸海分立

菲國海域執法由海域防衛署負責，岸際及內水之執法由國家警察海事處負責，惟因該單位預算有限，並未配備大型巡邏艦，致河流、港灣、沿岸等水域，事實上仍由海域防衛署執行巡防、拘捕、驅離、扣押等工作，遭逮捕人員及扣押之船隻、財物，再交由國家警察海事處收押、監管。

參、三級制文職機關

菲國為總統制，部會行政首長為總統，部會首長由總統任命，PCG 隸屬運輸暨通訊部，屬於三級機關，對外招募大學畢業人才。

肆、民間志願組織發達

　　海域防衛署下轄海域防衛輔助隊的民間志願組織，由熱心的專業志願者組成，主旨為協助海域防衛署執行海事法律、維護海域安全、海難搜救、海洋環境保護、青年發展以及人道主義服務。

伍、任務多元化

　　PCG 之職責包含海上安全管理、海域執法、海上交通安全管理、海難搜救、海洋環境保護等，幾乎涵蓋所有海上相關執法任務。由於 PCG 隸屬運輸暨通訊部，部分交通部管理事項，PCG 亦須執行。

陸、專屬航空器

　　PCG 擁有 7 架專屬航空器。

柒、與海軍、警察互動密切

　　菲國海岸及內水之執法由國家警察海事處負責，海域防衛署負責海岸、內水以外之海域執法。惟因海事處預算有限，並未配備大型巡邏艦，無法完成其法定執法事項，必須由PCG 協助使能達成任務。針對各項海域及海岸事務雖非菲國海軍職掌事項，但是該國海軍亦積極協助相關機關執行相關事宜，如走私偷渡、海難救助、海洋環保等。由此可知，為達成國家海域、海岸安全無虞之目標，菲國國家警察海事處、海域防衛署、海軍不因非職掌事項而置身事外相互支援，彼此互動關係密切。

第 19 章　東帝汶海域執法制度

目錄

第一節　國家概況（Country Overview）……………………………209

第二節　組織、職掌與裝備
（Organization, Duties and Equipment）……………210

第三節　教育與訓練（Education and Training）……………212

第四節　與我國制度之比較
（A Comparison with Taiwan Coast Guard）……………212

第五節　結語（Conclusion））——特徵（Caracterristics）…212

第一節　國家概況（Country Overview）

東帝汶民主共和國（Democratic Republic of Timor-Leste）位於東南亞印尼群島（Indonesia Islands）之爪哇島（Jawa）東南方，澳洲（Australia）北方 400 公里處，南濱帝汶海（Timor Sea）。全國面積 15,007 平方公里，台灣為其 2 倍大。海岸線長 706 公里，領海 12 浬，毗連區 24 浬，專屬經濟海域 200 浬。[1]

首都帝力（Dili），全國人口 11,77,834 人（2011）[2]。國體共和制，政體議會內閣制，民選總統為國家元首，多數黨領導者擔任內閣總理。（見圖 19-1）東國國內生產總值（GDP）616（百萬）美元，在 190 個國家排名第 178 名；每人國民所得（GNP）535 美元（2010），在 182 個國家排名第 166 名。東國在自由之家（Freedomhouse）的政治權利與公民自由兩種自由程度在 2010 年的分數前者為 3，後主為 4，歸類為部份自由國家；透明國際（Transparency International）中的 2010 年的貪污調查分數為 2.5，在 178 個國家中排名第

---

[1]　CIA, The World Factbook.(https://www.cia.gov/index.html) (2010/07/26)

[2]　CIA, The World Factbook.(https://www.cia.gov/index.html) (2010/05/20)

127 名；聯合國（2010）最適合居住國家的人類發展指數為 5.5，在 169 個國家中東國排名第 120 名。[3]

　　東帝汶於 1975 年自葡萄牙獨立，單方面地宣稱成立東帝汶民主共和國，但在九天之後馬上就被印尼入侵並長期佔領。於 1999 年，東帝汶決定公投獨立，經聯合國託管約兩年半，於 2002 年 5 月 20 日零時正式恢復獨立。東帝汶的經濟結構以服務業、農業、工業為主，有石油及天然氣資源，但此二資源被澳洲企業掌握，東帝汶是世界上極貧窮落後的國家之一，大部分物資都要靠外國援助，目前的經濟狀態並不良好。[4]2012 年 3 月，曾率領東帝汶向葡萄牙爭取獨立而獲諾貝爾和平獎的前總統霍達（Jose Ramos-Horta）在大選中落敗，可以推論其選民對於民主的追求更成熟。[5]

第二節　組織、職掌與裝備
（Organization, Duties and Equipment）

東帝汶海軍（Timor-Leste Navy）

一、組織與職掌

　　東帝汶國防軍成立於 2001 年 2 月，目前包括兩個小步兵營，一個小單位和幾個海軍支援單位，海軍成立是於 2001 年 12 月由葡萄牙海軍移交兩艘信天翁級巡邏艇，海軍的任務是進行漁業和邊境保護巡邏，以確保海上交通往來的安全。[6]

二、裝備

　　海軍總共人員約 150 人，裝備計有 2 艘：兩艘信天翁級巡邏艇。[7]

---

[3]　五類指標詳情請見本書導論，頁 11-13。
[4]　中華民國外交部，外交資訊網頁（2010/07/26）
[5]　陸以正，《中國時報－陸以正專欄》〈東帝汶人心思變〉，2012/03/26。
[6]　Military of East Timor, (http://www.search.com/reference/Military_of_East_Timor) (2010/05/20)
[7]　Timor Leste Defence Force, (http://en.wikipedia.org/wiki/Timor_Leste_Defence_Force#Naval_Component)

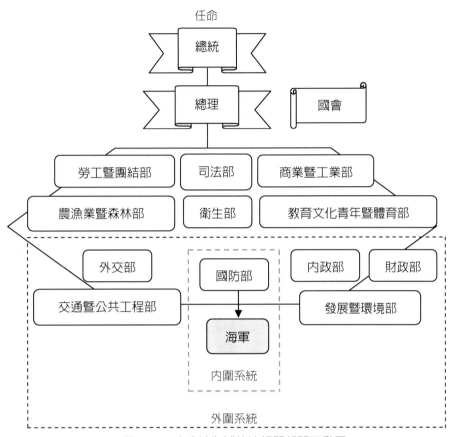

圖 19-1　東帝汶海域執法相關部門互動圖

資料來源：作者自繪

圖 19-2　東帝汶巡邏艇[8]

(2010/06/06)

[8]　Timor Leste Defence Force, (http://en.wikipedia.org/wiki/Timor_Leste_Defence_Force#Naval_Component) (2010/

亞洲篇

東帝汶海域執法制度

第三節　教育與訓練（Education and Training）

2008 年 5 月，自中國購入巡邏艇和軍事裝備，而有 30 至 40 名東帝汶人在中國接受培訓。[9]

第四節　與我國制度之比較
（A Comparison with Taiwan Coast Guard）

東國直到 2002 年才正式獨立，經濟建設不是很穩定，為世界上極貧窮落後的國家之一，大部分物資都要靠外國援助。目前海域執法僅能依靠國防部之海軍在國家領海地區執法，在裝備及人力上嚴重根本不足，更缺少完備執法制度為後盾。台灣海域的軍事維護由海軍負責，但另有設立海巡署擔當海域執法職責，與東國相較之下，成立年份較久遠，制度及設備的更新速度也遠超於東國。

第五節　結語（Conclusion）──特徵（Caracterristics）

東帝汶南臨帝汶海，為三面環海的半島，海岸線長 706 公里，以下為其海域執法制度特徵。

06/06)

[9] Timor Leste Defence Force, (http://en.wikipedia.org/wiki/Timor_Leste_Defence_Force#Naval_Component) (2010/06/06)

壹、海軍型海域執法機制

由隸屬於國防部的海軍執行海域，但其任務範圍也進行漁業和邊境保護巡邏，以確保海上交通往來的安全。

貳、經濟落後、他國代訓

由於東國剛獨立不久，由於需他國的經濟援助，所以人員訓練由他國如印尼、美國等國或聯合國協助訓練。[10]

---

[10] Timor Leste Defence Force, (http://en.wikipedia.org/wiki/Timor_Leste_Defence_Force#Naval_Component) (2010/06/06)

第 20 章　俄羅斯海域執法制度

目錄

第一節　國情概況（Country Overview）······························214

第二節　歷史沿革（History）··215

第三節　組織、職掌與裝備
　　　　（Organization, Duties and Equipment）·············218

第四節　教育與訓練（Education and Training）················220

第五節　與我國制度之比較
　　　　（A Comparison with Taiwan Coast Guard）·········221

第六節　結語（Conclusion）──特徵（Characteristics）·····221

第一節　國情概況（Country Overview）

　　俄羅斯聯邦（Russian Federation）北瀕北冰洋（Arctic Ocean），東濱太平洋（Pacific Ocean），東北臨白令海（Bering Sea），西南濱黑海（Black Sea）及裏海（Caspian Sea），境內的貝加爾湖（Lake Baikal）是世界最深和蓄水量最大的淡水湖。陸地西北面有挪威（Norway）、芬蘭（Finland）；西面有愛沙尼亞（Estonia）、拉脫維亞（Latvia）、立陶宛（Lithuania）、波蘭（Poland）、白俄羅斯（Belarus）；西南面是烏克蘭（Ukraine）；南界喬治亞（Georgia）、亞塞拜然（Azerbaijan）、哈薩克（Kazakhstan）；東南接中國（China）、蒙古（Mongolia）和北韓（North Korea）。東面與日本（Japan）隔海相望。[1]全國面積 17,098,242

---

[1]　葉自成著，李炳南主編，《俄羅斯政府與政治》，台北：揚智文化，1997 年 7 月，頁 1-2。

平方公里，是台灣的 475 倍大。海岸線長 37,653 公里，領海 12 浬，專屬經濟海域 200 浬，毗連區 24 浬。[2]

首都莫斯科（Moscow），全國人口 138,739,892 人（2011）[3]。國體聯邦制，政體總統制，總統任命聯邦政府的總理及內閣，國會稱聯邦議會，分上、下兩院。（見圖 20-1）[4]俄國國內生產總值（GDP）1,477,000（百萬）美元，在 190 個國家排名第 10 名；每人國民所得（GNP）10,521 美元（2010），在 182 個國家排名第 54 名。俄國政治權利與公民自由兩種自由程度在 2010 年的分數前者為 6，後者為 5，歸類為不自由國家；透明國際（Transparency International）中的 2010 年的貪污調查分數為 2.1，在 180 個國家中排名第 154 名；聯合國（2010），最適合居住國家的人類發展指數為 5.9，在 169 個國家中俄國排名第 65 名。[5]

俄羅斯加強建立全歐安全與合作之穩定及民主體系，其中與歐盟之關係尤佔關鍵地位。期望未來增加與美國之互動，改善國際情勢及保障全球戰略穩定，監督大規模毀滅性武器之擴散、協調區域衝突。積極參與各國際組織，優先與中國及印度發展友好關係，並與日本發展長期睦鄰合作。[6]2012 年 3 月，前總統普丁再次回鍋擔任總統，各種做票與離譜數據，讓不滿已久的人民走上街頭抗爭，震撼世界。[7]

第二節　歷史沿革（History）

俄羅斯的聯邦邊境防衛局（Federal Border Guard Service, FPS）是由前蘇聯防衛組織瓦解後慢慢衍變而成。1991 年前，邊境部隊理事會（The Main Border Troops Directorate）是用來壓制及控制蘇聯人民武裝時非常重要的一部分，它也是前蘇聯國家安全委員會（Komitet Gosudarstvennoy Bezopasnosti, KGB）的重要支援單位。蘇聯領導人非常重視國土邊境及資源的保護，由蘇聯軍隊支援的邊境軍隊所防衛。1991 年 10 月，蘇聯軍隊與隸屬於內政部的邊防軍隊共同被賦予保護邊境的事務。1993 年 12 月 30 日，依據第 2318 號總統法案宣布成立邊境防衛局，隸屬內政部。賦予邊境防衛局執行任務為保護國家邊防、領海、大陸礁層、專屬經濟海域，實踐國家邊界政策。[8]

---

[2] CIA, The World Factbook.(https://www.cia.gov/index.html) (2010/10/29)

[3] CIA, The World Factbook.(https://www.cia.gov/index.html) (2011/05/26)

[4] 《世界各國簡介暨各國首長名冊》，中華民國外交部，2001 年，頁 108。

[5] 五類指標來源詳情請見本書導論，頁 11-13。

[6] 中華民國外交部，外交資訊網頁（2010/11/11）

[7] 張鐵志，《中國時報－時論廣場》〈莫斯科不相信眼淚〉，2012/03/21。

[8] Russian Federal Border Guard Service, (http://en.wikipedia.org/wiki/Border_Guard_Service_of_Russia) (2010 /11/11)

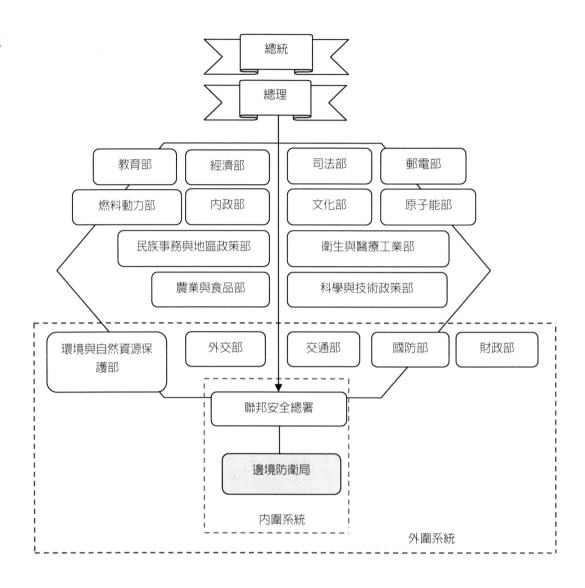

圖 20-1　俄羅斯海域執法相關部門互動圖

資料來源：作者自繪

　　1994 年 12 月 30 日，更名為聯邦邊境防衛局（The Federal Border Guard Services），加進許多司（Department），提升層級至中央機構，直接隸屬總統管轄。俄羅斯聯邦邊境防衛局是一個全新且獨立具有軍事背景的行政機構。1996 年，領導人尼可拉耶夫（Nikolayev）將軍試著將它變為更具經濟效益、降低軍事色彩的單位，指出未來聯邦邊境防衛局面對的主要任務：一、邊境防衛局的未來發展。二、以現有的預算強迫邊境防衛局現代化。三、實現邊境防衛局的非軍事化（解除軍備）。四、設立海域防衛隊（Russian Coast Guard）。

五、加強環繞在所有俄羅斯邊界地區的安全。六、法定任務現代化。1990 年以前，海域秩序維護相當不受到重視。直到 1996 年，一艘掛有馬爾他國旗的船從 Novorossiysk 逃脫，俄羅斯政府當局決定投資進階技術建立海域監控系統。邊境防衛局海上安全的部分（海域防衛隊）於 1997 年 8 月 29 日依據葉爾辛所公布的第 950 號總統法案而組成，被賦予保護海洋生物資源的責任。2003 年 3 月 11 日與聯邦安全局（Federal Security Service）合併，名稱仍為聯邦邊境防衛局（The Federal Border Guard Services）。[9]

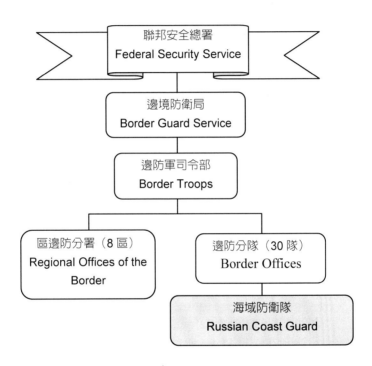

圖 20-2　俄羅斯聯邦安全總署組織結構圖[10]

資料來源：作者自繪

9　Border Guard Service of Russia, (http://en.wikipedia.org/wiki/Border_Guard_Service_of_Russia) (2010/11/11)

10　Border Guard Service of Russia, (http://en.wikipedia.org/wiki/Border_Guard_Service_of_Russia) (2010/11/11)

第三節　組織、職掌與裝備
（Organization, Duties and Equipment）

俄羅斯海域防衛隊（Russian Coast Guard）

一、組織與職掌

　　俄羅斯海域防衛隊隸屬於邊防軍司令部（Border Troops），而邊防軍司令部為邊境防衛局（Border Guard Service）的分支，邊境防衛局則隸屬於聯邦安全總署（Federal Security Service）。（見圖 20-1、20-2）邊境防衛局內部機構分別有：
（一）主要／大陸/海洋幕僚機構（The Main Staff）
（二）國境防衛司（The Border Guards Department）（非軍事化）
（三）飛機製造司（The FPS Aviation）
（四）海洋軍事協調會（The Main Military Council）
（五）軍事科學協調會（The Military-Scientific Council）
（六）海洋軍事科技協調會（The Main Military-Technical Council）
（七）外交條約司（The Foreign Treaties Department）
（八）情報司（The Intelligence Department）
（九）勤務偵查司（The Operational-Investigative Department）
（十）反情報司（The Counter intelligence Department）
（十一）內部安全司（The Internal Security Department）
（十二）邊防勤務研究中心（The Centre of Operational-Border Research）
（十三）科學研究技術測試中心（The Scientific Research Technical Test Centre）
（十四）其他教育機構（Educational Establishments）

二、邊境防衛局有 11 個地區局（Regional Dept., RD）並由地區指揮官領導，分別是：

（一）北極地區（The Arctic RD）

（二）遠東地區（The Far Eastern RD）

（三）貝加爾山脈區（The Transbaykal RD）

（四）西部地區（The Western RD）

（五）The Kaliningrad RD

（六）東北地區（The Northeast RD）

（七）西北地區（The Northwest RD）

（八）北高加索山脈地區（The North Caucasus RD）

（九）太平洋地區（The Pacific RD）

（十）東南地區（The Southeast RD）

（十一）高加索山脈特區（The Caucasus Special RD）

　　海域防衛隊負責範圍為國家領海、大陸礁層、專屬經濟海域，實踐國家邊界政策。負責海上安全的海域防衛隊，於 1997 年 8 月 29 日依據第 950 號總統令而組成，它的任務是打擊毒品與走私、查緝非法入出國、控制非法交易，保護海域環境暨資源、維護港口安全、反情報及反恐怖主義。[11]

三、裝備

　　海域防衛隊約有 10,000 人。艦艇共計 256 艘：配置 6 艘驅逐艦、12 艘大型驅逐艦、66 艘海域巡邏艇、27 艘近岸巡邏艇、6 艘破冰巡邏艇、河流巡邏艇 22 艘。另具有裝備有 30mm 艦砲及飛彈的 5 架 AN-47 的飛機，主要幫助執勤的巡邏艦艇取締海上正在逃脫的非法捕魚船舶。[12]

---

[11] Border Guard Service of Russia, (http://en.wikipedia.org/wiki/Border_Guard_Service_of_Russia) (2010/11/11)

[12] Border Guard Service of Russia, (http://en.wikipedia.org/wiki/Border_Guard_Service_of_Russia) (2010/11/11)

第四節　教育與訓練（Education and Training）

　　邊境防衛局中等教育層級主要招收 14-15 歲，已受完整前 8 年教育，且有意願進入邊境防衛局教育機構深造兩年。學校下設學院及系所：

壹、學院：

　　1. 指揮學院；

　　2. 邊界控制學院；

　　3. 作戰研究學院；

　　4. 學校以外的學院（The Extramural Facility）。

貳、科系：

　　1.邊界防衛隊行政管理系；2.一般戰術及作戰系；

　　3.邊界防衛控制系；　　　4.國家及法定任務系；

　　5.犯罪及法律系；　　　　6.特殊審判主體系；

　　7.社會科學系；　　　　　8.心理及教育系；

　　9.歷史及文化系；　　　10.邊界防衛隊科技設備系；

　　11.軍備及軍火試驗系；　12.體操及運動系；

　　13.高等數學系；　　　　14.外文系；

　　15.特殊語文訓練系。

　　邊境防衛局高等教育層級，有軍事、平民教育及特殊訓練，在俄羅斯境內有許多學院、大學都有提供這樣的教育訓練。邊境防衛局有招收女性；自從 1997 年莫斯科邊境防衛局軍事學校訓練檢查哨專家、GOLITSYNO 的邊境防衛局軍事學校訓練女性心理學家及律師。KHOBAROVSK 的軍事邊防學校也開放女性軍官就讀。邊境防衛局也有提供外國邊界防衛隊或與外國共同訓練。

第五節　與我國制度之比較
（A Comparison with Taiwan Coast Guard）

　　俄羅斯土地面積世界第一，陸地邊境與鄰國有相當長之邊界需要管理，其海岸線長達37,653 公里是我國三十餘倍，因此成立帶有軍事色彩之邊境防衛局統籌陸海邊境之管理。負責海域執法任務之海域邊境防衛隊隸屬邊境防衛局，與海巡署下轄之海洋巡防總局相同。

　　海域防衛隊之任務為海域執法（打擊毒品與走私、查緝非法入出國、控制非法交易、保護海上生物及環境資源）、港口安全、反情報及反恐怖主義，我國海巡署之職責包含海上安全管理、海域執法、海上交通安全管理、海難搜救、海洋環境保護等，幾乎涵蓋所有海上相關執法任務，而邊境防衛局之任務較少，並未有海上交通管理、海事糾紛、海洋事務研究事項等任務，惟邊境防衛局承襲前蘇聯國家安全委員會（KGB 之傳統，負有情報蒐集任務，與我國海岸巡防法第四條第五款規定海巡署負有走私情報之蒐集、滲透及安全情報之調查處理事項類似，且第五款有關海域及海岸巡防國家安全情報部分，應受國家安全局之指導、協調及支援，因此，俄國邊境防衛局屬總統管轄，與我國國安局直接隸屬總統府相同，但與海巡署隸屬行政院不同。

　　艦艇能量部份，海域邊防隊之艦艇編制包含有驅逐艦、運輸船、海陸兩用艇等類似第二海軍，其船舶總數 178 艘比我國 156 艘稍多，噸數百噸級左右以上者有 139 艘約佔所有船艇之百分之七十八，比我國 35 艘僅佔船艇總數之百分之二十二有相當大之差距，其配置五架定翼飛機協助巡邏任務，由於國情不同，從裝備上可知俄國海上邊境防衛隊主要以大型艦艇及定翼飛機搭配做遠洋大範圍巡邏，執勤目標以外國船隻為主，與我國艦艇以小型艦艇著重近海巡邏之方向不同。

第六節　結語（Conclusion）──特徵（Characteristics）

　　俄羅斯領土面積為全世界第一大國，領土四分之一在歐洲東半部，四分之三在亞洲北部，北鄰北冰洋，東瀕太平洋，西南臨黑海及裏海，以下為其海域執法制度特徵。

壹、陸海空合一

邊境防衛局係一軍事化之邊境防衛軍事機關，其任務在保護國家邊防、領海、大陸礁層、專屬經濟海域。以邊境概念（border concept）作陸海合一的組織設計，除維護海域及海岸邊境安全外，另配置河搜武力執行包含邊界內陸河流及運河之巡邏任務。

貳、直接隸屬總統之軍事機關

俄國邊境防衛局直接隸屬總統管轄，雖非隸屬國防部亦積極降低其軍事色彩，但是從其人力來源可知，其教育訓練幾乎是涵蓋完整的軍事課程。

參、裝備能量以大型艦艇為主

海域防衛隊之艦艇編制包含有驅逐艦、運輸船、海陸兩用艇等類似第二海軍，其船舶總數 178 艘，噸數百噸級左右以上者有 139 艘約佔所有船艇之百分之七十八，其配置五架定翼飛機協助巡邏任務，因此，從裝備上可知俄國海域防衛隊主要以大型艦艇及定翼飛機搭配做遠洋大範圍巡邏。

肆、專屬航空器

設有 5 架 AN-47 的飛機。

伍、內陸河湖亦為巡邏範圍

設有 22 艘河流巡邏艇。

陸、情報蒐集之任務吃重

海域防衛隊之任務為海域執法（打擊毒品與走私、查緝非法入出國、控制非法交易、保護海上生物及環境資源）、港口安全、反情報及反恐怖主義，但從其直接隸屬總統與人員訓練得知，其承襲前蘇聯國家安全委員會之傳統角色不言可喻。

柒、與其他軍事單位互動密切

俄羅斯邊境防衛局與俄羅斯聯邦軍隊、俄羅斯聯邦內政部內政部隊、俄羅斯聯邦其他軍隊或軍方團體，在執行保護國家邊境任務時，有進行互相協助的義務。

捌、具有專屬教育訓練體制

規模完善，體系龐大，且有別於陸海空軍軍事院校。

第 21 章　哈薩克海域執法制度

目錄
第一節　國家概況（Country Overview）‧‧‧‧‧‧‧‧‧‧‧‧‧‧‧ 224
第二節　歷史沿革（History）‧‧‧‧‧‧‧‧‧‧‧‧‧‧‧‧‧‧‧‧‧ 225
第三節　組織、職掌與裝備
　　　　（Organization, Duties and Equipment）‧‧‧‧‧‧‧ 227
第四節　教育與訓練（Education and Training）‧‧‧‧‧‧‧‧‧ 229
第五節　與我國制度之比較
　　　　（A Comparison with Taiwan Coast Guard）‧‧‧‧‧ 229
第六節　結語（Conclusion）──特徵（Characteristics）‧‧‧ 230

第一節　國家概況（Country Overview）

　　哈薩克共和國（Republic of Kazakhstan）位於中亞，是世界上最大內陸國。東南接中國大陸（China），西南界土庫曼（Turkmenistan），南鄰烏茲別克（Uzbekistan）與吉爾吉斯（Kyrgyzstan）。西南臨裏海（Caspian Sea），與烏茲別克共享鹹海（Aral Sea），國內主要水體為巴爾克什湖（Lake Balkhash）。全國面積 2,717,300 平方公里 是台灣的 76 倍大。臨裏海海岸線長 1,894 公里，因國際海洋法的因素，哈薩克對裏海的領海範圍並不確切，但仍有海軍建制。[1]

　　首都阿斯塔納（Astana），全國人口 15,522,373 人（2011）[2]。國體共和制，政體總統制，國會分為上下議院。（見圖 21-1）哈國國內生產總值（GDP）129,800（百萬）美元，在 190 個國家排名第 54 名；每人國民所得（GNP）8,326 美元（2010），在 182 個國家排名第 64

[1] CIA, The World Factbook.(https://www.cia.gov/index.html) (2011/01/02)
[2] CIA, The World Factbook.(https://www.cia.gov/index.html) (2011/05/25)

名。哈國政治權利與公民自由兩種自由程度在 2010 年的分數前者為 6，後者為 5，歸類為不自由國家；透明國際（Transparency International）中的 2010 年的貪污調查分數為 2.9，在 178 個國家中排名第 105 名；聯合國（2010）最適合居住國家的人類發展指數為 6.1，在 169 個國家中哈國排名第 66 名。[3]

哈薩克 1991 年獨立以來即實行多元外交政策，與俄羅斯、中國大陸、美國及歐洲維持良好關係，與各鄰國關係保持穩定。從美國、俄羅斯、中國大陸及歐洲國家同時參與哈薩克各主要石油、天然氣及輸送管線工程的投資與開發，足見其多元外交政策獲致良好的結果。[4]

第二節　歷史沿革（History）

在 2003 年前，哈薩克海軍接收 1991 年代蘇聯解體後，裏海區艦隊接收了蘇軍裏海區艦隊在哈國領土上的海軍基地、15 艘艦艇和三架直升機。但與其說接收的是艦隊，不如說是一些巡邏小艇而已。2003 年後，哈薩克欲於裏海北部開採石油，卻遭到俄羅斯軍艦的阻撓，因此哈國總統領悟「沒有海軍，就無法捍衛裏海利益」的道理，在 2003 年加入北大西洋公約組織[5]的南歐海防區後，其他大國有鑑於已投資大量資金於哈薩克石油開發，為了保護自身利益，這些北約國家便開始為哈薩克海軍建制做投資。2003 年 5 月，哈國國防部公布「海軍建設構想」，確立以裏海海岸為基地建設海軍的基調。2004 年初，海軍司令部正式成立。哈國致力於在十年內建成一支規模不大但裝備精良的現代化海軍。近年，為加快海軍組建步伐，哈國拿出大量資金從美國、俄羅斯、土耳其、德國、南韓等國購買了數十艘軍艦和快艇。到目前為止，哈海軍建設已初具規模。[6]哈薩克建立海軍主要的目的是保護裏海的豐富石油礦藏，本區的石油產量每年可達 1.5 億噸。但時至今日，裏海的主權地位還未正式確立，俄羅斯、哈薩克、亞塞拜然、土庫曼與伊朗五國都在爭奪各自的利益。雖然五國一再重申要以和平方式解決問題，但是各國多次為了爭奪資源而發起武裝衝突。所

---

[3]　五類指標詳情請見本書導論，頁 11-13。

[4]　中華民國外交部，外交資訊網頁（2009/11/03）

[5]　北大西洋公約組織（North Atlantic Treaty Organization , NATO）為一地區性防禦協作組織，其宗旨是締約國實行「集體防禦」，任何締約國同它國發生戰爭時，成員國必須給予幫助，包括使用武力。維基，（http://zh.wikipedia.org/wiki/%E5%8C%97%E5%A4%A7%E8%A5%BF%E6%B4%8B%E5%85%AC%E7%BA%A6%E7%BB%84%E7%BB%87）（2009/11/09）

[6]　謝慶中，《為何哈薩克需要海軍？》，2008 年 08 月 29 日，（http://blog.sina.com.tw/wang8889999/article.php?pbgid=22448&entryid=581772）（2009/11/03）

以在如此複雜的情勢下，哈國建立海軍，增強國家軍事力量，無疑是為了參加爭奪戰時擁有具份量的武器，除此之外擁有軍艦還可以保護運送能源礦藏至伊朗及亞塞拜然。[7]

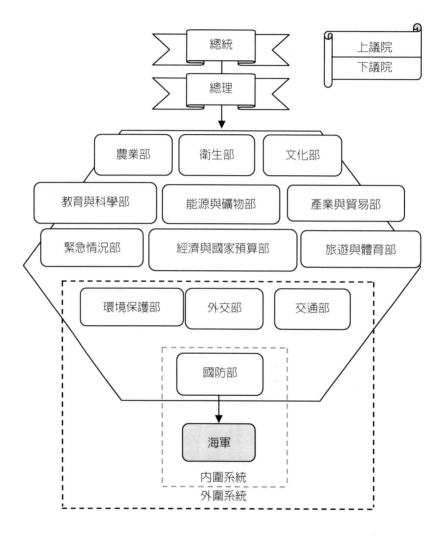

圖 21-1　哈薩克海域執法相關部門互動圖

資料來源：作者自繪

---

[7]　(http://zhidao.baidu.com/question/11605645.html) (2009/11/03)

第三節　組織、職掌與裝備
（Organization, Duties and Equipment）

　　哈薩克為內陸國，國家所臨之裏海（Caspian Sea）四周大陸圍繞，是不與外洋相通的水體，於國際海洋法中被歸類為閉鎖海。[8]裏海海域狹長，南北長 1,200 公里，東西寬度平均 320 公里，海岸線總長 7,000 公里，總面積超過 37 萬平方公里。自蘇聯的解體後，裏海沿岸國家由原本的伊朗（Iran）與蘇聯增加至現在五國，加上其他勢力的干涉，裏海問題就變得愈加複雜。裏海地區不斷發現大規模的油氣田。根據西方石油公司估計，裏海可能繼海灣地區成為 21 世紀世界能源主要供應地之一。因此新獨立的裏海沿岸國家哈薩克、亞塞拜然和土庫曼都要求重新確定裏海法律地位，而裏海油氣資源的開採權，自然也就和劃界問題聯繫在一起。裏海權屬問題，沿岸五國俄羅斯、伊朗、哈薩克、土庫曼（Turkmenistan）和亞塞拜然（Azerbaijan）定期舉辦會議以期達成開發共識，卻都沒有實質效果。俄羅斯、哈薩克和亞塞拜然附近的裏海水域油氣資源豐富，這三個國家堅持裏海為內陸海，應依據國際海洋法公約，對裏海水體及海底進行劃界，明確各國的主權和專屬經濟區範圍。然而，伊朗、土庫曼兩國則因為附近水域油氣資源相對較少，堅持認為裏海是內陸湖泊，按國際法裏海資源應當是沿岸各國共同財產，任何國家開採裏海任何資源必須徵得各國同意或經共同協商後方能進行。[9]因此，各國為了裏海豐富的石油與礦產及海域的經濟往來而建置海軍或是海關，以保衛國權。

　　另一閉鎖海鹹海（Aral Sea）為哈薩克與烏茲別克（Uzbekistan）共有，面積 63,000 平方公里，主要海域活動為引水灌溉及捕撈作業，現在鹹海因兩國過度利用而逐漸萎縮。至 2005 年哈薩克為拯救國民生計建造攔水壩企圖恢復鹹海規模，而烏茲別克曼則因國庫緊縮無法進行。即使裏海為閉鎖海，但只要周圍國家設有海域執法機制，仍是本書要探討的對象。

---

[8]　胡振洲，《海事地理學》，台北：三民出版社，民國 67 年 6 月，頁 53。

[9]　張力，《學習時報》〈裏海之爭仍會持續〉，2007/10/16。（http://big5.china.com.cn/xxsb/txt/2007-10/23/content_9111975.htm）（2009/11/13）

哈薩克海軍（Kazakhstan Navy）

一、組織與職掌

　　哈薩克海軍隸屬於國防部，海軍基地分別設於面對裏海的 Aqtau、Bautino、Kuryk 及 Fetisovo 等港灣，另外於鹹海也佈署小型巡邏艇級人員定期巡囉。哈薩克過去為了捍衛裏海藏有的豐富石油和天然氣，一直由一組小型海域防衛隊執行任務。但是海軍的創建，政府否認是為了捍衛裏海資源，而是為了抵抗恐怖組織活動。但是就現行情況觀察，哈薩克近來購入與預計購入的艦艇，比打擊恐怖主義所需的裝備要強大許多。可見裏海豐富資源讓周邊五國的開發和使用資源問題長期存在，關於裏海新權益法也未達成共識。所以。哈薩克政府才這麼積極建軍，他們主要任務為：

（一）國家邊境防禦。維持國家領土完整，保障沿裏海區段的經濟往來安全。

（二）防衛與攻擊外敵，防止多方的武力衝突。

（三）以海軍保衛海港及石油與煤氣挖掘平台。反潛艇行動。

（四）與陸軍合作供應資源與掃雷。

（五）於國家領海地區以無線電偵查防禦。

（六）與裏海其他國家海軍合作履行聯合防禦協定。

（七）指導油槽與民用船舶。

（八）航運水壓安全供應。

（九）了解緊急情況部（Ministry on Emergency Situations）的搶救操作行動。

（十）與哈薩克的其他武裝力量合作，共同編組防禦國土。

（十一）設立專門海軍學院。

（十二）維護海域生態與監督發展，排除生態浩劫的可能。[10]

二、裝備

　　哈薩克海軍兵力約 3,000 人，海上艦艇有 13 艘，分別為 1 艘 170 噸 TURK 級的巡邏艦艇、4 艘 70 噸 KW 級 369 型的巡邏艦艇、1 艘 11 噸 DAUNTLESS 級的巡邏小艇、1 艘 39

---

[10] The Ministry of Defense the Republic of Kazakhstan, (http://www.mod.kz/index2f8d.html?post=298&lang=eng) (2009/11/06)

頓 ZHUK 級的巡邏艇、2 艘 13 頓 SAYGAK 級的巡邏艇。另外還有 4 艘小型巡邏艦艇。[11]2010 年底，哈政府與法國-韓國 STX 公司訂購 3 艘輕型護衛艦，並要求裝載飛魚型導彈。[12]

第四節　教育與訓練（Education and Training）

　　海軍軍事學院為哈薩克中央政府於 2001 年在國防部底下設立的高等軍事學校。學校設立於 Aktau，學校的學生畢業後需要為海軍於海岸設立的分支單位服務，或是至各航道之巡邏艦艇任職。海軍軍事學院提供以下主要高等教育，航海技術、海域無線電的操作與保養、艦艇的燃料補給及工廠維修技術。以上教育均受到教育部認證，依照教育部的標準，高等職業教育為期五年，學生畢業後可得到「中尉」的軍事頭銜與可在外執業的工程師執照。而其他次要的教育包含海上通訊操作、船舶通訊維修技術、引擎與機電設備組裝操作與維修，以上教育訓練為期兩年，畢業後可以得到二級領班（foreman of 2 class）的軍事頭銜及技術員之執照。[13]

第五節　與我國制度之比較
（A Comparison with Taiwan Coast Guard）

　　首先，2003 年哈薩克遭遇俄羅斯阻撓裏海開發後才開始面對海上力量薄弱的嚴重性，於是設立海軍司令部與購入新穎裝備；而台灣於 1990 年便開始有專職海域執法的保七總隊，至 2000 年時政府為統一岸、海事權，建構一元化海域執法機構，成立行政院海岸巡防署海洋巡防總局。再來，五國在裏海的領海與專屬經濟海域權到現在仍有爭議，哈薩克海軍的主要任務還是以保衛國土與海域石油開發平台，盡量降低國家間的衝突發生；但台灣相對於哈薩克則擁有 12 浬領海與 200 浬之專屬經濟海域享有天然資源之開發，養護、利用等主權上之權利，及一切國際法上得行使之管轄權。最後，哈薩克海軍學院的教育完成後，

---

[11] *Jane's Fighting Ships.2004-2005*, Edited by Commodore Stephen Saunders RN, Virginia U.S.A, pp.416-417.

[12] 哈薩克斯坦加入裏海海軍競賽，2010/06/25，（http://www.cetin.net.cn/cetin2/servlet/cetin/action/Html DocumentAction;jsessionid=C67CF4405C34182CDEE2432255BE6588?baseid=108&docno=94846）（2011/08/22）

[13] The Ministry of Defense the Republic of Kazakhstan, (http://www.mod.kz/index2f8d.html?post=298&lang= eng) (2009/11/06)

畢業生不僅可領有相對的軍事官階，學院還會給予受到國家認可之專業相關技術執照；台灣海巡署人員大多從警大水警系畢業或是國家考試後進入，相關證照之取得必須經過國家考試及格。

第六節　結語（Conclusion）──特徵（Characteristics）

　　哈薩克西南臨裏海，與烏茲別克共享鹹海，為兩面環海國家，臨裏海的 1,894 公里的海岸線上設有 4 大指揮部，以下為其海域執法制度特徵。

壹、海軍型海域執法機制

　　哈薩克近年才開始注重國家海域的保障權利，於是將原本就已存在的海軍制度重整並更新裝備。

貳、維護裏海資源為主要任務

　　裏海石油與礦產資源豐富成為周圍國家競相爭奪的地方，哈薩克必須保障國家於裏海的權益。

參、擁有爭議性的海域執法機制

　　內陸國靠閉鎖海裏海，形成國際海洋法的爭議。

肆、專業教育搖籃

　　學校分高等與次等教育，畢業學生均可拿到相關技術證照，即使離開海軍仍有維生專業能力。

第 22 章 土庫曼海域執法制度

目錄

第一節 國家概況（Country Overview）................231

第二節 組織、職掌與裝備
（Organization, Duties and Equipment）................232

第三節 與我國制度之比較
（A Comparison with Taiwan Coast Guard）............235

第四節 結語（Conclusion）──特徵（Characteristics）.....235

第一節 國家概況（Country Overview）

土庫曼共和國（Republic of Turkmenistan）位於中亞的西南邊，北鄰烏茲別克（Uzbekistan）、哈薩克（Kazakhstan），南接伊朗（Iran）與阿富汗（Afghanistan），西臨裏海（Caspian Sea），與亞塞拜然（Azerbaijan）及俄羅斯（Russia）隔裏海相望。[1]全國面積491,200 平方公里，是台灣的 14 倍大。海岸線長 1,768 公里，因為周圍國家對海域資源的爭議，土庫曼對其仍沒有確切的領海範圍，但國內仍有海軍的建制。[2]

首都阿什哈巴特（Ashgabat），全國人口 4,997,503 人（2011）[3]。國體共和制，政體總統制，國會分上、下兩議院。[4]（見圖 22-1）土國國內生產總值（GDP）27,960（百萬）美元，在 190 個國家排名第 90 名；每人國民所得（GNP）3,663 美元（2010），在 182 個國家

---

[1] 中華民國外交部，外交資訊網頁（2009/11/10）

[2] *Jane's Fighting Ships.2004-2005*, Edited by Commodore Stephen Saunders RN, Virginia U.S.A, p.776.

[3] CIA, The World Factbook.(https://www.cia.gov/index.html) (2011/05/25)

[4] 《世界各國簡介暨各國首長名冊》，中華民國外交部，2001 年，頁 10。

排名第 100 名。土國在自由之家（Freedomhouse）的政治權利與公民自由兩種自由程度在 2010 年的分數均為 7，歸類為不自由國家；透明國際（Transparency International）中的 2010 年的貪污調查分數為 1.6，在 178 個國家中排名第 172 名；聯合國（2010）最適合居住國家的人類發展指數為 7.2，在 169 個國家中土國排名第 87 名。[5]

蘇聯解體後，土國總統尼雅佐夫掌握大權大搞個人崇拜；他將總統改為終身職，至 2006 年尼雅佐夫死後，因沒有培養接班人曾讓盛產天然氣與石油的土庫曼增添不確定因素。[6]近年國際金融危機，加上土國經濟改革成果不佳導致人民生活水準下降，所產生之民怨已開始侵蝕政權之穩固。為表現出該國之主權獨立，土國無視美國之禁令與伊朗建立緊密之合作關係，在裏海問題上亦不受俄國所左右。[7]土庫曼所臨裏海為世界面積最大的內陸水域，在國際法中可算是湖泊，也可以算是海洋。裏海擁有豐富礦產，各國雖在裏海自行設立開挖的裝備設施，但對其真正的領海權目前無法取得共識，每年仍需進行協商。[8]

第二節　組織、職掌與裝備
（Organization, Duties and Equipment）

自蘇聯解體後，裏海沿岸國家由原本的伊朗與俄羅斯增加至現在五國，加上其他國際勢力的干涉，裏海問題愈加複雜。根據西方石油公司估計，裏海可能繼海灣地區成為 21 世紀世界能源主要供應地之一。裏海沿岸五國近年定期舉辦會議期待對開發權有共識，但各國為爭取自身最高利益，結果仍然分歧。因為俄羅斯、哈薩克和亞塞拜然附近的裏海水域油氣資源豐富，三國堅持裏海為內陸海，應依據國際海洋法公約，對裏海水體及海底進行劃界，明確各國的主權和專屬經濟區範圍。然而，伊朗、土庫曼兩國則因為附近水域油氣資源相對較少，堅持認為裏海是內陸湖泊，按照國際法，裏海資源應是沿岸各國的共同財產，任何國家開採裏海資源都必須徵得各國同意或經共同協商後方能進行。[9]除了伊朗外的其餘四國達成劃分海底協議，伊朗對分到的範圍不盡滿意，因此對協議完全不妥協。各國

[5] 五類指標詳情請見本書導論，頁 11-13。
[6] 《中國時報－兩岸國際》〈土庫曼獨裁總統　尼雅佐夫驟逝〉，2006/12/20。
[7] 中華民國外交部，外交資訊網頁（2009/11/10）
[8] 歐信宏、胡祖慶譯，Joshua S. Goldstein, Jon C. Pevehouse 著，《國際關係》，台北：雙葉出版，2007 年 9 月，頁 453。
　（原著：Joshua S. Goldstein, Jon C. Pevehouse（2003），*International Relations*, MA: Addison Wesley.）
[9] 張力，《學習時報》〈裏海之爭仍會持續〉，2007/10/16（http://big5.china.com.cn/xxsb/txt/2007-10/23/content_9111975.htm）（2009/11/13）

至今為了裏海蘊藏石油資源分配至今仍沒有實質性結果，俄羅斯與伊朗開始擴充海軍人力與裝備，另三國也為了資源紛爭著手建立裏海海軍。[10]

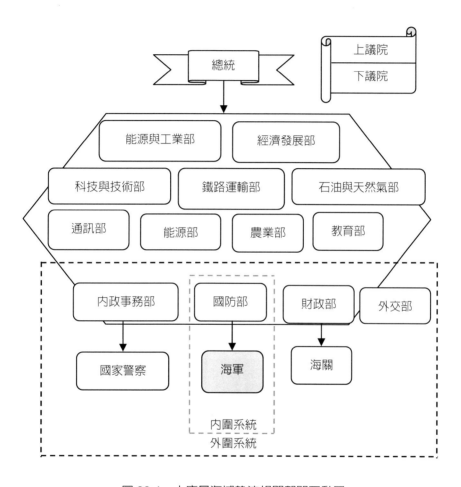

圖 22-1　土庫曼海域執法相關部門互動圖

資料來源：作者自繪

---

[10] 《文匯報》〈裏海五國總統匯聚德黑蘭　打造「和平之海」〉，2007/10/16。（www.people.com.cn）（2009/11/13）

土庫曼海軍（Turkmenistan Navy）

一、組織與職掌

　　土庫曼的海域防衛原本是交由邊防部隊中的海軍負責，但他們的裝備能量一直是國內正規軍中最弱的。[11]而土國西臨之裏海地處歐亞大陸中心，地緣戰略地位非常重要，且裏海蘊藏大量石油與天然氣資源，是今後世界大國角逐巨大經濟利益的主要戰場。至今周遭國家領海權仍有爭議，但為自身利益各國仍逕自開發資源，常引起國與國的爭端。因此，裏海五國即使沒有連外海洋也開始重視海軍發展，為的就是鞏固及延續自己對裏海使用的權利，當然土庫曼也不例外。2009 年初，土國與亞塞拜然發生油氣田的歸屬爭執，土國總統遂於同年 8 月宣布將在港口城市 Türkmenbaşy 建立海軍基地並重新建制海軍機制，以便有效地打擊走私，恐怖分子和任何威脅國家的勢力，當然也包含威脅自己對裏海資源利益的障礙。[12]土國的正規軍訓練，包含海軍都是由軍事學院教育，學校分有技術操作訓練與科技教育訓練。學員皆須要修完必修科目與達成實際操作時數。

二、裝備

　　海軍重建前便配有 500 名海員以及總計 21 艘的巡邏艦艇，包含 1 艘 66.69 噸 POINT級、10 艘 8.5 噸 KALKAN M 級快艇、10 艘 39 噸 ZHUK 級巡邏艇。[13]海軍重建後將會增加至少 2 艘配有導彈的新式艦艇與多艘巡邏艇。[14] 2008 年，土庫曼自俄羅斯購買 3 艘導彈巡邏艇和 2 艘小型巡邏艇，另希望再購入 2 艘以上大型輕護艦。[15]

---

[11] *Jane's Fighting Ships.2004-2005*, Edited by Commodore Stephen Saunders RN, Virginia U.S.A, p.776.

[12] 《BBC 中文網》〈土庫曼將在裡海建海軍基地〉。（http://news.bbc.co.uk/chinese/trad/hi/newsid_8230000/newsid_8230500/8230527.stm）（2009/11/10）

[13] *Jane's Fighting Ships.2004-2005*, Edited by Commodore Stephen Saunders RN, Virginia U.S.A, p.777.

[14] 《BBC 中文網》〈土庫曼將在裡海建海軍基地〉。（http://news.bbc.co.uk/chinese/trad/hi/newsid_8230000/newsid_8230500/8230527.stm）（2009/11/10）

[15] 哈薩克斯坦加入裏海海軍競賽，2010/06/25，（http://www.cetin.net.cn/cetin2/servlet/cetin/action/HtmlDocumentAction;jsessionid=C67CF4405C34182CDEE2432255BE6588?baseid=108&docno=94846）（2011/08/22）

第三節　與我國制度之比較
（A Comparison with Taiwan Coast Guard）

土庫曼海域執法單位為正規軍隊中的海軍；而我國則為隸屬於行政院的海巡署負責。土庫曼對於裏海地區的領海與專屬經濟區，因各國意見分歧仍未劃分，因此常與他國發生爭端；台灣領海以依據國際海洋法劃分為 12 浬與專屬經濟區 200 浬。

第四節　結語（Conclusion）——特徵（Characteristics）

土庫曼西臨裏海，為一面環海國家，海岸線長 1,768 公里，以下為其海域執法制度特徵。

壹、海軍型海域執法機制

土庫曼之海域安全係由隸屬於國防部之海軍負責。

貳、海軍艦艇噸數較小

巡邏艦艇噸位最高 66.69 噸，適合近岸巡邏。

參、對裏海未有確切領海範圍

裏海五國目前對裏海劃分比例仍有異議，至今沒有自己的領海與專屬經濟海域範圍。

肆、重視海軍發展

　　因為裏海資源爭執，2009 年土國總統決議重新建制海軍體制並更新裝備，捍衛國家權益。

第 23 章　印度海域執法制度

目錄

第一節　國情概況（Country Overview）······························237

第二節　歷史沿革（History）······································238

第三節　組織、職掌與裝備

　　　　（Organization, Duties and Equipment）··············239

第四節　權限與管轄（Authority and Jurisdiction）···········243

第五節　教育與訓練（Education and Training）···············244

第六節　與我國制度之比較

　　　　（A Comparison with Taiwan Coast Guard）··········246

第七節　結語（Conclusion）──特徵（Characteristics）····247

第一節　國情概況（Country Overview）

　　印度共和國（Republic of India）位於南亞，西北接巴基斯坦（Pakistan），東北鄰中國（China）、尼泊爾（Nepal）、不丹（Bhutan）、緬甸（Burma）和孟加拉（Bangladesh），西濱阿拉伯海（Arabian Sea），東臨孟加拉灣（Bay of Bengal）。全國面積達 3,287,590 平方公里，有 91 個台灣大。海岸線長 7,000 公里，領海 12 浬，專屬經濟海域 200 浬。[1]

　　首都新德里（New Delhi），全國人口 1,189,172,906 人（2011）[2]。國體聯邦共和制，政體議會民主制，國會分聯邦院及人民院。（見圖 23-1）主要輸出珠寶、織品、棉花、茶，輸入化學品、電機、肥料、石油。[3]印度國內生產總值（GDP）1,430,000（百萬）美元，在 190 個國家排名第 11 名；每人國民所得（GNP）1,176 美元（2010），在 182 個國家排名第 137 名。印度政治權利與公民自由兩種自由程度在 2010 年的前者為 2，後者為 3，歸類為

---

[1]　*Jane's Fighting Ships.2008-2009*, Edited by Commodore Stephen Saunders RN, Virginia U.S.A, p.303.

[2]　CIA, The World Factbook.(https://www.cia.gov/index.html) (2011/05/20)

[3]　《世界各國簡介暨各國首長名冊》，中華民國外交部，2001 年，頁 16。

自由國家；透透明國際（Transparency International）中的 2010 年的貪污調查分數為 3.3，在 178 個國家中排名第 87 名；聯合國（2010）最適合居住國家的人類發展指數為 5.5，在 169 個國家中印度排名第 119 名。[4]

印度自古即有尊卑貴賤、等級分明之種姓制度，共分 4 個世襲族籍：婆羅門（掌宗教及教育）、剎帝利（掌軍政）、吠舍（商人）及首陀羅（農民），另尚有所謂賤民，族籍是世代沿襲，禁止相互通婚。甘地領導獨立運動時，雖曾大力破除階級觀念，但舊習難移。種姓迄今仍為社會俗繩，將人民區分為尊卑貴賤之不同等級，種姓階級與宗教對立，為印度社會長期以來難以解決之隱憂。[5]

第二節　歷史沿革（History）[6]

表 23-1　印度海域防衛署歷史沿革表

時間	事件
1960	因海上走私猖獗威脅國家經濟，海軍轉交海關的五艘船隻並無法勝任取締走私之任務，為了增加反走私能力，13 艘被沒入之三角單桅帆船納入現有艦隊支援，但是，整個力量仍然無法有效控制大規模的走私活動。
1970/1	為防杜大規模走私，內閣秘書室承總理之命，組成研究團隊研議相關問題。
1971	研究委員建議在籌獲新的水面快速攔截艇之前，將水陸兩棲氣墊船作為反走私立即有效的選擇之一。
1973	內閣會議要求海關立即籌獲合適船隻，有二種船隻必須之條件被提出，大型船隻須有 1000 浬之航程、最高船速達 30 節、配備輕型武器、配置 16 名船員，小型船隻必須超過 30 節、配備輕型武器、配置 12 名船員。
1974/9	研究走私偷渡問題並研議於國防部底下建立海域防衛機構，於國家海域執行海上法令並確保人命及財產安全。
1976/8/25	印度海事法通過，清楚的宣示印度國土週遭專屬經濟海域的範圍。
1977/2/1/	過渡時期由海軍建立海域防衛單位，首先由二艘老舊艦艇執行任務，再由內政部（Ministry of Home Affair）移交五艘巡邏船，組成臨時海上武力。
1978/8/18	印度議會通過海域防衛法，並於 19 日生效正式成為一個獨立的武力。
1982/5/22	第一個航空直升機中隊開始服役，同年定翼機中隊亦開始服勤。
1984	第一位海岸防衛隊員受訓獲得飛行員資格。
1987	原於 1978 年海域防衛署所公佈之海域防衛發展計畫（1978-1990 Coast Guard Development Plan），因外在環境改變於 1987 年修訂為十五年（1985-2000）計畫，並每五年修訂一次，避免與海軍及海關等單位資源投資重複。

---

[4]　五類指標詳情請見本書導論，頁 11-13。
[5]　中華民國外交部，外交資訊網頁（2010/08/19）
[6]　India Coast Guard, History, (http://indiancoastguard.nic.in/) (2011/08/22)

第三節　組織、職掌與裝備
（Organization, Duties and Equipment）

壹、印度海域防衛署（Indian Coast Guard, ICG）

一、組織與職掌[7]

　　海域防衛署隸屬國防部，轄區分為西岸、東岸、安達曼群島（Andaman Islands）和尼科巴群島（Nicobar Islands）三大區域，三大指揮部分別設於孟買（Mumbai）、清奈（Chennai）和布萊爾港（Port Blair），下轄 11 個區域防衛分署。本土沿岸各州皆部署有 1 個區域防衛分署，另 2 個設於安達曼群島和尼科巴群島，區域防衛分署另轄 5 個海域防衛隊，分別為西岸部署三個，東岸部署二個，其航空隊有 2 個航空站、6 個飛行基地和 10 個飛航分隊。ICG 的任務包含：

（一）監督和管理——日夜不停的監視印度 200 浬專屬經濟水域。

（二）確保海上人造島嶼、近岸設施和其他海上設施的安全與防護。

（三）提供漁民保護。

（四）提供海難搜救。

（五）維持和保護海洋環境，包含海洋污染的預防與控制。

（六）保護海洋生態及稀有物種。

（七）協助海關和其他關單位打擊走私交易，阻止在印度水域的任何非法活動（在 1976 年之前，海上走私主要由海關緝捕）。

（八）收集海洋科學數據。

（九）執行海事相關法令。

（十）海上人命與財產之維護和科學資料蒐集。

（十一）戰時協助印度海軍。

7　India Coast Guard, Mission, (http://indiancoastguard.nic.in/) (2011/08/22)

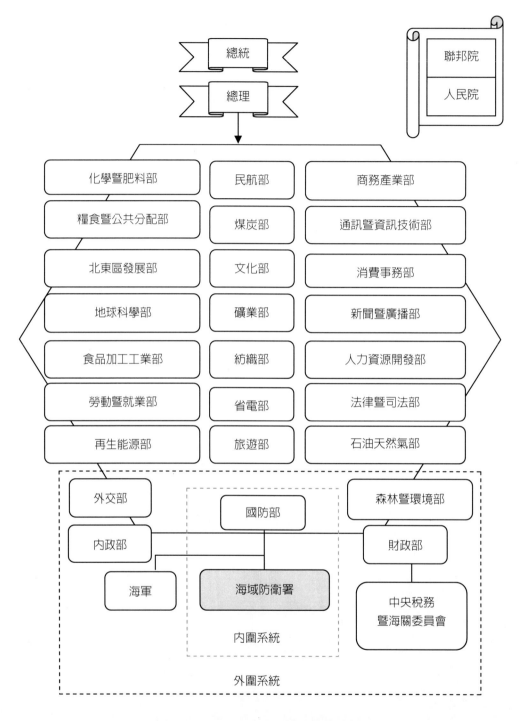

圖 23-1　印度海域執法相關部門互動圖

資料來源：作者自繪

二、裝備

ICG 共 5,440 人，內含官員 633 人、義務役人員 4,580 人，另包含從海軍及其他國防機構調派之 82 名官員、145 名基層人員，目前約有 70%人員於第一線執行勤務。配置裝備：遠洋巡邏艦 13 艘（4 艘 2005 噸、9 艘 1224 噸）、24 艘大型巡邏艇（約 300-200 噸）、11 艘小型巡邏艇（1 艘 32 噸、10 艘 49 噸）、6 艘氣墊船，共約 54 艘各式艦艇，過去二十年他仍保持現有規模之武力。目前配置航空器有定翼機 24 架、旋翼機 20 架（含 3 架輕型直升機）。其最終目標計畫配置 36 架輕型偵察機、12 架搜救直升機、36 架近岸巡邏機、9 架長距離偵查飛機。[8]

圖 23-2　ICG 代表徽章[9]

說明：徽章中央為具保佑意義的印度海神圖騰

貳、印度海軍（India Navy）

一、組織與職掌

印軍軍隊前身為英國殖民主義者的雇傭軍，直至 1947 年印巴分治後始建分立的三軍。印度總統是名義上的武裝力量統帥，內閣為最高軍事決策機構。國防部負責部隊的指揮、

---

[8]　India Coast Guard, (http://indiancoastguard.nic.in/) (2011/08/22)

[9]　India Coast Guard, (http://indiancoastguard.nic.in/) (2011/08/22)

管理和協調。各軍種司令部負責擬定、實施作戰計劃，指揮作戰行動。實行募兵制。陸、海、空三軍總兵力約 120 萬，居世界第四位。海軍隸屬國防部下轄西方艦隊指揮部、東方艦隊指揮部、南方艦隊指揮部。

印度位於印度洋重要戰略位置，有獨立的海上貿易系統。國家經濟的成功與保持航道暢通的能力緊密連結，此外，印度東西岸島嶼與印度大陸有相當遠之距離。為確保它們的永續發展並與本土緊密結合，海上安全防護是必須的，另一方面，專屬經濟海域內之資源、漁場和海洋利益、大小不同的港口和整個海岸線、近海和島嶼的安全維護亦是海軍的重要職責。[10]

二、裝備

海軍配置人員 55,500 員。包含 7,500 名軍官，5,000 名海軍飛航人員、1,000 名海軍陸戰隊員。裝備總計 122 艘艦艇，包含 14 艘潛水艇、1 艘航空母艦、8 艘驅逐艦、13 艘巡洋艦、24 艘輕巡洋艦、6 艘近岸巡邏艇、14 艘掃雷艦、6 艘登陸艇、2 艘導彈快艇、3 艘實習艇、8 艘輔助艦艇、8 艘海難搜救艇、14 艘近海防衛艇、1 艘未值勤近海防衛艇。另外，海軍擁有總計 169 架航空器，包含 106 架旋翼機、63 架定翼機。[11]

壹、印度中央稅務暨海關委員會
（Central Board of Excise and Customs）

一、組織與職掌

印度海關之任務如下：
（一）根據每一部海關基本法（1962 年關稅法、1975 年關稅稅率法等），收取進出口物品稅。
（二）依據關稅法和其他相關法令，針對進出口貨物、行李、郵件等和進出港口、機場之船舶、飛機，實施不同的關稅法令。
（三）依據關稅法和其他相關法令，針對不同代理商實施不同的進出口貨物禁止與限制。
（四）防止走私，包含麻醉藥品之查緝。

---

[10] India Navy, Operations, (http://indiannavy.nic.in/) (2011/08/22)
[11] India Navy, Surface Ships, Submarines, Aircraft & Helicopters, (http://indiannavy.nic.in/) (2011/08/22)

（五）防止旅客利用通關程序進行走私。[12]

二、裝備

海關隸屬財政部下轄之稅務署（Department of Revenue），負責有關稅務、關稅收集、中央貨物稅務等政策擬定，防止走私和關稅、中央貨物稅務、麻醉藥品等相關事務之管理。海關配置船艇如下：20 公尺（FRP 艇殼、最高船速 25 節）24 艘、12.5 公尺攔截艇（FRP 艇殼、最高船速 40 節）22 艘、9 公尺巡邏小艇（FRP 艇殼、最高船速 30 節）30 艘、6 公尺巡邏小艇（FRP 艇殼、最高船速 35 節）33 艘。總計各式船艇 109 艘。[13]

第四節　權限與管轄（Authority and Jurisdiction）

壹、海域防衛署

其任務係負責專屬經濟海域內近岸水域之警衛、海上環境保護、沿岸及海上人命安全、科技協助與國家防衛，涵蓋河口、喀什米爾中國邊境之湖泊、1,197 個島嶼及 7,517 公里之海岸線及其專屬經濟海域。

貳、海軍

印度海軍除軍事任務外主要負責印度專屬經濟海域以內之海域安全、水道暢通和海洋資源保護，另亦參與海域防衛署與海關之聯合緝私任務。

---

[12] India Central Board of Excise and Customs, (http://www.cbec.gov.in/cae1-english.htm) (2010/08/19)

[13] India Central Board of Excise and Customs, (http://www.cbec.gov.in/cae1-english.htm) (2010/08/19)

參、海關

海關主要負責印度海域及各進出口貿易港之進出口貨物查察,防止走私(尤指麻醉藥品)及各種方式之逃漏關稅。

肆、水上警察

恆河和其他較重要之河川,在商業上重要的交通運輸,因此,貨物船隻常有受到強盜集團搶劫之情事發生,乃有水上警察之成立。而水上警察之任務即以巡邏艇巡邏河川,保護船隻安全,以及對遇難船隻之救難和溺水者之救護工作。

另孟買、加爾各答、馬德拉斯等大都市,因其港埠廣大故特別設置有港口警察,負責港灣水域之巡邏工作及港口安全維護。[14]

第五節　教育與訓練(Education and Training)[15]

壹、招募新人

海域防衛署幹部招募一年二次,入學考試和測驗是在每年的一月和六月舉行,合格者的基礎和進階訓練於海軍學院與海軍軍官一起受訓。

一、招收官員之種類:

(一)一般幹部:行政類別或艙面幹部,年齡限定 21-25 歲之間,數學、物理須具備一定
　　　 等級。

---

[14] 邱華君,《各國警察制度概論》,民國 89 年 9 月,頁 257。
[15] India Coast Guard, (http://indiancoastguard.nic.in/) (2010/08/19)

（二）技術幹部：機械工程師訓練成為海事工程師，年齡限定 21-30 歲之間，需具備艦艇結構、機械、電子、航海、工程設計等相關知識。

（三）女性幹部：1996 年第一次授予徽章任用，擔任法律和後勤幹部。

（四）駕駛或領航幹部：須具備商船航海員證照或具備數學、物理一定等級。

二、考試分為二個階段：

（一）階段 I：初選委員會測試應徵者的智商、常識和面試，在全國三個到四個地方舉行測試（通常在孟買、德里、Chennai 和布萊爾港）。

（二）階段 II：一次通過階段 I 的應徵者，最後至新德里做最後的篩選，測驗其智商、常識和科學。接著通過面試和身體檢查即合格。合格者列入候用名單之中。

貳、人員訓練

合格人員必須接受七十二週船舶和基礎訓練由海軍負責，再回到海域防衛訓練中心之訓練船接受八週特殊訓練，這八週訓練內容包含：航行方位識別、通訊、砲術、後勤、度量衡和資訊科技，這些特殊訓練後學員選擇電子與機械課程分科教育，分別由印度科技協會（Indian Institute of Technology）和印度軍被科技協會（Indian Institute of Armament Technology）負責訓練。

表現優秀之學員另有機會被送到較先進國家之海域防衛機關受訓，諸如：美國及日本海域防衛機構，訓練項目有：海上油污染、搜索與救助、危機管理、國際航海官員資格訓練、甲板官員訓練。飛行員則由空軍基礎飛行訓練學校（Basic Flying training School）負責訓練。

錄取之新生至海軍官校和官校生一起受訓，其中培訓班一部分課程如下：

一、一週船舶工程學課程。

二、一週航空學課程。

三、六週砲術訓練。

四、四週於信號學校之通信課程。

五、一週信號學校之航海技術課程。

六、一週潛水課程。

七、六週於航空學院關於航空和導航課程。

八、三週戰爭課程。

九、二週關於反潛戰課程。

十、三週於海洋實驗室。

十一、一週關於漁場課程。

十二、於海岸警衛船施行一週關於海洋管理和汙染防制課程。

十三、於法學院有四週關於習慣法和海事法等法律課程。

通過這些課程之後，他們需接受測試，通過者取得執照。此後，學生成為一名正式的官員。整體過程需要約一年半的時間。

第六節　與我國制度之比較
（A Comparison with Taiwan Coast Guard）

印度海域防衛署與我國海巡署之組織架構不同，印度 ICG 隸屬國防部為三級機關僅負責海上事務，有關海岸之事務非其職責。在海域執法上，印度仍保有海關船隻執行查緝走私之任務，在查緝逃漏關稅之職掌上，ICG 及海軍雖執行此一任務，但係基於協助地位，主管機關仍為隸屬財政部稅務署下轄之海關，與我國海關緝私條例第十六條規定：「海關緝私，遇有必要時，得請軍警及其他有關機關協助之。」具有同樣精神，惟不同係我國海關艦艇已合併於海洋巡防總局。

ICG 人員（5,440 員）比我國海洋巡防總局（2,148 員）多一倍之人力，係海巡署總體人力之三分之一，其海岸線長約 7,500 公里（含離島）台灣海岸線 1,819 公里四倍強，其所巡邏之海域約 220 萬平方公里（二〇〇四年，將再行增加 150 萬平方公里之大陸架），非我所能比擬。因此，印方使用相當多數量之定翼機和旋翼機巡邏其廣大之海域，艦艇配置亦以大型艦艇為主，其大型艦艇數量較我國多，小型船艇數量則遠不及我國，在勤務執行上印度以航空器巡邏為主，我國目前則由內政部空中勤務總隊統籌調度直升機做例行性巡邏，海巡署並未獨立配置航空器。

在人員晉用上，其官員之教育訓練採甄選大學畢業生，再送至海軍官校接受約一年半年之養成教育，水手採義務役；此一制度與我海洋巡防總局採警察教育訓練之方式不同。

於職掌上，我國海洋巡防總局海域犯罪偵防、海域秩序維持、海岸秩序維護、海洋環境保育、海難救助及海上交通等。ICG 與我國職掌相似，相異點因印度有海上人造島嶼、鑽油平台等海上設施，因此該國有維護各項海上設施安全與防護之職掌事項，另一相異點係科學資料蒐集，但該國並未配置海洋研究船或測量船，如何蒐集或搜集何種資料不得而知。

第七節　結語（Conclusion）──特徵（Characteristics）

印度海岸線長達 7,000 公里，轄區分西岸、東岸、安達曼和尼科巴三大區域，指揮部分別設於孟買、馬德拉斯和布萊爾港，下轄 11 個區域防衛分署，以下為其海域執法制度特徵。

壹、岸海分立

印度海域防衛署負責，監督和管理印度 200 浬經濟水域，包含：確保海上人造島嶼、近岸設施和其他海上設施的安全與防護。ICG 並未負責岸際執法，該國岸際執法由警察組織負責（以查緝走私任務為主）。

貳、三級制──隸屬國防部

印度為內閣制國家，印度海域防衛署與海軍同樣隸屬國防部，為內閣三級單位。

參、專屬航空器

印度海域防衛署航空器之數量超過艦艇數，因為巡邏海域廣大，因此快速機動之航空器為其執勤首選。配置定翼機 24 架、旋翼機 20 架（含 3 架輕型直升機），未來更計畫配置 36 架輕型偵察機、12 架搜救直升機、36 架近岸巡邏機、9 架長距離偵查飛機。

肆、專業教育搖籃

ICG 幹部之養成教育與海軍軍官共同接受海軍學院之訓練，在勤務執行上防衛署之艦艇與航空器與海軍密切聯繫，共同於海域執行例行性聯合勤務，提高勤務效率。

第 24 章　孟加拉海域執法制度

目錄

第一節　國家概況（Country Overview）⋯⋯⋯⋯⋯⋯⋯ 248

第二節　歷史沿革（History）⋯⋯⋯⋯⋯⋯⋯⋯ 249

第三節　組織、職掌與裝備

　　　　（Organization, Duties and Equipment）⋯⋯⋯ 251

第四節　權限與管轄（Authority and Jurisdiction）⋯⋯ 254

第五節　與我國制度之比較

　　　　（A Comparison with Taiwan Coast Guard）⋯⋯ 255

第六節　結語（Conclusion）──特徵（Caracterristics）⋯ 255

第一節　國家概況（Country Overview）

　　孟加拉人民共和國（People's Republic of Bangladesh）西鄰印度（India），東南界緬甸（The Union of Myanmar），南臨孟加拉灣（Bay of Bengal）。全國面積 14 萬 4,000 平方公里，是台灣的 4 倍大。海岸線長 579.6 公里，領海 12 浬，專屬經濟海域 200 浬。[1]

　　首都達卡（Dhaka），全國人口 158,570,535 人（2011）[2]。國體共和制，政體議會制，國會一院制，總統為民選之名譽元首，行政首長為總理。（見圖 24-1）主要輸出茶、黃麻、農產品，輸入食物、日用品、化學品。[3]孟國國內生產總值（GDP）105,400（百萬）美元，在 190 個國家排名第 57 名；每人國民所得（GNP）640 美元（2010），在 182 個國家排名第 158 名。孟國政治與公民兩種自由程度在 2010 年的分數前者為 3，後者為 4，歸類為部分自由國家；透明國際（Transparency International）中的 2010 年的貪污調查分數為 2.4，

---

[1]　*Jane's Fighting Ships.2004-2005*, Edited by Commodore Stephen Saunders RN, Virginia U.S.A, p.43.

[2]　CIA, The World Factbook.(https://www.cia.gov/index.html) (2011/05/20)

[3]　《世界各國簡介暨各國首長名冊》，中華民國外交部，2001 年，頁 6。

在 178 個國家中排名第 134 名；聯合國（2010）最適合居住國家的人類發展指數為 5.3，在 169 個國家中孟國排名第 129 名。[4]

孟加拉於 1972 年獨立，國家地小人稠，天災頻仍，人民普遍貧窮，所得收入低造成人民不滿。2009 年，孟加拉正規部隊的邊防軍「孟加拉步槍隊」以武力叛變要脅當局調高薪餉、加配糧食與增加休假天數，造成數百民軍民傷亡，此舉激發其他感同身受的邊防軍士兵響應。[5]另外，孟加拉每年的水災日益嚴重，加上幾年來氣候變遷劇烈，海平面不斷上升致使部分國土淹沒，估計約二十萬人將被迫離開家園。[6]

第二節　歷史沿革（History）

孟加拉海域防衛署（Bangladesh Coast Guard）是由海軍轉移出來的單位，過去海域巡邏是交由海軍負責，但隨著他們的責任與工作量增加，海軍逐漸難以應付海域治安及諸多任務的執行，其軍事角色也使任務變得不便。並且海軍在海域的法律內涵是受到限制的，如果海軍參與海域執法，外國船舶與人員的管制也成為他們的職責，那麼其部屬的範圍與力量分配將會變得不均衡。於是，政府在 1994 年時，由國家議會決定開始籌組專責海域執法的單位。於 1995 年 2 月 14 日正式成立海域執法機制，並開始操作服務，艦艇多是從海軍那裡接收的巡邏艇。成立的目的是為了防範往來於孟加拉灣的海盜，並與國家海軍及各種海域安全單位都有合作。[7]

---

[4] 五類指標詳情請見本書導論，頁 11-13。

[5] 陳文和，《中國時報－國際新聞》〈孟加拉兵變　至少 77 軍官遭屠殺〉，2009/03/02。

[6] 《BBC 中文網》〈孟加拉呼籲富國收納氣候移民〉，2009/12/05。（http://www.bbc.co.uk/）（2009/12/08）

[7] Bangladesh Military of Forces, Bangladesh Coast Guard-Overview, (http://www.bdmilitary.com/) (2011/05/20)

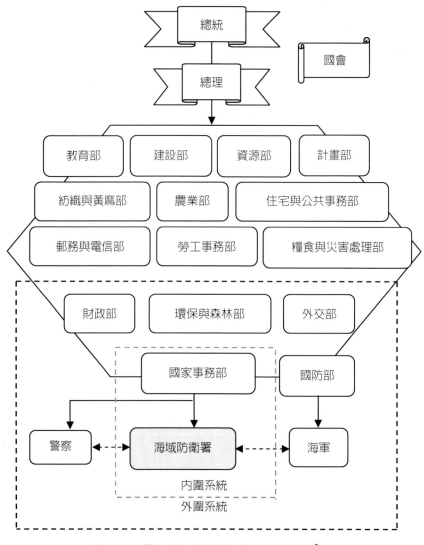

圖 24-1　孟加拉海域執法相關部門互動圖[8]

資料來源：作者自繪

8　National Web Portal of Bangladesh, Ministries and Divisions, (http://www.bangladesh.gov.bd/index.php?option
　=com_frontpage&Itemid=1) (2011/05/20)

第三節　組織、職掌與裝備
（Organization, Duties and Equipment）

壹、孟加拉海域防衛署（Bangladesh Coast Guard）

一、組織與職掌

孟加拉海域防衛署隸屬於國家事務部（Ministry of Home Affairs），指揮官為擁有軍銜的海軍准將（Commodore）。海域防衛署的裝備與人力並不充裕，艦艇資源多仰賴海軍提供，與海軍的合作關係仍然密切；另外也與海洋問題相關之政府部門及警察合作。[9]（見圖 24-1）他們優先執行的責任是依據國家法與國際海洋法中一切法令。於 1994 年清楚定義的主要職責有：

（一）保護海上的國家利益

（二）保護國家漁場

（三）防範非法移民

（四）海域汙染控制

（五）抑制海盜活動

（六）防止走私與交易違法武器、藥物

（七）海域救災行動

（八）搜尋與救援遇險人員

（九）沿岸森林保存

（十）二十四小持續監視國家海域

（十一）內陸河流巡邏

另外，他們還需要執行一切政府分配的其他義務。海域防衛署的次要責任是，在戰爭與國家危機時協助孟加拉海軍。

---

[9]　Bangladesh Military of Forces, Bangladesh Coast Guard-Overview, (http://www.bdmilitary.com/) (2011/08/22)

海域防衛署於兩大港口吉大港（Chittagong）與蒙哥拉港（Mongla）皆有部署救生筏與巡邏艇。指揮中心分為東區、西區、南區及位於首都達卡（Dhaka）的總指揮中心等四大中心。[10]他們的巡邏範圍不僅在海域而已，國內各大小河流亦為其執行任務範圍，國內主要分為恆河（Ganga River）、布拉馬普特拉河（Brahmaputra River）、梅格納河（Meghna River）三大水系。主要河流有恆河下游、賈木納河（Jamuna River）（布拉馬普特拉河下游）、帕德瑪河（Padma River）等，內河航運線總長約六千公里。[11]

因孟加拉普遍經濟狀況不佳，走私問題層出不窮，海域防衛署更加嚴謹的巡邏海域可疑船舶，例如 2007 年 11 月於孟加拉灣的聖馬丁島（Saint - martin Island）附近逮捕了走私物品至緬甸的八名漁夫並扣押走私的四百袋肥料，這些肥料在緬甸是可以賣到更好的價錢，海域防衛署最後將現行犯與走私物一同交給了 Teknaf 地區的警察局處理。[12]

二、裝備[13]

目前海域防衛署的人員約 1,000 人。其艦艇自創立以來，多接收海軍之艦艇，但噸位數偏小數量也不多，專屬海域防衛署的艦艇製造，至 2006 年才開始委託製造軍用艦艇之公司。現在防衛署艦艇總計 19 艘：

（一）5 艘 69.5 噸 PABNA 級的巡邏艦艇，主要執行內陸河流與海域近岸之巡邏，駐於達卡與蒙哥拉港。

（二）4 艘 PORTE GRANDE 級近岸巡邏艇，駐於達卡。

（三）1 艘 RUPOSHI BANGLA 級 195 噸近岸巡邏艇。

（四）8 艘 SHANGHAI II 級 134 噸快速攻擊艇。

（五）1 艘 24 噸近岸巡邏艇。

---

[10] Bangladesh Coast Guard, Areas of Jurisdiction, (http://www.coastguard.gov.bd/jurisdiction.html) (2011/08/22)

[11] Bangladesh River Systems, (http://countrystudies.us/bangladesh/25.htm) (2009/12/15)

[12] Burma News International , Bangladesh coast guard seize 400 sacks of fertilizer, arrest eight, 2007/11/07, (http://www.bnionline.net/index.php?option=com_content&task=view&id=2987&Itemid=6) (2011/08/22)

[13] Bangladesh Military of Forces, Naval Warfare, (http://www.bdmilitary.com/) (2011/08/22)

貳、孟加拉海軍（Bangladesh Navy）

一、組織與職掌

海軍建立於 1972 年，目的是保衛國家領海權益、國家的海上資源運用及保衛船舶的海上航行安全，巡邏範圍從內陸河流延伸至領海區域。海軍的主要職責有捍衛孟加拉領海、在戰爭期間持續保持海上通訊、戰爭期間保衛港口暢通與安全、保護本國捕魚船舶安全、海域防衛的義務、巡邏內陸河流、海上的搜尋與救難、對海上艦艇發出暴風警報、保護孟加拉商船、義務的維持並監督國家安全與和平、義務的監督洪水與暴風的變化、控制船舶組織、海洋資源探勘以及任何政府下令海軍執行的任務。[14]

二、裝備

海軍人員 24,000 人。現有艦艇總計 102 艘艦艇，包含 1 艘 Gianghu 級 1,702 噸與 1 艘 Ulsan 級 2,370 噸之引導飛彈驅逐艦；2 艘 Leopard 級 2,520 噸與 2 艘 Salisbury 級 2,408 噸之巡邏驅逐艦；2 艘 MEKO A-200 級與 Milgem 級同樣為 2,000 噸的輕武裝快艦；5 艘 Hegu 級 7,902 噸快速攻擊艇；5 艘 Huangfeng 級 205 噸快速攻擊艇；29 艘介於 143 噸至 1,260 噸各式巡邏艇；1 艘 176 噸 Akagi 級近岸巡邏艇；1 艘 C-0224 級吉大港官方巡邏艇；16 艘 85 噸至 375 噸兩棲巡邏艇。6 艘 590 噸至 890 噸佈雷艇；1 艘 687 噸搜尋與救難艦艇；6 艘 1,260 噸實習艦；6 艘 802 噸至 600 噸後備支援艇；12 艘 330 噸的近岸拖船及 1 艘 1,472 噸的海洋拖船。1 個漂浮碼頭、1 艘起重船、1 艘 477 噸的搶救與修繕艇、2 艘分別為 213 噸 2,900 噸的補充艦艇。[15]

---

[14] Bangladesh Military Forces, Force overview, (http://www.bdmilitary.com/) (2011/08/22)
[15] Bangladesh Military of Forces, Naval Warfare, (http://www.bdmilitary.com/) (2011/08/22)

第四節　權限與管轄（Authority and Jurisdiction）

孟加拉海域防衛署執行任務是依據近一百年逐年設立的海洋法令：

壹、國家法：

一、1908 年港務活動法

二、1927 年森林活動法

三、1950 年漁業活動保護法

四、1969 年麻醉控制法

五、1969 年國家活動法

六、1974 年領海區域活動法

七、1982 年移民法

八、1983 年海洋漁場法令

九、1983 年航運法令

十、1994 年孟加拉海域防衛行動法

十一、1995 年海域環境保護法

貳、國際法：

一、1972 年世界文化和自然遺產保護法

二、1973 年國際污染防治法

三、1982 年海洋國際法

四、1992 年國際生物差異法令

海域防衛人員是執行以上法令之首要單位。執行這些任務會與國內其他海洋事務單位及海軍配合，其他部門便可在海域防衛署的協助下實行他們的法律行動。海域防衛署任務範圍是在 1982 年政府確認的海域內執行，主要有內流河域、國家領海、與他國相接之邊界水域、專屬經濟海域及大陸架。另外，孟加拉政府將被列入世界人類遺產清冊的孫德爾班

斯紅樹林（Sundarban Mangrove *Forest*）及達卡之沿岸河流之維護交予防衛署，孫德爾班斯紅樹林內的孟加拉虎同樣也是防衛署之保護對象。[16]

第五節　與我國制度之比較
（A Comparison with Taiwan Coast Guard）

　　首先，孟加拉海域防衛署雖然隸屬於國家事務部，但是國家遇有緊急危難時便受海軍指揮協助作戰；我國海巡署則隸屬於行政院，主要任務是維護海域安全，在戰爭時亦受命於國防部指揮協助海軍作戰。其次，孟加拉海域防衛署的巡邏與執法範圍不僅在孟加拉灣的海域還包含國內的河流；我國分為洋總局與岸總局，巡邏範圍為海域與岸邊查緝，國內河流區域則不在執勤範圍內。最後，孟加拉海域防衛署指揮官為具有軍銜的海軍准將；我國海巡署亦為軍文並用之海域執法機構。

第六節　結語（Conclusion）──特徵（Caracterristics）

　　孟加拉南臨孟加拉灣，海岸線長 579.6 公里，分為四大中心，以下為其海域執法制度特徵。

壹、集中型

　　孟加拉設有海域防衛署做為專職的海域執法單位。

貳、三級制──隸屬於國家事務部

　　海域防衛署為隸屬於國家事務部的三級單位。

亞洲篇

孟加拉海域執法制度

---

[16] Bangladesh Coast Guard, Role of Coast Guard, (http://www.coastguard.gov.bd/jurisdiction.html) (2011/08/22)

參、內陸河湖亦為巡邏範圍

主要河流有恆河下游、賈木納河、帕德瑪河等，內河航運線總長約六千公里皆為海域防衛署巡邏範圍。

肆、與海軍、警察皆有密切合作關係

海域防衛署在戰爭與國家危機時協助海軍；將走私嫌犯及物品交給警察偵查。

第 25 章　巴基斯坦海域執法制度

目錄

第一節　國情概況（Country Overview）……………………… 257

第二節　組織、職掌與編裝
　　　　（Organization, Duties and Equipment）……… 258

第三節　教育與訓練（Education and Training）………… 262

第四節　與我國制度之比較
　　　　（A Comparison with Taiwan Coast Guard）……… 263

第五節　結語（Conclusion）──特徵（Characteristics）… 263

第一節　國情概況（Country Overview）

　　巴基斯坦伊斯蘭共和國（Islamic Republic of Pakistan）位於南亞，西北界阿富汗（Afghanistan），東鄰中國（China）、印度（India），西接伊朗（Iran），南臨印度洋（Indian Ocean），西南濱阿拉伯海（Arabian Sea）。全國面積 803,940 平方公里，是台灣的 22 倍。海岸線長 1,046 公里，領海 12 浬，專屬經濟海域 200 浬。[1]

　　首都伊斯蘭堡（Islamabad），全國人口 187,342,721 人（2011）[2]。國體聯邦共和國，政體總統制，國會兩院制。（見圖 25-1）主要輸出米、棉花、紡織品、皮革，輸入糧食、電器、化學品。[3]巴國國內生產總值（GDP）174,800（百萬）美元，在 190 個國家排名第 47 名；每人國民所得（GNP）1,049 美元（2010），在 182 個國家排名第 143 名。巴國政治權利與公民自由兩種自由程度在 2010 年的分數前者為 4，後者為 5，歸類為部分自由國家；透明國際（Transparency International）中的 2010 年的貪污調查分數為 2.3，在 178 個國家中排

---

[1] *Jane's Fighting Ships.2004-2005*, Edited by Commodore Stephen Saunders RN, Virginia U.S.A, p.526.

[2] CIA, The World Factbook.(https://www.cia.gov/index.html) (2011/05/25)

[3] 《世界各國簡介暨各國首長名冊》，中華民國外交部，2001 年，頁 104。

名第 143 名；聯合國（2010）最適合居住國家的人類發展指數為 5.4，在 169 個國家中巴國排名第 125 名。[4]

巴國建國以來與印度發生三次浴血戰爭，1971 年第三次印巴之戰導致東巴基斯坦獨立為孟加拉（Bangladesh）。巴國政治與社會狀況混亂，多次發生恐怖攻擊。巴國前總理班娜姬·布托堪稱巴基斯坦民主的代表人物，但其親西方和反恐的極端主義言論卻使她陷入困境，終於 2007 年 12 月 27 日遭受恐怖攻擊而身亡，此一事件為已經動盪不安的巴國政府埋下了更大的引爆點。[5]美國《新聞週刊》號稱巴國為「全世界最危險的國家」，其宗教、民族、歷史及政治問題糾葛複雜，巴國總理穆夏拉夫及其政敵班娜姬的親西方行為，激起國內伊斯蘭教基本教義派的不滿，遂進行多次暗殺，使得巴國民主進程蒙上了險惡陰霾。[6]近幾年巴基斯坦與印度的緊張關係又再次引爆，印度指控巴國涉及孟買的恐怖攻擊案，揚言將國內與印巴邊境安全警戒提高制戰爭層級，兩國恐觸發第四次大戰。[7]

第二節　組織、職掌與編裝
（Organization, Duties and Equipment）

壹、巴基斯坦海域防衛局（Pakistan Coast Guard, PCG）

一、組織與職掌

巴基斯坦海域防衛局成立於 1971 年，雖然他們由海軍操控，但卻是對內政部負責。其總部位於卡拉其（Karachi），PCG 任務為負責海域航線標誌設立、海域邊防、反走私操作和其他海洋維護任務。PCG 獨立後也將他們的設施與艦隊裝備升級，以抵抗近幾年日益嚴重的走私、海盜和恐怖分子威脅。PCG 的指揮官為局長，平日本局為維護海域安全及國家利益，戰時便支援巴基斯坦軍隊。PCG 在沿岸設立多個特別檢查哨，定時巡邏並傳送訊息

[4] 五類指標詳情請見本書導論，頁 11-13。
[5] 楊明暐，《中國時報－焦點新聞》〈親西方和反恐　班娜姬「再」劫難逃〉，2007/12/28。
[6] 閻紀宇，《中國時報－焦點新聞》〈最危險的國家　民主曙光乍現即滅〉，2007/12/28。
[7] 陳文和，《中國時報－國際新聞》〈恐怖攻擊效應　印巴劍拔弩張〉，2008/12/01。

回總部。當走私或其他非法活動發生時,便使用監察網路與 PCG 總部指揮官商討處理事宜。PCG 於各高威脅區與各檢查哨均設置現代通訊與監視裝備執行任務。

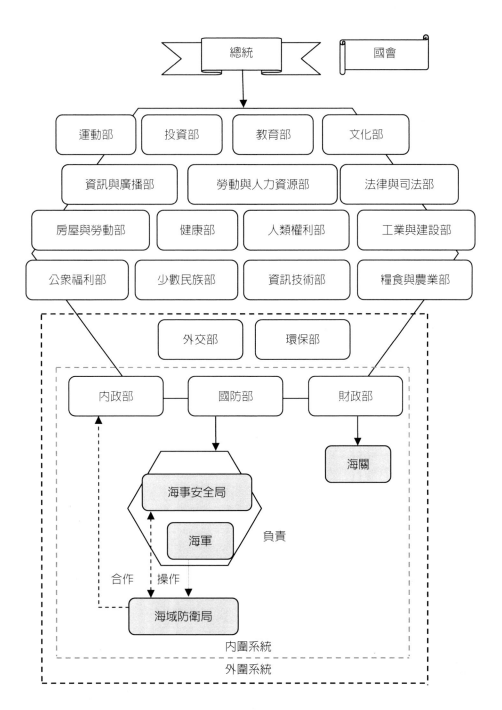

圖 25-1　巴基斯坦海域執法相關單位互動圖

資料來源:作者自繪

近年來 PCG 在沿海水面承擔更大的責任,因為印度、孟加拉與各東南亞國家走私的案件日趨嚴重。因此,PCG 在巨大壓力下捕捉非法移民和印度洋海域的非法運輸。巴基斯坦主要港口,例如卡拉其時常有恐怖分子進行轟炸攻擊破壞城市工業發展,並且在有組織的煽動下提升種族之間的緊張局勢。以上海域犯罪偵查及港口城市的安全維護都是 PCG 要去承擔的責任。有時面對無法應付之任務,至使人力與裝備不足,PCG 便會與隸屬於海軍的海事安全局(Maritime Security Agency)合作。[8]

二、裝備

PCG 現有 4,000 名人員,裝備共計有 5 艘,分別為 1 艘 52 噸 SWALLOW 級巡邏艇、4 艘 23 噸 CRESTIFALA MV 55 級巡邏艇。[9]

貳、巴基斯坦海事安全局(Pakistan Maritime Security Agency, MSA)

一、組織與職掌

海事安全局成立於 1986 年,是隸屬於國防部的準軍事機構,其人員與裝備均來自海軍。MSA 總部設立於卡拉其,負責保護巴國領海,但他們的職責並不與 PCG 重疊。MSA 主要任務有進行海濱巡邏,保護巴國領海內捕撈漁船安全,勸阻漁民至印度洋及有爭議的海域邊境捕撈;維護專屬經濟海域 200 浬的主權權利,執行海域搜尋與救難;與海軍合作保護海洋生物及環境,特別是在監視船舶油汙溢出與其他人為汙染。[10]

二、裝備

海事安全局現有人員約 2,000 人,艦艇共計有 6 艘,分別為 2 艘 131 噸 SHANGHAI 與 II 級快速攻擊艇、1 艘 3,500 噸 GEARUNG 級巡邏艦、1 艘 435 噸 BARKAT 級巡邏艦。[11]

---

[8] Pakistan Coast Guard, (http://en.wikipedia.org/wiki/Pakistan_Coast_Guard) (2011/08/23)
[9] Pakistan Coast Guard, (http://en.wikipedia.org/wiki/Pakistan_Coast_Guard) (2011/08/23)
[10] Pakistan Military Consortium, (http://www.pakdef.info/pakmilitary/navy/index.html) (2010/01/19)
[11] Pakistan Maritime Security Agency, (http://www.msa.org.pk/) (2011/08/23)

參、巴基斯坦海軍（Pakistan Navy, PN）

一、組織與職掌

巴基斯坦皇家創立於 1947 年 8 月 14 日，隸屬於國防部。武力重建委員會（Armed Forces Reconstitution Committee, AFRC）當時在印度及巴國間制訂了軍事系統，並於各重要港口配置海軍艦艇及人員。PN 主要負責巴國 1,046 公里長的海岸線及各港口的軍事防禦。雖然目前 PN 的能量並不大，但其人員訓練有素也使其成為不可小覷之軍事單位。PN 的潛水艇及航空器於阿拉伯海北方部署了一支不小的部隊，以期在此區域可以擔當維護好秩序及和平的角色。儘管他們的資金及裝備有限，但美國提供麻醉劑、武器及並與巴國組成防止走私的聯合特遣部隊，於領海地區發揮不小的影響。巴基斯坦海軍組成的聯合特遣部隊，也支援了追捕索馬利亞海盜的國際共同任務。PN 共有七個主要司令部：

（一）COMKAR（卡拉其司令官）：為海軍提供訓練設施及服務，負責海軍各項協議以及港口防禦。

（二）COMPAK（巴基斯坦艦隊司令官）：負責海面、次級表面以及航空行動命令。

（三）COMCOAST（海岸）：指揮海軍陸戰隊及沿海駐地的特別命令司令官。

（四）COMLOG（後勤）：負責海軍所有艦艇的修理、維護和後勤基礎設施。

（五）FOST（海軍將官訓練）：負責海上作戰的各類型訓練，

（六）COMNOR（北方司令官）：管理阿拉伯海北部的海軍基地。

（七）COMWEST（西方司令官）：管理海軍位於西部的基地。海軍基地有 Ormara、Pasni、Gwadar 和 Jiwani。[12]

二、裝備

巴基斯坦海軍目前約有 24,000 名正式人員及 5,000 名儲備人員。裝備計有 5 艘潛水艇、4 艘 F-22P Zulfiquar 級驅逐艦、6 艘 21 型或 亞馬遜級驅逐艦、1 艘 Oliver Hazard Perry 級驅逐艦。4 艘 Tripartite 級搜尋水雷艦、4 艘 Jalalat 級、1 艘 Larkana 級、3 艘 Huangfeng 級、

---

[12] Pakistan Navy, (http://www.paknavy.gov.pk/) (2010/02/24)

1 艘 Hegu 級的導彈艦艇。4 艘海上戰略平台、8 艘輔助艦艇、1 艘實習艦、4 艘氣墊船、17 艘大小不等巡邏艇。配有 48 架戰鬥機及直升機。[13]

肆、巴基斯坦海關（Pakistan Customs Service）

一、組織與職掌

巴基斯坦海關創立於 1924 年 4 月 1 日，1944 年全部職則由財政部負責，1974 年將海關內部進行簡化重新組織，2007 年監督海關的中央委員會改為現在的聯邦委員會。海關隸屬於財政部，行政工作由文職人員擔任，但艦艇巡邏操作卻是交由海軍人員負責。[14]

二、裝備

具有 18 艘 CRESTIFALIA MV 55 級巡邏艦艇。[15]

第三節　教育與訓練（Education and Training）

巴國設有巴基斯坦海軍學院（Pakistan Naval Academy），其為海軍軍官基礎培訓學校，海軍、MSA 及 PCG 人員教育均來自於此。海軍學院提供各種基本及進階訓練，海軍多位高級將官均畢業於本校。另外，巴國也設有海軍戰爭學院的研究學校，教育海軍陸戰隊作戰技術。針對海軍各項技能還另有多所訓練機關：PNS Bahadur 教育專業技能；PNS Himalaya 進行水手基本訓練；PNS Karsaz 為巴國海軍創立的最大技術訓練組織，其附屬組織有 PNS MEHRAN、PNS JAUHAR、PNS BAHADUR、ASD 和其他 PN 的子機構；PNS Jauhar 為軍官技術訓練學校。

---

[13] Pakistan Navy, (http://www.paknavy.gov.pk/) (2010/02/24)

[14] Pakistan Custom, (http://www.cbr.gov.pk/newcu/) (2010/02/24)

[15] *Jane's Fighting Ships.2004-2005*, Edited by Commodore Stephen Saunders RN, Virginia U.S.A, p.533.

第四節　與我國制度之比較
（A Comparison with Taiwan Coast Guard）

　　首先，巴基斯坦海域執法主要是交由軍人操控的海域防衛局負責，其人員與裝備雖然均來自於國家軍隊，但卻是直接向內政部負責；台灣的海巡署為非軍事單位，所有人員及裝備與國家軍隊沒有直接關係，是為隸屬於行政院的部會級機構。其次，巴國海域防衛局如遇無法獨力應付之狀況時，會與同樣屬於海上安全單位的海事安全局合作執行任務；台灣海巡署為獨立之海域執法單位，國內也並無設立其它海域安全機構，因此並沒有可合作之單位，因此海巡署的權能區分格外重要。最後，巴國極為重視國家海域安全單位的發展與專業，因此國內所有海事機構的人員都來自於海軍訓練學校，另外針對專業技能也設有其他訓練機關，發展人員多樣性及專業；台灣海巡人員多來自於警察大學水警系，或是由考試進入擔當職務，日後再進行專業課程教育。

第五節　結語（Conclusion）──特徵（Characteristics）

　　巴基斯坦西南濱阿拉伯海，為一面環海國家，海岸線總長 1,046 公里，以下為巴國海域執法制度特徵。

壹、集中制

　　巴基斯坦海域執法是由隸屬於內政部的海域防衛局負責。

貳、三級制──隸屬於內政部

　　海域防衛局雖對內政部負責，卻是人員與裝備來自於國家軍隊的準軍事三級單位。

參、岸海合一

偷渡、走私與恐怖份子活動猖獗，因此海域防衛局於各港口及沿岸設置檢查哨，並於近海巡邏，如遇狀況便可迅速傳訊總部處理。

肆、專屬艦艇數量少

巴國沿岸海域非法活動盛行，身為國內唯一海域執法單位，卻僅有 5 艘艦艇可供使用。

伍、與海事安全局合作密切

因其裝備不足，如遇不足以應付之事件，便需要海事安全局的支援合作。

陸、專業教育搖籃

PCG 人員皆來自於巴基斯坦海軍學院。

第 26 章　馬爾地夫海域執法制度

目錄

第一節　國家概況（Country Overview）……………………………265

第二節　歷史沿革（History）……………………………………266

第三節　組織、職掌與編裝

　　　　（Organization, Duties and Equipment）……………268

第四節　教育與訓練（Education and Training）……………269

第五節　與我國制度之比較

　　　　（A Comparison with Taiwan Coast Guard）………269

第六節　結語（Conclusion）——特徵（Characteristics）……269

第一節　國家概況（Country Overview）

　　馬爾地夫共和國（Republic of Maldives）是印度洋（Indian Ocean）上的一個群島國，位於印度（India）南方、斯里蘭卡（Sri Lanka）西南方，由 1,190 個南北縱列之珊瑚礁小島組成 26 個珊瑚礁組群，其中僅 200 個小島有人居住，各島平均不超過海拔 1.8 米。全國面積 300 平方公里，是面積 150 平方公里的金門的 2 倍大。海岸線長 644 公里，領海 12 浬，宣稱 200 浬專屬經海域僅有部分被邊界協議（boundary agreement）界定。[1]

　　首都馬律（Male），全國人口 394,999 人（2011）[2]。國體共和制，政體總統制，設有國民議會。（見圖 26-1）主要輸出魚與龜製品、椰乾、郵票，輸入米、製成品。[3]馬國國內生

---

[1]　*Jane's Fighting Ships.2004-2005*, Edited by Commodore Stephen Saunders RN, Virginia U.S.A, p. 463.

[2]　CIA, The World Factbook.(https://www.cia.gov/index.html) (2010/05/07)

[3]　《世界各國簡介暨各國首長名冊》，中華民國外交部，2001 年，頁 32。

產總值（GDP）1,433（百萬）美元，在 190 個國家排名第 118 名；每人國民所得（GNP）4,473 美元（2010），在 182 個國家排名第 91 名。馬國在自由之家（Freedomhouse）的政治權利與公民自由兩種自由程度在 2010 年的分數前者為 3，後者為 4，歸類為部份自由國家；透明國際（Transparency International）中的 2010 年的貪污調查分數為 2.3，在 178 個國家中排名第 143 名；聯合國（2010）最適合居住國家的人類發展指數，在 169 個國家中馬國排名第 107 名。[4]

馬國於 1887 年成為英國保護國，1965 年 6 月 26 日，英國獲得 Gan 島租借權並同意馬國獨立。[5]馬國向由蘇丹統治（Sultans），1957 年推舉蘇丹 Ibrahim Nasir 為總統，成為國家現代化締造者。馬人自 12 世紀中葉改信回教，至今嚴格之宗教規範成為安定社會之重要因素。旅遊業及漁業為兩大經濟支柱。馬國外交遵循「不結盟政策」（non-aligned policy），經濟仰賴觀光事業，故對各國友善。[6]馬國平均海拔只有一公尺，是全球最低窪國家，是世界受氣候變遷威脅最嚴重國家之一，即將面臨海平面不斷上升的滅頂之災，馬國政府已委託專業公司評估，為他們設計及打造漂浮島嶼。[7]

第二節　歷史沿革（History）

馬爾地夫國防部隊（Maldives National Defence Force）是維護國家主權與安全的國安力量，主要任務是負責國家內部與外部和平，組成部門有海域防衛署（Coast Guard）、海軍陸戰隊（Marine Corps）、以及包含步兵的特種部隊（Special Forces）。（見圖 26-1）海域防衛署正式成立於 1980 年 1 月 1 日，是隸屬於國防部隊的海事力量，也是國內最古老的武裝單位。1988 年曾遭到解放組織的恐怖份子襲擊，此事件過後，為防未來再次出現類似事件，英國贈與他們巡邏艇。1998 年在英國的協助下，委託斯里蘭卡建造三艘巡邏艇，國家理事會也自行購入一艘 17 呎的消防艇。2004 年的南亞海嘯後，政府開始高度重視國內需要有較大的巡邏艦艇以備不時之需，後來印度贈與一艘 46 呎長的卡特級快速巡邏艇。近年來，馬國收購兩艘較大型的巡邏艇，但海域防衛署多數仍屬小型艦艇。[8]

---

[4]　五類指標詳情請見本書導論，頁 11-13。
[5]　《世界各國簡介暨政府首長名冊》，中華民國外交部禮賓司編印，2001 年 9 月，頁 32。
[6]　中華民國外交部，外交資訊網頁（2010/05/07）
[7]　陳成良編譯，《自由時報－國際新聞》〈馬爾地夫　擬建漂浮島移居〉，2010/04/02。
[8]　Maldives National Defence Force, (http://en.wikipedia.org/wiki/Maldives_National_Defence_Force#Coast_Guard) (2010/05/10)

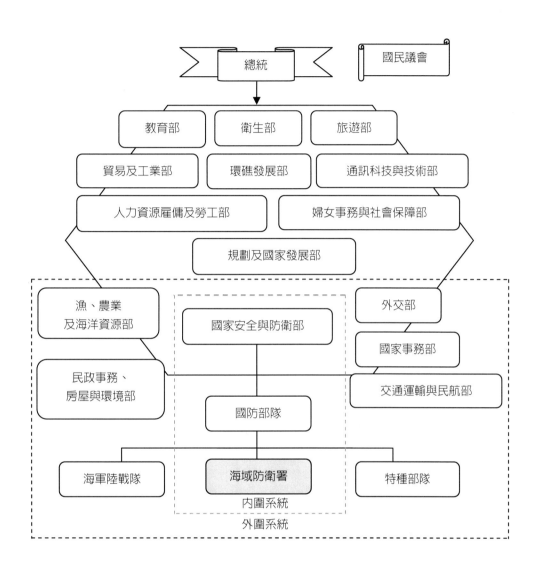

圖 26-1　馬爾地夫海域執法相關部門互動圖

資料來源：作者自繪

第三節　組織、職掌與編裝
（Organization, Duties and Equipment）

馬爾地夫海域防衛署（Maldives Coast Guard）

一、組織與職掌

馬爾地夫為群島國家，海域安全是國內首要的防禦重點。自 2008 年新政權上台後，海域防衛署身為國防部隊的一支，一直是政府優先更新的單位。他們共分為四大分區，總部位於首都馬律，擔任了戰略指揮與後勤儲備的角色，於北、中、南島嶼也有其佈署。海域防衛署在海域的任務，大多是監督領海與專屬經濟海域是否有外國盜獵者入侵。他們也會回應海上求援訊號，進行搜索並及時救援。針對海域汙染控制，每年定期進行演習以熟悉和處理這些危險狀況。主要任務包括保護領海與專屬經濟海域以及海洋環境，對海難進行搜救打撈，以國家海事法執行任務，國家邊境管制，沿海監測非法行動，但實際執行能力有限。[9]

二、裝備

目前馬國海域防衛署有 400 人員，裝備計有 10 艘艦艇，包含 2 艘 58 噸 ISKANDHAR 級、4 艘 38 噸 TRACKER II 級、1 艘 24 噸 CHEVERTON 級、1 艘 20 噸 DAGGER 級巡邏艇。[10]以及 2007 年，購入的兩艘大型近岸巡邏艇。

---

[9]　Maldives coast guard, (http://www.mndf.gov.mv/v3/?page_id=659) (2011/08/23)

[10]　*Jane's Fighting Ships.2004-2005*, Edited by Commodore Stephen Saunders RN, Virginia U.S.A, pp. 463- 464.
　　 Maldives coast guard, Wikipedia, (http://en.wikipedia.org/wiki/Maldivian_Coast_Guard) (2011/08/23)

第四節　教育與訓練（Education and Training）

　　馬國國防部隊下設防衛研究所（Defence Institute）負責國防教育與培訓，以確保國家的軍事策劃可以嚴密的執行。研究所的成立專門培訓國防人員的軍事訓練，研究所人員以嚴格篩選進入所內受訓。他們的訓練內容以海洋理論、艦艇操作及其他專業領域為主，以團體或個人方式進行培訓，目的是提高國防人員的專業水平，本所也經常與他國進行聯合訓練演習。另外，馬國海域防衛署也常將優秀軍官送至他國受訓，例如美國的海軍學院便是其中之一。[11]

第五節　與我國制度之比較
　　　　（A Comparison with Taiwan Coast Guard）

　　馬爾地夫以群島組成，分散於印度洋上，即使國土狹小也努力增強海域安全，南北縱列的島嶼上有四大海域防衛署駐點。海域防衛署是專責的三級海域執法單位，但其實屬於國家的國防部隊，不僅肩負海難搜救、偵查盜獵者、海域汙染監控以及執法的責任，還要承擔軍事防衛的責任。可惜他們面對廣大海域，軍事能量不足，難以應付實際問題。相反的，我國分別設有專職海域執法單位，與海軍在權責、裝備與人力上各有所屬，不易出現與馬國同樣問題。

第六節　結語（Conclusion）──特徵（Characteristics）

　　馬爾地夫群島位於印度洋，由 1,190 個小島合成 26 個珊瑚環礁組，在總長 644 公里的海岸線上設有四大分區，以下為其海域執法制度特徵。

---

[11] Maldives National Defence Force, Education and Training, (http://www.mndf.gov.mv/v3/?page_id=659) (2011/08/23)

壹、海軍型海域執法機制

海域防衛署為馬國國防部隊分支，負責軍事防衛，同時也執行國家海事法，偵查海域非法行動。

貳、專業教育搖籃

國防部隊下設防衛研究所，主要培訓海域防衛署專業人員。

參、艦艇數少，噸位小

全國僅有 8 艘艦艇，最大噸位數僅有 58 噸。

第 27 章　斯里蘭卡海域執法制度

目錄

第一節　國家概況（Country Overview）…………………271

第二節　組織、職掌與裝備
　　　　（Organization, Duties and Equipment）…………272

第三節　教育與訓練（Education and Training）…………276

第四節　與我國制度之比較
　　　　（A Comparison with Taiwan Coast Guard）…………277

第五節　結語（Conclusion）——特徵（Characteristics）…………277

第一節　國家概況（Country Overview）

斯里蘭卡民主社會主義共和國（Democratic Socialist Republic of Sri Lanka）為印度洋（Indian Ocean）上的島國，北部及西南方分別與印度（India）、馬爾地夫（Maldives）隔海相望，東北臨孟加拉灣（Bay of Bengal）。全國面積 65,610 平方公里，是台灣的 2 倍大。海岸線長 1,340 公里，領海 12 浬，專屬經濟區 200 浬。[1]

首都可倫坡（Colombo），全國人口 21,283,913 人（2011）[2]。國家總統制，國會一院制，內閣以總理為首向總統負責。（見圖 27-1）主要輸出茶葉、鑽石、紡織成衣，輸入原油、糖、機械設備。斯國國內生產總值（GDP）48,240（百萬）美元，在 190 個國家排名第 74 名；每人國民所得（GNP）2,364 美元（2010），在 182 個國家排名第 121 名。斯國政治權利與公民自由兩種自由程度在 2010 年的皆為 4，歸類為部份自由國家；透明國際（Transparency International）中的 2010 年的貪污調查分數為 3.2，在 178 個國家中排名第 91 名；聯合國（2010）最適合居住國家的人類發展指數為 4.7，在 169 個國家中斯國排名第 91 名。[3]

---

[1]　CIA, The World Factbook.(https://www.cia.gov/index.html) (2010/08/16)

[2]　CIA, The World Factbook.(https://www.cia.gov/index.html) (2011/05/25)

[3]　五類指標詳情請見本書導論，頁 11-13。

斯國原稱錫蘭，1505 年遭葡萄牙佔領，1602 年荷蘭驅逐葡人。1818 年英人前來殖民，1947 年成立自治政府。1948 年 2 月 4 日正式獨立為錫蘭國（CEYLON）。1972 年修憲更名為「斯里蘭卡共和國」。1978 年再度修憲，改國號為現名，雖廢除英王為象徵性代表，但仍是大英國協一員。[4]

第二節　組織、職掌與裝備
（Organization, Duties and Equipment）

壹、斯里蘭卡海域防衛處（Sri Lanka Coast Guard, SLCG）

一、組織與職掌[5]

斯里蘭卡海域防衛處正式名稱" Department of Coast Guard"，為國內正式的安全部隊，專斯國家領海安全。斯國迫切需要 SLCG 的存在，以防止毒品走私案件的增加。2009 年前，SLCG 原隸屬於漁業暨水產資源部（Ministry of Fisheries and Aquatic Resources），管理漁業捕撈及保護沿海地區自然資源。議會提出 SLCG 的重建草案，2009 年後通過法案，所有人員、資產全轉交隸屬於國防部，並可使用國防部設備也具有文職身份。從此，重新改組的 SLCG，將協助斯里蘭卡海軍，以防止非法移民、販毒、走私武器等活動。

政府期望 SLCG 的成立可以鞏固斯國領海權益，防止他國非法捕撈和偷獵漁業資源。單位的重新改組有助於他們得到廣泛的權力，其中增加了檢測及扣押武器、防止販賣毒品出入境、非法移民及非法捕撈等職權。本單位有權截停可疑船舶並登艇搜查，登艇人員依規定可攜帶必要武器值勤，有權逮捕違法之可疑罪犯。其主要任務如上述外，還包含海難搜索及救援，協助海關打擊走私及移民活動，於專屬經濟海域執法，制止可能發生在領海的恐怖活動。另外，SLCG 將協助相關單位保護海洋環境，預防和控制海洋污染及其他海上災害。

---

[4]　中華民國外交部，外交資訊網頁（2010/08/20）
[5]　Sri Lanka Ministry of Defence, (http://www.defence.lk/english.asp) (2011/08/23)

二、裝備

重新改制的 SLCG 擁有 200 名成員，4 艘由海軍轉移的專屬艦艇。[6]

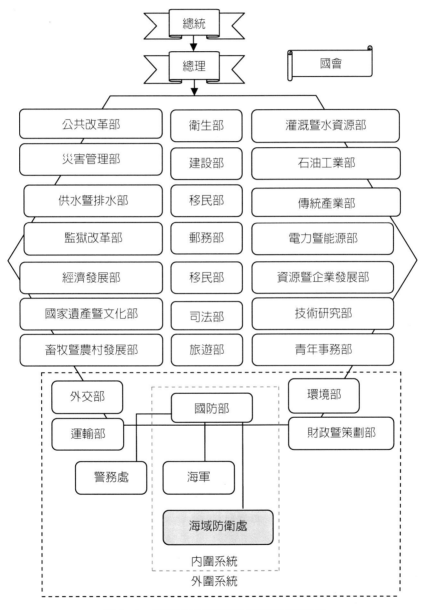

圖 27-1　斯里蘭卡海域執法相關部門互動圖

資料來源：作者自繪

6　Sri Lanka Coast Guard will also counter human trafficking, (www.defence.lk/new.asp?fname=20100321_04) (2011/08/23)

貳、斯里蘭卡海軍（Sri Lanka Navy）

一、組織與職掌[7]

斯里蘭卡身為島國，海上國防力量是最重要的軍事單位。海軍為國家領海利益提供有效保護，以往海軍需要陸軍及警察提供協助，在經過政府重新改組後，作戰能力近年已大幅提昇。主要功能為按照國家政策，能夠迅速並持續於海上作戰。主要任務為：

（一）深海監測

於海上佈署巡邏艇，於領海及專屬經濟海域監視是否有可疑船隻在海域進行非法武器交易。

（二）高效率維安

以配有武器之快速攻擊艇進行移動，有效打擊海上恐怖份。

（三）護航／航行移動

由大批駐紮於北部地區的安全人員，為海軍提供後勤支援。主要提供糧食、燃料、藥品等物資。由於恐怖份子時長出現於北部海域，因此北區後勤已成為必要。

（四）保護港口

由於恐怖份子多次試圖利用自殺攻擊對停泊於亭可馬里（Trincomalee）、坎凱桑圖賴（Kankesanturai）、凱倫納格（Karainagar）的海軍進行攻擊，或試圖癱瘓商船往來頻繁的科倫坡港（Colombo Harbor）。因此，海軍必須 24 小時保護這些港口安全。

（五）IPC（Inshore Patrol Craft）行動

以小型近岸巡邏艇於近岸地區進行小規模巡邏。

---

[7] Sri Lanka Navy, (http://www.navy.lk/) (2010/08/23)

（六）SBS（Special Boat Squadron）行動

特種船舶中隊由訓練有素的精銳海軍部隊進行秘密和特別行動。

（七）陸地指揮

90 年代初期，海軍陸戰隊便以兩棲行動協助陸軍進行陸地解放行動，以免遭恐怖主義控制。戰時協助陸軍作戰任務，海軍也因此成立北中區指揮部及海軍巡邏營來提高能量以承擔任務。

為了有效指揮並控制水域，斯國海岸分為 5 大海軍區域分為東區、北中區、北區、南區及西區。（見圖 27-2）為了維護所有船舶及諸多設備，確保隨時做好行動的準備，各單位都有其對應港口或基地，方便對船舶進行修理及改裝。當然，各基地信號中心、後勤、設施及醫療設備也是必須具備的。

二、裝備[8]

現有海軍人員約 21,650 人，艦艇計有 135 艘：1 艘 1,890 噸 Sukanya 級海岸巡邏艦、1 艘 1,129 噸 Reliance 級海岸巡邏艦、1 艘 330 噸 JayasaGara 級海岸巡邏艦、1 艘 478 噸 Haiqing 級巡邏艦、2 艘 450 噸 Saar 級快速攻擊艦、5 艘 139 噸 Shanghai 級快速攻擊艦、1 艘 150 噸 Mod Shanghai II 級快速攻擊艦、3 艘 170 噸 Haizhui 級巡邏艦、2 艘 212 噸 Mod Haizhui 級快速攻擊艦、22 艘 56 噸 Colombo 級快速攻擊艇、7 艘 56 噸 Shaldag 級快速攻擊艇、5 艘 64 噸 Super Dvora Mk II 級快速攻擊艇、4 艘 54 噸 Super Dvora Mk I 級快速攻擊艇、3 艘 47 噸 Dvora 級快速攻擊艇、3 艘 56 噸 South Korean Killer 級快速攻擊艇、5 艘 68 噸 Trinity Marine 級快速攻擊艇。5 艘 21 噸、4 艘 22 噸、3 艘 28 噸、36 艘 10 噸、4 艘 3.5 噸、4 艘 5 噸的各式近岸巡邏艇。1 艘 799 噸、2 艘 268 噸、2 艘 135 噸、1 艘 18 噸、3 艘 154 噸水陸兩棲作戰艦艇。

---

[8]　Sri Lanka Navy, (http://www.navy.lk/) (2010/08/23)

圖 27-2　斯里蘭卡海軍五大指揮範圍[9]

第三節　教育與訓練（Education and Training）[10]

　　斯里蘭卡國內唯一軍事防衛大學為「約翰爵士將軍科特拉威防衛大學」（General Sir John Kotelawala Defence University），其坐落於科倫坡，專門從事國防研究。每年來自三軍約有 50 名學員參與為期 3 年的工作計畫及基本訓練課程。高級軍官或高階指揮官則至位於巴塔蘭達（Batalanda）的「國防事務指揮暨參謀學院」（Defence Services Command and Staff College）接受較高階教育。高階海軍也可至本校進行國防研究的碩士課程。

　　基礎海員則至位於亭可馬里的「海軍暨海事學院」（Naval & Maritime Academy）進行培訓，課程包含理論及操作實務，後可於艦隊上進行實習。新進成員的基本訓練為期六個

---

[9]　(http://geology.com/world/sri-lanka-satellite-image.shtml) (2010/08/23)

[10]　Sri Lanka Navy, (http://www.navy.lk/) (2010/08/23)

月，分別至高級海軍訓練中心（Advanced Naval Training Center）、海軍技工培訓學院（Naval Artificer Training Institute）、海軍新兵訓練中心（Naval Recruit Training Centres）。正式服役後，以在職身份進入不同的訓練單位，例如作戰訓練學校（Combat Training School），以培訓北中區海軍巡邏員。另外，優秀學員分別送往英國、印度、巴基斯坦或澳洲等國進修。

第四節　與我國制度之比較
（A Comparison with Taiwan Coast Guard）

斯里蘭卡的海域防衛及執法主要由兩個單位負責，軍事防衛職責由海軍全權處理，而其餘海事任務及海域執法則是由 2009 年重新改組的 SLCG 負責。雖然 SLCG 是由海軍操作的國防機關，但其任務與海軍並無重疊，實可為一專職海域執法單位。但如果海軍需要支援，海域防衛處仍必須出動人員協助。SLCG 自從 2009 年轉隸國防部後，便成為具有文職身份的正規軍事單位，有職權截停船舶，並登艇調查的職權。而我國海身為域執法單位的海巡署，除了軍事巡邏外，負責各種海域執法及安全巡邏等任務。

第五節　結語（Conclusion）──特徵（Characteristics）

斯里蘭卡位為印度洋上的四面環海島國，東北臨孟加拉灣，在海岸線總長 1,340 公里的海岸線上，海軍設有 5 大指揮區。SLCG 由於重新改組，目前主要據於海軍基地行動，以下為其海域執法制度特徵。

壹、集中制

為防止毒品走私案件的增加，迫切需要專職海域執法存在的斯國，於 2009 年通過法案。將原本隸屬於漁業暨水產資源部的 SLCG 轉隸國防部。使用國防部設備也具有文職身份。從此，重新改組的 SLCG，將全力協助斯里蘭卡海軍，進行各種海事任務。

貳、軍文合一

　　SLCG 於 2009 年改制後，人員、資產隸屬於國防部，可使用國防部設備也具有文職身份。

參、專業教育搖籃

　　設有一軍事防衛大學，針對高級軍官則設有國防事務指揮暨參謀學院。針對海員不同需求，設有海軍暨海事學院、高級海軍訓練中心、海軍技工培訓學院、海軍新兵訓練中心、作戰訓練學校。

肆、與陸軍合作密切

　　北中區指揮部之海軍陸戰隊，協助陸軍進行反恐怖主義行動，戰時則協助陸軍作戰任務。

伍、重視毒品問題

　　由於走私毒品問題嚴重，政府改制 SLCG 便是為提高其職權，以有效降低毒品交易的問題。

第 28 章　伊朗海域執法制度

目錄

第一節　國情概況（Country Overview）………………279

第二節　歷史沿革（History）………………281

第三節　組織、職掌與裝備

　　　　（Organization, Duties and Equipment）………282

第四節　權限與管轄（Authority and Jurisdiction）………284

第五節　教育與訓練（Education and Training）………284

第六節　與我國制度之比較

　　　　（A Comparison with Taiwan Coast Guard）………284

第七節　結語（Conclusion）──特徵（Characteristics）……285

第一節　國情概況（Country Overview）

　　伊朗伊斯蘭共和國（Islamic Republic of Iran）中北部臨裏海（Caspian Sea），南濱波斯灣（Persian Sea）與阿拉伯海（Arabian Sea），東接巴基斯坦（Pakistan）與阿富汗（Afghanistan），東北界土庫曼（Turkmenistan），西北鄰亞塞拜然（Azerbaijan）及亞美尼亞（Armenia），西接土耳其（Turkey）與伊拉克（Iraq）。全國面積 1,648,000 平方公里，是台灣的 46 倍。海岸線長 2,440 公里，領海 12 浬，經濟海域 200 浬。[1]

　　首都德黑蘭（Tehran），全國人口 77,891,220 人（2011）[2]。為伊斯蘭教中什葉派主導的共和體制國家，內閣行使行政權，內閣由總統任命交國會通過。（見圖 28-1）。主要輸出石

---

[1]　*Jane's Fighting Ships.2004-2005*, Edited by Commodore Stephen Saunders RN, Virginia U.S.A, p.344.

[2]　CIA, The World Factbook.(https://www.cia.gov/index.html) (2011/05/25)

油、天然氣、蔬菜，輸入糧食、工業設備、鋼鐵。[3]伊朗國內生產總值（GDP）337,900（百萬）美元，在 190 個國家排名第 29 名；每人國民所得（GNP）4,484 美元（2010），在 182 個國家排名第 90 名。伊朗政治權利與公民自由兩種自由程度在 2010 年皆為 6，歸類為不自由國家；透明國際（Transparency International）中的 2010 年的貪污調查分數為 2.2，在 178 個國家中排名第 146 名；聯合國（2010）最適合居住國家的人類發展指數為 5.6，在 169 個國家中伊朗排名第 70 名。[4]

　　伊斯蘭教在伊朗擁有無上權威，政府拒絕西方民主體制，但與其他中東極權國家不同，是多黨制且人民有選舉權，也能在相當程度上反映真實民意。2009 年總統選舉後，現任總統阿瑪迪尼杰（Mohmoud Ahmedinejad）高票當選後，落選候選人與支持民眾認為選舉有弊端不承認結果，引發了大規模的街頭抗議。[5]阿瑪迪尼杰 2005 年上任後，聲稱應該恢復 1979 年伊斯蘭革命[6]時期的價值觀，他否認猶太人曾遭屠殺，一再宣稱要將以色列從地圖上消滅的狂語，這使仇恨猶太人的穆斯林極端主義者如聞天籟。[7]阿氏以嚴格的伊斯蘭教戒律作為治國準則，有分析家悲觀地認為，阿氏保守作風將把伊朗帶往「塔利班政權」（Taliban）（神學士）[8]之路。阿氏曾受邀至美國大學演講，所言內容多與國內事實不符，他想將伊朗表達為自由且開放的國家，所有對他及伊朗的批評都是不實的，但卻被媒體與抗議群眾吐槽。[9]伊朗在 2009 年總統選舉後的血腥鎮壓抗議民眾，屠殺或羈押追求民主自由等違反人權的行為，受到全世界抗議。[10]因為長期與美國敵對，2004 年下半年更因核原料提煉計畫遭美國及歐盟國家質疑秘密發展核子武器，被視為對其他中東國家與國際的威脅，即使美國曾發起經濟制裁，也都沒有用，因此在歐美強權孤立下，伊朗欲發展與周邊國家友好合作關係。[11]

[3]　《世界各國簡介暨各國首長名冊》，中華民國外交部，2001 年，頁 84。
[4]　五類指標詳情請見本書導論，頁 11-13。
[5]　陳文和，《中國時報－國際新聞》〈伊朗驗票　50 選區開票數超過選民數〉，2009/06/23。
[6]　伊斯蘭革命之策略主要有三個：第一，喚起什葉社群之激進意識；第二，突破阿拉伯民族主義；第三，第三世界策略。輸出革命政策除了喚起波灣之什葉社群的激進意識外，也試圖以伊斯蘭因素及伊朗之革命意識型態，突破阿拉伯民族主義之排他性，此外更輔以第三世界之意識型態，且跳脫其侷限，以致力於使伊朗成為這些地區的伊斯蘭領袖。HERE 教育資訊網。（http://www.ihere.org.tw/Info/learn/1_1_5learn_03.htm）（2009/07/30）
[7]　《中國時報－林博文專欄》〈選後的伊朗　變定時炸彈〉，2009/6/17。
[8]　塔利班也譯為神學士，是發源於阿富汗的坎大哈地區的伊斯蘭原教旨主義運動組織。塔利班聲稱要建立世界上最純潔的伊斯蘭國家，教條嚴格且反現代化，反對什葉派並以激進的德奧班德學派觀點詮釋伊斯蘭教，不願意與其他穆斯林辯論教義。Taliban, Wikipedia,（http://en.wikipedia.org/wiki/Taliban）（2009/07/30）
[9]　尹德翰，《中國時報－國際專欄》〈美國入侵伊拉克最大受益者──伊朗〉，2007/09/25。
[10]　陳文和，《中國時報－國際新聞》〈伊朗扼殺民主人權　全球砲轟〉，2009/07/27。
[11]　郭崇倫，《中國時報－國際新聞》〈伊朗總統哥大演講　場內噓 場外罵〉，2007/09/26。

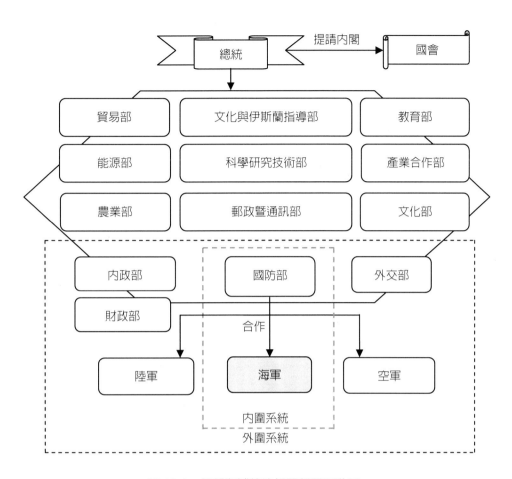

圖 28-1 伊朗海域執法相關部門互動圖

資料來源：作者自繪

第二節 歷史沿革（History）

　　兩伊戰爭時期，伊朗海軍許多小型艦艇與航空器毀壞，使其武力更加短缺。至 1970 年後伊朗期望擴大海軍而深入印度洋，但此舉卻削減了海軍資金並限制其發展。過去海軍艦艇多由美國與英國提供，但在伊斯蘭革命後美國對伊朗進行經濟與貿易制裁，隨之縮減軍事資源。美國海軍於 1987 至 1988 年開始護送科威特油輪出海，而伊朗的海軍卻在其海域放置魚雷導致其中一艘艦艇沉沒，幾天後美國海軍進行報復也擊沉一艘伊朗海軍艦艇，兩國關係更加緊張。1990 年後，面對不穩定的政治局勢與全球對石油的需求增加，政府認知海軍必須現代科技化，開始從俄羅斯、中國與北韓購入現代軍艦，伊朗不斷提升海軍力量。

擴展海軍武力後伊朗曾在 2006 年於波斯灣扣留羅馬尼亞的鑽油機，以顯示國家海域的控制權及軍備力量不容小覷。

第三節　組織、職掌與裝備
（Organization, Duties and Equipment）

伊朗海軍（Iran Navy）

一、組織與職掌

　　伊朗的海域執法由隸屬於國防部的海軍負責，伊朗為徵兵制國家需服役兩年期滿，海軍人員有來自分發與自願申請的成員，當中有不少志願役，都需先進入專門海軍學院受訓完成才能正式成為海軍。海軍的設置完全是為了保衛國家的港口與海岸，初設立時海戰能力並不高，現在主要任務為維護海域安全與防止他國入侵。因為伊朗位於波斯灣石油唯一出口霍爾木茲海峽旁，海軍可說是國內最重要的軍力。另外，海軍有部分軍力與裝備是專職保衛沿海海域與河流安全。近年政府為加強三軍在戰爭合作的效率，時常舉辦聯合演習，將三軍武力合併，同時改進各港口作戰能力並加強海軍防空系統。海軍基地分為五大區，波斯灣三區、裏海與印度洋各一區。波斯灣基地設於班達爾阿巴斯港（Bander Abbas）、布什爾（Bushehr）與哈爾克（Khark）。海軍總基地與海軍機場都位於阿巴斯港，大型核子反應廠與海軍另一大型基地位於布什爾。裏海基地設於班達爾安札里（Bandar Anzali），印度洋則設於查巴哈爾（Chah Bahar）。[12]（見圖 28-2）

---

[12]　《世界軍事系統》〈伊朗海軍〉。（http://www.globalsecurity.org/military/index.html）（2009/07/23）

圖 28-2　伊朗海軍基地分布圖[13]

二、裝備

　　伊朗海軍約有 18,000 人，海軍裝備共計 214 艘巡邏艦艇，另有 9 艘專職河岸巡邏的氣墊兩用船與水上摩托車。具有雙重性或海陸兩用的艦艇 19 艘。另外，海軍擁有專屬航空器 67 架。[14]

　　在 2006 年 3 月，新購入的護衛艦開始值勤，可以艦載直升機、反艦導彈、魚雷、地對空導彈。2006 年 3 月佈署潛艇。2007 年，海軍宣佈自行建造驅逐艦與能夠迴避聲納系統的潛水艇。2008 年 2 月，海軍開始操作新式小導彈快艇值勤。[15]

[13]　CIA, The World Factbook.(https://www.cia.gov/index.html) (2010/08/19)
[14]　*Jane's Fighting Ships.2004-2005*, Edited by Commodore Stephen Saunders RN, Virginia U.S.A, pp.344-349.
[15]　Iran Navy, Wikipedia, (http://en.wikipedia.org/wiki/Islamic_Republic_of_Iran_Navy) (2011/08/23)

第四節　權限與管轄（Authority and Jurisdiction）

　　伊朗海軍聽命於身兼參謀總長的海軍總司令，主要巡邏地區為其設置的五大基地。因為過去發生的戰爭，使政府想要將軍事力量擴展，但目前為止除海軍以外其他軍事現代化計畫皆已停滯。伊朗政府發展核子武器的動作威脅到國際安全，因此美國不斷派出艦艇想要牽制伊朗海軍擴展，而目前在霍爾木茲海峽的海事軍備為伊朗最進步，此海峽為重要的石油輸出唯一的通道，因此伊美兩國皆不敢經舉妄動。過去伊朗將海軍重心放在波斯灣，近年對於裏海的重視漸增，大規模的擴展掃雷行動與防禦任務。伊朗海軍任務多為軍事行動與軍事演習，海域巡邏是為避免他國威脅國土，與其他各單位的行政合作則較少見。[16]

第五節　教育與訓練（Education and Training）

　　伊朗有專門的海軍學院教育海軍，而過去發生戰爭時海軍成員大多年輕且沒經驗造成了軍備的諸多損傷，有鑑於此，國防部開始時常進行軍事演練，增加軍隊的實戰操作以備不時之需，在海軍學院的學生也須參與演練，畢業後進入海軍並由不斷的軍事演習證明軍隊的戰鬥能力。

第六節　與我國制度之比較（A Comparison with Taiwan Coast Guard）

　　首先，伊朗海軍為海域執法部門，但是主要執行任務多為軍事上的維護港口與海岸安全，有實際的作戰能力，尤其在計劃性的軍備更新與時常演練後更加進步；台灣海巡署主要是維護海域安全，只有在戰爭時才需要協助軍方行動。其次，伊朗與重要海域波斯灣、裏海與阿拉伯海相鄰，更重要的是位於石油為一海上出口霍爾木茲海峽旁，占有中東重要

---

[16] 《世界軍事系統》＜伊朗海軍＞。（http://www.globalsecurity.org/military/index.html）（2009/07/23）

戰略與經濟位置，所以特別重視海軍的科技發展與軍備更新，甚至為成為中東地帶軍事強國以期發揚國家理念，近年更發展了核武力量；台灣海巡署則以國家海域安全為其主要考量，而非以侵略他國或是發展攻擊性武利為目標。最後，伊朗海軍自從兩伊戰爭與伊斯蘭革命後，非常重視武裝軍隊的戰鬥能力，因此三軍的合作演習時常舉行，使國家武力隨時處在最佳狀態；而台灣海巡署並非軍事機構，即使演練也是以有利於人民安全為主。

第七節　結語（Conclusion）──特徵（Characteristics）

伊朗北濱裏海，南臨波斯灣、霍爾木茲海峽直通阿拉伯海，海軍於長 2,440 公里的海岸線上，分為五大基地，以下為其海域執法制度特徵。

壹、海軍型海域執法機制

伊朗無設立專職海域執法單位，海上安全及執法等職責均由海軍負責，而任務多為軍事行動。

貳、注重海軍發展，艦艇數多

海軍的總計 214 艘巡邏艦艇，專職海域巡邏的有 31 艘。

參、專屬航空器

現有約 43 架直升機及空中偵察機。

第 29 章 伊拉克海域執法制度

目錄
第一節　國情概況（Country Overview）⋯⋯⋯⋯⋯⋯ 286
第二節　歷史沿革（History）⋯⋯⋯⋯⋯⋯⋯⋯⋯⋯ 287
第三節　組織、職掌與編裝
　　　　（Organization, Duties and Equipment）⋯⋯⋯ 289
第四節　與我國制度之比較
　　　　（A Comparison with Taiwan Coast Guard）⋯⋯ 290
第五節　結語（Conclusion）──特徵（Characteristics）⋯⋯ 290

第一節　國情概況（Country Overview）

　　伊拉克共和國（Republic of Iraq）位於中東地區之中心位置，北接土耳其（Turkey），東界伊朗（Iran），南臨科威特（Kuwait）及波斯灣（Persian Gulf），西南接沙烏地阿拉伯（Saudi Arabia）及約旦（Jordan），西北鄰敘利亞（Syria），境內由幼發拉底河（Euphrates River）[1]與底格里斯河（Tigris River）[2]貫穿。全國面積 438,317 平方公里，為台灣 12 倍大。海岸線長 58 公里，領海 12 浬。[3]

---

[1] 幼發拉底河全長 2,800 公里，發源於土耳其境內的安納托利亞的山區，依賴雨雪補給；流經敘利亞和伊拉克；下游與底格里斯河匯集注入波斯灣。Wikipedia, (http://zh.wikipedia.org/wiki/%E5%B9%BC%E5%8F%91%E6%8B%89%E5%BA%95%E6%B2%B3)（2011/04/21）

[2] 底格里斯河全長 1,950 公里，源自土耳其安納托利亞的山區，流經伊拉克，最後與幼發拉底河匯集注入波斯灣。底格里斯河流域面積 37.5 萬平方公里，年均流量 42 億立方米，為西南亞水量最大的河流。Wikipedia, (http://zh.wikipedia.org/wiki/%E5%BA%95%E6%A0%BC%E9%87%8C%E6%96%AF%E6%B2%B3)（2011/04/21）

[3] CIA, The World Factbook.(https://www.cia.gov/index.html) (2011/03/17)

首都巴格達（Baghdad），全國人口 30,399,572 人（2011）[4]。國體共和制，政體責任內閣制，設人民議會。（見圖 29-1）主要輸出石油、椰棗、羊毛、皮革，輸入糧食、機械、建材、軍火。[5]伊國國內生產總值（GDP）84,140（百萬）美元，在 190 個國家排名第 62 名；每人國民所得（GNP）2,625 美元（2010），在 182 個國家排名第 119 名。伊國在自由之家（Freedomhouse）的政治權利與公民自由兩種自由程度在 2010 年的分數前者為 5，後者為 6，歸類為不自由國家；透明國際（Transparency International）中的 2010 年的貪污調查分數為 1.5，在 178 個國家中排名第 175 名。[6]

1980 年與伊朗發生八年戰爭，同年入侵科威特引發海灣戰爭，後於 1991 年遭到聯軍逐出。2003 年 4 月，美英聯軍推翻海珊（Saddam Hussein），由美國佔領當局組成「臨時執政委員會」（Governing Council）籌組臨時政府。2006 年 1 月組閣完成，隔年在利雅德（Riyadh）舉行阿拉伯國家高峰會議，強調阿拉伯國家共同解決伊國面臨的政治及安全危機。過去海珊掌權期間支持巴勒斯坦人建國，反對以色列及以美國為首之西方國家。伊拉克目前過渡政府（Iraqi Transitional Government）與美國密切往來，至今社會秩序仍未恢復。[7]

第二節　歷史沿革（History）[8]

伊拉克海軍成立於 1937 年，當時總部便設於巴士拉（Basra），是擁有 4 艘船艇的小型艦隊。1937 年至 1958 年，海軍巡邏範圍主要只有境內河流。1958 年 7 月國內發生革命，海軍開始擴大組織，各軍事活動主要在烏姆堡港（Umm Qasr）執行，另外在巴士拉建立波斯灣學院作為海洋研究中心，提供海軍作戰和工程學位。一直到 1988 年，海軍人員雖然已經增加到 5,000 名，但 1980 年至 1988 年間，不斷增長的人員並未對戰爭產生多大效益。1977 年至 1987 年間，海軍自蘇聯獲得八艘導彈快艇。後來在入侵科威特期間，伊國又自義大利購入四艘 Lupo 級護衛艦與六艘 Assad 級小型海防艦，但因受到國際制裁，這批艦艇從未到達伊國。

[4]　CIA, The World Factbook.(https://www.cia.gov/index.html) (2011/04/21)
[5]　《世界各國簡介暨各國首長名冊》，中華民國外交部，2001 年，頁 86。
[6]　四類指標詳情請見本書導論，頁 11-13。
[7]　中華民國外交部，外交資訊網頁（2011/03/17）
[8]　Iraqi Navy, (http://www.globalsecurity.org/military/world/iraq/navy.htm) (2011/03/17)

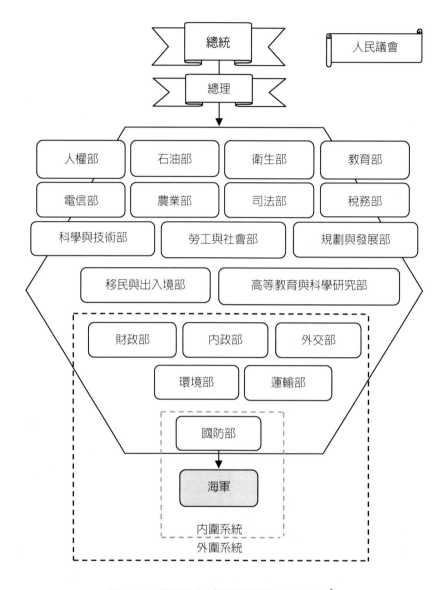

圖 29-1　伊拉克海域執法相關部門互動圖[9]

資料來源：作者自繪

　　1991 年海灣戰爭期間，伊海軍幾乎完全被摧毀，分別有十九艘軍艦遭到擊沉，六艘艦艇遭到損害，另外約有一百多艘伊拉克船隻被摧毀。因為 2002 年國家經濟困難，艦艇修復與人員準備狀況都不好，在 2003 年發生的伊拉克戰爭，海軍仍未被完整重建也沒發揮作用。2008 年 11 月 11 日，伊國海軍少將在科威特海軍基地簽訂協定條約，依據英國皇家海

---

[9]　Iraqi Government, (http://www.cabinet.iq/Default.aspx) (2011/03/17)

軍的基礎，協定中規定波斯灣北部與伊國石油碼頭由聯合軍隊保護，聯合軍隊包含英國海軍、科國海軍與伊國海軍。2008 年 5 月，三國指揮官登上英國軍艦舉辦第一次會議。

第三節　組織、職掌與編裝
（Organization, Duties and Equipment）

伊拉克海軍（Iraqi Navy）

一、組織與職掌

　　伊拉克海軍為伊拉克武裝部隊（Military of Iraq）的分支，過去被稱為伊拉克海岸防衛部隊（Iraqi Coastal Defense Force），後於 2005 年正式更名，目前英美聯軍正在協助整合，其總部位於巴士拉，另兩個基地分別位於烏姆堡港與祖拜爾港（Khor Az Zubayr）。其主要職責是保護伊國海岸線與離岸資產，海軍共由一千五百名船員、文職人員與海軍陸戰隊員組成，分為兩個海上分遣艦隊與兩個海洋營部。[10]海軍原本計畫在巴格達興建六艘 Al Uboor 級巡邏艇，且首艘艦艇已於 2005 年 9 月正式服役，卻因政府資金不穩而最終取消。[11]而伊國於 1980 年就向義大利預定的 Assad 級護衛艦，因為國際制裁而拖延到 2006 年至 2007 年交付，但其艦艇狀態比預定的還要糟，迫使伊國重新考慮這筆交易，而改買四艘較新且較小的 Diciotti 級艦艇。因為伊國海軍了保護沿海水域，禁止販運人、油與武器，保護石油平台，因此較需增加具攻擊裝備的快速巡邏艇與直升機以提高巡邏能力。

---

[10] Jane's Navy, Iraqi Navy,2011/02/15, (http://www.janes.com/) (2011/02/17)
[11] Iraqi Navy Ships to be Built in Baghdad, 2005/02/17, (http://www.defendamerica.mil/articles/feb2005/a021705la1.html) (2011/03/17)

二、裝備

海軍目前約有 1,500 名人員,艦艇總計有 95 艘艦艇,分別是 5 艘 Predator 級巡邏艇、9 艘 Swiftships 巡邏艇、4 艘 Saettia MK4 級巡邏艇、3 艘近岸巡邏艇、74 艘河流巡邏艇。[12]

第四節　與我國制度之比較　(A Comparison with Taiwan Coast Guard)

伊拉克海域防衛主要由三級單位的海軍承擔,其負責保護海岸線與離岸資產重視非法販運與石油平台安全問題。過去因戰爭問題,海軍曾經長期荒廢,目前正由美英聯軍協助整頓,另簽訂合作協定,與英國及科威特合作保護波斯灣北部的和平。我國專責海域執法的海巡署為軍警文併立單位,海域執法主要由其下轄之海洋巡防總局負責,其雖非國家正規軍隊但發展與值勤效率較伊國海軍穩定。

第五節　結語(Conclusion)——特徵(Characteristics)

伊拉克南臨波斯灣,為一面環海國家,境內由幼發拉底河與底格里斯河,在總長 58 公里的海岸線設有二個基地,以下為其海域執法制度特徵。

壹、海軍型海域執法機制

伊拉克並沒有設立專責的海域執法機構,因此各水域安全主要由海軍負責。

---

[12] Iraqi Navy, (http://en.wikipedia.org/wiki/Iraqi_Navy) (2011/03/17)

貳、內陸河湖亦為巡邏範圍

　　國家由幼發拉底河與底格里斯河貫穿，兩河為重要運輸航道，海軍設有 74 河流巡邏艇維護此區域安全，佔全部艦艇的 78%。

參、與英、美、科關係密切

　　目前伊拉克海軍簽訂協定，與英國海軍及科威特海軍聯合保護波斯灣北部與該區域的石油平台。另外，英美聯軍目前持續協助伊國重整海軍。

第 30 章　科威特海域執法制度

目錄
第一節　國情概況（Country Overview）…………………… 292
第二節　歷史沿革（History）………………………… 293
第三節　組織、職掌與編裝
　　　　（Organization, Duties and Equipment）………… 295
第四節　與我國制度之比較
　　　　（A Comparison with Taiwan Coast Guard）……… 296
第五節　結語（Conclusion）──特徵（Characteristics）…… 296

第一節　國情概況（Country Overview）

　　科威特（State of Kuwait）位於波斯灣（Persian Gulf）西北角，南鄰沙烏地阿拉伯（Saudi Arabia），西北接伊拉克（Iraq），東濱波斯灣並與伊朗（Iran）遙對。全國面積 17,818 平方公里平方公里，台灣為其 2 倍大。海岸線長 499 公里，領海 12 浬。[1]

　　首都科威特市（Kuwait），全國人口 2,595,628 人（2011）[2]。國體君主立憲制，國王為國家元首，總理由國王任命，總理提名之閣員，經國王批准後即行宣誓就職。（見圖 30-1）主要輸出石油、石化產品，輸入運輸設備、化學品。[3]科國國內生產總值（GDP）117,300（百萬）美元，在 190 個國家排名第 56 名；每人國民所得（GNP）32,530 美元（2010），在 182 個國家排名第 23 名。科國政治權利與公民自由兩種自由程度在 2010 年的分數均為 4，歸類為部份自由國家；透明國際（Transparency International）中的 2010 年的貪污調查

---

[1]　*Jane's Fighting Ships.2004-2005*, Edited by Commodore Stephen Saunders RN, Virginia U.S.A, p. 439.

[2]　CIA, The World Factbook.(https://www.cia.gov/index.html) (2011/05/26)

[3]　《世界各國簡介暨各國首長名冊》，中華民國外交部，2001 年，頁 94。

分數為 4.5，在 178 個國家中排名第 54 名；聯合國（2010）最適合居住國家的人類發展指數為 6.6，在 169 個國家中排名第 47 名。[4]

　　1756 年建立科威特酋長國，1899 年英國成為其宗主國，至 1939 年正式淪為英國保護國。1954 年，科國成立以酋長為首的最高委員會，1960 年從英國手裡先後接管司法權和貨幣管理權。1961 年 6 月 19 日，宣佈獨立。1990 年 8 月 2 日，遭到伊拉克出兵侵吞，因此引發第一次波斯灣戰爭。1991 年 3 月 6 日，波斯灣戰爭結束，科國政府官員返回本土。[5]

第二節　歷史沿革（History）

　　科威特海軍（Kuwait Navy）是 1961 年獨立後成立，然而在 1990 年伊拉克入侵後，在海灣戰爭中，科國海軍幾乎全毀。伊國擄獲 6 艘科國導彈艦艇，科國在戰爭期間共損失了近 17 艘船舶。如此慘重下場都是因為科國海軍是完全依賴外國進行培訓、維修等，因此在實際戰爭行動中，是以「整體準備差勁」作為慘痛結果的原因。2008 年 11 月 11 日，科國與英國簽訂不具法律效應的「阿卜杜拉協議」（Khawr Abd Allah Protocols），簽署的目的是協調科威特與伊拉克兩國在海上的和平協定，由英國海軍作為中間協調者，他們在 2008 年 12 月將伊拉克在波斯灣的政治穩定性及安全性報告給美國國會。[6]

[4]　五類指標詳情請見本書導論，頁 11-13。
[5]　中華民國外交部，外交資訊網頁（2010/07/26）
[6]　Kuwait Navy, (http://en.wikipedia.org/wiki/Kuwaiti_Navy) (2010/07/26)

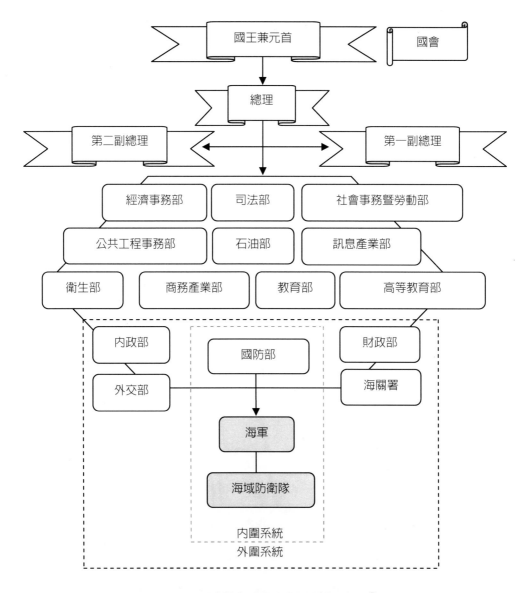

圖 30-1　科威特海域執法相關部門互動圖[7]

資料來源：作者自繪

---

[7]　Bulgaria Government, (http://www.government.bg/) (2010/07/012)

第三節　組織、職掌與編裝
（Organization, Duties and Equipment）

科威特海軍（Kuwait Navy）

一、組織與職掌

　　科威特海軍隸屬於國防部，唯一的基地及總部是位於南部的 Ras al - Qulayah。（見圖 30-2）1990 年科國與伊拉克發生戰爭，因此美國的海軍與海域防衛司令部的船艦長期駐紮於科國港口，以監視伊國並協防科國安全。科國海軍下設海域防衛隊，基地分別駐紮於 Shuwaikh、Umm Al-Hainan 及 AlBida。（見圖 30-2）海軍主要職責是保護國家領海權益，保證國家在波斯灣的石油經濟的安全。定期進行巡邏，以防他國以武力破壞或侵佔國家海上的石油平台。政府為了保持海軍於波斯灣的戰力，分別與美國及英國簽訂協議，定期進行海上軍事演習。[8]

圖 30-2　科威特海軍總部與海域防衛隊基地[9]

---

[8]　Kuwait Navy, (http://en.wikipedia.org/wiki/Kuwaiti_Navy) (2010/07/26)

[9]　(http://www.wikidict.de/de/pagelink/zh/%E7%A7%91%E5%A8%81%E7%89%B9) (2011/01/04)

二、裝備[10]

　　海軍人員現約 2,700 人，當中包含 500 名海域防衛隊人員。艦艇現共計有 36 艘艦艇，分別為 1 艘 255 噸攻擊快艇、8 艘 245 噸攻擊快艇、1 艘 410 噸攻擊快艇、1 艘支援艇、15 艘充氣式特殊巡邏艇、10 艘特殊行動巡邏艇（另外還有 5 艘仍在訂單中）。

　　另外，海軍預計未來增加 10 艘 54 噸追截艇、1 艘潛水支援艇船、1 艘水文支援船、1 艘港灣型拖船。

第四節　與我國制度之比較
（A Comparison with Taiwan Coast Guard）

　　科威特海軍為國內唯一海事單位，不僅負擔海上軍事安全，還要定時巡邏以偵查是否有不法人員在國家領海進行非法活動。因為科國與伊拉克的種族與政治世仇，所以科國與英美等國簽訂協議，美國派駐海軍及海域防衛司令部人員於重要港口協防，英國則與科伊兩國簽訂不具法律效應的和平協議，以維持波斯灣的穩定。台灣海巡署為一專責海域執法單位，主要負擔海域安全巡護、查緝走私等案件，不同於科國存在種族或政治世仇等問題，因此並不需要他國協防台灣海域。

第五節　結語（Conclusion）──特徵（Characteristics）

　　科威特東濱波斯灣，為一面環海國家，在長 499 公里的海岸線上，海軍設有一總部，海域防衛隊設三個分駐點，以下為其海域執法制度特徵。

---

[10] Kuwait Navy, (http://www.battleships-cruisers.co.uk/kuwait_navy.htm) (2011/08/26)

壹、海軍型海域執法機制

科威特海域執法與巡護由隸屬國防部的海軍及其下轄的海域防衛隊負責。

貳、重視國際交流

積極與英美等國進行海上軍事演習，以維持海軍戰力。

第 31 章　卡達海域執法制度

目錄

第一節　國家概況（Country Overview）⋯⋯⋯⋯⋯⋯ 298

第二節　歷史沿革（History）⋯⋯⋯⋯⋯⋯⋯⋯ 299

第三節　組織、職掌與編裝

　　　　（Organization, Duties and Equipment）⋯⋯⋯ 301

第四節　與我國制度之比較

　　　　（A Comparison with Taiwan Coast Guard）⋯⋯⋯ 302

第五節　結語（Conclusion）──特徵（Characteristics）⋯⋯ 303

第一節　國家概況（Country Overview）

　　卡達（The State of Qatar）位於波斯灣西海岸的中部，絕大部分領土受波斯灣（Persian Gulf）圍繞，僅南部疆域與沙烏地阿拉伯（Saudi Arabia）接壤，西北與巴林（Bahrain）隔海相望。全國面積包括諸島為 11,437 平方公里，約為台灣的三分之一。海岸線長 563 公里，領海 12 浬、毗連區 24 浬、專屬經濟區是以雙邊協定或中線來確定。[1]

　　首都杜哈（Doha），全國人口約 848,016 人（2011）[2]為君主制的酋長國，埃米爾（Emir）[3] 為國家元首及武裝總司令，元首及內閣總理均由阿勒薩尼家族世襲。（見圖 31-1）國內禁止任何政黨活動，也無任何立法機構，僅設有咨議會。主要輸出石油、天然氣，輸入食物、原料。[4]卡達國內生產總值（GDP）126,500（百萬）美元，在 190 個國家排名第 55 名；每人

---

[1]　*Jane's Fighting Ships.2004-2005*, Edited by Commodore Stephen Saunders RN, Virginia U.S.A, p. 577.

[2]　CIA, The World Factbook.(https://www.cia.gov/index.html) (2011/05/25)

[3]　阿拉伯世界中的貴族頭銜，阿拉伯原文意指統帥他人的人，通常用來指稱國王、酋長、首相等最高權位之人。（http://zh.wikipedia.org/zh-tw/%E5%9F%83%E7%B1%B3%E5%B0%94）（2010/07/29）

[4]　《世界各國簡介暨各國首長名冊》，中華民國外交部，2001 年，頁 106。

國民所得（GNP）74,422 美元（2010），在 182 個國家排名第 3 名。卡達政治權利與公民自由兩種自由程度在 2010 年的分數前者為 6，後者為 5，歸類為不自由國家；透明國際（Transparency International）中的 2010 年的貪污調查分數為 7.7，在 178 個國家中排名第 19 名。[5]

16 世紀以來，卡達先後為葡萄牙、西班牙、英國之殖民地，1916 與英國簽訂保護條約，1971 年英國始撤離海灣地區，卡達遂於 1971 年 9 月 1 日正式宣佈獨立。其政府收入主要來自石油和天然氣出口，是全世界主權獨立國家中兩個稅收最少的國家之一。卡達人的財富收入和生活條件更是達到歐洲國家的水準。[6]

第二節　歷史沿革（History）

卡達為阿拉伯海灣國家合作委員會成員國，執行統一的防禦政策。卡達武器裝備主要來自英、美、法等西方國家，1992 年、1994 年、1996 年，卡達分別與美、法、英簽訂軍事合作協定。卡達保有適度的軍事部隊維安，該國已公開的安全部隊，共約 8,000 人，其中包括海軍、國家消防部隊、空軍聯隊、海上警察和安全部隊在內。卡達積極參與集體防務的海灣合作委員會，於 1991 年波斯灣戰爭，卡達發揮了重要作用，提供了重要的基地供美國軍隊使用。[7]

---

[5]　四類指標詳情請見本書導論，頁 11-13。
[6]　中華民國外交部，外交資訊網頁（2010/07/26）
[7]　《新華網》〈卡達概況〉，（http://big5.xinhuanet.com/gate/big5/news.xinhuanet.com/ziliao/2002-06/18/content_445834_3.htm）（2010/07/29）

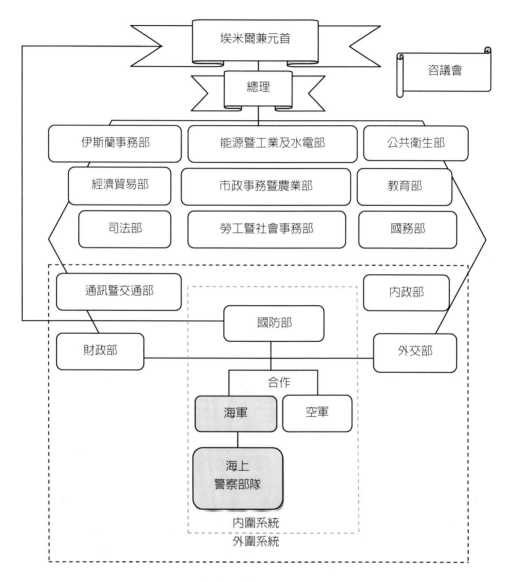

圖 31-1　卡達海域執法相關部門互動圖

資料來源：作者自繪

第三節 組織、職掌與編裝
（Organization, Duties and Equipment）

卡達海軍（Qatar Emir Navy）

一、組織與職掌

　　卡達海軍為國內正規軍隊之一，海軍下轄海上警察部隊（Marine Police）和海軍陸戰隊，海軍基地設在杜哈的哈盧勒島（Halul Island），職責為保衛國家領海權利及反恐怖行動。其所設海上警察部隊則執行沿岸海域巡邏、走私偵查、檢查可疑船舶、維護漁場、反恐怖行動等任務。平時海難救助，因海軍設備及人力有限、力量薄弱，所針對海難搜救的巡邏任務，多由空軍執行。[8]

圖 31-2　卡達海軍飛彈巡防艦[9]

---

[8] 卡達國防實力，（http://www.defenseonline.com.cn/forces/index.htm）（2010/07/29）
[9] (http--www_naval-technology_com-projects-qatar) (2010/07/29)

圖 31-3　卡達海上警察巡邏艇[10]

二、裝備

　　卡達海軍屬小型軍隊，目前人數約 1,800 人。海軍實際力量薄弱，國內並無造船工業，艦艇都是對外軍購。擁有共計 86 艘艦艇，包含 4 艘 120 噸巡邏艇、4 艘 480 噸快速攻擊艇、3 艘 430 噸快速攻擊艇、58 艘巡邏艇、6 艘輔助船、11 艘快速攔截船。[11]

第四節　與我國制度之比較
（A Comparison with Taiwan Coast Guard）

　　卡達海軍只有基本的近岸防衛能力，其不僅擔負國家軍事任務，還另外建置海上警察部隊執行各種任務，包括護漁、警衛領海、打擊走私、反盜版和反恐怖主義的安全任務；而台灣因設有專職海域執法機構，在軍事的安全維護任務由海軍負責，海域走私偵查等執法工作及海事服務、海上救難等其他法令執行，皆交由海巡署負責執行。

---

[10] (http://cruelkev2.blogspot.com/2009/07/qatar-police-officers-children-get-joy.html) (2010/07/29)
[11] Qatar Navy, (http://en.wikipedia.org/wiki/Qatar_Armed_Forces#Navy) (2011/08/26)

第五節　結語（Conclusion）──特徵（Characteristics）

卡達大部分領土受到波斯灣圍繞，為三面環海的半島，在總長 563 公里的海岸線上設有一基地，以下為其海域執法制度特徵。

壹、軍警混合型海域執法機制

卡達設有專職海域執法機構，由國防部海軍部門下轄之海上警察部隊負責。

貳、艦艇數量少，力量薄弱

海軍全員只有 1,800 人、艦艇總計僅 26 艘，無法符合週邊海域實際需求。

參、任務龐雜

海軍負責任務多且複雜，海軍及海上警察部隊不僅要執行軍事任務，維護領海、與漁場主權，反走私、反恐怖攻擊等等，都是他們要負責的工作。

肆、空軍支援

卡達空軍在杜哈部署有飛行中隊，負責支援海上搜索和營救巡邏任務。

第 32 章　巴林海域執法制度

目錄
第一節　國情概況（Country Overview） ················· 304
第二節　組織、職掌與裝備
　　　　（Organization, Duties and Equipment） ········ 305
第三節　與我國制度之比較
　　　　（A Comparison with Taiwan Coast Guard） ······· 307
第四節　結語（Conclusion）——特徵（Characteristics） ···· 307

第一節　國情概況（Country Overview）

巴林王國（Kingdom of Bahrain）位處波斯灣（Persian Gulf），由本島巴林島及周圍約32個小島組成，位於沙烏地阿拉伯（Kingdom of Saudi Arabia）與卡達（Qatar）半島之間。全國面積 741 平方公里，是面積 150 平方公里的金門的 5 倍大。海岸線長 161 公里，領海12 浬，鄰接區 24 浬。[1]

首都麥納瑪（Manama），全國人口 1,214,705（2011）[2]。國體君主立憲制，國王為國家元首，總理由國王任命。設有參眾兩議院，參議員由國王任命，眾議員由選舉產生。（見圖32-1）主要輸出煉油、石化產品，輸入車輛、紡織品、蔬菜。[3]

巴林國內生產總值（GDP）21,730（百萬）美元，在 190 個國家排名第 99 名；每人國民所得（GNP）19,641 美元（2010），在 182 個國家排名第 34 名。政治權利與公民自由兩

---

[1]　CIA, The World Factbook.(https://www.cia.gov/index.html) (2010/09/16)
[2]　CIA, The World Factbook.(https://www.cia.gov/index.html) (2011/05/26)
[3]　《世界各國簡介暨各國首長名冊》，中華民國外交部，2001 年，頁 76。

種自由程度在 2010 年前者為 6，後者為 5，歸類為不自由國家；透明國際（Transparency International）中的 2010 年的貪污調查分數為 4.9，在 178 個國家中排名第 48 名；聯合國（2010）最適合居住國家的人類發展指數為 6.7，在 169 個國家中排名第 39 名。[4]

巴林原為英國殖民地，於 1971 年 8 月 15 日正式獨立。雖宗教緣故民風保守，但社會福利健全，治安尚屬良好。巴林為阿拉伯半島國家中，第一個舉行國會選舉並讓婦女參政的阿拉伯國家。與多數國家維持良好邦交，僅以色列為其敵對國家。[5]2011 年北非的茉莉花革命席捲巴林，不滿現狀的年輕人渴望改變，抗議者集結市中心表達不滿，政府安全部隊射殺民眾，造成多起傷亡。[6]巴林國王因此宣佈戒嚴，然而沙烏地阿拉伯與阿拉伯聯合大公國組成半島保衛部隊佔領巴林，以防他們受到茉莉花風暴影響。[7]

亞洲篇

巴林海域執法制度

第二節　組織、職掌與裝備
（Organization, Duties and Equipment）

巴林海域防衛署（Bahrain Coast Guard, BCG）

一、組織與職掌

巴林海域防衛署隸屬於內政部，（見圖 32-1）本單位於英國殖民時期所創建的，裝備及制度多沿用英國。近年巴林政府為改進艦艇能量，因此委託阿布達比造船廠（Abu Dhabi Ship Building）將 BCG 的 10 艘巡邏艇升級現代化，裝設新式推進系統、發電機、空氣調節器、通訊及導航系統，阿布達比造船廠因此與 BCG 有了長期合作關係。他們期望藉由艦艇現代化，可以形成國內一個強而有力的海域防衛單位，有能力支援國內各海事單位以及海軍。期待未來能成為海灣國家合作委員會（Cooperation Council for the Arab States of the Gulf）中，以海軍及海域防衛署向世界證明國家的防衛能量。[8]目前 BCG 主要執行沿海巡

---

[4] 五類指標詳情請見本書導論，頁 11-13。
[5] 中華民國外交部，外交資訊網頁（2010/09/16）
[6] 黃文正，《中國時報－國際新聞》〈部隊開槍　巴林又四人死亡〉，2011/02/19。
[7] 陸以正專欄，《中國時報－時論廣場》〈揮兵巴林　沙國不智〉，2011/03/28。
[8] ADSB renovates boats for Bahrain Coast Guard, (http://www.tradearabia.com/news/DEF_169636.html)

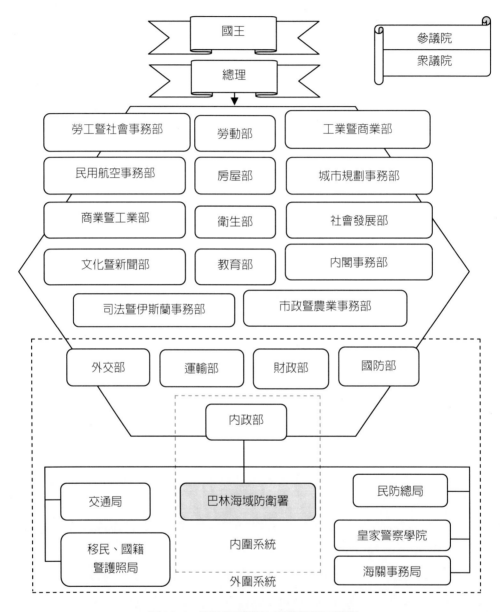

邏，預防偷渡、走私，海上攔截行動，港口安全維護，進行海難搜救，或協助海軍進行防衛作戰等任務。他們並沒有獨立的港口基地，如遇海難船隻托運或是遇難人員救助等行動，多以海軍港口進出。[9]

圖 32-1　巴林海域執法相關部門互動圖

資料來源：作者自繪

(2010/09/20)

9　Bahrain Coast Guards Rescue Sinking Boat, (http://english.bna.bh/?ID=73195) (2010/09/20)

二、裝備

BCG 人員現有 770 人，各式巡邏艇總計 34 艘，分別為 1 艘 103 噸 Wasp 30 Metre 級、4 艘 31.5 噸 Halmatic 20 Metre 級、2 艘 36.3 噸 Wasp 20 Metre 級、6 艘 17 噸 Halmatic 160 級、4 艘 15 噸 Fairey Sword 級、2 艘 10.5 噸 Hawar 級、3 艘 7 噸 Wasp 11 Metre 級、1 艘 165 噸支援艇、1 艘 150 噸近岸巡邏艇。[10]2009 年，阿布達比造船公司（Abu Dhabi Ship Building）移交 10 艘巡邏艇給 BCG。

第三節　與我國制度之比較（A Comparison with Taiwan Coast Guard）

巴林海域防衛署為隸屬內政部的三級單位，平時執行領海安全巡邏，禁止走私、偷渡以及海難搜救等任務。國家如遇緊急危難，必須要協助國家海軍作戰，屬於半軍事單位。BCG 並無獨立港口，艦艇進出需仰賴海軍基地。我國屬於部會級的海巡署平時任務多與 BCG 無異，國家緊急危難同樣也必須協助海軍進行海域作戰任務。但我國海巡署本身設有專屬艦艇出入港口，一般是不會與海軍的軍事港口重疊。

第四節　結語（Conclusion）——特徵（Characteristics）

巴林是位處波斯灣的小島國，由本島及眾多小島所組成，全國海岸線僅 161 公里，以下為其海域執法制度特徵。

---

[10] *Jane's Fighting Ships.2004-2005*, Edited by Commodore Stephen Saunders RN, Virginia U.S.A, pp.42- 43. ADSB renovates boats for Bahrain Coast Guard, 2009/10/28, (http://www.tradearabia.com/news/DEF_169636.html) (2011/08/26)

壹、集中制

巴林設有海域防衛署做為專職的海域執法單位。

貳、三級制——隸屬於內政部

巴林海域防衛署為隸屬於內政部之三級單位。

參、半軍事型態

海域防衛署雖隸屬於內政部，但其戰時需協助海軍作戰，為國內半軍事單位。

肆、無獨立港口

海域防衛署並無獨立港口，巡邏艇出入或是海難船舶拖吊，皆需仰賴軍用港口進出。

第 33 章　阿聯酋海域執法制度

目錄
第一節　國家概況（Country Overview）……………………… 309
第二節　組織、職掌與裝備
　　　　（Organization, Duties and Equipment）………… 311
第三節　與我國制度之比較
　　　　（A Comparison with Taiwan Coast Guard）……… 312
第四節　結語（Conclusion）──特徵（Characteristics）…… 312

第一節　國家概況（Country Overview）

　　阿拉伯聯合大公國（United Arab Emirates）一般稱阿聯酋，位於西南亞的阿拉伯半島東南部。東接阿曼（Oman），南界沙烏地阿拉伯（Saudi Arabia），隔波斯灣（Persian Gulf）與伊朗（Iran）相望，東臨阿曼灣（Gulf of Oman）。北面霍爾木茲海峽（Strait of Hormuz），是波斯灣向外界唯一的海上通道。全國面積 82,880 平方公里 是台灣的 2 倍大，海岸線長 1,318 公里，領海 12 浬，專屬經濟海域 200 浬。[1]

　　首都阿布達比（Abu Dhabi），全國人口 5,148,664 人（2011）[2]。阿聯酋由阿布達比（Abu Dhabi）、杜拜（Dubai）、沙迦（Sharjah）、阿吉曼（Ajman）、歐姆庫溫（Umm Al-Quwain）、拉斯海瑪（Ras Al-Khaimah）、及富介拉（Fujairah）七個邦組成。國體聯邦體制，最高權力機關為七邦長組成的最高委員會，總統由委員會選舉出來。國家內閣由各邦長推薦，再由總統任命，在政府體制上為總統制國家。[3]設有聯邦國家議會（Federal National Council），審核內閣會議所提出之法案，議員具言論免責權。（見圖 33-1）主要輸出石油、天然氣、水泥，輸入紡織品、食品、寶石。[4]阿聯酋國內生產總值（GDP）239,700（百萬）美元，在

---

[1]　中華民國外交部，外交資訊網頁（2009/12/06）
[2]　CIA, The World Factbook.(https://www.cia.gov/index.html) (2009/12/06)
[3]　《世界各國簡介暨政府首長名冊》，中華民國外交部，2001 年，頁 121。
[4]　《世界各國簡介暨各國首長名冊》，中華民國外交部，2001 年，頁 110。

190 個國家排名第 35 名；每人國民所得（GNP）47,406 美元（2010），在 182 個國家排名第 8 名。阿聯酋在自由之家（Freedomhouse）的政治權利與公民自由兩種自由程度在 2010 年的分數前者為 6，後者為 5，歸類為不自由國家；透明國際（Transparency International）中的 2010 年的貪污調查分數為 6.3 在 178 個國家中排名第 28 名；聯合國（2010）最適合居住國家的人類發展指數為 7.3，在 169 個國家中阿聯酋排名第 32 名。[5]

　　阿聯酋無選舉制，政治主控權掌握在邦長手中，各邦長在其邦內擁有相當的自主權，可逕自與他國簽訂協議。其石油大多集中於阿布達比，七邦之一的杜拜石油蘊藏不如其他邦或國家，逼使他們轉進金融與觀光產業不依賴石油發展，近年來成功締造多項經濟與建築奇蹟。其他邦與鄰近各國也以杜拜為師，期望成為中東的發展中心。[6]然而杜拜經濟發展之快速，加上近年世界金融危機，使其產生債務問題而將近破產。[7]

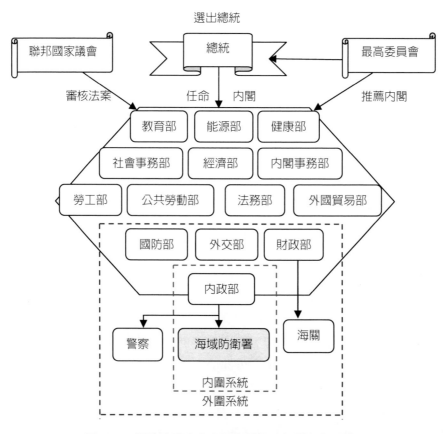

圖 33-1　阿拉伯聯合大公國海域執法相關部門互動圖

資料來源：作者自繪

---

[5]　五類指標詳情請見本書導論，頁 11-13。

[6]　陳鳳英，《中國時報－杜拜啟示錄》〈杜拜轉型傳奇　引領中東質變〉，2007/03/30。

[7]　賀桂芬，《天下雜誌》〈沙之堡面臨崩解「杜拜願景」吹破牛皮〉，2009 年 12 月 03 日。

第二節　組織、職掌與裝備
（Organization, Duties and Equipment）

阿聯酋海域防衛署（United Arab Emirates Coast Guard）

一、組織與職掌

　　阿聯酋海域防衛署為國家準軍事單位，隸屬於內政部，其與海關及邊境警察有共同艦艇，相互合作。阿布達比與杜拜的海域防衛裝備近年開始委託國內海軍造船廠，期望建造更良好的巡邏艦艇，執行勤務更有效率。長久以來，阿布達比便一直致力於海域防衛的任務上，今年便有十二艘新造艦艇下水服務。[8]2010 年 8 月，海域防衛署重挫在霍爾木茲海峽攻擊日本油輪的恐怖份子。[9]

二、裝備[10]

　　目前人員約 1,200 名，所屬艦艇有 80 艘：
（一）3 艘瑞典 Bogharmmar 巡邏艇
（二）2 艘 Baglietto 警察巡邏艇
（三）2 艘 Halmatic Arun 級領航巡邏艇
（四）2 艘 180 噸保護者級巡邏艇
（五）5 艘 70 噸 CAMCRAFT 77 ft 近岸巡邏艇
（六）16 艘 50 噸 CAMCRAFT 65 ft 近岸巡邏艇
（七）6 艘 50.7 噸 BAGLIETTO GC 23 型近岸巡邏艇
（八）3 艘 22 噸 BAGLIETTO 59 ft 近岸巡邏艇

---

[8] ADSB Wins UAE Coast Guard Patrol Boats Deal, 2009/05/06, (http://www.defensenews.com/story.php?i= 3409221) (2009/12/08)

[9] It's a terror attack, 2010/08/07, (http://www.khaleejtimes.com/DisplayArticle08.asp?xfile=data/theuae/2010 /August/theuae_August217.xml&section=theuae) (2011/08/26)

[10] *Jane's Fighting Ships.2004-2005*, Edited by Commodore Stephen Saunders RN, Virginia U.S.A, pp.790-791.

（九）6 艘 25 噸 WATERCRAFT 近岸巡邏艇

（十）35 艘港灣巡邏艇

　　另外，海域防衛署在 2010 年向阿布達比造船公司（Abu Dhabi Ship Building）訂購 12 艘巡邏艇。[11]

第三節　與我國制度之比較
（A Comparison with Taiwan Coast Guard）

　　阿國海域防衛署雖為準軍事單位，卻同警察一樣隸屬於內政部；我國海巡署隸屬於行政院，雖非准軍事單位，但國家危難時也會加入作戰。阿國海域防衛署與海關及邊境警察有共同艦艇；台灣海巡署艦艇則僅受署內操作，並沒有與其他單位共用合作。

第四節　結語（Conclusion）──特徵（Characteristics）

　　阿聯酋東臨阿曼灣，北面是霍爾木茲海峽，是波斯灣向外界唯一的海上通道，為二面環海國家，海岸線長 1,320 公里，以下為其海域執法制度特徵。

壹、集中制

　　海域防衛署為一支隸屬於內政部之準軍事單位。

貳、三級制──隸屬於內政部

　　海域防衛署與警察同樣是隸屬於內政部的三級單位，顯示合作之強度甚高。

---

[11] ADSB Wins UAE Coast Guard Patrol Boats Deal, 2010/03/06, (http://www.defensenews.com/story.php?i=3409221) (2011/08/26)

參、與其他邊境執法單位合作

海域防衛署與海關及邊境警察有共同艦艇，彼此在任務上支援合作。

肆、艦艇設備頗強

於裝備方面，僅阿布達比一邦就有 80 艘艦艇，近年來沿海各邦因貿易發展，更加重視海域執法的裝備與人員發展。

第 34 章　沙烏地阿拉伯海域執法制度

目錄

第一節　國情概況（Country Overview）‥‥‥‥‥‥‥‥‥ 314

第二節　歷史沿革（History）‥‥‥‥‥‥‥‥‥‥‥‥‥‥ 315

第三節　組織、職掌與編裝

　　　　（Organization, Duties and Equipment）‥‥‥‥ 318

第四節　權限與管轄（Authority and Jurisdiction）‥‥‥‥ 321

第五節　教育與訓練（Education and Training）‥‥‥‥‥ 321

第六節　與我國制度之比較

　　　　（A Comparison with Taiwan Coast Guard）‥‥‥ 321

第七節　結論（Conclusion）──特徵（Characteristics）‥‥ 322

第一節　國情概況（Country Overview）

　　沙烏地阿拉伯王國（Kingdom of Saudi Arabia）為西南亞的阿拉伯半島面積最大的國家，東臨波斯灣（Persian Sea），西濱紅海（Red Sea）。南鄰葉門（Yemen）及阿曼（Oman），東接阿拉伯聯合大公國（United Arab Emirate）及卡達（Qatar），隔海與巴林（Bahrain）相望，北界科威特（Kuwait）、伊拉克（Iraq）及約旦（Jordan）。全國面積 2,149,690 平方公里，是台灣的 60 倍。海岸線長 2,640 公里，領海 12 浬，毗連區 18 浬。[1]

　　首都利雅德（Riyadh），全國人口 26,131,703 人（2011）[2]。沙烏地阿拉伯為君主制與宗教合一的君主制國家，紹德王族為政治中心。沙國總理由國王兼任，第一副總理由王儲兼任，內閣閣員由元首任命。（見圖 34-1）可蘭經是最高憲法，以伊斯蘭法（Shari'a）治國。

---

[1] CIA, The World Factbook.(https://www.cia.gov/index.html) (2010/08/27)

[2] CIA, The World Factbook.(https://www.cia.gov/index.html) (2011/05/25)

主要輸出石油，輸入食品、運輸工具、珠寶首飾。[3]沙國國內生產總值（GDP）434,400（百萬）美元，在 190 個國家排名第 23 名；每人國民所得（GNP）16,641 美元（2010），在 182個國家排名第 39 名。沙國政治權利與公民自由兩種自由程度在 2010 年的前者為 7，後者為 6，歸類為不自由國家；透明國際（Transparency International）中的 2010 年的貪污調查分數為 4.7，在 178 個國家中排名第 50 名；聯合國（2010）最適合居住國家的人類發展指數為 7.7，在 169 個國家中沙國排名第 55 名。[4]

沙國經濟以石油為支柱，政府控制著國家主要的經濟活動。沙烏地阿拉伯是世界上第二大的已探明石油的儲備國，有全球已勘探石油總量 24%，全球最大的石油出口國，也是石油輸出國組織的主要成員國。[5]2011 年，延燒北非與中東各國的茉莉花革命並未直接影響沙國，這是由於國民普遍敬重王室，並相當滿意現狀，因此自中東動亂以來，沙國知識份子也只敢呈送請願書給總統。[6]

第二節　歷史沿革（History）[7]

沙烏地阿拉伯在二十世紀三〇年代初期，國家安全自然地被地形防禦。然而六十年後，身為生產世界四分之一出口石油的國家，被多數工業國家倚靠，因此，沙國安全更加受到世界關心。1932 年內志酋長[8]阿朴杜勒‧阿齊茲‧沙特統一了阿拉伯半島，身為王國的創建者為了維護王國，特別促進了防禦與安全組織，在他統治期間（1964-1975）增長並且開發三個獨立的個體組織：軍事武力、國家警衛隊的輔助軍力和內政部的警察與安全部隊。1992年國王的兒子帶領軍事武力－陸軍、海軍、空軍與防空力量保衛國家邊境與內部的和平。

---

[3]　《世界各國簡介暨各國首長名冊》，中華民國外交部，2001 年，頁 10。
[4]　五類指標詳情請見本書導論，頁 11-13。
[5]　沙烏地阿拉伯概況，（http://big5.xinhuanet.com/gate/big5/news.xinhuanet.com/ziliao/2002-06/18/content_445928.htm）（2010/08/27）
[6]　陸以正專欄，《中國時報-時論廣場》〈沙國遠離茉莉風暴 〉，2011/03/14。
[7]　Royal Saudi Naval Forces, (http://en.wikipedia.org/wiki/Royal_Saudi_Navy) (2010/08/27)
[8]　十九世紀英國侵入，當時沙國分漢志和內志兩部分。1924 年內志酋長阿卜杜勒‧阿齊茲‧伊本‧沙特統一了內志和漢志兩部分，並於次年自立為國王。1932 年 9 月 18 日定國名為沙烏地阿拉伯王國。（http://zh.wikipedia.org/zh-tw/%E6%B1%89%E5%BF%97%E7%8E%8B%E5%9B%BD）（2010/08/27）

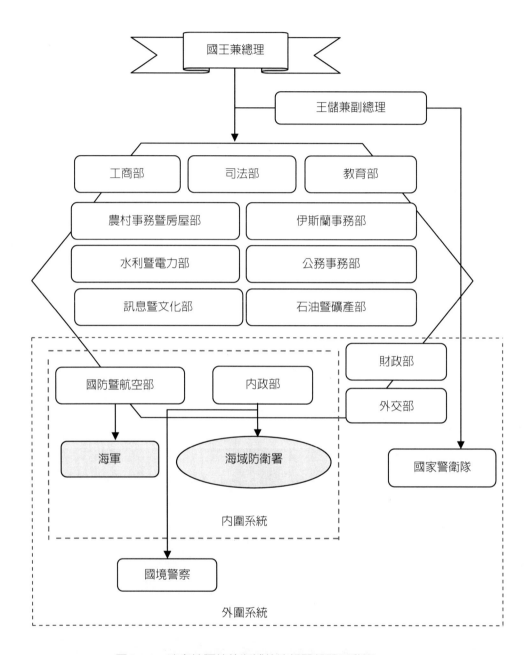

圖 34-1　沙烏地阿拉伯海域執法相關部門互動圖

資料來源：作者自繪

國家內部的警察與邊境的準軍事系統互相合作，國家警衛隊是作為保護內部安全和支持國防部所需的單位。在 1992 年國家的正規武力估計約 106,000。軍隊共有 73,000 名人員；海軍 11,000 名；空軍 18,000 名；防空力量 4,000 名。國家警衛隊約為 55,000 名，兼職部族徵收占 20,000 名。國家的現代化武力儘管花了數十億美元，王國的國防仍是脆弱的。油田的財富使國家軍事武力豐富，地形卻使得國家的防禦出現了潛在問題，王國的軍隊被廣泛的疆土分散無法集中。雖未曾面對直接的威脅，但卻在 1990 年 8 月改變了，伊拉克佔領科威特並集合邊境的軍隊占領北方邊境，即使國民自衛隊衝向邊境仍無法阻止油田的侵占，於是國王向其他國家求援。防衛任務命名為沙漠風暴（Storm Command）來稱呼防禦伊拉克並解放科威特的軍事行動代號。內容分別為：沙漠之盾，為阻止伊拉克入侵沙烏地阿拉伯，建立聯軍防線進行人員裝備集結；沙漠之矛，越過沙烏地阿拉伯國境，解放科威特進攻伊拉克。

此次的戰爭後，國王宣佈武力擴大的必需性，目標是增加海軍的大小，建立新的儲備系統，並且增加放置空軍戰鬥機的軍艦，空軍的防禦範圍是突擊波斯灣油田設施，在兩伊戰爭時，戰鬥機成功的阻止了伊朗的入侵。三軍部隊的合作讓波斯灣危機期間守衛了城市，軍隊沿著波斯灣設置了導彈系統，導彈系統與戰鬥機和防空網路連結，目的是可以監視波斯灣沿岸的狀況。王國的海軍保持從軍事基地的沿海力量操作紅海與波斯灣的武力。在二十世紀 90 年代中期增長了四艘法國引導彈大型驅逐艦並發揮了它的潛力。在波斯灣緊張期間，海軍協助了海上行動與波斯灣的掃雷行動。在 1972 年美國協助王國擴大海上軍事以匹配伊朗海軍，遂皇家海軍在擴張後擁有了完善的命令、控制與通訊中心。

對於沙烏地阿拉伯的對內與對外的安全防禦，對內有透過內政部中央政府控制的警察和安全部隊。沙國的國家警衛隊與內部安全部隊是對國王直接服從的。至於特別的安全部隊、公眾安全董事會、公眾安全警察、全國性的安全部隊與國境警察都是在內政部的控制之下。在各種防衛的分支底下，沙烏地阿拉伯國家警衛、海上警衛、國境力量和特別的安全部隊是被認為為準軍事性的組織。由於油田的豐沛資源與所處的地理位置甚佳，陸地邊境交接各國，紅海與波斯灣與其他國家相望。因此，邊境警察與海岸警衛的力量就更為重要。

第三節　組織、職掌與編裝
（Organization, Duties and Equipment）

壹、沙烏地阿拉伯海域防衛署（Saudi Arabia Coast Guard）

一、組織與職掌

　　海域防衛署雖隸屬於內政部，卻是屬於國家軍事力量之一，所有擔任的軍官及士兵皆是由海軍軍事訓練出來的，其基地與海軍共有。（見圖 34-3）他們的任務有維護海上安全與降低他國威脅。這些威脅包括海盜行為、恐怖主義、武器擴散、毒品交易和其他走私活動。提高海上活動的安全穩定，並且獲取航行自由。沙烏地阿拉伯的海軍在海上強制執行國內和國際法通過所建立的協議，例如海上操作的威脅反應計劃（Maritime Operational Threat Response Plan, *MOTR*）。維護海上安全，海軍和海域防衛署是共同維持海域的治安和壓制共同的威脅。他們沿著波斯灣和紅海沿岸巡邏，執行最重要的任務為防止走私，並以主要港口為據點巡邏。當海域防衛署遇到無法以現有軍備力量處理海域問題時，海軍便會擔任協助之角色。[9]

二、裝備

　　海域防衛署人數約有 4,500 人，其所配有的最大裝備為 4 艘 210 噸 ALJOUF 級的遠距離巡邏艇、另外裝備有 30 艘 135 噸的近岸巡邏艇、3 艘 10.6 公尺長的 SLINGSBY SAH 2200 型氣墊船、5 艘 21.15 公尺長的 GRIFFON 800TD（M）及氣墊船。另外還有 2 艘 56 噸 SEA GUARD CLASS 級、6 艘 55 噸 STAN PATROL 2606 CRAFT 級、2 艘 95 噸 AL JUBATEL 級之近岸巡邏艇。[10]

---

[9] Royal Saudi Naval Forces, (http://en.wikipedia.org/wiki/Royal_Saudi_Navy) (2010/08/27)

[10] *Jane's Fighting Ships.2004-2005*, Edited by Commodore Stephen Saunders RN, Virginia U.S.A, pp. 647- 648.

圖 34-2　沙烏地阿拉伯海域防衛署徽章[11]

貳、沙烏地皇家海軍（Royal Saudi Naval Forces）

一、組織與職掌

　　海軍屬於國防暨航空部，海軍總部位於首都利雅德，海軍分為東部與西部艦隊，位於 Jiddah 港的總部組織了紅海的東部艦隊，針對波斯灣的總部設在 Jubayl 港。國內的大型驅逐艦皆在紅海和波斯灣海域，並配有輕武裝快艦。其他海軍分部設施位於 Yanbu 港、Dammam 港。當中的 Dammam 港口在波斯灣戰爭期間擔任了重要的處理貨物與集散地點。海軍人數目前約一萬兩千人，經波灣戰爭後，面對恐怖組織盛行的世界，沙國更注重海上之防衛力量，以抵抗恐怖主義、生化武器擴散及其他違法活動。海軍防止或中斷各種可能危害國家的行為，使海域安全維持在水平內。沙國與國際合作海域安全，對海上軍事的能量注重，便可以使跨國性恐怖分子及極端宗教分子，大規模殺傷性武器、致命病毒，海盜與違法交易者可以有效的受到控制。[12]

二、裝備

　　海軍發展作為波斯灣及紅海監護者是於 1974 年後，經由美國的協助之下開始壯大，使海軍制度更加完善，國內的主要艦艇購於法國。在未擴張海上力量時期，國內只有幾艘過

---

[11] (http://www.flickr.com/photos/38471185@N00/1128898794/) (2010/08/27)

[12] Royal Saudi Naval Forces, (http://www.globalsecurity.org/military/world/gulf/rsnf.htm) (2010/08/27)

時的巡邏艦艇、登陸艇與巡邏小船。後經由美方協助增設軍備力量，於 1992 年開始，主要作戰船為 4 艘配有導引彈之大型驅逐艦、4 艘輕武裝快艦、9 艘中型快速攻擊挺、4 艘掃雷艇；大型驅逐艦上皆配有皇太子直升機、8 枚攻擊範圍有 160 公里範圍的 Otomat 對船導彈、魚雷發射管和 100 釐米火炮。兩艘後勤工作船、AS-15 對船導彈和訓練和維護支持系統。在 2002 年收購了 3 艘 3,700 噸的拉法葉（La Fayette）大型驅逐艦，主要從事的是秘密行動，以低雷達、聲響、紅外線、電磁波聞名。海軍還配有三艘英國建造之 Sandown 級獵雷艦艇（SRMHs），是最新的水雷對抗措施船（MCMVs）。[13]

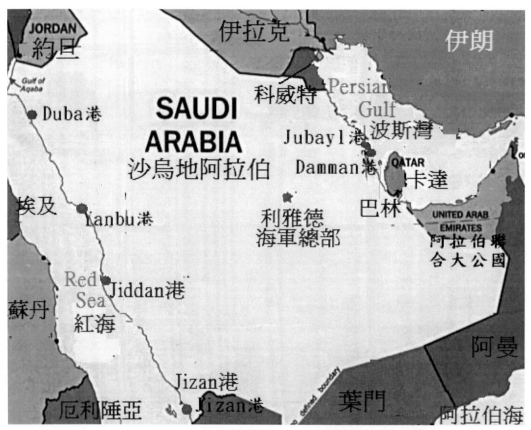

圖 34-3　沙烏地阿拉伯海軍與海域防衛署基地港口位置圖[14]

[13] Royal Saudi Naval Forces, (http://en.wikipedia.org/wiki/Royal_Saudi_Navy) (2010/08/27)
Jane's Fighting Ships.2004-2005, Edited by Commodore Stephen Saunders RN, Virginia U.S.A, pp. 641- 646.
[14] (httppimg.swodestatic.comNzA5MDcyLHBob2VuaXh0YW4=.jpg) (2010/08/27)

第四節　權限與管轄（Authority and Jurisdiction）

　　雖然海域防衛署主要任務為查緝走私、巡邏及警衛海岸，發揮有限度之內部安全任務，並捍衛波斯灣與紅海之海域安全，以港口為主要基地。主要港口 Jubayl 港、Dammam 港兩個基地駐守之海岸防衛署負責的是波斯灣的安全。Duba 港、Jiddan 港、Jizan 港與 Yanbu 港的基地主要是負責紅海之安全。靠近紅海的最大港口 Jiddan，是沙烏地阿拉伯的最主要的港口，也是沙烏地阿拉伯中最繁忙的海港和空港據點，它的商業和工業中心，承擔了整個沙烏地阿拉伯進出口業務的 59%。由於 Jiddan 港處以東西部國際運輸航線的中間點，因此具有重要的戰略地位。

第五節　教育與訓練（Education and Training）

　　沙烏地阿拉伯之海域防衛隊軍官為海軍軍官擔任，船員則以海軍士兵擔任，他們的教育以及訓練以海軍訓練模式為主。

第六節　與我國制度之比較
　　　　　（A Comparison with Taiwan Coast Guard）

　　我國海巡人員在海巡署本部晉用軍文並用雙軌制，海洋總局目前以具警職身分之原水上警察局人員為主，加上海關移撥之關務人員、部分技術人員、文職公務人員、約聘人員和海岸總局之軍人所組成。沙烏地阿拉伯海域防衛署與邊防軍以海軍軍官與士官兵為主。我國之任務有查緝走私、偷渡、海上交通秩序維護、海上環境保護、漁業巡護與救難等等之相關工作。沙烏地阿拉伯海域防衛署主要任務為查緝走私。

第七節　結論（Conclusion）──特徵（Characteristics）

　　沙烏地阿拉伯西臨紅海，東濱波斯灣，為二面環海國家，長 2,640 公里的海岸線上設有 6 個基地，以下為其海域執法制度特徵。

壹、集中制

　　沙國設海域防衛署為專責的海域執法單位。

貳、警察型海域執法機制

　　沙國海域執法由隸屬於內政部的海域防衛署負責。

參、三級制──隸屬於內政部

　　沙國海域防衛署為隸屬於內政部的三級單位。

肆、海域防衛署與海軍密切合作

　　沙國海域防衛主體為海軍執行，防範跨國性恐怖分子及極端宗教分子，海盜及違法交易者。而海域防衛署則負責防止武器擴散其他走私活動等，如遇無法負擔之任務，海軍便擔任協助角色。

第 35 章　葉門海域執法制度

目錄

第一節　國情概況（Country Overview）…………………… 323

第二節　組織、職掌與裝備

　　　　（Organization, Duties and Equipment）………… 324

第三節　教育與訓練（Education and Training）………… 327

第四節　與我國制度之比較

　　　　（A Comparison with Taiwan Coast Guard）……… 327

第五節　結語（Conclusion）──特徵（Characteristics）…… 327

第一節　國情概況（Country Overview）

　　葉門共和國（Republic of Yemen）位於阿拉伯半島（Arabian Peninsula）西南端，北接沙烏地阿拉伯（Kingdom of Saudi Arabia），西與阿曼（Oman）接壤，西隔紅海（Red Sea）與厄力陲亞（Eritrea）與吉布地（Djibouti）相望，南瀕阿拉伯海（Arabian Sea），與索馬利亞（Somalia）隔亞丁灣（Gulf of Aden）相望。國土總面積約為 527,968 平方公里，是台灣的 15 倍大。海岸線總長 1,906 公里，領海為 12 浬，專屬基經濟海域 200 浬。[1]

　　首都沙那（Sana'a），全國人口 24,133,492 人（2011）[2]。國體共和制，總統由普選產生，內閣及總理由總統任命，國會分為總統任命的上院以及選舉產生的下院。（見圖 35-1）[3]葉門國內生產總值（GDP）30,020（百萬）美元，在 190 個國家排名第 88 名；每人國民所得（GNP）1,230 美元（2010），在 182 個國家排名第 136 名。葉門政治權利與公民自由兩種自由程度在 2010 年的前者為 6，後者為 5，歸類為不自由國家；透明國際（Transparency

---

[1]　CIA, The World Factbook.(https://www.cia.gov/index.html) (2010/09/13)

[2]　CIA, The World Factbook.(https://www.cia.gov/index.html) (2011/05/25)

[3]　《世界各國簡介暨各國首長名冊》，中華民國外交部，2001 年，頁 10。

International）中的 2010 年的貪污調查分數為 2.2，在 178 個國家中排名第 146 名；聯合國（2010）最適合居住國家的人類發展指數為 4.8，在 169 個國家中排名第 133 名。[4]

現今的葉門於 1990 年 5 月由阿拉伯葉門共和國（北葉門）和葉門民主人民共和國（南葉門）合併組成。葉門與沙烏地阿拉伯關係密切，但因 1990 年海灣危機期間支持伊拉克，一度與海灣國家合作委員會（Cooperation Council for the Arab States of the Gulf）各國交惡。[5]2011 年 2 月，葉門動盪情勢升溫，在政府的血腥鎮壓後，三名高級將領宣佈倒戈加入反對陣營，葉門駐外大使與多位官員更宣佈辭職，共同呼籲薩利赫總統下台。[6]

第二節　組織、職掌與裝備
（Organization, Duties and Equipment）

壹、葉門海域防衛局（Yemen Coast Guard, YCG）

一、組織與職掌

葉門海域防衛局隸屬於內政部，主要任務為反恐、防走私、海域危機管理、反組織犯罪等。葉門自 YCG 成立以來便長期與美國交流，美國海域防衛司令部大西洋區指揮官於 2007 年曾至葉門會見當時內政部長及 YCG 指揮官，討論未來的合作方向。更期待增加兩國針對葉門海域反恐行動及其他犯罪預防等任務的合作可能。[7]2008 年後，隨著亞丁灣海盜事件頻傳，YCG 更加重視海域的安全維護，針對走私及海盜活動，YCG 將紅海及阿拉伯海的警備能量加重，為此他們向澳洲購入 16 艘快速巡邏艇。為有效制止索馬利亞海盜及亞丁灣犯罪猖獗，每艘艦艇上的 60 名 YCG 人員皆以海軍陸戰隊模式為訓練基礎，並加強培訓監測人員技術以應付海盜。[8]

---

[4]　五類指標詳情請見本書導論，頁 11-13。

[5]　中華民國外交部，外交資訊網頁（2010/09/13）

[6]　黃文正，《中國時報－中東風雲特別報導》〈葉門情勢　急升溫〉，2011/3/22。

[7]　Yemeni Coast Guard's Brigadier General Ali Rassa hosts visiting U.S. Vice Admiral(VADM) Brian Peterman, 2007/06/23, (http://yemen.usembassy.gov/yemen/ycg_alrassa_peterman.html) (2010/09/27)

[8]　Yemen coast guard forms unit to police pirates, 2008/09/22, (http://www.worldtribune.com/worldtribune/

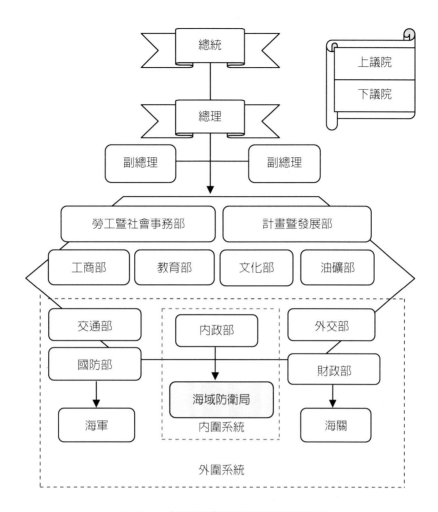

圖 35-1　葉門海域執法相關部門互動圖

資料來源：作者自繪

　　2009 年，YCG 接到來自亞丁灣的韓國船舶發出的求救訊息，他們迅速前往該海域，與海盜交火。YCG 擊斃一名索馬利亞海盜後，海盜船便迅速逃離該海域，這是 YCG 首次以獨立力量擊退海盜，成功營救受挾船隻。2008 年後，索馬利亞海盜更加猖獗，身為亞洲與歐洲往來貨物通道的阿拉伯海域以及亞丁灣成為海盜們的重要駐點，外國海軍常派駐多艘海軍軍艦巡邏以遏止海盜，但由非洲南端繞路，大量提高了運輸成本，因此 YCG 的存在極為重要。[9]2010 年開始，葉門為制止海盜行為已發生多次武力衝突，美國有鑑於阿拉伯海域

WTARC/2008/me_yemen0544_09_21.asp) (2010/09/27)
[9]　Yemen coastguard saves Korean cargo ship from Somali pirate attack, 2009/03/02, (http://www.earthtimes.org/
articles/news/258132,yemen-coastguard-saves-korean-cargo-ship-from-somali-pirate-attack.html)
(2010/09/27)

問題，早於 2003 年開始便援助葉門的海域防衛資源，提供他們培訓課程以及 24 艘艦艇。2009 年底，葉門獲得 2,820 萬美元的合約，委託美國建造 2 艘巡邏艦艇。美國為了維護利益，更直接協助 YCG 艦艇於亞丁灣處理海盜問題。[10]

二、裝備

目前擁有 40 艘大小不等巡邏艇，人員有 1,200 人，以及委託美國建造的 2 艘巡邏艇。

貳、葉門海軍（Yemen Navy）

一、組織與職掌

成立於 1990 年，南北葉門統一之後。葉門海軍主要任務與 YCG 差異不大，主要為阻止海盜行動及藥物走私，並保護各國家在阿拉伯海域的航行安全。2009 年，英國、土耳其、日本、澳洲、韓國、丹麥、新加坡、美國等，與葉門海軍組成聯合軍隊，共同巡邏海域安全。各聯軍定期舉行演練，繼續打擊並遏制海盜活動，聯軍的努力以及積極措施，才能有效保護各國政府及商船往來安全。2009 年 4 月 27 日，葉門海軍與索馬利亞海盜交火兩天後，擊斃三名海盜並逮捕九名人員，救出受到挾持的油輪。[11]

二、裝備

海軍目前有 1,700 名海員，擁有 2 艘輕武裝快艦、8 艘中型巡邏艇、3 艘近岸巡邏艇、10 艘快速攻擊艇、4 艘多用途艦艇、1 艘登陸艇、3 艘掃雷艦、2 艘仍在建造的巡邏艇。[12]

[10] Yemen sells Coast Guard services and Navy personnel to highest bidder, 2010/02/15, (http://www. examiner.com/yemen-headlines-in-national/yemen-sells-coast-guard-services-and-navy-personnel-to-highest-bidder) (2010/09/27)
[11] Yemen Navy, (http://www.globalsecurity.org/military/world/yemen/navy.htm) (2010/09/27)
[12] Yemen Navy, (http://en.wikipedia.org/wiki/Yemen_Navy) (2010/09/27)

第三節　教育與訓練（Education and Training）

　　葉門海域防衛局的教育訓練是以海軍受訓方式為主，因為他們不僅具巡邏執法等效用，還要有海上武力交戰等實際戰鬥力量，因此 YCG 的教育及訓練統一由國防部培養。2003年開始，每年美國海域防衛司令部定期派遣人員至葉門提供專業課程並進行交流演習，以提高亞丁灣防衛人員的能量素質。[13]

第四節　與我國制度之比較
（A Comparison with Taiwan Coast Guard）

　　葉門的海域防衛主要以遏制海盜橫行及走私為主，因此 YCG 人員及裝備配給都以軍事化為基礎，以便隨時與海盜交火作戰。同樣的，葉門海軍也是以偵查海盜為首務，隨時處於應戰狀態。相反地，我國海巡署多處理走私、偷渡等刑事犯罪為主，極少如同葉門一樣隨時需要面對駁火危險。葉門地處於歐亞航運頻繁的海域，海盜問題已非單純國家問題，而是需要各國協助面對的國際危機，因此葉門不管是海域防衛局或海軍，與世界各國多有技術及學術往來，美國海域防衛司令部更提供 YCG 人員專業課程。

第五節　結語（Conclusion）──特徵（Characteristics）

　　葉門西濱紅海，南臨阿拉伯海，地處海盜盛行的亞丁灣北部，是二面環海國家，海岸線長 1,906 公里，以下為其海域防衛制度特徵。

---

[13] Yemeni Coast Guard's Brigadier General Ali Rassa hosts visiting U.S. Vice Admiral(VADM) Brian Peterman, 2007/06/23, (http://yemen.usembassy.gov/yemen/ycg_alrassa_peterman.html) (2010/09/27)

壹、集中制

葉門設有海域防衛局專責執行海域執法任務。

貳、三級制──隸屬於內政部

葉門海域防衛局為隸屬於內政部的三級單位。

參、美國提供援助

美國於 2003 年開始提提供葉門海域防衛局巡邏艦艇以及專業課程，已提高 YCG 的專業素質。

肆、海軍協助海域執法

因亞丁灣海盜猖獗，海域防衛局如遇無法應付之狀況，海軍即派遣軍艦協助。

伍、軍事化訓練

面對海盜時常發生武力交戰，因此 YCG 人員以軍事訓練為基礎，巡邏艦艇人員更以海軍陸戰隊模式受訓。

第 36 章　阿曼海域執法制度

目錄

第一節　國情概況（Country Overview）⋯⋯⋯⋯⋯⋯⋯ 329

第二節　歷史沿革（History）⋯⋯⋯⋯⋯⋯⋯⋯⋯⋯⋯ 330

第三節　組織、職掌與裝備

　　　　（Organization, Duties and Equipment）⋯⋯⋯ 331

第四節　教育與訓練（Education and Training）⋯⋯⋯⋯ 333

第五節　與我國制度之比較

　　　　（A Comparison with Taiwan Coast Guard）⋯⋯ 333

第六節　結語（Conclusion）──特徵（Characteristics）⋯ 335

第一節　國情概況（Country Overview）

　　阿曼王國（Sultanate of Oman）位於阿拉伯半島（Arabian Peninsula）東南端，北接阿拉伯聯合大公國（United Arab Emirates），西鄰沙烏地阿拉伯（Kingdom of Saudi Arabia），西南界葉門（Yemen），東北濱阿曼灣（Gulf of Oman），東南臨阿拉伯海（Arabian Sea）。全國面積 309,500 平方公里，是台灣的 9 倍大。海岸線長 2,092 公里，領海 12 浬，專屬經濟海域 200 浬。[1]

　　首都馬斯開特（Muscat），全國人口 3,027,959（2011）[2]。國家君主世襲制，國王兼任內閣總理，設有阿曼議會。（見圖 36-1）主要輸出石油、棗子、魚乾，輸入米、麥、糖、水泥。[3]阿曼國內生產總值（GDP）53,780（百萬）美元，在 190 個國家排名第 69 名；每人國民所得（GNP）18,040 美元（2010），在 182 個國家排名第 38 名。阿曼政治權利與公民自由兩種

---

[1]　CIA, The World Factbook.(https://www.cia.gov/index.html) (2010/09/13)

[2]　CIA, The World Factbook.(https://www.cia.gov/index.html) (2011/05/26)

[3]　《世界各國簡介暨各國首長名冊》，中華民國外交部，2001 年，頁 102。

自由程度在 2010 年的前者為 6，後者為 5，歸類為不自由國家；透明國際（Transparency International）中的 2010 年的貪污調查分數為 5.3，在 178 個國家中排名第 41 名。[4]

　　阿曼為伊斯蘭社會，民風純樸保守，回教戒律亦深深影響人民作息，惟年輕一代因西方思潮衝擊，漸有要求開放改革之呼籲。阿曼對外一向採取較溫和、中立的外交政策。而國土遠離中東主要權力鬥爭中心，因此能免於捲入其他阿拉伯國家之糾紛中。[5]

第二節　歷史沿革（History）[6]

　　皇家阿曼警察（Royal Oman Police）是海域執法的主力，以下列表記述其歷史沿革：

表 36-1　皇家阿曼警察歷史沿革表

時間	事件
1957 年 5 月 1 日	於 Bait Al Falaj 的軍事醫院內成立警察醫療處。
1969 年 1 月 1 日	將軍隊部份人員分配擔任警務人員。
1970 年 4 月 9 日	警務人員負責發放 Muscat 市以及 Muttrah 自治市車輛牌照證明。
1972 年 1 月 1 日	第一部阿曼國籍法律（Omani Nationality Law）發布。
1972 年 2 月	阿曼皇家警察開始負責守衛國家海岸線及領海治安。
1973 年 10 月 17 日	於 Buraimi 設立第一個警察局。
1974 年	位於魯姆的警察訓練學校（Police Training School Qurum）正式成立。
1974 年 5 月 26 日	卡布蘇丹陛下（His majesty Sultan Qaboos），發布關於監獄法典的皇家法令 No. 23/74。
1975 年 1 月 1 日	阿曼皇家警察接管海關職責及人員。
1975 年 10 月 18 日	正式啟用蘇爾（Sur）警察局。
1976 年 8 月 10 日	正式啟用馬斯哈（Masirah）警察局。
1976 年 8 月 12 日	正式啟用伊卜（Ibri）警察局。
1976 年 9 月 24 日	成立警犬組。
1976 年 11 月 9 日	首批警官自警察訓練學校結業，由親王納伊夫本阿卜杜勒阿齊茲（Naif bin Abdul Aziz）親自頒發證書。
1976 年 11 月 17 日	於特殊安全警察處（Special Security Police Division）下正式成立皇宮警察局。
1976 年 12 月 16 日	正式啟用伊卜第二警察局。
1977 年 10 月 10 日	Wadi Jizzi 警察附屬於 Buraimi 警政處。
1978 年 5 月	卡布蘇丹陛下發布皇家法令 No. 22/78 的海關法。
1979 年 2 月	正式啟用位於尼茲瓦（Nizwa）的消防訓練學校（Fire Training School）（現今改為卡布蘇丹警察科學院（Sultan Qaboos Academy for Police Sciences））。

[4] 四類指標詳情請見本書導論，頁 11-13。
[5] 中華民國外交部，外交資訊網頁（2010/09/13）
[6] Royal Oman Police, History, (http://www.rop.gov.om/english/index.asp) (2010/09/13)

第三節　組織、職掌與裝備
（Organization, Duties and Equipment）

壹、皇家阿曼警察（Royal Oman Police, ROP）──皇家阿曼警察海域防衛隊（Royal Oman Police Coast Guard, ROPCG）

一、組織與職掌[7]

　　阿曼皇家警察任務為維持社會秩序、保護人民安全，並在國慶或其他大型活動時進行安全行動策劃，並在公共場所進行巡邏。ROP 主要業務有查詢可疑事物或進一步進行刑事調查；檢查護照的海關業務；核對車輛公民證照。

　　阿曼海域執法主要由 ROP 總局下轄之海域防衛隊負責，在阿曼海岸線及領海海域進行監測，防止非法移民及走私為主。近期成立海上救援組（Sea Rescue Group），以提高海難救援及溺水事故的救助整合及機動力量。ROPCG 平時多進行漁業資源保護，海難搜救及登記，或是打擊各種海上非法活動，如遇無法應付之重大事故，海軍將出動協助。ROPCG 多配備高度先進的高速巡邏艇，亦讓舊式巡邏艇進行汰換或現代化，近年為讓所有艦艇處於最佳狀態，針對艦艇的維修工廠與人員工程能力擴大並改善。

二、裝備

　　ROP 現今共有 15,000 人。ROPCG 專屬艦艇共 56 艘，分別為 3 艘 84 噸 CG29 型沿海巡邏艇、1 艘 32 噸 P 1903 型沿海巡邏艇、1 艘 53 噸 CG27 型沿海巡邏艇、1 艘 80 噸 P 2000 行沿海巡邏艇、2 艘 65 噸 D59116 型沿海巡邏艇、14 艘 111 噸 Rodman58 級巡邏艇、5 艘 18 噸近岸巡邏艇、1 艘 13 噸巡邏艇、5 艘 50 噸 Vosper75ft 型沿海巡邏艇、20 艘 5.4 噸快速巡邏艇。[8]於 2007 年 5 月，委託美國造船公司建造的 3 艘艦艇。[9]ROP 另領設有專屬航空器，

---

[7]　Royal Oman Police, (http://www.rop.gov.om/english/index.asp) (2010/09/13)
　　Oman Government, Security, (http://www.omanet.om/english/home.asp) (2010/09/13)

[8]　*Jane's Fighting Ships.2004-2005*, Edited by Commodore Stephen Saunders RN, Virginia U.S.A, pp.525- 526.

[9]　Oman Orders Patrol Craft For Police Coast Guard, (http://findarticles.com/p/articles/mi_qa3738/is_200508/

過去數量高達 43 架，但隨著裝備老舊而淘汰的多達 27 架，現今航空器僅剩 16 架。航空器多提供 ROPCG 用於海難搜救及漁業資源巡護任務。[10]

貳、阿曼海軍（Oman Navy）

一、組織與職掌

阿曼坐落於波斯灣出海口及阿拉伯海之間，為了維護領海的主權及安全，因此擁有強大海軍。海軍的職責是在國家領海進行安全巡邏任務，保衛專屬經濟海域的和平，維護沿岸軍事基地，確保航駛於國家沿岸的武裝單位安全，對海岸進行水文調查。他們也提供阿曼空軍及阿曼皇家警察的海域防衛隊，執行海難及消防的人事登記及援助，支援海域防衛隊以打擊走私及非法移民活動。並與他國海軍進行軍事交流，保護國家漁業資源及其他海域生物資源。[11]

二、裝備

海軍現有 4,500 人，艦艇共 23 艘，分別為 3 艘 900 噸至 1,450 噸護衛艦，11 艘 74 噸至 475 噸巡邏暨快速攻擊艇，3 艘分別 85 噸、2,500 噸、230 噸兩棲艦艇，2 艘 23.6 噸及 1,380 噸輔助艦艇，1 艘 386 噸訓練艇，3 艘分別為 510 噸、3,800 噸、10,789 噸皇家遊艇、帆船。[12]

---

ai_n14877782/) (2010/09/13)

[10] Royal Oman Police Air Wing, (http://www.aeroflight.co.uk/ops/public/royal-oman-police-air-wing.htm#Main Headquarters) (2010/0916)

[11] Oman Navy, (http://rno.gov.om/English/index.php) (2010/09/16)

[12] *Jane's Fighting Ships.2004-2005*, Edited by Commodore Stephen Saunders RN, Virginia U.S.A, pp.520- 524.

第四節　教育與訓練（Education and Training）

　　阿曼皇家警察現多來自位於尼茲瓦（Nizwa）的卡布蘇丹警察科學院（Sultan Qaboos Academy for Police Sciences, SQAPS）。學校提供警察人員基本培訓，並發予等同於大學的警察科學文憑。學校在 2000 年增加法律及警察科學的學分文憑課程。學院在 2001 年後，開始招收女性學員，雖然人數少又要與其他男性學員分開受訓，卻也為保守國家注入一股新流。2005 年，第一批女子警察樂隊，在國慶日當天進行表演。SQAPS 是阿拉伯半島上優異的警察學院，它也接收來自半島各國的受訓學員，開放的學風，也吸引越來越多男女入學接受專業警察訓練。[13]

第五節　與我國制度之比較
（A Comparison with Taiwan Coast Guard）

　　阿曼海域防衛機制主要是阿曼皇家警察轄下的海域防衛隊執行，其於領海及港口進行防止走私、偷渡、保護漁場等犯罪偵查，平時如遇海難事故，更有專業救難小組運用航空器及艦艇進行搜救。因海域防衛隊本身為具有執法權限的警察，因此海域的犯罪取締流程更加方便。ROPCG 多為小型巡邏艇，海上如遇重大案件，阿曼海軍便會出動協助。而我國海巡署主要執行打擊毒品及走私、查緝非法入出境、保護海上生物及環境資源、維持海上交通秩序等任務，同樣與阿曼海域防衛隊一樣具有違法取締等法律職權。

亞洲篇

阿曼海域執法制度

---

[13] Oman Government, Security, (http://www.omanet.om/english/home.asp) (2010/09/13)
　　Police Academy, Oman Style... , (http://www.chris-kutschera.com/A/oman_police.htm) (2010/09/16)

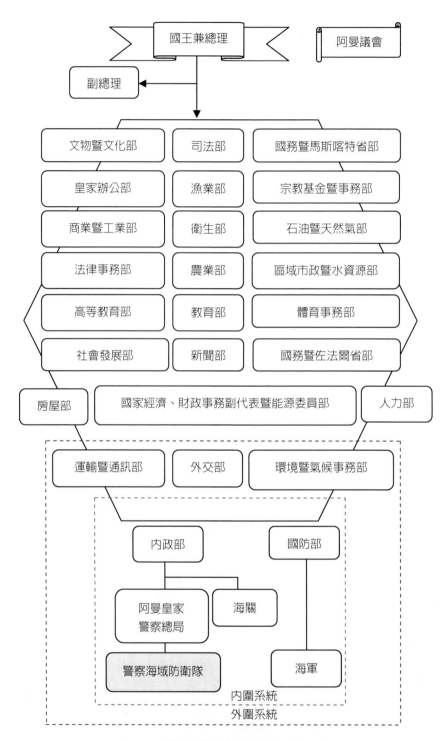

圖 36-1 阿曼海域執法相關部門互動圖

資料來源：作者自繪

第六節　結語（Conclusion）──特徵（Characteristics）

阿曼東北濱阿曼灣，東南臨阿拉伯海，為二面環海國家，海岸線長 2,092 公里，以下為其海域執法制度特徵。

壹、警察型海域執法機制

阿曼海域執法單位由隸屬於阿曼皇家警察總局的海域防衛隊負責，本身具有直接取締及偵查的法律權限。

貳、集中制

阿曼設有警察海域防衛隊做為專職海域執法單位。

參、與海軍合作密切

海軍協助海域防衛隊海難搜救及消防的人事登記及援助，支援打擊走私及非法移民等活動。

肆、專屬航空器

擁有 16 架航空器進行海難搜救與漁業資源維護等任務。

伍、專業教育搖籃

皇家警察自位於尼茲瓦的卡布蘇丹警察科學院。

第 37 章　敘利亞海域執法制度

目錄

第一節　國情概況（Country Overview）···············336

第二節　組織、職掌與編裝

　　　　（Organization, Duties and Equipment）···········337

第三節　與我國制度之比較

　　　　（A Comparison with Taiwan Coast Guard）·········339

第四節　結語（Conclusion）──特徵（Characteristics）·········339

第一節　國情概況（Country Overview）

敘利亞阿拉伯共和國（Syrian Arab Republic）位於中東地區的中心地帶，西臨地中海（Mediterranean Sea）與黎巴嫩（Lebanon），北接土耳其（Turkey），東界伊拉克（Iraq），南鄰約旦（Jordan），西南接以色列（Israel），境內貫穿東部國境的幼發拉底河（Euphrates River）[1] 是國內最重要的河流。全國面積 185,180 平方公里，為台灣 5 倍大。海岸線長 193 公里，領海 12 浬。[2]

首都大馬士革（Damascus），全國人口 22,517,750 人（2011）[3]。國體共和制，政體總統制，設人民議會。（見圖 37-1）主要輸出石油、棉花、羊毛，輸入穀物、肥料、運輸設備。[4]敘

---

[1]　幼發拉底河全長 2,800 公里，發源於土耳其境內的安納托利亞的山區，依賴雨雪補給；流經敘利亞和伊拉克；下游與底格里斯河匯集注入波斯灣。Wikipedia, (http://zh.wikipedia.org/wiki/%E5%B9%BC%E5%8F%91%E6%8B%89%E5%BA%95%E6%B2%B3)（2011/04/21）

[2]　CIA, The World Factbook.(https://www.cia.gov/index.html) (2011/03/17)

[3]　CIA, The World Factbook.(https://www.cia.gov/index.html) (2011/04/21)

[4]　《世界各國簡介暨各國首長名冊》，中華民國外交部，2001 年，頁 112。

國國內生產總值（GDP）59,630（百萬）美元，在 190 個國家排名第 67 名；每人國民所得（GNP）2,892 美元（2010），在 182 個國家排名第 112 名。敘國在自由之家（Freedomhouse）的政治權利與公民自由兩種自由程度在 2010 年的分數前者為 7，後者為 6，歸類為不自由國家；透明國際（Transparency International）中的 2010 年的貪污調查分數為 2.5，在 178 個國家中排名第 127 名；聯合國（2010）最適合居住國家的人類發展指數為 5.9，在 169 個國家中敘國排名第 111 名。[5]

　　1920 年，成為法國殖民地，由法高級專員主政。1925 年至 1927 年，出現反法行動，法國假裝承認敘獨立。1939 年，法國利用二戰爆發在即，恢復軍事統治。1940 年，落入德國手中，隔年英法軍攻佔。1943 年，成立政府，三年後英法撤出，正式獨立。敘國為世界少數低物價國家，社會福利比其它中東國家完善。政府積極發展觀光，以旅遊業提高國家經濟，採取多種資源推動旅遊產業化，預計遊客 2015 年達到每年 1,200 萬人。[6]

第二節　組織、職掌與編裝
（Organization, Duties and Equipment）

敘利亞海軍（Syrian Navy）

一、組織與職掌

　　敘利亞海軍成立於 1946 年，1950 年時其人員接送至法國培訓，裝備亦由法國提供。海軍是敘國武裝部隊中最小的單位，基地分別位於拉基塔亞港（Latakia）、巴尼亞斯港（Baniyas）、貝達米奈港（Mina al Bayda）與塔爾圖斯港（Tartus）。海軍能力近來逐年削弱，反應出敘國的經濟形勢與資金逐漸無法分配給海軍。目前海軍雖然戰力不足，政府仍努力採購與佈署反導彈與反艦艇等設施，現在擁有的潛艇與護衛艦多已過時，欠缺先進技術與裝備成為國防隱憂。雖然海軍過時裝備阻礙其成長，亦使值勤效率水準低落，但於 2009 年 7 月，自俄羅斯採購反艦導彈雷達，可望成為海軍對抗以色列的能量。俄羅斯與敘

---

[5]　五類指標詳情請見本書導論，頁 11-13。

[6]　敘利亞，百度百科，（http://baike.baidu.com/view/7851.htm）（2011/03/17）

利亞正在協商允許俄國海軍在地中海擴大發展的計畫，因為俄與西方關係僵化，2008 年敘國同意俄軍將塔爾圖斯港作為俄海軍在中東的永久基地。[7]另外，敘國東部的幼發拉底河亦常用來運輸軍事物資，沿岸並設有軍備倉庫，因此海軍巡邏範圍也包含此河。

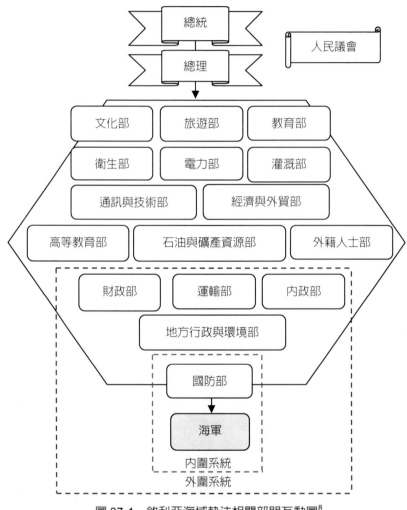

圖 37-1　敘利亞海域執法相關部門互動圖[8]

資料來源：作者自繪

---

[7]　Jane's Navy, Syria Navy, 2011/02/08, (http://www.janes.com/) (2010/03/17)

[8]　Syrian Ministries, (http://www.it-sy.com/pages/english_pages/syrianMinistries/syrianMinistries_en.htm) (2011/03/17)

二、裝備

敘利亞海軍約有 6,500 名人員，現有裝備總計 32 艘艦艇，分別是 2 艘已無作戰能力的潛水艇，2 艘 1,180 噸護衛艦、3 艘兩棲作戰艇、2 艘後備支援船、4 艘掃雷船、1 艘 3,500 噸實習船、18 艘 39 噸至 245 噸的巡邏艇，14 架專屬航空器。[9]

第三節　與我國制度之比較
（A Comparison with Taiwan Coast Guard）

敘利亞海域防衛主要由三級單位的海軍負責，負責維護海岸線安全、國家領海權益，但近年政府資金有限，值勤效率與發展已逐年下滑，另外海軍為提高海軍巡邏效率，設有一專屬航空隊。我國專責海域執法的海巡署為軍警文並立單位，海域執法主要由其下轄之海洋巡防總局負責，其雖非國家正規軍隊但裝備與人力都較敘國海軍充足。

第四節　結語（Conclusion）──特徵（Characteristics）

敘利亞西臨地中海，為一面環海國家，在總長 193 公里的海岸線上設有四個基地，以下為其海域執法制度特徵。

壹、海軍型海域執法機制

敘利亞並無專職海域執法機構，海域執法主要由海軍負責。

---

[9]　Syrian Navy, (http://en.wikipedia.org/wiki/Syrian_Navy) (2011/03/17)

貳、重視人員航海實習

海軍設有一艘 3,500 噸實習船。

參、裝備與人力數不成比例

海軍人員達 6,500 名，卻只有 32 艘艦艇與 14 架航空器。

肆、專屬航空隊

海軍設有專屬航空隊，擁有 14 架航空器。

伍、巡邏範圍包含內陸河湖

敘國東部的幼發拉底河為國內重要河流，常用來運輸軍備，沿岸更設有軍事倉庫，巡邏此河亦為海軍任務。

第 38 章　黎巴嫩海域執法制度

目錄
第一節　國情概況（Country Overview）……………………… 341
第二節　歷史沿革（History）……………………………… 342
第三節　組織、職掌與裝備
　　　　（Organization, Duties and Equipment）……… 344
第四節　權限與管轄（Authority and Jurisdiction）……… 345
第五節　教育與訓練（Education and Training）………… 346
第六節　與我國制度之比較
　　　　（A Comparison with Taiwan Coast Guard）……… 347
第七節　結語（Conclusion）——特徵（Characteristics）…… 347

第一節　國情概況（Country Overview）

　　黎巴嫩共和國（Republic of Lebanon）位於中東地區，北、東部與敘利亞（Syria）交界，南鄰以色列（Israel）為鄰，西瀕地中海（Mediterranean Sea）。全國面積 10,400 平方公里，為台灣的三分之一。海岸線長 225 公里，領海 12 浬。[1]首都貝魯特（Beirut），全國人口為 4,143,101 人（2011）[2]。國體共和制，政體內閣制，1990 年修正憲法，大幅削減總統職權，除仍保留憲法給予總統提名總理及接受內閣總辭的權限外，行政命令由總理發布，國會採一院制。（見圖 38-1）主要輸出珠寶、衣物、金屬製品，輸入金屬、糧食、機器。[3]黎國國內生產總值（GDP）39,150（百萬）美元，在 190 個國家排名第 80 名；每人國民所得（GNP）10,019 美元（2010），在 182 個國家排名第 59 名。黎國政治權利與公民自由兩種自由程度在 2010

---

[1]　CIA, The World Factbook.(https://www.cia.gov/index.html) (2010/09/02)
[2]　CIA, The World Factbook.(https://www.cia.gov/index.html) (2010/09/02)
[3]　《世界各國簡介暨各國首長名冊》，中華民國外交部，2001 年，頁 98。

年的前者為 5，後者為 3，歸類為部份自由國家；透明國際（Transparency International）中的 2010 年的貪污調查分數為 2.5，在 178 個國家中排名第 127 名；聯合國（2010）最適合居住國家的人類發展指數為 4.7，在 169 個國家中黎國排名第 91 名。[4]1990 年內戰結束後，累積高額外債。目前政府發行高利率公債以吸引外資及僑匯投入戰後重建工作。在國際立場黎國採中立及親阿拉伯國家路線。

第二節　歷史沿革（History）[5]

黎巴嫩海軍是海域執法的主力，以下列表記述其歷史沿革：

表 38-1　黎巴嫩海軍歷史沿革表

時間	事件
1950	黎巴嫩政府建立海軍，於貝魯特設置海軍總部。
1972	在黎巴嫩第二大港約利恆港口（Jounieh）建立一個海軍基地。
1973	於約利恆內建立海軍學校。
1975 - 1976	內戰期間，約利恆海軍基地遭受控制陸地的民兵抵抗，有賴陸軍的指揮使其得以團結。
1982	根據防禦法（defense law），單位名稱從海軍防衛部隊（Naval Defense）轉換成海軍（Naval Forces）。
1990	民兵攻擊海軍，約利恆海軍基地遭受到大量的槍、火箭和坦克攻擊，基地幾乎完全毀壞。
1991	重建貝魯特海軍基地。
1997	在沿著黎巴嫩的海岸建立新沿海監視雷達站。
1998	海軍官員海軍上將埃米爾 Lahoud 選舉當選黎巴嫩共和國的總統。

---

[4] 　五類指標詳情請見本書導論，頁 11-13。
[5] 　Lebanese Army, Navy, (http://www.lebarmy.gov.lb/article.asp?ln=ar&id=18092) (2010/09/02)

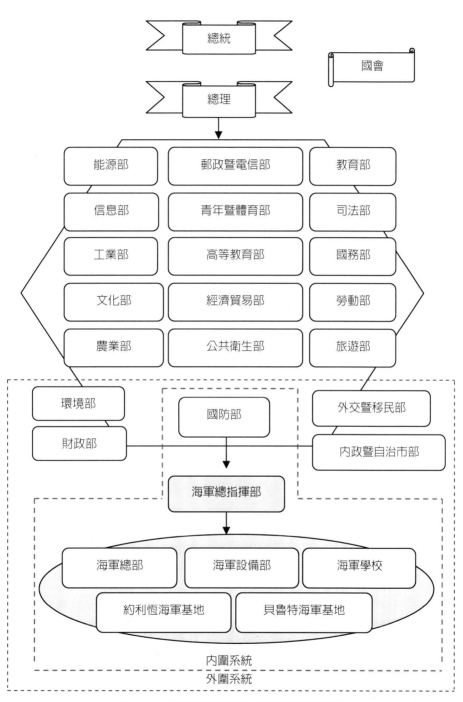

圖 38-1　黎巴嫩海域執法相關部門互動圖[6]

資料來源：作者自繪

---

[6]　Lebanon government, (http://www.lebanongovernment.org/index.php) (2010/09/02)

第三節　組織、職掌與裝備
（Organization, Duties and Equipment）

黎巴嫩海軍（Lebanese Navy）

一、組織與職掌[7]

　　黎巴嫩海軍組織架構可分為最高單位的海軍總指揮部，其下管轄海軍總部、海軍設備部、海軍學校、貝魯特海軍基地、約利恆海軍基地等五個單位。（見圖 38-1、38-2）主要任務有：

（一）保護黎巴嫩海岸和領海的安全。

（二）對軍隊單位的支援。

（三）查緝走私和盜版物品。

（四）在海上的援救及搜尋。

（五）防止海洋污染並且保護海域環境。

（六）支援國內商業船艦隊。

（七）根據海上指揮中心指令，在領海內執行航行船隻監視和控制。

（八）強化國家的權力並且實行黎巴嫩國內法和國際法律。

二、裝備

　　黎巴嫩海軍目前有 1,800 名海員，分別擁有 16 艘巡邏艇、11 艘快速攔截艇、2 艘登陸艇、27 艘作戰援助艇。另外，阿聯酋承諾未來將贈與超過 3 艘海軍巡邏艇，美國則將提供 1 艘巡邏艇。[8]

---

[7] Lebanese Army, Navy, (http://www.lebarmy.gov.lb/article.asp?ln=ar&id=18092) (2010/09/02)

[8] Lebanese Army, Navy, (http://www.lebarmy.gov.lb/article.asp?ln=ar&id=18092) (2010/09/02)
Lebanese Navy, (http://en.wikipedia.org/wiki/Lebanese_Navy) (2010/09/02)

圖 38-2 黎巴嫩海軍基地[9]

第四節 權限與管轄（Authority and Jurisdiction）

黎巴嫩海域執法機構有權責單位可分為警察、海關及海軍等部份，以海軍做為主軸，採取互相支援，因於海上執勤工具僅海軍擁有，故海上部份皆由海軍所負責，警察及海關部份為辦理後續處理移送案件之情事，茲分別說明如下：

壹、海軍

參考前頁所述有關海軍組織與職掌中的八大任務。

---

9 (http://www.middleeastmaps.co.uk/wp/maps/lebanon/) (2010/09/02)

貳、警察

依據黎巴嫩警察法規定,其執行法律的範圍包括所有黎巴嫩領土(地區)和它的區域海域和領空。惟其在海域執行部分並未有船艦編制,故在執行上無法達到海上部份,目前其做法為在對海軍方面(海域執法機關之一),所移送的案件做處理移送事宜。

參、海關

依據黎巴嫩海關之規定黎國海關所職掌工作項目中,未規定海關在海域執法上工作項目,規定海關對於進出口貨物及人員的查核,但在海上查緝部分,因在黎巴嫩海關工作項目中未有規劃海上查緝及如何查緝,且在海關部分因在海關的官方資料上未見有船艦編制,故其在海域執法部分,無從實施。因此,有關海域部份對於違反海關等法律規定時,亦如同警察單位一樣,對海軍方面(海域執法機關之一),所移送的案件做處理移送事宜。

第五節　教育與訓練(Education and Training)

壹、官員

全部海軍官員,必須具有高等教育的水準和科學知識(高科技)。他們在世界上公認最好的海軍高等學校裡接受訓練。基本的訓練在下列國家實施:美國、法國、英國、義大利、敘利亞。
主要教授課程為:
  *美國:於海域防衛署及美國海軍接受提供準官員海上專業教育和訓練。
  *法國:於戰爭學校接受偵查、通信傳輸、飛彈、火砲等培訓班課程。
  *英國:最初入門人員課程,水陸兩棲的過程,海上的禁藥實施課程。
  *義大利:於海軍學院接受更高階訓練課程。

*敘利亞：於海軍戰爭學院接受海軍高級訓練課程。

*黎巴嫩：基層官員和隊員的訓練於黎巴嫩軍官學校訓練學生官員，潛水及海上救援課程。

貳、基層官員及隊員

於黎巴嫩海軍學校訓練，並且從其中選出優秀人員，在上述顯示的國家進行更高階的訓練課程。

第六節　與我國制度之比較
（A Comparison with Taiwan Coast Guard）

黎巴嫩海域執法機構以海軍為主體，目前尚無專責機構負責，此部分與早期我國尚在戒嚴時期時很相似，皆由軍方所主導，但因黎巴嫩為單面環海，與我國為海島型國家有所不同，在經過戰爭及內亂影響下，不論就海岸線長度或裝備上的數量及種類比較，我國皆比其優秀；而在人才培育上，該國對於高級官員皆由外國代訓，黎巴嫩國內只訓練基層隊員及基層官員，此點與我國不同。另該國海關人員的培訓亦是由該國海軍訓練後，才分發至海關服務，此點亦是與我國不同。由此觀之，黎巴嫩海域執法、救難及海域環境維護等皆由海軍所負責，此種一貫性雖與世界先進國家不同，雖在分工時代中有些不相稱，但因黎國海岸線長僅 225 公里，此種制度便不以為奇。

第七節　結語（Conclusion）──特徵（Characteristics）

黎巴嫩西濱地中海，為一面環海國家，總長 225 公里長的海岸線上設有兩大基地，以下為其海域執法制度特徵。

壹、海軍型海域執法機制

黎巴嫩的海域執法、救難及海域環境維護等海事相關任務皆由海軍負責。

貳、岸海分立

海軍負責領海 12 浬之海域安全，海岸安全並非海軍職責。

參、三級制——隸屬於國防部

負責海域執法之海軍為隸屬於國防部的三級單位。

肆、裝備能量微弱

僅有 56 艘中小型艦艇。

伍、人員分別由各國協助訓練

海軍人員分別在美國、法國、英國、義大利、敘利亞等國內優異的海軍學校接受訓練。

第 39 章　約旦海域執法制度

目錄
第一節　國情概況（Country Overview）…………………349
第二節　組織、職掌與編裝
　　　　（Organization, Duties and Equipment）…………350
第三節　與我國制度之比較
　　　　（A Comparison with Taiwan Coast Guard）………352
第四節　結語（Conclusion）──特徵（Characteristics）………352

第一節　國情概況（Country Overview）

約旦哈什米王國（Hashemite Kingdom of Jordan）位於阿拉伯半島西北角，北接敘利亞（Syria），東北界伊拉克（Iraq），東與南鄰沙烏地阿拉伯（Saudi Arabia），西接以色列（Israel）、巴勒斯坦（Palestine）及死海（Dead Sea）[1]，南臨紅海（Red Sea）的亞喀巴灣（Gulf of Aqaba）。全國面積 89,342 平方公里，為台灣 3 倍大。海岸線長 26 公里，領海 3 浬。[2]

首都安曼（Amman），全國人口 6,508,271 人（2011）[3]。國體君主立憲制，國王是國家元首，有權審批和頒布法律、任命首相和解散議會，國會分參、眾議院。（見圖 39-1）主要輸出磷酸鹽、碳酸鉀、皮革、牛油，輸入機器、運輸設備、醫療用品。[4]約旦國內生產總值（GDP）27,130（百萬）美元，在 190 個國家排名第 92 名；每人國民所得（GNP）4,435

---

[1] 死海位於約旦和以色列交界，位於兩國之間的約旦裂谷。是世界上最低的湖泊，湖面海拔負 422 米，面積 810 平方公里。死海也是世界上最深、最鹹的鹹水湖，最深處 380 公尺，最深處湖床海拔負 800 公尺。死海的鹽分高達 30%，匯入死海的主要河流是約旦河。Wikipedia, (http://zh.wikipedia.org/wiki/%E6%AD%BB%E6%B5%B7)（2011/04/21）

[2] CIA, The World Factbook.(https://www.cia.gov/index.html) (2011/03/14)

[3] CIA, The World Factbook.(https://www.cia.gov/index.html) (2011/04/21)

[4] 《世界各國簡介暨各國首長名冊》，中華民國外交部，2001 年，頁 90。

美元（2010），在 182 個國家排名第 93 名。約旦在自由之家（Freedomhouse）的政治權利與公民自由兩種自由程度在 2010 年的分數前者為 6，後者為 5，歸類為不自由國家；透明國際（Transparency International）中的 2010 年的貪污調查分數為 4.7，在 178 個國家中排名第 50 名；聯合國（2010）最適合居住國家的人類發展指數為 5.7，在 169 個國家中約旦排名第 82 名。[5]

約旦一戰前與現今敘利亞、黎巴嫩、巴勒斯坦同屬鄂圖曼土耳其一省，1915 年 10 月紅海畔之漢志（Hijaz）首長胡笙（Sherif Hussein of Mecca）起兵反抗，攻佔約旦、敘利亞、伊拉克，成立臨時自治政府。1921 年 3 月，英國允許胡笙次子阿不都拉一世（Abdullah Hussein）入主外約旦，受英國保護，至 1946 年 5 月 25 日，宣告獨立。外交政策受制於國際環境及政治體制，雖採中立政策，但較傾向西方陣營。[6]

第二節　組織、職掌與編裝
（Organization, Duties and Equipment）

約旦皇家海軍（Jordanian Royal Naval Force）

一、組織與職掌

約旦皇家海軍成立於 1920 年 10 月，現為約旦武裝部隊（Jordanian Armed Forces）的分支。1951 年，海軍基地位於亞喀巴（Aqaba），時稱皇家海域防衛隊（Royal Coast Guard），隔年將總部搬到死海區域直到 1967 年。1974 年，其提供潛水部隊四艘中型巡邏艇與各式設備。1991 年，海域防衛隊獲得三艘巡邏艇，同年 11 月 13 日，正式改為現名。海軍主要佈署於死海與亞喀巴海岸線上。[7]

約旦海軍主要任務有海上國防、海難搜救與維護海事安全，目前政府將海軍的目標轉移至加強海軍反恐能力。約旦海軍雖然編裝小，但仍訓練有素，是保衛沿海的主角，其並

---

[5] 五類指標詳情請見本書導論，頁 11-13。
[6] 中華民國外交部，外交資訊網頁（2011/03/14）
[7] Jordanian Royal Naval Force, (http://en.wikipedia.org/wiki/Jordanian_Armed_Forces) (2011/03/14)

非設計來與鄰國海軍作戰，而是用來保護海上人民與財產安全。目前海軍在亞喀巴港建造阿布杜拉二世特別行動訓練中心（King Abdullah II Special Operations Training Centre），作為海上反恐特殊部隊的訓練中心。美國海軍提供約旦海軍陸上與水下的爆炸性彈藥處理（Explosive Ordnance Disposal）培訓，提高其潛水隊檢測水下爆炸物的能力，以保護亞喀巴港及其船隻安全。[8]

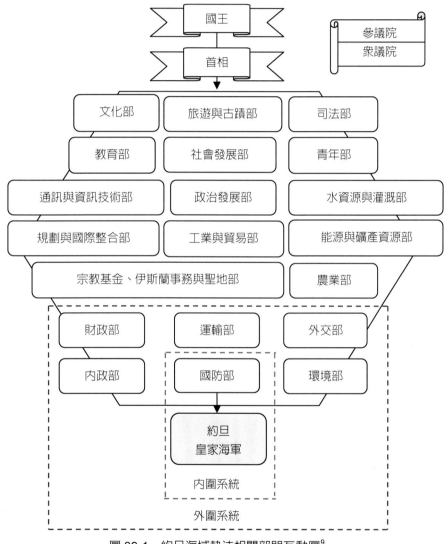

圖 39-1　約旦海域執法相關部門互動圖[9]

資料來源：作者自繪

8　Jane's Navy, Jordan Navy, 2011/03/10, (http://www.janes.com/) (2010/03/17)

9　Jordan Ministries, (http://www.pm.gov.jo/english/index.php?page_type=pages&part=1&page_id=95) (2011/03/17)

二、裝備

皇家海軍現有 655 名人員，裝備總計有 26 艘艦艇，分別是 3 艘 Al-Hussein 級、2 艘 Al-Hashim、4 艘 Abdullah、8 艘 Faysal 級，其餘 9 艘為多功能艦艇。[10]

第三節　與我國制度之比較
（A Comparison with Taiwan Coast Guard）

約旦海域執法由身為三級單位的皇家海軍負責，因負責範圍只有 26 公里的海岸線與 3 浬領海，海軍實為國防部隊中的小型單位，政府將軍事重點放在陸軍與空軍發展。我國海巡署專責海域執法任務，是屬於部會層級的單位，我國海域管理範圍大於約旦，正因如此我國海巡署的編裝與任務也較約旦海軍更多與複雜。

第四節　結語（Conclusion）──特徵（Characteristics）

約旦西濱死海，南臨紅海的亞喀巴灣，為二面環海國家，海岸線長 26 公里，設有二個基地，以下為其海域執法制度特徵。

壹、海軍型海域執法機制

約旦並無設立專責海域執法單位，因此海域安全全由皇家海軍負責。

---

[10] Jordanian Royal Naval Force, (http://en.wikipedia.org/wiki/Jordanian_Armed_Forces) (2011/03/14)

貳、海岸線短、領海範圍小

約旦海岸線僅有 26 公里長，領海僅有 3 浬。

參、編裝小、人員少

皇家海軍擁有 655 名人員及 26 艘艦艇，主要用來保衛人民安全，而非作戰。

第 40 章　以色列海域執法制度

目錄

第一節　國情概況（Country Overview）‧‧‧‧‧‧‧‧‧‧‧‧‧‧‧‧‧‧‧‧ 354

第二節　歷史沿革（History）‧‧‧‧‧‧‧‧‧‧‧‧‧‧‧‧‧‧‧‧‧‧‧‧ 355

第三節　組織、職掌與編裝
　　　　（Organization, Duties and Equipment）‧‧‧‧‧‧‧‧‧ 358

第四節　與我國制度之比較
　　　　（A Comparison with Taiwan Coast Guard）‧‧‧‧‧‧ 363

第五節　結語（Conclusion）──特徵（Characteristics）‧‧‧‧‧ 363

第一節　國情概況（Country Overview）

　　以色列（State of Israel）位於地中海（Mediterranean Sea）東南方，北接黎巴嫩（Lebanon），東北鄰敘利亞（Syria），東接約旦（Jordan），西南界埃及（Egypt）。全國面積 21,946 平方公里，台灣為其 1.6 倍。海岸線長 273 公里，領海 12 浬，並未宣布專屬經濟海域。[1]

　　首都耶路薩冷（Jerusalem），全國人口 7,473,052 人（2011）[2]。國體共和制，政體內閣制，總統是國會選舉的虛位元首，實權由內閣總理及各部掌握。總理由國會第一大黨黨魁擔任，閣員由總理任命，國會採單院制。（見圖 40-1）主要輸出加工鑽石、醫療設備、軍需品、肥料，輸入石油、機器、農產品。[3]以國國內生產總值（GDP）201,300（百萬）美元，在 190 個國家排名第 43 名；每人國民所得（GNP）27,085 美元（2010），在 182 個國家排名第 29 名。以國政治權利與公民自由兩種自由程度在 2010 年的前者為 1，後者為 2，歸類為自由國家；透明國際（Transparency International）中的 2010 年的貪污調查分數為 7.1，

---

[1]　*Jane's Fighting Ships.2008-2009*, Edited by Commodore Stephen Saunders RN, Virginia U.S.A, p.353.

[2]　CIA, The World Factbook.(https://www.cia.gov/index.html) (2010/08/06)

[3]　《世界各國簡介暨各國首長名冊》，中華民國外交部，2001 年，頁 88。

在 178 個國家中排名第 15 名；聯合國（2010）最適合居住國家的人類發展指數為 6.1，在 169 個國家中以國排名第 30 名。[4]

1897 年，猶太人成立世界猶太復興組織。1917 年 11 月 2 日，英外相巴爾福（Balfour）支持猶太人在巴勒斯坦（Palestine）建立家園。1947 年，英人將巴勒斯坦問題提交聯合國處理，同年 11 月聯合國將巴分割為二，由原居住該地之阿拉伯人與猶太人分別成立國家。1948 年 5 月 14 日，英終止對巴統治，同日猶太人宣佈獨立，國名「以色列」，並與巴勒斯坦人以及圍繞四周的阿拉伯聯盟諸國展開殊死鬥，以皆能取得勝利。以色列與美國關係親密，一直與阿拉伯國家處於敵對狀態。以國因猶太人前後亡國二次，遭受集體屠殺近 4 萬人，故猶太民族團結一致意志堅強。[5]

第二節　歷史沿革（History）[6]

由於以色列海上警察（marine police）是隸屬於警政署外勤區的四級單位，因此要了解海上警察的歷史沿革，必須從以色列警察的歷史沿革中窺其真貌。

壹、開國之初，有警察部（Ministry of Police）之設置，制度之建立效法英國。

1948 年 3 月 26 日以色列國家警察（Israel National Police, IP）呱呱落地。其演進乃秉承四大目標即：專業化、需求化、優質化以及彈性化。1948 年至 1957 年間為其奠基時期。

貳、國境及海上警察聽命於國防，共同抗敵。

1953 年建立國境警察（Border Guard），隸屬於警察部；1954 年第一個地區警察（Police District）成立。1956 年西奈戰爭（Sinai War）爆發，國境警備隊及海上警察隊（Marine Police Unit）由以色列國防部（Israel Defence forces, IDF）指揮。

---

[4] 五類指標詳情請見本書導論，頁 11-13。
[5] 中華民國外交部，外交資訊網頁（2010/08/05）
[6] Israel Police Historical Background, (http://www.police.gov.il/english/Pages/IsraelPolice.aspx) (2010/08/06)

參、專業化的教育與訓練。

1958 年至 1966 年為促進警察專業化時期，置軍事化的訓練學院，期能達到專業化與專家化；1958 年設置高階警官學院（Senior Command College）。1966 年於海法（Haifa）設立初階警官學院（Junior officers College）。

肆、警察科技化。

1967 年至 1973 年間警察科技化時代。整體方面，警察的裝備精進科技，尤其是電腦化的軟體部份，引進專業的大學畢業生。1974 年至 1979 年警察雙軌時期。由於時局之混亂，民兵（Civil Grand）協助夜間巡邏。國境警備人員守衛機場及港口，反恐小組及除爆小組之設置。公共安全非由警察獨立承擔。

伍、遠程規劃之實踐與科技深化。

1984 年至 1990 年為遠程規劃時期（Long-term Planning）由於政治爆動，警察死傷嚴重，機構整合必須不斷增加。1985 年至 1990 年為科技深化及促進警民關係時期。國內先進科技的引進迫在眉睫，警民關係的改善亦在必行。

陸、國內公共安全秩序與傳統警察作為並重時期。

自 1990 年以來，四年當中國內外均發生重大事件，如 1991 年蘇聯解體，各地猶太人如潮湧入以色列，恐怖份子橫行，經濟崩潰，社會失序，以色列警察必須組織重組以及維護國內公共秩序。於是新增警察區域、注重邊境巡邏、抗制恐怖份子及滲透攻擊等責任，自願的民兵亦賦予治安重任工作。交通警察以及毒品緝查小組均紛紛展開積極作為。1994 年至 1998 年恐怖份子除了肉身作自殺式炸彈外，更有甚者，暗殺以色列總理。在各種惡劣的情況之下，以色列警察考慮組織重組，應付如此惡劣的環境。

另外，除重視情報之蒐集外，組織重整再度展開。注重重要人物的保護（VIP Protection Affairs）工作。維安科技更是展開生死鬥的利器。

柒、公安部（Ministry of Public Security）下轄警政署（Israel Police, IP）及獄政署（Israel Prison Service, IPS）[7]。

公安部的前身即是警察部。公安部成立後，警察組織位置由部會級的二級制降為三級，並與獄政署併列。目前以色列警察共 25,000 人，分布 6 個區（district），10 個分區（sub-district）以及 80 個分所（派出所），沿海各區及分區均有配置海上警察。

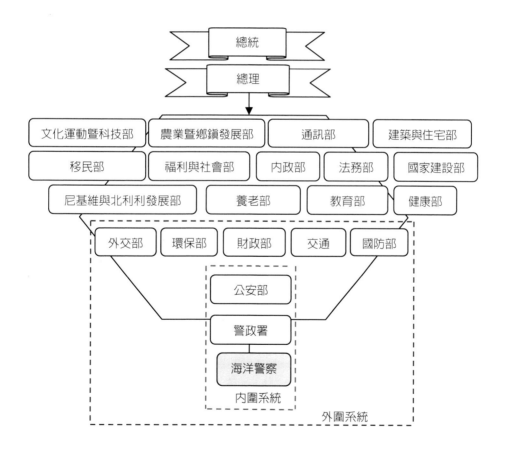

圖 40-1　以色列海域執法相關單位互動圖

資料來源：作者自繪

---

[7]　Israel Prison Service, (http://www.mops.gov.il/BPEng/About+MOPS/TheMinistryAgencies/IsraelPrisonService.htm) (2010/08/06)

第三節　組織、職掌與編裝
（Organization, Duties and Equipment）

以色列海洋警察（Israel Marine Police）

一、組織與職掌

　　以色列警察隸屬於公安部，而海上警察隸屬警政署。其海域外圍執法系統包括國防部（海、陸、空）、財政部（海關）、外交部、交通部、法務部以及環保部等。重大海域事件發生時，必須依據以上所列舉之各部門，互助合作，共同圓滿處理案件。（見圖40-1）公安部之前身稱為警察部，現行公安部採取國土安全（home security）的概念來界定公安部的工作目標及範圍。其願景即落實國土安全概念。公安部之主要目標為喚起民眾對恐怖分子及戰爭的活力，鏟除影響經濟成長及發展的犯罪活動。[8]2007年公安政策宣示（Minister Policy for 2007）公安必須全力以赴，讓人民有免於恐懼的自由；同時，各方面必須要在國土安全的概念下向同一方向邁進。

　　海上警察乃是警察類別之一，編制甚小，卻也佔重要地位，主要處理航海安全、並依據法令偵查海上犯罪事件。（見圖40-2、40-3）由功能性觀，以色列警察分為內勤（處）及外勤（區）兩類。前者「調查及情報處」下置四個小組，全力對抗犯罪；「警察及安全處」下置「移民局」。後者分為六個區，計有北、中、南區外，尚有耶路撒冷、塔利維亞以及朱列亞及沙摩利亞。

---

[8]　Israel Police, (http://www.police.gov.il/english/Pages/IsraelPolice.aspx) (2010/08/06)

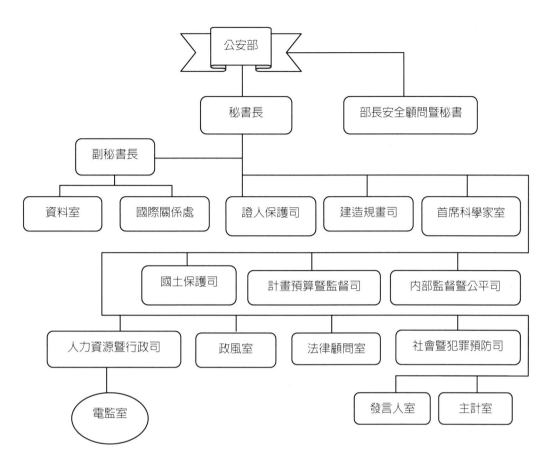

圖 40-2　以色列公安部組織結構圖

資料來源：作者自繪

（一）北區

　　從北邊的哥倫高地（Golan Heights）到南邊的哈達拉河。西濱地中海，北接黎巴嫩，東臨敘利亞及約旦，南邊臨接巴勒斯坦總部（The Palestinian Authority）。北區面積 5,500 平方公里，區下設 3 個分區，22 個派出所，其中 3 個派出所設置海警巡邏基地。另外，面對黎巴嫩及巴勒斯坦總部，並設置 3 個前線國際通道點（international frontier crossing points）。與黎巴嫩邊界處常取締毒品事件；與巴勒斯坦交界處，必須防止恐怖份子、竊車賊以及非法打工者。其餘如大城海法（Haifa）之治安維護；複雜的多元宗教以及格尼李海、高蘭高地等觀光地區的治安維護等，均需要強大的警力因應。[9]

---

[9]　(http://www.police.gov.il/english/AboutUs/Structure/01_en_northern.asp) (2010/08/06)

亞洲篇

以色列海域執法制度

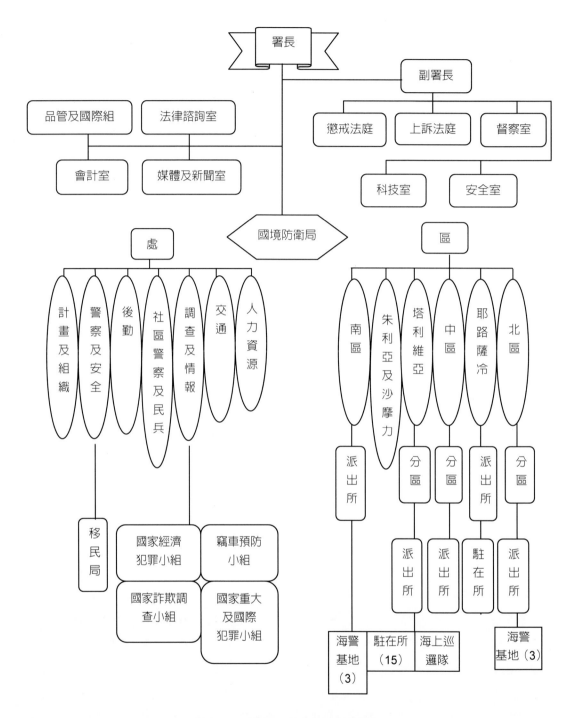

圖 40-3　以色列警政署組織結構圖

資料來源：作者自繪

（二）中區

由北邊的 Netanya 到南邊的 Gedera，塔里維夫區（Tel Avic District）橫列其中。中區包含三個分區（Sub-Districts）下轄 10 個派出所（Police Station），其職掌為抗制各種犯罪，實施社區警政以及目標管理。Ben Gurion 國際機場之安全維護及出入境之管理乃是中區的重點。故，中區西邊雖亦靠海，但海上相關事務與中區無關，海域執法責任落在南北二區以及 Tel Avic 區的身上。[10]

（三）南區

以色列南部濱臨紅海的大城愛來特（Eilat），為以色列警察南區（Southern District）之重鎮，也是以色列南部海上警察之基地。根據 2007 年 12 月 17 日耶魯撒冷郵報（The Jerusalem Post）專欄，其標題是愛來特海警完成不可能的任務（Eilat Marine Police-a tiny force with a big assignment）。愛來特海警隊與海軍聯合出勤，防止水鬼恐怖份子入侵破壞。該隊僅僅七位正式海警，十五位義勇海警；他們擁有少數巡邏艇以及單薄的廳舍。南部地區共有三個海警隊，除愛來特對外，尚有阿希道德隊（Ashdod Marine Police Unit），防止來自埃及的偷渡犯亦是主要任務之一。紅海本就狹長，來往船隻多數過江之鯽（約 1,500 以上），單薄的海警隊要完成艱鉅的多元任務，幾近不可能。[11]

（四）塔拉維夫區（Tel Avic District）[12]

塔拉維夫是以色列最大城市，也是國際大都會。故重大犯罪、交通控制、竊盜以及外人偷渡等為其主要工作。因此，近三千名男女警察，服務 18 個地方政府以及 25 公里之沿地中海海岸線。區下轄三個分區（Sub-District），八個分駐所（Starion），15 個駐在所（Sub-Stations）。有關海警部份，其設置有專業單位即：海上巡邏隊（Marine Patrol Unit），除負責 25 公里海岸線外，並負責三個港口轄下有輕便快速小艇，負責近海安全，海上交通秩序之維持，以及海難救助等。

（五）耶路薩冷區（Jerusalem District）[13]

本區基於需要，於 1991 年脫離南區獨立成區。眾所皆知，Jerusalem 是以色列首都，位於內陸地區，無海上警察之設置。

---

[10] (http://www.police.gov.il/english/AboutUs/Structure/01_en_lentral.asp) (2010/08/06)

[11] (http://www.police.gov.il/english/AboutUs/structure/01_eu_southern.asp) (2010/08/06)

[12] (http://www.police.gov.il/english/AboutUs/structure/01_eu_telaviv.asp) (2010/08/06)

[13] (http://www.police.gov.il/english/AboutUs/Structure/01_en_Jerusalem.asp) (2010/08/06)

（六）朱利亞及沙摩利亞區（Judea & Samaria District）[14]

本區有其特殊的歷史背景下成立。本區除 Judea 及 Samaria 外，還有迦薩（Gaza Strip）。本區位於內陸，無海警之設置。

長久以來，猶太人與巴勒斯坦人為獨立建國而爭執不休。1948 年猶太人建國名為「以色列」。而巴勒斯坦人組織「法塔赫」（FATAH），奉阿拉法特（Yasser Arafat）[15]為領導人。目前「哈馬斯」（HAMAS）聞名世界，哈馬斯不是人名，而是 Harakat al-Muqawana al-lslamiya 的縮寫，它是巴勒斯坦伊斯蘭運動組織和政黨，其目標是「將以色列從地圖上消失」，建立伊斯蘭神權國家，不惜訴諸武力。1987 年 12 月 14 日成立，1988 年元月，「哈馬斯」一詞在各大媒體出現。2006 年元月 26 日，哈馬斯在巴勒斯坦第二次立法委員會選舉中獲勝，對巴局勢產生巨大波動。「哈馬斯」甚得基層的支持，但被西方國家視為「恐怖組織」。[16]

環球網國際新聞「以色列衛星照片」稱伊朗從海上向迦薩秘密走私武器，以色列官員稱伊朗通常將迦薩武裝份子所需的各種武器裝備混裝在貨輪或者其他商用輪船上。僅管以色列海警檢查嚴密有效，但仍會有一定數量的伊朗偽裝商船成功地進入到哈馬斯控制的海域，並通過巴勒斯坦漁民們的小船轉載上岸，再交到迦薩地帶的武裝份子手中。在發現以色列海上緝查艇靠近前，他們有時就直接將裹有防水材料的整裝武器裝備投進大海，這些武器的加裝有漂浮設備，並不會沉入海底。哈馬斯和其他武裝份子可以隨時前往約定的海域將這些武器裝備打撈上來。[17]

海洋警察雖為以國海上執法者，但其層級低，編制小，能夠發揮的效用並不大，因此以國海軍的存在便大為重要。2010 年 6 月 1 日，以國海軍突擊隊在國際公海攻擊土耳其欲運往加薩的救援船隊。以國政府聲稱其船隊為假借人道救援為名的暴力組織，因此才予以突襲。[18]雖然攻擊行動已違反國際海洋公約，但由此可見，以國如在海上遇到重大危害國家利益的行為，是派遣海軍行動，而非編制弱小的海警執行。

---

[14] (http://www.police.gov.il/english/Mahozshay/Mamtas/00_about.asp) (2010/08/06)

[15] 阿拉法特採和平路線，縱橫國際社會，從事獨立建國運動，頗有建樹。不幸於 2004 年 1 月 11 日，阿拉法特在法國巴黎病逝，享年 75 歲

[16] 哈馬斯的歷史背景和政治主張，(http://lltw.kuowledge.yahoo.com/question/guestion?guid=130620202886) （2010/08/06）

[17] (http://llworld.huangiu.com/roll/2008-04194759.html) (2010/08/06)

[18] 蔡鵑如，《自由時報－國際新聞》〈以色列突擊援助加薩船隊　9 死〉，2010/06/01。
陸以正專欄，《中國時報》〈納坦雅胡總算吃驚了〉，2010/07/12。

第四節　與我國制度之比較
（A Comparison with Taiwan Coast Guard）

　　以色列的海警具有執法職權，主要任務是防止犯罪事件、海難救助、預防偷渡及走私等維持安全的任務。海上如遇重大事件，仍需依靠海軍的出動，否則以國對外的緊張關係，編裝薄弱的海警根本無法應付。而我國海巡署並未出現此等問題，不管是人員數或是裝備能量，都足以面對並處理海上非法案件，更不會如同以國，需要海軍來處理。

第五節　結語（Conclusion）──特徵（Characteristics）

　　以色列位於地中海，海岸線長 273 公里，設有 6 大分區，以下為其海域執法制度特徵。

壹、軍警混合型海域執法機制

　　雖有海上警察的設置，惟人員少、編裝落後，時常需要海軍輔助巡邏。由 2010 年以國海軍登檢土耳其救援船便可觀之。可知，以國海軍乃是海域執法的主力，海警次之。

貳、四級制

　　海警為隸屬於警政署的四級單位，人員及巡邏艦艇少，因此只能在近海海域執行安全維護及維持船舶交通等小型職務。

第 41 章　塞浦勒斯海域執法制度

目錄

第一節　國情概況（Country Overview）················· 364

第二節　歷史沿革（History）························· 365

第三節　組織、職掌與編裝

　　　　（Organization, Duties and Equipment）········· 367

第四節　與我國制度之比較

　　　　（A Comparison with Taiwan Coast Guard）········ 368

第五節　結語（Conclusion）——特徵（Characteristics）···· 369

第一節　國情概況（Country Overview）

　　塞浦勒斯共和國（Republic of Cyprus）位於地中海（Mediterranean Sea）東北方，北與土耳其（Turkey）、東與敘利亞（Syria）隔海相望。（見圖 41-2）全國面積 9,251 平方公里，台灣為其 4 倍大。海岸線長 648 公里，領海 12 浬。[1]

　　首都尼柯西亞（Nicosia），全國人口 1,120,489 人（2011）[2]。國體共和制，政體總統制，國會一院制。（見圖 41-1）主要輸出紡織品、菸草、水泥、醫藥，輸入機器、食物、原料。[3]塞國國內生產總值（GDP）22,750（百萬）美元，在 190 個國家排名第 94 名；每人國民所得（GNP）27,722 美元（2010），在 182 個國家排名第 27 名。塞國在自由之家（Freedomhouse）的政治權利與公民自由兩種自由程度在 2010 年的分數前者皆為 1，歸類為自由國家；透明

---

[1]　CIA, The World Factbook.(https://www.cia.gov/index.html) (2011/03/17)

[2]　CIA, The World Factbook.(https://www.cia.gov/index.html) (2011/04/21)

[3]　《世界各國簡介暨各國首長名冊》，中華民國外交部，2001 年，頁 80。

國際（Transparency International）中的 2010 年的貪污調查分數為 6.3，在 178 個國家中排名第 28 名；聯合國（2010）最適合居住國家的人類發展指數為 7.1，在 169 個國家中塞國排名第 35 名。[4]

　　塞國於 1925 年成為英國殖民地。於 1960 年獨立後，境內希裔與土裔為國會席次與權力行使發生流血衝突。1974 年，希臘試圖以軍力平息，土國亦以此為由，派軍佔領北方三分之一區域。土裔塞人於 1983 年成立「北塞普勒斯土耳其共和國」，創憲法並擁有獨立政府，但遭國際排擠，國際多以南塞之塞普勒斯共和國為主。現今聯合國和平部隊留駐，分隔希、土二裔人民。2008 年 2 月，南塞總統極力推動和平方案，南北領導人於同年 9 月起展開談判，但進展有限。塞國為歐盟與大英國協成員，但歐盟之各項措施僅及於南塞，多年來國際極盼促成南北塞和平統一。[5]

第二節　歷史沿革（History）

　　塞浦勒斯警察（Cyprus Police）於 1956 年重組，當時英國殖民政府建議成立獨立的港口與海洋警察（Port and Marine Police）。隔年，單位成立並配有七艘艦艇服務，作為一獨立警察單位其總部位於法馬古斯塔港（Famagusta），另設有兩個位於利馬索（Limassol）和拉納卡（Larnaca）的服務站，夏季時則在凱里尼亞（Kyrenia）設有臨時分站。塞國獨立後，港口與海洋警察成為警察與憲兵隊（Police and the Gendarmerie）分支。1974 年，土耳其入侵，其位於法馬古斯塔港的設施因而遭受毀壞，五艘艦艇遭到土國軍隊毀壞。他們雖然遭受極大損失卻仍持續運作，但僅剩於利馬索和拉納卡的兩艘艦艇值勤，其總部亦從法馬古斯塔港轉移到利馬索。1981 年，法國贈與兩個加農砲與三架機槍。1986 年，建造六艘小艇。1991 年，自南斯拉夫獲得兩艘配有砲彈的巡邏艇。1992 年，德國贈與五艘未配有武器的汽艇。1998 年，自以色列收購一艘配槍砲之巡邏艇。2004 年，自英國獲贈兩艘配機槍巡邏艇。2010 年，港口與海洋警察計畫接受兩艘以上的巡邏艇。[6]

---

[4] 　五類指標詳情請見本書導論，頁 11-13。
[5] 　中華民國外交部，外交資訊網頁（2011/03/18）
[6] 　Cyprus Police, Police Border Marine, Brief History, (http://www.police.gov.cy/police/police.nsf/dmlaboutus_en/dmlaboutus_en?OpenDocument) (2011/03/18)

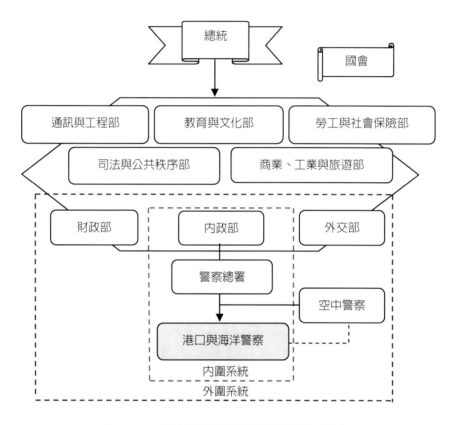

圖 41-1　塞浦勒斯海域執法相關部門互動圖[7]

資料來源：作者自繪

---

[7]　Cyprus, (http://www.cypruslinks.com/dir/cyprus-ministries) (2011/03/17)

第三節　組織、職掌與編裝
（Organization, Duties and Equipment）

塞浦勒斯港口與海洋警察（Cyprus Port and Marine Police）

一、組織與職掌

　　港口與海洋警察為塞浦勒斯警察總署分支，其使命為監測海岸線、預防並打擊犯罪，尤其是販運毒品、非法捕魚、非法出入境、走私與恐怖主義等行為。如遇海上危難事件，將提供海難搜救服務。其執法範圍包括港口、領海和毗連區的海域，如果是執行海難搜救，可與空中警察隊（Police Air Operation Unit）合作搜尋更廣泛區域。為提高工作效率，他們以工作性質分為港口科、海洋科、技術支援科和雷達監測科等四部門。港口組負責檢查各港口的出入站，檢查船員與乘客證件。海洋科主要是編制警員與巡邏艇任務，維護海洋安全。技術支援科則提供船隻零件與設備並進行維修，為方便運作，各維修站皆設有齊全設備。雷達監測科負責二十四小時監測領海航運安全。[8]在沿岸設有分站，分別有拉提斯港口與海洋站（Latsi）、利馬索港口與海洋站（Paphos）、利馬索新港站（Limassol New Port Station）、利馬索海洋站（Limassol Marine Station）、聖拉菲爾港站（Ayios Raphael）、拉納卡港口站（Larnaca Port Station）、聖納帕海洋站（Ayia Napa）、帕拉海洋站（Paralimni）。[9]（見圖41-2）

---

[8] Cyprus Police, Police Border Marine, Mission, (http://www.police.gov.cy/police/police.nsf/dmlaboutus_en/dmlaboutus_en?OpenDocument) (2011/03/18)

[9] Cyprus Police, Police Border Marine, Stations, (http://www.police.gov.cy/police/police.nsf/dmlaboutus_en/dmlaboutus_en?OpenDocument) (2011/03/18)

圖 41-2　塞浦勒斯港口與海洋警察分佈圖[10]

二、裝備

　　港口與海洋警察約有 330 名人員，總計有 16 艘艦艇，根據其大小、能力與任務分為三個類別：類別 A，5 艘快速巡邏艇，主要巡邏毗連區與公海；類別 B，五艘巡邏艇，主要在領海內值勤；類別 C，6 艘小型充氣快艇，主要用於近岸巡邏。[11]

第四節　與我國制度之比較
（A Comparison with Taiwan Coast Guard）

　　塞浦勒斯海域執法單位為港口與海洋警察，負責監測海岸線、預防並打擊犯罪，包括販運毒品、非法捕魚、非法出入境、走私與恐怖主義等行為，其具有直接執法職權，雖是隸屬於警察總署的四級單位，但塞國政府極重視其分工與職權。我國專責海域執法的海巡

---

[10] (http://www.wordtravels.com/Travelguide/Countries/Cyprus/Map) (2011/03/18)

[11] Cyprus Police, Police Border Marine, Marine Police Fleet, (http://www.police.gov.cy/police/police.nsf/dmlaboutus_en/dmlaboutus_en?OpenDocument) (2011/03/18)

署下轄之海洋巡防總局與塞國港口與海洋警察一樣，同為警文並立的執法單位，但其部門層級卻比塞浦勒斯港口與海洋警察高，海洋巡防總局在裝備與人力上也較塞國充足，

第五節　結語（Conclusion）──特徵（Characteristics）

塞浦勒斯位於地中海東北部，是四面環海的島國，海岸線長 648 公里，設有 8 個分站，以下為其海域執法制度特徵。

壹、集中制

塞浦勒斯設有港口與海洋警察做為海域執法的專責單位。

貳、警察型海域執法機制

塞浦勒斯港口與海洋警察為隸屬於警察總署的海域執法單位。

參、四級制──隸屬於警察總署

港口與海洋警察為警察總署下轄之四級單位。

肆、重視權責區分

港口與海洋警察內部依工作性質分為港口科、海洋科、技術支援科和雷達監測科等四部門，以提高工作效率。

第 42 章　土耳其海域執法制度

目錄

第一節　國情概況（Country Overview）⋯⋯⋯⋯⋯⋯⋯⋯⋯⋯ 370

第二節　組織、職掌與裝備
　　　　（Organization, Duties and Equipment）⋯⋯⋯⋯ 373

第三節　權限與管轄（Authority and Jurisdiction）⋯⋯⋯⋯ 375

第四節　教育與訓練（Education and Training）⋯⋯⋯⋯⋯ 376

第五節　與我國制度之比較
　　　　（A Comparison with Taiwan Coast Guard）⋯⋯⋯ 377

第六節　結語（Conclusion）──特徵（Characteristics）⋯⋯ 377

第一節　國情概況（Country Overview）

　　土耳其共和國（Republic of Turkey）橫跨歐亞兩洲，包括西亞的安納托利亞半島（Anatolia）和巴爾幹半島的色雷斯地區（Thrace）。其三面環海，北臨黑海[1]，南濱地中海；東南與敘利亞、伊拉克接壤；西靠愛琴海[2]。西北鄰希臘和保加利亞，東接喬治亞（Georgia）、亞美尼亞（Armenia）、亞塞拜然（Azerbaijan）和伊朗（Iran）。色雷斯地區與安納托利亞地區被達達尼爾海峽（Dardanelles）、伊斯坦布海峽（Istanbul, Bosporus）與馬爾馬拉海（Marmara）分開。伊斯坦布海峽為黑海沿岸國家之第一關出口，馬爾馬拉海為世界最小海，是黑海與地中海唯一通道，屬於黑海海峽。全國面積 788,695 平方公里，為台灣的 22 倍。海岸線長 7,200 公里，臨黑海之海岸線長 1,370 公里，愛琴海與地中海

---

[1] 黑海：幾近閉鎖海狀態，為地中海海型（又稱陸間海或自然內海），意為深入大陸之海洋，介於兩個以上大陸之間，有淺的海峽與大洋相通，其深度幾乎與大洋相等。

[2] 愛琴海：屬於地中海海域羣。

線長 5,830 公里。愛琴海領海 6 浬，黑海及地中海 12 浬，僅有黑海設專屬經濟海域 200
浬。[3]

　　首都安卡拉（Ankara），全國人口 78,785,548 人（2011）[4]。國體共和制，政體內閣制，
國家元首為國會選舉之總統。國會採一院制。（見圖 42-1）主要輸出紡織品、電機設備、蔬
果，輸入原油、鋼鐵。[5] 土國國內生產總值（GDP）729,100（百萬）美元，在 190 個國家排
名第 17 名；每人國民所得（GNP）10,206 美元（2010），在 182 個國家排名第 57 名。土國
政治權利與公民自由兩種自由程度在 2010 年的分數均為 3，歸類為部份自由國家；透明國
際（Transparency International）中的 2010 年的貪污調查分數為 4.4，在 178 個國家中排名
第 56 名；聯合國（2010）最適合居住國家的人類發展指數為 5.5，在 169 個國家中土國排
名第 83 名。[6]

　　土耳其總統為武裝力量統帥，軍隊一直都自視為凱末爾主義（土耳其民族主義）的守
護者。武裝部隊對政局及決策有一定程度的影響力，特別是國家防務方面。不過，國家安
全委員會的成立削弱了軍隊對此的影響。[7] 土耳其現行的憲法在 1982 年 11 月 7 日起實施，
國家為求急速現代化因此憲法奉行「世俗主義」（secularism）[8] 土國人民信仰回教，社會普
遍保守，且因國家地廣人多，各地民風差異極大。[9]

---

[3]　CIA, The World Factbook.(https://www.cia.gov/index.html) (2010/08/06)

[4]　CIA, The World Factbook.(https://www.cia.gov/index.html) (2011/05/25)

[5]　《世界各國簡介暨各國首長名冊》，中華民國外交部，2001 年，頁 116。

[6]　五類指標詳情請見本書導論，頁 11-13。

[7]　吳興東，《土耳其史》，台北：三民書局，2003 年 6 月，頁 206。

[8]　世俗主義（secularism）為凱莫爾（Mustafa Kemal）訂下的基本國策，嚴格執行政教分離。Wikipedia,
(http://zh.wikipedia.org/wiki/%E5%87%B1%E6%9C%AB%E7%88%BE%E4%B8%BB%E7%BE%A9)(2011
/05/25)

[9]　中華民國外交部，外交資訊網頁（2010/08/06）

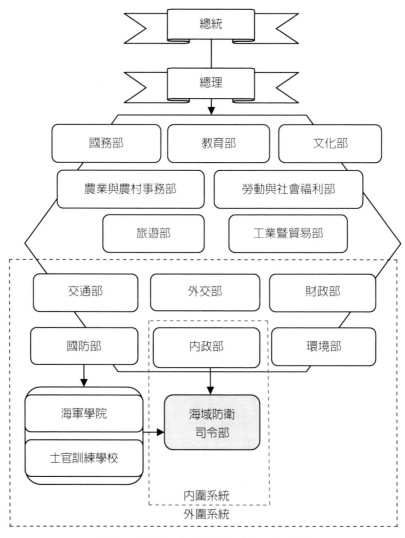

圖 42-1 土耳其海域執法相關部門互動圖

資料來源：作者自繪

第二節　組織、職掌與裝備
（Organization, Duties and Equipment）

土耳其海域防衛司令部（Turkish Coast Guard）

一、組織與職掌[10]

　　土耳其海域防衛司令部為海上安全部門，成立於 1982 年 7 月 9 日，隸屬於內政部，其於和平時期是在內政部的指揮下執行各種海域任務。他們的任務包含保護海岸和領海安全，提供海上物產安全。對海岸出現之可疑物展開調查。預防走私與非法捕魚，對船隻進行例查，防止海上污染；在戰爭或是緊急狀態時，為了維護國家安全，海域防衛司令部是聽命於海軍的指揮執行任務。

　　海域防衛司令部海事相關單位執行範圍包含 7,205 公里長的海岸線，並在廣達 37 萬 7千 7 佰 14 平方公里的領海、專屬經濟海域與搜救範圍內，共同實行任務。海域總指揮部位於首都安卡拉，分區指揮部分別位在薩姆松（Samsun）的黑海地區指揮部、維修及後勤指揮部；位在伊斯坦堡（Istanbul）的馬爾馬拉海地區指揮部與維修指揮部；位於伊茲密爾（Izmir）的愛琴海地區指揮部與維修指揮部；位於梅爾新（Mersin）的地中海指揮部。海域防衛司令部附屬其他機構，另有一教育訓練中心位於安塔利亞（Antalya），空中偵察隊位於 Adnan Menderes／伊茲密爾（Izmir）機場，另外還有一海巡後勤中心位於伊斯坦堡，並且還有六個大隊隸屬於地區指揮部。（見圖 42-3）

　　在各地區指揮部中分有大隊執行命令：特拉布松（Trabzon）和阿瑪施（Amasrs）大隊指揮部均附屬於黑海指揮部，共有 15 艘艦艇在海域中執法；恰納卡萊（Canakkale）大隊指揮部均附屬於馬爾馬拉海地區指揮部，共有 24 艘艦艇在此海域中執法；馬爾馬里斯（Marmaris）大隊附屬於愛琴海指揮部，共有 25 艘艦艇於海域中執法；伊斯肯德倫

---

[10] 來源為土耳其貿易辦事處。2005 年 5 月 2 日行政院海巡署海洋巡防總局去文土耳其貿易辦事處（Turkish Trade Office），期辦事處提供土國海域執法制度與國防、警察之關係。後於 2005 年 10 月 17 日辦事處代表布拉克・古塞爾先生回文，提供共 10 頁之中英版說明。文件編號為 106。

圖 42-2　土耳其海域防衛司令部標誌[11]

說明：海域防衛司令部之標誌中繪有代表國家的月亮與星星圖案，並有兩顆星在標誌的最上面，海軍為四
　　　顆星，可見兩個單位的密切關係。

（Iskenderun）與安塔利亞（Antalya）大隊附屬於地中海指揮部，共有 22 艘艦艇在海域中
執法。

二、裝備

目前海域防衛司令部目前人員約 1,100 人。[12]海域防衛司令部配有艦艇船身皆印有
"Sahil Güvenlik"字樣並繪有橘色粗條紋與黑色細條紋。擁有約 104 艘以上艦艇，包含 1 艘
1,700 噸海難搜救船（另有 3 艘建造中）、14 艘 195 噸巡邏艇、14 艘 180 噸巡邏艇、4 艘
210 噸海難搜救艇、10 艘 180 噸海難搜救艇、13 艘 113 噸巡邏艇、9 艘 97 噸巡邏艇、1
艘 30 噸快艇（另有 17 艘建造中）、18 艘 21 噸巡邏艇、8 艘 70 噸巡邏艇、12 艘 29 噸巡
邏艇、數艘橡膠充氣艇。另外，擁有總計 16 架航空器，分別是 13 架搜救直升機及 3 架
海巡飛機。[13]

---

[11]　Turkish Coast Guard, (http://www.sgk.tsk.tr/index_eng.asp) (2011/08/26)

[12]　Turkish Coast Guard, (http://www.sgk.tsk.tr/index_eng.asp) (2011/08/26)

[13]　Turkish Coast Guard, (http://www.sgk.tsk.tr/index_eng.asp) (2011/08/26)

圖 42-3　土耳其海域防衛司令部分佈圖[14]

第三節　權限與管轄（Authority and Jurisdiction）

　　於 1982 年 7 月 9 日根據法律賦予海域防衛司令部的任務有保護及確保境內所有海岸、
領海、土耳其海峽及海港之安全，根據國際搜救協定執行搜救任務，提供海上之生命與財
產安全，執行在海上之國際法與規則。在海上防堵所有不法行動，包括經由海上之走私行
為、海上汙染與非法捕魚；將領海內的難民械彈沒收，並將難民轉至有管轄權之國家，以
上皆是在和平時期執行之任務，聽命於內政部。如果國家進入了戰爭或事故發生時，整個
海域防衛司令部便必須要納入國防作戰體系，協助海軍並參與作戰。

---

[14] (http://us.i1.yimg.com/us.yimg.com/i/travel/dg/maps/7c/750x750_turkey_m.gif) (2010/08/06)

第四節　教育與訓練（Education and Training）

　　目前土耳其海域防衛司令部的所有人員皆是從海軍學院（Naval Academy）畢業派任，其為土耳其培養海上艦艇及岸上勤務官的專業學校。海軍學員在接受四年的養成教育以後，會被指派到各種不同的海軍單位或是海域防衛司令部。海軍士官則為了符合土耳其的法律，皆從士官訓練學校（Petty Officers'Training School）畢業後被指派到相關單位服務，在派任之前會接受特別的分科教育，以期可以專才專用。被海軍指派海巡職務之軍官與士官，皆需至海巡教育訓練中心接受短期海巡任務訓練及學習相關的法規。該教育中心提供的訓練課程有海域之定位課程、海上搜救任務、登檢指揮訓練、走私核物質課程、救生以及急救課程，拘留者之拘留以及問案課程、學習攝影取證技巧，安全駕駛及海上避碰課程。[15]

　　另外，為了增加海巡人員之教育程度，除了在海巡訓練中心的課程外，海巡司令部實施以部隊為單位的訓練。不只在海巡訓練中心學習，海巡人員同時也從其他軍事與政府機關、私人機構中接受訓練，這些單位包含國防部、土耳其武裝部隊與警察單位、土耳其原能會與土耳其打擊國際毒品及組織犯罪學院，土耳其抗土蝕、回復及保護自然棲地基金會。以上所有的課程都是期望海巡人員可以在海域工作有其專業，並且有效且獨立的處理案件。[16]

　　過去海域防衛司令部所有的軍官與士兵在海巡單位服役一段時間後便會回轉移至海軍，但土耳其政府考量此制度會扼殺對於海巡任務已有專長之人員，為了改善情況以提供海域防衛司令部擁有獨立人員組織，於 2003 年 6 月 18 日通過草案，於 2004 年後進入海軍學校訓練之學員，先於軍事學校接受正統訓練，針對有意願至海域防衛司令部服役之人員，提供一定名額給他們。[17]

---

[15] 土耳其貿易辦事處。
[16] 土耳其貿易辦事處。
[17] 土耳其貿易辦事處。

第五節　與我國制度之比較
（A Comparison with Taiwan Coast Guard）

首先，土耳其海域防衛司令部和平時聽命於內政部，戰爭時便受國防部海軍指揮；我國海巡署為二級制機關隸屬於行政院，戰爭時也受命於國防部指揮。其次，我國海巡署管轄海洋巡防總局與海岸巡防總局；而土耳其法律規定海岸與海域均由海域防衛司令部負責。最後，我國海巡人員是於中央警察大學水上警察學系培養，而土耳其則有海軍軍官學校與士官學校負責培訓工作。

第六節　結語（Conclusion）──特徵（Characteristics）

土耳其北臨黑海，南濱地中海，西靠愛琴海，為三面環海國家，海岸線總長 7,205 公里，分黑海、馬爾馬拉海、愛琴海、地中海、等四個地區，其下轄六個大隊，以下為其海域執法制度特徵。

壹、集中制

海域防衛司令部為土耳其專職之海域執法單位。

貳、岸海合一

依土耳其法律規定，海岸及海域皆由海域防衛司令部負責。

參、三級制──隸屬於內政部

海域防衛司令部為隸屬於內政部的三級單位。

肆、專業教育搖籃

由海軍學院負責培訓從事軍事訓練，指派到海巡職務之人員均需至海巡教育訓練中心受訓，培養幹部及基層人員。

伍、戰爭或是重大事故由國防部統一指揮

在戰爭或是緊急狀態時，為了維護國家安全，海域防衛司令部將聽命於海軍的指揮。

陸、與海軍關係密切

人員階級係依照海軍，例如，准將（Rear Admiral）為海域防衛司令部司令官之階級。

柒、重視海難搜救

設有總計 15 艘海難搜救船，其中一艘 1,700 噸，另有 3 艘同等級搜救船建造中。

捌、專屬航空隊

設有空中偵查隊，擁有 13 架搜救直升機及 3 架海巡飛機。

第 43 章　喬治亞海域執法制度

目錄

第一節　國家概況（Country Overview）·················379

第二節　歷史沿革（History）·······················380

第三節　組織、職掌與編裝

　　　　（Organization, Duties and Equipment）·······383

第四節　教育與訓練（Education and Training）········385

第五節　與我國制度之比較

　　　　（A Comparison with Taiwan Coast Guard）······385

第六節　結語（Conclusion）──特徵（Characteristics）·····385

第一節　國家概況（Country Overview）

　　喬治亞（Georgia）位於高加索山（The mountain of Caucasus）[1] 西南隅，西濱黑海（Black Sea），東鄰亞塞拜然（Azerbaijan）及亞美尼亞（Armenia），南接土耳其（Turkey）。全國面積 69,700 平方公里，是台灣的 2 倍。海岸線長 310 公里，領海 12 浬，專屬經濟海域 200 浬。[2]

　　首都提比里斯（Tbilisi），全國人口 4,585,874 人（2011）[3]。國體共和制，政體總統制，單一國會，總統直選，內閣由總統提名，並送經國會同意後任命。（見圖 43-1）主要輸出金屬、食品、菸草製品，輸入礦產、機械。[4] 喬國國內生產總值（GDP）11,230（百萬）美元，

---

[1] 高加索山是中亞地區，伊朗以北，於黑海、裏海之間的山脈。分為南高加索及北高加索。南高加索地區包含喬治亞、亞美尼亞、亞塞拜然等國，北高加索則有俄羅斯、塔吉克、車臣等國位於此區。（ http://zh.wikipedia.org/zh-tw/%E9%AB%98%E5%8A%A0%E7%B4%A2%E5%B1%B1%E8%84%89 ）（2010/07/15）

[2] *Jane's Fighting Ships.2004-2005*, Edited by Commodore Stephen Saunders RN, Virginia U.S.A, p. 254

[3] CIA, The World Factbook.(https://www.cia.gov/index.html) (2011/05/25)

[4] 《世界各國簡介暨各國首長名冊》，中華民國外交部，2001 年，頁 82。

在 190 個國家排名第 123 名；每人國民所得（GNP）2,559 美元（2010），在 182 個國家排名第 120 名。喬國政治權利與公民自由兩種自由程度在 2010 年的分數皆為 4，歸類為部份自由國家；透明國際（Transparency International）中的 2010 年的貪污調查分數為 3.8，在 178 個國家中排名第 68 名；聯合國（2010）最適合居住國家的人類發展指數為 4.3，在 169 個國家中喬國排名第 74 名。[5]

　　喬治亞自 1991 年 4 月 9 日獨立以來，以參與國際及區域性組織為外交重點。獨立之初因俄國軍事介入，與俄關係惡化。2008 年，因俄羅斯支持喬境內之分離地區阿布哈茲自治共和國（Abkhazia）及南奧塞梯自治州（Ossetia），使雙方關係緊張，迄今未見好轉。[6]2008 年 8 月，喬國因南奧塞梯與俄羅斯爆發武裝衝突，俄軍大舉入侵並宣布承認南奧塞梯及阿布哈茲二地區之獨立建國，喬治亞旋即與俄斷交。[7]喬國內部政治認同與衝突是政局動盪主因，近年與俄發生的戰爭亦讓國家處於緊張狀態，即使如此，喬國仍出了不少國際知名的藝術家，且由於歷史淵源，藝術風格與訓練多走俄派系統。[8]

第二節　歷史沿革（History）[9]

壹、邊境警察局（ Border Police）

　　1991 年喬治亞重新獲得獨立後，開始計畫整合邊境防衛單位，1992 年 8 月 8 日政府發表喬治亞邊境防衛（Defence of State Borders of Georgia）的議題。1992 年邊境服務局（Border Service）為國防部下轄單位，1994 年邊境服務主辦公室脫離國防部成為獨立單位，1996 年 3 月命名為國家邊境防衛局（State Border Defence Department）。1998 年通過國家邊境法令，同時成立的海域防衛隊成為國家邊境防衛局的一個分支，並於 1999 年成立邊境航空隊。1999 年 10 月俄羅斯最後一支邊境組織離開喬治亞。2004 年國家邊境防衛局轉而隸屬於內政部。2006 年 12 月內政部的國家邊境防衛局轉型為具有執法效能的機構——即邊境警察局（Border Police）。

---

[5]　五類指標詳情請見本書導論，頁 11-13。

[6]　潘勛，《中國時報－國際新聞》〈喬治亞布局西化 不惜與俄交惡〉，2008/05/01。

[7]　中華民國外交部，外交資訊網頁（2010/07/15）

[8]　汪宜儒，《中國時報－文化新聞》〈政局動盪多年 藝術家世界聞名〉，2011/01/17。

[9]　Georgia Coast Guard, History, (http://www.gbg.ge/?lang=eng&page=51) (2010/07/15)

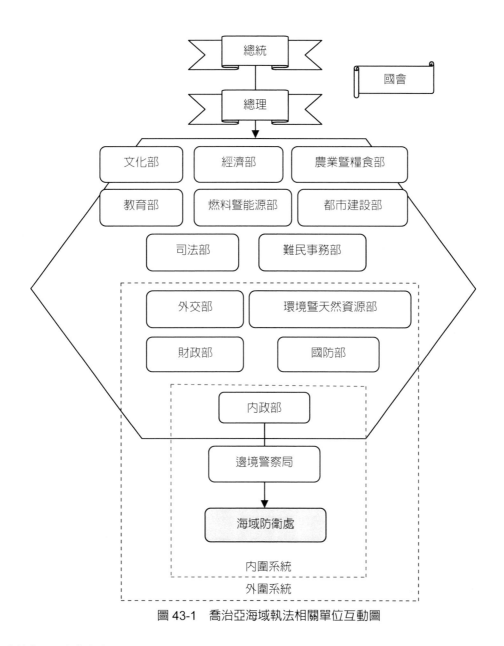

圖 43-1　喬治亞海域執法相關單位互動圖

資料來源：作者自繪

貳、喬治亞海域防衛處（Georgia Coast Guard Department）

　　喬治亞在海域防衛處成立前並未有正式的海域執法單位，1997 年在美國的輔導下，開始進行海上技術與人員培訓，美國因此在喬國佈署了一個長期訓練隊。1998 年，建立海域

防衛隊（Coast Guard）並隸屬於國家邊境防衛局。這是喬治亞第一個成立的海事部隊，美國在往後 5 年提供培訓課程。同時，海域防衛隊的第一及第二部隊分別於波季港（Poti）及巴統（Batumi）成立。1998 年 7 月開始，海域防衛隊開始在國家海域邊界執行任務，由於需要法案及制度的基礎，以便控制海域邊界，因此在 2003 年成立專屬海域防衛隊的辦事處。海域防衛隊的辦事處成立了兩個單位，根據規定，他們要整合海上行動以及其他任務，這樣的變化是根據美國海域防衛司令部專家的建議。

　　2006 年在 12 月國家邊境防衛局轉型為邊境警察局後，海域防衛隊內部同時做了調整，更開始在邊防警察局內佔有重要地位。2008 年 8 月，喬治亞與俄羅斯發生軍事衝突，最終喬治亞的海軍在黑海一戰中被重創，19 艘軍艦中 4 艘遭到擊沉，剩餘 15 艘所幸損失不大，戰爭結束後仍繼續服役。2009 年初，海域防衛隊進行最後的結構變化，政府決定將損失慘重的海軍併入海域防衛隊，形成統一的海上力量，並將單位名稱改為「海域防衛處」（Coast Guard Department），專責海域防衛及其他執法職責。

圖 43-2　喬治亞海域防衛處基地[10]

---

[10] (http://www.reedline.com/Workout/geoimages/Black-Sea-map.gif) (2010/07/15)

第三節　組織、職掌與編裝
（Organization, Duties and Equipment）

喬治亞海域防衛處（Georgia Coast Guard Department）

一、組織與職掌[11]

　　喬治亞海域防衛處為邊境警察局（Border Police）的海上力量，隸屬於內政部。（見圖 43-1、43-3）主要職責為保護喬治亞 310 公里的海岸線，維護國家領海 12 浬的主權、保護海洋環境、海域執法、海難搜救、港口安全及海上防禦等任務。海域防衛處於 2009 年初與海軍合併，並接收海軍的 15 艘艦艇、531 名海員及 36 名義務兵。他們的總部位於黑海的港口波季，另一個較小的基地則位於阿爾札自治共和國（Adjara）的首都巴統，另外還設有一反恐部隊。海洋監視雷達設於阿納克利亞（Anaklia）、波季、蘇普薩（Supsa）、恰克維（Chakvi）及哥尼歐（Gonio），雷達覆蓋所有領海範圍。（見圖 43-2）2009 年 3 月，邊境警察局進行了內部更新，政府增加邊防預算再加上友好國家的援助，以期創建新的現代化單位，現今邊境警察局已配有新式設備，處理邊境問題。而海域防衛處也成為國家重要海事安全及維安通訊單位。

---

[11] Georgia Coast Guard, (http://www.gbg.ge/?lang=eng&page=51) (2010/07/19)

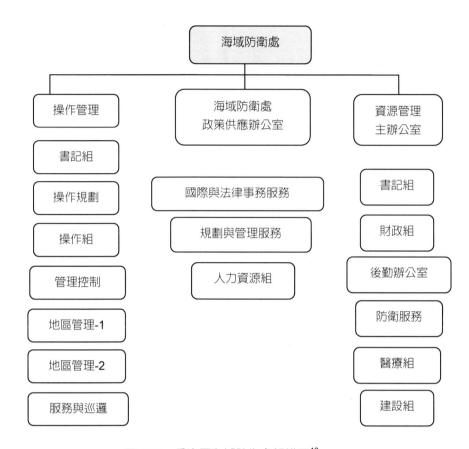

圖 43-3　喬治亞海域防衛處組織圖[12]

資料來源：作者自繪

二、裝備

　　喬治亞合併海軍艦艇後，現計有 26 艘艦艇，分別有 1 艘 170 噸 TURK 級巡邏艦、1 艘 253 噸 STENKA 級巡邏艦、1 艘 100 噸 POLUCHAT 級巡邏艦、1 艘 70 噸巡邏艇、2 艘 86 噸 DILOS 巡邏艇，2 艘 550 噸 VYDRA 兩棲艦、2 艘 145 噸 ONDATRA 級兩棲艦，1 艘 463 噸 LINDAU 級巡邏艦、2 艘 69 噸 POINT 級巡邏艇、8 艘 25 噸 ZHUK 級巡邏艇、1 艘 253 噸 STENKA 級巡邏艦、2 艘 11 噸 DAUNTLESS 級巡邏艇，以及 2008 年向土耳其購置的一艘快速攻擊艇。[13]

---

[12] Georgia Coast Guard, (http://www.gbg.ge/?lang=eng&page=51) (2010/07/19)

[13] Georgia Coast Guard, (http://www.gbg.ge/?lang=eng&page=51) (2010/07/19)

第四節　教育與訓練（Education and Training）

　　邊境警察的培訓及再培訓皆在內政部警察學院（MIA Police Academy）受訓。此外，因為警察學院與巴統海軍學院（Batumi Naval Academy）之間簽有協議，海軍學院必須為海域防衛處提供警官培訓，因此在 2009 年 9 月制定了特別課程，課程內容是由海域防衛處專業講師授予。巴統海軍學院也教授海域防衛處學員艦艇操作與實戰訓練。不管是邊境警察或海域防衛處人員，他們的培訓課程不僅限於國內，更與各國際組織及提供援助的友好國家進行學術或操作技術交流，大大改善專業技能。喬治亞的教育課程尤其注重交戰能力，以及非法販賣毒品、非法移民的政策規劃及管理，巡邏技術及偵測也是教育重點。[14]

第五節　與我國制度之比較
（A Comparison with Taiwan Coast Guard）

　　喬治亞海域防衛處為國家唯一的海事機構，原本僅是單純的海域執法單位，2009 年因海軍併入而肩負了海上防禦及反恐怖組織等具軍事形態的任務；我國海巡署則是海域執法單位，並沒有負責軍事性防衛任務。喬治亞海域防衛處隸屬於內政部底下的邊境警察局，算是四級單位；而我國海巡署則為二級制部會級機關。喬國海域防衛處雖屬於較低層級單位，但因政府重視邊境管理，在制度或設備上的更新均努力改革。

第六節　結語（Conclusion）——特徵（Characteristics）

　　喬治亞西濱黑海，為一面環海國家，在 310 公里海岸線上設有兩大基地，以下為其海域執法制度特徵。

Georgia Coast Guard, (http://en.wikipedia.org/wiki/Coast_Guard_of_Georgia) (2010/07/15)

[14] Georgia Coast Guard, Reform, (http://www.gbg.ge/?lang=eng&page=51) (2010/07/19)

壹、集中制

喬治亞設有海域防衛處做為專責海域執法單位。

貳、陸海空合一

海域防衛處隸屬於內政部下轄之邊境警察局，並將裁撤的海軍併入海域防衛處，統一海上力量，因此本單位亦同時負擔海軍任務。

參、警察型海域執法機制

海域防衛處身為國內唯一海域執法單位，是以警察身份處理海域非法活動。

肆、四級制——隸屬於內政部的邊境警察局

海域防衛處為隸屬於邊境警察局的四級單位。

伍、專業教育搖籃

海域防衛處人員受教於與警察學院簽約的巴統海軍學院，海軍學院設立特別課程，由海域防衛處講師教課。

第 44 章　亞塞拜然海域執法制度

目錄

第一節　國家概況（Country Overview）·····························387

第二節　組織、職掌與編裝
　　　　（Organization, Duties and Equipment）·············390

第三節　教育與訓練（Education and Training）··············391

第四節　與我國制度之比較
　　　　（A Comparison with Taiwan Coast Guard）··········392

第五節　結語（Conclusion）——特徵（Characteristics）·····392

第一節　國家概況（Country Overview）

　　亞塞拜然共和國（Republic of Azerbaijan），位於高加索山（The mountain of Caucasus）[1]東南部，東濱裏海（Caspian Sea），西鄰喬治亞（Georgia）及亞美尼亞（Armenia），南接伊朗（Iran），北鄰俄羅斯（Russia）。全國面積 86,600 平方公里，是台灣的 2 倍大。海岸線長 713 公里，因國際海洋法的因素，亞國對裏海的領海範圍並不確切。[2]

　　首都巴庫（Baku），全國人口 8,372,373 人（2011）[3]。國體共和制，單一國會，總統由民選產生，總理由國會選舉就任。[4]（見圖 44-1）亞國國內生產總值（GDP）52,170（百萬）

---

[1] 高加索山是中亞地區，伊朗以北，於黑海、裏海之間的山脈。分為南高加索及北高加索。南高加索地區包含喬治亞、亞美尼亞、亞塞拜然等國，北高加索則有俄羅斯、塔吉克、車臣等國位於此區。（http://zh.wikipedia.org/zh-tw/%E9%AB%98%E5%8A%A0%E7%B4%A2%E5%B1%B1%E8%84%89）（2010/07/19）

[2] *Jane's Fighting Ships.2004-2005*, Edited by Commodore Stephen Saunders RN, Virginia U.S.A, p. 254.

[3] CIA, The World Factbook.(https://www.cia.gov/index.html) (2011/05/25)

[4] 《世界各國簡介暨各國首長名冊》，中華民國外交部，2001 年，頁 74。

美元,在 190 個國家排名第 72 名;每人國民所得(GNP)5,764 美元(2010),在 182 個國家排名第 78 名。亞國政治權利與公民自由兩種自由程度在 2010 年的分數前者為 6,後者為 5,歸類為不自由國家;透明國際(Transparency International)中的 2010 年的貪污調查分數為 2.4,在 178 個國家中排名第 134 名;聯合國(2010)最適合居住國家的人類發展指數為 5.3,在 169 個國家中亞國排名第 67 名。[5]

　　亞國希望與亞美尼亞就領土爭議之「納卡」(Nagorno Karabakh)地區(見圖 44-2)問題達成協議,但亞美尼亞反對向亞塞拜然妥協的勢力強大。亞國期望俄國可以調停戰火,但莫斯科當局在此戰中未能保持中立,仍將前蘇聯軍隊留駐亞美尼亞協防,致使亞美尼亞軍隊得全力對亞塞拜然作戰。亞國雖蘊藏豐富石油與天然氣,但除首都外,大多數百姓飽受貧窮折磨,政府貪污醜聞層出不窮。亞國第一家庭疑似於杜拜買了約台幣 14 億的房產,將高官搜刮民脂民膏的證據攤在世人面前。[6]裏海四周陸地圍繞,是不與外洋相通的水體,被國際海洋法歸類為閉鎖海。[7]沿岸俄羅斯、伊朗、哈薩克、土庫曼和亞塞拜然定期舉辦權屬會議,卻沒有實質效果。俄羅斯、哈薩克和亞塞拜然的水域油氣資源豐富,他們堅持裏海為內陸海,應依據國際海洋法公約,對裏海水體及海底進行劃界,明確各國的主權和專屬經濟區範圍。而伊朗、土庫曼兩國則因為附近水域油氣資源相對較少,堅持認為裏海是內陸湖泊,按國際法裏海資源應當是沿岸各國共同財產任何國家開採裏海任何資源必須徵得各國同意或經共同協商後方能進行。[8]

---

[5]　五類指標詳情請見本書導論,頁 11-13。

[6]　蔡鵬如,《中國時報－國際新聞》〈亞塞拜然第一家庭　杜拜置產〉,2010/03/06。

[7]　胡振洲,《海事地理學》,台北:三民出版社,民國 67 年 6 月,頁 53。

[8]　張力,《學習時報》〈裏海之爭仍會持續〉。2007 年 10 月 16 日。(http://big5.china.com.cn/xxsb/txt/2007-10/23/content_9111975.htm)(2010/07/23)

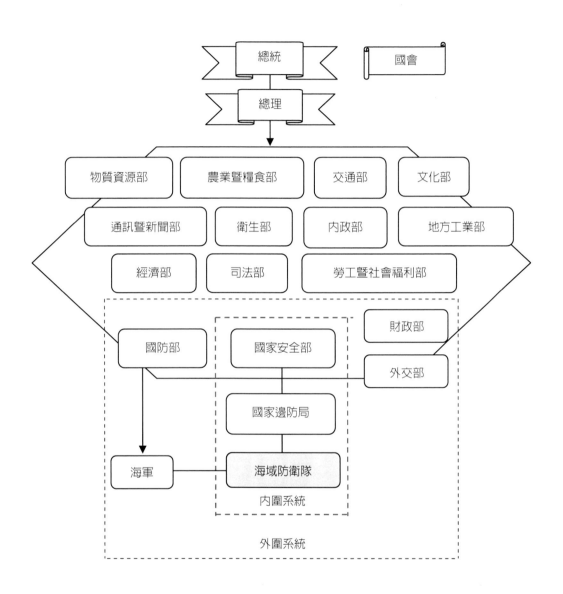

圖 44-1　亞塞拜然海域執法相關部門互動圖

資料來源：作者自繪

第二節　組織、職掌與編裝
（Organization, Duties and Equipment）

亞塞拜然海域防衛隊（Coast Guard）

一、組織與職掌

　　亞塞拜然海域防衛隊為一海上執法機構，成立於 2002 年，隸屬國家邊防局（State Border Service），船舶來自前蘇聯駐裏海艦隊及邊境局。（見圖 44-1）其長期受到美國海域防衛司令部的協助，支援內容包含成員教育及操作技術。他們的基地是根據「2006 年至 2010 年，亞塞拜然共和國邊境防衛科技技術發展」（Technical development of security of state borders of the Republic of Azerbaijan in 2006-2010）的計畫，設立於首都巴庫。（見圖 44-2）海域防衛隊主要職責是保護領土完整、維護國家海域邊界，保證國家在裏海的環境、經濟利益的安全。依據國家法令，海域防衛隊平時參與監督公共水域、海域執法、海難搜救，於國家危難時，協助海軍進行國防任務。[9]

二、裝備

　　國家邊防局包含海域防衛隊共有 5,000 名人員，海域防衛隊擁有 1 艘 Point 級、1 艘 Osa 級中型巡邏艇、3 艘 Stenka 級 巡邏、1 艘 1 Zhuk 級巡邏艇、2 艘 48 英呎的小型船舶。[10]

---

[9] Jane's, Azerbaijan, 2010/01/09, (http://www.janes.com/articles/Janes-Fighting-Ships/Introduction-Administration-Azerbaijan.html) (2010/07/19)

[10] Jane's, Azerbaijan, 2010/01/09, (http://www.janes.com/articles/Janes-Fighting-Ships/Introduction-Administration-Azerbaijan.html) (2010/07/19)

圖 44-2　亞塞拜然海域防衛隊總部及領土爭議圖[11]

第三節　教育與訓練（Education and Training）

　　2006 年 6 月 20 日在國際移民組織（International Organization for Migration）及歐盟（European Union）的聯合簽署下，亞國政府於巴庫建立了一所新的邊防教育中心。教育目標為提高國家邊境局人員的專業水平，改善過去邊防人員在服務領域的缺失。該教育中心將教授移民法、邊境控制行動、邊境護照制度等課程，本中心同時也成為國際法訊息搜索的執法機構。[12]

---

[11] (http://www.dti.gov.za/econdb/trademap/azerba-w1.gif) (2010/07/22)

[12] New education center for state border service opened in Baku, 2006/06/21, (http://en.trend.az/news/politics/enforcement/856382.html) (2010/07/22)

第四節　與我國制度之比較
（A Comparison with Taiwan Coast Guard）

亞塞拜然海域防衛隊成立時間短，為國家海域執法單位，隸屬於邊防局。平時任務為維持國家領海權利及維護海域安全，國家緊急危難時，便會協助海軍。而我國海巡署平時執行海事任務，但國家危急時刻，便成為海軍的支援單位。亞國海域防衛隊是在美國海域防衛司令部的協助下成立，長期受到美國的教育及技術支援，使其組織更進步。亞國政府重視國家安全單位與國際的接軌，2006 年更在國際移民組織及歐盟的合約簽署下，成立新的教育中心，整合新的國際法令訊息及教育更專業的專業課程。我國海巡署的教育雖多來自警大水警系，但與國際間的交流頻繁，也派送署內人員至國外相關單位參訪，與之交流並廣納資訊，藉以提高海巡署的各項能力。

第五節　結語（Conclusion）：特徵（Characteristics）

亞塞拜然東臨裏海，在長 713 公里的海岸線上設有一基地，以下為其海域執法制度特徵。

壹、陸海合一

海域防衛隊隸屬於以國境概念而設計的國家邊防局。

貳、四級制──隸屬於國家安全部下轄的國家邊防局

海域防衛隊是隸屬於國家安全部下轄的國家邊防局的四級單位。

參、層級低,裝備少

身為國家海域唯一執法單位,卻僅有 8 艘艦艇。

肆、專業教育搖籃

2006 年設立提高邊防人員專業能力的教育中心。

伍、與美國海域防衛司令部交流密切

海域防衛隊自成立至今,美國海域防衛司令部提供教育課程與操作訓練,帶領亞國海域防衛隊進步。

亞洲篇結論：分布、發現與詮釋

　　本書探討的亞洲國家有 40 國，地區有 2 區。首先，各國（地區）海域執法制度特徵其組織型態分為集中制、分散制、統合分散制、海軍型、警察型、海關型、軍（警）文合一、軍警混合型等；其制度設計及巡邏執法範圍主要有岸海合一、岸海分立、陸海空合一、內陸河湖等。其次，海域執法單位的層級分為直屬總統、二級制（部會級）、三級制、四級制；海域執法單位的裝備、教育或任務特徵則有專屬航空器、專業教育機構、海洋研究、海洋政策機構、重視海難搜救、重視人員實習等。以下將 42 個國家（地區）之海域執法特徵統計如下。（見表 a-1（1）（2）（3）、a-2、a-3）

表 a-1（1）　亞洲各沿海國（地區）海域執法制度特徵統計表

	台灣	中國	日本	南韓	北韓	澳門	香港	俄羅斯	菲律賓	泰國	新加坡	馬來西亞	越南
集中制	★		★	★	★		★		★	★	★	★	★
分散制		★											
海軍型													
警察型						★	★			★	★		
海關型						★							
軍（警）文合一	★												★
軍警混合型													
岸海合一	★						★				★		
岸海分立			★	★					★			★	★
陸海空合一		★				★		★					
巡邏內陸河湖								★		★			
直屬總統								★					
二級制（部會級）	★											★	
三級制		★	★	★					★				★
四級制		★								★			
專屬航空器		★	★	★				★					
專業教育機構	★	★					★	★				★	
海洋研究		★											
海洋政策機構	★	★		★									

重視海難搜救	★	★	★		★	·				★	
重視人員實習			★								

表 a-1（2）　　亞洲各沿海國（地區）海域執法制度特徵統計表

	東帝汶	緬甸	汶萊	印尼	柬埔寨	哈薩克	土庫曼	印度	孟加拉	巴基斯坦	斯里蘭卡	馬爾地夫	伊朗	伊拉克
集中制			★	★				★	★	★	★			
分散制														
海軍型	★	★			★	★	★					★	★	★
警察型			★	★										
海關型														
軍（警）文合一											★			
軍警混合型														
岸海合一										★				
岸海分立								★						
陸海空合一														
巡邏內陸河湖		★	★		★				★					★
直屬總統														
二級制（部會級）														
三級制								★	★	★				
四級制			★								★			
專屬航空器								★				★	★	
專業教育機構		★			★			★		★	★	★		
海洋研究		★												
海洋政策機構														
重視海難搜救														
重視人員實習														

表 a-1（3）　亞洲各沿海國（地區）之海域執法制度特徵統計表

	科威特	卡達	巴林	阿聯酋	沙烏地	葉門	阿曼	敘利亞	黎巴嫩	約旦	以色列	塞浦勒斯	土耳其	喬治亞	亞塞拜然
集中制			★	★	★	★	★					★	★	★	
分散制															
海軍型	★							★	★	★					
警察型					★		★					★		★	
海關型															
軍（警）文合一															
軍警混合型		★									★				
岸海合一													★		
岸海分立									★						
陸海空合一														★	★
巡邏內陸河湖									★						
直屬總統															
二級制（部會級）															
三級制			★	★	★	★			★				★		
四級制											★	★		★	★
專屬航空器							★	★					★		
專業教育機構							★						★	★	★
海洋研究															
海洋政策機構															
重視海難搜救													★		
重視人員實習							★								

　　其次，針對 42 國（地區）海域執法制度各種特徵的總數做出百分比統計，以顯示各項特徵在亞洲各國的分布。（見表 a-2）

　　以組織型態觀，集中制國家在 42 國（地區）中佔了 24 個，其特色為海域執法事權較集中、可以兼顧海事服務。而分散型國家僅有中國一個，其特色是與合作單位資源共享，因為分權負責、強調協調合作，各有所司。　另外，海軍型國家亦佔有 14 國，由海軍直接執行海域執法任務，對某些國家財政較符合成本效益。但警察型也佔有 9 國，其優點是可以全面掌控治安，也由於海域及陸域皆由警察負責，實屬岸海合一機制，不僅可以在執行任務時突顯執法角色，更可以發揮整體警察力量。

表 a-2　亞洲各沿海國海域執法特徵數量百分比

	國家數	百分比
集中制	24	57%
分散制	1	2%
海軍型	12	29%
警察型	10	24%
海關型	1	2.4%
軍（警）文合一	3	7.2%
軍警混合型	2	4.8%
岸海合一	5	12%
岸海分立	7	17%
陸海空合一	5	12%
巡邏內陸河湖	8	19%
直屬總統	1	2.4%
二級制（部會級）	2	4.8%
三級制	14	34%
四級制	8	19%
專屬航空器	10	24%
專業教育機構	17	41%
海洋研究	2	4.8%
海洋政策機構	3	7.2%
重視海難搜救	6	17%
重視人員實習	2	4.8%

　　接下來，以〈自由之家〉[1]2010 年的自由程度，觀察亞洲海域執法特徵，將亞洲各國自由度指標與組織型態的關係做一百分比統計。當中高度自由的國家有 7 國，中度自由（部份自由）國家有 13 國，低度自由（不自由）國家有 20 國。另外，由於香港與澳門兩地區並非國家，因此並未列入此一統計表中。（見表 a-3、a-4、a-5）

---

[1]　〈自由之家〉詳情請見導論，頁 11。

表 a-3　亞洲各沿海國自由程度暨海域執法制度特徵關係分布——自由（高）

程度	政治權利	公民自由	國家	海域執法制度特徵
自由（高）（7）	1	2	日本	集中制
	1	1	南韓	集中制
	2	3	印度	集中制
	1	2	台灣	集中制
	1	1	塞浦勒斯	集中制、警察型
	2	3	印尼	集中制、警察型
	1	2	以色列	軍警混合型

　　自由國家在 40 國中僅佔 7 國，當中以集中制組織型態為最多，佔 4 國，另外 3 國分別是警察型與軍警混合型。

表 a-4　亞洲各沿海國自由程度暨海域執法制度特徵關係分布——部份自由（中）

程度	政治權利	公民自由	國家	海域執法制度特徵
部分自由（中）（13）	4	3	菲律賓	集中制
	4	4	馬來西亞	集中制
	3	3	土耳其	集中制
	4	5	巴基斯坦	集中制
	3	4	孟加拉	集中制
	4	4	斯里蘭卡	集中制
	5	4	新加坡	集中制、警察型
	5	4	泰國	集中制、警察型
	4	4	喬治亞	集中制、警察型、陸海空合一
	4	4	馬爾地夫	海軍型
	5	3	黎巴嫩	海軍型
	4	4	東帝汶	海軍型
	4	4	科威特	海軍型

　　部份自由國家在 40 國中佔 13 國，當中組織型態為集中制的國家佔 9 國，其餘 4 國為警察型或海軍型。

表 a-5　亞洲各沿海國自由程度暨海域執法制度特徵關係分布──不自由（低）

程度	政治權利	公民自由	國家	海域執法制度特徵
不自由（低）(20)	6	5	葉門	集中制
	6	5	巴林	集中制
	7	6	越南	集中制
	7	6	沙烏地阿拉伯	集中制、警察型
	6	5	阿聯酋	集中制、警察型
	6	5	汶萊	集中制、警察型
	6	5	阿曼	集中制、警察型
	7	7	北韓	集中制、警察型、陸海空合一
	7	6	中國	分散制、陸海空合一
	7	7	土庫曼	海軍型
	6	6	伊朗	海軍型
	6	5	哈薩克	海軍型
	6	5	柬埔寨	海軍型
	7	7	緬甸	海軍型
	5	6	伊拉克	海軍型
	7	6	敘利亞	海軍型
	6	5	約旦	海軍型
	6	5	亞塞拜然	陸海空合一
	6	5	俄羅斯	陸海空合一
	6	5	卡達	軍警混合型

　　不自由國家在 40 國中佔 20 國，集中制僅佔 6 國，海軍型便佔了 10 國，其餘為警察型或軍警混合型。

　　根據亞洲各國自由度指標與組織功能性的關係做一百分比，可知集中制與民主自由強弱程度無關，在低、中自由程度國家海軍型佔大部分，其意謂著軍文劃分界線較模糊，亦可能 GDP 與 GNP 之排名落後，換言之，國家財政拮据，無力編置二批人馬，海關型或警察型的分佈極少。（見表 a-6（1）（2）（3））

表 a-6（1） 亞洲各沿海國自由程度暨海域執法制度特徵百分比

	集中制	百分比	分散制	百分比
自由（7）	6	86%	0	0%
部分自由（13）	9	69%	0	0%
不自由（20）	8	30%	1	5%

表 a-6（2） 亞洲各沿海國自由程度暨海域執法制度特徵百分比

	海軍型	百分比	警察型	百分比
自由（7）	0	0	2	28%
部分自由（13）	4	31%	3	23%
不自由（20）	8	40%	5	25%

表 a-6（3） 亞洲各沿海國自由程度暨海域執法制度特徵百分比

	軍警混合型	百分比	陸海空合一	百分比
自由（7）	1	14%	0	0%
部分自由（13）	0	0%	1	8%
不自由（20）	1	0%	4	20%

　　最後，經由上述數據與各統計百分比顯示，42 個國家（地區）中，集中制國家 46%，海軍型國家 34%，警察型國家 22%，分散制國家 2.4%。可見集中制與自由民主無關，且高自由程度國家無海軍型，48%的海軍型主要分佈於中、低自由度國家。

表 a-7　亞洲各國（地區）濱海面數與海域執法制度

	集中制	分散制	警察型	海軍型	海關型	軍（警）文合一	軍警混合	陸海空合一
一面濱海(17)	汶萊* 喬治亞* 孟加拉 巴基斯坦 阿聯酋 (5)		汶萊* 喬治亞* (2)	哈薩克 土庫曼 緬甸 柬埔寨 伊朗 伊拉克 科威特 約旦 敘利亞 黎巴嫩 (10)			以色列 (1)	亞塞拜然 喬治亞* (2)
二面濱海(8)	北韓* 泰國* 沙烏地* 阿曼* 越南 葉門 (6)	中國 (1)	北韓* 泰國* 沙烏地* 阿曼* (4)					俄羅斯 (1)
三面濱海(6)	香港* 南韓 印度 土耳其 (4)		香港* (1)		澳門 (1)		卡達 (1)	
島國(7)	新加坡* 塞浦勒斯* 台灣 日本 斯里蘭卡 巴林 (6)		新加坡* 塞浦勒斯* (2)	東帝汶 (1)			斯里蘭卡 (1)	
群島國(4)	印尼* 馬來西亞 菲律賓 (3)		印尼* (1)	馬爾地夫 (1)				

說明：由於警察型、軍（警）文合一的海域執法制度亦歸類於集中制，因此警察型特徵之國家，便加上「＊」凸顯。另，喬治亞不僅符合前面兩種特徵，其亦為陸海空合一。

表 a-8　亞洲國家（地區）濱海數與海域執法制度百分比表

	一面	二面	三面	島國	群島
集中制	29%	75%	67%	86%	75%
分散制		13%			
警察型	12%	50%	17%	29%	25%
海軍型	59%			17%	25%
海關型			17%		
軍（警）文合一				17%	
軍警混合	6%		17%		
陸海空合一	12%	13%			

由上表分析顯示，可知集中制在島嶼國家百分比最高，最低是一面濱海國家。警察型以二面濱海國家比例最多，海軍型以一面濱海比例最高。其他海域執法制度特徵在亞洲不同濱海數國家的百分比大多集中在 12%至 17%之間。分散制、海關型、軍（警）文合一僅有單一濱海數國家擁有。

發現：

1. 濱海數越多者，集中制亦多。（正相關）

2. 一面濱海者，海軍型居多，因為一面濱海者可能不重視海域執法。

最後做一小結列舉如下：

壹、集中制國家超越分散制甚多

亞洲集中制國家共計二十四個國家，佔半數以上（57%），而分散制僅一個國家：即中國。

貳、海軍型國家高達四分之一弱，且多為「不自由」的國家

可能不自由的國家，除了財力不足外，對於軍文分治的概念與界線也較為模糊。

參、具有專屬教育搖籃國家不在少數

　　專屬教育搖籃共 15 個國家。由於海域執法的專業性程度高，多數先進國家，均設置專屬教育搖籃，如日本、南韓等是。

各國海域執法制度

歐洲篇

歐洲各國海域執法制度

第 45 章　丹麥海域執法制度

第 46 章　瑞典海域執法制度

第 47 章　芬蘭海域執法制度

第 48 章　冰島海域執法制度

第 49 章　挪威海域執法制度

第 50 章　拉托維亞海域執法制度

第 51 章　斯洛維尼亞海域執法制度

第 52 章　愛沙尼亞海域執法制度

第 53 章　荷蘭海域執法制度

第 54 章　愛爾蘭海域執法制度

第 55 章　波蘭海域執法制度

第 56 章　烏克蘭海域執法制度

第 57 章　比利時海域執法制度

第 58 章　英國海域執法制度

第 59 章　法國海域執法制度

第 60 章　克羅埃西亞海域執法制度

第 61 章　希臘海域執法制度

第 62 章　羅馬尼亞海域執法制度

第 63 章　德國海域執法制度

第 64 章　西班牙海域執法制度

第 65 章　義大利海域執法制度

第 66 章　葡萄牙海域執法制度

第 67 章　保加利亞海域執法制度

第 68 章　保加利亞海域執法制度

第 69 章　阿爾巴尼亞海域執法制度

第 70 章　馬爾他海域執法制度

第 71 章　立陶宛海域執法制度

第 72 章　格陵蘭海域執法制度

歐洲篇結論：分布、發現與詮釋

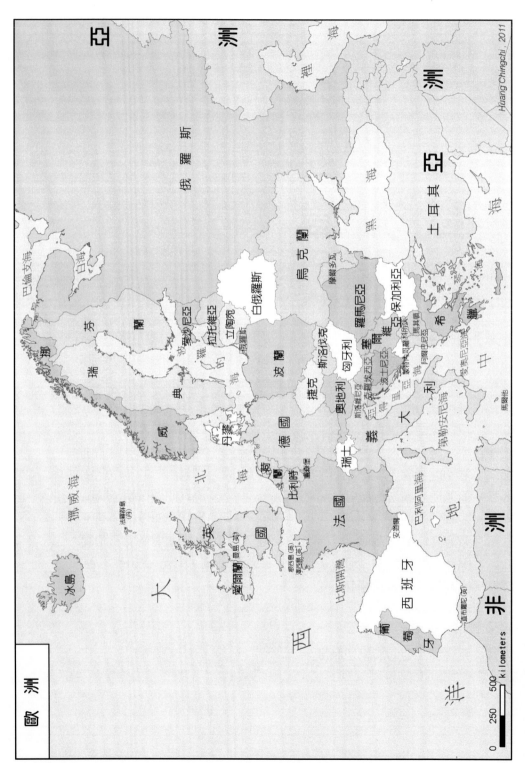

歐 洲

亞 洲

俄 羅 斯

巴倫支海

白海

土耳其

裡 海

黑 海

芬 蘭

愛沙尼亞

拉托維亞

立陶宛

白俄羅斯

烏 克 蘭

摩爾多瓦

羅馬尼亞

塞爾維亞

保加利亞

希 臘

亞洲

瑞 典

波蘭的的海

波 蘭

斯洛伐克

匈牙利

克羅埃西亞

波士尼亞

蒙特內哥羅

馬其頓

阿爾巴尼亞

愛琴海

愛奧尼亞海

挪 威

捷 克

斯洛維尼亞

得里亞海

亞

威 海

丹 麥

德 國

奧地利

瑞 士

義 大 利

北 海

盧森堡

法羅群島 (丹)

荷蘭

比利時

安道爾

義

利

第勒尼安海

海

地 中

馬爾他

大

英

國

法 國

巴利阿里羣島 (西)

西

西

愛爾蘭

曼島 (英)

根西島 (西)

澤西島 (英)

比斯開灣

西 班 牙

安道爾

非

洲

冰 島

挪 威 海

葡 萄 牙

直布羅陀 (英)

洋

西

大

Huang Chingchi, 2011

0   250   500
kilometers

資料來源：黃清琦繪製

歐洲各國海域執法制度

導言

壹、歐洲概況（Europe Overview）

一、歷史沿革[1]

　　歐洲面積 10,180,000 平方公里，人口數約 7 億 1 千 2 百萬，人口密度平均每平方公里 70 人，共有 48 個已獨立國家。公元前 2000 年左右，古希臘人（Ancient Greece）的祖先定居在愛琴海（Aegean Sea）[2] 的克里特島（Crete），成為了古希臘文明的發源地，也逐漸發展出城邦文化，因此愛琴海被認為是歐洲文明的發祥地。公元前 5 世紀，伯羅奔尼撒戰爭（The Peloponnesian War）過後，古希臘本土逐漸走向衰落。公元前 3 世紀，來自希臘邊境馬其頓王國（Macedonia）的亞歷山大大帝（Alexander）征服埃及（Egypt）和波斯（Persia），建立橫跨歐亞非三洲的大帝國，將希臘文化傳播到亞洲和非洲地區，史稱希臘化時代（Hellenistic）。繼希臘後，公元前 27 年成立羅馬帝國（Imperium Romanum），成為統治歐洲、西亞和北非的大帝國。

　　公元 1 世紀，基督教逐漸在羅馬境內傳播開來，313 年，被定為羅馬國教，取得了在歐洲的統治地位。3 世紀後，羅馬帝國逐漸衰弱，395 年分裂成為東、西兩帝國。476 年西羅馬帝國（Western Roman Empire）滅亡，東哥德人因受匈奴人迫害，在西羅馬帝國滅亡後

---

[1] 歐洲，維基，（http://zh.wikipedia.org/wiki/%E6%AD%90%E6%B4%B2）（2011/07/04）

[2] 愛琴海為地中海的一部分，位於希臘半島及小亞細亞半島之間，愛琴海南北長 610 公里，東西寬 300 公里，海岸線非常曲折，港灣眾多，共有大小約 2,500 個島嶼，海上島嶼大部分屬於希臘，一小部分屬於東岸的土耳其。維基，（http://zh.wikipedia.org/wiki/%E6%84%9B%E7%90%B4%E6%B5%B7）（2011/07/04）

大量湧入羅馬境內，於境內成立東哥德王國（The Ostrogothic Kingdom），西歐進入中世紀。但帝國的東半部（東羅馬帝國（Eastern Roman Empire））則持續發展至 1453 年被鄂圖曼土耳其人所滅。

中世紀時期許多民族相繼建立王國，採行封建采邑制，查理曼大帝（Charlemagne）在公元 800 年建立其帝國，但在 843 年即分裂，該帝國的東半部發展成為神聖羅馬帝國（Holy Roman Empire），英國（England）、法國（France）、德國（Germany）、義大利（Italy）等許多國家的雛型都是在這一時期形成建立起來的。天主教教會在西歐握有極大力量，所有知識傳承都在修道院中進行，宗教迫害和十字軍東征（Crusades）給歐洲人民帶來了很大的災難，這一時期被啟蒙時代的學者稱為黑暗時代（Dark Ages）。從 14 世紀開始在南歐和西歐的一些國家中，特別是西班牙（Spain）、葡萄牙（Portugal）、法國和英國，資本主義開始萌芽，通過地理大發現和對海外的冒險，足跡遍及了非洲、美洲和亞洲。同一時期歐洲發生文藝復興時期（The Renaissance period），同時也引發了宗教革命，許多國家脫離天主教會的管轄改奉新教（Protestantism），政教合一的各國常因教派不同而引發政爭。17 世紀末英國政治上發生了光榮革命（The Glorious Revolution），18 世紀英國開始了工業革命（Industrial Revolution），隨即影響了歐洲大陸，也促進了民族國家的興起，北美十三州從英國殖民地的地位獨立建國，法國則發生法國大革命及拿破崙稱帝；德國、義大利則在 19 世紀完成統一，隨著科技的進步與對外界的不斷探索，歐洲成為帝國主義的搖籃，開始掠奪全世界的資源。

公元 20 世紀初，帝國主義的極度擴張終於導致歐洲變為戰爭發源地，兩次世界大戰發生，歐洲遭受極大創傷。第一次世界大戰始於 1914 年 7 月 28 日終於 1918 年 11 月 11 日，是歐洲各個帝國主義國間的戰爭，戰爭過程主要是德國、奧匈、土耳其、保加利亞同盟國陣營及英國、法國、俄國和義大利協約國陣營之間的戰爭。主要戰場原本位於歐洲西面，後來逐一擴展至東面與南面，海上戰爭的開展則是德軍擊沉美國商船後美軍才參戰。而亞洲的日本與中國則是為了獲取利益，便投入戰況較有利的協約國陣營。1918 年德國軍民不願再戰而投降，其他國家也逐一求和，德國身為挑動戰爭的戰敗國，與戰勝國於巴黎簽訂凡爾賽條約，當中苛刻的割地賠款與軍備限制也埋下了第二次世界大戰的禍根。而原來為世界金融中心及世界霸主的英國，在戰後雖然領土有所增加，但其對領土的控制力卻因戰爭的巨大傷亡與物資損失而大大削減，而其經濟亦因戰爭而大受影響，出現嚴重衰退。

始於 1939 年終於 1945 年的第二次世界大戰除了亞洲、非洲，歐洲還是主要戰場外，交戰雙方是以中國，法國，英國，蘇聯及美國等為主的組成同盟國軍事聯盟及以德國、大日本帝國、義大利王國等為主的軍國主義國家組成的軸心國集團。戰爭進展到最高潮時，全球有 61 個國家和地區參戰，有 19 億以上的人口被捲入戰爭，戰火遍及五大洲；交戰雙方同時也在大西洋、太平洋、印度洋及北冰洋四大洋展開戰鬥。這場戰爭肇因於德國突襲

並佔領波蘭（Poland），英法向德宣戰，蘇聯為防範德軍入侵開始建立東方戰線，一路從波羅的海（Baltic Sea）延伸到黑海。1939 年末德軍開始侵襲北歐，並以閃電戰術取得法國大部分領土，英國與德國展開空戰，兩方長期轟炸後因德軍將目標轉至蘇聯而終告停止。另一軸心國義大利則主攻巴爾幹半島（Balkan Peninsula）但一直未能占領，直至德軍加入後便成功奪取。至於蘇聯則在全國軍民的抵抗下，1943 年前雖死傷慘重，在之後的坦克車大戰告捷後便開始控制主導權。1945 年後美軍與蘇聯的合作之下進攻柏林，美國在日本投下二顆原子彈，同年 6 月 24 日，二次大戰以軸心國宣告戰敗投降結束。

　　第二次世界大戰結束後世界走向和平化，1945 年 10 月 24 日，聯合國（United Nations）成立，本組織的工作不只限於防止戰爭，而是向環境、貧窮、全球合作促進發展等方向發展。第一次世界大戰期間，出現了世界上第一個社會主義國家—蘇維埃社會主義共和國聯邦（The Union of Soviet Socialist Republics）（簡稱蘇聯）。從 1950 年代開始，出現了以美國為首的「北大西洋公約組織」（North Atlantic Treaty Organization）成員國及以蘇聯為首的「華沙條約組織」（Warsaw Treaty Organization）締約國兩個集團對峙的局面。歐洲被劃分為兩個主要的政治經濟陣營：東歐的共產主義（communism）和西歐的資本主義（capitalism），直到 1991 年 12 月 27 日，蘇聯正式宣佈解體，冷戰（Cold War）[3]宣告結束，歐洲的政治格局發生了重大變化。東歐的社會主義國家多數爆發革命，部分重新返回資本主義陣營。

二、地理環境

　　歐洲的地理範圍，東以俄羅斯（Russia）烏拉山脈（Ural Mountain）、烏拉河（Ural River），東南以裏海（Caspian Sea）、高加索山脈（Caucasus Mountains）和黑海（Black Sea）[4]與亞洲（Asia）為界，西、西北隔大西洋（Atlantic）、格陵蘭海（Greenland Sea）與北美洲（North America）相望，北接北冰洋（Arctic Ocean），南隔地中海（Mediterranean Sea）[5]與非洲（Africa）

---

[3] 冷戰是指美國和蘇聯及他們的盟友在 1945 年至 1990 年間在政治和外交上的對抗、衝突和競爭。由於第二次世界大戰剛結束，在這段時期，雖然分歧和衝突嚴重，但對抗雙方都盡力避免導致世界大戰爆發，其對抗通常通過局部代理人戰爭、科技和軍備競賽、外交競爭等「冷」方式進行，即「相互遏制，卻又不訴諸武力」，因此稱之為「冷戰」。維基，（http://zh.wikipedia.org/wiki/%E5%86%B7%E6%88%B0）（2011/07/04）

[4] 黑海是亞歐大陸的一個內海，面積約 42.4 萬平方公里。黑海與地中海通過土耳其海峽相聯。重要流入黑海的河流有多瑙河和第聶伯河。沿海國家有土耳其，保加利亞，羅馬尼亞，烏克蘭，俄羅斯和喬治亞。維基，（http://zh.wikipedia.org/wiki/%E9%BB%91%E6%B5%B7）（2011/07/04）

[5] 地中海介於亞、非、歐三洲之間的廣闊水域，這是世界上最大的陸間海。東西長約 4,000 公里，南北寬約 1,800 公里，面積約 250 多萬平方公里。以亞平寧半島、西西里島和突尼斯之間突尼斯海峽為界，分東、西兩部分。沿岸國家有西班牙、法國、摩洛哥、義大利、波士尼亞、斯洛維尼亞、克羅埃西亞、黑山、阿爾巴尼亞、希臘、土耳其、敘利亞、黎巴嫩、巴勒斯坦、埃及、利比亞、突尼斯、阿爾及利亞和摩洛哥等十九個國家。它西經直布羅陀海峽可通大西洋，東北經土耳其海峽接黑海，東南經蘇伊士運河出紅海達印度洋，是歐亞非三洲之間的重要航道，也是溝通大西洋、印度洋間的重要通道。維

相望。歐洲最北端是挪威（Norway）的北角（The North Cape），最南端是西班牙（Spain）的馬羅基角（Marroquin cap）。

　　歐洲地形樣貌豐富，不列顛群島（British Isles）及愛爾蘭島（Ireland）是平原、丘陵與高地混雜的地形。西歐的法國、荷蘭、比利時部分以平原為主，其中荷蘭（Holland）有許多低窪地區是填海造陸而成。法國與西班牙、安道爾（Andorra）以庇里牛斯山（Pyrenees）山脈為界。南歐的伊比利半島（Iberia）[6]多丘陵地，各丘陵間則有平原，義大利半島亦以丘陵地為主，穿插許多小面積平原，巴爾幹半島則多山地。阿爾卑斯山（Alps）山脈橫亙歐洲中部，也就是德國南部、瑞士（Switzerland）、捷克（Czech）、斯洛伐克（Slovakia）及義大利北部。德國北部則為平原地型。東歐是一望無際的大草原地形，歐洲的東南界為高加索山脈（Caucasus Mountains），其主峰鄂爾布魯士峰（Elbrus）海拔 5642 公尺，是歐洲最高峰。北歐則多冰河地形，斯堪地納維亞半島（Scandinavian Peninsula）[7]沿海有許多冰河切割消溶入海後所造成的峽灣地形，冰島則除了冰河地形以外有很多火山地形。

　　歐洲流經數國的大河有萊茵河（Rein River）、多瑙河（Danube River）、易北河（Elbe River）、奧德河（Oderr）等。此外主要河流還有法國境內的塞納河（Seine）、羅亞爾河（Loire）、加隆河（Garonne）等、俄國境內的窩瓦河（Volga）、聶伯河（Dnieper）、烏拉爾河（Ural River）、英國境內的泰晤士河（River Thames）、義大利境內的波河（Po River）等。除了河流，歐洲有許多湖泊。其中冰河所遺留下的冰蝕湖[8]使芬蘭（Finland）被稱為萬湖之國。

三、政治與國際組織

　　二次大戰結束後，以維持國際和平及安全，發展國際間尊重人民平等權利，促成國際合作，並解決國際間屬於經濟、社會、文化及人類福利性質之國際問題為目的的《聯合國》於 1945 年正式成立。在 51 個創始會員國中，歐洲的英國、俄羅斯、烏克蘭、白俄羅斯、波蘭、捷克、斯洛伐克、挪威、丹麥、法國、荷蘭、比利時、盧森堡、南斯拉夫、希臘、土耳其便佔了 16 國，而其餘的歐洲國家之後才逐年加入。

　　基，（http://zh.wikipedia.org/wiki/%E5%9C%B0%E4%B8%AD%E6%B5%B7）（2011/07/04）

[6] 伊比利半島位於歐洲西南角，東和南濱地中海，西邊是大西洋，北臨比斯開灣。庇里牛斯山脈在半島東北部，與歐洲大陸連接。南部隔著直布羅陀海峽與非洲對望。

[7] 斯堪地納維亞半島位於歐洲西北角，其瀕臨波羅的海、挪威海及北歐巴倫支海，與俄羅斯和芬蘭北部接壤，北至芬蘭，斯堪地納維亞半島有兩個國家即西部的挪威和右邊的瑞典，斯堪地納維亞山脈（Scandinavian Mountains） 橫恆於兩個國家之間，整個半島長 1850 公里，面積 75 萬平方公里。維基，（http://zh.wikipedia.org/wiki/%E4%BC%8A%E6%AF%94%E5%88%A9%E5%8D%8A%E5%B3%B6）（2011/07/04）

[8] 冰河移動，在地面刻蝕出凹地，冰河期過去，形成湖泊。維基，（http://zh.wikipedia.org/wiki/%E5%86%B0%E8%9A%80%E6%B9%96）（2011/07/04）

以實現防衛協作而建立的「北大西洋公約組織」[9]（簡稱北約）。1949 年 3 月 18 日美國和加拿大、比利時、法國、盧森堡、荷蘭、英國、丹麥、挪威、冰島、葡萄牙和義大利在華盛頓簽署了北大西洋公約，同年 8 月 24 日組織正式成立。希臘、土耳其於 1952 年 2 月 18 日、聯邦德國於 1955 年 5 月 6 日、西班牙於 1982 年正式加入該組織。與蘇聯為首的東歐集團國成員相抗衡，成員國一旦受到攻擊時，其他成員國可以作出即時反應。蘇聯解體後，華沙條約組織宣告解散，北約成為一個地區性防衛協作組織。

為對抗北大西洋公約組織而成立的政治軍事同盟「華沙公約組織」（Warsaw Pact）[10]（簡稱華約），是 1955 年德意志聯邦共和國（西德）加入北約後，歐洲社會主義陣營國家，包括德意志民主共和國（東德）便簽署了「公約」，全稱為《阿爾巴尼亞人民共和國、保加利亞人民共和國、匈牙利人民共和國、德意志民主共和國、波蘭人民共和國、羅馬尼亞人民共和國、蘇維埃社會主義共和國聯盟、捷克斯洛伐克共和國友好合作互助條約》。該條約由原蘇聯領導人赫魯雪夫（Khrushchev）起草，東歐社會主義國家除南斯拉夫以外，全部加入華約組織。北約、華約兩大國際組織的成立，標誌著雙方以冷戰形式的軍事對抗正式開始。1968 年 8 月阿爾巴尼亞於宣布退出華約，1990 年 10 月 3 日東德在與西德統一後退出華約，於 1991 年 7 月 1 日華沙公約正式宣布解散。

「歐洲聯盟」（European Union）[11]（簡稱歐盟）源於 1951 年 4 月 18 日巴黎條約中所成立的「歐洲煤鋼組織」（European Coal and Steel Community, ECSC）。1950 年，為避免法、德的兩國衝突於是結合法、西德兩國的基礎工業，也就是煤的開採與鋼的製造，兩國也邀請了比利時、義大利、荷蘭、盧森堡等國加入。1953 年六會員國決定成立跨國組織，以草擬歐洲經濟共同體條款。1954 年歐洲煤鋼組織的六國與英國、西班牙、葡萄牙共同成立「西歐聯盟」（Western European Union），以整合西歐各國防事務。1956 年歐洲煤鋼組織六國代表接受史巴克委員會（Spaak committee）建議，於 1958 年成立了歐洲經濟共同體「歐洲經濟共同體」（European Economic Community, EEC）和歐洲原子能共同體。

歐盟已經從貿易實體轉變成經濟和政治聯盟，更從成立以來至 2007 年期間進行了六次擴大。根據《歐洲聯盟條約》，歐盟共由三大支柱組成：歐洲共同體、共同外交與安全政策、刑事事件之警政與司法合作。歐盟的主要機構有歐洲理事會、歐盟理事會、歐盟委員會、歐洲議會、歐洲法院、歐洲中央銀行等。2009 年 12 月 01 日，《里斯本條約》[12]生效，設置

[9]　北約，維基，（http://zh.wikipedia.org/wiki/%E5%8C%97%E7%B4%84）（2011/07/04）
[10]　華沙公約，維基，（http://zh.wikipedia.org/wiki/%E8%8F%AF%E6%B2%99%E5%85%AC%E7%B4%84%E7%B5%84%E7%B9%94）（2011/07/04）
[11]　歐盟，維基，（http://zh.wikipedia.org/wiki/%E5%8C%97%E7%B4%84）（2011/07/04）
[12]　本條約旨在調整當前亟需變革的歐盟在全球的角色、人權保障、歐盟決策機構效率，並針對全球氣候暖化、天然能源等政策，以提高歐盟全球競爭力和影響力。維基，（http://zh.wikipedia.org/wiki/%E9%87%8C%E6%96%AF%E6%9C%AC%E6%A2%9D%E7%B4%84）（2011/07/04）

新的歐洲理事會主席、歐盟外交及安全政策高級代表。條約加入了《基本權利憲章》以保障人權，使歐洲議會和各成員國議會有更大的發言權以增加歐盟的民主正當性，並試著增進歐盟委員會和歐盟理事會的效率。目前有關歐盟的主要議題是歐盟的擴大、落實里斯本條約、全球暖化、及非歐元區成員國加入歐元區的事宜。

目前歐盟設有維和部隊，但並沒有設置如同北大西洋公約一樣的專屬聯軍，2008 年德國總理表態希望建立完全屬於歐洲大陸的跨國部隊，因為歐洲各國通常以北約組織的架構進行軍事演訓與執行軍事維和任務，但北約聯軍任務不僅限於歐洲境內，亦包含其他地區。因此考量歐洲境內安全需求，法國與德國希望能夠成立專屬歐盟的歐洲部隊，負責歐洲境內的軍事任務，與北約聯軍之軍事任務做出區隔。2009 年 11 月，義大利外長於歐盟特別會議中建議成立歐盟統一軍隊，因為即使多數歐盟成員國家加入了北約，但其實為美國主導，也必須聽命於美國。義外長表明歐盟統一軍隊的第一步將組建陸軍，將來還會有海軍和空軍，軍隊將由歐洲人自己來指揮，以保護歐洲的安全，更可以控制地中海地區。[13]2010 年 2 月，德國外長同樣表明支持成立歐洲軍隊的構想，以便使歐盟在全球事務中佔一席位。[14]

---

[13] 《人民網》〈意大利外長提議建立歐盟統一軍隊應對中美聯盟〉，2009/11/21。（http://military.people.com.cn/BIG5/1077/52986/10422119.html）（2010/12/17）
[14] 《雅虎香港》〈德國支持成立歐盟軍隊〉，2010/02/06。（http://hk.news.yahoo.com/article/100206/4/ghfn.html）（2010/12/17）

表 B-1　歐洲各國分布表

	北歐（5）	東歐（20）	中歐（4）	西歐（15）
沿海國 93% （29） *歐盟會員國 ◎北大西洋公約會員	*丹麥◎ *芬蘭 *瑞典 冰島◎ 挪威◎	*愛沙尼亞◎ *拉脫維亞◎ *立陶宛◎ *波蘭◎ *羅馬尼亞◎ *保加利亞◎ *斯洛維尼亞◎ 克羅埃西亞◎ 阿爾巴尼亞◎ 烏克蘭 蒙特內哥羅 波士尼亞	*德國◎	*荷蘭◎ *比利時◎ *法國◎ *英國◎ *希臘◎ *義大利◎ *西班牙◎ *葡萄牙◎ *愛爾蘭 *馬爾他 摩納哥
	（5） 100%	（12） 91%	（1） 100%	（11） 90%
內陸國 （15）		*匈牙利◎ *捷克◎ *斯洛伐克◎ 馬其頓◎ 摩爾多瓦 白俄羅斯 科索沃 塞爾維亞	*奧地利 列支敦斯登 瑞士	*盧森堡◎ 教廷 安道爾 聖馬利諾
		（8）	（3）	（4）
地區	格陵蘭△			

說明：

1. 標示星號「*」的 27 個歐盟會員國，歐洲 26 國，一位於亞洲的塞浦勒斯。

2. 標示「◎」為北約 26 會員國。

3. 標示三角形「△」的格陵蘭為丹麥屬地（領地），由於未將歐洲其餘屬地列出，故不做百分比顯示。

第45章　丹麥海域執法制度

目錄

第一節　國家概況（Country Overview）……………………… 414

第二節　歷史沿革（History）………………………………… 417

第三節　組織、職掌與裝備

　　　　（Organization, Duties and Equipment）………… 418

第四節　教育與訓練（Education and Training）…………… 421

第五節　與我國制度之比較

　　　　（A Comparison with Taiwan Coast Guard）……… 422

第六節　結語（Conclusion）──特徵（Characteristics）…… 423

第一節　國家概況（Country Overview）

　　丹麥王國（Kingdom of Denmark）是斯堪的納維亞半島（Scandinavian Peninsula）[1]最南端與日德蘭半島（Jutland）[2]北端的北歐國家，位於波羅的海（Baltic Sea）流往北海（North Sea）的出口處。南鄰德國（Germany），北邊隔斯卡格拉克海峽（Skagerrak）與挪威（Norway）相望，西北面則與瑞典隔著卡特加特海峽（Kattegat）通過厄勒海峽（Oresund）大橋相連。

---

[1]　斯堪的納維亞半島（Scandinavian Peninsula）：為歐洲最大半島，世界的第五大半島。其位於巴倫支海（Barents Sea）、北海、挪威海與波羅的海之間，地理上包括挪威、瑞典及少部分芬蘭，文化與政治上形式上則包含丹麥。維基百科：斯堪的納維亞半島（http://zh.wikipedia.org/wiki/%E6%96%AF%E5%A0%AA%E7%9A%84%E7%BA%B3%E7%BB%B4%E4%BA%9A%E5%8D%8A%E5%B2%9B）（2009/08/21）

[2]　日德蘭半島（Jutland）　是歐洲北部的半島，位於北海和波羅的海之間，構成丹麥國土的大部分。（http://zh.wikipedia.org/wiki/%E6%97%A5%E5%BE%B7%E5%85%B0%E5%8D%8A%E5%B2%9B）（2009/08/20）

全國面積 43,094 平方公里，為台灣 1.2 倍大。海岸線長 7,314 公里，領海 12 浬，專屬經濟海域 200 浬。[3]

首都哥本哈根（Copenhagen），總人口 5,529,888 人（2011）[4]。國體君主立憲制，政體內閣制，國會一院制，總理由國會最大黨提名人選，君王依據國會建議任命總理組成政府。[5]（見圖 45-1）主要輸出醫療、乳酪、化學，輸入機械、車輛、資訊器材。[6]丹麥國內生產總值（GDP）305,600（百萬）美元，在 190 個國家排名第 31 名；每人國民所得（GNP）55,113 美元（2010），在 182 個國家排名第 5 名。丹麥在自由之家（Freedomhouse）的政治權利與公民自由兩種自由程度在 2010 年的分數皆為 1，歸類為自由國家；透明國際（Transparency International）中的 2010 年的貪污調查分數為 9.3，在 178 個國家中排名第 1 名；聯合國（2010）最適合居住國家的人類發展指數為 8.2，在 169 個國家中排名第 19 名。[7]

冷戰結束後，丹麥以北約、歐共體、北歐合作和聯合國為支柱的外交政策進行了調整，增加了共同安全、民主和人權、經濟和社會發展及環保等新內容。其重視歐盟建設，堅持依托北約，加強歐洲安全合作，積極拓展以北歐合作為基礎的環波羅的海合作，重視聯合國的地位和作用，積極參與聯合國維和行動。國家社會穩定，以優良福利著稱並重視國民教育。[8]

歐洲篇

丹麥海域執法制度

---

[3]　*Jane's Fighting Ships.2004-2005*, Edited by Commodore Stephen Saunders RN, Virginia U.S.A, p.168.

[4]　CIA, The World Factbook.(https://www.cia.gov/index.html) (2011/06/03)

[5]　中華民國外交部，外交資訊網頁（2009/03/14）

[6]　《世界各國簡介暨各國首長名冊》，中華民國外交部，2001 年，頁 252。

[7]　五類指標詳情請見本書導論，頁 11-13。

[8]　《新華網》〈丹麥概況〉。（http://big5.xinhuanet.com/gate/big5/www.xinhuanet.com/）（2009/03 /14）

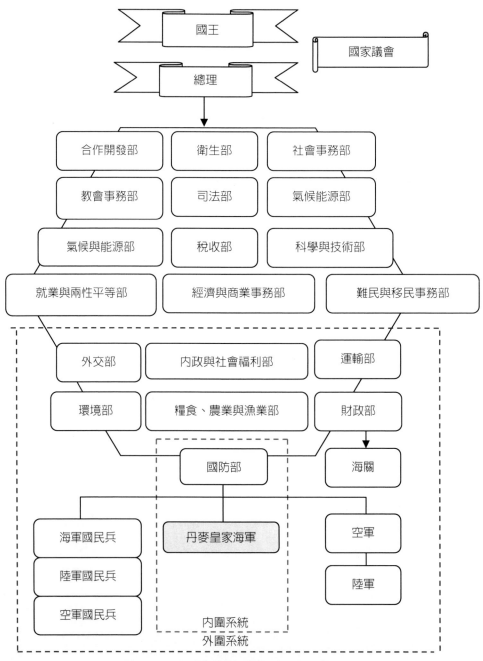

圖 45-1　丹麥海域執法相關部門互動圖

資料來源：作者自繪

第二節　歷史沿革（History）

壹、丹麥皇家海軍[9]

丹麥在十四世紀便出現海軍雛型，但海軍正式建立的確切時間是 1510 年，以護航國家商船為創立因素。1559 年，國王進一步擴大海軍，包括基地擴建、艦艇數急速增加。大量資金用於船舶設計、裝備更新、訓練課程與戰術演習等。由於丹麥鄰國瑞典在波羅的海地區佔有主導地位，嚴重威脅到丹麥商人利益，因此丹麥以關閉厄勒地區（Øresund），因此埋下斯堪的納維亞半島八年戰爭的種子。1657 年至 1660 年，歷經北歐戰爭經驗，讓政府後來將大量資源用於海軍，年年積極更新與練兵的海軍後來在 Køge 灣戰役獲得勝利。十七世紀初，國王再次加強海軍工程船能量，哥本哈根的海軍總部建立建造工廠與增加船員。1701 年，海軍總司令建立皇家海軍學院的前身。1709 年至 1720 年的大北歐戰爭（Great Nordic War），丹麥燒毀至少八十艘的瑞典軍艦。往後幾年，丹麥甚至到地中海、非洲、加勒比海地區建立殖民地。1844 年後，丹麥與瑞典為國家商業利益，簽訂和平條約。

1801 年，英國因為懷疑丹麥藉由海上通商支援法國拿破崙，丹麥遭受英國攻擊，被迫與英簽訂代管條約。1807 年，英國擔心丹麥海軍艦隊成為拿破崙後援，加上丹麥國王拒絕交出海軍兵權，又再引發英國攻擊。1845 年，丹麥重新增建海軍，但仍以小型艦艇居多。直到第一次世界大戰發生後，海軍已經擁有大量配備裝甲的現代化蒸氣船隊。二戰期間，海軍針對歐洲反德國納粹任務提供極大影響力，多次成功俘虜德軍並佔領德艦艇。

冷戰期間，海軍再次重建擴張，擁有大型且現代化艦艇的海軍成為擊退華沙組織入侵的主要國家之一。1950 年，北約挹注資金協助建立厄勒島基地。隨著冷戰結束，海軍減少全球性任務，改為國內地方性的防衛。2000 年至 2004 年，海軍將多艘退役艦艇贈與愛沙尼亞，並重新編排海軍各中隊。2006 年 1 月 1 日，海軍根據 2005 年至 2009 年的制定的防衛重組協定，將海軍四中隊改為二中隊。

---

[9]　Royal Danish Naval History, (http://www.navalhistory.dk/indexUS.htm) (2011/08/25)

貳、丹麥海軍國民兵[10]

要說明負責海域安全任務的海軍國民兵（Naval Home Guard）（丹麥文 "Marinehjemmeværnet"，簡稱 MHV）之前需從國民兵（Home Guard）誕生的歷史講述起。國民兵創立於 1945 年第二次世界大戰後，由戰爭中敵軍攻擊平民的行為中所啟發的。丹麥國民為自願組織保護公民安全的單位，現今兵種分為陸軍國民兵、空軍國民兵、海軍國民兵，剛開始的國民兵單位還沒有正規軍的訓練與任務協調能力。國民兵集團由國會代表與海軍少將指揮，並由國會資助，戰爭時協助正規軍隊，平日主要是保護公民的安全與適時的協助海軍防禦外來武力。2004 年，國民兵開始正規的軍事訓練，專業的訓練讓他們提高防禦疆土的能力，並增加平時提供平民援助與搜救的技術。

為了支持與證明國民兵的價值，近年在其官網聲明：「國民兵的整體使命是加強和支持軍隊，支援海軍與空軍的防禦任務。」近年國民兵有逐漸脫離正規軍獨力的行動，因為國民兵皆是自願人員，現在的必要發展便是延續裝備與人力資源，畢竟本單位仍是正規軍的主要支援戰力。而國民兵因為也有不遜於正規軍的能力，丹麥政府也開始平等的將受訓完成的優秀國民兵送往國外軍校深造或分發進入正規軍隊中。

第三節　組織、職掌與裝備
（Organization, Duties and Equipment）

壹、丹麥皇家海軍（Royal Danish Navy）

一、組織與職掌

丹麥海軍是丹麥國防的海上力量，主要負責海上防衛，維護丹麥、格陵蘭與法羅語（føroyskt）地區的領海主權。其他任務包含海難搜救、油污處理、海上偵查。海軍艦隊由

---

[10] The Danish Home Guard, History, (http://www.hjv60.dk/) (2011/08/25)

海軍少將帶領並向海軍總司令部負責，今日分為兩大中隊：第一中隊基地位於腓特列港（Frederikshavn），負責國內事務，執行海上防禦、維護法羅語領海主權、監控、海難搜救、破冰、預防溢油與回收。第二中隊基地位於 Korsør，專門從事外交事務，進行各項國際任務，例如提供護航艦隊、執行國際救災行動、參與國際演習活動，在國際上永久支援國際各海事團體的行動。另外，兩大中隊基地分別設立海軍作戰後勤支援結構（The Naval Operational Logistic Support Structure），提供海軍作戰、救難、偵查、國際行動等一般支援。[11]

二、裝備

丹麥海軍擁有 3,400 名海員、200 名義務兵，共計擁有 58 艘艦艇，包含 3 艘 6,300 噸護衛艦、2 艘 6,300 噸支援運輸艦，4 艘 3,500 噸海洋巡護艦（用於北大西洋保護漁業、主權巡邏、海難搜救）、2 艘 1,720 噸海洋巡護艦（用於北大西洋保護漁業、主權巡邏、搜救）、1 艘 330 噸海洋巡護艦（用於海難搜救、漁業巡護）、6 艘 98 噸工具船（用於海洋測量、實習）、6 艘 186 噸大型巡邏艇、4 艘 125 噸除汙船、2 艘 1,600 噸環境保護船、2 艘 247 噸環境保護船、3 艘 30 噸環境保護船、3 艘 24 呎長環境保護平台、1 艘 1,130 皇家用船、2 艘 32 噸帆船式實習船、1 艘 51 呎破冰船、2 艘 76.8 呎破冰船、1 艘 465 噸運輸船、6 艘 8.2 噸海難搜救船、4 艘 52 噸格陵蘭水道測量船、2 艘 2.5 噸潛水偵查船、1 艘 85 噸拖駁船、2 艘 79 噸運輸物資船。1 艘運輸戰車船。

另外，海軍計有 8 架（用於海難搜救、偵查、運輸）直升機、2011 年 1 月 1 日，海軍直升機雖然轉給空軍中隊，但仍被佈署在海軍軍艦。陸上裝備有 26 輛卡車、21 輛拖車、3 輛油運車、4 輛無線電發送車、10 輛小型車。[12]

貳、丹麥海軍國民兵 （Danish Navel Home Guard）

一、組織與職掌

丹麥海上防禦以海軍為主體，輔以海軍國民兵協助海域防衛任務，海軍國民兵正式成立於 1952 年，隸屬於國防部。（見圖 45-1）兩單位通常各自分配及執行自己的職責，海軍並不會控制海軍國民兵，但國民兵可以協助任何海軍在海域的任務。海軍國民兵分佈於全

---

[11] Royal Danish Navy, (http://forsvaret.dk/SOK/eng/Pages/default.aspx) (2011/08/25)
[12] Royal Danish Navy, Ships and Material , (http://www.navalhistory.dk/indexUS.htm) (2011/08/25)

國各主要港口，隨時處於機動狀態準備參與海上支援或是海難搜救工作。海軍國民兵成員皆是自願且無報酬，但制服及必要設備費用是由國家負擔。海軍國民兵執行海域與沿岸巡邏，艦艇可以直接進入海軍基地與民用港口，他們的身分就像在海域執法的警察一般。[13]海軍國民兵在軍事協助的主要職責有：

（一）戰爭時負責丹麥領海敵方動態之監控。

（二）協助海軍進行防衛、巡邏、攔截及港口佈雷等任務。

（三）護衛海軍基地與駐點，守衛海軍艦艇。

（四）負責丹麥周遭海域之海事監控、海難搜救工作。

（五）協助掃除海上漏油，時刻觀測海上航行船隻，隨時可以截查疑似漏油船隻，採取樣本檢測。

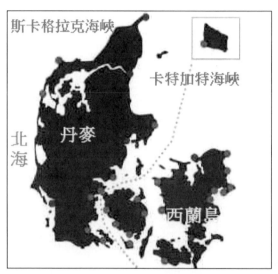

圖 45-2　丹麥海軍國民兵主要駐點位置圖[14]

另外在民間海事協助方面，海軍國民兵亦肩負：

（一）漁業資源維護，禁止非法捕撈。

（二）保護各港口安全。

（三）環境汙染控制。

（四）航道監測，包括了船用無線電服務、海事公告、航行警告、燃料警告及船舶回報系統等。

（五）爆裂物處理。

---

[13] Danish Home Guard, Læs om Marine- hjemmeværnet, (http://www.hjv.dk/MHV/Sider/forside.aspx) (2009/08/21)

[14] Danish Home Guard, Location, (http://www.hjv.dk/MHV/Sider/forside.aspx) (2009/08/21)

（六）維護與處理海上犯罪行為。

（七）取締逃漏關稅。

（八）執行破冰任務。

（九）進行海洋研究與測量[15]。

二、裝備

目前人員有 5,000 人，擁有的艦艇計共計約 11 艘 95 噸功能船（用於海難搜救、偵查、環境保護）。[16]

第四節　教育與訓練（Education and Training）

壹、丹麥皇家海軍[17]

丹麥海軍學校有三所重點學校與五特殊學校。

一、重點學校

位於腓特列港的海軍士官與基本訓練學校（Naval NCO and Basic Training School）、位於霍爾門（Holmen）的丹麥海軍軍官學校（Danish naval academy）、海軍專門學校（Naval specialist schools）。

---

[15] Danish Home Guard, Mission, (http://www.hjv.dk/MHV/Sider/forside.aspx) (2009/08/21)

[16] Royal Danish Navy, Ships and Material, (http://www.navalhistory.dk/indexUS.htm) (2011/08/25)

[17] Royal Danish Navy, (http://forsvaret.dk/SOK/eng/Links/Pages/default.aspx) (2011/08/25)

二、特殊學校

位於腓特列港的海軍作戰學院（Naval Warfare School）、海軍武器學校（Naval Weapons School）、位於霍爾門的海軍技術培訓學校、海軍損害控制學校、海軍潛水學校（Naval Diving School）。

貳、海軍國民兵

海軍國民兵的人員沒有性別與年齡限制，只要滿十八歲皆可申請，也因為可以自由申請，所以人員需經由國內公民行政委員會謹慎過濾，通過篩選的國民兵必須在前三年內接受 250 至 300 小時的艦艇操作訓練，並通過海軍學校所有的教育課程，海軍國民兵的課程多為免費。必修課程包含港口護衛、通訊能力、消防與救援、環境保護、快艇考照、武器使用、維修設備、急救、心理學。

丹麥的艦艇學校分為大學與專科學校，大學學程有皇家海軍學院、海軍儲備軍官和免役軍官學校，專科學校有教導海軍戰術與武器使用與海軍工程的專業學校。丹麥海軍國民兵訓練制度完整，所有的國民兵必須有一個完整的軍校訓練過程，學校教導國民兵統御力與進行航海教育，他們受的特殊訓練提供執行任務的技術，修業完成的學位受到民間認可。海軍學校的專業課程有航海學、工程學、無線電訓練、醫療急救訓練、雷達監測、所有階層的領導專業訓練，並且不管是海軍或是海軍國民兵，所有人員必須要會操作帆船。[18]

第五節　與我國制度之比較
（A Comparison with Taiwan Coast Guard）

首先，丹麥的海域執法以海軍為主體，輔以自願且無酬的海軍國民兵協助，雙方皆隸屬於國防部，相輔相成的執行任務；我國海巡署為行政院底下的二級機關，與海軍的支援關係只有在戰爭時才會出現。其次，海軍任務龐雜，時常需要由人數眾多的海軍國民兵協助；我國海巡署分為洋、岸兩總局，清楚區分權責，平時並不參與海軍任務。最後，丹麥

---

[18] Danish Home Guard, Education, (http://www.hjv.dk/MHV/Sider/forside.aspx) (2009/08/21)

海軍專業教育完善並針對不同能力有各個專門的海事學校，職前與職後實際操作能力要求嚴格。另外，海軍國民兵出國進修的機會與正規海軍近年已經平等；我國海巡人員主要是中央警大水上警察系畢業後通過考試進行分發。

第六節　結語（Conclusion）——特徵（Characteristics）

丹麥位於波羅的海流往北海的出口處，為三面濱海半島國，海岸線長 3,380 公里，以下為其海域執法制度特徵。

壹、海軍型海域執機制

丹麥主要由海軍負責各項海域任務，輔以海軍國民兵執行偵查。

貳、專業教育搖籃

丹麥海軍設有三所重點學校與五所特殊學校。

參、重視海難搜救

海軍擁有 4 艘 3,500 噸海洋巡護艦（用於北大西洋保護漁業、主權巡邏、海難搜救）、2 艘 1,720 噸海洋巡護艦（用於北大西洋保護漁業、主權巡邏、海難搜救）、1 艘 330 噸海洋巡護艦（用於海難搜救、漁業巡護）、6 艘 8.2 噸海難搜救船。

肆、重視海洋環境

擁有 4 艘 125 噸除汙船、2 艘 1,600 噸環境保護船、2 艘 247 噸環境保護船、3 艘 30 噸環境保護船、3 艘 24 呎長環境保護平台。

伍、重視人員操作實習

設有 2 艘 32 噸帆船式實習船，所有人員必須會操作帆船。

陸、專屬航空器

擁有 8 架用於海難搜救、偵查、運輸的直升機。

第 46 章　瑞典海域執法制度

目錄

第一節　國家概況（Country Overview）…………… 425

第二節　歷史沿革（History）…………… 426

第三節　組織、職掌與裝備

　　　　（Organization, Duties and Equipment）………… 429

第四節　權限與管轄（Authority and Jurisdiction）………… 434

第五節　教育與訓練（Education and Training）………… 435

第六節　與我國制度之比較

　　　　（A Comparison with Taiwan Coast Guard）……… 435

第七節　結語（Conclusion）──特徵（Characteristics）…… 435

第一節　國家概況（Country Overview）

　　瑞典王國（Kingdom of Sweden）位於斯堪的納維亞半島（Scandinavian Peninsula）[1]，西鄰挪威（Norway），東北接芬蘭（Finland），西南臨斯卡格拉克海峽（Skagerrak）和卡特加特海峽（Kattegat），東濱波羅的海（Baltic Sea）與波的尼亞灣（Gulf of Bothnia）。西南通過厄勒海峽（Oresund）大橋與丹麥（Denmark）相連，主要島嶼為厄蘭島（Oland）與哥德蘭島（Gotland）。全國面積 449,964 平方公里，為台灣 13 倍大。海岸線長 3,218 公里，領海 12 浬，專屬經濟海域 200 浬。[2]

---

[1] 斯堪的納維亞半島（Scandinavian Peninsula）為歐洲最大半島，其位於巴倫支海（Barents Sea）、北海、挪威海與波羅的海之間，半島上的國家有挪威、瑞典及芬蘭北端的一小部份。

[2] *Jane's Fighting Ships.2004-2005*, Edited by Commodore Stephen Saunders RN, Virginia U.S.A, pp.697.

首都斯德哥爾摩（Stockholm），人口 9,088,728 人（2011）[3]。國體君主立憲制，國王僅具禮儀性職責，政體責任內閣制，總理為政府首長，由立法機構瑞典國會（Riksdag）選舉產生。（見圖 46-2）主要輸出汽車、紙漿、精密機械，輸入紡織品、食品、石油。[4]瑞典國內生產總值（GDP）444,600（百萬）美元，在 190 個國家排名第 21 名；每人國民所得（GNP）47,667 美元（2010），在 182 個國家排名第 7 名。瑞典在自由之家（Freedomhouse）的政治權利與公民自由兩種自由程度在 2010 年的分數皆為 1，歸類為自由國家；透明國際（Transparency International）中的 2010 年的貪污調查分數為 9.2，在 178 個國家中排名第 4 名；聯合國（2010）最適合居住國家的人類發展指數為 7.9，在 169 個國家中排名第 9 名。[5]

瑞典 1995 年加入歐盟成為會員國，但未加入歐洲經濟暨貨幣聯盟（Economic and Monetary Union）。[6]兩次世界大戰中，瑞典保持中立而未受戰爭破壞，其政經建設得以繼續發展，成為社會福利國制度極為完善之國家，國家人民普遍所得高，社會安定富足，瑞典也是接受最多外國人（多數是政治難民）的國家。[7]外交政策大致上歐盟為依歸。目前政治上正討論是否仍須堅持傳統之中立政策－不結軍事同盟。[8]

第二節　歷史沿革（History）

三百五十年前瑞典海域防衛署（Swedish Coast Guard, SCG）瑞典文為 Kustbevakning，簡稱 KBV。海域執法任務過去是由防禦走私的海灘騎士（beach riders）負責，直到近世紀才改進為執行更多任務的專責單位。西元 1638 年，隸屬於海關部門的海灘騎士僅於 Kalmar 駐防，任務為防止走私和預防國家船隻被襲擊。受到瑞典風俗的影響，海灘騎士皆以徒步

---

[3] CIA, The World Factbook.(https://www.cia.gov/index.html) (2011/06/09)

[4] 《世界各國簡介暨各國首長名冊》，中華民國外交部，2001 年，頁 306。

[5] 五類指標詳情請見本書導論，頁 11-13。

[6] 依據一九九二年歐盟條約（又稱馬斯垂克條約）所設定完成 EMU 的經濟一致性標準（convergence criteria），各國極盡所能努力調整相關政策，期望於一九九八年初逐漸在經濟各項指標上能夠達到所需標準。二○○二年起正式在 EMU 內開始發行、流通單一貨幣歐元（Euro）的目標，EMU 的建立，並非僅是單純將日常生活中各國所使用不同的貨幣變換為歐盟內部通用的單一貨幣而已，最重要的是成立 EMU，除了設立立場超然、獨立自主的歐洲中央銀行（European Central Bank, ECB）外，各國還必須努力促成經濟、貨幣、財政等政策的整合，並將進一步導向歐洲政治聯盟。Philip Thody 著，鄭棨元譯（2001.1），《歐洲聯盟簡史》，台北：三民，頁 25。

[7] 《中國時報》〈斯堪的納維亞專題－衝突與融合〉，2007/06/14。

[8] 中華民國外交部，外交資訊網頁（2009/04/29）

或是騎馬的方式巡邏海岸。這樣的巡邏制度一直延續至第二次世界大戰開始，就超過了三百年。[9]

二戰期間，SCG 的任務從原本只有防止走私，另增加監督海洋運輸、巡視及搜尋船隻、護照管制和確認無線電發射機運作。二戰結束後，任務延伸包括海上競賽監督、海難搜救、漁業檢查和強制執行船隻安全規章。1971 年，政府交與 SCG 防止海上油污染的責任，1974 年污染控制範圍增加化工品的監管及控制，另於 1978 年負起對海洋捕魚違規取締的責任。1982 年，SCG 當局在海上和在二個主要內陸湖 Vänern 和 Mälaren 據點。[10]

於 1988 年 SCG 正式成為獨立機構，政府意圖為開發航海的民用管理和增加與當局之間的海上合作與責任。SCG 雖是海上執法單位，他們協助包含政府機構、海關與收稅、漁業委員會、沿岸警察。現今歐盟的擴展與海運的增加，讓瑞典海域執法面臨更多挑戰，因此促使他們更加的國際化。[11]SCG 存在歷史長久，瑞典國體為君主立憲，王室在過去對政府的影響甚大，即使君王已不具實權，瑞典許多單位的代表標誌都仍然有象徵王權的皇冠圖案，而海域防衛署上的老鷹是象徵對廣大國土的瞭望以及防衛。(見圖 46-1)

圖 46-1　瑞典海域防衛署標誌[12]

歐洲篇

瑞典海域執法制度

9　Swedish Coast Guard, History, (http://www.kustbevakningen.se/) (2011/08/09)

10　Swedish Coast Guard, History, (http://www.kustbevakningen.se/) (2011/08/09)

11　Swedish Coast Guard, History, (http://www.kustbevakningen.se/) (2011/08/09)

12　Swedish Coast Guard, History, (http://www.kustbevakningen.se/) (2011/08/09)

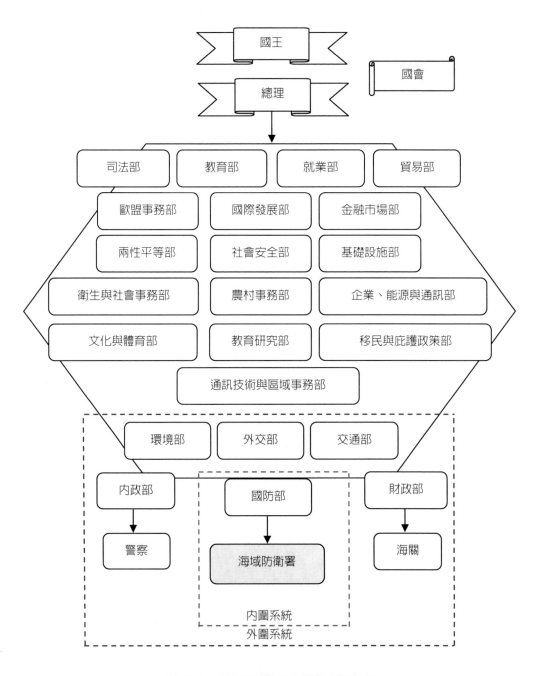

圖 46-2　瑞典海域執法相關部門互動圖

資料來源：作者自繪

第三節　組織、職掌與裝備
（Organization, Duties and Equipment）

瑞典海域防衛署（Swedish Coast Guard）

一、組織與職掌

　　海域防衛署隸屬於國防部，是屬於文職的防禦機關，最高指揮官（署長）稱為 Director General。（見圖 46-2、46-3）海域防衛署共有 26 個駐點，（見圖 46-5）當中包含一個飛航隊，各駐地主要由東、西、南、北四區指揮總部領導與指揮，指揮總部的位置分別為 Härnösand（北區）、斯德哥爾摩（東區）、Gothenburg（西區）和 Karlskrona（南區），各監督總部設有 24 小時當班的指揮官，SCG 總部位於 Karlskrona，飛航總部位於 Skavsta Airport，每天進行空中巡邏與監視任務。SCG 不僅負責海域安全，也要對國內的歐洲第三大湖 Vänern 及 Mälaren 進行安全監督。[13]（見圖 46-4、46-5）

歐洲篇

瑞典海域執法制度

---

[13] Swedish Coast Guard, Orgnisation, (http://www.kustbevakningen.se/) (2011/08/09)

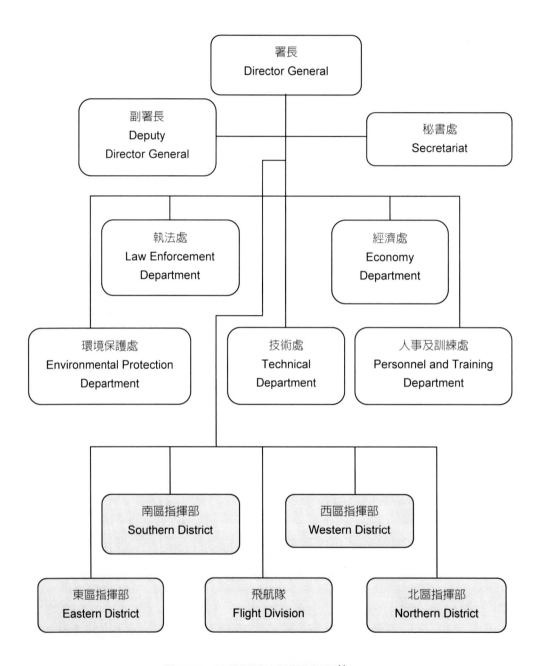

圖 46-3　瑞典海域防衛署組織圖[14]

14　《駐瑞典代表處函外交部》〈瑞典海域防衛署相關資料〉。瑞典（88）字第 135 號 民國 88 年 5 月 31 日。

圖 46-4　瑞典海域防衛署主要指揮部位置圖（點位置）[15]

　　SCG 主要任務是對領海範圍的監督，分為以下職掌：

（一）整合的防衛系統（The total defense system），包含軍事防衛與文職的防禦功能。

（二）污染防止與救難（Prevent of pollution, rescue service）。

（三）入境許可（Admittance to Swedish territory）。

（四）危險及易燃物的運送（Transportation of dangerous and inflammable goods）。[16]

　　由於瑞典緯度高，時常有大塊浮冰飄至海岸線，導致至少 50 艘來往於瑞典、芬蘭、愛沙尼亞等地的載客渡輪困於波羅的海。所幸 SCG 當局派出破冰船後，使他們得以脫困。[17]

[15] (http://www.hytrip.net/n25730c1143.aspx) (2009/May/6)

[16] 《駐瑞典代表處函外交部》〈瑞典海域防衛署相關資料〉，瑞典（88）字第 135 號，民國 88 年 5 月 31 日。

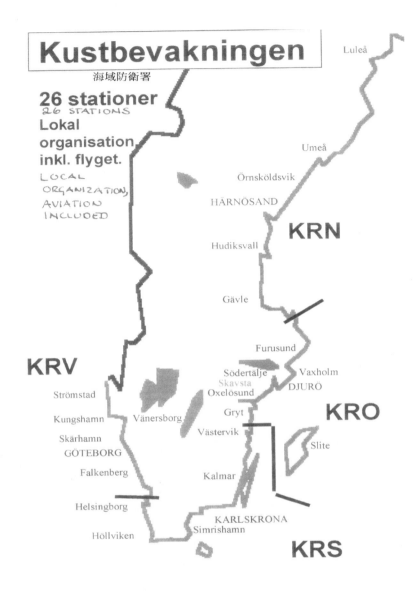

圖 46-5　瑞典海域防衛署 26 個駐點[18]

飛航隊之主要職掌有：

（一）如發生海難，飛航隊藉由空中搜尋雷達幫助，將資料傳回指揮中心，再由指揮中心
　　　協調海難搜救船隻救助。

（二）監控本國與外國的濫捕行為，飛航隊於空中確認漁船是否有捕撈許可證，SCG 也可
　　　派人登船檢查檢視漁獲是否符合規定，徹底保護漁場資源。

[17]　《中國時報》〈逾 50 船受困　冰封波羅的海〉，2010/03/06。

[18]　《駐瑞典代表處函外交部》〈瑞典海域防衛署相關資料〉。瑞典（88）字第 135 號，民國 88 年 5 月 31 日。

（三）確保海上交通與安全，飛航隊定時巡視海上航路，確認船舶遵守海事法令，並防止不當污染產生。有危險性船貨在離港前皆須經過 SCG 檢查。

（四）瑞典擁有很長的海岸線，為此重視邊防以防止偷渡與走私，並與警政單位及海關密切聯繫。

（五）波羅的海與西岸為油輪與化學藥品運送必經之地，相對洩漏危險性也高，為防止污染擴散至各地區，SCG 負責保護近海環境，飛航隊則運用空中雷達將資訊傳回總部，並低飛目視評估其污染量與性質。所有的汙染狀況都將被錄影、照相回報飛航指揮部並通知巡邏船。他們的目標是在四小時內控制洩漏擴散，並在八小時內將所有污染物吸入大型環保船。藉著海、空的配合作到完善的汙染控制與偵查，所有環保船的配置視海上各區域交通頻繁為基準。

（六）與國際合作開發共同邊防與環境維護，並與波羅的海沿岸國家簽約監控污染。依據合約需定期飛航巡邏與聯合演習，與芬蘭專責北波羅的海外圍及波的尼亞灣。

（七）與各單位合作，例如警方、海關、漁業會合作，更與海軍合作共同投入反潛艇及船舶識別工作。[19]（見圖 46-2）

　　瑞典全國海域與岸邊任務從 SCG 與航空隊的職掌來看，可以觀察到所有的任務均需要以海、空交互配合的方式完成大範圍巡邏工作與任務執行。

二、裝備

　　SCG 擁有 800 名人員，裝備主要以艦艇、陸上交通工具為購買對象，並廣泛地在特別設備區域進行環境保護與裝備、系統維護。SCG 的裝備總計有 142 艘以上，包含 22 艘監測船、12 艘環境保護船、2 艘環境保護監測船、5 艘氣墊船、1 艘大型吸油船、100 艘以上快艇、偵測、橡膠艇、工具船。另外，擁有 11 架空中偵察機。[20]（見圖 46-6）

　　SCG 另外還有約 80 輛各式陸上交通工具，例如汽車、卡車、巴士、雪上摩托車等工具以利岸上作業。空中飛航隊另有三架 CASA-212 巡邏航空器，每月服勤 3 至 4 次，三架航空器機身都寫有代表海域防衛署的"KBV"字樣。飛行總部配有之高科技海洋監視系統設備有空中搜尋雷達、紅外線掃描器、紫外線掃瞄器、照相與攝影設備、空中前視雷達、紅外線掃描器、導航設備及無線電設備。[21]

[19] 《駐瑞典代表處函外交部》〈瑞典海域防衛署相關資料〉，瑞典（88）字第 135 號，民國 88 年 5 月 31 日。
[20] Swedish Coast Guard, (http://www.kustbevakningen.se/sv/the-swedish-coast-guard/) (2011/08/26)
[21] 《駐瑞典代表處函外交部》〈瑞典海域防衛署相關資料〉，瑞典（88）字第 135 號，民國 88 年 5 月 31 日。

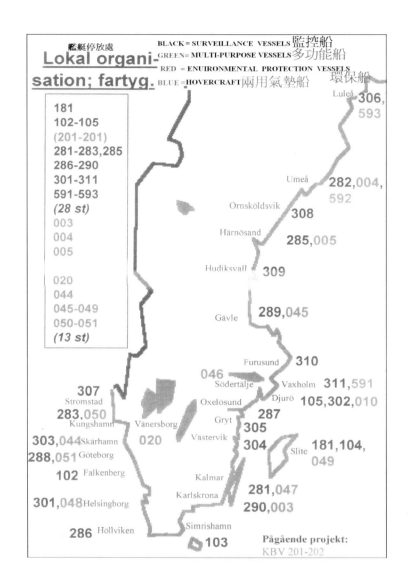

圖 46-6　瑞典海域防衛署多功能艦艇停放駐點[22]

第四節　權限與管轄（Authority and Jurisdiction）

　　隸屬於國防部的海域防衛署，當其需要修改職掌或是更近一步確立署內整體目標時，所有的提議皆需經瑞典國會同意。SCG 的責任在法律區域的範圍行使權被劃分為海域監視、環境維護與所有國防部委任的任務。

---

[22]《駐瑞典代表處函外交部》〈瑞典海域防衛署相關資料〉，瑞典（88）字第 135 號，民國 88 年 5 月 31 日。

第五節　教育與訓練（Education and Training）

瑞典海域防衛署隸屬於國防部，因此大部分人員來自海軍軍校，只有少數人員是徵召的士兵。軍官學校內設有海上相關作業的訓練課程及海域防衛的專業訓練，署內飛航隊則有專業課程教學與飛行訓練課程，為求人員能力精進，政府會將優秀人員送至其他國家進修，最後人員以分發或自願方式進入海域防衛署。

第六節　與我國制度之比較（A Comparison with Taiwan Coast Guard）

首先，瑞典海域防衛署雖隸屬於國防部，但卻是軍文並用的三級機關；而我國海巡署為二級制直接隸屬於行政院，戰爭時便受命於國防部指揮。其次，瑞典海域防衛署管轄四大指揮區，另有一專門執行空中巡邏任務的飛航隊；而我國海巡署管轄海洋巡防總局與海岸巡防總局，卻無專屬航空隊。最後，瑞典的海域防衛署人員多來自軍校的分發與自願役，少數是來自受徵召的士兵；我國海巡人員多來自於中央警察大學水上警察學系畢業學生為主。

第七節　結語（Conclusion）——特徵（Characteristics）

瑞典西南臨斯卡格拉克海峽和卡特加特海峽，東濱波羅的海與波的尼亞灣，西南通過厄勒海峽大橋與丹麥相連，在長 3,218 公里的海岸線上，分為四大區及一個航空隊，各分為二十六個駐點，以下為其海域執法制度特徵。

壹、集中制

設有專職的海域防衛署執行海域執法。

貳、三級制──隸屬國防部的文職單位

隸屬於國防部卻不受制於海軍，但仍與海軍合作反潛與船舶識別工作。

參、重視海洋環保

海洋環保處理能量特強，專責的環保艦艇便有 12 艘。

肆、專屬航空隊

專職的航空隊擁有 11 架偵察機，為海域巡邏、環保急救難的主力。

伍、歷史悠久

為世界上發展最悠久的海域執法單位，具有 350 年的歷史，比美國還要早 100 年。

第 47 章　芬蘭海域執法制度

目錄

第一節　國情概況（Country Overview）……………… 437

第二節　歷史沿革（History）……………………………… 438

第三節　組織、職掌與裝備

　　　　（Organization, Duty and Equipments）………… 440

第四節　權限與管轄（Authority and Jurisdiction）…… 442

第五節　教育與訓練（Education and Training）………… 443

第六節　與我國制度之比較

　　　　（A Comparison with Taiwan Coast Guard）……… 443

第七節　結語（Conclusion）——特徵（Characteristics）… 443

第一節　國情概況（Country Overview）

芬蘭共和國（Republic of Finland）位於北歐，西北界瑞典（Sweden）、挪威（Norway），東鄰俄羅斯，南濱波羅的海（Baltic Sea）及芬蘭灣（Gulf of Finland），西南臨波的尼亞灣（Gulf of Bothnia）。全國面積 338,145 平方公里，為台灣 9 倍大。海岸線長 1,250 公里，領海 12 浬，專屬經濟海域 12 浬。[1]

首都赫爾辛基市（Helsinki City），總人口約 5,259,250 人（2011）[2]。國體共和制，採用總統、總理之雙首長制。總統擁有較大權利，但多數行政權是掌控在總理領導的內閣中。國會採一院制。（見圖 47-1）主要輸出紙、木材製品，輸入消費品、投資材、原油。[3]芬蘭

---

[1]　*Jane's Fighting Ships. 2004-2005*, Edited by Commodore Stephen Saunders RN, Virginia U.S.A, p.212.

[2]　CIA, The World Factbook.(https://www.cia.gov/index.html)（2011/06/09）

[3]　《世界各國簡介暨各國首長名冊》，中華民國外交部，2001 年，頁 256。

國內生產總值（GDP）232,000（百萬）美元，在 190 個國家排名第 36 名；每人國民所得（GNP）43,134 美元（2010），在 182 個國家排名第 14 名。芬蘭在自由之家（Freedomhouse）的政治權利與公民自由兩種自由程度在 2010 年的分數皆為 1，歸類為自由國家；透明國際（Transparency International）中的 2010 年的貪污調查分數為 9.2，在 178 個國家中排名第 4 名；聯合國（2010）最適合居住國家的人類發展指數為 8.0，在 169 個國家中排名第 16 名。[4]

芬蘭計有 18 萬 8 千多座湖泊，水域面積約佔國土 10%，有「千湖國」美譽。芬蘭以多黨組成聯合政府之內閣型態施政，各種基本政策多以政黨協商型式共謀推動解決，鮮少見到劇烈政黨及族群間之抗爭。整體社會福利與醫護水準優良，相關社會福利制度依然維持良好運作於不輟，即使有民眾雖對社會福利及工商發展等持不同看法，但芬蘭無社會階級之分，勞資雙方及國會在各種協商中，尚能秉持和諧務實，故社會平和穩定，較少發生激烈抗爭衝突。[5]

第二節　歷史沿革（History）

西元 1155 年芬蘭為瑞典所併，至 1809 年帝俄從瑞典手中取得芬蘭，將之改為大公國。1917 年，俄國爆發大革命，芬蘭趁機宣布獨立，並於 1919 年 7 月 17 日公佈憲法成立共和國。獨立後的芬蘭積極參與國際事務以增強國家實力，後分別於 1948 年加入國際貨幣基金，1950 年加入關貿總協定，1955 年與瑞典、丹麥、挪威、冰島成立北歐理事會，並於同年加入聯合國，採取中立政策至今。獨立後的芬蘭政府，決定以軍事化且有組織的邊防軍（The Border Guard）來負責芬蘭邊境的防衛工作。芬蘭國境防衛隊與海域防衛隊結合，其邊防區延伸到了芬蘭西部及北部邊境，邊防軍的組織至今仍不斷修正以呈現最完整的防禦。邊防軍轄有邊防司令部，包含 4 個國境防衛區、3 個海域防衛隊和空中巡邏隊，他們在各自負責的區域執行防禦邊境的任務。邊防軍的人員則是交由國境防衛隊及海域防衛隊專屬的學校作培養訓練。

---

[4] 五類指標詳情請見本書導論，頁 11-13。
[5] 中華民國外交部，外交資訊網頁。（2010/05/18）

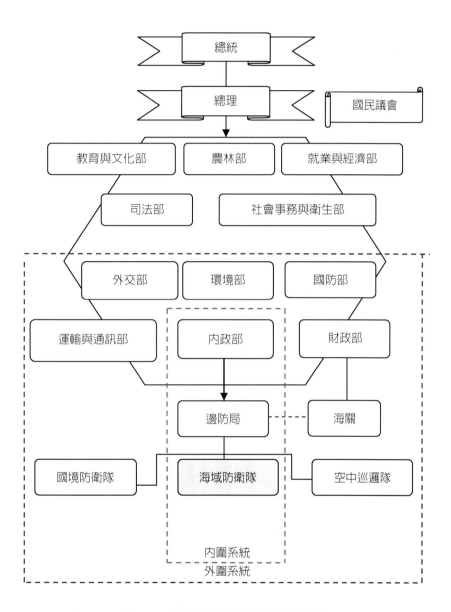

圖 47-1 芬蘭海域執法相關部門互動圖

資料來源：作者自繪

第三節　組織、職掌與裝備
（Organization, Duty and Equipments）

芬蘭邊境防禦由芬蘭邊防局所屬之國境防衛隊負責，海上防禦則由邊防局下轄之海域防衛隊承擔。1919 年 3 月 21 日芬蘭獨立後，政府決定在內政部門下組織邊防軍來防禦芬蘭的邊境，主要任務便是守衛國境的陸地與領海，檢查港口與機場的過境人員與海難搜救。邊防軍在戰爭之後的發展，從原本只有國境防衛隊的組織，與曾經是獨立運作的海域防衛隊結合起來，從此邊境的控制範圍延伸到芬蘭的西部及北部邊境，以下詳述邊防局及下轄之海域防衛隊的任務與裝備。

壹、芬蘭邊防局（The Finnish Border Guard）

一、組織與職掌

邊防局隸屬內政部，其行動要旨為維持芬蘭的邊境地帶與領海之安寧，同時陸上邊境、海上地區的控制與管理及邊境界地、海港、機場的邊境安檢工作非常重要。邊防軍的海域防衛隊負責海事搜索及海難搜救服務，並指揮海關工作，必要的時候，邊防局可以結合國防力量參與全國性的防禦工事。

邊防軍局長下達命令，下轄各國境的防衛司令部，包括四個國境防衛區、二個海域防衛區、空中巡邏隊、國境與海域防衛學院，各自在負責的區域內執行邊防軍的職責。和平時期邊防軍專責一切陸地與海上邊境之守衛與巡邏任務，與邊境與海岸地區之警察一起維護公共秩序，必要時協助調查邊境事務，並與海關共同行使關稅及人員稽查任務。在國家危機或戰爭時期，該局更能成為國家的防禦力量之一。邊防軍之人員主要以招募為主，但因芬蘭政府規定，芬蘭男性年齡屆滿皆需服役一段時間，因此邊防局部分人員來自於徵兵制的士兵。[6]

---

[6]　The Finnish Border Guard, (http://www.raja.fi/rvl/home.nsf/pages/index_eng l) (2011/08/26)

二、裝備

　　邊防局全部人員約 3,000 人、邊防監測站 35 處。邊防局船舶為暗綠色的船身和灰色甲板結構，船身寫有代表國防艦隊的文字"RAJAVARTIOLAITOS – GRÄNSBEVAKNINGSVÄSENDET"和橙色條紋對角線上的圖案，下轄之直升機寫有同樣字樣。邊防局擁有 115 艘，包含 6 艘近岸巡邏艇（西部 4 艘、芬蘭灣 2 艘）、7 艘水陸兩用氣墊船（西部 5 艘、芬蘭灣 2 艘）、81 艘近岸巡邏艇（西部 56 艘、芬蘭灣 25 艘）、21 艘巡邏快艇。另外，邊防局擁有 13 架航空器，當中 11 架為直升機。[7]

貳、芬蘭海域防衛隊（Coast Guard）

一、組織與職掌

　　海域防衛隊首建於 1930 年，後於 1944 年編入內政部下轄之芬蘭邊防局。總共有二個海域防衛區，分別為芬蘭灣海域防衛區及西芬蘭海域防衛區，當中包括三至六個海域防衛站。主要任務為邊境監視、邊境檢查與執行海難搜救行動及監視海上交通安全，確保一切海上活動順利進行。海難搜救行動由邊防局控制並指揮，而海上環境維護與污染監控同樣由海域防衛隊管轄。[8]

二、裝備

　　海域防衛隊沒有特別的儲備裝備，但其巡邏艇仍具有反潛與追蹤能力，更擁有迅速的掃雷與布雷的能力。艦艇運作單獨隸屬於海域防衛隊，資源不足時會由邊防軍加派支援。海域防衛隊的專屬艦艇總計 43 艘，包括 30 艘介於 135 噸和 700 噸之間的巡邏艇與約 53 噸大小的海域巡邏艇、6 艘一般巡邏艇、7 艘氣墊船。海域防衛隊中最特別的便是犬隻的協助，在岸邊對車輛或是海上船隻搜查走私物品，有些特別訓練的工作犬更可以救助困在海上或

---

[7]　The Finnish Border Guard, (http://www.raja.fi/rvl/home.nsf/pages/index_eng) (2011/08/26)

[8]　The Finnish Coast Guard, (http://www.coastguard.fi/) (2011/08/26)

冰上的人們。目前芬蘭海域防衛隊的工作犬約 255 隻，不管是在執行陸地邊境或是海上任務的探查都有其重要之處。[9]

參、芬蘭空中巡邏隊（Air Patrol Squadron）

一、組織與職掌

芬蘭空中巡邏隊隸屬於邊防局，是協助國境防衛隊與海域防衛隊空中巡邏的重要單位，進行國境或是海上之空中巡邏皆由他們執行。

二、裝備

空中巡邏隊機身寫有與邊防軍同樣的字樣，裝備共計有 13 架航空器，包括 11 架直升機。

第四節　權限與管轄（Authority and Jurisdiction）

邊防局成立至今九十年，過去工作多集中於國內安全防衛，但在組織重組後，任務改為邊境管理、海關、海難搜救、維護國防及處理治安問題，此分配使邊防軍在海難搜救的能量得到補足。但在邊境的管理工作與海關部門的主管機關而言，兩者任務是重疊的，因此協調非常重要。

邊防局負責處理有關芬蘭與俄羅斯邊境的問題，另外愛沙尼亞、立陶宛與拉托維亞等波羅的海三小國邊境管理及發展問題皆由政府派任之專家提供訓練與處理。邊防軍與海域防衛隊共同合作，負責北波羅的海及波的尼亞灣的海域監控。與愛沙尼亞跟俄羅斯的邊境合作關係始於 1994 年，到了 1998 年北極地區的挪威與俄羅斯也開始合作，「波羅的海區域邊防合作」為芬蘭提議，是為與各國有效協調邊境問題。

---

[9]　The Finnish Coast Guard, (http://www.coastguard.fi/) (2011/08/26)

第五節　教育與訓練（Education and Training）

　　邊防軍的基本訓練是位於 Imatra 的自治市與 Immola 的國境邊防學校和位於 Otaniemi 的海域防衛學校訓練，其他徵兵制的基本人員訓練是來自於一般軍校。徵兵人員主要在分發地區接受專業邊防軍訓練，而被錄取為邊防軍的士兵們通常都是邊界的居民。

第六節　與我國制度之比較　（A Comparison with Taiwan Coast Guard）

　　首先，芬蘭邊防軍平時聽命於內政部，戰爭時便受命於國防部海軍指揮；我國海巡署為二級制機關隸屬於行政院，戰爭時也受命於國防部指揮。其次，我國海巡署管轄海洋巡防總局與海岸巡防總局；而芬蘭法律規定，不管是陸境、海岸或海域皆由邊防局統籌指揮，海域任務則交由海域防衛隊執行。最後，我國海巡人員由中央警察大學水上警察學系培養，而芬蘭邊防軍人員則來自於國境防衛學校與海域防衛學校訓練。另外，因為芬蘭是募兵制，所以邊防軍部分人員來自於軍中。

第七節　結語（Conclusion）──特徵（Characteristics）

　　芬蘭南濱波羅的海及芬蘭灣，西南臨波的尼亞灣，海岸線長 1,250 公里，分為兩大分區，以下為其海域執法制度特徵。

壹、陸海空合一

　　邊境概念（border frontier concept）之組織設計，與俄羅斯及德國相似，由陸、空到海的國境防衛的機制設計。

貳、集中制

芬蘭設有邊防局，處理邊境與海事安全任務。

參、工作（警）犬的編制

工作犬約 255 隻，在執行陸地邊境或是海上任務的探查時有其重要性。

肆、四級制——隸屬於邊防局

芬蘭海域防衛隊隸屬於內政部下轄之邊防局。

伍、專屬航空隊

共有 9 架航空器，分別執行海難搜救、環保與安全巡邏。

第 48 章　冰島海域執法制度

目錄
第一節　國家概況（Country Overview）‥‥‥‥‥‥‥‥‥‥‥‥ 445
第二節　歷史沿革（History）‥‥‥‥‥‥‥‥‥‥‥‥‥‥‥ 446
第三節　組織、職掌與編裝
　　　　（Organization, Duties and Equipment）‥‥‥‥‥ 447
第四節　權限與管轄（Authority and Jurisdiction）‥‥‥‥‥ 450
第五節　與我國制度之比較
　　　　（A Comparison with Taiwan Coast Guard）‥‥‥‥ 450
第六節　結語（Conclusion）──特徵（Characteristics）‥‥ 451

第一節　國家概況（Country Overview）

　　冰島共和國（Republic of Iceland）位於北歐，西隔丹麥海峽（Denmark Strait）與格陵蘭島（Greenland）相望，東臨挪威海（Norwegian Sea），北濱格陵蘭海（Greenland Sea），南界北大西洋（North Atlantic Ocean）。全國面積 103,000 平方公里，為台灣 3 倍大。海岸線長 4,970 公里，領海 12 浬，專屬經濟海域 200 浬。[1]。

　　首都雷克雅未克（Reykjavik），全國人口 311,058 人（2011）[2]。國體共和制，政體責任內閣制，總統為虛位元首，總理為行政首長，國會一院制。（見圖 48-1）主要輸出魚、魚類加工品，輸入機器、交通設備、石油產品。[3]冰島國內生產總值（GDP）12,770（百萬）美元，在 190 個國家排名第 113 名；每人國民所得（GNP）39,563 美元（2010），在 182 個國家排名第 20 名。冰島在自由之家（Freedomhouse）的政治權利與公民自由兩種自由程度在

---

[1] *Jane's Fighting Ships.2004-2005*, Edited by Commodore Stephen Saunders RN, Virginia U.S.A, p. 302.
[2] CIA, The World Factbook.(https://www.cia.gov/index.html) (2011/06/09)
[3] 《世界各國簡介暨各國首長名冊》，中華民國外交部，2001 年，頁 268。

2010 年的分數皆為 1，歸類為自由國家；透明國際（Transparency International）中的 2010 年的貪污調查分數為 8.5，在 178 個國家中排名第 11 名；聯合國（2010）最適合居住國家的人類發展指數為 7.8，在 169 個國家中排名第 17 名。[4]

　　過去聯合國比較 177 個成員國，人口 31 萬的冰島，人均所得排名高居第三位，曾被媒體吹捧為理想國及世間最快樂民族。[5]但 2008 年冰島三大銀行因盲目擴張，受到國際金融危機影響而破產，被收歸國有，國民經濟和對外貿易受到嚴重影響。在社會方面，擁有堅實的婦女運動，從政女性人數多，2009 年當選歷史上第一位女總理，也是世界上第一位公開同志身份的領導人。2009 年世界經濟論壇（World Economic Forum）公佈的性別差距指數，冰島位居榜首，全國的性別平等支持度極高，他們承認女性是平等公民而非商品，2010 年冰島更立法關閉色情業。[6]

第二節　歷史沿革（History）[7]

表 48-1　冰島海域防衛隊歷史沿革表

時間	事件
1920 年	籌獲一艘 200 噸武裝船配備 47 厘米機砲，亦是冰島海域防衛隊前身。
1926 年	冰島獨立後的第八年，正式建立冰島海上巡邏隊，當時該單位並無自己的船舶，一開始是採用包船及租船的方式來執勤。最初值勤的人員為非兵役的特別訓練人員。
1929 年	改制為「政府船運」（The Government Shipping）。
1947 年	海上巡邏隊開始租用民間航空公司巡邏漁場，維護海域資源。
1952 年	正式成立冰島海域防衛隊（Icelandic Coast Guard , ICG），隸屬司法及人民權利部下轄的警察及司法處，總部設於首都雷克雅未克。配有巡邏艇和一些小型飛機，負責漁區保護、水文量測與調查、燈塔維護和海上救護等工作。
1955 年	籌獲第一架 PBY-6A Catalina 型水陸兩用飛機。同年 12 月 29 日成立空中勤務部門。
1958 年	將漁業水域的 4 浬增加至 12 浬，1972 年增加至 50 浬。
1965 年	第一架直升機（Bell 47J 型）增進了勤務部門的飛行經驗。
1970 年	籌獲一些現代化直升機。
1975 年	籌獲 Hughes 369 型直升機負責聯繫與運輸任務。同年，更宣佈 200 浬專屬經濟海域，英國則宣稱該海域為漁民傳統捕撈鱈魚水域，因而引發相當大之爭議，英國更曾派出驅逐艦護漁，冰島海域防衛隊巡邏船亦曾與英國拖網漁船有幾次碰撞，但幾次危機都平和落幕。
1990 年	舷側塗上紅、白、藍三色帶狀標識，並塗上海域防衛隊正式名稱「Landhelgisgaeslan」。

---

[4] 五類指標詳情請見本書導論，頁 11-13。
[5] 陳文和，《中國時報－國際新聞》〈冰島瀕破產　急向俄求援〉，2008/10/08。
[6] 陳成良編譯，《自由時報－國際新聞》〈兩性平權革命　冰島立法關閉色情業〉，2010/03/27。
[7] Ministry of Justice and Human Rights, (http://eng.domsmalaraduneyti.is/) (2010/06/24)

第三節　組織、職掌與編裝
（Organization, Duties and Equipment）

冰島海域防衛隊（Icelandic Coast Guard, ICG）

一、組織與職掌

　　冰島海域防衛隊隸屬於司法與人權部（Ministry of Justice and Human Rights）下轄的警察及司法事務處（Police and Judicial Affairs Division）的一個海域執法機構。內部分為業務課（operations division）、水文課（hydrographic division）、法律課（legal division）及金融課（financial division）四大部門，總部設於雷克雅未克。（見圖 48-1）[8]ICG 職掌如下：[9]

（一）維持海域治安

　　維護海域秩序，確保國家安全，保障人民利益，積極推動國際合作，並結合國家發展、治安情勢及海域狀況，執行犯罪預防及各項專案工作，以提昇成效並達成維護海域安全之目標。

（二）漁業資源維護

　　冰島四面環海，漁業資源豐富，捕撈活動發達，容易發生溢捕之現象。近年國際開始重視漁業資源之永續經營與利用，ICG 執行漁業資源維護及漁業巡護任務，確保海洋資源之永續利用，進行漁業的海上研究並商議區域內捕魚的監控。

---

[8]　Ministry of Justice and Human Rights, (http://eng.domsmalaraduneyti.is/) (2010/06/24)

[9]　Icelandic Coast Guard, (http://www.lhg.is/english) (2011/08/26)

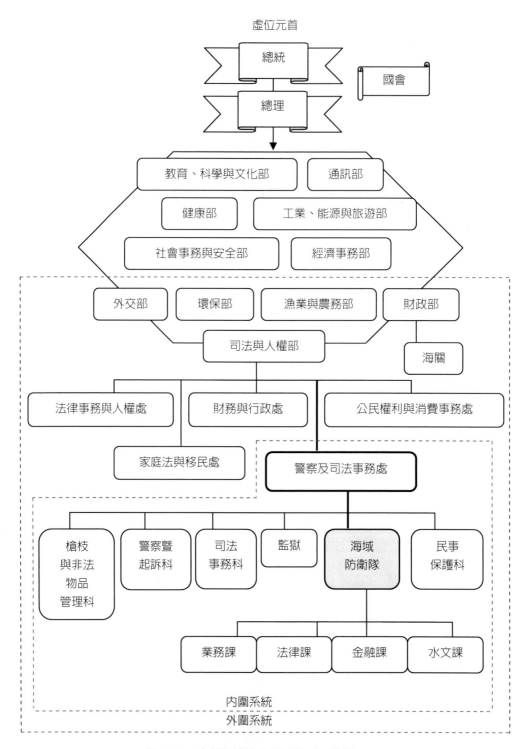

圖 48-1　冰島海域執法相關部門互動圖

資料來源：作者自繪

（三）海難搜救

依相關法規，ICG 與搜救協會及漁業部協商，執行海上救難、海洋災害救護、海難船舶與人員搜索、救助，及緊急醫療救護等工作。身為國際海事組織之會員國，同為北約成員國，執行海難搜救服務應有之義務及責任，加強搜救能力及鄰國之搜救合作，以建立全球性搜救體系。

（四）水文調查

冰島於 1957 年加入國際水道測量組織（International Hydrographic Organization, IHO），根據 1967 年第 25 號法案第 E 節第 1 款，ICG 的水文課設有水道測量隊（Icelandic Hydrographic Service, HIS），再細分為測量部與繪圖部，負責冰島全部水域的水文調查與海圖繪製，包括航船佈告及海圖的發行。

（五）反恐怖組織

（六）掃雷及其他爆炸物處理

（七）燈塔管理

（八）與警察及國民防衛隊密切合作，並與人民合作形成全民防禦網

ICG 負責巡邏的海域為世界上的最艱苦的海上地區之一，尤其在冬天的時候，這些地區常有巨大風暴和危險的浮冰，西部和西南部的地形因冰河沖刷成為冰河沖積平原，但那些沒有冰川流過的海岸線多不規則，也是船舶經過需要特別注意的地帶。

近年來，ICG 與挪威、丹麥、瑞典、英國以及其他國家軍事力量一起參與了北大西洋的聯合演練，ICG 作為冰島的緊急反應部隊（Icelandic Crisis Response Unit）也參與了維和行動演習。海域的軍事方面，冰島因為沒有海軍，美國於 1951 年至 2006 年止，在北約組織的要求下，派遣 1,800 名軍官協助冰島保衛冰島及大西洋的海域安全，冰島有 850 位人民參與其中。2006 年後，美國從冰島駐守地 Keflavik 撤出，但如冰島遇到危機，美國仍會義務性協助處理，現仍保持密切的合作關係。[10]

---

[10] Iceland Defense Force, (http://www.globalsecurity.org/military/agency/dod/idf.htm) (2010/06/24).U.S.Military Pulling Out Of Iceland, (http://usmilitary.about.com/od/assignments/a/iceland.htm) (2010/06/24)

歐洲篇

冰島海域執法制度

二、裝備

　　ICG 總員額約 170 人，配有 4 艘巡邏艇和 5 架航空器，分別為 1 艘 1300 排水噸位之 Tyr 號（最高船速 20 節，續航力 9000 海里，配有 40mm Bofors 大砲，並可起落 Dauphin 2 型直升機）。1 艘 1200 排水噸之 Aegir 號（最高船速 19 節，續航力 9,000 海里，配有 40mm Bofors 大砲，並可起落 Dauphin 2 型直升機）。1 艘 1200 總噸 Odinn 號（最高船速 18 節，續航力 9500 海里，配有 40mm Bofors 大砲）。1 艘為 54 噸級海測船 Baldur 號（最高船速 12 節，未配置武力）。航空器為 1 架定翼飛機，4 架直升機二架，航空器 90%的任務作為漁業巡護之用，其於 10%用於海難搜救工作、大陸礁層礦產之維護、緊急救護、燈塔維護支援和支援其他政府機關航行任務及運輸任務。[11]

第四節　權限與管轄（Authority and Jurisdiction）

　　冰島海域防衛隊依據冰島法律及國際法規等行使海域執法，主要任務為漁業資源維護及海難搜救，冰島海岸線長 4,970 公里，從領海基線外伸展 200 浬的專屬經濟區大約 758,000 平方公里，差不多是冰島地區的 7.5 倍大。雖然維持海上治安為其主要任務，但 ICG 充滿各種各樣的任務，最重要的乃是海難搜救工作及漁業資源維護。ICG 也負責大西洋北方的援救行動，轄區包括 12 浬的領海及海空的巡邏和 200 浬的專屬經濟海域的漁業巡護。

第五節　與我國制度之比較
（A Comparison with Taiwan Coast Guard）

　　冰島海域防衛隊隸屬於司法與人民權利部的警察及司法事務處，在政府架構下屬四級單位，層級僅相當於海巡署海洋巡防總局下轄之海巡隊，與我國海巡署隸屬行政院屬二級機關不同。由於冰島沒有配置海軍，因此其海軍防衛由美國協助，本身之海上防衛機制也僅有 ICG，其規模相當小，人員共 170 人，裝備能量僅有巡邏艇 4 艘和小型飛機 5 架，冰

---

[11]　Icelandic Coast Guard, (http://www.lhg.is/english) (2011/08/26)

島與台灣同屬海島型國家，其 4,970 公里之海岸線比我國長約四倍，但相較人員裝備皆無法與我海巡署比擬。

比較兩國海域防衛隊之任務，冰島除維護海上治安外，還負責漁區保護、海上救護、水文調查、燈塔維護等工作。與我國職掌項目相較顯得較為單純，我國海巡署不做水文調查與燈塔維護工作，其分別由我國海軍測量局及海關執行。

由於冰島為大西洋中的重要鱈魚漁場，1952 年、1972 年、1978 年時，與英國發生爭奪漁場的大型海上拉鋸戰，也就是所謂的「鱈魚戰爭」。[12]可見 ICG 之主要任務係以專屬經濟海域以內漁場之漁業巡護為主，因此其艦艇除一艘為 54 噸巡邏艇之外，其於 4 艘皆為千噸級以上之巡邏艦，並搭配航空器作遠洋巡邏，與我國大部分為近海小型巡邏艇為主之型態不同。我國海巡署並未建立自身專屬之航空機隊。在任務重點上，我國過去的海上勤務以海域治安為主，近幾年在海域治安穩定後亦逐漸朝海事服務等任務職掌投注心力，尤其是「阿瑪斯」號貨輪擱淺事件後，國人重視海洋環保工作，在主管機關環保署的支援下，海巡署不論是人員訓練或裝備籌獲皆有長足進步。

第六節　結語（Conclusion）──特徵（Characteristics）

冰島西臨丹麥海峽，東濱挪威海，北面格陵蘭海，南界大西洋，為四面環海島國，海岸線長 4,970 公里，以下為其海域執法制度特徵。

壹、警察型海域執法機制

海域防衛隊隸屬於警察與司法事務處。

貳、岸海合一

冰島海域防衛隊與警察暨起訴科同屬警察及司法事務處，警察及司法事務處職司冰島全國警察及公共安全事宜，海域防衛隊定位為該國海域警察，在層級中屬同一指揮機關，亦屬另一種形式之岸海合一。

---

[12] 鱈魚戰爭，維基，（http://zh.wikipedia.org/zh-tw/%E9%B3%95%E9%B1%BC%E6%88%98%E4%BA%89）（2010/06/24）

參、四級制──隸屬於警察及司法事務處

　　海域防衛隊與警察暨起訴科同屬司法及人民權利部的警察及司法事務處，是政府架構下屬四級單位，相當於我國海巡隊層級，與世界各國大部分海域執法組織屬三級機關不同。

肆、集中制

　　海域防衛隊為國內專職的海域事務單位，執行海域安全、漁業資源維護、海難搜救、水文調查等任務。

伍、裝備及能量薄弱

　　冰島根據憲法並未設立軍隊，其防務由美國協助。身為該國唯一海域執法單位，人力僅有 170 名，裝備也僅設 4 艘艦艇及 5 架航空器。

陸、重視漁業資源維護及海難搜救

　　海域防衛隊之任務，除維護海上治安外，並負責漁區保護、海上救護，水文調查、燈塔維護等工作。與美國海域防衛司令部大型單位相比任務較單純。但由於該國係主要鱈魚漁場，過去曾與英國發生漁權爭議，因此海域防衛隊之主要任務係以漁業巡護為主，以防止外國船隻違反各項漁業協定。

第 49 章　挪威海域執法制度

目錄

第一節　國情概況（Country Overview）⋯⋯⋯⋯⋯⋯⋯⋯⋯ 453

第二節　歷史沿革（History）⋯⋯⋯⋯⋯⋯⋯⋯⋯⋯ 454

第三節　組織、職掌與裝備

　　　　（Organization, Duties and Equipment）⋯⋯⋯⋯ 456

第四節　權限與管轄（Authority and Jurisdiction）⋯⋯⋯⋯⋯ 458

第五節　教育與訓練（Education and Training）⋯⋯⋯⋯⋯⋯ 459

第六節　與我國制度之比較

　　　　（A Comparison with Taiwan Coast Guard）⋯⋯⋯ 459

第七節　結語（Conclusion）──特徵（Characteristics）⋯⋯ 460

第一節　國情概況（Country Overview）

挪威王國（Kingdom of Norway）位於斯堪的納維亞半島（Scandinavian peninsula）[1]，東鄰瑞典（Sweden），東北接芬蘭（Finland）和俄羅斯（Russia），南同丹麥（Denmark）隔海相望，西濱挪威海（Norwegian Sea），南臨北海（North Sea）。海外領地包括冷岸群島（Svalbard）和央麥恩群島（Islands of Jan Mayen）。全國面積 384,802 平方公里，為台灣 11 倍。海岸線長 25,148 公里，領海 12 浬，專屬經濟海域 200 浬。[2]

首都奧斯陸（Oslo），全國人口 4,691,849 人（2011）[3]。國體君主立憲制，政體內閣制，國會一院制。（見圖 49-1）主要輸出石油、天然氣、魚類，輸入機械、汽車、船舶。[4]挪威

---

[1] 斯堪的納維亞半島（Scandinavian Peninsula）為歐洲最大半島，其位於巴倫支海（Barents Sea）、北海、挪威海與波羅的海之間，半島上的國家有挪威、瑞典及芬蘭北端的一小部份。

[2] *Jane's Fighting Ships.2004-2005*, Edited by Commodore Stephen Saunders RN, Virginia U.S.A, p. 512.

[3] CIA, The World Factbook.(https://www.cia.gov/index.html) (2011/06/09)

[4] 《世界各國簡介暨各國首長名冊》，中華民國外交部，2001 年，頁 290。

國內生產總值（GDP）413,500（百萬）美元，在 190 個國家排名第 25 名；每人國民所得（GNP）84,543 美元（2010），在 182 個國家排名第 2 名。挪威在自由之家（Freedomhouse）的政治權利與公民自由兩種自由程度在 2010 年的分數皆為 1，歸類為自由國家；透明國際（Transparency International）中的 2010 年的貪污調查分數為 8.6，在 178 個國家中排名第 10 名；聯合國（2010）最適合居住國家的人類發展指數為 8.1，在 169 個國家中排名第 1 名。[5]

挪威海岸線極為蜿蜒曲折，構成特有的峽灣景色，國內多天然良港。斯堪的納維亞山脈（Scandinavian mountain）縱貫全境，高原、山地、冰川佔全境 2/3 以上。南部小丘、湖泊、沼澤廣布。大部分地區屬溫帶海洋性氣候，沿海地區受北大西洋暖流影響，較世界同緯度其他地帶溫和，大部分海面冬季不結冰。河流水量充足，水力資源居歐洲首位。[6]

第二節　歷史沿革（History）

挪威海域防衛隊（Norwegian Coast Guard, NCG）成立於 1977 年 4 月 1 日，在此之前，海域防衛任務係由挪威皇家海軍下轄之各個單位執行。這些組織當中一組最古老的軍艦編制，是用以防止外國漁船在挪威領海內非法作業而設置。該項任務是由當時的海域警衛隊內名為"Det Regionale Sjømilitære Fiskerioppsyn"的單位承擔。第一次世界大戰結束前，由於相關防衛用艦艇尚未建造完成且並未正式服役，以致挪威的內水及領海仍未發展專門的防衛機構職司相關任務，故當時僅由挪威海軍的常備艦艇擔負守衛勤務。第二次世界大戰後，直到 1957 年前，挪威仍未建造專責防衛與監控功能的艦艇捍衛海域安全與國家主權。挪威最早的三艘巡防艦艇是購自南喬治亞的捕鯨船，分別名為 Andenes、Nordkapp 和 Senja，該等艦艇之命名於 1980 年時統一提交為 Nordkapp 級，而新造的 Nordkapp 級巡防艦艇截至目前為止仍在役。[7]

---

[5]　五類指標詳情請見本書導論，頁 11-13。

[6]　中華民國外交部，外交資訊網頁（2010/07/14）

[7]　Norwegian Coast Guard, (http://en.wikipedia.org/wiki/Norwegian_Coast_Guard) (2010/06/30)

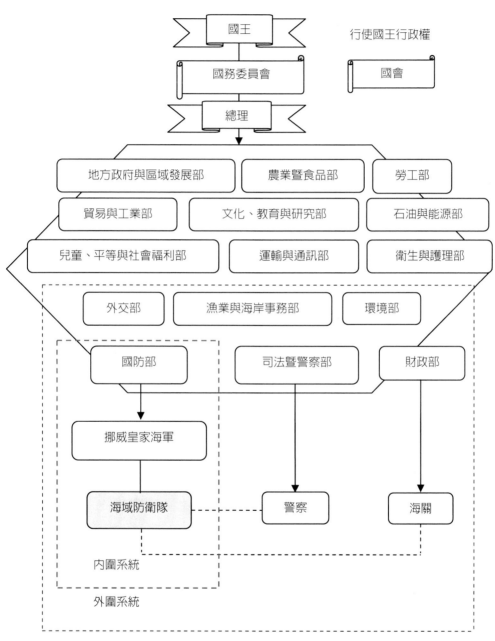

圖 49-1　挪威海域執法相關部門互動圖

資料來源：作者自繪

第三節　組織、職掌與裝備
（Organization, Duties and Equipment）

挪威海域防衛隊（Norwegian Coast Guard, NCG）[8]

一、組織與職掌[9]

　　NCG 屬於挪威皇家海軍的一部分，有其專屬的艦艇，大多為特定功用而建造的。其中有四艘值勤用的艦艇能裝載一架以上的直升機。其轄區包含廣達約 220 萬平方公里的專屬經濟海域，其中最大的一部分位在西歐沿岸。NCG 指揮官以少數機關人員，經營廣達 220 萬平方公里的海上轄區，懷有遠大的抱負，畢竟這塊海上領土將近挪威國土面積的七倍大，以一個只有 800 人的組織而言，要維護偌大海域安全確實是不簡單的任務。自從 NCG 整合成為海軍的一部分之後，它就成為軍事指揮鏈中的一環。NCG 除了有接受軍事指揮調度的功能之外，隨著該國海岸巡防法案生效，它也被賦予行使警察職權。

　　NCG 對其國家之內水、領海、專屬經濟區，冷岸群島附近的漁業保護區，以及央麥恩群島周邊漁區與大陸架徹底實施監控。根據一則由東北大西洋漁業委員會（NEAFC）簽署的國際協議指出，NCG 同時實現了北邊巴倫支海（Barents Sea）、挪威海和愛爾蘭西北方伊明格海（Irminger Sea）的專屬經濟區以外所屬公海漁業的控制作業。大多數惡劣的海況下，挪威船舶須具備破除一公尺以上冰封厚度的能力，並禁得起一定厚度浮冰的撞擊。強烈的北極風暴也會對船舶及人員的安全造成特定程度的威脅。在 NCG 的帶隊官員獲得足夠的航海經驗與專業技能，而得以指揮艦隊安然航行於該等危險海域前，他們必須有多年海上服勤資歷，以具備必要的知識跟技術，使船上同仁行駛於大部分北方海域時能兼顧作業安全。

　　挪威的海岸巡防法案於 1997 年正式採行，它促使 NCG 擁有與各單位協調聯繫的指揮調度功能。該法案明訂，NCG 並非只是條文中所指之負責某些關鍵地區的主要機關，同時

---

[8] Ministry of Defense, (http://www.regjeringen.no/en/dep/fd.html?id=380) (2010/06/20)
[9] The Norwegian Coast Guard, 2005:Naval Programmers, Naval Forces, pp. 60-61.

也是一個為了應付因缺乏航行資源而必須仰賴 NCG 協助的各式船舶，所特別設置的民事專責處理機構。

　　正因如此，NCG 除了肩負起捍衛挪威國家主權的責任外，尚須執行數種授權取締的民生法案規範事項。他們的主要任務，卻不限於以下列舉之事項分別為捍衛主權、維護漁權、查緝走私、環境保護、取締偷渡、海難搜救、科學研究、浮標觀測，以及其他政策決議事項，並根據挪威國內法與行政規章制定內容進行海上活動秩序監控。在實踐上，NCG 已經與挪威其他政府機關取得代理執行的協議。

　　NCG 由於其任務之多功能性，使得其巡防勤務呈現多樣化。有時候一種勤務就可能包含各種專業層面。其公務船舶除了用以捍衛國家主權之外，同時在其執勤期間也會戒護作業漁船、對船長進行過量酒精測試、管控貨物完稅情形，以及基於某些研究機構所託而進行科學量測作業。

　　NCG 會提供偏遠地區的科學考察裝備運輸的協助，並對位在極區內的央麥恩群島、諾德蘭島（Hopen）與熊島（Bear Island）等偏遠島嶼的氣象觀測站提供協助，其考察航程時常遠達南、北極。NCG 與挪威關稅局之間已發展出良好的合作關係，其人事流通相當重要，彼此合作期間就有數名關稅局的官員為了訓練並提供 NCG 官員某些建議，進而任職於該單位。

　　環境保護和巡邏作業漁區算是 NCG 透過與數個行政機關的合作而衍生的任務之一。以 NCG 負責處理漏油事件為例，他們已在其所屬的公務船舶上設置抽油泵浦。此外，NCG 與漁業總局間也存在非常好的合作關係，至於與俄羅斯在巴倫支海域內的漁業資源合作專案，事後亦被證明是成功的。NCG 與俄羅斯的漁業當局之間除了存有良好的互動之外，同時也扮演著重要的專案參與角色。

二、裝備

　　NCG 雖然是海軍的一部份，但他們各有專屬裝備，NCG 人員 800 名，配置共計 13 艘艦艇、6 架直升機和 2 架定翼機。另外，NCG 未來將增加 8 艘艦艇（已有 3 艘抵達）。[10]

---

[10] Norwegian Coast Guard, (http://en.wikipedia.org/wiki/Norwegian_Coast_Guard) (2010/06/30)

第四節　權限與管轄（Authority and Jurisdiction）[11]

圖 49-2　挪威海域防衛隊公務船懸掛旗幟[12]

　　挪威海域防衛隊所用旗幟為 1882 年，由北海漁業公約所批准使用的「國際通用檢查三角旗」。（見圖 49-2）所有 NCG 公務船舶由兩組人馬分別作業，並接續於責任海域內巡弋。每次負責三週巡邏勤務的各組航行員皆遵守每隔 32 小時聽取勤務執行現況報告、人員交接、燃料補給，跟接替下次三週巡邏勤務的航行員進行短暫存貨清點和簡報。如此嚴謹的運作系統是為了確保備戰能量得以應付當時的海上狀況。這意謂 NCG 主要目標便是使其執勤人員得隨時於海上充分掌握、運用所屬船舶與定翼機、專業執勤技能和落實授權執行。

　　NCG 完全整合至挪威皇家海軍戰力中，而使 NCG 在當中顯現其特殊性的，莫過於挪威的海岸巡防法案了。該法案授權他們得以順利執行所有可以應用在海上的相關法令與行政命令規範事項。該法案同時羅列出 NCG 應配合挪威其他行政機關執行的事項，並大致描繪出該配合執行事項何以施行。但 1990 年冷戰之後，浮現新的威脅與風險。比起以前的作戰觀念，該等威脅與風險尚須尋求其他方式解決。這樣的解決方案較相似於 NCG 與其他政府部門之間，用以處理海上安全與防禦議題的合作關係。關鍵在該海岸巡防法案中，連帶保證了各部門合作之後所生效益。根據 NCG 的設立宗旨指出，為了維持對海上秩序的控制、依法行政、協助各種危難情勢而必須終年在海上巡弋，但是當需要超過 NCG 本身所擁有之戰力支援時，海軍便得隨時待命以為因應。

　　挪威沿岸現今已佈滿了將近 90 座的鑽油設備，當其鑽油技術愈顯先進，後期的鑽油作業就會離岸愈遠。假如災難發生，NCG 如何在當下突顯其重要性，又或是因該等活動所衍

---

[11]　The Norwegian Coast Guard, 2005:Naval Programmers, Naval Forces, p. 62.

[12]　Ministry of Defense, (http://www.regjeringen.no/en/dep/fd.html?id=380) (2010/06/20)

生的艱鉅防禦任務便是一項高難度的挑戰。即使對他們而言，當前挪威所面臨的恐怖威脅確實不高，但若突然間類似意外發生了，則與警方的合作將有助其及時反應處理。

第五節　教育與訓練（Education and Training）[13]

挪威海域防衛隊針對海上的各種險惡情況與意外事件，參與並實施模擬搜救作業，並須盡可能針對那些生重病、受重傷或由於某些原因而顯然遇難的人們施予救助。由於公務船的組成人員包含海軍軍官、受徵召的士兵和平民。NCG 的官員必須接受一系列有別於挪威海軍的訓練，NCG 官員的行動必須合於各種已制定的法案、法令與規章，這些相關法條內容充分規範有關 NCG 基於「海岸巡防法案」的規定而須奉命執行的各項任務。

身為 NCG 官員，必須能在軍官、公務員與警官三種身份之間取得一個平衡。在公務船上，也有一般身份的海員與船員配合執勤，如此共同服勤的結果就是造就一種獨一無二的軍方／民間的合作夥伴關係。部份 NCG 所屬船艦是由民間船東以一份十年期的租約來雇用。船上指揮官雖是軍人，但須每日服勤並對船體進行維護保養的卻是船東的責任。船上這般人事體系使得經濟效益的分析，以及未來支出的控管顯得更便於管理。

NCG 和其他許多國家建立一套一致的授權合作機制，諸如美國、蘇格蘭、俄羅斯、冰島、丹麥、瑞典和芬蘭。美國海域防衛司令部或許是 NCG 執勤的典範，他們透過定期會議交換意見以相互學習。NCG 和俄羅斯在巴倫支海的合作專案已經結束，並於實行至特定程度後朝三大主軸持續邁進，分別為漁業檢查、漏油復原和海難搜救作業。

第六節　與我國制度之比較
（A Comparison with Taiwan Coast Guard）

NCG 人員組成相較於台灣海巡署的人事體制要來得單純，惟其成員主要係屬軍職人員，但卻依據挪威國內「海岸巡防法案」賦予他們類似警察的取締職權。在 NCG 所屬公務船舶上尚有專門負責駕駛的一般約聘僱船員，在航行駕駛與登檢取締之勤務作為分組進行的架構下，與我國海巡署巡護船的編制相近，如此經由警校畢業或參加司法警察訓練合格

---

[13] The Norwegian Coast Guard, 2005:Naval Programmes, Naval Forces, pp. 63-64.

人員便得以專心負責執法事宜,將可有效提升公務船舶執法效能,確實為一項極具參考價值的做法。

NCG 任務職掌相當複雜且多元,舉凡各種與海上相關之事務皆有不同程度的管轄職權,惟其海岸巡防勤務重點為捍衛主權、維護漁權與海難搜救,至於其他諸如查緝走私、取締偷渡等刑事類案件則較為次要,與其他機關的協助事項則有環境保護、科學研究等,反觀我國海巡署之任務職掌既多且雜,「海岸巡防法」規定海巡機關的執行事項範圍及內容皆相當空泛而難以明確定義,是否能仿效該國海域防衛署模式,強調機關重點任務性質,突顯其特殊性與專業性,以防機關定位不明而產生梧鼠技窮之疑慮。

NCG 的駐地分成南、北兩大部份,北部總共有 8 個特遣艦隊,南部則有 4 個,管轄範圍涵蓋該國內水至專屬經濟海域。[14]台灣海巡署編制相對較大,不僅有 16 個海巡隊、4 個機動海巡隊、1 個直屬船隊,岸際還有總、大隊負責邊防。

第七節　結語(Conclusion)——特徵(Characteristics)

挪威西濱挪威海,南臨北海,為二面濱海國家,在長 25,148 公里的海岸線上,設有 12 個分遣隊,以下為其海域執法制度特徵。

壹、海軍型海域執法機制

挪威海軍下轄海域防衛隊,與警察、海關合作海域執法任務。

貳、四級制——隸屬海軍

NCG 隸屬於國防部底下的皇家海軍。

---

[14] Norwegian Coast Guard, (http://en.wikipedia.org/wiki/Norwegian_Coast_Guard) (2010/06/30)

參、任務多元且複雜

舉凡捍衛主權、維護漁權、查緝走私、漏油清理、防杜偷渡、搜索救助、科學研究、消防救災、污染取締等具備專業性及危險性的多樣化工作，均屬 NCG 的任務範疇。其所屬艦艇多為擔服海域巡防勤務量身打造，結合救難與登檢等多功能面向的巡防艦艇，使 NCG 同仁執勤有備無患。

肆、重視國際交流

與美國、蘇格蘭、俄羅斯、冰島等等國家，建立合作機制，與美國更定期舉行會議交流意見，也曾與俄羅斯簽訂合作專案。

伍、協助國家科學考察

對位於極區內的央麥恩群島、諾德蘭島及熊島等偏遠島嶼的氣象觀測站的科學考察提供裝備運輸的協助。

陸、軍文並用、職責分明使工作事半功倍

擔負海域巡防勤務的 NCG 人員，有軍職亦有約聘僱者，但在巡防艦上的工作清楚劃分航技與執法，使他們無論在惡劣海象下實施救難，或是追緝肇事船舶時強行登檢，軍文職人員皆能分工合作、同心協力，圓滿達成任務，落實維護挪威周邊海域秩序與作業安全。

第 50 章　拉托維亞海域執法制度

目錄
第一節　國情概況（Country Overview）⋯⋯⋯⋯⋯⋯⋯⋯⋯462
第二節　歷史沿革（History）⋯⋯⋯⋯⋯⋯⋯⋯⋯⋯⋯⋯463
第三節　組織、職掌與編裝
　　　　（Organization, Duties and Equipment）⋯⋯⋯⋯464
第四節　權限與管轄（Authority and Jurisdiction）⋯⋯⋯468
第五節　教育與訓練（Education and Training）⋯⋯⋯⋯469
第六節　與我國制度之比較
　　　　（A Comparison with Taiwan Coast Guard）⋯⋯⋯469
第七節　結語（Conclusion）──特徵（Characteristics）⋯⋯470

第一節　國情概況（Country Overview）

　　拉托維亞共和國（Republic of Latvia）西濱波羅的海（Baltic Sea），北鄰愛沙尼亞（Estonia），南接立陶宛（Lithuania），東界俄羅斯（Russia），東南連白俄羅斯（Belarus）。全國面積 64,589 平方公里，為台灣 2 倍大。海岸線長 498 公里，領海 12 浬，專屬經濟海域 200 浬。[1]

　　首都里加（Riga），全國人口 2,204,708 人（201）[2]。國體共和制，政體內閣制，國會一院制。總理為行政首長，由總統提名，經國會同意後任命。（見圖 50-1）主要輸出木材、金屬製品，輸入機械、交通設備、礦產品。[3]拉國國內生產總值（GDP）23,390（百萬）美

---

[1]　CIA, The World Factbook.(https://www.cia.gov/index.html) (2010/12/09)
[2]　CIA, The World Factbook.(https://www.cia.gov/index.html) (2011/06/09)
[3]　《世界各國簡介暨各國首長名冊》，中華民國外交部，2001 年，頁 274。

元，在 190 個國家排名第 93 名；每人國民所得（GNP）10,377 美元（2010），在 182 個國家排名第 56 名。拉國在自由之家（Freedomhouse）的政治權利與公民自由兩種自由程度在 2010 年的分數前者為 2，後者為 1，歸類為自由國家；透明國際（Transparency International）中的 2010 年的貪污調查分數為 4.3，在 178 個國家中排名第 59 名；聯合國（2010）最適合居住國家的人類發展指數為 5.4，在 169 個國家中排名第 48 名。[4]

　　1940 年 8 月 5 日，遭蘇聯併吞，直至 1991 年 5 月 4 日宣布獨立。政府積極提振經濟、處理通貨膨脹及能源供應議題，並提升政府行政效率及反貪腐、簽署拉俄邊界等議題。在成為歐盟申根公約國後，與歐盟關係深化，國家邊界亦成為歐盟對俄邊境，使得拉、俄關係益形敏感。另外，自加入歐盟後，出現俄國駐拉外交官名列申根黑名單之消息，2008 年 1 月發生互相驅逐外交官事件。目前最大目標是 2012 年加入歐元區。[5]

第二節　歷史沿革（History）

　　拉托維亞海軍（Latvian Naval Forces）於 1999 年在中央區（Central Region）成立海域防衛艦隊（Latvian Coast Guard Service, LCGS），遂成為拉國海域執法單位的基礎。2004 年，政府重組海域防衛艦隊，同年 7 月 1 日 LCGS 重新出發。[6]

---

[4]　五類指標詳情請見本書導論，頁 11-13。
[5]　中華民國外交部，外交資訊網頁（2010/12/09）
[6]　Latvian Coast Guard Service, History, (http://www.mrcc.lv/kad/en/mrcc_contacts.sql) (2010/12/09)

第三節　組織、職掌與編裝
（Organization, Duties and Equipment）

拉托維亞海域防衛隊（Latvian Coast Guard Service, LCGS）

一、組織與職掌[7]

　　拉托維亞海域防衛隊由海軍指揮，每日 24 小時執勤，執行國際海事條約與拉托維亞法律，指揮部分別位於里加、文茨皮爾斯港（Ventspils Port）、利耶帕亞（Liepaja）。LCGS 的職責主要有海難搜救（Search and Rescue, SAR）的協調操作，控制並協調海上油污的擴散，保護海域及內陸水域（道加瓦河（Daugava）），保護海洋環境，執行漁業法規。聽從海軍指揮官的組織、領導與協調，依照國際船舶和港口設施安全規則（International Ship and Port Facility Security Code, ISPS）執行行政委員會（administrative board）與國家通訊中心（national communication center）的職能，擔任歐盟航運安全網路的安全海域通訊中心。

　　LCGS 執行海難搜救或特殊任務時，在國內分別與國家武裝部隊（National Armed Forces）的海軍、空軍、航空救援協調中心（Aeronautical Rescue and Coordination Center, ARCC）、航空情報服務（Aeronautical Information Service, AIS）、緊急和災難醫療中心（Center of Emergency and Disaster Medicine）、緊急醫療中心（Services of emergency medicine）、國家消防與救援服務（State firefighting and rescue service）、國家與都市警察（State and municipalities police）、國家邊境防衛隊（State Border guard）、危機控制中心（Center of Crises control）、港口服務（Port services）、海關主管（Head customs detachment）、海岸城市合作。處理環境保護則與海洋與內陸水域局（Marine and Inland Water Administration）及石油污染控制與海事局（Maritime Administration）合作。（見圖 50-2）

---

[7] Latvian Coast Guard Service, History, Cooperation,（http://www.mrcc.lv/kad/en/mrcc_contacts.sql）(2010/12/09)

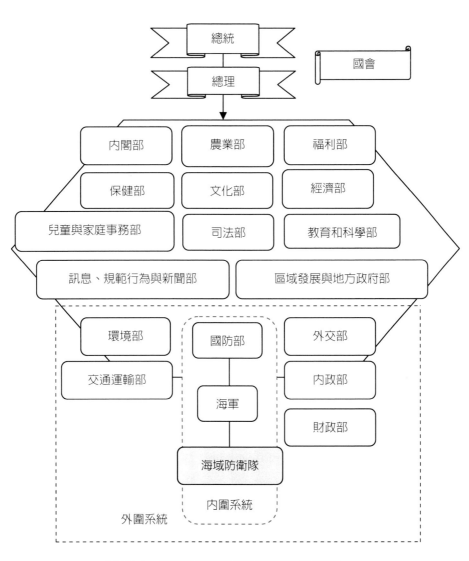

圖 50-1　拉托維亞海域執法相關部門互動圖

資料來源：作者自繪

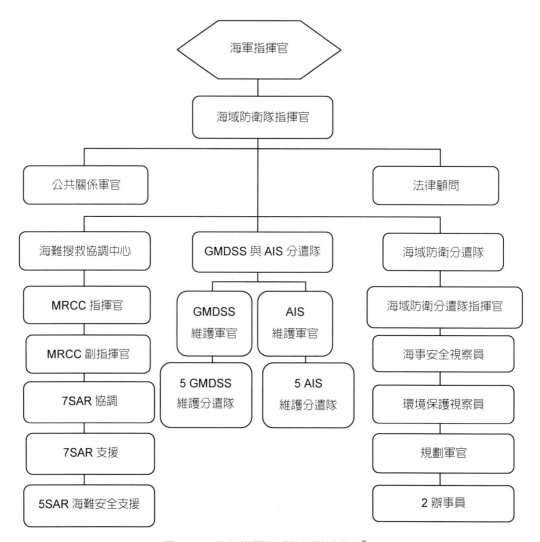

圖 50-2　拉托維亞海域防衛隊組織圖[8]

　　海域防衛隊面對 SAR，國際分別與波羅的海海難搜救協調中心（Maritime Rescue Coordination Centre; MRCC's of Baltic Sea）（會員有拉托維亞、愛沙尼亞、波蘭、丹麥、瑞典、芬蘭、挪威、德國、俄羅斯）、國際海事組織的海上安全委員會（International Maritime organization Maritime Safety Committee）、海上救難無線電通訊及搜救委員會、赫爾辛基委員會應變小組（Helsinki Commission Response Group）、波羅的海與巴倫支海（Barents Sea）[9]會議工作小組的全球海上災難與安全系統（Global Maritime Distress and Safety System, GMDSS）、歐盟海事安全與海洋環境保護工作小組合作。（見圖 50-2）

----

[8]　Latvian Coast Guard Service,（http://www.mrcc.lv/kad/en/mrcc_contacts.sql）（2010/12/09）
[9]　巴倫支海位於挪威與俄羅斯北方，是北冰洋的陸緣海之一。（http://zh.wikipedia.org/zh/%E5%B7%B4%E5%80%AB%E6%94%AF%E6%B5%B7) (2010/12/09)

為了讓海難搜救與海域環境保護保持高水準的競爭力，LCGS 定期與國內各單位舉行演習，在演習期間測試並改進整合行動計畫，以獲得經驗增加演習價值。每年 LCGS 參與國際演習行動，主要目的是為了證明他們已將國際與國家所有的服務項目準備就緒。2010年 8 月 23 日至 27 日，美國的歐洲司令部（The United States European Command）與 LCGS 共同舉辦石油和化學物洩漏處理研討會，LCGS 研發的石油與化學反應藥劑，展示了他們的技術成果。當中三天時間，各與會國於波羅的海舉行演習，LCGS 成功達到了領導地位。各國還分別參觀了位於里加的拉托維亞海上救援協調中心（Latvian Maritime Rescue and Coordination Center）及位於利耶帕亞的波羅的海潛水學校（Baltic Diving School）。[10]

　　針對海域環境保護，LCGS 擁有 2 艘海軍軍艦與 1 艘非機動駁船（non-propelled barge），每艘皆配有溢油緊急設備，例如刷式汲油器系統（brush type skimmer systems）、潛水汲油器（submersible skimmers）。其他輔助艦則來自位於由文茨皮爾斯港管理局（Ventspils Port Authority）提供執照的海域防衛隊。所有的緊急溢油應急設備由海域防衛隊提供，吸油範圍可達 2,200 公尺海域、500 公尺港口，設備有 5,400 公尺吸收劑、6,000 公斤顆粒吸收劑，一船有四具潛水汲油器、3 具潛水汲油器、9 具高容量油／水輸送泵、8 個總容量為 110 立方公尺的浮游袋、1 架噴灑式分散劑、2,000 公升集中分散劑、1 架蒸氣發電機、一個拖油網系統。

二、裝備

　　海軍包含海域防衛隊總計 800 人，海域防衛隊專屬艦艇共 11 艘，分別為 1 艘 160 噸 Ribnadzor- 4 級巡邏艇、5 艘 17 噸 KBV 236 級巡邏艇、1 艘 22 噸巡邏艇、3 艘 5.4 噸級 9.6 噸港口巡邏艇、1 艘 545 噸 Valpas 近岸巡邏艦。[11]2006 年，海域防衛隊向德國收購了 5 艘新式巡邏艇。[12]

[10] U.S. European Command Oil Spill Response Conference to be hosted by Latvia,2010/02/26, (http://www.eucom.mil/english/FullStory.asp?article=US-European-Command-Oil-Spill-Response-Conference) (2010/12/09)

[11] *Jane's Fighting Ships.2004-2005*, Edited by Commodore Stephen Saunders RN, Virginia U.S.A, p. 443.

[12] New Ships for Latvian Coast Guard, Navy, 2006/12, (http://findarticles.com/p/articles/mi_qa3738/is_200612/ai_n18621951/) (2010/12/09)

第四節　權限與管轄（Authority and Jurisdiction）

海域防衛隊執行各任務均依據以下規定：

壹、拉托維亞共和國法規（Laws of Republic of Latvia）：

國家武裝部隊法第 8 條第 2、4 項；海事局與海事安全法第 4 條第 2 項。

貳、拉托維亞內閣法規（Regulations of the Cabinet of Ministers of Republic of Latvia）：

2003 年 12 月 2 日，674 條例，海上與空中搜救條例。

參、計畫與條約（Plans and treaties）：

SAR 的操作行動計畫；海上石油污染的國家計畫；要求國防部與拉托維亞國家武裝部隊對環境保護的策略；SAR 整合與行動原則。

肆、國際公約與行動（International conventions and acts）：

1974 年，海上生命安全國際公約；1979 年，海難搜救國際公約；1990 年，油污預防、反應與合作國際公約；1973 年，1978 年修改，防止船舶造成污染國際公約；1969 年，干預公海油污污染事件國際公約；1992 年，保護波羅的海海洋環境公約；1989 年，國際救助

公約；國際船舶和港口設施安全規則；國際海事組織海上安全委員會法規；國際航空與海上搜救手冊。[13]

第五節　教育與訓練（Education and Training）

　　海軍學校（Naval School）提供海軍人員正規教育訓練，位於利耶帕亞的海軍訓練中心（Naval Training Center）提供海員職前與職後訓練。里加海事學校（Riga Maritime School）提供導航、船舶操作、海事高等教育課程。位於里加的拉托維亞海事學院（Latvian Maritime academy）則提供海洋運輸、導航、港口與航運管理、船舶自動化課程，碩士課程有海洋運輸與操作，是提供海事專業的高等學校。[14]

第六節　與我國制度之比較
（A Comparison with Taiwan Coast Guard）

　　拉托維亞海域防衛隊為隸屬於海軍防衛部隊的四級制單位，我國則是二級制的單位。拉國雖設置海域防衛隊，但其實質為附屬海軍的海軍型機制，我國海巡署則是集中型的海域執法機制。拉國海域防衛隊極度重視海難搜救與海洋環保問題，因此長期致力於整合計畫、科技研發，並重視國內外組織的合作交流，以保持高水準的技術。此與我國主要由環保署相關業務負責海洋環境的情況有所不同，處理油污效率與技術也不似拉國發達，而我國海難搜救技術與機關合作協調的狀況，實可以 LCGS 為借鏡。

---

[13] Latvian Coast Guard Service, Law and Regulations, (http://www.mrcc.lv/kad/en/mrcc_contacts.sql) (2010/12/09)

[14] Latvian Maritime Academy, (http://www.latja.lv/) (2010/12/10)

第七節　結語（Conclusion）──特徵（Characteristics）

拉托維亞西濱波羅的海，為一面濱海國家，在長 498 公里的海岸線上，設有一個海軍總部與兩個指揮部，以下為其海域執法制度特徵。

壹、海軍型海域執法機制

雖然拉托維亞設有海域防衛隊，可其實屬於海軍分支。

貳、四級制──隸屬於海軍

海域防衛隊為隸屬於海軍的四級單位。

參、重視海難搜救

面對 SAR，LCGS 與國內外不同組織協調並執行任務。

肆、重視海洋環境

LCGS 定期與國內外各單位舉行海洋環保演習，以分享、改進整合他們的行動計畫與科技技術。

伍、內陸河湖亦為巡邏範圍

LCGS 不僅維護海域安全，國內最長河流道加瓦河同樣也是他們的巡邏範圍。

第 51 章　斯洛維尼亞海域執法制度

目錄
第一節　國情概況（Country Overview）⋯⋯⋯⋯⋯⋯⋯⋯⋯ 471
第二節　歷史沿革（History）⋯⋯⋯⋯⋯⋯⋯⋯ 472
第三節　組織、職掌與編裝
　　　　（Organization, Duties and Equipment）⋯⋯⋯⋯ 474
第四節　與我國制度之比較
　　　　（A Comparison with Taiwan Coast Guard）⋯⋯⋯ 475
第五節　結語（Conclusion）──特徵（Characteristics）⋯⋯ 475

第一節　國情概況（Country Overview）

　　斯洛維尼亞共和國（Republic of Slovenia）位於東南歐，北接奧地利（Austria）、西界義大利（Italy）、東鄰匈牙利（Hungary）及南接克羅埃西亞（Croatia），西南臨威尼斯灣（Gulf of Venice）。國土總面積約 20,273 平方公里，台灣為其 1.3 倍。海岸線總長 47 公里，領海 12 浬。[1]

　　首都盧比安納（Ljubljana），全國人口 2,000,092 人（2011）[2]。國體共和制，政體內閣制，國會分參、眾兩議院。（見圖 51-1）主要輸出機械、運輸設備、肉品，輸入燃料、食品。[3] 斯國國內生產總值（GDP）46,440（百萬）美元，在 190 個國家排名第 75 名；每人國民所得（GNP）23,008 美元（2010），在 182 個國家排名第 30 名。斯國在自由之家（Freedomhouse）的政治權利與公民自由兩種自由程度在 2010 年的分數皆為 1，歸類為自由國家；透明國際（Transparency International）中的 2010 年的貪污調查分數為 6.4，在 178 個國家中排名第

---

[1]　CIA, The World Factbook.(https://www.cia.gov/index.html) (2010/12/14)
[2]　CIA, The World Factbook.(https://www.cia.gov/index.html) (2011/06/09)
[3]　《世界各國簡介暨各國首長名冊》，中華民國外交部，2001 年，頁 302。

27 名；聯合國（2010）最適合居住國家的人類發展指數為 7.1，在 169 個國家中排名第 29 名。[4]

　　1918 年，斯洛維尼亞成為塞爾維亞-克羅埃西亞和斯洛維尼亞王國的一部分，王國於 1929 年更名為南斯拉夫。二次大戰時，斯國遭德國及義大利兼併，戰後又以加盟共和國的身份重歸南斯拉夫聯邦。南斯拉夫時期的斯洛維尼亞是六個加盟共和國當中最富裕的一個。於 1991 年獨立後，積極推動與鄰國友好關係，並積極參與國際組織，於 2004 年 4 月成為北約組織會員國，同年 5 月 1 日加入歐盟。斯國人均收入為中東歐國家中之最高者，生活堪稱富裕。[5]

第二節　歷史沿革（History）

　　斯洛維尼亞擁有軍隊的歷史不到一百年，第一次世界大戰後，奧匈帝國（Austrian-Hungarian Empire）戰敗，其成為為塞爾維亞－克羅埃西亞和斯洛維尼亞王國，1929 年更名為南斯拉夫。1918 年 11 月，曾與克羅埃西亞人及塞爾維亞人交戰。後德國在斯國與奧地利邊界成立臨時單位維持秩序。斯國目前的專業防禦機構武裝部隊（Slovenian Armed Forces）是成立於 1991 年的斯洛維尼亞領土防衛隊（Slovenian Territorial Defence）的後裔。1990 年前，斯國武裝力量僅有少數成員及陳舊的裝備，1991 年 6 月 25 日，斯國宣佈獨立後，南斯拉夫隨即派兵宣戰，但十天內便遭到由領土防衛隊與警察構成的武裝力量擊敗而撤退。斯國海軍曾是領土防衛隊的分支，但當時並未配有船隻，1991 年後，海軍成立一支小型分遣隊，配有機動型潛水設備。1996 年至 2008 年，政府分別向以色列與俄羅斯購入巡邏艇。

---

[4] 五類指標詳情請見本書導論，頁 11-13。
[5] 中華民國外交部，外交資訊網頁（2010/12/14）

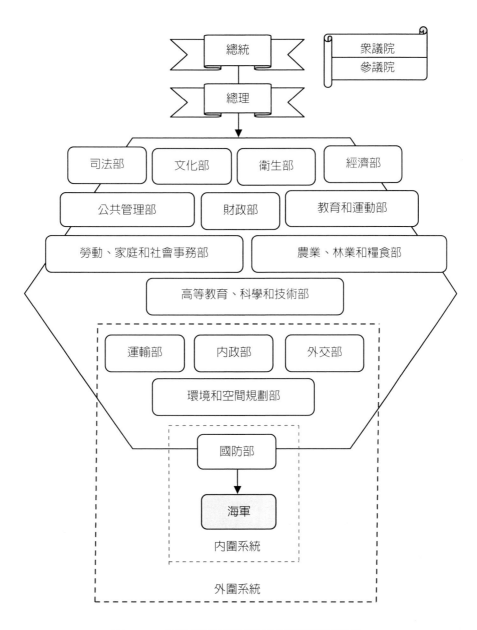

圖 51-1　斯洛維尼亞海域執法相關部門互動圖

資料來源：作者自繪

第三節　組織、職掌與編裝
（Organization, Duties and Equipment）

斯洛維尼亞海軍（Slovenia Naval Force）

一、組織與職掌

　　斯洛維尼亞海軍是國家武裝部隊中很小的分支，所幸斯國海域可能遭受的安全威脅極低。海軍由指揮官、水下分隊（潛水員）、艦艇分遣隊、業務支援分遣隊組成，基地位於 Ankaran。斯國與克羅埃西亞之間長期存有海上邊界爭議，常爭論生態與漁業區的範圍，2002 年至 2008 年斯國海軍一直保持警戒。2008 年 3 月，經過歐盟協商，克國議會通過修正法案，歐盟會員國皆可豁免進入限制範圍的生態和漁業區，並進一步的在兩國劃定海上邊界後，問題似已解決。直至 2010 年 6 月，斯國國會協議並通過斯、克兩國的國際仲裁協議。海軍被賦予的任務為保護國家領海與 47 公里的海岸線安全，並與海難搜救團體合作，與港口的警察一同巡邏海岸及港口。[6]另外還要維護政府法令，提供水文氣象導航並參與聯合作戰，從事反艦、反水雷、反突擊行動，打擊海上與海岸線的布雷，從事海上突擊行動。[7]

二、裝備

　　斯洛維尼亞海軍僅依賴 1 艘超級 Dvora MK II 巡邏艇及 1 艘 2010 年底開始服役的 Svetlyak 級快速巡邏艇。[8]

---

[6] Jane's Navy, Slovenia Navy, 2008/09/29, (http://www.janes.com/) (2010/12/14)

[7] Slovenia Armed Forces, Naval Forces, (http://www.slovenskavojska.si/en/) (2010/12/14)

[8] Jane's Navy, Slovenia Navy, 2008/09/29, (http://www.janes.com/) (2010/12/14)

第四節 與我國制度之比較
（A Comparison with Taiwan Coast Guard）

　　斯洛維尼亞並無設立專職海域執法機構，因此海域安全僅由海軍負責，平時港口與海上發生非法情事，將與一般警察合作維護治安，並由警察擔任偵查工作，可算是軍警合作的模式。斯國海軍雖然艦艇數量小，但所幸海岸線僅有 47 公里長，因此尚可應付海域安全。我國則設立集中制的海域執法單位，在權責分工與資源上均有穩定發展。

第五節 結語（Conclusion）──特徵（Characteristics）

　　斯洛維尼亞西南濱威尼斯灣，為一面濱海國家，在長僅 47 公里的海岸線上設有一基地，以下為其海域執法制度特徵。

壹、海軍型海域執法機制

　　斯國未設立專門海域執法單位，所以由海軍肩負海域安全維護及執法的任務。

貳、與警察合作密切

　　與一般警察於海岸上一同巡邏維護治安，並由警察偵查罪犯。

參、裝備貧乏

　　海軍僅配有 2 艘巡邏艇。

第52章　愛沙尼亞海域執法制度

目錄

第一節　國家概況（Country Overview）⋯⋯⋯⋯⋯⋯⋯⋯⋯ 476

第二節　組織、職掌與裝備

　　　　（Organization, Duties and Equipment）⋯⋯⋯⋯⋯ 477

第三節　教育與訓練（Education and Training）⋯⋯⋯⋯⋯ 480

第四節　與我國制度之比較

　　　　（A Comparison with Taiwan Coast Guard）⋯⋯⋯ 481

第五節　結語（Conclusion）──特徵（Caracterristics）⋯⋯ 481

第一節　國家概況（Country Overview）

　　愛沙尼亞共和國（Republic of Estonia）位居波羅的海（Baltic Sea）三小國[1]北端，北隔芬蘭灣（Gulf of Finland）與芬蘭（Finland）相望，東鄰俄羅斯（Russia），南界拉脫維亞（Latvia），西南與拉脫維亞共享裏加灣（Gulf of Riga）。全國面積45,227平方公里，為台灣1.3倍大。海岸線長3,794公里，領海12浬，專屬經濟海域200浬。[2]

　　首都塔林（Tallinn），全國人口1,282,963人（2011）[3]。國體共和制，政體議會內閣制，一院制議會選舉的總統為國家元首，行政機構的內閣總理與各部長則由總統提名。（見圖52-1）主要輸出機械器具、紡織品、木材，輸入化學製品、食品。[4]愛國國內生產總值（GDP）19,220（百萬）美元，在190個國家排名第101名；每人國民所得（GNP）14,416美元（2010），

---

[1] 波羅的海三小國由立陶宛、拉脫維亞及愛沙尼亞合稱。

[2] *Jane's Fighting Ships.2004-2005*, Edited by Commodore Stephen Saunders RN, Virginia U.S.A, p.206.

[3] CIA, The World Factbook.(https://www.cia.gov/index.html)（2011/06/09）

[4] 《世界各國簡介暨各國首長名冊》，中華民國外交部，2001年，頁254。

在 182 個國家排名第 42 名。愛國的政治權利與公民自由兩種自由程度在 2010 年的分數皆為 1，歸類為自由國家；透明國際（Transparency International）中的 2010 年的貪污調查分數為 6.5，在 178 個國家中排名第 26 名；聯合國（2010）最適合居住國家的人類發展指數為 5.6，在 169 個國家中排名第 34 名。[5]

　　愛沙尼亞曾受蘇聯統治近 50 年，直到 1991 年 8 月蘇聯對東歐政策分歧，人民不滿擴大，軍隊倒戈去支援民眾。1991 年 9 月波羅的海三小國分別獨立，並逐年進行整飭，開始在世界占有一席之地。[6]愛國拜政治穩定及貿易自由化之賜，經濟發展蓬勃，觀光業興盛，其目前仍持續加強與美國、歐盟會員國及北約盟國關係，並繼續推動波海三國合作。

第二節　組織、職掌與裝備
（Organization, Duties and Equipment）

壹、愛沙尼亞警察暨邊防局（Estonian Police and Border Guard Board）

一、組織與職掌[7]

　　愛沙尼亞於 2005 年國家大選後，新的內閣政府於 2007 年至 2011 年間將國家安全的單位重整，以減少人力與經費的浪費。2007 年，內政部著手警察與邊防軍合併的研究，兩單位合併後稱警察暨邊防局，於 2010 年 1 月 1 日正式運作。政府將他們職權與依據法律重新制定以便有效率的執行任務。本單位是集中化的機構，隸屬於內政事務部（Ministry of Internal Affairs），指揮官為具將軍階級的軍官或是總監察長，而各警察分局分局長為文職人員。他們根據法律維護國家治安、防止犯罪與國境邊界的安全。警察暨邊防局內有警察局（Police Board）、邊防局（Border Guard Board）、公民與移民局（Citizenship and Migration Board）三大分支。（見圖 52-1）愛沙尼亞警察是國內的執法機構，警察分別有中央犯罪警

---

[5]　五類指標詳情請見本書導論，頁 11-13。
[6]　張明珠，《波羅的海三小國史》，台北：三民書局，2004 年 5 月，頁 204-205。
[7]　*Estoni*an Police and Border Guard Board, (http://www.politsei.ee/en/) (2011/08/29)

察、中央法律執行及法庭服務中心等三個國家單位，另外還有東部警察局、西部警察局、南部警察局及北部警察局等四個分局。

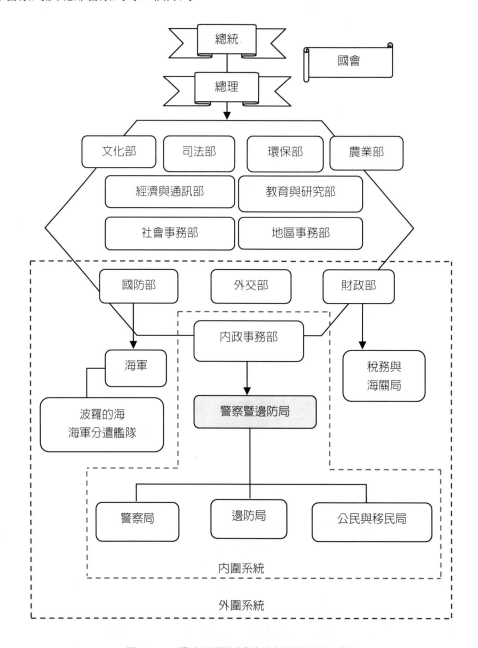

圖 52-1　愛沙尼亞海域執法相關部門互動圖

資料來源：作者自繪

邊防局則是政府的準軍事武裝部隊，主要任務是守衛和保護愛沙尼亞國家邊境的土地與海域，防止邊界非法出入境及運輸非法物品。邊防局以定期巡邏控制邊境交界點的治安，偵查與排除海域汙染，與其他相關部門合作。還需參與陸地與海域的搜救行動，與警察合作航海、漁場與動物狩獵控制的法律實施。

公民與移民局是民眾身分查核的單位，進行公民與移民的簽證及審核，針對公民出國工作與外國勞工權益是依據國際保護協議。委員會還會定期巡查移民的各種情況，有嚴重情況時便將違反國家法律的移民取消居住權並解除所有公民權益。

二、裝備

本組織內有超過 7,000 名軍警人員與 1,000 名行政人員執行任務。邊防局裝備共計 26 艘艦艇，分別為 1 艘 GRIFFON 2000 TDX Mk II 6.8 噸氣墊艇、1 艘 530 噸 SILMA 級大型巡邏艇、1 艘 VIIMA 級 134 噸近岸巡邏艇、2 艘 KOSKELO 級 95 噸近岸巡邏艇、1 艘 PIKKER II 級 117 噸近岸巡邏艇、1 艘 PIKKER I 級 90 噸近岸巡邏艇、1 艘 KEMIO 級 340 噸巡邏艇、1 艘 STORM 級 135 噸巡邏艇、3 艘 KBV 236 級 17 噸快艇、13 艘巡邏艇、1 艘 BALSM 級巡邏艇。[8]

貳、愛沙尼亞波羅的海海軍分遣艦隊（The Baltic Naval Squadron）

一、組織與職掌

海軍分遣艦隊隸屬國防部海軍，建立目的是期望戰爭時，可以減低他國在波羅的海海域對國家的武力威脅，於和平時定期巡邏以維護國家領海及專屬經濟海域權益。為維護海域環境與礦產資源永續，海軍分遣艦隊同時與拉脫維亞及立陶宛合作。為提高維護國際航海安全的效率，政府將海軍裝備與人力提升，並與國際組織合作。海軍過去的訓練及裝備是委託國外專家協助，現今已設有專業軍事學校提供人員教育，現今海軍已具備良好基礎。海軍分遣艦隊主要任務為，將二次世界大戰遺留於沿岸或是海中的手榴彈及魚雷查出匯集並且毀壞，清理海中因戰爭火藥產生的不良礦物，訓練航海術，進行海難搜救任務，訓練

---

[8] *Jane's Fighting Ships.2004-2005*, Edited by Commodore Stephen Saunders RN, Virginia U.S.A, pp.208-210. *Estoni*an Police and Border Guard Board, (http://www.politsei.ee/en/) (2011/08/29)

海員並維護港口及海上運輸安全，指揮潛水作業，指揮炮彈實習演練。還要與海軍其他艦隊共同巡邏波羅的海，並與沿岸國家合作海防演習。[9]

二、裝備

海軍共約 1,750 人，裝備計有 9 艘艦艇，分別為 1 艘 1,970 噸驅逐艦、2 艘 RIHTNIEMI 級 112 噸巡邏艇、3 艘 FARUENLOB 級 246 噸戰鬥艇、2 艘 LINDAU 級 463 噸水雷戰鬥艇、1 艘 MAAGEN 級 190 噸支援船。[10]

第三節　教育與訓練（Education and Training）

愛沙尼亞針對不同的維護安全單位，設立不同的教育學院，而各學院皆依附於愛沙尼亞公共服務學院（Estonian Public Service Academy）。愛沙尼亞公共服務學院是一個提供公共安全教育的研究機構，存在目的為統合國內各安全單位的教育訓練學校。警察由位於 Paikuse 的警察學院（Police College）進行專業訓練，他們提供職業警官教育，課程範圍囊括警察服務、邊防軍、監禁服務、搜救服務、稅務與海關及公共行政等類別。另外，執行搜救任務的人員，多在救援服務學院受訓，另外國內還設有訓練行政業務的公共行政學院，訓練海關及與財務有關之行政人員的財政學院，訓練專業執法人員的司法學院，以及針對邊境相關任務教育的邊境服務學校。[11]

愛沙尼亞專業軍事學校有防禦能量作戰學校、高等軍事學校及波羅的海軍事防禦學院。防禦能量作戰學校提供高等軍事教育，而進入高等軍事課程前，學員必須先由基礎軍事課程中結業。高等軍事學校為愛國的國防學院，是專門培訓高階軍官的學院，學生皆必須有正式服役的經驗方可入學。波羅的海軍事防禦學院的學員主要來自波羅的海三小國的軍事人員，須具備高級軍事課程的資格。[12]

---

[9] Estonian The Baltic Naval Squadron - BALTRON, (http://www.mil.ee/index_eng.php?s=baltron) (2011/08/29)

[10] *Jane's Fighting Ships.2004-2005*, Edited by Commodore Stephen Saunders RN, Virginia U.S.A, pp.207-208. Estonian The Baltic Naval Squadron - BALTRON, (http://www.mil.ee/index_eng.php?s=baltron) (2011/08/29)

[11] Estonian Public Service Academy, (http://www.sisekaitse.ee/?id=831) (2010/01/12)

[12] Military education, (http://www.mil.ee/index_eng.php?s=valjaope) (2010/01/12)

第四節　與我國制度之比較
（A Comparison with Taiwan Coast Guard）

　　愛沙尼亞執行海域執法的邊防軍重新編組後，與警察合併為警察與邊防局並隸屬於內政事務部，成為處理國安問題的集中化機構。身為準軍事單位的邊防軍在國家危難時將出動協助正規軍；我國海巡署則是隸屬行政院，戰時也受國防部指揮協助作戰。愛國警察與邊防局的執法範圍包含海域與陸地，各邊防分局與警察分局合作多項任務，以節省人力資源消耗；我國海巡署分為岸、洋兩總局，但與警察並無任務合作。愛國不管是執法機構或是執法教育機構，均講求集中合作與效率，以降低國家成本浪費；我國因為不同海洋產業管理權責分散在各主管部會，無法集中管理能量，缺乏足夠執法能力做後盾，台灣對海洋產業管理的力道也稍嫌不足，容易造成管理漏洞。2009 年元月，台灣政府於通過修改法案，將海巡署業務分別納入國防部及新成立的海洋委員會，於 2012 年正式實施。[13]

第五節　結語（Conclusion）──特徵（Caracterristics）

　　愛沙尼亞北臨芬蘭灣，西南濱裏加灣，為二面濱海國家，海岸線長 3,794 公里，以下為其海域執法制度特徵。

壹、警察型海域執法機制

　　警察暨邊防局隸屬於內政事務部之三級單位，正式於 2010 年 1 月 1 日運作，目的為減少不必要的經費與人力耗損，更可以集中有效率的執行任務。

[13]　《中國時報－時論廣場》〈政府必須再造　後續配套尤重效能〉，2010/01/14。

貳、軍警文合一

警察暨邊防局由七千名以上軍警人員及一千名以上的行政人員組成。

參、專業教育搖籃

愛沙尼亞公共服務學院為國有公共安全教育機構，針對不同職掌人員的教育下轄不同專業學院。

肆、陸海空合一

國家陸境與海域皆為邊防局的巡邏與執法範圍，並與警察局合作偵察盜獵行為。

伍、海軍分遣艦隊同樣擔負海域安全

隸屬於國防部的海軍分遣艦隊雖為軍事單位，但其任務範圍也包含港口維安、海難搜救及維護海域資源等任務。

第 53 章　荷蘭海域執法制度

目錄
第一節　國情概要（Country Overview）……………………483
第二節　歷史沿革（History）……………………484
第三節　組織、職掌與編裝
　　　　（Organization, Duties and Equipment）…………487
第四節　與我國制度之比較
　　　　（A Comparison with Taiwan Coast Guard）………492
第五節　結語（Conclusion）──特徵（Characteristics）…495

第一節　國情概要（Country Overview）

　　荷蘭王國（Kingdom of the Netherlands）位於西歐，東鄰德國（Germany），南接比利時（Belgium），西、北臨北海（North Sea）。全國面積 41,526 平方公里，為台灣 1.2 倍大，其中 24%的土地低於海平面。海岸線長 451 公里，領海 12 浬，專屬經濟海域 200 浬。[1]

　　首都阿姆斯特丹（Amsterdam），人口約 16,847,007 人（2011）[2]。國體君主立憲制，政體議會制，總理選舉產生由國王任命，國會分參、眾兩院。（見圖 53-1）主要輸出化學品、食品，輸入機械、運輸設備、原油。[3]荷蘭國內生產總值（GDP）770,300（百萬）美元，在 190 個國家排名第 16 名；每人國民所得（GNP）46,418 美元（2010），在 182 個國家排名第 10 名。荷蘭在自由之家（Freedomhouse）的政治權利與公民自由兩種自由程度在 2010 年的分數皆為 1，歸類為自由國家；透明國際（Transparency International）中的 2010 年的

---

[1]　*Jane's Fighting Ships.2004-2005*, Edited by Commodore Stephen Saunders RN, Virginia U.S.A, p.493.

[2]　CIA, The World Factbook.(https://www.cia.gov/index.html) (2011/06/09)

[3]　《世界各國簡介暨各國首長名冊》，中華民國外交部，2001 年，頁 288。

貪污調查分數為 8.8，在 178 個國家中排名第 7 名；聯合國（2010）最適合居住國家的人類發展指數為 7.8，在 169 個國家中排名第 7 名。[4]

　　1581 年至 1806 年，荷蘭為共和國體制，1815 年後，成立荷蘭王國。一戰與二戰期間荷蘭保持中立，戰後放棄中立政策，加入北約[5]和歐盟[6]。現任女王為全國武裝力量最高統帥，但實際指揮權掌握在內閣手中。荷蘭工業發達，80 年代以來，政府積極鼓勵發展新興工業，特別重視發展空間、微電子和生物工程領域中的高技術產業。[7]

第二節　歷史沿革（History）

　　荷蘭運輸與公共建設部於 1972 年加入國際搜索與救助委員會，該委員會主要任務之一為調查並瞭解全球性的搜索與救助事件。該委員會於調查結果出爐後，會將其研究結果提交至國際委員會。1983 年 4 月 21 日，搜索與救助協調規章（Search and Rescue Co-ordination Rules, SARCOR）與其附錄正式由國防部、運輸與公共建設部實施。法肯堡（Valkenburg）航空救助協調中心亦可利用作為海事救助協調中心，而且上揭中心已在 1983 年便已運作。

---

[4]　五類指標詳情請見本書導論，頁 11-13。

[5]　北大西洋公約（North Atlantic Treaty Organization），主要是為了防禦協作而成立的國際組織。

[6]　歐洲聯盟（Europe Union）成立宗旨為促進歐洲國家的經貿持續發展、政治與軍事和平，加強國際合作。在軍事上絕大多數歐盟國家同樣為北約會員國。

[7]　中華民國外交部，外交資訊網頁（2010/06/04）

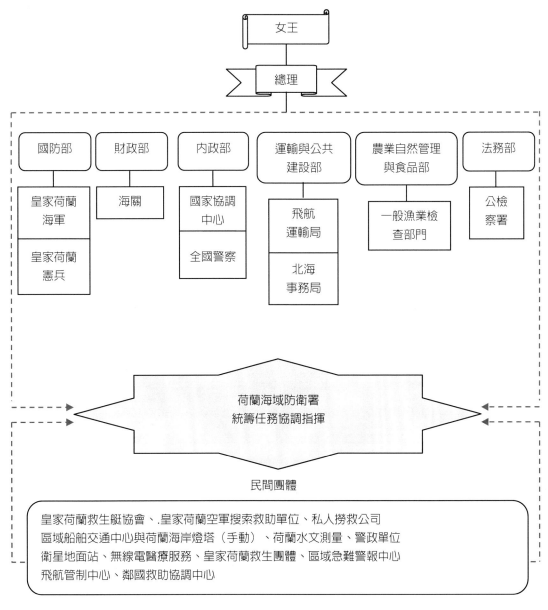

圖 53-1　荷蘭海域執法相關部門互動圖

資料來源：作者自繪

　　另一方面，荷蘭政府為持續利用北海之運輸、漁業、石油與天然氣等龐大資源與國家利益，近 70 幾年來已對該海域環境加強監管。因此，在北海區域有關海域環境與資源管理、調查、服務與監督等各型態任務逐年增加。然而，前揭任務之執行權責，分屬不同政府機關（部門），且每單一事件之處置及因應往往需同時含括數個政府部門權責。基於上述因素，

1984 年夏天，荷蘭北海事務部衡酌北海執行之政府任務規模與層級與日俱增，需協調與整合各政府部門權責與能量，俾利國家公權力遂行，該部對「北海事務跨部會協調單位」（Interdepartmental Co-ordination Commission for North Sea Affairs, ICONA）提出一些能有效運用各部會所屬船艦與航空器能量以提升公務作為效能之建議。其中，北海事務部在 1985 年提出第一項建議，並且在 1986 年提出具備更詳細規範的第 2 項建議。上述建議內涵中，北海事務部建議設立連結六個部會之功能運作之組織（荷蘭海域防衛署）以執行北海任務。

在上揭組織運作，6 個部會仍保有自己職權，亦即海域防衛機制之性質為一跨部會任務協調中心。1987 年 2 月 26 日，各部會簽署「海域防衛組織中心協議」後，後海域防衛署正式成立，並開始運作。當時，該中心位址設置於艾默伊登（Ijmuiden）的荷蘭海岸電台大樓內。

依據 1989 年 12 月所出版有關海域防衛署於 1987 年至 1989 期間之評估報告顯示，以海域防衛署作為國家資訊與協調中心對於提升各項任務執行之效率與效能有卓越貢獻。評估報告內涵亦顯示，海域防衛署指揮中心對於位於北海之搜救任務與協助法務部於北海內執行之複雜性實務亦具有提高執行效能之功能。此外，評估報告亦呈現海域防衛署中心對於監管規劃及船舶、航空器之調度等問題之產生與改善。

上揭問題起因於，研擬各執行單位之整合規劃並非易事。由於海域防衛署中心之協調命令未具有約束力，且該中心缺乏實質指揮權，以及該中心來自不同部門之組員所具備之迥異法律授權背景，似乎為上前述問題之最主要因素。在該篇評估報告中，提供二種方式以改善現況，（一）從既有之海域防衛署內尋求改善之道（二）聯合任務執行實務中設置海域防衛署指揮部門。有關海域防衛署未來組織架構之討論內涵就是從這篇報告而來。藉由評估報告所展現之研究與闡述，政府批准了有關聯合海域防衛署發展規劃之申請。在該申請中，要求政府實施有關聯合各政府部門於北海執行職權任務之跨部會研究。1994 年 10 月 1 日，荷蘭國會決定將北海各項聯合任務之執行權限納歸皇家荷蘭海軍指揮管制。而這統合管理體制正式於 1995 年 6 月 1 日實施。然而，為促使聯合任務之執行順遂，實務上已作了下列調整：

（一）簽署新公約。

（二）簽署新的操作協定。

（三）海域防衛署主管職掌責任區域內外之海域防衛隊所有營運事宜。

（四）每年度在檢討任務相關之各執行單位之執行情形後，研擬出新的操作規劃。

（五）職員由一般平民擔任。

（六）2001 年 11 月 23 日海域防衛署中心改設於荷蘭 Den Helder。

第三節　組織、職掌與編裝
（Organization, Duties and Equipment）

荷蘭海域防衛署（Netherlands Coast Guard）

一、組織與職掌

　　荷蘭海域防衛署成立於 1987 年 2 月 26 日，為一結合 6 個政府部門，包含運輸與公共建設部（Ministry of Transport and Public works）、國防部（Ministry of Defence）、法務部、財政部（Ministry of Finance）、農業自然管理與食品部（Ministry of Agriculture, Nature management and Food quality）、內政部之跨部會聯合指揮組織。海域防衛署於北海負責十三項操作型任務，而上揭任務執行之操作指揮權劃歸皇家荷蘭海軍。（見圖 53-1）

　　為執行北海任務，前述 6 個政府部門需提供所屬船艦與航空器等能量給予海域防衛署調度運用。海域防衛署指揮中心位於 Den Helde 的皇家荷蘭海軍基地內，24 小時全天候運作，其功能為隨時提供報告與案情資訊，為因應事件之處置、通報與資源調度，崗位隨時維持一位值勤官與 3 位值勤員。該中心之主要角色為任務協調中心、全國海事救助協調中心及全國航空救助協調中心（RCC）。

圖 53-2　荷蘭海域防衛署旗幟[8]

---

[8]　Netherlands Coast Guard, (http://www.crwflags.com/fotw/flags/nl~cg.html) (2010/06/04)

海域防衛署代表標誌於 2001 年 12 月正式開始使用，此標誌有橙色，白色和藍色，並有一個圓形盾牌與獅子和鋼坯的國家武器，本標誌的亦顯示於船舶上和各單位。

上揭人員來自任務編組部會，人員由原各機關支付薪資，而中心硬體裝備由公共工程及交通部編列預算支出。荷蘭政府為避免資源重複，由海軍提供裝備能量協助海域巡防任務，以減少各機關裝備預算支出。現行海域防衛署總部與海軍總部結合，並任命荷蘭皇家海軍擔任中心指揮官，賦予執行任務的勤務指揮權（Operational Command），規劃及協調所有勤務單位，各機關提供裝備能量、財政資源及人力。[9]

國防部、法務部、農業自然管理及漁業部、公共工程及交通部、財政部、內政部等保留原有組織架構及裝備能量，平時各部會運用本身裝備能量執行各自任務，海域巡防任務則由海域防衛署中心指揮協調，各機關運用無線電通訊互相聯絡，任何海事案件透過該中心直接協調指揮第一線執勤人員，船艦於 15 分鐘內出勤，航空器於 20 分鐘內出勤。參與之各任務編組機關如下：[10]

（一）運輸與公共建設部：1.飛航運輸局。2.北海事務局。

（二）國防部：1.皇家荷蘭海軍。2.皇家荷蘭憲兵。

（三）法務部：公檢察署。

（四）財政部：海關。

（五）農業自然管理與食品部：一般漁業檢查部門。

（六）內政部：1.國家協調中心。2.全國警察。

（七）其他：1.皇家荷蘭救生艇協會。2.皇家荷蘭空軍搜索救助單位。3.私人撈救公司。4.區域船舶交通中心與荷蘭海岸燈塔（手動）。5.荷蘭水文測量。6.警政單位。7.衛星地面站。8.無線電醫療服務。9.皇家荷蘭救生團體。10.區域急難警報中心。11.飛航管制中心。12.鄰國救助協調中心。（見圖 53-1）

海域防衛署任務可分成 2 類、共 13 項，茲說明如下：

（一）海事服務（Provision of Service）

1. 協助及搜救（Assistance and Search and Rescue）

2. 遇難、緊急及安全無線電通訊（Distress, Emergency and Safety Radio Communication）

3. 災難及事件管制及通報（the Limiting and Handing of Disaster and Incidents）

4. 船舶交通服務（Vessel Traffic Service）

5. 助航（Aids to Navigation）

6. 海上交通研究（Maritime Traffic Research）

---

[9] Netherlands Coast Guard official website, (http://www.kustwacht.nl/) (2010/06/04)
[10] Netherlands Coast Guard official website, (http://www.kustwacht.nl/) (2010/06/04)

（二）海域執法（Maritime Law Enforcement）

1. 一般警察任務（General Police Duties）
2. 海關及貨物稅監督（Customs and Excise Supervision）
3. 國境管制（Border Control）
4. 維護環境法（Upholding the Environmental Laws）
5. 維護漁業法（Upholding the Laws Regarding Sea Fishing）
6. 維護海上交通法（Upholding the Laws Regarding Nautical Traffic）
7. 維護船舶設備法（Upholding the Laws Regarding Ships Equipment）

二、裝備

海域防衛署協調管制中心計有 50 員（其中 8 位軍職、42 位文職）。[11]由於該組織本身為一協調中心與任務編組機制，缺乏專屬船艇與航空器能量。然而為落實法律責任與執行任務，他們可召集下列資源投入執行行列：

（一）海事資源

1. 運輸公共建設部之救撈船：1 艘設於 Den Helder，船名 Waker，主要任務為防止災害，該船在風力 5 級以上總是於海域待命[12]。
   a. 7 艘浮標維護船，任務為維持服務、修補或汰換浮標。
   b. 1 艘多功能船，母港為 Scheveningen，船名 Arca，任務為油污應變，其另一功能為水文測量與研究。
2. 國防部：海岸防衛組織可以調用國防部的獵雷船（mine combatting vessel）。（可協助農業自然管理與食品部執行漁業管制之用）如果有必要的話，海域防衛署亦可以調用皇家荷蘭海軍其他船艦如水文測量船（hydrographical vessels）與驅逐艦（frigates vessels）。
3. 財政部：運用財政部的 2 艘監管船，分別為 Visarend（母港為 Den Helder）與 Zeearend（母港為 Hook Holland）。
4. 內政部：調用荷蘭海岸與艾賽美爾湖（Ijsselmeer）沿岸之警視船（police surveillance vessels）。

---

[11] 行政院海岸巡防署考察荷蘭、法國、英國海岸巡防組織報告書，游乾賜等人，90 年 12 月 31 日，頁 10。
[12] Netherlands Coast Guard official website, (http://www.kustwacht.nl/) (2010/06/04)

5. 農業自然管理與食品部：漁業管制亦為海域防衛署的主要任務，該部所屬之 Barend Biesheuvel 船亦常為其他部會利用執行北海任務。

6. 皇家荷蘭救生艇協會（Royal Netherlands Lifeboat Organization, RNLO）：[13]對海域防衛署而言，與皇家荷蘭救生艇協會之合作非常重要。協會擁有 60 艘救生艇，分布於荷蘭海岸與艾賽美爾湖沿岸 39 個駐地。皇家荷蘭救生艇協會由志工組成，24 小時機動出勤，並與其他國家救難組織合作救援海上遇難者。荷蘭皇家救生艇協會起源於 1824 年，以救助海上遇難船舶為使命。現行救生艇協會會員超過 700 位，及 12 位專業救難船船員。救生艇協會財務來源來自願者捐贈，每年荷蘭海域防衛署協助募款約八佰至二仟萬荷幣，救生艇協會救難艇配備各式設備及助航設備，其六十艘救難船及人員，二十四小時機動出勤，並與其他國家救難組織合作救援海上遇難者。

救難船多停泊於碼頭，部分停放於船庫，海難發生時，遇難船舶運用無線電呼叫海域防衛署協調管制中心，以研判遇難船位，並緊急傳呼救難艇船員，在十分鐘內立即出勤。救生艇協會依國際海事組織（International Marine Organization, IMO）標準訂定完善訓練制度，訓練項目包含船舶翻覆時心理與生理訓練、如何在水下逃生等。

7. 荷蘭 SMIT 國際公司（SMIT International Company）[14]

荷蘭 SMIT 國際公司提供海上專業技術服務超過 150 年，公司成員超過 2,500 人，擁有 370 艘以上船艦。主要從事港口拖帶服務、碼頭協助、海上救難、遠洋補給及運送等。現行 SMIT 公司外租荷蘭政府一艘救難船，由公共工程及交通部支付預算，船上人員及裝備由公司負責聘用及維修，救難船具有污染防止、救難、拖帶及滅火等功能。現行 SMIT 公司與荷蘭政府簽定 5 年為一期契約及英國 8 年為一期之油污染清除契約，並與美國海域防衛司令部簽訂備便（Standby）救難契約。荷蘭海域發生污染案件，政府給予船東至少一天的時間，由船東自行處理，如逾期不處理，改由政府介入處理，此時政府亦可委請 SMIT（或其他除油公司）公司處理，再向船東收費。

8. 其他私人救撈公司[15]

Zuidholland 與 Zeeland 海灣乃海域防衛署搜索救助責任區，更與 BST-Dintelsas b.v.（Bergings en Sleepdienst Theunisse, a Salvage company located at Dintelsas.）簽定

---

[13] 行政院海岸巡防署考察荷蘭、法國、英國海岸巡防組織報告書，游乾賜等人，90 年 12 月 31 日，頁 13。
[14] 行政院海岸巡防署考察荷蘭、法國、英國海岸巡防組織報告書，游乾賜等人，90 年 12 月 31 日，頁 13。
[15] Netherlands Coast Guard official website, (http://www.kustwacht.nl/) (2010/06/04)

搜索救助操作之權責協議。依據此協議之規範,海域防衛署為完成任務執行,任何時刻都可調用 BST-Dintelsas b.v.的救生艇與救撈船。

(二)海域防衛署可調用下列航空資源:[16]

1. 運輸與公共建設部

目前海域防衛署所使用之航空器「Dornier 228」(隸屬馬丁航空公司)乃由運輸與公共建設部租用。這架航空器裝設有航行、通信、追蹤與蒐證等儀器設備。其所負責執行之任務如下:

a. 追蹤與鑑定污染及確認污染源。

b. 維持海上交通秩序。

c. 海上交通研究(所需資料為船名、類型、國籍、滿載或空載,目的港等)以獲得北海海上交通流量。該架航空器上每次執勤共有 4 位機組成員(2 位駕駛員;另 2 位為觀察員)。

2. 國防部

荷蘭海軍 Den Helder 第七分遣隊附近的 DeKooy 空軍基地,配有航空能量。該分遣隊配賦有 Lynx 直升機,直升機可用於執行海難搜救及緊急醫療。為完成任務,海域防衛署可自皇家荷蘭空軍直接調用幾架直升機。這類直升機(型號為「Agusta Bell 412 SP」)部署於空軍基地不只用於海難搜救,亦可用作傷患緊急後送就醫之載台。

3. 內政部

依據海域防衛署權能觀之,為完成任務可調用內政部所屬之警視直升機(MD902)。

(三)任務海域[17]

海域防衛署之任務職掌海域為荷蘭領海及專屬經濟海域,此外其所擔任之海事救助協調中心職掌範圍除領海與專屬經濟海域外,還涵括內陸湖泊與港灣。

航空救助協調中心之責任區為阿姆斯特丹飛航情報區。

在上揭任務海域內,荷蘭海域防衛署所執行之任務如下:

a. 國家與國際遇險、緊急與安全等無線電信息之監管、處理與協調。

b. 海難搜救工作之協調與執行。

c. 災難與事故後續之限制與處理。

d. 執行船舶導航措施,如燈塔、浮標或其他導航信號。

---

[16] Netherlands Coast Guard official website, (http://www.kustwacht.nl/) (2010/06/04)

[17] Netherlands Coast Guard official website, (http://www.kustwacht.nl/) (2010/06/04)

e. 維護法律與秩序及提供援助。

f. 針對限制漁獲量採行監管措施及其他對漁業可採行之管理技術措施。

g. 監督船舶是否遵循航政法規。

h. 船舶設備之監督與管理。

i. 貨物進出口與運輸之監管。

j. 防止非法移民。

第四節　與我國制度之比較
（A Comparison with Taiwan Coast Guard）

壹、組織[18]

一、荷蘭基於國家利益及成本效益兩項因素，設有類似我國國家搜救協調中心機制，指揮協調各單位海上救援能量，而非採用設立海上專責單位制度。荷蘭海域防衛署雖在組織架構上略有差異，惟均講求組織精簡，其層級少、人力精簡、機制運作效能高，尤以中央性質之指揮（政策）機構為最。其能量建立於地區性或執行單位，統合運用、互相支援各單位，節省政府財政支出。台灣海巡署之組織調整可參酌其精神。

二、現行我國在搜救方面已建立超部會之國家搜救中心，指揮協調搜救能量。惟海上油污染應變及漁業巡護等方面，尚未建立有效之協調聯繫機制。依據台灣海岸巡防法第四條第一項第七款規定，海巡署負責執行海上交通管制、海上救難、漁業巡護及海洋環境保護等事項，惟該機關非業務主管機關，因此有關上揭事項之違法認定、防範政策、裁處衡量等，均有待主管機關擬定施行，或授權海岸巡防署施行。[19]然而，在相關具體防治策略與措施施行前，為遂行各項海域執法任務，未來海巡署應依據海岸巡防法

---

[18] 行政院海岸巡防署考察荷蘭、法國、英國海岸巡防組織報告書，游乾賜等人，90 年 12 月 31 日，頁 45。

[19] 依據海岸巡防法第四條之規定，海岸巡防署對於海上交通管制、海上救難、漁業巡護及海洋環境保護等非主管業務具有執行權限。然而，此項執行權於行政體例上應屬於舉報權，即海岸巡防署發現前揭違法、違規事項，均需移（函）送主管機關裁處，未具有逕行行政處分權限。未來如海岸巡防署欲具備完整之海域公權執行權限，需由各主管機關研擬相關法規規範，再依據行政一體之精神，與透過行政程序法規範程序，以委託方式，授與海岸巡防署執行前揭事項權限。

第十一條第一項[20]之精神，在海域執法方面可參採英、法、荷模式成立跨部會小組，並由海巡署主導協調各單位依權責遂行任務。

貳、人力精簡

荷蘭海域防衛署精簡，行政層級短，充分授權各海上搜救協調中心，接獲通報立即指揮協調第一線單位執勤。在任務執行均講求人力精簡，例如荷蘭海岸巡防協調管制中心 50 員（其中 8 位軍職、42 位文職）。

參、勤務指揮中心

荷蘭海域防衛署設立中央協調管制中心，24 小時值勤方式，建置完善通信、資訊系統，接收（監聽）無線電狀況反應，充分授權指揮管制任務單位執行，層級少、運作靈活。台灣本署未來組織調整時應可參採精簡現行各級勤務指揮中心，以海巡隊或岸巡大隊及地區為主軸設置，其餘層級可研究精簡。

肆、救難能量

荷蘭海域防衛署救難成員包含海軍、空軍及警察能量等。此外，荷蘭之救難工作亦統合運用民間救難能量，以減少政府人力、訓練、設備維修等負荷。我國目前海、空軍、警察及交通部等單位，均各自建置部分能量；未來執行此等工作，應可參採租用或整合救難資源模式辦理。

伍、油污染應變

一、現行荷蘭海域防衛署對海上油污染處理以緊急應變及任務管制為主，專業處理方面則採簽訂長期合約委外方式辦理。

---

[20] 海岸巡防法第十一條第一項：「巡防機關與國防、警察、海關及其他相關機關應密切協調、聯繫；關於協助執行事項，並應通知有關主管機關會同處理。」

二、各項油污染處理由船東採必要處理措施，能力不及或超過政府所要求一日以上之期限仍未處理，始由政府機構處理。我國依海洋污染防治法施行細則第十三條規定，雖規範其應採措施，惟未律定處理時限，易引生責任爭議。此外，目前尚未完全落實由船舶所有人負責清除責任，船舶所有人責任保險之相關機制，亦有待建立。

陸、空中偵巡能量方面

荷蘭海域防衛署本身無配置飛行能量，係以指揮協調空軍或警察執行。而我國海岸巡防機關，囿於國家公務航空器一元化政策，公務航空器悉數移撥內政部空勤總隊。整體而言，我國海巡署關與荷蘭海域防衛署一般，無空中偵巡能量。

柒、訓練

荷蘭海上執勤單位，有針對執法、油污染應變、救難等任務，建立完整之訓練體系及設備，培養專業人才。而我國海巡署為提升海巡人員環境管理能力及污染防治專業技術，於民國 92 年於中部清水營區設置一海洋污染防治訓練基地，藉由該基地之專業設備與規劃相關訓練配套課程，培訓我國海巡人員專業海洋污染防治技能。整體而言，我國海巡署與荷蘭海域防衛署一般，均具備有專業訓練機制。

捌、善用民間救難組織

荷蘭設有救生艇協會，組織完整，自建能量與通報系統，義務擔任海上救難任務，成效卓著。荷蘭皇家救生艇協會約有 700 人、計有 39 個站、配置救難艇 60 艘。未來我國海巡署應調查掌握現行民間救難組織，結合各救難單位參與任務執行，得以最經濟之資源挹注獲得最大收益。反觀我國雖然近年來，在「志願服務法」的規範下，政府也開始管理運用民間資源，但是，在海難救助方面，雖然海巡署目前積極推展「海巡志工」，但是並未有發展出適當的協調法制以協調規範民間海難救助組織。因此，我國在此方面應積極汲取荷蘭經驗，除持續提升公務執行能量外，應致力於推展運用民間組織能量。

玖、事權執行

　　台灣與荷蘭，就領土、環境與經濟發展方面來看，二國確有其許多相似之處。然而，在國家政治與行政上，二者還是有相當大的差異。由於台灣深受中華文化所揉合諸子思想之影響，國家政治與行政為求順遂，均以事權統一為執行標的之依據，與前文論述荷蘭以協調機制協調各行政職權解決事件，成明顯對比。為瞭解二國制度之差異，海巡署海洋巡防總局利用 94 年 6 月 9 日荷蘭貿易暨投資辦事處蒞臨拜會時機，與該處副代表 Henk Nouwens 請教前述差異。據 Henk Nouwens 先生答覆，此差異因素應為二國民族性之迥異。後經筆者審酌相關文獻，有關前述差異因素，可由荷蘭著名之「波德模式」，獲得印證。1982 年，荷蘭經濟病入膏肓。這時工會領袖、雇主代表以及政府三方，決定坐下來，談出一條生路。最後，勞工自願未來幾年不調薪、換得雇主減少工時但不裁員的承諾。政府保證彈性工時的勞工擁有完整的社會福利，但是另一方面，減少失業給付等等，各方勢力在談判中妥協，有得、也有失。這著名的瓦聖那協議（Wassenaar Agreement），奠定了荷蘭勞工結構的轉型、扭轉政府財政惡化的趨勢，正是荷蘭經濟重新出發的基礎。創造荷蘭奇蹟的共識協商機制，被稱為「波德模式」（Polder Model）。也是荷蘭人為了生存，必須團結起來的精神基礎。「波德」，意指海埔新生地，在海埔新生地上，風車必須 24 小時不停的抽水，只要停下來，大家就有滅頂的危險。所以大家要實際、要合作、要有計劃、要努力工作。因此，西方社會又稱荷蘭經濟奇蹟是共識經濟（Consensus Economy）或協商經濟。亦因此種處於危機意識下之共生哲學，使得荷蘭人重視共識和團結。[21] 此正為荷蘭海域防衛署能發揮鏈接各部會職能功能之最主要因素。

第五節　結語（Conclusion）──特徵（Characteristics）

　　荷蘭西北面北海，為一面濱海國家，海岸線長 451 公里，以下為其海域執法制度特徵。

---

[21] 羅益強、史仕培、陳雅慧等著，《借鏡荷蘭》，台北：天下雜誌股份有限公司，91 年 5 月 1 日，頁 21。

壹、統合分散制

荷蘭海域執法任務分散於六部門，裝備與人力資源均來自各部門，海域防衛署則擔任統合指揮的角色，此制度與德國相同。

貳、海軍加入海域執法工作

荷蘭的海域執法與搜救任務工作皆有海軍參與。

參、民間海巡與救難能量強大

皇家荷蘭搜救挺協會擁有 60 艘救生艇，人力約有 700 名會員及 12 名專業人員，全國共計有 36 個基地。國際公司則有超過 150 年的技術服務，公司成員超過 2500 人，擁有 370 艘以上船艦。

肆、內陸河湖亦為巡邏範圍

海域防衛署可調用內政部置於艾賽美爾湖的警視船進行巡邏與執法等任務，皇家荷蘭搜救艇協會於此湖也設有搜救基地。

第 54 章　愛爾蘭海域執法制度

目錄
第一節　國家概況（Country Overview）…………………… 497
第二節　組織、職掌與裝備
　　　　（Organization, Duties and Equipment）………… 498
第三節　權限與管轄（Authority and Jurisdiction）……… 501
第四節　教育與訓練（Education and Training）………… 502
第五節　與我國制度之比較
　　　　（A Comparison with Taiwan Coast Guard）……… 502
第六節　結語（Conclusion）──特徵（Characteristics）… 503

第一節　國家概況（Country Overview）

　　愛爾蘭共和國（Republic of Ireland）位於歐洲西北方的愛爾蘭島，占該島的六分之五面積，剩餘部分屬於英國又稱北愛爾蘭。西臨北大西洋（North Atlantic Ocean），東隔愛爾蘭海（Irish Sea）與英國相望，南臨凱爾特海（Celtic Sea）。全國面積 70,282 平方公里，為台灣 2 倍大。海岸線長 3,169 公里，領海 12 浬，專屬經濟海域 200 浬。

　　首都都柏林（Dublin），全國人口 4,670,976 人（2011）[1]。國體共和制，政體內閣制，國會分參議院與眾議院。國家元首為總統，但政府實際掌權者為內閣總理。（見圖 54-1）主要輸出有機化學產品、加工食品，輸入電機產品、運輸工具。[2]愛國國內生產總值（GDP）204,100（百萬）美元，在 190 個國家排名第 42 名；每人國民所得（GNP）45,642 美元（2010），在 182 個國家排名第 12 名。愛國在自由之家（Freedomhouse）的政治權利與公民自由兩種自由程度在 2010 年的分數皆為 1，歸類為自由國家；透明國際（Transparency International）

---

[1]　CIA, The World Factbook.(https://www.cia.gov/index.html) (2011/06/09)
[2]　《世界各國簡介暨各國首長名冊》，中華民國外交部，2001 年，頁 270。

中的 2010 年的貪污調查分數為 8.0，在 178 個國家中排名第 14 名；聯合國（2010）最適合居住國家的人類發展指數為 8.1，在 169 個國家中排名第 5 名。[3]

2008 年，歐盟攸關擴張與建置化的《里斯本改革條約》（Treaty of Lisbon）[4]遭愛爾蘭公投否決後，歐盟因無備案而陷入危機。[5]愛國主要經濟動力為外國投資，但金融危機爆發後，經濟受到嚴重衝擊而對外宣布成為歐盟中第一個進入經濟衰退的國家。[6]2011 年 2 月，愛爾蘭大選成為八十年來變化最大的全國選舉，新政府是否要求 2010 年前政府與歐盟的歐元紓困案重新協商，成為歐洲一大焦點。[7]

第二節　組織、職掌與裝備
（Organization, Duties and Equipment）

愛爾蘭海域防衛局（Irish Coast Guard, IRCG）

一、組織與職掌

愛爾蘭海域執法由運輸部下轄的海事安全局（Maritime Safety Directorate）與成立於1822 年的海域防衛局負責。（見圖 54-1）海事安全局多處理文書行政類工作，並分別由海事安全政策科（Maritime Safety Policy Division , MSPD）及海事調查處（Marine Survey Office, MSO）兩單位組成。海事調查處下轄海事無線電事務小組（Marine Radio Affairs Unit, MRAU）與商船管理處（Mercantile Marine Office, MMO）。海事安全政策科負責海上安全

---

[3]　五類指標詳情請見本書導論，頁 11-13。

[4]　里斯本條約：又稱改革條約，目的為改進原本歐盟憲法條約。不再沿用"憲法"的名稱。新條約的誕生將進一步改革歐盟機構，簡化歐盟的決策過程。根據條約，歐盟理事會今後將設常任主席，歐盟還將設立相當於"外長"職務的負責外交政策的高級代表，該高級代表同時兼任歐盟委員會副主席。維基，（http://zh.wikipedia.org/wiki/%E9%87%8C%E6%96%AF%E6%9C%AC%E6%9D%A1%E7%BA%A6）（2009/08/27）

[5]　江靜玲，《中國時報－國際新聞》〈愛爾蘭否決里斯本條約　歐盟陷危機〉，2008/06/14。

[6]　江靜玲，《中國時報－國際新聞》〈爬高跌得快　愛爾蘭奇蹟幻滅〉，2009/01/15。

[7]　江靜玲，《中國時報－倫敦傳真》〈愛爾蘭、歐盟禍福相依〉，2011/02/20。

（包括休閒安全）的政策與立法，海上船舶的確認與海域環境汙染。海事調查處則是處理海上航運船隻的許可證檢查，無線電設備的檢查與船員能力的確認，並檢舉非法事件。[8]

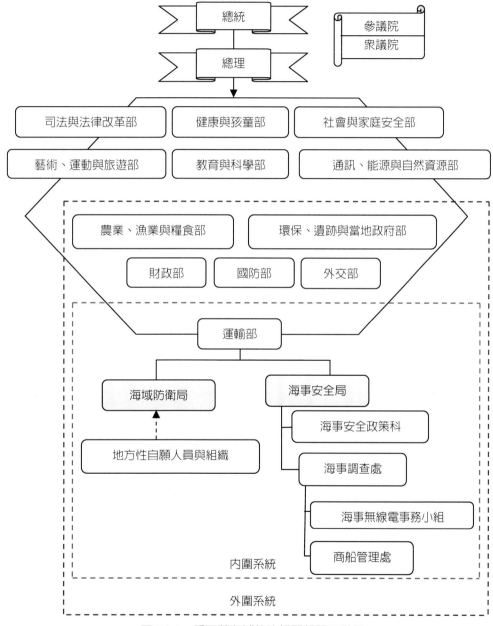

圖 54-1　愛爾蘭海域執法相關部門互動圖

資料來源：作者自繪

8　Irish Department of Transport, IRCG-General Coast Guard Information, (http://www.transport.ie/marine/IRCG/index.asp?lang=ENG&loc=2029) (2011/08/29)

歐洲篇

愛爾蘭海域執法制度

海域防衛局主要在外執行任務，他們並非軍事或單純的執法單位，主要任務為：

（一）搜索和救援

　　IRCG 須至當局指定的搜救區域進行任務，地點包含河流、湖泊、懸崖、離島、山區與洞穴。而搜尋與救援任務是由位在都柏林的海上救援協調中心（Maritime Rescue Co-Ordination Centre, MRCC）、Malin Head 的海上救援分中心（Maritime Rescue Sub-Centres, MRSC）與 Donegal and Valentia Island 的搜救指揮部協調分配任務。

（二）海事通訊網絡

（三）海域安全警戒

（四）山區與洞穴救援

（五）應對海上傷亡事件

（六）監測與檢舉海上非法捕撈事件

（七）監測海洋環境的污染與控制

　　提供二十四小時海洋污染通報服務，快速與三個海上救援中心協調計畫，調動最近的油汙染處理設施，以防擴散嚴重。愛爾蘭海軍如果巡邏海域發現汙染，須向 IRCG 回報，並持續監測，如 IRCG 無法獨立處理污染，可致電海軍協助清理。[9]

　　IRCG 保護港口及所有航運地點的政府財產，盡可能減少相關地區的生命減損。IRCG 雖然人員多，但並非所有人員都擁有執法權，大部分掌握在上層主管手中。海事安全局與海域防衛局構成政府在海事安全上的強大力量。IRCG 在沿海設有密集的分支，（見圖 54-2）在山區與洞穴的內陸救援或是後勤支援，有些成員則是自願加入的工作人員。自願人員皆受過專業訓練，因為 IRCG 分支廣且有些地形與氣候只有當地自願人員熟悉，因此可以快速到達目的地行動，所以 IRCG 的任務非常仰賴他們的協助。[10]

二、裝備

　　IRCG 執行大範圍任務不僅仰賴自願人員，局內還有各種民間資源，自願工作者搜救範圍主要在沿海懸崖，各地海域所需的各式輕型救生艇由皇家救生艇協會（Royal National Lifeboat Institution, RNLI）與近岸社區救援組織（Community Inshore Rescue Organizations）提供，空中巡邏的設備是根據與 IRCG 的合約，由民間提供三架搜救直升機。[11]

---

[9] Irish Department of Transport, Maritime-General Coast Guard Information, (http://www.transport.ie/marine/IRCG/index.asp?lang=ENG&loc=2029) (2011/08/29)

[10] Irish Department of Transport, IRCG-Voluntary Rescue Teams, (http://www.transport.ie/) (2009/09/03)

[11] Irish Department of Transport, RCG-General Coast Guard Information, (http://www.transport.ie/marine/IRCG/index.asp?lang=ENG&loc=2029) (2011/08/29)

圖 54-2　愛爾蘭海域防衛局分布圖[12]

第三節　權限與管轄（Authority and Jurisdiction）

　　對愛爾蘭海域防衛局來說，他們最常執行且重要的任務為救難行動。為了維持有效運作，政府不僅有相關法令依據與權利保障，還有聯合國海洋公約法（United Nations

[12] Irish Department of Transport, IRCG-General Coast Guard Information, (http://www.transport.ie/marine/IRCG/index.asp?lang=ENG&loc=2029) (2011/08/29)

Convention on the Law of the Sea, UNCLOS)、國際海洋生命安全條約(The International Conventions of Safety of Life at Sea, SOLAS)、國際海洋搜尋與救援公約(The International Convention on Maritime Search and Rescue, SAR)與打撈與沈船法(The Salvage and Wreck Act)都是他們在執行任務時所要遵守的條約,執行政府與國際指定之範圍內的任務,全國更有 54 個小組據點以便在最短的時間統整並完成任務。(見圖 54-2)

第四節　教育與訓練(Education and Training)

海域防衛局內正規人員教育與訓練有時會由內陸的地區性組織作培訓,因為多數地方的救援與訓練組織最熟悉當地,因此可以讓正規人員更熟悉各地的特殊性,未來有益於執行任務。不僅正規人員需要受訓,大量的自願人員也是 IRCG 的主力,正規與自願人員的受訓大多委託民間組織,例如 VS&T Division 便是訓練人員的主要單位之一。他們受訓的內容包含划船訓練理論與操作、急救、航海技術、製圖表、搜尋理論與操作、搜尋管理、訊號彈使用、直升機行動、導航訓練、維修教育。[13]

第五節　與我國制度之比較
(A Comparison with Taiwan Coast Guard)

首先,愛爾蘭海域防衛局隸屬於非軍事與非執法的運輸部,文書行政工作則有同隸屬於運輸部的海事安全局分擔;台灣海巡署則是隸屬於行政院,分為海洋與海岸巡防總局。其次,愛爾蘭特別注重海域與沿岸各種特殊地形的安全,巡邏範圍廣佈,並請地方性組織與自願人員協助;台灣海巡署則主要在海域與沿岸值勤,河流並非工作範圍,內陸救援任務則由其他單位負責。最後,愛爾蘭海域防衛局人員的教育訓練多委託民間專業組織與地方性的救援組織培訓,可以更加了解各地的特殊情況;台灣的海巡人員則是在警大的水警系受教,完成學業後再考試分發。

---

[13] Irish Department of Transport, IRCG-General Coast Guard Information, (http://www.transport.ie/marine/IRCG/index.asp?lang=ENG&loc=2029) (2011/08/29)

第六節　結語（Conclusion）——特徵（Characteristics）

愛爾蘭西臨大西洋，東隔愛爾蘭海與英國相望，南方為凱爾特海，為四面濱海島國，海岸線長 3,169 公里，以下為愛爾蘭海域執法制度特徵：

壹、集中制

設有海域防衛局專職海域執法任務，並與海事安全局密切合作，共同完成救難、治安與環保的任務。

貳、三級制——隸屬於運輸部

海域防衛局為隸屬於屬運輸部的三級單位。

參、海難搜救為重要任務

搜救駐點分佈密集，海巡民力組織的優良訓練及規模壯觀。

肆、地方性自願人員眾多

因國家地形複雜遼闊，需要熟悉地方民眾協助，自願人員多達 950 人。

伍、岸海合一

搜救範圍廣泛，包含河流、湖泊、懸崖、離島、山區與洞穴。

陸、重視海洋環境

提供二十四小時海洋污染通報服務，快速與三個海上救援中心協調處理。

第 55 章　波蘭海域執法制度

目錄
第一節　國情概況（Country Overview）………………………505
第二節　組織、職掌與編裝
　　　　（Organization, Duties and Equipment）………506
第三節　權限與管轄（Authority and Jurisdiction）………508
第四節　與我國制度之比較
　　　　（A Comparison with Taiwan Coast Guard）………509
第五節　結語（Conclusion）——特徵（Characteristics）…509

第一節　國情概況（Country Overview）

　　波蘭共和國（Republic of Poland）位於中歐東北部，西鄰德國（Germany）、南接捷克（Czech）及斯洛伐克（Slovakia），東界白俄羅斯（Belarus）與烏克蘭（Ukraine），東北連俄羅斯（Russia）及立陶宛（Lithuania），北臨波羅的海（Baltic Sea）。全國面積 312,685 平方公里，為台灣 8.7 倍大。海岸線長 440 公里，領海 12 浬。[1]

　　首都華沙（Warsaw），全國人口約 38,441,588 人（2011）[2]。國體共和制，政體議會制，國會分眾議院與參議院。（見圖 55-1）主要輸出成衣、礦業、家具，輸入化學品、石油、紡織品。[3]波蘭國內生產總值（GDP）438,900（百萬）美元，在 190 個國家排名第 22 名；每人國民所得（GNP）11,521 美元（2010），在 182 個國家排名第 50 名。波蘭在自由之家（Freedomhouse）的政治權利與公民自由兩種自由程度在 2010 年的分數皆為 1，歸類為自

---

[1] *Jane's Fighting Ships. 2004-2005*, Edited by Commodore Stephen Saunders RN, Virginia U.S.A, p.556.
[2] CIA, The World Factbook.(https://www.cia.gov/index.html) (2011/06/09)
[3] 《世界各國簡介暨各國首長名冊》，中華民國外交部，2001 年，頁 292。

由國家；透明國際（Transparency International）中的 2010 年的貪污調查分數為 5.3，在 178 個國家中排名第 41 名；聯合國（2010）最適合居住國家的人類發展指數為 6.5，在 169 個國家中排名第 41 名。[4]

波蘭社會自 1989 年改革以來，民生經濟改善許多，但失業率仍偏高且賦稅嚴重。近年為增強國家經濟，加入經濟合作暨發展組織（Organization for Economic Co-operation and Development, OECD），並於 2004 年通過全民投票加入歐盟。波國新政府之外交工作重心為增進與歐盟國家合作，同時堅定的維護波蘭重要利益，並且加強與美國合作關係同時促請美方協助增強國防實力。[5]

第二節　組織、職掌與編裝
（Organization, Duties and Equipment）

波蘭海域邊境防衛隊（Sea Department of Border Guard）

一、組織與職掌[6]

由於波蘭的歷史及地理位置與歐洲傳統強國蘇俄及德國有密切關係，連帶影響了波蘭的政府組織。以海域制度觀之，由於波蘭北濱波羅的海，正是俄國海軍進出大西洋最重要的門戶之一，加上四周又與他國海域有所重疊，因此其戰略位置不言可喻。從戰略角度出發，海軍為波蘭海域上最重要的武裝之一。由於波蘭在傳統上與俄國同樣以發展國家陸權的戰略思維，因此除了軍事力量外，國家邊界的治安維護工作，便以國家邊境防衛局（The National Headquarters of Boarder Guards）為執法單位。國家邊境防衛局設置隸屬於內政部，內政部為該國最高治安決策單位，下轄有多個治安維護機構。（見圖 55-1）

---

[4] 五類指標詳情請見本書導論，頁 11-13。
[5] 中華民國外交部，外交資訊網頁。（2009/05/30）
[6] Poland Border Guard, (http://www.strazgraniczna.pl/wps/portal) (2011/08/29)

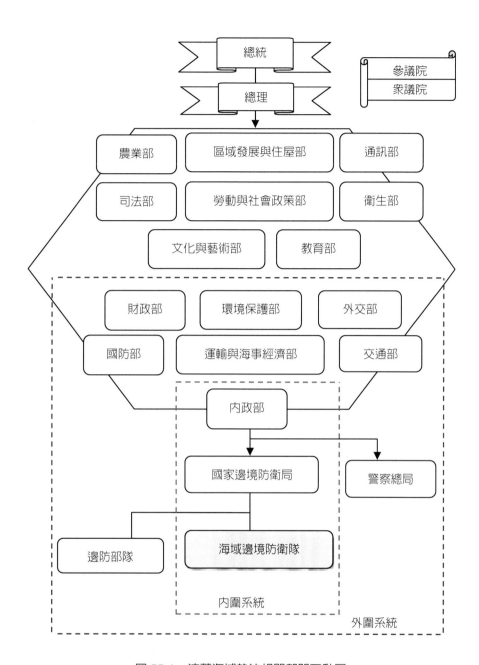

圖 55-1　波蘭海域執法相關部門互動圖

資料來源：作者自繪

掌管邊界防衛的國家邊境防衛局下設 14 支邊防部隊（Units of Local Boundary Guards ）分佈於國家邊境，以維護邊境安全為首要責任，諸如各種犯罪取締、防止人員非法入境等等。由於波蘭領土僅有北邊臨海，因此特別在國家邊境防衛局設置一支海域邊防隊（Sea Department of Border Guards；波蘭文：Morski Oddzial Strazy Granicznej, MOSG）負責海上治安維護。海域邊境防衛隊自 1991 年創設至今，主要任務包括海上邊境一直延伸至專屬經濟海域範圍、確保國境及海上安全、預防恐怖行動、維持海上經濟活動安全、海域監控、海上資源維護及海難搜救。海域邊防隊基地位於 Gdansk 及 Swinoujscie 兩地。

二、裝備

海域邊防隊之艦艇皆為藍色船體，並於船身兩側繪有紅黃相間之斜線，甲板以上全漆白色最為該單位船舶之識別。現在海域邊防隊的裝備共計 27 艘，分別為 2 艘 236 噸 OBLUZE 級大型巡邏艦、2 艘 470 噸 KAPER 級大型巡邏艦、6 艘 45 噸 WISLOKA 級近岸巡邏艇、2 艘 93 噸 PILICA 級近岸巡邏艇、1 艘 41 噸巡邏工作艇、4 艘 2 噸 SPORTIS 級快速輕艇、2 艘 16 噸巡邏輕艇、2 艘 26 噸 STRAZNIK 級巡邏輕艇、6 艘 1.9 噸 MODIFIED SPORTIS 級快速輕艇。[7]

第三節　權限與管轄（Authority and Jurisdiction）

海域邊境防衛隊聽命於國家邊境防衛局，管轄範圍僅在唯一北臨的波羅的海海域與沿岸。此單位執法的任務以安全維護及監控海域安全為主，海域邊防隊只是一個附屬支隊，其權限有限。因為波蘭與其他國家的經濟海域重疊，簽訂了各種不同的條約，因此在執行各種海域任務的時候，必須與其他國家協調並合作，才不至造成衝突。

---

[7] *Jane's Fighting Ships.2004-2005*, Edited by Commodore Stephen Saunders RN, Virginia U.S.A, pp.568-569. Poland Border Guard, (http://www.strazgraniczna.pl/wps/portal) (2011/08/29)

第四節　與我國制度之比較
（A Comparison with Taiwan Coast Guard）

　　首先，波蘭海上執法單位隸屬於內政部下轄之國家邊境防衛局，只是一支附屬部隊，編制層級較小；我國海巡署則為二級制機關。其次，波蘭現有之艦艇數不多，除擁有幾艘較大型艦艇，其餘新建之艦艇皆為小型船艇，單位規模只能算是分支單位；我國海巡署管轄海洋巡防總局與海岸巡防總局，為海域執法之重要單位，規模更不在話下。最後，波蘭僅有北邊臨海，而波蘭海上防禦以海軍為主，另擁有船艦裝備之海域邊防隊，僅能做為國境海域治安維護的工作，就其船艦噸位判別，近岸海域應為主要執法範圍；而我國之海域執法力量是主要維護海域的安全單位，海域執法範圍甚廣。

第五節　結語（Conclusion）──特徵（Characteristics）

　　波蘭北臨波羅的海，為一面濱海國家，在長 440 公里的海岸線上，設有 2 個基地，以下為波蘭海域執法制度特徵。

壹、陸海空合一

　　如同俄羅斯一樣以邊境（border）的概念，由陸、空延伸到海的組織設計，即是陸海合一模式的海域執法制度。

貳、四級制──隸屬於邊防局

　　編制為隸屬於邊防局的四級制單位，其海域執法能量薄弱，沿岸海域為其主要執法範圍。

參、設備弱，海軍支援不可或缺

遇重大的海域事件，仍是需要波蘭海軍出面處理。

第56章　烏克蘭海域執法制度

目錄

第一節　國家概況（Country Overview）……………………… 511

第二節　歷史沿革（History）………………………………… 512

第三節　組織、職掌與編裝
　　　　（Organization, Duties and Equipment）………… 515

第四節　教育與訓練（Education and Training）………… 516

第五節　與我國制度之比較
　　　　（A Comparison with Taiwan Coast Guard）……… 517

第六節　結語（Conclusion）──特徵（Characteristics）…… 517

第一節　國家概況（Country Overview）

　　烏克蘭位於東歐，東鄰俄羅斯（Russia），西靠波蘭（Poland）及斯洛伐克（Slovakia），西南與匈牙利（Hungary）、羅馬尼亞（Romania）及摩爾多瓦（Moldova）接壤，西北部與白俄羅斯（Belarus）為界，南臨亞述海（Sea of Azov）及黑海（Black Sea）。全國面積 603,550 平方公里，是台灣的 16.78 倍。海岸線長 2,782 公里，領海 12 浬，專屬經濟海域 200 浬。[1]

　　首都基輔（Kiev），全國人口 45,134,707 人（2011）[2]。國體共和制，政體半總統制，單一國會。總統由民選產生，總理則由議會選出，由總統任命或免除。[3]（見圖 56-1）主要

---

[1]　*Jane's Fighting Ships. 2004-2005*, Edited by Commodore Stephen Saunders RN, Virginia U.S.A, p. 778.

[2]　CIA, The World Factbook.(https://www.cia.gov/index.html) (2011/06/09)

[3]　中華民國外交部, 外交資訊網頁（2010/07/01）

輸出鋼鐵、機械設備，輸入機械設備、煤。[4]烏國國內生產總值（GDP）136,600（百萬）美元，在 190 個國家排名第 52 名；每人國民所得（GNP）3,002 美元（2010），在 182 個國家排名第 108 名。烏國在自由之家（Freedomhouse）的政治權利與公民自由兩種自由程度在 2010 年的分數前者為 3，後者為 2，歸類為自由國家；透明國際（Transparency International）中的 2010 年的貪污調查分數為 2.4，在 178 個國家中排名第 134 名；聯合國（2010）最適合居住國家的人類發展指數為 5.3，在 169 個國家中排名第 69 名。[5]

烏國 1991 年獨立後，積極規劃經濟改革及貨幣改善，然國家經濟問題導致社會動盪。全球金融危機擴大，烏國因龐大的政府赤字，僅能求助於歐洲央行協助。[6]烏國自獨立後積極向西方靠攏，與俄羅斯就克里米亞半島（Crimean Peninsula）權屬及黑海艦隊駐地管轄問題發生爭議。2010 年，烏國會就俄國黑海艦隊於克里米亞半島的基地租期延長一案，正反兩派在國會大打出手，最終結果是將原本僅至 2017 年的租期延長至 2042 年。[7]

第二節　歷史沿革（History）[8]

烏克蘭國家邊防局（State Border Guard Service of Ukraine）繼承過去蘇聯在國內成立的邊防部隊。1991 年，烏克蘭獨立之初，國家邊防局原名「烏克蘭邊境部隊」（Ukrainian Border Troops），後服從於「烏克蘭國家邊防委員會」（Ukraine's State Committee for State Border Guarding），於 2003 年更改為現名。邊防局的歷史分為五大階段：

第一階段（1991 年至 1992 年初），創建現在國家邊防局的雛型，重新組織過去蘇聯在邊境的保護組織的政策並招聘新成員，正式以獨立國家安全單位的身份開始服務。

第二階段（1992 年 3 月 9 日至 1993 年底），烏克蘭公告邊界的領土範圍，並且形成新的部隊及行政單位，控制與摩爾多瓦、俄羅斯及白俄羅斯之間邊界領土，努力保護國家領海邊界。

第三階段（1994 年 1 月至 1999 年底），因邊境長期需要綜合治理與規劃建設，烏克蘭總統根據法令第 93 之 596 條批准塑造符合國家的意識形態和邊境保護部隊，重新建立邊境部隊的管理與防衛制度。

---

[4]　《世界各國簡介暨各國首長名冊》，中華民國外交部，2001 年，頁 120。
[5]　五類指標詳情請見本書導論，頁 11-13。
[6]　鍾玉珏，《中國時報－國際新聞》〈冰島骨牌　倒向東歐新興市場〉，2008/10/19。
[7]　魏國金編譯，《自由時報－國際新聞》〈俄艦隊留駐爭議　烏克蘭國會全武行〉，2010/04/28。
[8]　State Border Guard Service of Ukraine, History, (http://www.pvu.gov.ua/control/en/index) (2010/07/02)

第四階段（2000 年初至 2003 年 3 月），反省與檢討邊防部隊的體制，提出新的法案框架，以重新組織執法結構，完成結構及防衛優良化管理。

第五階段（2003 年 3 月 27 日至今），改革及重組烏克蘭邊防部隊，將一個原本純粹的軍事部隊，提昇為一個捍衛國家邊境的二級執法機構。

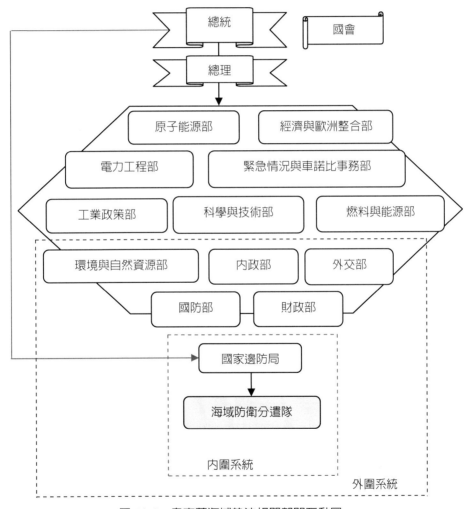

圖 56-1　烏克蘭海域執法相關部門互動圖

資料來源：作者自繪

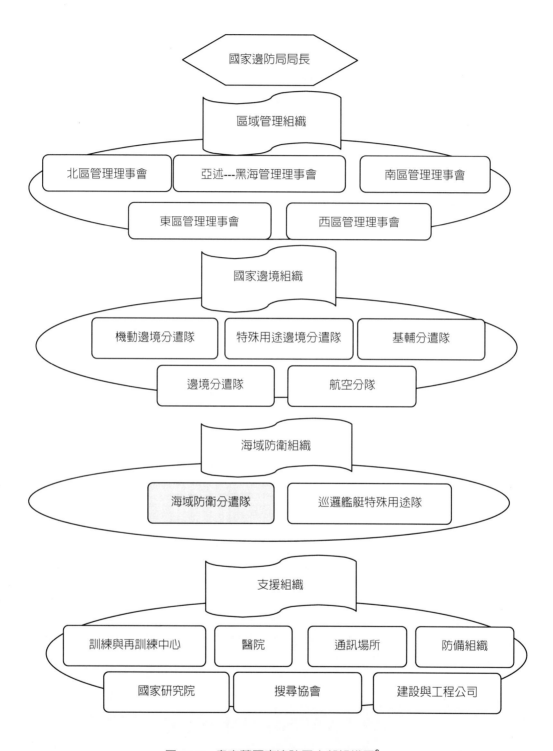

圖 56-2　烏克蘭國家邊防局內部組織圖[9]

9　State Border Guard Service of Ukraine, Structure, (http://www.pvu.gov.ua/control/en/index) (2010/07/02)

第三節　組織、職掌與編裝
（Organization, Duties and Equipment）

烏克蘭國家邊防局（State Border Guard Service of Ukraine）

一、組織與職掌[10]

　　烏克蘭國家邊防局總部位於基輔，本局直接隸屬於總統，任務包含確保國家邊境安全及領土權益，負責建設與招聘邊防人員，海域執法則是由隸屬於邊防局的海域防衛分遣隊負責。（見圖 56-1、56-2）烏國海岸線長 2,782 公里，濱臨之黑海與亞述海與他國相接，因此保護國家海域的利益及防止任何形式的非法活動是極為重要的任務。在領土與海域與烏國相連的有俄羅斯、羅馬尼亞，河湖流域與白俄羅斯、匈牙利相連的則有第聶伯河（Dnieper River）及多瑙河（Danube River）。因此國家必須要有個可靠的保障，於是國家邊防局將任務分配給海域防衛分遣隊。

　　海域防衛分遣隊分為四個主要基地，分別位於巴拉克列亞（Balaklava）、奧德薩（Odesa）、伊茲梅爾（Ismail）及克赤（Kerch）。另有一個巡邏艇分隊位於馬里烏波爾（Mariupol），一個巡邏艦艇特殊用途分隊位於雅爾塔（Yalta），以及一個第聶伯河分隊。主要任務為對海域邊境、內陸河湖及各水域的保護，監控停留於領海、港口及內陸河湖的外國非軍事船舶及軍事艦艇，保衛國家領海權益、專屬經濟海域利益範圍及大陸架。

　　海域防衛分遣隊從 1991 年開始服務至 2006 年，就有超過 5,200 艘船舶分別在黑海、亞述海、第聶伯河、多瑙河及德涅斯特河（Dniester River）遭到檢查。大約 200 艘漁業或工業船舶遭到警告，674 艘遭到拘留，大約 4,687 公斤的漁業產品、37 個拖網、2,912 個濫捕者漁具被沒收，扣留物品全數交予漁業保護組織。另外，海域防衛分遣隊在海域及內陸河湖分別進行了 8 個救援行動，共有 6 艘艦艇及 29 人被救出。

　　烏克蘭專屬經濟海域範圍超過 82,000 平方公里，為保護專屬經濟海域的主權權利，海域防衛分遣隊與航空分隊及邊境防衛機構進行全面互動。現在專屬經濟海域的穩定全歸功

於海域防衛分遣隊的有效應用，這樣的成果並非因為擁有大量艦艇，而是他們定期的進行空中及海域的交叉巡邏。2004 年美國政府曾提供技術援助方案，贈與高速快艇並於烏國與摩爾多瓦邊界進行測試，另還提供 49 艘救生筏、282 件救生衣、54 艦安全夾克及多個緊急浮標。

二、裝備

邊防局總計擁有約 139 艘不同功用及等級的艦艇，分別為 3 艘 475 噸 PAUK 級巡邏艦艇、13 艘 253 噸 STENKA 級巡邏艦艇、1 艘 340 噸 SSV-10 級支援艦艇，3 艘 212 噸 MURAVEY 級巡邏艦艇、27 艘 39 噸 ZHUK 級巡邏艇、4 艘 77 噸 SHMEL 級巡邏艇、17 艘 8.5 噸 KALKAN-M 級快艇、2 艘 56 噸 PO2 級近岸巡邏艇、4 艘河流巡邏艇、16 艘實習船、49 艘救生筏。[11]

第四節　教育與訓練（Education and Training）

烏克蘭邊防局設有博赫丹赫麥利尼茲基國家研究院（Bohdan Khmelnytsky National Academy），為其專屬之教育機構，以培養邊境安全的軍事專家為教學主旨。學校起源於 1992 年 12 月 14 日，1995 年更改為現名，當時總統授予該研究院為國家高級教育機構的地位，是針對國家防衛機制人員進行培訓的院校。學校參與多項國際交流活動並受到認可，成立至今已有超越 4,000 名人員畢業，並進入烏克蘭國家邊防局各部門服務。學校有 27 類專業課程、4 個主要學系，設有研究生及博士課程。教育以理論、科學、操作並重，軍事科學更是學校的重要領域。特色課程有為期 2 年的軍事行動及戰術管理規劃，還有 2002 年開始的軍事科學及工程力學課程，及分別針對高級軍官及基層人員的再教育課程。主課程分為四大領域，分別為工程力學、法律、文獻參考、軍事專業化（大二開始可參加邊防實習）。學士教育以 4 年為限，專家訓練時間以 5 年為限。[12]

---

[11] *Jane's Fighting Ships.2004-2005*, Edited by Commodore Stephen Saunders RN, Virginia U.S.A, p. 784- 785.
State Border Guard Service of Ukraine, Sea Guard, (http://www.pvu.gov.ua/control/en/index) (2010/07/02)
State Border Guard Service of Ukraine, Sea Guard, (http://www.pvu.gov.ua/control/en/index) (2010/07/02)
[12] State Border Guard Service of Ukraine, Education and Science, (http://www.pvu.gov.ua/control/en/index) (2010/07/02)

第五節　與我國制度之比較
（A Comparison with Taiwan Coast Guard）

　　烏克蘭在陸地與海域之間與他國相連，特別注重國家的領土與及領海權益，因此設有直屬總統、專責邊境防衛的國家邊防局，局內下轄海域防衛分遣隊，處理國家各水域的安全問題。針對專業教育，國家邊防局設有專屬研究院，分為基礎的學士課程及專業級課程。國家內陸河流流經他國，因此重視各流域動向，以防非法活動的發生。因黑海與亞述海與他國共用，各國為維護自身權益易發生衝突，因此國家邊防局注重與他國的交流及協調，防止不幸發生。相對之下，我國海巡署負責海域任務，但內陸河湖因流短水急並不巡邏。專業教育機構則有警察大學的水警系提供海巡人才。國際交流方面，我國則定期派遣人員至他國進行取經，以期未來改進與發展。

第六節　結語（Conclusion）——特徵（Characteristics）

　　烏克蘭南臨亞述海及黑海，為二面濱海國家，在長 2,782 公里的海岸線上，設有四個主要基地與三個特殊分隊，以下為其海域執法制度特徵。

壹、集中制

　　烏克蘭國家邊防局底下的海域防衛分遣隊專責國家海域安全。

貳、陸海空合一

　　國家邊防局以邊境概念模式，針對陸海空三大區域設有不同分隊專責巡邏。

參、二級制──直屬總統

烏克蘭國家邊防局直屬於總統，並直接對其負責。

肆、專業教育搖籃

設有博赫丹赫麥利尼茲基國家研究院，分為基礎及專業級課程，可直接訓練局內需要的人才，畢業生多至國家邊防局服務或從事相關行業。

伍、內陸河湖亦為巡邏範圍

第聶伯河、多瑙河及德涅斯特河都是國家邊防局巡邏的範圍，並有 4 艘河流巡邏艇。

陸、重視人員操作實習

重視局內人員的對艦艇的實際操作，設有 16 艘練習艇。

柒、軍事色彩濃厚

國家邊防局人員教育以培養邊境安全的軍事專家為主旨，任務為確保國家邊境安全及領土權益。

第 57 章　比利時海域執法制度

目錄

第一節　國家概況（Country Overview）⋯⋯⋯⋯⋯⋯ 519

第二節　歷史沿革（History）⋯⋯⋯⋯⋯⋯⋯⋯⋯⋯⋯ 520

第三節　組織、職掌與編裝

　　　　（Organization, Duties and Equipment）⋯⋯⋯⋯ 522

第四節　教育與訓練（Education and Training）⋯⋯⋯⋯ 523

第五節　與我國制度之比較

　　　　（A Comparison with Taiwan Coast Guard）⋯⋯⋯ 524

第六節　結語（Conclusion）——特徵（Characteristics）⋯⋯ 524

第一節　國家概況（Country Overview）

　　比利時王國（Kingdom of Belgium）位於西歐，北鄰荷蘭（Netherlands），東接德國（Germany），東南界盧森堡（Luxembourg）、南連法國（France），西臨北海（North Sea）。全國面積 30,528 平方公里，台灣為其 1.2 倍大。海岸線長 66.5 公里，領海 12 浬，專屬經濟海域並未被界定。[1]

　　首都布魯塞爾（Brussels），全國人口 10,431,477 人（2011）[2]。國體君主立憲制，政體聯邦內閣制，國會分參、眾兩議院。（見圖 57-1）主要輸出化學品、鋼鐵、鑽石，輸入機械。[3]比國國內生產總值（GDP）461,300（百萬）美元，在 190 個國家排名第 20 名；每人國民所得（GNP）42,596 美元（2010），在 182 個國家排名第 16 名。比國在自由之家（Freedomhouse）

---

[1]　*Jane's Fighting Ships.2004-2005*, Edited by Commodore Stephen Saunders RN, Virginia U.S.A, p. 52.

[2]　CIA, The World Factbook.(https://www.cia.gov/index.html) (2011/06/10)

[3]　《世界各國簡介暨各國首長名冊》，中華民國外交部，2001 年，頁 240。

的政治權利與公民自由兩種自由程度在 2010 年的分數皆為 1，歸類為自由國家；透明國際（Transparency International）中的 2010 年的貪污調查分數為 7.1，在 178 個國家中排名第 21 名；聯合國（2010）最適合居住國家的人類發展指數為 7.3，在 169 個國家中排名第 18 名。[4]

比利時為聯合國、北大西洋公約及歐盟創始會員國，後兩組織總部均位於布魯塞爾。[5] 比國於 2007 年 6 月聯邦國會改選，荷、法語各政黨重新劃分聯邦及區政府權限，現行行政體制分為三層，分別為設於首都的聯邦政府，分為荷、法、德的三個文化社區，三個自治行政區。比國北部佛拉芒區（Vlaamse）為荷語區，南部瓦龍區（Walloni）為法語區，布魯塞爾為雙語區。由於佛拉芒區與瓦龍區使用語言及文化各不相同，且近年來佛拉芒區經濟發展情形超過瓦龍區，故佛拉芒區要求更多自治權，甚至獨立之呼聲始終不絕。[6]

第二節　歷史沿革（History）[7]

比利時海軍成立於 1831 年，1840 年購入大型雙桅船，比利時政府卻在 1865 年宣布放棄發展海軍，然 1917 年比利時海軍軍官為了掃雷及保衛比利時商船，創建一艘驅逐艦。一戰結束後，因凡爾賽條約的簽訂，比利時分配到 11 架魚雷及 26 個掃雷器，但政府預算有限，又再次取消海軍發展。1939 年，面對德軍的威脅及二戰的到來，海軍再次復活，這次終於擴建海軍陸戰隊，可惜的是，海軍擴充活動僅維持到德軍入侵的 1940 年 5 月。

比利時於二次世界大戰，派遣二艘驅逐艦參與在大西洋的海上戰爭，1940 年至 1944 年 12 月為止一直擔任護航任務。1944 年 12 月，退役後的驅逐艦回到海軍的 Ostend 第 118 中隊。多數比利時海員在英國皇家海軍服役時，也曾至不同類型的艦艇上服務，這些海軍在戰後回到國內，繼續執行保衛海域、海難搜救及走私偵查等任務。1946 年，英國贈與比利時艦艇，以更新海軍骨幹，而比利時海軍也時常更新設備以維持戰力。1970 年，為了更新海軍能量，政府同意建造 4 艘新式護衛艦，於 1979 年開始執勤。於此同時，比利時加入了北大西洋公約組織，共同對抗蘇聯勢力，海軍亦積極發展掃雷艦，研發更有效的掃雷系統。

---

[4]　五類指標詳情請見本書導論，頁 11-13。
[5]　《世界各國簡介暨政府首長名冊》，中華民國外交部，2001 年 9 月，頁 239-240。
[6]　中華民國外交部，外交資訊網頁（2010/06/04）
[7]　Belgian Navy, (http://www.mil.be/navycomp/index.asp?LAN=nl) (2010/06/24)

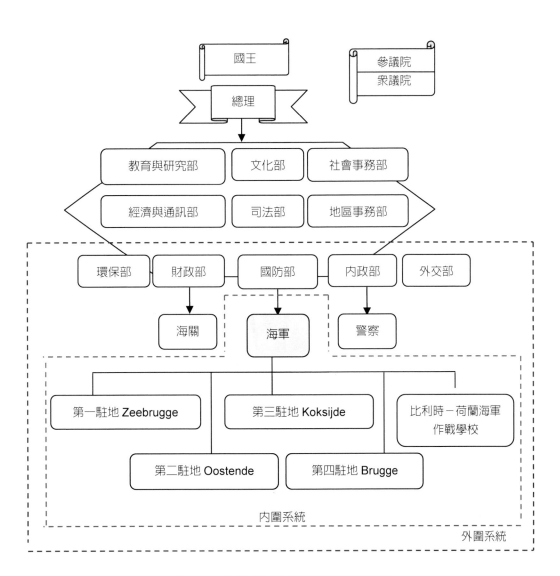

圖 57-1　比利時海域執法相關部門互動圖

資料來源：作者自繪

第三節　組織、職掌與編裝
（Organization, Duties and Equipment）

比利時海軍（Belgian Navy）

一、組織與職掌

　　比利時海軍是國內的獨立軍種，其隸屬於國防部，戰爭時期肩負戰鬥與海域安全警戒，和平時期則執行海域執法工作。海軍戰時將完全由北約指揮，負責海上通訊路線及比利時港口的安全、保衛軍艦、反水雷行動以及確保盟軍向歐洲派遣的後備部隊之安全。身為北約常備海軍部隊，更要定期參與安全行動及各項軍事演習。其平時任務為保護比利時海域安全、維持外交及貿易安全、參與人道救援與其他海域相關任務，包含支援科學與海洋考察、漁業資源控制、海域污染監控及處理。海軍也支援海關及警察的行動，處理船隻殘骸，執行海難搜救，維護國家領海及專屬經濟海域權益。[8]

　　海軍下有四大基地，第一基地為澤布呂赫（Zeebrugge），驅逐艦、訓練艇、儲備單位、潛水中心、後勤及作戰統合海洋測試中心（Mine Warfare Operational Sea Test Centre）均位於此。第二基地為奧斯藤德（Oostende）為後勤駐點。第三基地科克塞德（Koksijde）為海軍航空中心。第四基地布魯日（Brugge）為海軍訓練中心。海軍設有直屬學校，即比利時－荷蘭海軍作戰學校（Belgian - Netherlands Naval Mine Warfare School）。[9]（見圖 57-1）

二、裝備

　　比利時海軍現有 1,600 名海員，共有 22 艘艦艇，分別為 3 艘 2,430 噸驅逐艦、1 艘 45 噸巡邏艇、7 艘 595 噸作戰艦、3 艘 375 噸至 2,260 噸之輔助船、5 艘 183 噸至 195 噸之拖

---

[8]　Belgian Navy, (http://www.mil.be/navycomp/index.asp?LAN=nl) (2010/06/24)
[9]　Belgian Navy, (http://www.mil.be/navycomp/index.asp?LAN=nl) (2011/08/29)

吊船、1 艘 1,085 噸勘測艦、1 艘 149 噸帆船式實習船。航空器則有 3 架艦載直升機及 4 架陸基直升機。[10]

第四節　教育與訓練（Education and Training）

比利時海軍分別來自於皇家軍事學校（Royal Military Academy）及比利時－荷蘭海軍作戰學校（Belgian - Netherlands Naval Mine Warfare School）。皇家軍事學校屬於軍事大學，提供國內陸、海、空三軍專業教育，培養軍事人才。因為二次大戰後，國內面臨軍事人才短缺的窘境，原有的武裝部隊規模又太小，因此政府決定成立一所軍事高等學校，即皇家軍事學校。起初該校設有憲兵隊及醫療專業服務訓練，後來制度幾經修改，不再有憲兵教育。2003 年後，本該開始接受大學畢業的學士入校。皇家軍事學校是國內結合軍事性、學術性、體能訓練及軍事性格養成的現代教育組織。海軍在該校的教育時間為四年，提供綜合學科及專業學科教育，學員要訓練操作工藝、社會組織才能及現代軍事科學等課程。每年的 1 月及 7 月軍事學校會結合正規軍隊，集中訓練未來的飛行員、海軍軍官及技術人員。[11]

比利時與荷蘭於 1965 年 5 月 17 日簽訂海軍教育合約，於比利時的 Oostende 設立比利時－荷蘭海軍作戰學校，學校工作、教育人員及預算兩國一起分擔及共享。本校努力成為北約卓越中心（Nato Center of Excellence）的海軍作戰養成學校，追求高品質的技術指導，重視北約演習的實習操作。校內設有國際教育課程，積極與各國軍校及軍事組織交流。校內分為五大部門，第一部門為教育及培訓處（The Education and Training Department），由一名比利時或荷蘭的高級軍官負責岸上及海上訓練；第二部門為專業處（The Expertise Department），由德國海軍軍官負責各專業海軍學校及組織交流，提供各組織中央及分支的協調事項；第三部門為行政處（The Executive Department），由一名比利時高級海軍官員指揮行政、後勤、補給、安全、財務及糧食；第四部門為 ABNL 海軍作戰知識中心（The ABNL Naval Mine Warfare Knowledge Centre），主旨為增進戰略觀念、理論、技術等能力，以確保兩國海軍及學校的能力；第五部門為 ABNL 海軍作戰支援中心（The ABNL Naval Mine Warfare Mission Support Centre），支援兩國作戰指揮的準備，提供最新資料，並進行評估、執行。[12]

[10] *Jane's Fighting Ships.2004-2005*, Edited by Commodore Stephen Saunders RN, Virginia U.S.A, pp. 52- 56. Belgian Navy, (http://www.mil.be/navycomp/index.asp?LAN=nl) (2011/08/29)
[11] Belgium Royal Military Academy, (http://www.rma.ac.be/) (2010/06/25)
[12] Belgian - Netherlands Naval Mine Warfare School, (http://www1.eguermin.org/) (2010/06/25)

第五節　與我國制度之比較
（A Comparison with Taiwan Coast Guard）

比利時唯一海域安全單位為隸屬於國防部的海軍，其負責業務龐雜，不僅要執行軍事維護，還需負責海洋考察、漁業資源維護、處理海域污染等等海事任務，更要定期參與各種國際軍事組織的海洋軍事演習。我國隸屬於行政院的海巡署與之相較任務便單純許多。比利時海軍重視海員的訓練與教育，國內設有皇家軍事學校、比利時－荷蘭海軍作戰學校及海軍訓練中心，國際學術交流更是他們的教育重點。我國海巡署人員大多來自警大水警系，專責任務之教育單位及國際交流似乎較為不足。

第六節　結語（Conclusion）──特徵（Characteristics）

比利時西臨北海，為一面濱海國家，在長僅 66.5 公里的海岸線上，設有四個基地，以下為其海域執法制度特徵。

壹、海軍型海域執法機制

比利時無設立專業海域執法單位，而是由海軍負責國防及海域執法任務。

貳、專業教育搖籃

國內設立皇家軍事學校，與荷蘭合作開設比利時－荷蘭海軍作戰學校，海軍底下也設有訓練中心，也重視與他國海軍教育學校的交流。

參、重視國際交流

不僅與荷蘭合作開設海軍作戰學校，身為北約的常備軍隊，更定期參與國際演習，與他國交流海軍作戰資訊與技術。

肆、重視人員航海操作實習

擁有一艘 149 噸帆船式練習船。

伍、與警察及海關合作

如遇非法物品走私或人口販賣等刑事案件，將與海關及警察合作辦案。

陸、專屬航空器

設有一海軍航空中心，配有 3 架艦載直升機及 4 架陸基直升機。

第 58 章　英國海域執法制度

目錄

第一節　國家概況（Country Overview）⋯⋯⋯⋯⋯⋯⋯⋯⋯ 526

第二節　歷史沿革（History）⋯⋯⋯⋯⋯⋯⋯⋯⋯⋯⋯⋯ 527

第三節　組織、職掌與裝備

（Organization, Duties and Equipment）⋯⋯⋯⋯⋯⋯⋯ 528

第四節　權限與管轄（Authority and Jurisdiction）⋯⋯⋯⋯ 535

第五節　教育與訓練（Education and Training）⋯⋯⋯⋯⋯ 538

第六節　與我國制度之比較

（A Comparison with Taiwan Coast Guard）⋯⋯⋯⋯⋯⋯ 538

第七節　結語（Conclusion）──特徵（Characteristic）⋯⋯ 539

第一節　國家概況（Country Overview）

　　大不列顛及北愛爾蘭聯合王國（United Kingdom of Great Britain and Northern Ireland, U.K）亦稱英國，由大不列顛島、愛爾蘭島東北部以及散佈附近約五千個小島所組成。西臨北大西洋（North Atlantic Ocean）、東濱北海（North Sea），南面英吉利海峽（English Channel）與多佛海峽（Strait of Dover）。全國面積 244,820 平方公里 為台灣 6.8 倍大。海岸線長 11,450 公里，領海 12 浬，專屬經濟海域與漁場 200 浬。[1]

　　首都倫敦（London），全國人口 62,698,362 人（2011）[2]。國體君主立憲制，政體內閣制，國會分上、下議院。皇室僅有形式權力，政府由內閣掌行政權，首相即下議院多數黨

---

[1]　*Jane's Fighting Ships.2004-2005*, Edited by Commodore Stephen Saunders RN, Virginia U.S.A, p.792.

[2]　CIA, The World Factbook.(https://www.cia.gov/index.html) (2011/06/10)

黨魁。（見圖 58-1）主要輸出車輛、電動機械，輸入汽車、資料處理設備。[3]英國國內生產總值（GDP）2,259,000（百萬）美元，在 190 個國家排名第 6 名；每人國民所得（GNP）36,298 美元（2010），在 182 個國家排名第 21 名。英國在自由之家（Freedomhouse）的政治權利與公民自由兩種自由程度在 2010 年的分數皆為 1，歸類為自由國家；透明國際（Transparency International）中的 2010 年的貪污調查分數為 7.6，在 178 個國家中排名第 20 名；聯合國（2010）最適合居住國家的人類發展指數為 7.4，在 169 個國家中排名第 26 名。[4]

英國為世界第五大貿易國，其工業所需之大部分原料亦需仰賴進口，對外貿易倚存度甚高。眾多的英國銀行、保險公司及金融機構均提供全球性服務，使倫敦成為世界主要金融中心。[5]然而因金融海嘯影響，英國多家銀行與金融體系接近完全國有化的邊緣，全國經濟恐怕倒退而迫使需要向國際貨幣基金（International Monetary Fund, IMF）求援，政府再不拿出政策恐怕成為繼冰島後下一個破產的歐洲國家。[6]

第二節　歷史沿革（History）

英國海事暨海域防衛署（Maritime and Coastguard Agency, MCA）成立於 1998 年 4 月 1 日，現隸屬於環境、運輸暨區域部（Department of the Environment, Transport and the Regions）[7]。MCA 是由原海域防衛署（The Coastguard Agency）和海事安全局（Marine Safety Agency）合併改制而成，並接受兩個機關原有職責。[8]最初的海域防衛署起源於 1822 年，目的為消弭當時盛行的漁船走私風氣，主要功能在於保障關稅的收入，發生海難時，亦負責海難搜救任務。十九世紀中葉，漁船走私風氣漸消，為因應國防需求，於 1856 年經由「海域防衛設置法」（Coastguard Service Act）之法案而改隸海軍，定名為「海域防衛署」（Coastguard Agency）。此法案正式賦予海域防衛署「防衛海域安全及補充海軍後備戰力」的任務。[9]

1856 年至 1914 年第一次世界大戰爆發為止，這一段約五十年期間內，海域防衛署基於防衛海域安全之要求，發展出各式各樣的海難搜救器材。另外，為配合實際需求，設立

[3]　《世界各國簡介暨各國首長名冊》，中華民國外交部，2001 年，頁 244。
[4]　五類指標詳情請見本書導論，頁 11-13。
[5]　中華民國外交部，外交資訊網頁（2009/09/11）
[6]　江靜玲，《中國時報－國際新聞》〈比美歐更慘 英恐蹈冰島覆轍〉，2009/01/23。
[7]　該部會原名分別是環境部、運輸部，於 1997 年因應政府改造理念組織整併而成。
[8]　Maritime and Coastguard Agency, (http://www.mcga.gov.uk/c4mca/mcga07-home) (2009/09/11)
[9]　尹章華、彭銘淵編著，《海事行政法（上冊）》，台北：文淵書局，1995 年 10 月初版，頁 21。

民間自願性參與的救生隊（Life Saving Brigades），此救生隊即為目前海巡義工（Auxiliary Coastguards）之先驅。因大部分的海域防衛署成員於第一次世界大戰期間被徵調改編入海軍部隊，遭受極大的損失。1918 年第一次世界大戰後，1922 年針對原屬於海域防衛署的緝私、海難搜救工作之規劃而設立跨部會間專門委員會研議方向，依委員會建議，促成 1925 年通過「海域防衛法」（Coastguard Act）的確立，廢除原隸屬海軍的海域防衛署，改於貿易部設立專門負責領海內海難救助（Life-saving）及海域安全監視（Coast-watching）的單位，其名稱則沿用原有之海域防衛署。[10]1966 年內閣檢討海域防衛署任務，整合無線電通訊，範圍涵蓋英國沿海，運用無線電網絡監控，有效監控船難案件。1994 年改隸財政部，迄 1998 年正式隸屬於環境、運輸暨區域部。[11]

第三節　組織、職掌與裝備
（Organization, Duties and Equipment）

英國海軍（Navy）主要負責國家海域國防；海事暨海域防衛署（Maritime and Coastguard Agency）肩負海事服務中海難搜救、海事安全、海洋環保、甚至漁船發證等事項，並依法執行監督與檢查工作；至於緝私、海上犯罪等海域執法範疇由海關及警察負責，大英國協相關國家如加拿大、澳洲、紐西蘭均採此特色。而英國在海難搜救外在支援系統又有皇家救生艇協會、義工之組織；從事海洋污染應變工作是委由民間油污染應變公司來執行。

壹、英國海事暨海域防衛署
（British Maritime and Coastguard Agency, MCA）

一、組織與職掌

海事暨海域防衛署成立於 1998 年 4 月 1 日，隸屬於環境、運輸暨區域部。願景在打造成為世界級組織來防止海上人命損傷、持續強化海事安全以及保護海洋環境；致力達到人命、船舶更安全與更乾淨的海洋。在組織架構上，MCA 的主管稱之為執行長（Chief

---

[10] 同上註，頁 527。

[11] Maritime and Coastguard Agency, (http://www.mcga.gov.uk/c4mca/mcga07- The History of HM Coastguard) (2009/09/11)

Executive），指揮並管理人力資源與訓練、財務、技術服務、策略規劃、品質管理及公共關係。執行長下轄三個部門，分別掌理海事安全與污染防治（Maritime Safety and Pollution Prevention）、海事運作（Maritime Operations）、與一般服務（Corporate Services），並於國際海事組織派駐英國永久代表。全英國濱海分支服務據點 30 個，另外，基於精簡人力原則，將原有 21 個海上搜救協調中心裁減為 18 個，以充分運用人力。[12]

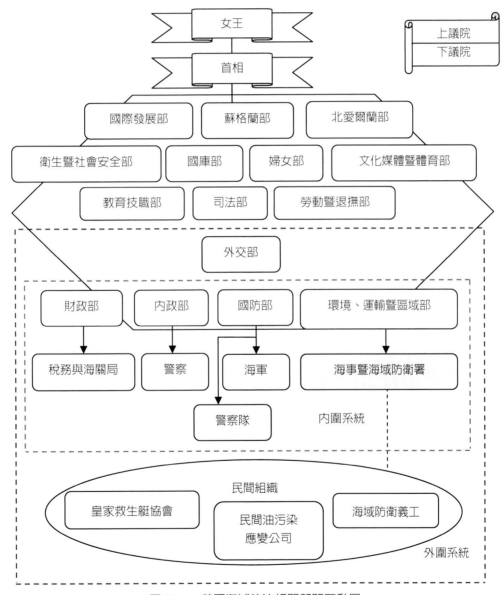

圖 58-1　英國海域執法相關部門互動圖

資料來源：作者自繪

[12]　《行政院海岸巡防署組織再造研究案》，〈行政院海岸巡防署合作研究〉，民國 90 年 12 月，頁 28。

以下介紹 MCA 各主要部門結構：

（一）海事安全與污染預防部門

下轄三組，分別為船舶結構、船舶設備及海員標準，工作重點在船舶安全及船員資格標準管理。

（二）海事運作部門

下轄四個地區局（Regions）及一位管理主任（Head of Operations），任務包括海事調查、港口國管制、調查違反海商法、起訴違反污染、安全人員配置組及避碰規則之案件、海難搜救、油品與化學品外洩之應變、評估海洋污染反潛在污染事故、評估岸際除污之科技諮詢反應等污染防治。

（三）一般服務部門

下轄四個科室，分別為
1. 財務與合約，負責財務與採購業務。
2. 薪資與考績，負責薪資與考績結構之發展、執行與維持。
3. 人事與訓練，為職員提供服務與在職訓練。
4. 秘書與企劃，職司規劃、歐盟合作、公關、與國會等業務。
5. 技術服務與資產管理，提供全球海域遇難及安全系統（Global Maritime Distress and Safety System, GMDSS）及通訊資訊，購置及維護船艇、車輛及救難設備，資產管理等。（見圖 58-2）

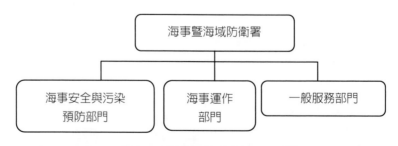

圖 58-2　英國海事暨海域防衛署內部組織圖

資料來源：作者自繪

MCA 執行之任務如下：

（一）發展、提振及執行高標準之海洋安全。

（二）急救與醫護協助，減少海員及海岸使用者人命之傷亡。

（三）全天候回應海洋緊急事故。

（四）減少來自船舶之污染危險，並在污染發生時減少對英國利益之衝擊。

（五）岸邊搜救、沼澤與山崖救援。

（六）海灘救援。

（七）監視海域與海岸。

　　MCA 設定四大工作目標：

（一）降低於英國註冊的商船與漁船之意外發生與死亡比例。

（二）降低英國搜救區域及海岸線內之突發事件的意外事故及死亡的數字。

（三）降低於英國污染監控區之國籍船隻活動所造成之污染事件與影響。

（四）提升英國國籍商船之安全紀錄。

二、裝備

　　1998 年 MCA 改制後，成員約有 1,165 名，MCA 基於搜救任務與航商簽約外包 4 艘緊急拖船，分配於四個地區搜救中心，可見MCA特別注重搜救任務，他們分別擁有 1 艘 Anglian Prince 1,598 噸大型搜救艦艇、1 艘 Anglian Princess 2,270 噸拖運搜救艦艇、1 艘 Anglian Sovereign 2,270 噸、1 艘 Anglian Monarch 1,480 噸艦艇。近海與沿岸之搜救、巡邏任務則由皇家救生艇協會支援與海域防衛署共同執行。至於空中偵巡能量除採契約方式承租 4 架民間直升機，航空器漆上 MCA 標誌執勤，必要時協請皇家空軍救難直升機支援任務。

貳、英國皇家海軍（Royal Navy）

一、組織與職掌

　　隸屬於國防部的英國海軍為國內三大軍種中最古老的，主要負責海上防衛、保護航運及履行國際軍事協議。非戰爭期間，皇家海軍的責任是維護國家領海權益與商船航道安全，協助海上走私偵查也是皇家海軍任務。由英國王子曾經服役於海軍，登上巡防艦參與加勒比海水域的緝毒行動，便可探知海軍的平時任務。

二、裝備

皇家海軍現有 34,660 人。其艦艇共有 91 艘，分別有 1 艘航空母艦、6 艘驅逐艦、13 艘護衛艦、3 艘兩棲突擊艦、14 艘潛水艇、15 艘作戰艦艇、5 艘巡邏艦艇、18 艘快速巡邏船、4 艘調查船、1 艘實習船、1 艘破冰船。227 架直升機、25 架戰鬥機。

參、英國稅務與海關局（British Revenue and Customs）

一、組織與職掌

隸屬於財政部的稅務與海關局，負責海上緝私、海上犯罪及檢查出入境物品與非法出入境等任務。

二、裝備

裝備有共有 9 艘大小不等之巡邏艦艇。

肆、英國警察（British Police）

一、組織與職掌

英國警察組織包括警察行政機關、國防部警察隊、阿爾斯特皇家警察隊及其他警察等四種類。全國四十三個警察行政機關主要執行國家保護、處理刑事案件、與法院聯絡、交通警察等業務。國防部警察隊之任務為監空所有軍事設備，並維持秩序與安全，他們享有與一般警察同樣的權利，可在軍事地區執行正式的警察職務，並完全隸屬於國防委員及國防部，其總部位於倫敦，與內政部保持密切聯繫，以相互協調各地之警察隊。阿爾斯特皇家警察隊位於北愛爾蘭，主要為預防恐怖行動而設立，也負責其他犯罪預防與偵查。而執

行各種特勤的警察組織包括皇家公園警察隊、英國運輸警察、原子能專家警察隊、國防警察、管理港口及隧道的警察隊。

英國的機場與港口由制服警察、特勤警察及海關官員負責，負責限制非法出入境、旅客的證件安檢。至於港口的船籍、機場航空器的安檢由運輸部負責。英國境內十二個主要港口皆設有警察所，負責旅客與貨物安全，地方警察與特勤組則處理恐怖行動、重大犯罪和毒品交易等事務。

二、裝備

國防部的警察隊為保護海軍基地，設有 22 艘巡邏艇，工作人員包含一位巡佐及兩位員警。警犬部門則有 350 多隻警犬分散於各主要駐地。

伍、英國皇家救生艇協會（Royal National Lifeboat Institution, RNLI）

一、組織與職掌

皇家救生艇協會成立於 1824 年，係著名海難搜救人命之人道救援組織，提供 24 小時全天候搜救服務，範圍從英國及蘇格蘭海岸線至離岸 50 浬內所有海域，協會僅設一處協調管制中心，全國分布 225 處救難艇站（Lifeboat Station）， 其財政收支完全依靠自願者或捐贈，與 MCA 合作執行海上搜救任務，可說是世界上最好的民間海上救生服務機構。

二、裝備

現行加入協會會員達 4,600 名成員，救生艇協會成員多為自願。各型號救難艇總計約420 艘。從成立至今共救援 13 萬餘人，每年平均出勤 6,200 次，動員能量可觀。

陸、英國海域防衛義工（British Coastguard Auxiliary）

一、組織與職掌

　　海域防衛義工起源於 1931 年海岸救難隊（Coastguard Rescue Brigade），成員來自各階層自願者，但政府依執行搜救時間給予酬勞，每一支救難隊依地形設立，具搜索能力並同時配備救難裝備暨航空器救難能力，部分救難隊尚具有山難救援能力。由 64 位具 MCA 身分之地區經理（Sector Manager）統合管理及訓練，海上搜救協調中心或副中心利用手提對講機、固定式無線電或手機動員及派遣救難隊人員，可全天候待命互相支援。

二、裝備

　　英國現行共有 401 支義工救難隊，376 艘救難小艇，超過 3,500 位義工，形成強大救難動員資源。政府對義工施予訓練及補助，惟因補助問題，形成勞資關係假象，易衍生權利義務保障糾紛。

柒、英國民間油污染應變公司（British Oil Spill Response Ltd, OSRL）

一、組織與職掌

　　英國在處理海上油污染事件的責任及機制，採基金會運作方式，由可能造成洩油風險之油公司、船公司、加油站、儲運業者等合作成立，委由民間專業海事環保除污公司專責處理，而政府的環保、海巡等機關則擔任整合協調及監督的角色。英國主要委託石油洩漏應變公司 OSRL 負責，其屬於非營利性專業油污應變處理機構，於 1980 年由英國 BP 石油公司創立，目前有二十七家公司合資持股，例如知名石油公司 Agip、ARCO、Exxonmobil、Shell、Texaco 等，其總部位於英國南安普敦港。

　　OSRL 在南安普敦港佔地 3.5 英畝的應變基地，儲存有全世界最大（多）之油污應變處理機具設備，其服務項目對國內各種油污意外事故作緊急應變，涵蓋國外客戶委託處置案，

並以租用方式來供應客戶洩油處理設備和人力。同時他們也開放其他國家政府或民營機關，針對油污洩漏及應變管理技術委託培訓方案。OSRL 並與世界各地如美、加、澳及新加坡之應變機構策略聯盟合作，以提供迅速因應且全球性的服務。

英國北部蘇格蘭省的蘇格蘭環保局（Scottish Environmental Protection Agency, SEPA）簽約委託之布利格海洋環境服務公司（Briggs Marine Environmental Services Ltd.）係專業海洋污染防治技術機構，負責蘇格蘭地區油污染事故處理之應變基地有三處。因北海蘊含豐富原油，鑽油平台、大小油輪穿梭其間，該基地的應變機制是隨時做好準備，24 小時待命、全年無休。

二、裝備

上述英國兩家油污染應變公司所儲備應變機具器材小從第一級至第三級重大油污處理可謂一應俱全，諸如各式攔油索，真空式、碟式、吸油索式汲油機、化學分散劑、拖曳車、又舉車、堆高機、動力載具、貨櫃、發電機、抽取泵浦、除污船、定位錨船、聯絡指揮車等等，這些基地平時僅有少數員工管理維護，人員精簡但效率卻非常好。

以 OSRL 公司為例，本身擁有一架力士型運輸機，歷次國內外油污操作經驗皆能做好客戶委託工作。從接獲洩油事故緊急通知開始，到動員員工、連絡飛機、裝載機具、運輸到機場、裝載飛機或裝船航行、抵現場卸載、進行油污處理，皆在黃金時間快速調度因應，擁有良好的衛星通信、緊急動員能力及專人操作管理深得政府信賴。

第四節　權限與管轄（Authority and Jurisdiction）

由英國 MCA 之組織結構與職掌觀之，MCA 之主要關切事務為聯合國海事組織及歐盟所制訂有關人安、船安、航安之規定的管理，以及藉四個地區（Region）之劃分執行海難搜救、海事安全及防止污染的工作，並未發展成海域執法的專責機關。MCA 之組織位階在部之下，組織結構亦相對扁平、簡單，署本部之下直接到四個區，船舶、飛機、污染防治設備亦配屬各區或區下的海洋救護次級中心。英國並無海洋事務專責機關，其海洋事務依其性質分散於各行政機關。依據 1925 年海岸防衛法，MCA 主要任務應為海難搜救及海域監視。然而，下列依法原由貿易部承辦的業務亦皆劃屬 MCA 掌理：

壹、提供沉船人（Wreak Receiver）之必要協助及暫時性之接收監管。

依 1894 年商船法（Merchant Shipping Act），運輸部有權於沉船事件發生時指定海關為接收人。不過實務上，MCA 對沉船僅限於提供接收人必要之協助及在接收人出面安排救災工作前之暫時性的監管措施。

貳、漁船之登記、丈量及標記以及漁船船員資格之檢測及發照。

依商船法規定，MCA 應負漁船登記、丈量及標記之責，另依 1968 年海洋漁業法（Sea Fisheries Act），MCA 隊員有資格轉為漁船船員。

參、海岸線的保護。

依 1949 年海岸保護法（Coast Protection Act），海岸線安全、生態的保護原屬運輸部海事局之職責，但業務合併後 MCA 有義務於巡防之際提供海岸侵蝕、防波堤破損之彙整報告。

肆、提供英倫海峽航行有關之資訊。

於多佛的海事搜救協調中心設有海峽航行資訊服務中心（Channel Navigation Information Center, CNIS），負責多佛海峽的雷達網維修，定期廣播海峽之航行資訊，針對違反海上避碰規則航行船舶採取必要措施，並維持與法國對等機構之經常性聯繫交流。

伍、除上述法定職掌外，尚須負責下列工作：

一、海洋污染防治

　　由於 MCA 具有綿密的組織及充足的設備，一般而言都是第一個受理海難事件的單位。而海上污染的發生又絕大部份係由於海難事故所引起，故 MCA 順理成章的成為負責海上污染初期工作的單位。

二、客輪違規事件的舉發

　　MCA 對於客輪違規或超載雖不負執法之責，但應負舉發之責。

三、天文觀測

　　部份偏遠的勤務站，亦得受天文台委託裝設天文觀測儀器並提交觀測報告。

四、海難事件發生時，會同驗船機構處理相關事宜

五、發行刊物

　　MCA 為求降低海難事故發生的可能性，致力於海上安全之教育及宣導，發行甚多有關航安手冊及書籍，以供遊客或小型船艇所有人海上旅遊參考。

　　除上述經常性的工作外，MCA 尚處理擱淺鯨魚、海豚拖救、野生海鳥保護、非法移民及非法入境動物等各項工作。

第五節　教育與訓練（Education and Training）

　　MCA 人員係符合其海上經歷資格條件招聘而來，並無專門教育養成學院。乃因英國為海島型國家，海上休閒活動蓬勃發展，MCA 平時即巡迴於中小學或有關俱樂部、社團加強宣導海事安全教育，預防各種海上意外發生，國民熟悉海，樂於親海、愛海。其次 MCA 人力資源部門自 1972 年起設置訓練中心，目標在確保 MCA 當值人員與時代同步增進知能專長，並規劃搜救任務協調員（SAR Mission Co-ordinator）之搜索計畫（Search Planning）、全球海域遇難及安全系統沿岸平台值更證書（GMDSS Coast Station Operators Certificate）等課程。以及符合國際公約標準之海事換照訓練，提升船員素質，進一步降低海難事故發生。而該中心施訓對象除機關內人員，更擴及皇家救生艇協會、義工搜救單位以及國外搜救機構等。

第六節　與我國制度之比較
（A Comparison with Taiwan Coast Guard）

　　首先，英國海事暨海域防衛署隸屬於環境、運輸暨區域部，署內分為海事安全與污染預防、海事運作與一般服務等單位；我國海巡署則隸屬於行政院並分為洋、岸兩總局。其次，英國海事暨海域防衛署並無實際執法權力，他們注重的是民眾與船隻在海域安全與海洋環境汙染；台灣海巡人員有執法權力，可監測與逮捕非法民眾與船隻。最後，英國海事暨海域防衛署與民間組織往來密切，因本身並沒有足夠的艦艇執行各項任務，所以海域巡邏、岸上救援與海上油汙處理皆需與民間組織合作，各民間單位與署內簽訂條約派出人力與裝備執行各種任務；台灣海巡署任務則由署內人員自行完成，除非與重大災害否則少與民間組織合作。

第七節　結語（Conclusion）──特徵（Characteristic）

英國西臨北大西洋、東濱北海，南面英吉利海峽與多佛海峽，為四面濱海島國，在長11,450 公里的海岸線上設有 30 個基地，以下為其海域執法制度特徵。

壹、分散制

海軍負責國家海域安全，海事暨海域防衛署主軸負責海難搜救、海事安全、污染預防、商漁船檢查人員資格管理等層面，海關負責緝毒與走私查緝，海域犯罪偵查由警察負責。

貳、大英國協式海域執法制度

海軍負責海域國防，海事暨海域防衛署負責海難搜救、海事安全、污染預防、商漁船檢查人員資格管理等，海關負責查緝毒品與走私，警察則負責海域犯罪，此分散制與多元化之組織型態符合其國情與任務需要。

參、負責海難搜救及環境保護工作

MCA 任務非海域執法機關，雖具有 "Coast Guard" 之名，但其主軸工作在海難搜救、海事安全、污染預防、商漁船檢查人員資格管理等層面，大型救難船艦共 4 艘。它與美國海域防衛制度（USCG）除海事安全外尚包括海域治安維護、資源保護及國家防衛等全方位法定任務明顯不同。

肆、改隸頻仍

　　由文職機關轉軍事組織，又回歸文職機關。設立於 1822 年隸屬財政部，宗旨為防治走私保障關稅收入，兼具海難救助任務。為應國防需要，於 1856 年改隸海軍，成為「軍事組織」防衛海域安全及補充海軍後備戰力任務。1925 年廢除隸屬海軍的海域防衛署，於運輸部下設立負責英國領海內海難救助及海域安全的海事暨海域防衛署。

伍、專屬航空器

　　海軍共有 342 架專用直升機或飛機適用於不同任務；海事暨海域防衛署有 4 架與民間承租之直升機，如有需要便請海軍支援。

陸、民力救難組織特強

　　各地區救難任務在人力或是裝備上，多仰賴各民間單位支援，可以更快速的完成地方性任務，諸如皇家救生艇協會、海域防衛義工與民間油污染應變公司。

第 59 章　法國海域執法制度

目錄

第一節　國家概況（Country Overview）⋯⋯⋯⋯⋯⋯ 541

第二節　歷史沿革（History）⋯⋯⋯⋯⋯⋯⋯⋯⋯⋯ 542

第三節　組織、職掌與裝備

　　　　（Organization, Duties and Equipments）⋯⋯⋯ 544

第四節　權限與管轄（Authority and Jurisdiction）⋯⋯ 548

第五節　與我國制度之比較

　　　　（A Comparison with Taiwan Coast Guard）⋯⋯ 549

第六節　結語（Conclusion）──特徵（Characteristics）⋯ 550

第一節　國家概況（Country Overview）

　　法蘭西共和國（French Republic）位於西歐，而地中海（Mediterranean Sea）上的科西嘉島（Corsica）為最大島嶼。西北臨英國海峽（English Channel），西濱大西洋（Atlantic Ocean）。北接比利時（Belgium）與盧森堡（Luxemburg），東鄰德國（Germany）、瑞士（Switzerland）、義大利（Italy），南界摩納哥（Monaco）、西班牙（Spain）、安道爾（Andorra）。全國面積 643,427 平方公里，為台灣 18 倍大。海岸線長 4,668 公里，領海 12 浬，專屬經濟海域 200 浬。[1]

　　首都巴黎（Paris），全國人口 65,312,249 人（2011）[2]。國體共和制，政體議會制，國會分參議院與國民議會。（見圖 59-1）主要輸出機械、軍火、香水，輸入石油、鋼鐵。[3]法

---

[1]　*Jane's Fighting Ships.2004-2005*, Edited by Commodore Stephen Saunders RN, Virginia U.S.A, p.221.

[2]　CIA, The World Factbook.(https://www.cia.gov/index.html)（2011/06/09）

[3]　《世界各國簡介暨各國首長名冊》，中華民國外交部，2001 年，頁 258。

國國內生產總值（GDP）2,555,000（百萬）美元，在 190 個國家排名第 5 名；每人國民所得（GNP）40,591 美元（2010），在 182 個國家排名第 18 名。法國在自由之家（Freedomhouse）的政治權利與公民自由兩種自由程度在 2010 年的分數皆為 1，歸類為自由國家；透明國際（Transparency International）中的 2010 年的貪污調查分數為 6.8，在 178 個國家中排名第 25 名；聯合國（2010）最適合居住國家的人類發展指數為 7.1，在 169 個國家中排名第 14 名。[4]

　　法國奉行社會主義福利政策，外交以歐盟事務為優先。2008 年與阿拉伯聯合大公國簽署國防協定，雙方同意法國在阿布達比海港設置軍事基地長期駐紮軍事人員，並增兵阿富汗拉近與美國全球軍事共同行動距離。2009 年重返北約統一軍事指揮系統，力圖提升法國在歐盟及國際上之地位。[5]法國軍事能量重要，2009 年由英國「詹氏防衛周刊」所做的全球軍力排名，法國排名第二主要是因為它擁有先進而完善的軍事工業體系，武器自主開發能力在歐洲最強。[6]面對歐洲經濟挑戰，2012 年的法國總統大選由主張擴增公共支出刺激經濟的奧朗德當選，成為法國十七年來首位左派總統。[7]

第二節　歷史沿革（History）

　　隨著法國海上貿易量增加，海上休閒活動蓬勃發展，法國政府因應海上挑戰，遂於 1970 年建立海域巡防隊，並於 1978 年 3 月 9 日通過海岸巡防組織法案，正式成立法國海域巡防組織，納編海軍、海關及憲兵等單位，藉以強化提升海域執法及海事服務能量。管轄範圍包含領海、專屬經濟海域，總面積約 1,000 萬平方公里，平時對於轄內海域一般例行性業務，由海上事務各主管機關各盡其職，對於海難搜救、污染應變等特別情況，則由各海域海軍軍區總司令負責協調指揮各單位，有效執行海上任務。軍區司令代表總理與部長維護法國政府海上權利，保護國家主權與利益、執法、維護海上公共秩序、保護人民生命與財產及保護環境。軍區司令運用兩種方法執行海巡任務：

　　1. 運用海軍能量時，司令直接指揮執行任務。

　　2. 需要整合海上各機關單位能量，結合指揮（Command）及勤務（Operational）控制。

---

[4]　五類指標詳情請見本書導論，頁 11-13。
[5]　中華民國外交部，外交資訊網頁。（2009/09/15）
[6]　《中央社》〈詹氏防衛周刊：美法俄中英居世界軍力前 5〉，2009/09/13，（http://tw.news.yahoo.com/article/url/d/a/090914/5/1r1ws.html）（2009/09/14）
[7]　陳文和，《中國時報－要聞》〈奧朗德當選法總統，全球股匯重挫〉，2012/05/08。

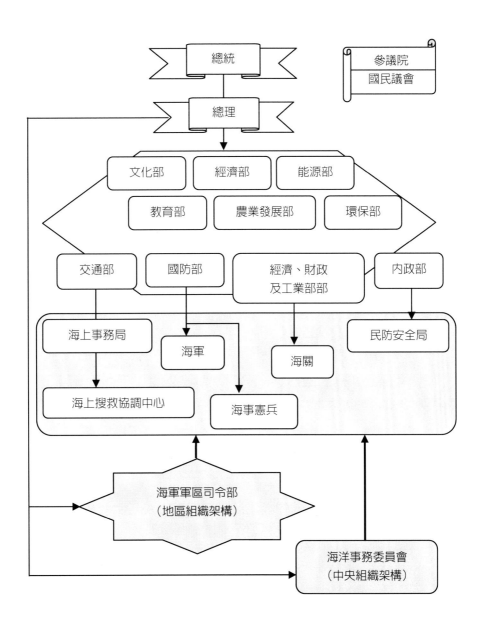

圖 59-1　法國海域執法相關部門互動圖

資料來源：作者自繪

第三節　組織、職掌與裝備
（Organization, Duties and Equipments）

壹、法國中央組織架構（海洋事務委員會）與地區組織架構（海軍軍區司令部）

一、組織與職掌

　　法國海域巡防組織並非海上專責機關，而係納編各海上事務主管機關，分別執行相關任務以提升執勤效率。海域巡防組織依其業務性質分成中央組織架構（National Structure）及地區組織架構（Regional Structure），中央組織架構負責政策性質業務，地區組織架構則負責執行性質業務。（見圖 59-1）

　　中央組織架構係由法國總理政策指導，下設海洋事務委員會，置一位秘書長（Secretariat General），由各相關部會遴選高階人員常駐秘書處，共計八人。秘書長負責海洋政策事務，統一指揮執行海洋政策，協調各機關裝備能量及人員，有效執行任務。海洋事務委員會秘書長主要係負責：

　　1. 監督海域巡防組織協調狀況。

　　2. 指導及協調各海軍軍區司令活動。

　　3. 更新、修訂所有緊急或一般勤務計畫，因應各種突發狀況。

　　4. 參與有關海洋法及國內法之研究及修訂，特別是海權及污染防治。

　　5. 參與制訂政府海洋政策，評估現行政策及前瞻計畫。

　　地區組織架構係由各海軍軍區司令部負責整合各單位裝備能量，使資源相互共享，協調指揮各單位有效執行各項海上救難、污染應變等海巡任務。法國本土有三個海軍軍區，分別為不列斯特（Brest）軍區、瑟堡（Cherbourg）軍區、土倫（Toulon）軍區。海軍軍區司令部直接由總理授權指揮，協調各單位裝備能量及人力，維護法國海域法律秩序予海難搜救、環保處理等事務。各單位合作協調任務主要有以下幾項：

1.人員安全（Safety of people）

在地區架構組織下，海上搜救協調中心（Maritime Rescue Coordination Center, MRCC）下轄搜救任務協調官（Search and Rescue Mission Coordinator）負責協調各單位裝備能量，海上遇難船舶求救信號透過無線電或衛星傳送至中心，中心協調指揮各單位執行任務。

2.航行安全（Safety of Navigation）

法國針對海上交通繁忙的海域，實施分道航行制度（Traffic Separation Schemes），以維持海上航行秩序，減少海損案件導致海洋污染。載運危險物質之船舶，潛在威脅海洋生態環境，例如法國菲尼斯太爾省沿岸每年約有五萬艘船舶通過。各軍區司令運用海上搜救協調中心監控海域各船舶，而船舶有義務報告海上搜救協調中心船艇狀況，對於異常之船舶，中心監控、警告及採取必要措施，維護海上航行秩序。

3.船員資訊（Information of Seafarers）

水文及海洋資訊中心（The Service Hydrographique et Oceanographique de la Marine, SHOM）提供船員所有海上航行資訊。海上搜救協調中心提供天氣預報及其他海事安全資訊。

4.海上休閒及運動（Maritime Leisure and Sporting Activities）

隨著海上休閒活動蓬勃發展，海軍軍區司令採取預防措施防止意外發生，並運用海上搜救協調中心，緊急應變整合海上及陸上各單位裝備能量及人力，以維護船員與海上休閒活動安全。

5.打擊非法交易（Fight against Illegal Traffickings）

海關負責查緝管轄海域內走私毒品或槍械，並與政府各單位合作，執勤範圍向外延伸至公海，查緝非法交易。

6.漁業支援及監視

由法國政府授權下，地區組織執行漁業法令，保護漁業資源、輔導船員心理或提供技術協助，與其他國家建立合作關係。

7.維持海上公共秩序（Keeping Public Order at Sea）

政府依需要執行公權力，以維護國家主權、國家利益（即海上交通安全及海上通訊自由）或執法。

貳、法國海軍（French Navy）

一、組織與職掌

　　法國海軍隸屬於國防部，係執行海巡任務之主要機關，擔任海域執法與海事服務的重要角色。由於海軍軍區司令具有海事專業背景及實務經驗，法國海軍除執行軍事任務外，軍區司令指揮協調各單位執行海巡任務。海軍共八個基地，部署在地中海和大西洋沿岸一帶。編有一個戰略海軍司令部、水面作戰司令部、反潛作戰司令部、地雷作戰司令部、潛艇作戰司令部、海軍航空兵司令部與海軍陸戰隊司令部。

二、裝備[8]

　　法國海軍約有 5 萬人（包括海軍航空兵和海軍陸戰隊），總計 279 艘艦艇，區分為軍用與一般海事用途之艦艇。軍用船艦包含 4 艘作戰潛水艇、6 艘攻擊潛水艇、1 艘航空母艦、11 艘兩棲艦、1 艘驅逐艦、8 艘反潛驅逐艦、11 艘輕型驅逐艦、11 艘通訊船、11 艘作戰艦艇、11 艘巡邏艇。

　　一般海事用途包含 4 艘補充油輪、6 艘海洋科學調查船、4 艘水文調查船、42 艘拖吊船、26 艘港口拖吊船、8 艘救火船、12 艘潛水支援船、45 艘輕型小艇、21 艘實習船、5 艘污染控制船、3 艘岸邊拖吊船、5 艘運輸船、12 艘登陸艇。

　　另外，擁有 193 架航空器，包含 59 架艦載戰鬥機、22 架巡邏飛機、9 架偵察機、33 架支援與訓練機、42 架戰鬥直升機、13 架救難直升機、15 架支援與訓練直升機。

參、法國海上事務局（French Maritime Affairs）

　　海上事務局隸屬交通部，負責搜索及救難、海上交通監視及漁事監視等，配備 8 艘巡邏艇，以及 26 艘高速巡邏艇，下轄海上搜救協調中心。法國海上事務局依據 1979 年漢堡海上搜索及救難公約（Hamburg Convention on Maritime Search and Rescue），設立 5 個海上

---

[8]　French Navy Information File, 2010, (http://fr.calameo.com/read/00033187619f879f74b63/) (2011/08/29)

搜救協調中心（Centre Regional Operations Surveillance and Secours），本土設立 3 個海上搜救協調副中心、2 個海外海上救協調副中心，係為國際海上搜救協調中心（Maritime Rescue Coordination Center）之一環。

肆、法國海關（French Customs Service）

海關隸屬經濟、財政與工業部，總計約 650 位人員，其運用三個執勤中心（Operational Center）監控海上、空中非法活動，負責領海及鄰接區海域內，查緝走私、偷渡、偽鈔等非法行為。海關配備 12 艘大型巡邏艦艇、16 艘巡邏艦艇與 27 艘小型艦艇。20 架航空器中有 2 架配備海上偵測汙染裝備。[9]

伍、法國海事憲兵（French Gendarmerie Maritime）

一、組織與職掌

海事憲兵隸屬於國防部的國家憲兵總署，憲兵總署下轄計畫、行動、人力資源、後勤等幕僚單位，海內外國土設有不同功能之憲兵部隊，針對不同權責設有分組小隊。法國憲兵雖為軍人身份，但其執行之軍事任務不到全部任務的 20%，和平時期以擔任司法警察與行政警察等維持社會治安之身份為主。他們能有效執行國土監視防衛、海岸巡防、山海救難、領海近岸巡邏、反毒品、反走私、維護空運航運安全等不同任務。憲兵總署直轄之特別單位包含 5 個共和衛隊、34 個空運憲兵小隊、17 個軍事安全憲兵小組及 75 個海事憲兵小隊。海事憲兵負責海域刑事及公共秩序維護任務。[10]

---

[9] *Jane's Fighting Ships.2004-2005*, Edited by Commodore Stephen Saunders RN, Virginia U.S.A, p.252.
[10] 憲兵學校，《各國憲兵制度簡介》，台北：憲兵學校，2006 年 12 月，頁 73-75。

二、裝備

海事憲兵之艦艇有 1 艘 STELLES 級 60 噸、2 艘 PATRA 級、4 艘 GERANIUM 級 99 噸、8 艘 VSC 14 級 21 噸、1 艘 FULMAR 級 680 噸、24 艘 VCSM 級 40 噸、15 艘 VSC 10 級的近岸巡邏艇。[11]

陸、法國民防安全局（French Security Civil）

隸屬於內政部，一般負責陸地居民之安全與協助，擁有 14 架直升機協助海巡任務，參與維護海上作業人員安全，並執行海上污染防治（Counter-Pollution）作業。

柒、法國海上救生艇協會（French National Lifeboat Institution）

海上救生艇協會配備有 40 艘救難艇，120 艘高速巡邏艇及 480 艘小艇，計有 250 個基地，約有 4,000 名會員。

第四節　權限與管轄（Authority and Jurisdiction）

法國海域巡防組織並非海上專責機關，而是納編各海上事務主管機關，分別執行相關任務以提升執勤效率。海域巡防組織依其業務性質分成中央組織架構及地區組織架構，中央組織架構負責政策性質業務，地區組織架構則負責執行性質業務。法國政府基於整體國家政策及節省財政支出，賦予法國海軍擔任海域執法、搜救及油污染應變之統合權責。救難工作亦由海軍各軍區統合海關及警察等單位，充分運用民間救難能量，減少政府人力、訓練、設備維修等負荷。法國海域巡防組織，對執法、油污染應變、救難等任務，充分發揮公家機關與民間單位分工合作的關係，例如組織充分授權各海上搜救協調中心，接獲通報立即指揮協調第一線單位執勤。

---

[11] *Jane's Fighting Ships.2004-2005*, Edited by Commodore Stephen Saunders RN, Virginia U.S.A, pp.250-251.

第五節　與我國制度之比較
（A Comparison with Taiwan Coast Guard）

　　第一，法國海域巡防組織講求組織精簡，行政層級少、人力精簡、機制運作效率高，尤以中央性質之指揮政策為最高。其能量建立於地區性或執行單位，統合運用、相互支援各單位，節省政府財政支出。在任務執行均講究人力精簡政策下，法國海洋事務委員會僅8員；相較我國海岸巡防機關署本部人力配置則有250員、各地區局亦有750員。

　　第二，法國基於國家利益及成本效益兩項因素，設有類似我國國家搜救協調中心機制，指揮協調各單位海上救援能量，而非採用設立海上專責單位制度；我國在搜救方面已建立超部會之國家搜救中心，指揮協調搜救能量。惟海上油污染應變及漁業巡護方面，尚未建立有效之協調聯繫機制。

　　第三，法國海域巡防組織對海上油污染處理以緊急應變及任務管制為主，專業處理方面則採簽訂長期合約委外方式辦理。法國規定油污染事件須由船舶所有人（船東）採取必要處理措施，能力不及或超過政府所要求一日以上之期限仍未處理，始由政府機構接手處理；我國依海洋污染防治法施行細則第13條規定，雖規範船舶所有人應採措施，惟並未律定處理時限，較容易引生責任爭議。目前我國尚未完全落實由船舶所有人負責清除油污染責任，且相關船舶所有人責任保險機制，亦尚待建立。

　　第四，法國依案件發生地點，分別由民防安全局（陸上為主）或海軍、海關（海上為主）派遣（自建或租用）；我國在考量財政、人員訓練及維修等成本因素，「空中偵巡一元化」政策業已定案，除任務執行確為必要而由海岸巡防機關自行籌建外，其他就海難救助、油污監控、查緝巡弋等任務，由海巡署委外簽訂中、長期租用契約方式處理，並配合任務需要，搭載海巡人員執行勤務。

　　最後，法國設有救生艇協會，組織完整，自建能量與通報系統，義務擔任海上救難任務。該協會，在法國本土及海外計有250個站，4000名義工，擁有40艘救難艇、120艘快速巡邏艇及480艘小艇。海上救難的工作，是一項「人道性」、「互助性」、「義務性」的工作；相較我國目前的海上救難工作，往往只見政府部門的船艇飛機疲於奔命的自基地冒險前往救援，並未能善用海上遇險船舶或飛機位置附近的商漁船來協助救援，這種現象除了暴露了效率的不彰、資源的浪費更降低了成功救援的機會。以此觀之，我國未來如何有效整合、利用民間搜救資源，仍待努力。

第六節　結語（Conclusion）──特徵（Characteristics）

法國西臨大西洋，南濱地中海，北瀕英吉利海峽，為三面濱海國家，海岸線長 3,432 公里，以下為其海域執法制度特徵。

壹、統合分散制

海域防衛組織不隸屬於任何部門，組織內任務分配細密，不同任務各有專門執行單位，有效完成跨單位的事務指揮。

貳、憲兵參與海域執法任務

隸屬於國防部的國家憲兵總署，直轄 75 個海事憲兵小隊維護海域安全並偵查海域刑事案件。

參、與民間單位合作密切

針對海域搜救，身為民間團體的海上救生艇協會擁有不少艦艇與會員，內部組織與分工完整，為海域搜救任務的一大助力。

肆、注重人員航海實習

擁有 13 艘 57 噸至 463 噸不等之實習艦艇。

伍、重視海域汙染的監測與控制

　　海軍擁有汙染控制艦艇，海關擁有航空器可執行海域汙染監測，民防安全局則協助執行汙染控制任務。

陸、海軍強力參與海難搜救任務

　　海軍不僅只是軍事單位，平時如需要海難搜救，海軍經過各搜救中心通報後，便會協助執行任務，可見法國政府對人民生命安全的注重。

柒、民間搜救能量特強

　　法國海上救生機制與裝備能量強大，擁有 4,000 名義工、40 艘救難艇、120 艘快速巡邏艇及 480 艘小艇。

第 60 章　克羅埃西亞海域執法制度

目錄
第一節　國家概況（Country Overview）······························· 552
第二節　歷史沿革（History）······································· 553
第三節　組織、職掌與編裝
　　　　（Organization, Duties and Equipment）·············· 555
第四節　教育與訓練（Education and Training）················· 577
第五節　與我國制度之比較
　　　　（A Comparison with Taiwan Coast Guard）··········· 558
第六節　結語（Conclusion）——特徵（Characteristics）··· 558

第一節　國家概況（Country Overview）

克羅埃西亞共和國（Republic of Croatia），位於東南歐，西與義大利（Italy）隔亞得里亞海（Adriatic Sea）相望，北部與東北部屬多瑙河（Danube River）中游平原，最南端之杜布羅夫尼克市（Dubrovnik）區域被鄰國波士尼亞隔開。北接斯洛維尼亞（Slovenia）、匈牙利（Hungary），東鄰波士尼亞（Bosnia）及塞爾維亞（Serbia）。全國面積 56,592 平方公里，為台灣 1.6 倍大。海岸線長 5,835 公里（本土 1,777 公里，島嶼 4,058 公里），領海 12 浬，但專屬經濟海域區並未被界定。[1]

首都札格瑞布（Zagreb），全國人口 4,483,804 人（2011）[2]。國體共和制，政體內閣制，國會一院制，國家元首為總統，總理為政府首腦。（見圖 60-1）主要輸出紡織品、化學品、

---

[1] *Jane's Fighting Ships.2004-2005*, Edited by Commodore Stephen Saunders RN, Virginia U.S.A, p. 161.

[2] CIA, The World Factbook.(https://www.cia.gov/index.html) (2011/06/10)

手工藝。[3]克國國內生產總值（GDP）59,920（百萬）美元，在 190 個國家排名第 66 名；每人國民所得（GNP）13,527 美元（2010），在 182 個國家排名第 44 名。克國在自由之家（Freedomhouse）的政治權利與公民自由兩種自由程度在 2010 年的分數前者為 1，後者為 2，歸類為自由國家；透明國際（Transparency International）中的 2010 年的貪污調查分數為 4.1，在 178 個國家中排名第 62 名；聯合國（2010）最適合居住國家的人類發展指數為 6.0，在 169 個國家中排名第 51 名。[4]

克國近八個世紀由異族統治，直到十九世紀前半葉才開始民族運動，也開啟國內的政治鬥爭。1990 年，舉辦獨立投票後，於 1992 年正式獨立。[5]獨立初期，國家內戰加上政府不善經營，原本為前南斯拉夫最富裕的共和國經濟因此衰退，所幸近年改善許多。目前與各國關係尚稱良好，致力於改善與鄰國關係，為解決與斯洛維尼亞之海上畫界問題，已交國際法院仲裁處理。[6]

第二節　歷史沿革（History）[7]

克羅埃西亞現代海軍雖於 1992 年獨立後成立，但海軍的存在其實可以追溯至 10 世紀初。中世紀時期的克國擁有一批強大海軍，他們控制了亞得里亞海東部的大部分範圍，他們更曾在戰爭中擊敗威尼斯公爵海軍艦隊。而現代海軍的起源則是奧匈帝國及南斯拉夫的海軍，兩國 35 艘船舶分別在一戰期間及二戰後遭到扣押，克國深知海軍在亞得里亞海及地中海地區極為重要，獨立後隨即成立專屬軍隊。海軍下轄之海域防衛隊是由國家議會通過法案後，於 2007 年 9 月 13 日成立。根據法令規定，海域防衛隊指揮官的任命與解職是由總統來決定。

---

[3] 《世界各國簡介暨各國首長名冊》，中華民國外交部，2001 年，頁 248。
[4] 五類指標詳情請見本書導論，頁 11-13。
[5] 李邁光著，《東歐諸國史》，台北：三民書局，1990 年 1 月，頁 661。
[6] 中華民國外交部，外交資訊網頁（2010/07/02）
[7] Croatia Navy , (http://www.osrh.hr/data/hrm_en.html) (2011/08/29)

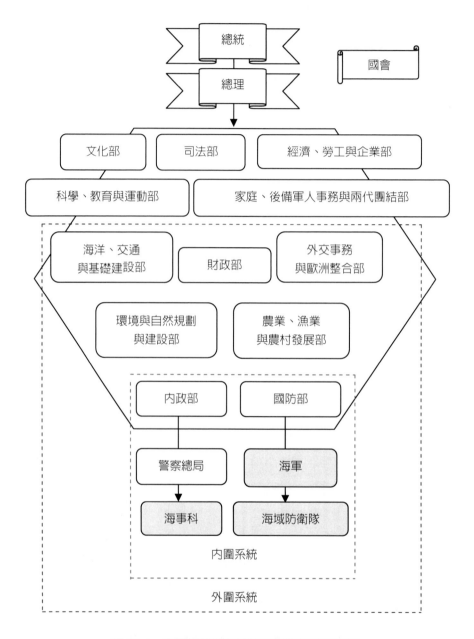

圖 60-1　克羅埃西亞海域執法相關部門互動圖

資料來源：作者自繪

第三節　組織、職掌與編裝
（Organization, Duties and Equipment）

克羅埃西亞海軍（Croatian Navy）——海域防衛隊（Coast Guard）

一、組織與職掌[8]

　　克羅埃西亞海軍隸屬於國防部，為國家正規軍隊。（見圖 60-1）海軍內部設有海軍艦隊、支援課、水雷作戰組、海域防衛隊、海軍陸戰隊、沿海監測部隊、海軍訓練中心以及南北區基地等等。（見圖 60-2）海軍成立目的為捍衛國家海域主權權益、保護位於亞得里亞海的海島及海岸，他們有主要任務為：

（一）遏制來自海域的威脅，保護國家安全。

（二）監控臨亞得里亞海之海岸及外國軍艦動向。

（三）加強亞得里亞海海域邊境的完整。

（四）與地中海各國保持和平的夥伴關係。

（五）保衛多瑙河安全。

　　海軍主要保衛國家海域主權利益，但平時保護海域安全與維持治安的則是海軍下轄的海域防衛隊。

---

[8]　Croatia Navy , (http://www.osrh.hr/data/hrm_en.html) (2011/08/29)

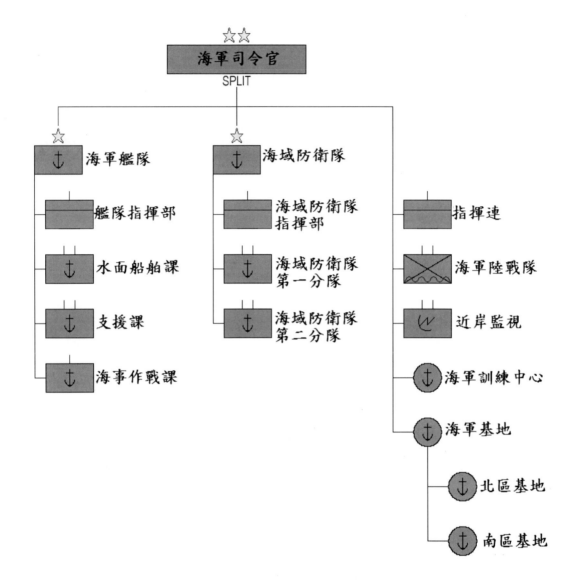

圖 60-2　克羅埃西亞海軍內部組織圖[9]

　　海域防衛隊效力於海軍，主要任務為打擊恐怖行動，巡邏海域、偵查販賣人口與毒品、進行海難搜救、保護海域生態及漁業資源、進行海上船舶交通管制。海域防衛隊分為兩大指揮部，分別為位於斯比特（Split）的第一指揮部及位於普拉（Pula）的第二指揮部。本單位與隸屬於內政部的警察總局底下的海事科共同合作，海上如遇走私非法物品等刑事案件時，便交由海事科警察帶回偵查。

9　　Croatia Navy , (http://www.osrh.hr/data/hrm_en.html) (2011/08/29)

二、裝備[10]

　　海軍總計 1,900 人，艦艇計有 31 艘，分別為 3 艘武裝飛彈艇、4 艘巡邏艇、1 艘實習船、21 艘後備支援船、1 艘輕型潛水艇、1 艘快艇。其他裝備有 3 架移動式海岸發射器、21 架近岸發射器、14 個海岸雷達。海軍於 2009 年開始建造 8 至 10 艘新式巡邏艇，但資金不足而一直延宕。目前開始建造的 2 至 4 艘護衛艦，預計可於 2015 年正式服役，另外，2012 有 12 艘小型的多用途船舶可以開始服勤。

　　海域防衛隊則有專屬的 8 艘巡邏艇、1 架巡邏機及 1 架運輸直升機。海事科警察為方便協助海域防衛隊，也設有 5 艘巡邏快艇於海上值勤。海域防衛隊預計於 2010 年開始建造 10 艘巡邏艇，預計於 2013 年年底正式啟用，其他艦艇的訂單仍在持續進行。

第四節　教育與訓練（Education and Training）[11]

　　克羅埃西亞正規軍隊需要具備戰術理論及實質操作能力的武裝部隊，是以發展聯合行動為目標，因此政府建構了一個新的單位提供聯合教育培訓。聯合教育與訓練指揮單位有下列基本任務：

壹、落實聯合教育及培訓軍官與士兵。

貳、建議及擬定聯合武裝部課程。

參、參與制定武裝部隊的統一教育標準及訓練課程。

　　聯合教育與訓練指揮單位附設 5 所不同專業之軍事學校：

壹、軍事學院（War college）。

貳、指揮與參謀學院（Command and staff College）。

參、士官學校（NCO Academy）。

肆、外國語言學校（Foreign Language School）。

伍、整合戰略模擬中心（Operational-Strategic Simulation Centre）。

　　作為各武裝部隊的基礎教育，部隊人員可選擇至不同學院就讀。而海軍人員由學校畢業後，必須到海軍訓練中心進行進階海員課程與實習操作以配合未來需求。

---

[10] *Jane's Fighting Ships.2004-2005*, Edited by Commodore Stephen Saunders RN, Virginia U.S.A, pp. 161- 165. Croatia Navy, (http://www.osrh.hr/data/hrm_en.html) (2011/08/29)

[11] Education and training command, (http://www.osrh.hr/data/hrm_en.html) (2010/07/05)

第五節　與我國制度之比較
（A Comparison with Taiwan Coast Guard）

　　克羅埃西亞海域安全由海軍負責，其不僅肩負國家海域的軍事安全，還隨時要監控領海的可疑船舶，以保護國家領海權益。海軍下轄的海域防衛隊執行與他國海域防衛署類似的任務，巡邏與打擊非法走私、海難搜救，保護海域生態及資源，進行船舶交通管制等工作。即使海軍及海域防衛隊的成立年份短，但政府非常注重其發展，雖然資金時常有限，但仍努力購置與建造新式艦艇。克國海域防衛隊雖然負責海域執法安全，但如果逮捕之非法行為與刑事判決有關，則與警察總局的海事科合作。克國重視武裝部隊的基礎教育，因此設有聯合教育與訓練指揮單位，整合國內各軍事學校，海員學校畢業後，再至海軍訓練中心實習。台灣設有海巡署為專責海域執法單位，海軍身為國家軍事單位，並不參與海巡署任務，又因海巡署人員具警察身份，遇非法情事可直接進行偵查，與克國海軍型的海域防衛隊需與警察交互合作方式，大為不同。

第六節　結語（Conclusion）──特徵（Characteristics）

　　克羅埃西亞西臨亞得里亞海，為一面濱海國家，多瑙河流經國內中部，在長 5,835 公里的海岸線上，設兩大分區，分別自負責約 2,895 公里的範圍，以下為其海域執法制度特徵。

壹、海軍型海域執法機制

　　克國海域軍事安全交由隸屬國防部的海軍負責，海軍下轄海域防衛隊則負責海域執法、海難搜救與海域資源保護等任務。

貳、四級制──隸屬於海軍

負責各海域防衛任務的海域防衛隊,為隸屬於國防部海軍的四級單位。

參、內陸河湖亦為巡邏範圍

流經克羅埃西亞境內的多瑙河也是海軍巡邏範圍。

肆、與警察單位合作密切

海軍雖設有海域防衛隊進行各種海事安全任務,但遇刑事案件,例如走私毒品、人口販賣等非法活動,將與警察總局內的海事科警察合作。

伍、專業教育搖籃

政府為統合武裝部隊教育,設有聯合教育與訓練指揮單位,下轄 5 所不同專業的軍事學校, 海軍於軍事學校畢業後,再至海軍訓練中心進行進階教育與實習。

第 61 章　希臘海域執法制度

目錄

第一節　國情概況（Country Overview）⋯⋯⋯⋯⋯⋯560

第二節　歷史沿革（History）⋯⋯⋯⋯⋯⋯563

第三節　組織、職掌與編裝
　　　　（Organization, Duties and Equipment）⋯⋯⋯564

第四節　權限與管轄（Authority and Jurisdiction）⋯⋯⋯567

第五節　教育與訓練（Education and Training）⋯⋯⋯567

第六節　與我國制度之比較
　　　　（A Comparison with Taiwan Coast Guard）⋯⋯568

第七節　結語（Conclusion）——特徵（Characteristics）⋯⋯568

第一節　國情概況（Country Overview）

　　希臘共和國（Hellenic Republic）位於歐洲東南部巴爾幹半島（Balkan）[1]南端，北接保加利亞（Bulgaria）、馬其頓（Macedonia）與阿爾巴尼亞（Albania），東鄰土耳其（Turkey），東濱愛琴海（Aegean Sea）[2]，西南臨愛奧尼亞海（Ionian Sea）[3]及地中海（Mediterranean Sea）。全國面積 131,957 平方公里 為台灣 3.7 倍大。海岸線長 13,676 公里，領海 12 浬。[4]

---

[1] 半島地處歐、亞、非三大陸之間，是歐、亞聯繫的陸橋，南臨地中海主航線，東有伊斯坦布海峽和達達尼爾海峽扼黑海的咽喉，地理位置重要，地形以山地為主。維基，（http://zh.wikipedia.org/zh-tw/%E5%B7%B4%E5%B0%94%E5%B9%B2%E5%8D%8A%E5%B2%9B）（2011/01/17）

[2] 是地中海的一部分，位於希臘半島和小亞細亞半島之間，南北長 610 公里，東西寬 300 公里。維基，（http://zh.wikipedia.org/wiki/%E7%88%B1%E7%90%B4%E6%B5%B7）（2011/01/17）

[3] 是地中海的的一個海灣，北接亞德里亞海，西接義大利卡拉布里亞（Calabria）及西西里（Sicily），東

首都雅典（Athens），全國人口 10,760,136 人（2011）[5]。國體共和制，政體責任內閣制，國會一院制，總理主導國家政策，象徵性的總統僅行使一些政府功能。（見圖 61-1）主要輸出農產品、紡織品、金屬，輸入車輛、石油、鋼鐵。[6]希臘國內生產總值（GDP）302,000（百萬）美元，在 190 個國家排名第 32 名；每人國民所得（GNP）27,264 美元（2010），在 182 個國家排名第 28 名。希臘在自由之家（Freedomhouse）的政治權利與公民自由兩種自由程度在 2010 年的分數前者為 1，後者為 2，歸類為自由國家；透明國際（Transparency International）中的 2010 年的貪污調查分數為 3.5，在 178 個國家中排名第 78 名；聯合國（2010）最適合居住國家的人類發展指數為 6.8，在 169 個國家中排名第 22 名。[7]

希臘擁有世界最大商船隊，而興盛的旅遊業為外匯、維持國際收支平衡的重要經濟來源。對外政策以歐盟為依歸，重視巴爾幹國家睦鄰友好關係，並謀求在歐盟、北約與巴爾幹國家之間發揮橋梁作用。其長年與土耳其之不睦，雖於 1998 年解凍，但土國船舶、飛機數度侵犯希臘領海、領空，致使兩國關係復趨不睦。[8]2009 年 12 月，希臘遭遇成立歐盟以來最大的國家債信危機，順帶拖垮歐元區匯率，所幸歐盟央行決定援助希臘，才暫時解決可能崩盤的經濟危機。[9]

歐洲篇

希臘海域執法制度

接阿爾巴尼亞及許多希臘島嶼。維基，（http://zh.wikipedia.org/wiki/%E6%84%9B%E5%A5%A7%E5%B0%BC%E4%BA%9E%E6%B5%B7）（2011/01/17）

[4] *Jane's Fighting Ships.2004-2005*, Edited by Commodore Stephen Saunders RN, Virginia U.S.A, pp. 279.

[5] CIA, The World Factbook.(https://www.cia.gov/index.html) (2011/06/10)

[6] 《世界各國簡介暨各國首長名冊》，中華民國外交部，2001 年，頁 262。

[7] 五類指標詳情請見本書導論，頁 11-13。

[8] (http://163.30.0.78/mngk/AthenNews.htm) (2009/04/16)

[9] 郭崇倫，《中國時報－時論廣場》〈歐盟金援希臘　金融大鱷夢碎〉，2010/03/30。

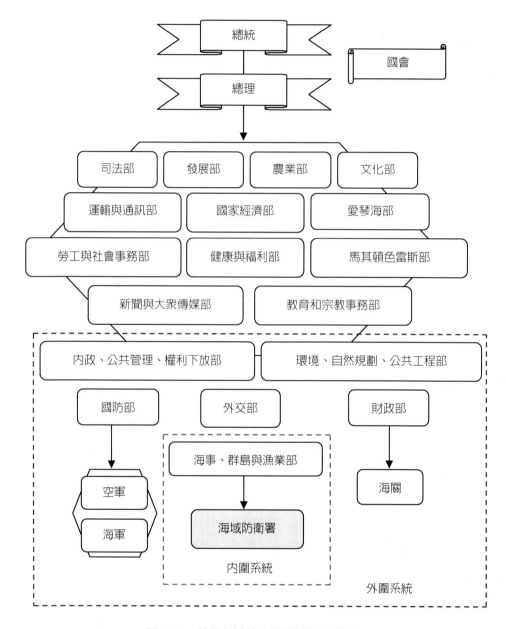

圖 61-1　希臘海域執法相關部門互動圖

資料來源：作者自繪

第二節　歷史沿革（History）[10]

　　1453 年起，希臘優越的海事地理位置便遭鄂圖曼土耳其帝國的控制，直到 1832 年獨立為止。受統治期間，希臘努力將海上控制權搶回手中，但土耳其因希臘商業位置所帶來的財富仍不願鬆手，但願意將海上運行的安全維護交予希臘，此情況一直持續到希臘獨立戰爭成功。

　　希臘獨立後開始建立法令，逐步規劃海事任務與權限。有鑑於海域發展與安全的重要，因此在 1919 年於海軍內成立海域防衛署管理海域，並於 1927 年成為獨立單位，從此確立其職能與權限，日後如意圖更改法令或提議，須經過國會審核與同意。1980 年後，希臘海域防衛署有繪製代表標誌，圖形基礎來自希臘船旗，交叉的船錨上方繪有代表國旗的圖樣。[11]（見圖 61-2）2009 年 10 月 6 日前，海域防衛署隸屬於商業海事、愛琴海與群島安全部（Ministry of Mercantile Marine, The Aegean and Island Policy），本部後因國家政策改革而廢除。政府於 2010 年 7 月重新成立海事、群島與漁業部（Minister for Maritime Affairs, Islands and Fisheries），並命其專職負責海域各任務，而海域防衛署改隸其下。

圖 61-2　希臘海域防衛署標誌[12]

---

[10] Minister for Maritime Affairs, Islands and Fisheries, (http://www.yen.gr/en/yen.chtm?prnbr=23685) (2011/01/17)

[11] Minister for Maritime Affairs, Islands and Fisheries, Hellenic Coast Guard, (http://www.yen.gr/en/yen.chtm?prnbr=23685) (2011/01/17)

[12] Minister for Maritime Affairs, Islands and Fisheries, Hellenic Coast Guard, (http://www.yen.gr/en/yen.chtm?prnbr=23685) (2011/01/17)

第三節　組織、職掌與編裝
（Organization, Duties and Equipment）

壹、希臘海域防衛署（Hellenic Coast Guard, HCG）

一、組織與職掌

　　希臘海域防衛署　隸屬海事、群島與漁業部，HCG 組織類似希臘海軍系統，在戰爭時支援國家海軍作戰，其最新職能是依據 2010 年的國家法案，總指揮職稱為海軍中將。（見圖 61-1、61-3）HCG 和平時期進行的任務是海域執法、搜尋與救援、海洋汙染防治、漁場巡邏與防止非法移民。為有效履行職務因此有許多不同噸位與類的艦艇執行任務。HCG 的海域救援中心總部（Maritime Rescue Coordination Center, MRCC）位於比里由斯（Piraeus），位於 Aspropyrgo 的緊急無線電中心分別在比雷夫斯（Piraeus）、艾羅希斯（Eleusis）、拉斐隆（Lavrion）、拉斐那（Rafina）、塞薩洛尼基（Thessaloniki）、Volos、帕特拉斯（Patras）、Corfu、Rhodes、Mytilene、伊拉克里翁、Chios、Kavala、Chalcis、Igoumenitsa 等主要港口在設有船舶服務中心（Vessel Traffic Service, VTMIS）。[13]HCG 分別在塔托伊（Dekelia）與艾羅希斯的空軍基地設有飛航小隊負責空中搜尋，值勤人員混合了空軍和 HCG 人員，主要進行搜救任務。

---

[13] *Jane's Fighting Ships.2004-2005*, Edited by Commodore Stephen Saunders RN, Virginia U.S.A, p.292.

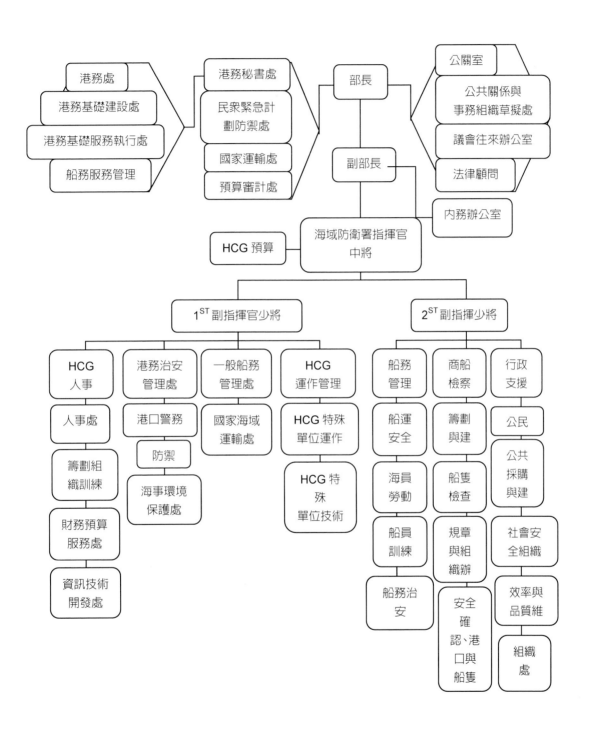

圖 61-3　希臘海事、群島與漁業部及 HCG 內部組織圖[14]

資料來源：作者自繪

_____

[14] Hellenic Coast Guard, Organization, (http://www.yen.gr/en/yen.chtm?prnbr=23685) (2011/01/17)

在目前的立法框架下，HCG 主要任務如下：

（一）在海上、港口與沿海地區進行監測，防止非法行動或移民，並於巡邏邊界執法。

（二）進行海難搜救（與希臘空軍合作，空軍主要負責空運）。

（三）保護海洋環境，快速回報海洋汙染事故。

（四）進行船舶水手訓練。

（五）提供緊急海上無線電通信服務。

（六）執行海上人員勞動法案，監管內政、公共管理、權利下放部之商船機構和人員的社會福利與保險。

（七）進行港口業務操作（不包括港口飛行員）。

（八）檢驗商船與船運公司。

（九）代表政府參加國際會議。

二、裝備[15]

HCG 艦艇顏色與海軍類似，後為與之區分，1990 年開始在船身兩側繪上藍條紋並穿過一條白色線條。1993 年後，HCG 的船殼幾乎是灰色或白色。署內人員約有 4,000 人，當中軍官佔 1,055 名，艦艇有共計有 103 艘，包含 32 艘巡邏艇、51 艘近岸巡邏艇、11 艘救難船、6 艘汙染控制船、3 艘支援船。為了 HCG 人員的操作訓練，共擁有 5 艘實習艇船：

（一）1 艘 3,532 噸的實習艦。

（二）3 艘 12 噸的小型實習艇。

（三）1 艘大型希臘式傳統划槳帆船。

對於岸上的任務則配有許多汽機車方便行動。另外，HCG 的專屬航空隊擁有 17 架航空器。

---

[15] Hellenic Coast Guard, (http://www.yen.gr/en/yen.chtm?prnbr=23685) (2011/08/29)

貳、希臘海關（Hellenic Customs）

一、組織與職掌

希臘海關配有不少裝備量，主要任務為檢查國境出入人員之身分，或有無攜帶危險物品。海關時常受到 HCG 的調動與支援，以有效的執行各項任務檢查。

二、裝備

海關裝備有 HCG 支援的 3 艘巡邏艇，另有 1 艘 230 噸的大型巡邏艦，艦艇有時會配置武器。[16]

第四節　權限與管轄（Authority and Jurisdiction）

根據國家憲法規定，HCG 需對國家所有港口進行監視與保護任務，並擁有海事領域的管轄權。根據國家法令措施，為了維護漁場資源及海域汙染控制，法令給予權利讓 HCG 人員監測捕魚區，可以檢舉並逮捕非法人員。

第五節　教育與訓練（Education and Training）

HCG 近幾年增加來自商船學院等高等教育機構的人員，但主要人員仍來自希臘海軍學院，士官人員先在 Palaskas 海軍訓練中心進行九個月培訓，低階軍官則在比里由斯受訓。希臘海軍學院擁有軍事專科教育學院與大學的地位及資源，主要培訓希臘海軍，成立於 1845 年的海軍學院也是全希臘最古老的軍事訓練學校。海軍士官與 HCG 人員皆於此受訓，在畢

---

[16] *Jane's Fighting Ships.2004-2005*, Edited by Commodore Stephen Saunders RN, Virginia U.S.A, p.294.

業前六個月開始接受職前訓練，後根據興趣選擇服役單位或接受更專業的理論與操作課程。另外，HCG 的空中巡邏人員必須由海軍位在 Kotroni 的航空站訓練單位負責培育才可執勤。[17]

第六節　與我國制度之比較
（A Comparison with Taiwan Coast Guard）

首先，希臘海域防衛署隸屬於海事、群島與漁業部，憲法中明文規定所有職責，戰爭時協助國防部海軍作戰；台灣海巡署隸屬於行政院，戰爭時同樣受命於國防部指揮。其次，希臘海域防衛署雖已與從海軍區分，但成員教育與訓練仍在海軍學院完成；台灣海巡署人員則是在警大水警系培養而成。最後，希臘海域防衛署擁有專屬航空器，使用某些航空器與救援行動時則由空軍協助，飛行員另由海軍航空站訓練。

第七節　結語（Conclusion）──特徵（Characteristics）

希臘東濱愛琴海，西南臨愛奧尼亞海及地中海，為三面濱海半島國，海岸線長 13,676 公里，以下為其海域執法制度特徵。

壹、集中制

設有海域防衛署做為專責的海域防衛單位。

貳、三級制──隸屬於海事、群島與漁業部

希臘海域防衛署為隸屬於海事、群島與漁業部之三級單位。

---

[17] Minister for Maritime Affairs, Islands and Fisheries, Hellenic Coast Guard, (http://www.yen.gr/en/yen.chtm?prnbr=23685) (2009/07/24)

參、設備現代化，人員眾多

HCG 現有人員 5,055 名，擁有多艘各種功能的專業艦艇，注重職責區分。針對巡邏的艦艇有 142 艘，巡邏船當中的 3 艘為支援海關之用，專職搜尋與救援的艦艇有 4 艘，實習船有 5 艘。

肆、專業教育搖籃

海域防衛署人員多數來自於希臘海軍學院，他們在畢業的前六個月接受職前訓練，根據自己的興趣選擇單位與更專業的理論與操作訓練課程。另外，而海域防衛署的空中巡邏人員必須由海軍位在 Kotroni 的航空站訓練單位負責培育並且執行任務。

伍、專屬航空隊

重視空中與海域巡邏合作關係，共設置 17 架專屬航空器。

陸、重視海洋環保及海難搜救

擁有專職的海洋環保及救難船各 4 艘。

柒、重視人員航海實習

共擁有 5 艘實習船。

第 62 章　羅馬尼亞海域執法制度

目錄

第一節　國家概況（Country Overview）⋯⋯⋯⋯⋯⋯⋯⋯⋯⋯ 570

第二節　組織、職掌與編裝

　　　　（Organization, Duties and Equipment）⋯⋯⋯⋯⋯ 571

第三節　教育與訓練（Education and Training）⋯⋯⋯⋯⋯⋯ 575

第四節　與我國制度之比較

　　　　（A Comparison with Taiwan Coast Guard）⋯⋯⋯ 575

第五節　結語（Conclusion）──特徵（Characteristics）⋯ 576

第一節　國家概況（Country Overview）

　　羅馬尼亞（Romania）位於東南歐，西鄰匈牙利（Hungary）、塞爾維亞（Serbia），北接烏克蘭（Ukraine）與摩爾多瓦（Moldova），南界保加利亞（Bulgaria），東濱黑海（Black Sea）[1]。全國面積 238,391 平方公里，為台灣 6.6 倍大。海岸線長 225 公里，領海 12 浬，專屬經濟海域 200 浬。[2]

　　首都布加勒斯特（Bucharest），全國人口 21,904,551 人（2011）[3]。國體共和制，政體責任內閣制，國會兩院制，國家元首為民選總統，總理為政府首腦，總統任命贏得議會選舉的政黨領袖擔任總理，總統職權比總理大。（見圖 62-1）主要輸出紡織品、金屬品，輸入機器設備、化學製品。[4]羅國國內生產總值（GDP）158,400（百萬）美元，在 190 個國家排

---

[1]　黑海面積約 42.4 萬平方公里，位於歐洲東南部和亞洲小亞細亞之間，為世界最大內陸海。維基，（http://zh. wikipedia.org/wiki/%E9%BB%91%E6%B5%B7）（2010/07/08）

[2]　*Jane's Fighting Ships.2004-2005*, Edited by Commodore Stephen Saunders RN, Virginia U.S.A, p. 579.

[3]　CIA, The World Factbook.(https://www.cia.gov/index.html) (2011/06/10)

[4]　《世界各國簡介暨各國首長名冊》，中華民國外交部，2001 年，頁 296。

名第 49 名；每人國民所得（GNP）7,390 美元（2010），在 182 個國家排名第 67 名。羅國在自由之家（Freedomhouse）的政治權利與公民自由兩種自由程度在 2010 年的分數皆為 2，歸類為自由國家；透明國際（Transparency International）中的 2010 年的貪污調查分數為 3.7，在 178 個國家中排名第 69 名；聯合國（2010）最適合居住國家的人類發展指數為 5.9，在 169 個國家中排名第 50 名。[5]

　　羅馬尼亞於 2007 年 1 月 1 日成為歐盟會員國。外交強調鞏固與歐盟會員國間及美國之關係，重視東南歐及黑海地區之睦鄰與區域合作，並與「東南歐合作進程」（The South-East European Cooperation Process）合作。羅馬尼亞和烏克蘭因多瑙河（Danube River）河口邊境之劃分牽涉到黑海資源開鑿權而時有爭議。另雖已於 2003 年 7 月與俄羅斯簽署雙邊友好與合作關係條約，惟羅國因北約會員身份及同意讓美國建立永久軍事基地一事，引起莫斯科不滿而影響雙方關係。[6]

第二節　組織、職掌與編裝
（Organization, Duties and Equipment）

羅馬尼亞海軍（Romanian Navy）

一、組織與職掌[7]

　　羅馬尼亞海軍起源於 1896 年 2 月 26 日成立的皇家艦隊，現今海軍由兩大海域艦隊、多瑙河之內河艦隊與海軍陸戰隊組成，主要任務為監控國家領海並與北約合作夥伴進行演習。海軍通常只佈署於黑海地區，但有時會有一支小型工作隊佈署到地中海（Mediterranean Sea）地區。羅國雖有黑海與多瑙河地區的戰術規劃，但可惜的是，他們並沒有海岸和內河的兩棲作戰登陸艇，而只有一般的巡邏艇。

---

[5]　五類指標詳情請見本書導論，頁 11-13。
[6]　中華民國外交部，外交資訊網頁（2010/07/08）
[7]　Jane's Navy, Romanian Navy, 2010/05/22, (http://www.janes.com/articles/Janes-Amphibious-and-Special-Forces/Sea-Lift-Romania.html) (2010/07/08)

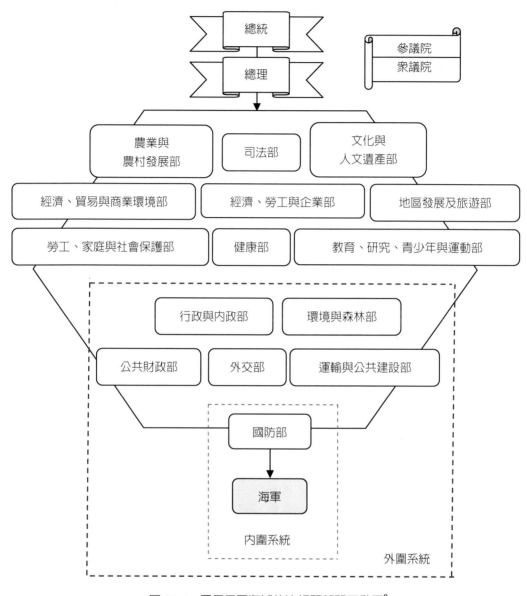

圖 62-1　羅馬尼亞海域執法相關部門互動圖[8]

資料來源：作者自繪

8　Romania Government, (http://www.gov.ro/main/index/l/2/) (2010/07/09)

內河艦隊對內陸河流之監視任務，各海防部隊與海軍陸戰隊也提供支援。海軍於黑海——曼加利亞（Black Sea-Mangalia）設置總部與培訓中心，康斯坦塔（Constanta）設有海防部隊及航空部隊，多瑙河——布勒伊拉（Danube-Braila）為新組織的內河總部，海軍另外於久爾久（Giurgiu）、加拉惕（Galati）、圖爾恰（Tulcea）、德羅貝塔塞維林堡（Drobeta Turnu-Severin）設有駐地。（見圖 62-2）

圖 62-2　羅馬尼亞海軍基地分佈圖[9]

　　羅馬尼亞與烏克蘭為相鄰之國，同樣濱臨黑海，因黑海擁有豐富天然氣與石油資源，兩國各自對黑海資源的探勘與開採權利爭執不下。2004 年 9 月，兩國將黑海爭議案送交國際法庭審理之前，已有長達 10 多年的爭執，直到 2009 年 2 月，國際法庭才做出初步裁決。羅國聲稱國家海域邊界是延伸到北部地區，包含 1948 年割讓給蘇聯的毒蛇島（Serpents' Island）。烏國則認為羅國的界線應往西南移動，且毒蛇島更是大大超過羅國應有的海域範

[9]　(http://costreams.com/Europe/Romania.aspx) (2011/01/17)

圍。經過國際法庭 15 位法官裁定，在毒蛇島附近 22 公里處點擊一條線等距離的劃分兩國作為分界線。法官更認定毒蛇島可被視為一座完整島嶼，而非羅國所聲稱的只是露出海面的岩石而已。（見圖 62-3）現在烏克蘭專屬經濟海域被允許可延伸至 200 浬，目前兩國政府也皆願意接受國際法庭之裁決。[10]

二、裝備

海軍現有 8,000 名人員，艦艇共有 66 艘，分別為 3 艘 4,100 噸至 5790 噸之驅逐艦、4 艘輕武裝快艦、3 艘導彈輕裝快艦、3 艘快速攻擊艇、5 艘作戰艇、18 艘輔助船、26 艘河流巡邏艇、1 艘 1,450 噸搜救船、1 艘 1,900 噸搜救船、1 艘 1,604 噸練習船。航空器則有 6 架艦載直升機、5 架陸上直升機。[11]

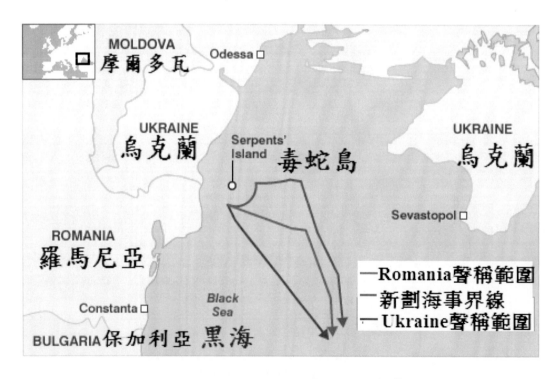

圖 62-3　羅馬尼亞與烏克蘭黑海界線示意圖[12]

[10]　BBC, UN defines Romania-Ukraine border, (http://news.bbc.co.uk/2/hi/europe/7867683.stm) (2010/07/09)

[11]　Romania Naval, (http://www.navy.ro/en/index1.html) (2011/08/29)

[12]　BBC, UN defines Romania-Ukraine border, (http://news.bbc.co.uk/2/hi/europe/7867683.stm) (2010/07/09)

第三節　教育與訓練（Education and Training）[13]

　　羅馬尼亞成立於 1920 年的 Mircea cel Bătrân 海軍學院（Mircea cel Bătrân Naval Academy）為海軍部隊、軍官、船舶工程師以及商船人員的高等教育機構。海軍學院起源於 1872 年的艦隊學校，改組後成為訓練海軍的軍官學校，1906 年成為高階軍官養成學校，1920 年與商船學院合併為現在的海軍學院。現在校內分為海軍學院及商船學院。

　　海軍學院主要為培訓艦艇工程師及軍官等海軍人才。主課程有科學技術訊息、指揮能力、心理教育學，學員皆需具備純理論基礎、系統性思考、測試與解決能力、外語溝通、通訊使用能力。不管未來要成為工程師或海軍官兵，皆需通過軍事基礎訓練、處理軍事任務、使用武器及海軍戰鬥技巧等課程。

　　另外，商船學院主要培訓河流及海軍工程人員，教授各式船舶的維修技術。他們結合理論與實踐操作，職責為運作及管理工程師技能。通過提高使用技能及訊息系統，期待學員可以開發現代船舶。通過提高公共管理能力，可以處理船舶與港口問題。通過語言能力的提昇，易與他國溝通交流。學院學生專長為導航、航運管理、海軍機電、工程及港口管理，學院內另設有航海科學與航運、海軍機電、工程及港口管理碩士課程。

第四節　與我國制度之比較
（A Comparison with Taiwan Coast Guard）

　　羅馬尼亞海軍視北約及國際軍事交流演習為首要任務，國際和平合作關係同樣是他們所注重的。羅國針對主要內河——多瑙河的安全維護極為重視，於多瑙河——布勒伊拉還有新的總部，設有專門艦艇定期巡邏。海軍教育分為海軍學院及商船學院，分別授予實際作戰或行政理論等專業能力。相較於我國，台灣海巡署並非軍事單位，雖然與他國並無演習訓練，但也派送人員至他國參訪交流，以提高組織、人員能力。我國內河流域多水淺流急，並無頻繁的航運通行，因此海巡署並無設立巡邏駐點。

---

[13] Mircea cel Bătrân Naval Academy, (http://www.anmb.ro/eng/index.php) (2010/07/09)

第五節　結語（Conclusion）——特徵（Characteristics）

羅馬尼亞東濱黑海，為一面濱海國家，在長 225 公里的海岸線與內陸流域，共設有 7 處基地，以下為羅國海域執法制度特徵。

壹、海軍型海域執法機制

羅馬尼亞並無設立專職海域執法單位，而是由海軍負責國家海域執法任務。

貳、專業教育搖籃

設有 Mircea cel Bătrân 海軍學院的高等海軍教育機構，訓練專業海軍人才。

參、內陸河湖亦為巡邏範圍

於多瑙河——布勒伊拉設有河流巡邏總部，並有 26 艘河流專用巡邏艇。

肆、專屬航空隊

海軍於康斯坦塔設置航空部隊，並擁有 6 架艦載直升機、5 架陸上直升機。

第 63 章　德國海域執法制度

目錄
第一節　國情概況（Country Overview）⋯⋯⋯⋯⋯⋯⋯⋯ 577
第二節　歷史沿革（History）⋯⋯⋯⋯⋯⋯ 578
第三節　組織、職掌與裝備
　　　　（Organization, Duties and Equipment）⋯⋯⋯ 580
第四節　權限與管轄（Authority and Jurisdiction）⋯⋯⋯ 588
第五節　教育與訓練（Education and Training）⋯⋯⋯⋯ 588
第六節　與我國制度之比較
　　　　（A Comparison with Taiwan Coast Guard）⋯⋯ 589
第七節　結語（Conclusion）──特徵（Characteristics）⋯ 589

第一節　國情概況（Country Overview）

德意志聯邦共和國（Federal Republic of Germany）東鄰波蘭（Poland）、捷克（Czech），西接荷蘭（Holland）、比利時（Belgium）、盧森堡（Luxembourg）及法國（France），南界瑞士（Switzerland）與奧地利（Austria），北連丹麥（Demark），北臨波羅的海（Baltic sea）與北海（North sea）。全國面積 357,002 平方公里，為台灣 10 倍大。海岸線長 2,389 公里，領海 12 浬，專屬經濟海域 200 浬。[1]

首都柏林（Berlin），全國人口 81,471,834 人（2011）[2]。國體聯邦共和制，政體責任內閣制。國家元首為聯邦總統，象徵意義高，總理為政府首腦，國會分參議院與聯邦議會（眾

---

[1]　*Jane's Fighting Ships.2004-2005*, Edited by Commodore Stephen Saunders RN, Virginia U.S.A, p.257.

[2]　CIA, The World Factbook.(https://www.cia.gov/index.html) (2011/06/10)

議院)。(見圖 63-1)主要輸出車輛、機械、化工品,輸入電器、紡織品。[3]德國國內生產總值(GDP)3,306,000(百萬)美元,在 190 個國家排名第 4 名;每人國民所得(GNP)40,512 美元(2010),在 182 個國家排名第 19 名。德國在自由之家(Freedomhouse)的政治權利與公民自由兩種自由程度在 2010 年的分數皆為 1,歸類為自由國家;透明國際(Transparency International)中的 2010 年的貪污調查分數為 7.9,在 178 個國家中排名第 15 名;聯合國(2010)最適合居住國家的人類發展指數為 6.3,在 169 個國家中排名第 12 名。[4]

二戰結束,戰敗德國遭受美、蘇、英、法分別設立佔領區,1949 年 8 月舉行大選,西半部成立德意志聯邦共和國,同年 10 月東部的蘇聯佔領區成立「德意志民主共和國」(German Democratic Republic)。1972 年兩德簽立基礎條約,以和平互利為基礎發展敦睦關係。1990 年東德加入德意志聯邦共和國,兩德正式統一。現今德國是為國際經濟強權,科學技術更是全球領先國家,貿易以出口為主要導向,特別重視國際合作與自由貿易。[5]

第二節　歷史沿革(History)

西元 1951 年,德國政府在內政部成立保護邊境的聯邦邊境警察(Federal Border Police;德文:Bundesgrenzschutz, BGS),成員約有 10,000 人,本單位取代了原本在邊境防衛的軍事組織。BGS 配有輕便武器,彼時為西德在邊境的中堅武力。西德軍隊讓士兵選擇留在 BGS 或是軍隊,多數人仍選擇參軍。1953 年,BGS 掌控邊境護照的管理,1976 年後,警察階級取代過去的軍階結構,並修改訓練基礎以趕上東德警察(德文:Landespolizei)。1990 年,東西德統一,西德鐵路警察與東德道路警察(德文:Transportpolizei)合併並進入 BGS 系統中,道路警察於 1992 年接管 BGS。2005 年 7 月,聯邦邊境警察改名為聯邦警察(Federal Police;德文:Bundespolizei, PBOL)。2008 年 3 月,聯邦警察再度改制,任務分類更加精細。

---

[3] 《世界各國簡介暨各國首長名冊》,中華民國外交部,2001 年,頁 260。
[4] 五類指標詳情請見本書導論,頁 11-13。
[5] 《世界各國簡介暨政府首長名冊》,中華民國外交部,2001 年 9 月,頁 259。

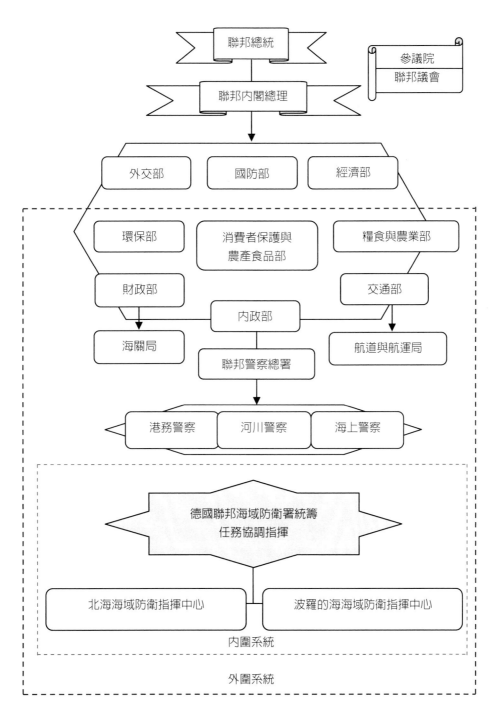

圖 63-1 德國海域執法相關部門互動圖

資料來源：作者自繪

聯邦警察的海上警察（德文：Bundespolizeiamt See），是蘇聯協助東德整備軍隊促成的，這也因此建立東德海軍基礎。1950 年，蘇聯海軍協助東德成立海上警察（德文：Hauptverwaltung Seepolizei），並於 1952 年編入東德國境警察，當時約有 8,000 名成員。[6]東西德統一後，東德海上警察便編入 BGS，由總部位於北區的聯邦警察總署調動人員。

第三節　組織、職掌與裝備
（Organization, Duties and Equipment）

壹、德國聯邦海域防衛署（The German Federal Coast Guard）

一、組織與職掌[7]

德國聯邦海域防衛署（德文：Koordinierungsverbund Küstenwache）隸屬於聯邦政府，以任務編組方式成立，署內人員編有聯邦警察、聯邦航道與航運局（The Federal Waterway and Shipping Administration）、聯邦海上警察，各警務人員調動由位於北區的聯邦警察總署負責。以上單位分別與聯邦糧食與農業部（Ministry of Food and Agriculture）、消費者保護與農產食品部（Federal Ministry of Consumer Protection, Food, and Agriculture）與財政部的聯邦海關局（Federal Customs Administration）合作，以強化並提昇海域執法及海事服務能量。（見圖 63-1）

圖 63-2　德國聯邦海域防衛署標誌[8]

---

[6]　謝立功等，《建立兩岸共同打擊海上犯罪之作法與協商機制之研究》，2004 年 12 月，台北：行政院海岸巡防署委託研究，頁 3-4。

[7]　The German Federal Coast Guard, (http://www.kuestenwache.wsd-nord.de/index2.htm) (2009/02/13)

　　各單位派駐於海域防衛署的人員共計 200 人，總署設於基爾（Kiel），下轄二個指揮分部，分別是位於庫克斯港（Cuxhaven）的北海聯邦海域指揮中心（Coast Guard Center North Sea），主要負責與北海有關之海巡業務。以及位於紐斯塔特港（Neustadt）的波羅的海聯邦海域指揮中心（Coast Guard Center Baltic Sea），負責波羅的海之海域業務。[9]德國海域與陸域邊境的安全管理與維護是由警務人員與各部之文職人員共同分擔。另外，海域防衛署並非軍事單位，署內人員也並無武裝戰鬥能力，它只是一統籌並指揮任務的機構。

　　海域防衛署指揮之艦艇寫有"Küstenwache"字樣，並繪有黑色、黃色、紅色國旗條紋，其他單位例如海關、海事警察局或是漁業資源保護等單位，只要由海域防衛署指揮，船身側邊寫有"Küstenwache"及國旗條紋。而要辨別不同單位可以觀察艦艇底色，海域防衛署船艦多為是深藍色底。[10]（見圖 63-3）

　　海域防衛署任務有維護海洋環境、船舶航行安全、人員入出境管理、漁業資源保護及海關等工作。基本上，海域防衛署依法執行任務，為盡速應對海上一切危害，指揮中心必須隨時掌控海上巡邏艦艇動態，以便採取必要措施。以下將個別說明海域防衛署統籌指揮的各單位狀況。

圖 63-3 德國聯邦海域防衛署用船[11]

8　　The German Federal Coast Guard, (http://www.kuestenwache.wsd-nord.de/index2.htm) (2009/02/13)

9　　楊新義等，《德國聯邦海巡與邊防組織考察出國報告書》，2007 年 11 月 29 日，台北：行政院海岸巡署海岸巡防總局。

10　*Jane's Fighting Ships.2004-2005*, Edited by Commodore Stephen Saunders RN, Virginia U.S.A, pp.275-276.

11　The German Federal Coast Guard, (http://www.kuestenwache.wsd-nord.de/index2.htm) (2009/02/13)

貳、德國聯邦警察總署（German Federal Police）

一、組織與職掌

聯邦警察總署隸屬於內政部，因德國位處歐洲中樞，相鄰國家眾多，相對國境安全特別重要，聯邦警察主要任務為：

（一）國境保護，包括機場、鐵路、港口、邊（陸）境執行保護勤務；

（二）機關安全維護，包括聯邦機關保護及本身設施之警戒；

（三）領海保護，邊境區域內陸 30 公里；

（三）支援邦警察任務；

（四）緊急狀況之救援、國防狀況充當戰鬥武力任務；

（五）執行其他法令賦予之任務。

聯邦警察以國境保護法作為對國境與領海維護的法令依據，而其他法令賦予之任務，則分別需要護照主管機關、外國人局與海關等單位協力完成。[12]

聯邦警察近年之職業形象傾向為機動警力，便於支援各邦聯大型活動，如同過去符合「國境」警察之名稱，這與聯邦國家之警察支配屬於地方有關。依德國聯邦國境保護法規定，警察任務不限於國境保護任務，還包括支援勤務與鐵路營運安全等。機場與港口、邊境（陸地）為執行國境任務的地點，負責出入境證照檢查、國境邊界的安全維護及各轄區的危害防制。而港口國境業務，係由該邦港務警察代為執行，但其專業監督與指令受聯邦警察總署管轄。[13]

德國在領海的任務，只要不涉及軍隊、其他官署或勤務單位時，聯邦警察有權採取措施。貨品攜帶及檢驗，除了隨身攜帶的違法者由警察帶回偵查外，基本工作係交由海關負責。[14]

---

[12] 李震山編著，《德國警察制度》，桃園：中央警察大學世界警察博物館，1996 年 5 月，頁 28-32。
[13] 李震山編著，《德國警察制度》，桃園：中央警察大學世界警察博物館，1996 年 5 月，頁 28-32。
[14] 李震山編著，《德國警察制度》，桃園：中央警察大學世界警察博物館，1996 年 5 月，頁 32。

二、裝備

聯邦警察艦艇多為淺藍色,船身側邊寫同樣寫有"Küstenwache"並繪有國旗條紋,但船身也會出現代表聯邦警察的"BUNDESPOLZEI"字樣。(見圖 63-4)

他們共計有 23 艘艦艇:

(一)1 艘 673 噸 BREDSTEDT 級 PB 60 型,配有 17 人的巡邏艦。

(二)3 艘 800 噸 BAD BRAMSTEDT,配有 24 人的巡邏艦。

(三)2 艘 369 噸 SASSNITZ 級 PB50 與 153 型並配有 33 人之巡邏艦。

(四)3 艘 218 噸 NEUSTADT 級,配有 17 人之巡邏艦。

(五)3 艘 42 噸 BREMSE 級 GB23 型,配有 6 人之巡邏艇。

(六)4 艘 6 噸 SCHWEDT 級,分別配有 3 人的近岸巡邏艇。

(七)4 艘 14 噸 SAB 12 型,分別配有 5 人之近岸巡邏艇。

(八)3 艘 EUROPA 級 12 噸的河川巡邏艇。

聯邦警察為擴大巡邏之便另配有 3 架 PNMA、4 架 SA 330 bell 212 直升機。針對艦艇操作,則要通過傳統帆船操作測驗,他們配有 1 艘 2,006 噸帆船式實習船、1 艘 10 噸帆船式實習船。[15]

圖 63-4　德國聯邦警察用船[16]

---

[15] *Jane's Fighting Ships.2004-2005*, Edited by Commodore Stephen Saunders RN, Virginia U.S.A. p.273.

[16] 《德國國家資訊》,〈國境警察用船〉,(www.gemo-netz.de)(2009/02/13)

參、德國聯邦海上警察局（German Federal Maritime Police）

一、組織與職掌

聯邦海上警察局原為聯邦警察總署分支，自1994年7月起，該局被納入德國聯邦海域防衛署，執行海域安全巡邏任務。聯邦海上警察局之人員調動由北區聯邦警察總署決定，主要監控北海及波羅的海領海12浬範圍外之海域犯罪活動。海上警察任務為監控領海各式船舶與犯罪活動、預防、調查並取締海洋環境污染、處理海上緊急事件（例如油污染、海難搜救）。進行海域犯罪偵查、各海事案件偵查、海上交通安全維護、監控漁業活動、查緝非法入出境，以上任務與政府不同單位合作。海上警察分別在庫克斯港、紐斯塔特港設置海防局，控制波羅的海與北海領海12浬外的各式活動。下轄機動偵查隊，負責偵查犯罪（相當海洋總局偵防查緝隊）。在紐斯塔特港、庫克斯港、瓦納慕（Warnemunde）設有安檢中心，負責安全檢查。[17]

二、裝備

海上警察共計有13艘艦艇，各船艦側身寫同樣寫有"Küstenwache"，只有船身顏色與聯邦警察不同。[18]

肆、德國聯邦海關局（German Federal Customs Administration）

一、組織與職掌

海洋邊境安全檢查由隸屬財政部的海關局負責，任務由海域防衛署統籌分配，由海洋邊境之各邦財政局的海關辦公室執行。主要負責由海上運貨的課稅工作，海關配有可方便

---

[17] The German Federal Coast Guard, (http://www.kuestenwache.wsd-nord.de/index2.htm) (2009/02/13)

[18] *Jane's Fighting Ships.2004-2005*, Edited by Commodore Stephen Saunders RN, Virginia U.S.A.p.276.

圖 63-5　德國海關局用船[19]

　　登船檢查之高速海關緝私艇。海關檢查橫跨歐盟各國邊境之貨物動向，對從各歐盟成員國進入國內交易之物品進行檢查、管理，並確保進出口貨物皆依規定完成稅收。另外，根據現有的禁止與限制法令，更加重視貨櫃夾帶違禁藥品、毒品、爆裂物及非法武器等違禁品之檢查與管制。[20]

二、裝備

　　海關配有超過 100 艘各式艦艇，少數偵查船配有全自動機槍，船身側邊有 "Küstenwache" 字樣，為與之區別有時也寫有海關字樣，船身皆為綠色底。[21]（見圖 63-5）

伍、德國聯邦糧食與農業部（ German Ministry of Food and Agriculture ）

一、組織與職掌

　　聯邦糧食與農業部負責漁業資源保護（Fishery Protection），任務包含維護漁業資源、保護漁權、漁獲量管制及取締不法漁業情事。依據漁業捕撈技術法規檢查漁獲，保護魚種資源，尤其是漁網最小網目尺寸，漁具種類，魚種、甲殼類、軟體動物類等尺寸大小之檢

[19]　《德國國家資訊》，〈海關用船〉。（www.gemo-netz.de）（2009/02/13）
[20]　The German Federal Coast Guard, (http://www.kuestenwache.wsd-nord.de/index2.htm) (2009/02/13)
[21]　Jane's Fighting Ships.2004-2005, Edited by Commodore Stephen Saunders RN, Virginia U.S.A. p.277.

視，並檢查漁船是否遵守漁業禁令與限制規定，確認漁獲及漁業加工是否完稅。在行政組織架構上，海關及聯邦警察艦艇也可執行漁業巡護與監視任務。[22]

二、編裝能量

聯邦糧食與農業部執行漁業保護的艦艇船身同樣寫有 Küstenwache"字樣與國旗條紋，船身則為黑色底。共配有 3 艘漁業偵查船，分別為 2,250 噸的 Meerkatze、2,400 噸的 Seefalke 與 1,600 噸的 Seeadler。[23]（見圖 63-6）

陸、德國聯邦環保部（German Ministry of Environment）

一、組織與職掌

環保部負責海洋環境保護（Maritime Environmental Protection），任務編組由海域防衛署統一指揮，主要任務為防止船舶對海洋造成傷害。海域防衛署派給巡邏艇巡邏轄區海域，防止船隻汙染，取締不法汙染行為，尤其是對海洋環境造成傷害的有害物質。為有效在廣大海域執行任務，另派有海上直升機協助執行船舶汙染國際公約（MARPOL; International Convention for the Prevention of Pollution from Ships）之規定。

圖 63-6　德國糧食與農業部漁業資源保護用船[24]

---

[22]　The German Federal Coast Guard, (http://www.kuestenwache.wsd-nord.de/index2.htm) (2009/02/13)

[23]　*Jane's Fighting Ships.2004-2005*, Edited by Commodore Stephen Saunders RN, Virginia U.S.A. p.276.

二、裝備

德國航政當局（Authority of Navigation and Sea）配有 2 艘具備海上消防及防治污染多功能之船舶，結合海關 12 艘巡邏艇及聯邦警察 10 艘巡邏艇與 7 架直升機協助執行任務。

柒、德國聯邦河川警察局（German River Police）

一、組織與職掌

河川警察以德文"Wasserschutzpolizei"直接譯名為「河川保護警察」，其與保護國境的聯邦警察或其他職掌警察不同，他們負責監督管理內陸河湖，管制各河湖所有船隻的數量及河道安全，並打擊水面上發生的刑事犯罪等等。執法範圍包括內河航道及連接岸際各邦之領海內範圍。因德國旅遊人數眾多，旅遊船舶快速增加，河川警察更加注意水上安全，還需管理航行在德國境內的數萬艘公共或私人船隻。處理案件包含盜竊船舶、偷取船上物品、財務及破壞環境等刑事案件。另依法律規定，在境內河湖釣魚必須擁有釣魚技術執照，因此嚴加取締違規釣魚案件也是河川警察的工作。河川警察主要在以下四邦設有分局，漢堡市邦（Hamburg）駐於漢堡（Hamburg），下薩克森邦（Niedersachsen）駐於漢諾威（Hannover），梅克倫堡（Mecklenburg）駐於羅斯托克（Rostock），什勒斯維希-霍爾斯坦邦（Schleswig-Holstein）駐於弗蘭斯堡（Flensburg）。[25]

二、裝備

河川警察配有 2 艘破冰船、9 艘救援輔助船、6 艘燃料補給船、7 艘 SKB 64 與 601 型之領航船。[26]因為河川警察由各邦配置與管理，因此各邦之艦艇數多有不同。漢堡邦河川警察局就配置 17 艘巡邏艇，其中 2 艘大型艦艇可航行於北海，另為河湖巡邏配有多艘河流巡邏艇、1 艘輕型救生艇（兼具登船檢查艇功能）。

---

[24] The German Federal Coast Guard, (http://www.kuestenwache.wsd-nord.de/index2.htm) (2009/02/13)

[25] 楊新義等，《德國聯邦海巡與邊防組織考察出國報告書》，2007 年 11 月 29 日，台北：行政院海岸巡署海岸巡防總局。

[26] *Jane's Fighting Ships.2004-2005*, Edited by Commodore Stephen Saunders RN, Virginia U.S.A. p.277.

第四節　權限與管轄（Authority and Jurisdiction）

　　德國執法制度因國體政策而有不同層級之區別，分有聯邦標準、國家標準與地方標準。德國憲法執法範圍與權限幾乎移交給聯邦與地方政府。德國主要執法單位有聯邦調查局與聯邦警察總署，兩者皆隸屬於內政部。而海域防衛署人員多來自聯邦警察，以便於管理海域與岸上所有法律任務。

　　德國聯邦海域防衛署是聯邦政府的部門，轄區範圍包含北海與波羅的海海域。海域防衛署任務分屬詳細，所有海上工作由他們總指揮，當中最重要的職務是海關及聯邦警察總署的國境警察，即使有海上警察，但國境警察仍為主要任務單位。聯邦政府與多數邦之間常簽訂區分任務條約，在聯邦國境保護法第一條第一項規定中：「聯邦國境保護局執行聯邦國境保護，但若經聯邦同意，邦亦得自立執行國境警察個別勤務。」例如不萊梅與漢堡就簽訂由該邦之河川警察執行海港出入境檢查工作的條約，藉以取代原本的國境警察。[27]

　　第三節所介紹的海洋環境保護之組織職掌，雖該任務為環保部工作，但他們卻無配給獨立公務船或人員，巡邏人員皆由海關與聯邦警察合作共同維護。海上交通安全與出入境管制也由海關與聯邦警察合作，可見兩組織合作是整個海域防衛署的重點。

第五節　教育與訓練（Education and Training）

　　德國設立之聯邦警察大學（German Police University），是德國中央與各邦政府主要的警務教育學校。課程以科學為基礎，重視實際知識及操作業務，培訓警察高度戰略能力。學習重點以領導和管理、經營、打擊犯罪、道路安全、法律為框架進行領域培訓。針對陸境或海洋警察設有不同教育課程，另因執行保護海域環境及邊境巡邏需運用航空器，設有航空課程。[28]

---

[27] 李震山編著，《德國警察制度》，1996 年 5 月，桃園：中央警察大學世界警察博物館，頁 24-25。

[28] The Germany Police University, (http://www.dhpol.de/en/hochschule/Wir_ueber_uns/profil_wus/profil.php) (2010/06/03)

第六節　與我國制度之比較
（A Comparison with Taiwan Coast Guard）

　　德國聯邦海域防衛署為一統籌指揮中心，其領海安全由聯邦警察負責，河道由臨海各邦河川警察局管理，領海範圍外則由內政部聯邦海上警察局管轄，另財政部海關、聯邦交通、建設及都市發展部、農業及糧食部亦有編制船艇執行其業管任務（例如航道安全、漁業監控等任務）。我國海巡署海域管轄範圍由海洋巡防總局負責，依轄區編制 16 個海巡隊、1 個直屬船隊、4 個機動海巡隊執行海巡任務。德國就海域與陸域邊境安全管理與維護係由警察與文職人員擔任，採取岸海合一管理方式，與我國海巡署依岸、海管轄範圍不同分由海岸巡防總局（軍、文職）與海洋巡防總局（警、文職）任用，仍有人事任用上之差異。[29]

第七節　結語（Conclusion）──特徵（Characteristics）

　　德國北臨波羅的海與北海，為一面濱海國家，在長 2,389 公里的海岸線上設有兩大分區總部，以下為其海域執法制度特徵。

壹、統合分散制

　　為德國特殊的海域執法制度，以分散的基礎架構，放置任務編組的海域防衛署，其統合能力甚強。

[29] 楊新義等，《德國聯邦海巡與邊防組織考察出國報告書》，2007 年 11 月 29 日，台北：行政院海岸巡署海岸巡防總局。

貳、陸海空合一

由聯邦警察總署為中心，以國境概念（border of frontier concept）為組織設計的理論基礎。故德國的陸海合一模式，堪為典範，常為其他國家效法。

參、內陸河湖亦為巡邏範圍

德國境內流經三大河流，為方便管理，便於河流流經的主要四大城市設置河川警察局。

肆、重視海域環境保護

配有 2 艘具備海上消防及防治污染多功能之船舶，並結合海關及國境警察巡邏艇巡視海域，並定期編派直升機監控海域汙染，共同配合執行任務。

第 64 章　西班牙海域執法制度

目錄

第一節　國家概況（Country Overview）⋯⋯⋯⋯⋯⋯⋯⋯ 591

第二節　歷史沿革（History）⋯⋯⋯⋯⋯⋯⋯⋯⋯⋯ 592

第三節　組織、職掌與裝備
　　　　（Organization, Duties and Equipment）⋯⋯⋯⋯ 594

第四節　權限與管轄（Authority and Jurisdiction）⋯⋯⋯ 599

第五節　教育與訓練（Education and Training）⋯⋯⋯⋯ 599

第六節　與我國制度之比較
　　　　（A Comparison with Taiwan Coast Guard）⋯⋯ 601

第七節　結語（Conclusion）──特徵（Characteristics）⋯ 602

第一節　國家概況（Country Overview）

　　西班牙王國（Kingdom of Spain）位於伊比利半島（Iberia Peninsula）[1]，西鄰葡萄牙（Portugal），東北與法國（France）及安道爾（Andorra）接壤，北鄰比斯開灣（Bay of Biscay），西北瀕大西洋（Atlantic Ocean），南濱直布羅陀海峽（Strait of Gibraltar），東面地中海（Mediterranean Sea）與巴利阿里海（Balearic Sea）。國家面積 505,370 平方公里，是台灣的 14 倍。海岸線全長 4,964 公里，領海 12 浬，面大西洋之專屬經濟海域為 200 浬。[2]

---

[1] 位於歐洲西南角，東和南臨地中海，西邊是大西洋，北臨比斯開灣。庇里牛斯山脈在半島東北部，與歐洲大陸連接。南部隔著直布羅陀海峽與非洲對望。島上國家有葡萄牙、西班牙與安道爾。維基，（http://zh.wikipedia.org/zh-tw/%E4%BC%8A%E6%AF%94%E5%88%A9%E4%BA%9A%E5%8D%8A%E5%B2%9B）（2011/01/14）

[2] CIA, The World Factbook.(https://www.cia.gov/index.html) (2011/01/14)

首都馬德里（Madrid），全國人口 46,754,784 人（2011）[3]。國體君主立憲制，政體內閣制，國會分眾議院和參議院。（見圖 64-1）主要輸出鞋靴、葡萄酒，輸入小客車、運輸設備、醫療製劑。[4]西國國內生產總值（GDP）1,375,000（百萬）美元，在 190 個國家排名第 12 名；每人國民所得（GNP）29,875 美元（2010），在 182 個國家排名第 25 名。西國在自由之家（Freedomhouse）的政治權利與公民自由兩種自由程度在 2010 年的分數皆為 1，歸類為自由國家；透明國際（Transparency International）中的 2010 年的貪污調查分數為 6.1，在 178 個國家中排名第 30 名；聯合國（2010）最適合居住國家的人類發展指數為 7.6，在 169 個國家中排名第 20 名。[5]

西班牙對外政策以歐盟原則為依歸，並配合其他會員國之外交方針。自 2008 年經歷金融海嘯後，國內失業率只升不降，政府的因應對策成為重要課題。而過去因加入歐盟，曾經短時間內提升的經濟狀況，吸引不少中北非與中南美洲的非法移民，造成政府內部與其他歐盟國家的憂慮。[6]

第二節　歷史沿革（History）[7]

西班牙海上國民防衛隊為國民防衛隊的海域防衛單位，1824 年，西班牙推動國家安全領域計畫，並提升國家安全防禦（National Safeguards）的觀念予全人民，此構想以法國的安全模式為榜樣。它的雛型起源於女王伊莎貝拉二世統治後，藉由岡薩雷茲（Brave González）政府的其他政治力量與之配合穩健執行。伊莎貝拉政權建立公共安全武力是因為居民面對盜匪四起的嚴峻情勢，和獨立戰爭的刺激，乃於 1844 年 3 月 28 日和 5 月 13 日藉由法令之建立，仿造法國農村憲兵隊（Rural Gendarmerie）成立一軍事化公共安全團體。

---

[3]　CIA, The World Factbook.(https://www.cia.gov/index.html) (2011/06/10)
[4]　《世界各國簡介暨各國首長名冊》，中華民國外交部，2001 年，頁 304。
[5]　五類指標詳情請見本書導論，頁 11-13。
[6]　方真真、方淑如編著，《西班牙史》，台北：三民，2003 年 6 月，頁 157。
[7]　Civil Guard, Wikipedia, (http://en.wikipedia.org/wiki/Civil_Guard_(Spain)) (2009/10/12)

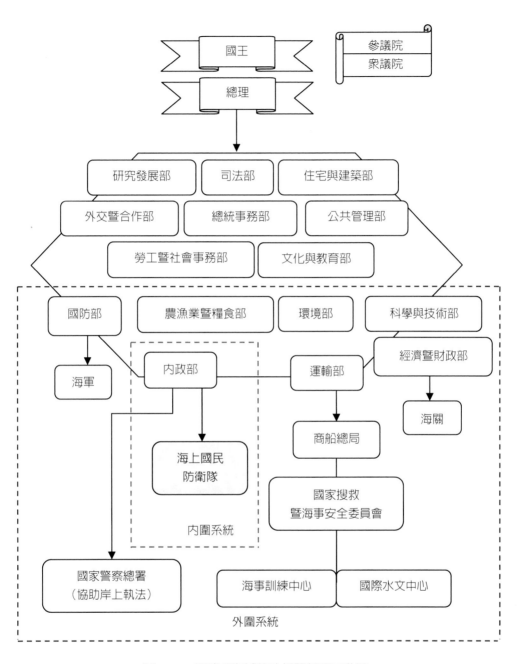

圖 64-1　西班牙海域執法相關部門互動圖

資料來源：作者自繪

　國民防衛隊隸屬內政部歸因於當時的戰爭勤務、人員訓練、物資和薪水之給予，其有相當大的決定權，各地區居民、政黨和警察皆已建立領域延伸的概念。1986 年，政府認命第一位平民指揮官，打破過去皆由陸軍中將擔任之傳統，同年再訂定國民防衛隊組織法，明定由內政部負責薪資、任務指派、膳宿和裝備等事務運作。國防部則負責軍事任務、戰時動員等業務，為與一般警察任務區分，除原有之農村警察功能外，另承擔武器和爆裂物之管理控制；都市交通警察之任務；交通航線、沿海地區、邊境、港口、機場的保護；環保法令之執行，包含違法狩獵、捕魚和都市間囚犯之運輸。1988 年，根據國民防衛隊組織法之授權開始招募女性，並給予適當之裝備。國民防衛隊之建立始於陸上勤務，直到 1992 年 2 月 22 日，西班牙頒布皇家法令，終於國民衛隊內建立海上勤務機構。西班牙現今海域執法機構為海上國民防衛隊（Coast Guard）。

第三節　組織、職掌與裝備
（Organization, Duties and Equipment）

壹、西班牙海上國民防衛隊（Spanish Coast Guard）

一、組織與職掌

　西班牙海上國民防衛隊為內政部管轄的國民防衛隊（Civil Guard）中的一個大型的海上防衛機構，此機構為保護民眾安全之類似警察的中央執法單位，但仍與一般警察不同並保有軍事色彩，戰爭時便隸屬國防部支援海軍。（見圖 64-1）他們分布範圍多位於邊界與鄉村地區，假使駐守的當地發生毒品交易或械鬥，當地的警察將會去支援國民防衛隊，而警察只能在駐守的行政範圍內執法，但國民防衛隊卻可以跨區域執行任務。[8]基本任務為保護國家領海、大陸礁層、專屬經濟區等海域，實踐國家海域政策、打擊毒品與走私、查緝

---

[8] Spanish police and Guardia Civil, How do they operate? (http://feraljundi.com/2009/09/17/maritime-security-spanish-tuna-boats-to-hire-private-security/) (2009/09/27)

非法入出國、控制非法交易、反情報及反恐怖主義。次要任務為保護海上生物及環境資源、港口安全。[9]

二、裝備

西班牙國民防衛隊目前全部人員約有 8,000 人，其中海上國民防衛隊約有 1,000 人在海上執勤，共有 43 艘配有武力之大小艦艇：

（一）3 艘 93 噸 RODMAN 82 級艦艇。

（二）9 艘 63 噸 RODMAN 101 級快艇。

（三）1 艘 52 噸 IZAR IVP-22 級巡邏艇。

（四）5 艘 17.1 噸 RODMAN 55 HJ 級快艇。

（五）13 艘 15.7 噸 RODMAN 55M 級巡邏快艇。

（六）12 艘 14 噸 SAETA-12 級小型巡邏艇。

除以上 43 艘艦艇外，還有 45 艘 4 噸至 1,600 噸不等的海域巡邏艦艇，用於海上巡邏及取締非法捕魚者。來自非洲北部的偷渡者亦是其執法重點，該等巡邏船為西班牙之準軍事力量。另外還有 9 艘從 30 噸至 1,400 噸不等分別屬於科學與技術部與農漁業暨糧食部之調查船。[10]

專屬航空器則有西班牙內政部國家警察總局所編制的 8 架 BO-117 型和 18 架 BO-105 型直升機，負責近海巡邏的任務，執行保護國家邊境任務。

海上國民防衛隊因國家搜救暨海事安全委員會（Sociedad Estatal de Salvamento Segurdad Maritime, SASEMAR）與海運協會（Instituto So de Marina, ISM）所制定的規定，針對海上救援、安全與後勤支援而另有大小不等之搜救艦艇：

（一）11 艘救援拖吊船。

（二）38 艘小型救援艇。

（三）5 艘港灣油汙清除船。

（四）5 架汙染巡邏直升機。

（五）1 艘 5,000 噸的醫療後勤支援艦艇。[11]

---

[9] Guardia Civil, (http://www.guardiacivil.org/quesomos/index.jsp) (2009/09/27)

[10] *Jane's Fighting Ships.2004-2005*, Edited by Commodore Stephen Saunders RN, Virginia U.S.A, pp.688-690.

[11] *Jane's Fighting Ships.2004-2005*, Edited by Commodore Stephen Saunders RN, Virginia U.S.A, p.688.

貳、西班牙海軍（Spanish Navy）

一、組織與職掌

海軍歷史輝煌，曾使西國成為世界上第一個橫跨太平洋並進一步建立殖民地的國家。其艦艇總噸數在北大西洋公約組織成員國中僅次於英國排名第二，雖船舶逐漸老化，但現已進行一系列現代化船舶建造與組織改造計畫。海軍總部位於馬德里，主要任務保衛國土不受侵犯，並保持海域的通信正常，地中海地區的巴利阿里群島也會定期巡邏。西國海軍即使身為軍事單位，如遇其它海事機構有需要協助之任務，仍會派遣人員及裝備支援各項任務。

二、裝備[12]

海軍人員約有 20,193 人，其組織編制有 1 個艦隊總司令部，分為 4 個海域管區，設 4 個基地司令部，6 個海軍基地。艦艇總計 96 艘。各式軍艦有 69 艘，包括 4 艘潛水艇、2 艘 17,188 噸級航空母艦、2 艘兩棲運輸艦、4 艘防空大型驅逐艦、6 艘驅逐艦、22 艘巡邏艦艇、1 艘指揮艦、6 艘獵雷艦、1 艘兩棲艦、14 艘兩棲登陸艇、3 艘輔助護衛艦、1 艘帆式實習艦、3 艘運輸艦。

其他不同功用艦艇有 27 艘，包含 1 艘輔助艦、1 艘潛水艇救援船、3 艘拖吊船、7 艘水文調查船、14 艘實習船。海軍航空兵 700 人（義務兵 290 名）。編有 1 個攻擊戰鬥機中隊，1 個聯絡機中隊，5 個直升機中隊。裝備有"AV-8B"型戰鬥機 17 架，"嘉獎"2 型 3 架，直升機 37 架。

另外，亦有 4 艘建造與 2 艘計畫中的航空母艦，1 艘驅逐艦於 2011 年完工，6 艘 2,500 噸巡邏艦分別在 2011 年、2012 年、2015 年完工，2 艘大型救難船於 2015 年完工。

---

[12] Spanish Armed Forces, (http://www.armada.mde.es/) (2011/08/30)

參、西班牙海關（Spanish Customs Surveillance Service）

一、組織與職掌[13]

西班牙海關起源於 1636 年的一個準軍事團體稱做"Spanish Resguardo"，主要是保護獨占菸草市場的"Tabacalera"公司商船，確保商船在海域的安全如有必要更可以進行海上交戰。十七世紀至十八世紀，皇家財產同樣由此團體協助運送，可見當時極重視其能力。近代的海關為防止菸草走私與國家財產的安全，1954 年曾重新整頓內部為軍事與文職人員組成的單位，1982 年增加了打擊海域經濟犯罪與非法藥物走私的任務。

海關是隸屬財政部的中央單位，依據皇室頒布的組織法令主要負責查緝海上與領空的逃漏關稅、物品走私與洗錢。海關人員皆具備司法警察身份並受過槍砲訓練領有執照，查緝過程如有武力需要，可動用武器戰鬥，海關亦可協助海上國民防衛隊執行執法任務。另外，西班牙海關與歐洲防詐欺辦公室（European Anti-Fraud Office）及世界海關組織（World Customs Organization）都有合作關係。

二、裝備

海關約有 2,000 人，在領海內快速跟蹤與攔截調查可疑船隻，因此艦艇多數以方便執行任務的小型快艇為主。擁有各式船艇 44 艘以上的巡邏艇，分別配置於十七個港口。另配置 1 架定翼機、3 架直升機。[14]

肆、西班牙商船總局（Spanish General Directorate of Merchant Marine）

商船總局隸屬於運輸部，因應全球化的國際港口體制並為了提升西班牙在國際的競爭力，西班牙政府必須協調和控制整合國際港口系統以提升國際港口作業效率，並以二十七

[13] Customs Surveillance Service, Wikipedia, (http://en.wikipedia.org/wiki/Servicio_de_Vigilancia_Aduanera) (2011/08/30)

[14] Customs Surveillance Service, Wikipedia, (http://en.wikipedia.org/wiki/Servicio_de_Vigilancia_Aduanera) (2011/08/30)

個港口當局之能量來執行四十四個港口業務。1992 年政府組織再造時成立隸屬公共建設暨經濟部運輸秘書處下轄之商船總局統籌有關西班牙海事事務,積極整合海洋事務有關機關的主管法規、海域法規、海域管轄、海上治安與災難救護、海洋保育與科學研究、漁業法規、航運及港埠發展管理、海域觀光遊憩管理、海洋環境保護等,並發展國家海洋政策。商船總局所屬之國家搜救暨海事安全委員會下設海事訓練中心(見第五節)及國際水文中心(Instituto Hidrográfico de la Marina, IHM)等有關海事機構。[15]

伍、西班牙國際水文中心(Spanish Instituto Hidrográfico de la Marina)

一、歷史背景

(一)1797 年 12 月 17 日西班牙成立「水文學基金會」。

(二)1908 年,世界承認西班牙海軍的水文學專業化,海軍學校備有水文室被世界水文學界指定為水文高等學校。

(三)1921 年,西班牙成立國際水文局。

(四)1927 年在聖費爾多建立海軍水文辦公室。

(五)1943 年 12 月 30 日,海軍水文辦公室將水文服務業務獨立出來,成立了國際水文中心。

二、其主要任務為獲取與傳播海上的相關訊息和提供岸際航行安全資訊,並促進航海科學的發展。為完成這些任務,主要目標:

(一)有系統的觀察和在海水中的潮流、電流、溫度、聲音和電磁現象,在氣象學和物理特徵方面對航行安全的影響。

(二)提供航海圖和相關出版物、以及助航書藉和資料。

(三)藉由航海圖和出版通報的不斷改進,列舉對航行影響的所有資料數據和變化訊息,使航海者把危險降至最低。

(四)船舶儀器指南針的標準化。

(五)研究與開發海軍基金會所必須的任何水文或地理工作的研究計畫。

---

[15] Instituto Hidrográfico de la Marina, (www.armada.mde.es/*ihm*/) (2009/10/18)

（六）西班牙國際水文中心為國際水文組織（IHO）、地中海和黑海水文委員會、東大西洋水文委員會、極區水文委員會、電子航海圖展示委員會、全世界電子航海圖數據庫委員會的代表委員之一。

（七）在地中海和黑海海域提供航行警告。

（八）符合國際海事組織規定的航行安全。

第四節　權限與管轄（Authority and Jurisdiction）

自 1992 年海域與海岸相關法令重新制定後，各單位即使各有其專職海事任務，但如果需要協助仍會支援。西班牙海軍雖負責軍事任務，但仍積極協助各機關執行海域相關事宜，如走私偷渡、海難搜救等。海上國民防衛隊負責保護國家領海、大陸礁層、專屬經濟區等海域，負有維護西班牙各海域之治安、反情報、反恐怖主義及保護海上生物及環境資源之任務，另亦負責港口安全維護；海上國民防衛隊法令則是依據國家搜救暨海事安全委員會與海運協會所制定。海關主要負責各進出口貿易港之進出口貨物查察，防止海上走私及各種方式之逃漏關稅，並協助海上國民防衛隊。

第五節　教育與訓練（Education and Training）

國民防衛隊新人之招募有二種方式，其一為十六歲或十七歲入學者給予二年相當於二分之一學院的課程；另一種方式為十九歲至二十四歲之間入學者，可於其他大學修滿連續十一個月的課程，服務滿十四年後即具備被拔擢為幹部之資格，少數人員藉由參加位於札拉哥索（Zaragoza）的軍官學校二年課程後，獲得直接任命之機會，在那裡他們跟隨正規軍校生完成全部課程。三年後如於亞安朱利（Aranjuez）的國民防衛隊專門研究院取得資歷，即可獲得中尉任用。在福利上，大部分官員皆配有住宅與家庭成員同住，而於招募新成員中亦開放較高之錄取比例予現任人員之兒女。

海上國民防衛隊所屬之機關並無相關之海上執法訓練中心或學校，除海軍外，該國有關海上安全的海事訓練中心隸屬商船總局，於 1993 年 5 月成立並開始訓練業務，此為一個搜索救助及海上保安的海事訓練中心。該中心的設計規劃以服務目的為主，且有現代設備和裝置，及合格的技師和專家人員在安全和環境兩大主題的領域中發展他們的工作。

壹、海事訓練中心之宗旨

根據相關規章和受訓單位的需要,該中心設計出符合服役人員任務的課程,使受訓者成功地獲得必要知識及操作技能,再由中心選用人才以提高生命和環境的安全品質,避免危險和事故。亦設計出因應未來發展應有的應變計畫,使各項活動得以在安全中進行。

貳、海事訓練中心課程內容

（一）消防器材的管理
（二）初級滅火
（三）中級滅火
（四）高級滅火
（五）船艙滅火
（六）消防人員之命令與控制
（七）初級化學緊急事件
（八）進階化學緊急事件
（九）緊急事件之滅火介紹
（十）高級緊急事件之滅火介紹
（十一）在工業生產設備裡緊急事件之命令與控制
（十二）受限制空間之援救
（十三）受限制空間之緊急事件援救
（十四）車輛中受害者之營救
（十五）飛機船艇之滅火和援救

參、在經費方面透過歐洲社會專款（70%）和營救公司和海上安全機構（30%）的共同收入部分,海事訓練中心的未來目標與規劃,在於繼續以計畫為優先目標以永續發展社會並提升預防功能的技術。[16]

---

[16] Guardia Civil, (http://www.guardiacivil.org/quesomos/index.jsp) (2009/09/27)

第六節　與我國制度之比較
（A Comparison with Taiwan Coast Guard）

　　第一點，西班牙各項海域政策與法規之制定於 1992 年政府組織再造後，統合於公共工程暨經濟部下轄之商船總局負責，其業務涵蓋救難、環保、海運、漁業、港口管理、海上觀光、科學研究等政策與法規之制定，海上治安由海上國民衛隊負責，走私由海關掌理，屬於多元型組織；目前我國各海洋事務分散於各部會負責。

　　第二點，目前西國海難搜救統一由隸屬公共工程暨經濟部之商船總局下轄之國家搜救暨海事安全委員會統合，預期未來將交由海上國民防衛隊之機構執行，救難船則散在於各部會單位中，分別有 11 艘搜救拖船、38 艘小型搜救艇、5 艘港口油污清除艇和 5 架 Sikorsky-S-61 型直升機，這些船舶由農漁業暨糧食部下轄之西班牙海洋協會（Spanish Institute of Oceanography）負責運作，配合海軍 9 艘搜救船共同執行海難搜救，海運協會另負責一艘 5,000 噸特殊醫療暨後勤支援船；我國海難搜救以海巡署為主要執行機關，另於大型海難搜救中，海空軍始加入國防部可能成為主要指揮機關。

　　第三點，西國海上國民防衛隊與國家警察總局等各類執法機關同樣隸屬內政部。海上國民防衛隊主要負責海上治安為主，另有保護海上生物及環境資源、港口安全等業務，而海關是負責查緝走私任務之機關，海上國民防衛隊亦有查緝走私之職責，因此，西班牙海域執法制度與我國未成立海巡署之前相似，保七總隊負責海上治安，查緝走私主要機關為海關，但我國港口安全商港由港務警察局負責，漁港安全由海巡署安檢所承擔。

　　最後，西國海上國民防衛隊人員雖然不多，但任務較單純，其實際艦艇數量多，但海上國民防衛隊或海關艦艇多為百噸以下，可判斷其海域執法以近岸巡邏為主；我國過去水上警察局直屬船隊之巡護船以北太平洋巡邏為主，其他遠洋水域之巡邏捉襟見肘，而海巡署成立後海洋巡防總局合併海關艦艇，遠洋巡邏能力開始增加。

第七節　結語（Conclusion）──特徵（Characteristics）

西班牙北臨比斯開灣，西北濱大西洋，南濱直布羅陀海峽，東面地中海，為三面濱海國家，海岸線長 4,964 公里，以下為其海域執法制度特徵。

壹、岸海合一

國民防衛隊負責之勤務範圍包含內陸地區、海上（含領海、專屬經濟海域等水域）、邊境、港口、機場的保護。其中海域地區及港口治安之維護由海上國民防衛隊負責

貳、三級制──隸屬於內政部

海上國民防衛隊隸屬內政部下轄之國民防衛隊，於內閣層級中屬三級機關，但是與一般警察不同的是他仍然保有軍事色彩，戰時隸屬國防部支援海軍。

參、分散制

能量深淺依次為海軍、海關、海上國民防衛隊，裝備以小艇及航空器為主，西班牙海軍在歐盟海軍之實力僅次於英國，但是，該國海上國民防衛隊總計各式船艇 85 艘，所有船艇皆為百噸以下，雖配置航空器 26 架，但是，該隊仍以沿海海域執法為主。另一海域執法機關－海關，配置船艇 44 艘以上與 4 架航空器。因此，西國海域執法之裝備以小艇及航空器為主。唯海軍全力協助海域執法工作。

肆、搜救能量強

海上國民防衛隊因國家搜救暨海事安全委員會與海運協會所制定的規定，針對海上搜救、醫療與後勤支援而有 60 艘大小不等之搜救艦艇。海軍也針對海上搜救配有 9 艘艦艇，噸位從 8 噸至 2,738 噸大小不等。

伍、重視海洋環境

海上國民防衛隊配有 5 艘港灣油汙清除船。

陸、重視人員操作實習

海軍配有總計 15 艘實習船。

柒、水文調查暨專業又現代

西班牙的水文調查中心早在 1943 年就已經成立。中心有系統的觀察和記錄海中的潮流、電流、溫度、聲音和電磁現象，研究氣象學和物理關係對航行安全的影響，並與國際各水文中心合作以並促進航海科學的發展。海軍並配有 7 艘水文調查船。

第 65 章　義大利海域執法制度

目錄

第一節　國家概況（Country Overview）⋯⋯⋯⋯⋯⋯⋯⋯⋯ 604

第二節　歷史沿革（History）⋯⋯⋯⋯⋯⋯⋯⋯⋯ 605

第三節　組織、職掌與裝備

　　　　（Organization, Duties and Equipments）⋯⋯⋯⋯ 607

第四節　權限與管轄（Authority and jurisdiction）⋯⋯⋯⋯⋯ 612

第五節　教育與訓練（Education and Training）⋯⋯⋯⋯ 612

第六節　與我國制度之比較

　　　　（A Comparison with Taiwan Coast Guard）⋯⋯⋯ 612

第七節　結語（Conclusion）──特徵（Characteristics）⋯⋯ 613

第一節　國家概況（Country Overview）

　　義大利共和國（Italian Republic）由南歐義大利半島、西西里島（Sicily）與薩丁尼亞島（Sardinia）組成，境內有羅馬市內的教廷（Holy See）與聖馬力諾（San Marino）兩袖珍國。北接法國（France）、瑞士（Switzerland）、奧地利（Austria）及斯洛維尼亞（Slovenia）。東北臨亞得里亞海（Adriatic Sea）、西北濱利古里亞海（Liguria Sea）、西南瀕狄里寧海（Tyrrhenian Sea）、東南面愛奧尼亞海（Ionian Sea），南臨地中海（Mediterranean Sea）。全國面積 301,340 平方公里，為台灣 8.4 倍大。海岸線長 7,600 公里，領海 12 浬。[1]

　　首都羅馬（Rome），總人口 61,016,804 人（2011）[2]。國體共和制，政體內閣制，國會分參議院及眾議院。（見圖 65-1）主要輸出汽車、化學、鞋類，輸入石油、建材、羊毛。[3] 義

---

[1]　*Jane's Fighting Ships.2004-2005*, Edited by Commodore Stephen Saunders RN, Virginia U.S.A, p.358.

[2]　CIA, The World Factbook.(https://www.cia.gov/index.html) (2011/06/10)

[3]　《世界各國簡介暨各國首長名冊》，中華民國外交部，2001 年，頁 272。

國國內生產總值（GDP）2,037,000（百萬）美元，在 190 個國家排名第 7 名；每人國民所得（GNP）33,828 美元（2010），在 182 個國家排名第 22 名。義國在自由之家（Freedomhouse）的政治權利與公民自由兩種自由程度在 2010 年的分數前者為 1，後者為 2，歸類為自由國家；透明國際（Transparency International）中的 2010 年的貪污調查分數為 3.9，在 178 個國家中排名第 67 名；聯合國（2010）最適合居住國家的人類發展指數為 6.7，在 169 個國家中排名第 23 名。[4]

　　義大利社會南北貧富差距大，且有黑手黨控制之地下經濟勢力龐大遍及各行業、消費能力下降及大量非法出入境導致治安敗壞等問題。義國為北約及各大國際組織一員，也是歐盟創始國之一，國家對外政策以歐盟共同安全防禦及外交政策為主。[5]

第二節　歷史沿革（History）[6]

　　義大利海域防衛局(Italian Coast Guard, ITCG；義大利文：Corpo delle Capitanerie di porto - Guardia costiera）源於特殊海事法庭，是負責航行紀律、保護海員與管理港口的單位。義國是文藝復興時期重要的城市，船舶發展極為重要，海上商人成為當時致富的巨大力量，因為成為商業強國而不斷擴展的水域，驅使國家建立完備的新海上法案。

　　1865 年 7 月 20 日，國王下令將海域防衛隊與海事法庭結合。當時的海軍不僅保衛國家海域，大部分大港口行政與技術問題也由海軍協助處理。但自從新機構成立，港口問題轉由 ITCG 負責，其結合原本海事法庭的行政工作並擔任防禦角色，伴隨著港口效能的增加職能也不斷擴大。1910 年後，ITCG 指揮官充分的訓練並加強人員專業項目，在義大利與土耳其衝突期間，ITCG 參與了初階任務，並籌備非洲海岸武器與人員編組。經過此事件的成功，義國的海事法幾乎完備。

[4] 五類指標詳情請見本書導論，頁 11-13。
[5] 中華民國外交部，外交資訊網頁（2009/06/24）
[6] Italian Coast Guard, (http://www.guardiacostiera.it/) (2011/08/30)

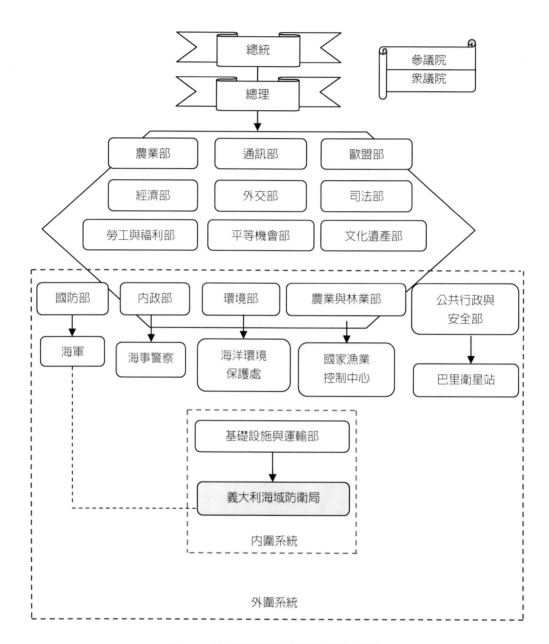

圖 65-1 義大利海域執法相關部門互動圖

資料來源：作者自繪

　　第二次世界大戰前，政府於 1915 年 5 月立法將 ITCG 確認為軍事力量，是為一軍事化
階段。1918 年，政府開始指派軍事防禦職責，1923 年，海軍指揮官指明將 ITCG 列為皇家
海軍軍種之一，此決定延續至今。二戰期間，ITCG 船艦作為海上戰爭的攻防武器，避免海
岸線受到攻擊，港口的組織和運作證明了他們的貢獻。ITCG 的蹤跡在印度洋、地中海與非

洲海岸皆可見到所有成員在沿岸從事防禦措施與後勤規畫。二戰期間，ITCG 間接或直接的協助周邊國家的安全防備，戰爭結束後，多數的軍事人員恢復了文職工作。ITCG 的標誌象徵義大利的 Guardia costiera 延伸至世界各地並且連結，並且以國旗顏色來表現主要條紋。（見圖 65-2）

圖 65-2　義大利海域防衛局標誌[7]

第三節　組織、職掌與裝備
（Organization, Duties and Equipments）

義大利海域防衛局（Italian Coast Guard）

一、組織與職掌[8]

　　義大利海域防衛局由海軍操作，在 1994 年後開始對基礎建設與運輸部（Ministry of Infrastructure and Transport）負責，其指揮官官階與海軍相同，但是 ITCG 只有在國家緊急狀況下才會聽命於海軍指揮。其海域任務與職能需與不同部門合作。（見圖 65-1）ITCG 的主要任務有：

---

[7]　Italian Coast Guard, (http://www.guardiacostiera.it/) (2011/08/30)

[8]　Italian Coast Guard, (http://www.guardiacostiera.it/) (2011/08/30)

（一）海難搜救。協調相關單位並監測海域，盡力在 24 小時內完成任務。搜救任務是由 ITCG 總部內，根據漢堡公約（Hamburg Convention）[9]成立的義大利海上救援協調中心（Italian Maritime Rescue Coordination Center, IMRCC）指揮。依據公約，義大利 15 方位海域都是其負責範圍，（見圖 65-3）並與地區性的海上救援分中心（Maritime Rescue Sub Center, MRSC）合作。所有的海難救援任務必須聽命於 IMRCC，由它協調軍事與民間救援單位，ITCG 其他單位則保證以高效率行動執行海難搜救。另外，IMRCC 也與其他國家合作海難搜救任務。[10]

（二）維護海上航行船隻安全，檢查所有國際商船、漁船與遊艇，要求外國船隻將國旗升起以確認身分，並對海外的本國商船進行管制與保護。

（三）保護海洋環境，範圍包含海上與沿岸陸地。此任務依賴環境保護部（Ministry for the Environment），類似這樣的依賴方式已經用於其他任務，例如安全、救援與海事警察。

（四）控制捕魚量保護魚場，此功能依賴農業與林業部（Ministry of Agriculture and Forestry），而農業與林業部設於 ITCG 內的國家漁業控制中心（The National Fishing Control Centers, NFCC）是制定漁獲法令與執行任務的單位。ITCG 總局按照國家立法與歐盟相關規定對海域捕撈業進行控制與檢查。

（五）對未註冊的漁船與商船進行海事訴訟。

（六）海事警察，也就是執行行政管理的海洋警察，針對航海紀律和管制的事件展開調查，並控制海上交通的機動船舶和安檢港口，查詢海運傷亡，保護國家海域財產，測試和定期檢查沿海倉庫及其他危險裝置。

---

[9] 漢堡公約簽成於 1979 年 4 月 27 日為一國際公約，目的在成立國際海上搜尋與救援中心，並且國與國彼此搜救單位依此公約協調與合作執行任務。通常是協調救援中心或分中心來搜尋遇難人員，救援上則是提供初步醫療與提供安置地點。並且各國的救援中心，不論被搜救人的特殊情況或是國籍，都必須要為他們提供各需求資源與醫療。 *Joint Search and Rescue Centre*：A rescue coordination centre responsible for both aeronautical and maritime search and rescue incide*Rescue Coordination Centre*：A unit responsible for promoting efficient organization of search and rescue services and for coordinating the conduct of search and rescue operations within a search and rescue region

[10] Italian Coast Guard, Search and Resecure, (http://www.guardiacostiera.it/) (2009/07/01)

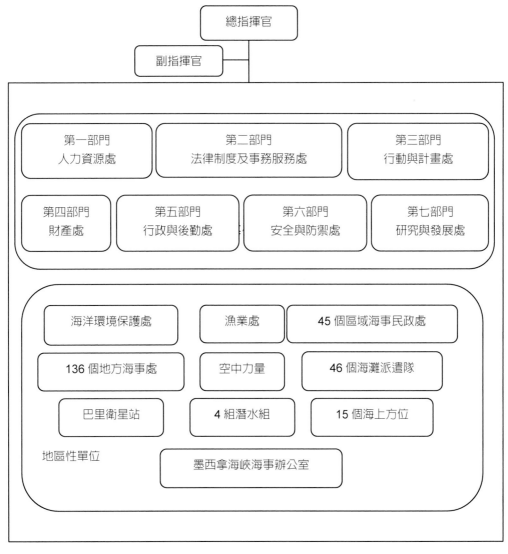

圖 65-3　義大利海域防衛局內部組織結構圖

資料來源：作者自繪

　　其他職能還有為海軍訓練人員，保護文化活動與水下考古文物，與內政部設於 ITCG 內的海事警察合作管制非法出入境。其他還有執行司法部及福利與民事福利部諸多工作。ITCG 就像海域的有機體，是一高度專業化的廣泛性結構，可以完成配置的行政公共職能，但是他們的主要工作仍以保護海上人民與航行安全、管制海上捕魚、經濟活動與環境保護為主。

ITCG 主要分為以下幕僚單位：[11]（見圖 65-3）

（一）總指揮官（Commandant）

助理．秘書長．編劃預算處．行動規範辦公室．法律顧問．外交事務顧問．公共關係辦公室．經營管理辦公室．精神支援辦公室

（二）副指揮官（Vice General Commander）

助理．秘書長．一般事務辦公室．檔案分類辦公室

（三）第一部門，人力資源處（Human Resources）

幹事辦事處．低階軍官與部隊辦公室．編制與培訓辦事處．軍事代表辦公室

（四）第二部門，法律制度及事務服務處（Juridical Affairs and Institutional services）

法律事務廳．公共服務辦公室．監察辦事處．國家漁業控制中心

（五）第三部門，行動與計畫處（Operations and Plansservices）

規劃辦事處．執行辦公室．操作中心與義大利海上救援協調中心（Italian Maritime Rescue Coordination Center, IMRCC）

（六）第四部門，財產處（Assets）

規劃和管理海軍資產辦事處．船體和運作系統辦公室．航空器辦事處．地面探測器辦公室

（七）第五部門，行政與後勤處（Administration and Logistics）

管理與會計廳．基礎設施與後勤支援辦公室．章程與公文收發處

（八）第六部門，安全與防禦處（Safety and Security）

規範及國際關係辦公室．行政規範職能辦公室．公共服務、安全與保障辦公室．培訓與研究辦事處

（九）第七部門，研究與發展處（Research and Development）

電子與作業系統辦公室．訊息系統辦事處．開發辦事處

ITCG 透過以下地區性單位對海岸線執行任務：（見圖 65-3）

（一）15 個海上方位（15 Maritime Directions）

（二）墨西拿海峽（Messina Strait）海事辦公室（1 Maritime Authority of the Messina Strait）

（三）45 個區域海事民政處（45 Maritime District Offices）

（四）136 個地方海事處（136 Local Maritime Offices）

（五）46 個海灘派遣隊（46 Beach Delegations）

ITCG 外圍服務還有：

---

[11] Italian Coast Guard, (http://www.guardiacostiera.it/) (2011/08/30)

（一）海、空力量的組成（Air-sea component）

（二）COSPAS／SARSAT[12]巴里衛星站（COSPAS/SARSAT satellite station of Bari）（協同公共行政與安全部）

（三）4組潛水組（4 Divers Groups）（位於 San Benedetto del Tronto, Naples, Messina and Cagliari）La componente navale

（四）設於 ITCG 內，環保部下轄之海洋環境保護處（Marine Environmental Division）

（五）設於 ITCG 內，農業與林業部下轄之漁業處（Fishing Division）

二、裝備[13]

ITCG 目前人員約有 10,500 人，包含 1,200 名軍官。裝備共有艦艇 595 艘，包含 6 艘巡邏艇、9 艘小型巡邏艇、272 艘介於 6 噸至 50 噸之巡邏艇、212 艘硬殼快艇。各式巡邏艇種類大略如下：

（一）搜尋與救援艦艇 10 艘：205 噸 Giulio Ingianni CP 409；136 噸的 Antonio Sciaioja CP 406、Michele Lolini CP 407、Mario Grabar CP 408；100 噸的 Oreste Cavallari CP 401、Renato Pennetti CP 402、Walter Fachin CP 403、Gaetano Magliano CP 404；65 噸的 Dante Novaro CP 313；45 噸 CP 314-318。

（二）快速巡邏艇 5 艘：54 噸 CP 265-292；30 噸 CP 262；23 噸 CP 246-253；22 噸 CP 254-260；19.4 噸 CP 454-456。

（三）近岸巡邏艇 399 艘：3 噸與 5 噸的 408 巡邏艇；15 噸 CP 2201-2205；12 噸 CP 2084-2103；15 噸 CP 2001-2009、2011-2015、2017-2205；13.3 噸 CP 839、862、872-881、884-889；10 噸 CP 863、871、882-883、890-892；12.5 噸 CP 814-824；9 噸 CP 801-813；6 噸 CP 701-712；7.5 噸 CP 512-523、540-564；3.7 噸 CP 6001-6022；5.4 噸 CP 1001-1006；3 噸 CP 601-605；CG 101 級；64 CG20 RHIB。

（五）訓練實習船 2 艘：1,278 噸 CP 451、190 噸 Barbara CP 452。

（六）專屬威尼斯地區的搜救艦艇 2 艘：CP 210、CP211。

（七）SAETTIA 級的搜尋與救援艦艇 6 艘：427 噸 CP 901-906。

（八）海上警察巡邏艇 64 艘：28 噸 19-800 級、22 噸 6-700 級、12 噸 6-600 級、6 噸 27 N 500 級、18 噸 3 S 500 級、2 噸 65-200 級、28 艘小型巡邏艇、30 艘 RHIB。

另外，亦擁有專屬航空器 23 架，包含 13 架搜救巡邏機、10 架海事巡邏機。

---

[12] COSPAS／SARSAT 是一個以國際衛星為基礎的搜索與救援系統，需要時發布警報檢測與訊息，協調與聯合各救援中心。

[13] Italian Coast Guard, (http://www.guardiacostiera.it/) (2011/08/30)

第四節　權限與管轄（Authority and jurisdiction）

　　義大利海域防衛局權限由國家海洋保護法制訂，搜尋與救援任務則是依據漢堡公約執行。ITCG 很多任務都是與政府部門合作，多是執行與協調各部門的任務居多。

第五節　教育與訓練（Education and Training）

　　義大利設有五間海軍專門訓練學校，分別是為位羅馬的海軍學院、Taranto 的海軍士官學校、La Maddalena 的海軍工業學校、威尼斯的海洋軍事研究中心暨教育學院及名為 Francesco MOROSINI 的海軍學校。上述學校分為初、中與高等海軍學校，而海域防衛局人員來自於海軍學員，先由海軍學校教育與訓練後再進行分發。[14]

第六節　與我國制度之比較
##　　　　（A Comparison with Taiwan Coast Guard）

　　首先，義大利海域防衛局隸屬於基礎建設與運輸部門，卻是海軍的一個分支，緊急時可被海軍所用，是為三級機關；台灣海巡署則是隸屬於行政院的二級機關，戰時也受國防部指揮。其次，義大利海域防衛局內部分為幕僚與地區性單位，當中的海上救援協調中心是與國際合作的指揮中心，從地區性單位更可見其眾多駐點與對分工的重視；台灣則分為海洋巡防總局與海岸巡防總局。最後，義大利海域防衛局人員來自於海軍學校受訓分發而來，學校有專門的海軍工業學校與海洋軍事研究中心，海軍學院也有程度之分，重視學生的能力與興趣走向；台灣的海洋總局幹部主要來自於警察大學的水警系。

---

[14]　Italian Navy, Education School, (http://www.marina.difesa.it/default.asp) (2009/07/02)

第七節　結語（Conclusion）：特徵（Characteristics）

義大利東北臨亞得里亞海、西北濱利古里亞海、西南瀕狄里寧海、東南面愛奧尼亞海，南臨地中海，為三面濱海半島國，海岸線長 7,600 公里，以下為其海域執法制度特徵。

壹、集中制

設有專責的海域防衛局執行各項海事任務

貳、三級制——隸屬基礎建設與運輸部

海域防衛局隸屬於基礎建設與運輸部，但軍階與海軍相同。

參、人員及設備深具規模

現有約 10,500 名人員，艦艇 595 艘，航空器 23 架，在世界各國中極具規模。

肆、歷史悠久——146 年

海域防衛局存在的歷史超過 146 年，雖不及美國及瑞典，但也堪稱悠久。

伍、重視海難搜救及海洋環保

海難搜救系統以國際衛星為基礎，設有專責單位執行海洋環境保護巡邏。

陸、軍事化訓練

由海軍的教育訓練系統負責，初級至高級教學完備。

柒、專屬航空器

共設有 23 架專屬航空器。

第 66 章　葡萄牙海域執法制度

目錄

第一節　國家概況（Country Overview）⋯⋯⋯⋯⋯⋯⋯615

第二節　歷史沿革（History）⋯⋯⋯⋯⋯⋯⋯616

第三節　組織、職掌與裝備
　　　　（Organization, Duties and Equipment）⋯⋯⋯618

第四節　權限與管轄（Authority and Jurisdiction）⋯⋯⋯621

第五節　教育與訓練（Education and Training）⋯⋯⋯623

第六節　與我國制度之比較
　　　　（A Comparison with Taiwan Coast Guard）⋯⋯⋯623

第七節　結語（Conclusion）──特徵（Characteristics）⋯⋯624

第一節　國家概況（Country Overview）

葡萄牙共和國（Portuguese Republic）位於伊比利半島（Iberia Peninsula）[1]西側，西臨大西洋（Atlantic Ocean），東接西班牙（Spain）。全國面積 92,090 平方公里，為台灣 2.5 倍大。海岸線長 1,793 公里，領海 12 浬，專屬經濟海域 200 浬。[2]

首都里斯本（Lisbon），全國人口 10,760,305 人（2011）[3]。國體共和制，政體責任內閣制，單一國會制。（見圖 66-1）主要輸出紡織品、軟木，輸入機械、運輸器材、農產品。[4]葡

---

[1] 位於歐洲西南角，東和南臨地中海，西邊向大西洋，北臨比斯開灣。庇里牛斯山脈在半島東北部，與歐洲大陸連接。南部隔著直布羅陀海峽與非洲對望。島上國家有葡萄牙、西班牙與安道爾。（http://zh.wikipedia.org/zh-tw/%E4%BC%8A%E6%AF%94%E5%88%A9%E4%BA%9A%E5%8D%8A%E5%B2%9B）（2011/01/15）

[2] *Jane's Fighting Ships.2004-2005*, Edited by Commodore Stephen Saunders RN, Virginia U.S.A, p.569.

國國內生產總值（GDP）223,700（百萬）美元，在 190 個國家排名第 37 名；每人國民所得（GNP）21,030 美元（2010），在 182 個國家排名第 32 名。葡國在自由之家（Freedomhouse）的政治權利與公民自由兩種自由程度在 2010 年的分數皆為 1，歸類為自由國家；透明國際（Transparency International）中的 2010 年的貪污調查分數為 6.0，在 178 個國家中排名第 32 名；聯合國（2010）最適合居住國家的人類發展指數為 5.9，在 169 個國家中排名第 40 名。[5]

　　葡萄牙是歐盟、北約組織和世貿組織的成員，對外政策多遵循歐盟之共同外交及安全政策。近年葡國因金融政策誤導致出口大減，加上國內失業率高升，國民對政府決策相當不滿。雖然目前多數歐盟國家景氣復甦，但葡國經濟成長率始終低於歐盟平均值，走出經濟蕭條之腳步較其他國家緩慢。[6]

第二節　歷史沿革（History）

　　葡萄牙在十四世紀至十五世紀擁有強大制海權，當時海軍生活條件非常艱苦，爭戰時卻堅韌頑強，令敵人膽寒。長期的海上擴張使海軍累積豐富經驗，因此，當時葡海軍勇冠歐洲，少有敵手。這樣的海上霸權直到 1580 年西班牙國王菲利普二世兼併葡萄牙後，才取代了葡國的海上統治者地位，使其海上霸權如曇花一現。近代葡萄牙海軍創建於 1910 年 10 月，自失去傳統海上強權後，海軍力量減弱甚多，至二十世紀中期，其主要的艦艇、巡邏艇皆來自美軍援助。加上國內政治不穩，在 1974 年軍事革命後，能參與作戰的艦艇數只剩不到原來的一半，而目前較現代化的船艦都是近二十年來建立的。至於海軍現在的重點任務，也從過去非洲殖民戰爭時代的游擊作戰變成防禦國家海域為主。現在葡國主要與北約會員國作區域性合作，負責伊比利半島及東大西洋區域的安全。由於葡國海域具控制歐、非及大西洋的重要戰略地位，因此在北約盟國的贊助下，特別逐年改善其反潛能力及空中監測能力，以強化其區域軍事能力，進而建立其現代化的海上軍事力量。[7]

---

[3]　CIA, The World Factbook.(https://www.cia.gov/index.html) (2011/06/10)

[4]　《世界各國簡介暨各國首長名冊》，中華民國外交部，2001 年，頁 294。

[5]　五類指標詳情請見本書導論，頁 11-13。

[6]　中華民國外交部，外交資訊網頁（2011/01/15）

[7]　Country Study & Guide, (http://reference.allrefer.com/country-guide-study/portugal/portugal173.html) (2009/ 10/30)

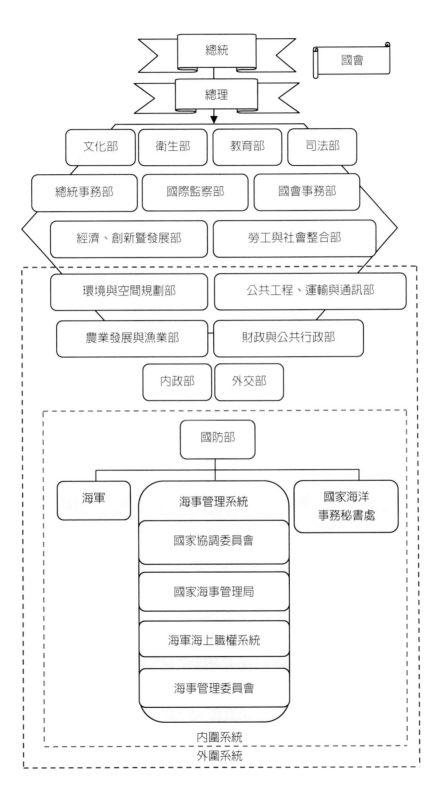

圖 66-1　葡萄牙海域執法相關部門互動圖

資料來源：作者自繪

第三節　組織、職掌與裝備
（Organization, Duties and Equipment）

壹、葡萄牙海軍（Portugal Navy）

一、組織與職掌

　　葡萄牙海軍隸屬於國防部，葡國海域具有特殊戰略性地位，不管從戰略位置、經濟、環境生態的永續發展及軍事層面來看，在在呈現海事安全的重要。過去葡萄牙海軍僅扮演保衛國土與人民安全的角色，現今海軍扮演著防禦與海域執法的雙重角色，針對海洋方面之工作國防部另設置國家海洋事務秘書處（Secretary of State for Sea Affairs）。[8]（見圖 66-1）

　　面對潛在的海上威脅，例如海上恐怖攻擊或是海事意外（如威望號事件[9]）的發生，使海軍及相關單位意識到目前機制存在著部門過多且分散的問題，以致常無法協調並達成共識解決問題。另一方面，為改善海域安全，並確保現有資訊管理、實施程序的凝聚力及相關行動，不會因立法及執行部門在職掌移交過程產生漏洞或造成重複管理等問題。葡國於 2002 年創設海事管理系統（System of Maritime Authority, SMA）[10]，藉由任務編組為委員會模式，整併相關單位，並由國防部長擔任主席，其下並設有四個主要機構：（見圖 66-1）

（一）國家協調委員會（The National Coordination Board）

（二）國家海事管理局（The National Maritime Authority, NMA）

8　Portugal Navy, (http://www.marinha.pt/PT/Pages/homepage.aspx) (2011/08/30)

9　西元 2002 年 11 月 13 日，掛有巴哈馬國旗的油輪"威望號"，從拉脫維亞駛往直布羅陀海峽。這艘油輪載有 7.7 萬公頓燃料油。在途徑西班牙西北方的加利西亞省海域時，遭遇強風暴。由於船體過於老舊，加以在強風和巨浪的侵襲下失去控制，於是在距西班牙海岸約 9 公里處擱淺。船體裂開一個 35 米長的大洞，燃料油大量外泄。隨後該船被大風吹向葡萄牙海域，在離葡萄牙海域約 50 浬處斷裂成兩半，沈入海底。之後燃油繼續飄流外洩，統計達 2 萬多公噸，生態環境遭到嚴重破壞。美國之音中文網 (http://www.voafanti.com/gate/big5/www1.voanews.com/chinese/news/a-21-a-2002-11-19-20-1-63284022.html?moddate=2002-11-19) (2009/10/30)

10　Portugal Navy, (http://www.marinha.pt/Marinha/PT/Menu/DescobrirMarinha/EstruturaOrganizativa/Area_aut_maritima/) (2009/10/30)

（三）海軍海上職權系統（The Naval Component of the Maritime Authority System）

（四）海事管理委員會（The National Maritime Authority Council）

透過此機制的實施，在法律所賦予的國家管轄範圍下，能夠在航行安全、資源維護及國家安全獲得更有效率的執行。而海軍任務範圍，從岸際陸域算起，包括港口、領海一直到管轄海域之邊界。[11]

葡萄牙海軍作戰時由政府和北約雙重指揮，北約南大西洋司令部就設在葡萄牙首都。葡海軍設 5 個海區司令部（大陸北部海區、中部海區、南部海區、亞速爾群島海區（Azores）[12]、馬德拉群島海區（Madeira）[13]，一個海軍作戰司令部和一個陸戰隊司令部。

海軍平時擔負本土基地與港口的安全保衛、護漁護航、水文測量及燈塔維護等任務。[14]另一方面，由於逐漸重視公共利益，因此，包括科學研究、漁業與環境保護、海難搜救（包含海上與岸際意外災害救援、海灘救生協助）、海域執法及海洋環境調查等都成為現在海軍的重要職責。[15]

針對海域監控作為方面（Maritime Surveillance），由於葡國的專屬經濟水域面積廣達一百六十萬平方公里，大約是其陸域面積的十八倍，也是歐洲具有最大專屬經濟海域的國家之一，如何確實管理與監視其海域成為重要課題。海域監測被認為具有實際觀測海洋狀況的功能，同時有助於維護資源、保護環境、國家安全、國防及實踐國家法律管轄等目標。值得注意的是，海域監測的需要得視各國地理及政經情勢而有所不同，然而基於領海及沿岸國的利益，大量人力、物力便需事先投資。另一方面，為確保現行法律對扣押、追緝、逮捕違反規定的船舶及其必要法定程序的適用，如何證明其違法便是重要關鍵，因此海域監測成為執法行動重要的一環。進行海域監測主要是利用以下幾種方式：

---

[11] António Carlos," Maritime Security - The Portuguese Perspective, Fifth Regional Sea power Symposium. (http://www.antoniocarlos.sc.gov.br/home/index.php?) (2009/10/30)

[12] 是一位於北大西洋中央的群島，位於葡萄牙以西約 1000 哩的海域上，為葡萄牙的領土，面積共 2,247 平方公里，群島由九個主要島嶼組成，包括聖米格爾、聖瑪麗亞、法亞爾、皮庫、聖若熱、特塞拉、格拉西奧薩、弗洛裡斯和科爾武，9 個主要島嶼的延伸範圍可達 600 公里，從亞速群島到北美洲的海岸約距離 3900 公里。維基，（http://zh.wikipedia.org/zh-tw/%E4%BA%9A%E9%80%9F%E5%B0%94%E7%BE%A4%E5%B2%9B）（2009/10/30）

[13] 位於北大西洋上一個屬於葡萄牙的群島，該群島的主島為瑪迪拉（Madeira）。葡萄牙語中 Madeira 是木頭的意思，這個群島位於里斯本西南約 535 英里，離摩洛哥的海岸線約 360 英里，它是由馬迪拉島、桑塔島和兩個無人居住的小島群（為自然保護區）所組成，馬迪拉也是葡萄牙的一個省，這個省的領域範圍與這個群島是相同的。維基，（http://zh.wikipedia.org/zh-tw/%E9%A6%AC%E5%BE%B7%E6%8B%89）（2009/10/30）

[14] Portugal Navy, (http://66.102.7.104/search?q=cache:zVaug3SFhcYJ:www.plapic.com/html/200311/200311006. htm+%22%E8%91%A1%E8%90%84%E7%89%99%E6%B5%B7%E8%BB%8D%22&hl=zh-TW) (2004/12/20)

[15] *Defence And Economics In Portugal",NATO's Sixteen Nation,Special Issue* ,1998. pp. 38-45.

（一）航空器

由於飛機具有立即性的效果，所獲得的證據更有助於將違規船舶繩之以法，但其缺點是因受限於空間及距離，無法即時遏止現場犯罪，加上所需費用高，透過岸際雷達或衛星的協調運用，將使其更有效率。

（二）衛星

透過衛星取得大範圍的高解析影像，就價值效益而言是相當好的方式，另使用多孔徑雷達衛星（Synthetic Aperture Radars- Satellites, SAR-Satellites）能偵測油污染發生及碳氫化合物（Hydrocarbons）擴散的海域。僅管無法確認污染源的本質及肇事船舶，在不久將來科技應能克服這部分困難。另外透過衛星可將訊息傳給飛機，再利用飛機去追蹤違法船舶，衛星照片也有助於將違法船舶定罪，當衛星偵測油污染發生同時，不同警報機制亦同時啟動。

（三）巡邏船與直升機

這部分主要透過海軍進行，巡邏船與直升機採長期的例行性巡邏機制，同時可展示護海能力，藉以達到警告違規船舶的目的，然而這較受限於距離及時間等因素。

（四）船舶交通系統（Vessel Traffic Systems, VTS）

本系統主要用於控制海上交通機制，其組成可分港口及岸際兩站台。導航設備包括雷達、無線電測向儀、長距離電信裝備及其他無線電輔助裝備等，透過本系統可在各種氣候條件進行二十四小時監視，同時藉由輔助資訊系統提供的管理、商務、氣象、地理等服務整合船舶交通管理資訊系統 （Vessel Traffic Management Information System, VTMIS），並配合岸際雷達、海軍電子感測器等做一整合性運用。

（五）港口檢查

主要是基於國際法對港口安全及海洋污染所作的應變機制，也是基於港口國管制（Port State Control, PSC）的概念。其目標是增加海域安全、保護海洋環境及避免船與人遭受外來傷害。主要實行措施包括過濾進港船舶、分類並檢查相關資料是否合乎規定等，另加強檢查比例亦為重點工作。[16]

---

[16] Maritime Surveillance, (http://gasa.dcea.fct.unl.pt/infozee/en3.2.htm) (2004/12/20)

二、裝備[17]

葡國海軍約有 11,600 人，共計 106 艘大小不等的艦艇，分別為 2 艘 ALBACORA 級 1,043 噸的潛水艇、3 艘 VASCO 級 3,300 噸的驅逐艦、3 艘 COMANDANTE JOAO BELO 級 2.250 噸的驅逐艦、3 艘 BAPTISTA DE ANDRADE 級的輕武裝快艦、5 艘 JOAO COUNTINHO 級 1,380 噸級的輕武裝快艦、4 艘 CACINE 級 310 噸的大型巡邏艇。5 艘 ARGOS 級 94 噸河流巡邏艇、2 艘 ALBATROZ 級 45 噸河流巡邏艇、1 艘 BOMBARDA 級 652 噸水陸兩用艇。

7 艘海域調查艦艇，分別為 2 艘 STALWART 級 2,285 噸、2 艘 ANDROMEDA 級 245 噸、3 艘小型調查艇。針對實習操作有 4 艘訓練艇，分別為 1 艘 1,940 噸、1 艘 1,055 噸與 2 艘 70 噸的帆船訓練艇。另有 67 艘輔助船，分別為 1 艘 900 噸設標艦、1 艘 ROVER 級 11,522 噸的補充艦、1 艘 70 噸設標船、8 艘 CALMARIA 級 12 噸港灣巡邏艇，還有 56 艘 11-12 噸的各式小型巡邏艇。另外，空中裝備共計有 28 架軍用巡邏直升機與偵察機。

貳、葡萄牙海軍陸戰隊（Portugal Marine Corps）

海軍陸戰隊總計 1,460 人，編有 3 個輕型陸戰營，1 個運輸分隊及 1 支特種作戰小分隊（遂行對付海上恐怖活動的任務）。三個陸戰營中有一個營為海軍警衛營，所有海軍陸戰隊員所受之訓練係為執行兩棲作戰及近岸巡邏任務，除配備輕型武器外，另有輪式裝甲車、迫擊炮及登陸小艇，海軍陸戰隊司令部設在里斯本對岸的阿爾菲特，下轄 1 個基地和 1 所學校。

第四節　權限與管轄（Authority and Jurisdiction）

海事安全實際執行部分可區分為一般船舶（Civilian Shipping）及軍事船舶（Military Shipping）來討論。一般船舶方面，港口管制依據國際海事組織的安全標準，同時履行國際船舶及港口設施保安章程（ISPS Code）的規定實施，盡可能透過軍事合作增加對特定船舶

---

[17] Portugal Navy, (http://www.marinha.pt/PT/Pages/homepage.aspx) (2011/08/30)

的維護；就軍事船舶而言，除得遵守國家海事管理局對安全的規定外，同時也須遵守北約組織就國家所訂的規定。

另基於海事安全目的，國家海事管理局議定兩項全國性法令。首先是建立預警性的港口安全計劃及對各種船舶施行保護措施的武裝力量。當船舶航行受阻、擱淺或靠泊於港口內，根據可能發生的威脅，針對各種狀況、責任作詳細且具體的規定。其次是就不同的軍事威脅制定詳細的腳本進行實際演練，同時假定意外發生後海軍的相關應變作為。由於海事安全對各層面具有相當程度的影響，因此，葡國便將海洋事務（Sea Affairs）加入國防部的負責項目中。而就區域合作上，基於資訊交流與分享，葡國有意支持由義大利海軍所倡議的建立一區域海事交通中心（Virtual Regional Maritime Traffic Centre），該系統的建置對區域海事安全有顯著提升，另外船舶交通系統也有助於葡國海軍建置更有效率的海事安全資訊系統。

儘管葡國針對廣大的專屬經濟海域有多種監測方式，同時設有針對海洋事務管理成立的海事管理系統（System of Maritime Authority, SMA），但許多專家仍對於其海洋事務管理提出許多建議，諸如 SMA 在與環境保護相關的油污染應變處理上，僅限於災難後的損害控制，在緊急行動上顯然功能不足，同時相關部門就實際參與而言，仍不夠努力。

葡國在海域監測上有幾項缺失，首先就概念上而言，在幾個維護海洋的計畫及協定中，海域監測的觀念未清楚定義，而對應的任務中，也未將相關行動做清楚劃分。就政治及經濟而言，由於得投入相當資源與人力，但卻從未詳細考慮政治與經濟耗費層面。就組織而言，海域監測機制主要由 SMA 所主導，但觀察各災害應變能力及人員所獲的結論得知，SMA 就海域監測這部分顯然未盡力，亦缺乏協調機制。另外在海軍組成上，僅管其任務隨公共利益的關注而有所轉型，但單就環境保護上，仍有許多成員未針對這任務受過相關的特殊訓練。特別是專屬經濟海域的管理，更需整合指令、控制、溝通、電腦及資訊系統（Command、Control、 Communications、Computers and Information）[18]即所謂的 C3I、C4I、C4ISR Systems。因此許多專家也建議葡國建立一海上專職單位如海域防衛機制（Coast Guard）或直屬總理並具決策能力的行政部門。

---

[18]　Portugal Navy, (http://www.marinha.pt/PT/Pages/homepage.aspx) (2011/08/30)

第五節　教育與訓練（Education and Training）

　　葡萄牙設有一海軍戰爭學院（Portuguese Naval War College）與海軍學校（Naval School），負責進修與養成訓練等。另針對在職訓練，亦設置多個海軍訓練中心。課程包括後勤、船藝、核生化、航海見習、軍事情報、電算見習及至各主要作戰艦見習等，另外加上體能及軍事訓練等。[19]

第六節　與我國制度之比較
（A Comparison with Taiwan Coast Guard）

　　首先，葡國海域執法由海軍擔任，海洋事務由四個主要機構做權責區分；而我國海域執法由海巡署執行，與葡國海軍雙重身分不同。其次，因為葡國海軍兼具海域執法之職能，平時擔負本土基地與港口的安全保衛、護漁護航、海難搜救、水文測量及燈塔維護等任務。另外亦負責科學研究、環境保護、海域執法及海洋環境調查等重要任務，幾乎涵蓋所有海洋事務；而我國海巡署之任務僅需執行本身職責，軍事防禦並非海巡署責任。最後，葡國為完成其各項任務，除運用各式飛機及艦艇外，更利用衛星及海上交通安全管理系統（主要設備為港口及岸際雷達、無線電測向儀、長距離電信裝備及其他無線電輔助裝備等）等先進設備，以立體監控方式管轄國家海域；而我國海巡署則運用船舶、飛機及岸際雷達執行海域監控任務，但是，海上交通安全管理則由交通部港務局負責，且僅有港口雷達監視，並未建置岸際雷達，海巡署岸際雷達並不參與該項任務，在衛星運用上我國衛星目前並不主動參與海域船舶監控，因此，我國在海域管理暨設備整合部分應以葡國為鑑儘速整合，以達到海域管理立體化之目標。

---

[19]　Naval School, (http://www.marinha.pt/escolanaval/) (2009/10/30)

第七節　結語（Conclusion）：特徵（Characteristics）

　　葡萄牙西臨大西洋，為一面濱海國家，在長 1,793 公里的海岸線上，設有五大海區司令部，以下為其海域執法制度特徵。

壹、海軍型海域執法機制

　　國防部轄下設有海軍、國家海洋事務秘書處與海事管理系統處理與執行所有葡國海域任務。由海軍參與海洋事務，不僅可以資源共享，任務執行也不需再經過不同部會同意，非常符合經濟效益。

貳、岸海合一

　　海軍任務範圍，從岸際陸域算起，包括港口、領海到管轄之海域邊界。

參、重視海洋監控科技之運用

　　葡國於海域監測方面，在面的連結上除運用船艇巡邏外，更利用高科技設備的海上安全管理系統，管理船舶航行安全並防止海上威脅。在立體空間的連結上，該國運用航空器作高效率大範圍巡邏，並運用衛星做油污染監控維護葡國海洋環境與資源，對於海域監控的設備運用毫不吝嗇。

肆、內陸河湖亦為巡邏範圍

　　設有 7 艘河流巡邏艇。

伍、重視海員操作實習

計有 4 艘帆船式訓練艇。

陸、重視海洋協調機制

依據過去發生海事意外之經驗及預防來自海上的恐怖攻擊事件，為解決協調聯繫問題及改善現有資訊管理能力，並增加執行任務之共識，葡國於 2002 年創設一任務編組單位即海事管理系統，整併各海事管理及執行單位，同樣由國防部長擔任主席。除自身建立之協調機制外，並與義大利合作建立海上交通安全聯合管理機制，確保航行於該二國水域之船舶航行安全，並建立海上聯合反恐機制。

柒、專屬航空器

總計有 28 架軍用巡邏直升機與偵察機。

第 67 章　保加利亞海域執法制度

目錄

第一節　國家概況（Country Overview）⋯⋯⋯⋯⋯⋯⋯626

第二節　組織、職掌與編裝

　　　　（Organization, Duties and Equipment）⋯⋯⋯⋯627

第三節　教育與訓練（Education and Training）⋯⋯⋯⋯⋯629

第四節　與我國制度之比較

　　　　（A Comparison with Taiwan Coast Guard）⋯⋯⋯630

第五節　結語（Conclusion）──特徵（Characteristics）⋯⋯630

第一節　國家概況（Country Overview）

保加利亞共和國（Republic of Bulgaria），位處東南歐，北鄰羅馬尼亞（Romania），東濱黑海（Black Sea）[1]，西接塞爾維亞（Serbia）及馬其頓（Macedonia），南界希臘（Greece）及土耳其（Turkey）。全國面積 237,500 平方公里，為台灣 6.6 倍大。海岸線長 354 公里，領海 12 浬，專屬經濟海域 200 浬。[2]

首都索菲亞（Sofia），全國人口 7,093,635 人（2011）[3]。國體民主共和制，政體內閣制，國會一院制，民選總統為虛位元首，國會多數黨魁擔任總理是為政府首腦。（見圖 67-1）主要輸出農產品、肉類、玫瑰油，輸入木材、機械設備、燃料。[4]保國國內生產總值（GDP）44,840（百萬）美元，在 190 個國家排名第 76 名；每人國民所得（GNP）5,955 美元（2010），

---

[1]　黑海面積約 42.4 萬平方公里，位於歐洲東南部和亞洲小亞細亞之間，為世界最大內陸海。維基，（http://zh.wikipedia.org/wiki/%E9%BB%91%E6%B5%B7）（2011/06/10）

[2]　*Jane's Fighting Ships.2004-2005*, Edited by Commodore Stephen Saunders RN, Virginia U.S.A, p. 80.

[3]　CIA, The World Factbook.(https://www.cia.gov/index.html)（2011/06/10）

[4]　《世界各國簡介暨各國首長名冊》，中華民國外交部，2001 年，頁 246。

在 182 個國家排名第 76 名。保國在自由之家（Freedomhouse）的政治權利與公民自由兩種自由程度在 2010 年的分數皆為 2，歸類為自由國家；透明國際（Transparency International）中的 2010 年的貪污調查分數為 3.6，在 178 個國家中排名第 73 名；聯合國（2010）最適合居住國家的人類發展指數為 4.4，在 169 個國家中排名第 58 名。[5]

保加利亞與俄羅斯為長期盟友關係，國內所需之石油、瓦斯幾全賴俄國供應。保國於 2006 年 4 月，與美國簽署設立二處美軍軍事基地之協定，因此保國將維持親西方政經政策，並尋求俄羅斯支持及供應能源。其外交政策受歐盟指導與規範，另政府之外交政策明確指出需強化與中東、亞、非、拉丁美洲傳統夥伴（traditional partners）關係。[6]

第二節　組織、職掌與編裝
（Organization, Duties and Equipment）

保加利亞海軍（Bulgarian Navy）

一、組織與職掌[7]

保加利亞海軍為國家武裝部隊一員，其職責為捍衛國家 354 公里長的海岸線及多瑙河流域（Danube River），執行海難搜救、取締非法活動等任務。海軍分為黑海艦隊、多瑙河艦隊、海防及海岸編制部隊等四大部份。（見圖 67-1）黑海艦隊為海軍中隊，裝備多為潛艇、驅逐艦、導彈及魚雷艦、兩棲艇及掃雷艇等適合作戰艦艇。多瑙河艦隊多使用小型巡邏艇，方便沿著與羅馬尼亞邊境相連的多瑙河巡邏。海防編制部隊則包括兩棲登陸艇及反水雷裝備，海岸編制部隊則建立了一個小型的航空分隊。保國海軍設兩個主要基地，一個位於瓦爾那（Varna）的海軍總部亦為北區基地，另一為位於布爾佳斯（Burgas）的南區海軍基地。

---

[5]　五類指標詳情請見本書導論，頁 11-13。
[6]　中華民國外交部，外交資訊網頁（2010/07/12）
[7]　Bulgarian Navy, (http://en.academic.ru/dic.nsf/enwiki/1916553) (2010/07/12)

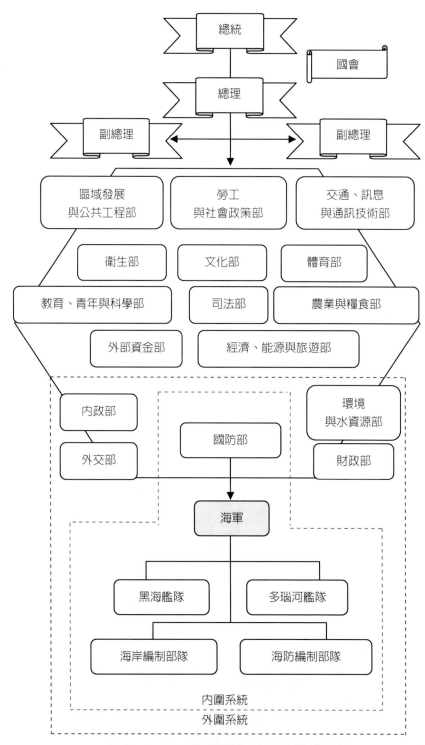

圖 67-1　保加利亞海域執法相關部門互動圖

資料來源：作者自繪

保加利亞與其他曾受蘇聯控制的國家不同，國內並無軍火工廠，即使脫離蘇聯後接收的海軍裝備，多數非常老舊，效力亦有限。其政府長久以來，在海軍制度改革與設備更新甚為落後，難以達到北約組織共同防禦的軍備標準，未來權益將不可避免的受到侵襲。可見政府明顯地極不關心國家安全，因為海軍已有 3 至 4 艘的作戰潛艇已經停靠並停止運作，目前僅剩護衛艦及工程船仍在服務。政府為滿足北約要求，2005 年自比利時（Belgium）購買 1 艘驅逐艦後，隨即正式服役。2006 年，保國國會決定派遣海軍參與聯合國駐黎巴嫩臨時部隊（United Nations Interim Forces in Lebanon），並由德軍統一指揮巡邏黎巴嫩領海。此為保國海軍首次參與的國際維和行動。政府目前已計畫購買 2 艘驅逐艦及 1 艘攻擊艇，並且預計至 2015 年，國內能自行生產小型護衛艦及直升機等軍事設備。

二、裝備

　　海軍目前有 4,140 員，裝備計有 72 艘艦艇，分別為 1 艘 ROMEO 級 1,830 噸潛水艇、4 艘驅逐艦、7 艘 440 噸至 545 噸不等之輕武裝快艦。11 艘 39 噸至 50 噸不等之近岸巡邏艇、6 艘 245 噸快速攻擊艇、1 艘 218 噸巡邏艇。4 艘 450 噸海岸作戰艇、4 艘 245 噸海岸作戰艇、2 艘 56 噸近岸作戰艇、4 艘 90 噸海岸作戰艇、6 艘 64 噸近岸作戰艇。2 艘 750 噸及 7 艘 550 噸兩棲作戰艇。1 艘 1,550 噸勘測艦及 2 艘 114 噸近岸勘測艇。10 艘分別為 1,250 噸、3,240 噸、112 噸、2,051 噸、792 噸及 380 噸之後備支援船。海軍另擁有 1 架反潛巡邏直升機，但是多用於海難搜救及支援任務。[8]

第三節　教育與訓練（Education and Training）[9]

　　位於黑海港口瓦爾那的尼古拉·瓦普恰羅夫海軍學院（Nikola Vaptsarov Naval Academy）成立於 1881 年，為保加利亞歷史悠久的軍事專門學校，亦為培訓海軍及航運專家的權威教育中心。海洋科學及海洋技術研究為學院目前的主要發展方向，學院亦與美國、德國、義大利、烏克蘭及羅馬尼亞等國家之海軍學校進行交換學生與學術交流。

　　學院成立之初為海軍機械學校，主要培訓海軍、商船及船廠人員。1942 年，晉升為海軍學院，開始授予高級海事課程，畢業生具有學士學位。1943 年後，設立船舶動力裝置技

[8]　*Jane's Fighting Ships. 2004-2005*, Edited by Commodore Stephen Saunders RN, Virginia U.S.A, pp. 80- 85.
　　 Bulgarian Navy, (http://en.academic.ru/dic.nsf/enwiki/1916553) (2010/07/12)
[9]　Nikola Vaptsarov Naval Academy, (http://www.naval-acad.bg/) (2010/07/12)

術與高等航海技術課程，後於 1949 年更為現名。校內分為工藝及航運兩大學院。工藝學院設有機械系、電工學系、船舶維修及保養系、船舶電力設備系、數學與通訊系。航運學院設有電子系、軍事科學系、導航系、航海技術系、外語系、社會科學系。

第四節　與我國制度之比較
（A Comparison with Taiwan Coast Guard）

　　保加利亞海軍為隸屬於海軍之三級軍事單位，不僅執行軍事安全任務，還要負責諸如海難救助、巡邏海域及河流是否有非法活動之任務。保國海軍接收蘇聯船艦並沿用制度，長久未曾更新，海軍長期受到政府忽略，導致發展甚緩、設備落後。直到近年為符合北約要求，開始購置新式裝備，並以未來能夠自行建造船艦為目標，壯大海軍能量。保國設有海軍學院，因此國內海軍人員多來自於此，身為國內最具權威的海事教育中心，與各國海軍學校交流頻繁，期待養成優秀海軍人員。台灣海巡署為專責海域執法單位，僅負責諸如海域巡邏、非法走私偵查、海難搜救等職責，平時並不參與軍事任務。另外，台灣因內陸河湖範圍小且水淺流短，少有非法情事發生，亦不需在內陸河湖進行巡護。

第五節　結語（Conclusion）──特徵（Characteristics）

　　保加利亞東臨黑海，為一面濱海國家，在長 354 公里的海岸線上設有兩大基地，以下為其海域執法制度特徵。

壹、海軍型海域執法機制

　　保國並無設立專職海域執法單位，唯一海事單位為隸屬於國防部的海軍，執行各項海事及軍事安全任務。

貳、三級制——隸屬國防部

保加利亞海軍為隸屬於國防部之三級單位。

參、專業教育搖籃

海軍人員多來自於尼古拉·瓦普恰羅夫海軍學院，為國內最具權威之海軍教育機構。

肆、內陸河湖亦為巡邏範圍

多瑙河亦為海軍巡邏範圍，設有多瑙河艦隊。

伍、專屬航空隊

海岸編制部隊則建立了一個小型的航空分隊。

陸、岸海合一

保加利亞海岸、內陸河湖、海域皆為海軍巡邏範圍。

第 68 章　蒙特內哥羅海域執法制度

目錄

第一節　國情概況（Country Overview）·················632

第二節　組織、職掌與編裝

　　　　（Organization, Duties and Equipment）·············633

第三節　與我國制度之比較

　　　　（A Comparison with Taiwan Coast Guard）·········635

第四節　結語（Conclusion）——特徵（Characteristics）·····635

第一節　國情概況（Country Overview）

　　蒙特內哥羅（Montenegro）位於東南歐，亦稱黑山共和國，西接波士尼亞（Bosnia）及克羅埃西亞（Croatia），東鄰塞爾維亞（Serbia）與科索沃（Kosovo），南接阿爾巴尼亞（Albania），西南濱亞得里亞海（Adriatic Sea）。全國面積 13,812 平方公里，約為台灣三分之一。海岸線長 294 公里，領海 12 浬。[1]

　　首都波德里查（Podgorica），全國人口 661,807 人（2011）[2]。國體共和制，政體議會民主制，國會一院制。（見圖 68-1）蒙國國內生產總值（GDP）3,884（百萬）美元，在 190 個國家排名第 150 名；每人國民所得（GNP）6,204 美元（2010），在 182 個國家排名第 75 名。蒙國在自由之家（Freedomhouse）的政治權利與公民自由兩種自由程度在 2010 年的分數前者為 3，後者為 2，歸類為部份自由國家；透明國際（Transparency International）中的 2010 年的貪污調查分數為 3.7，在 178 個國家中排名第 69 名；聯合國（2010）最適合居住國家的人類發展指數為 5.2，在 169 個國家中排名第 49 名。[3]

---

[1]　CIA, The World Factbook.(https://www.cia.gov/index.html) (2010/12/10)

[2]　CIA, The World Factbook.(https://www.cia.gov/index.html) (201/06/10)

[3]　五類指標詳情請見本書導論，頁 11-13。

蒙國為前南斯拉夫社會主義聯邦共和國[4]成員，1991 年 6 月南斯拉夫爆發內戰，境內克、斯、馬、波四共和國陸續宣告獨立。塞、蒙兩國於 1992 年 4 月 27 日另組南斯拉夫聯邦共和國（The Federal Republic of Yugoslavia）。南斯拉夫聯邦議會於 2003 年 2 月 4 日通過「塞爾維亞與蒙特內哥羅」邦聯憲法，於隔年 3 月正式對外更名為塞爾維亞與蒙特內哥羅邦聯。蒙特內哥羅於 2006 年 5 月 21 日舉行獨立公投，同年 6 月 3 日正式宣佈脫離邦聯。蒙國於 2008 年 12 月向歐盟遞交 EU 候選國申請書，2009 年 12 月歐盟提供申根國免簽證待遇。[5]

第二節　組織、職掌與編裝
（Organization, Duties and Equipment）

蒙特內哥羅海軍（Navy）

一、組織與職掌

　　蒙特內哥羅海軍（蒙語：Mornarica Crne Gore, MCG）為蒙國軍事部隊（Army of Montenegro）之一，因為單位極小目前只能執行有限的海岸巡邏行動。由於蒙國獨立年份短，政府與社會仍處於高度流動的變化中，海軍的培訓、裝備維修經費皆明顯不足。過去與塞爾維亞的共同海軍在獨立後便宣告分裂，蒙國也只接收國境內少部份設備與人員，包括 1,000 名海員、蒂瓦特基地（Tivat）和不到 20 艘的巡邏艇，但大多數為非專業船舶。雖然同時接收培訓機構、學校、倉庫，但其裝備都屬於基礎設施，多數資源也將在 10 年內遭到淘汰。目前老化的設備與艦艇目前是海軍唯一的依靠，雖然臨亞得里亞海的海岸線僅有 293.5 公里，但執行任務仍是捉襟見肘。目前海軍最為關注的海上問題是販運人口、走私毒品、武器、恐怖活動等犯罪行為，但至今仍無法有效控制這些威脅，非法販運的猖獗表明了他們缺乏邊境管制的能力。[6]

---

[4]　係由塞爾維亞、蒙特內哥羅、斯洛維尼亞、克羅埃西亞、馬其頓、波士尼亞與赫塞哥維納等 6 個共和國，以及科索沃、弗依弗丁納（Vojvodina）兩自治省組成。中華民國外交部，外交資訊網頁（2010/12/13）

[5]　中華民國外交部，外交資訊網頁（2010/12/13）

[6]　Jane's Navy, Montenegro Navy, 2010/07/06, (http://www.janes.com/) (2010/12/11)

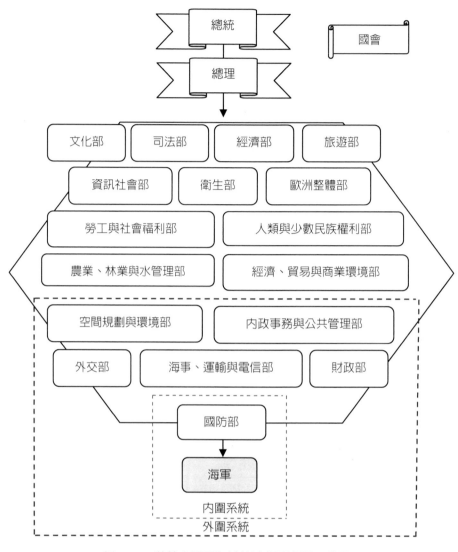

圖 68-1　蒙特內哥羅海域執法相關部門互動圖

資料來源：作者自繪

二、裝備

　　海軍目前擁有 17 艘艦艇，分別是 2 艘輕型巡洋艦、2 艘攻擊艇、1 艘帆船、1 艘總統遊艇、2 艘巡邏艇、10 艘小型巡邏艇。海軍急切需要營運資金，否則船隻將因缺乏維護走向敗壞，政府自 2009 年以來，為籌措資金已賣掉不少海軍資產，當中包括潛水艇與佈雷船。[7]

---

[7]　Jane's Navy, Montenegro Navy, 2010/07/06, (http://www.janes.com/) (2010/12/11)

第三節　與我國制度之比較
（A Comparison with Taiwan Coast Guard）

　　蒙特內哥羅海域安全由海軍負責，是為海軍型海域防衛機制，2006 年成立的海軍不管是制度或是設備都異常不足，雖然是三級單位，卻是國內最微小的軍事部隊，目前為了籌措資金，大量販賣海軍各種資產。而台灣則設有專責海域執法的海巡署，身為集中制的海域專業機構，不管是人力、設備或是資金大抵完備。

第四節　結語（Conclusion）──特徵（Characteristics）

　　蒙特內哥羅西南濱亞得里亞海，為一面濱海國家，在長 294 公里的海岸線上設有一基地，以下為其海域執法制度特徵。

壹、海軍型海域執法機制

　　蒙國並無設立專職海域執法單位，海域安全僅由海軍負責。

貳、資源匱乏

　　蒙國軍事制度不完備，海軍又是最微弱的軍事單位，不論是資金或裝備都明顯不足，還需變賣海軍資產籌措資金。

第 69 章　阿爾巴尼亞海域執法制度

目錄

第一節　國情概況（Country Overview）·················636

第二節　歷史沿革（History）·····················637

第三節　組織、職掌與編裝

　　　　（Organization, Duties and Equipment）·········639

第四節　教育與訓練（Education and Training）··········640

第五節　與我國制度之比較

　　　　（A Comparison with Taiwan Coast Guard）·······640

第六節　結語（Conclusion）——特徵（Characteristics）····640

第一節　國情概況（Country Overview）

　　阿爾巴尼亞共和國（Republic of Albania）北鄰科索沃（Kosovo）、蒙特內哥羅（Montenegro），東接馬其頓（Macedonia），東南界希臘（Greece），西濱亞得里亞海（Adriatic Sea）與愛奧尼亞海（Ionian Sea）。全國面積 28,748 平方公里，台灣為其 1.3 倍大。海岸線長 362 公里，領海 12 浬。[1]

　　首都地拉那（Tirana），全國人口 2,994,667 人（2011）[2]。國體共和制，政體內閣制，國會一院制。（見圖 69-1）主要輸出菸草、毛皮、果菜，輸入機械設備、鋼鐵、蔬菜。[3]阿國國內生產總值（GDP）11,580（百萬）美元，在 190 個國家排名第 120 名；每人國民所得（GNP）3,661 美元（2010），在 182 個國家排名第 101 名。阿國在自由之家（Freedomhouse）

---

[1]　CIA, The World Factbook.(https://www.cia.gov/index.html) (2010/12/10)

[2]　CIA, The World Factbook.(https://www.cia.gov/index.html) (2011/06/10)

[3]　《世界各國簡介暨各國首長名冊》，中華民國外交部，2001 年，頁 234。

的政治權利與公民自由兩種自由程度在 2010 年的分數皆為 3，歸類為部份自由國家；透明國際（Transparency International）中的 2010 年的貪污調查分數為 3.3，在 178 個國家中排名第 87 名；聯合國（2010）最適合居住國家的人類發展指數為 4.6，在 169 個國家中排名第 64 名。[4]

阿爾巴尼亞西元前 167 年起，先後受到羅馬帝國、拜占庭帝國、西哥德人、匈奴人、保加利亞人等外族入侵，十五世紀前半葉遭到土耳其人統治近五百年之久。於 1912 年 11 月 28 日獨立，但二年內多次遭義大利佔領，一戰期間，始終處於被瓜分的無政府狀態。[5]二戰後，又遭德軍佔領。1941 年，共產黨在 1944 年 10 月德軍撤走後控制全國。1945 年 11 月，共黨組成臨時政府，同年 12 月宣布成立阿爾巴尼亞人民共和國。1976 年，改稱為阿爾巴尼亞社會主義共和國。1991 年 4 月 29 日，改國號為現名。阿國結束共產黨專政後，以義大利及希臘為重要貿易夥伴，義國曾在 1991 年及 1997 年，阿國社會失序時出兵協助。[6]

第二節　歷史沿革（History）

阿爾巴尼亞海軍防衛部隊於 1925 年創立，但直到在 1996 年前，隸屬於阿爾巴尼亞陸軍部隊（Albanian Armed Forces），時稱海岸防衛指揮部（Coastal Defense Command）。現在的國防部隊內分阿爾巴尼亞聯合武裝部隊指揮部（Albanian Joint Forces Command）、阿爾巴尼亞支援指揮部（Albanian Support Command）、阿爾巴尼亞訓練與政策指揮部（Albanian Training and Doctrine Command）等三大指揮部。1996 年後，海岸防衛指揮部改稱海軍防衛部隊（Naval Defense Forces），並歸為聯合武裝指揮部。1996 年前，阿爾巴尼亞海軍有超過 145 艘巡邏艇服役，當中有 45 艘屬於小型快艇，各式艦艇中有另魚雷船和近海反潛艇巡邏船，當中 4 艘由蘇聯建造，在內亂期間扮演重要地位。1961 年，阿國退出華沙公約組織，蘇聯放棄對其軍事援助，更撤出 Pashaliman 區的基地支援。海軍過去由中國贈與的潛水艇，在 1980 年後效率開始遭到質疑，最終於 1998 年退役，中國也不再提供軍援。[7]

---

[4] 五類指標詳情請見本書導論，頁 11-13。
[5] 李邁先，《東歐諸國史》，台北：三民書局，2002 年 9 月，頁 172- 177。
[6] 中華民國外交部，外交資訊網頁（2010/12/10）
[7] Albania Naval Defense Forces, (http://en.wikipedia.org/wiki/Albanian_Naval_Defense_Forces) (2010/12/11)

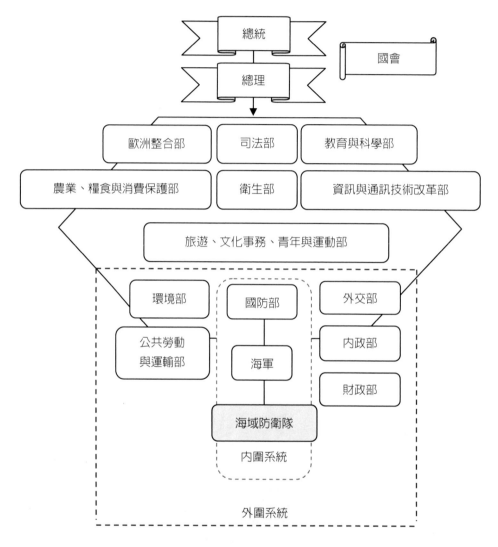

圖 69-1　阿爾巴尼亞海域執法相關部門互動圖

資料來源：作者自繪

第三節　組織、職掌與編裝
（Organization, Duties and Equipment）

阿爾巴尼亞海軍防衛部隊（Albania Naval Defense Forces）
——海域防衛隊（Coast Guard）

一、組織與職掌[8]

　　阿爾巴尼亞海軍防衛部隊為阿爾巴尼亞國防部隊的海上力量，國防部隊的阿爾巴尼亞聯合武裝指揮部（The Albanian Joint Forces Command）是可以快速反應的國防指揮部，空軍、海軍以及地區支援部隊均由其指揮。海軍總指揮部位於杜拉斯（Durrës），分別在杜拉斯及發羅拉（Vlora）設有基地。海軍下轄海域防衛隊（Coast Guard），職責為執行基礎海域巡邏、預防偷渡、走私等活動。根據阿國議會法令，海域防衛隊長期與歐盟及北約合作，互相交流並合作演習，以增加海域巡邏的技術與經驗。

　　海軍的巡邏艇及支援船由義大利與美國捐贈，前蘇聯和中國捐贈的艦艇大多已經退役，僅剩 2 艘蘇聯造掃雷艦仍在服役，目前艦艇多購自荷蘭。另外，土耳其與希臘則協助阿國將海軍學院設施現代化，並重建 Pashaliman 區基地。2010 年 8 月 6 日，美國國務院捐贈海域防衛隊 4 艘快速反應艇，並訓練他們操作。[9]

二、裝備

　　海軍現有 1,500 名員，阿國國防部於 2006 年簽訂國家法規，為海域防衛隊建造 4 艘近岸巡邏艇，2 艘已於 2008 年及 2009 年交付，其餘 2 艘將分別於 2010 年與 2011 年交付。建造合約還中還包含船廠、培訓船務人員以及提供維修技術。[10]海軍現擁有 4 艘 170 噸至

---

[8] Albania Naval Defense Forces, (http://en.wikipedia.org/wiki/Albanian_Naval_Defense_Forces) (2010/12/11)

[9] US donates boats to Albanian coast guard , 2010/08/06, (http://www.setimes.com/cocoon/setimes/xhtml/en_GB/newsbriefs/setimes/newsbriefs/2010/08/06/nb-07) (2010/12/11)

[10] Jane's Navy, 2011/06/10, (http://articles.janes.com/extracts/extract/balksu/albas130.html) (2011/08/30)

580 噸作戰艦艇，13 艘 45 噸至 134 噸巡邏艇，1 艘支援船。海域防衛隊則有 22 艘 15 噸至 41 噸的專屬巡邏艇。[11]

第四節　教育與訓練（Education and Training）

阿爾巴尼亞各軍種訓練，來自於阿爾巴尼亞訓練與政策指揮部下轄之阿爾巴尼亞國防學院（Albanian Defence Academy）、斯坎德培軍事大學（Skanderbeg Military University）、基礎訓練團（Basic Training Brigade）、綜合部隊學校（consolidated Troops School）、國防分析中心（Defence Analysis Center）、培訓支援中心（Training Support Center）。[12]

第五節　與我國制度之比較
（A Comparison with Taiwan Coast Guard）

阿爾巴尼亞海域防衛由海軍及下轄之海域防衛隊負責，其身為軍事單位肩負國防安全與一般的海域巡護任務。我國負責海域執法的海巡署，不需負擔軍事防衛，與阿國海軍任務相較之下單純許多。阿國海軍及海域防衛隊因資源有限，各國際組織皆盡力協助阿國軍事。相較於阿國需要他國輔助，我國海巡署不管是制度或是裝備多比阿國海軍進步，與他國多屬交流性質，輔助性質的關係則較少見。

第六節　結語（Conclusion）──特徵（Characteristics）

阿爾巴尼亞西濱亞得里亞海與愛奧尼亞海，為一面濱海國家，在長 362 公里的海岸線上設有 2 個基地，以下為其海域執法制度特徵。

---

[11] Jane's Navy, 2011/06/10, (http://articles.janes.com/extracts/extract/balksu/albas130.html) (2011/08/30)

[12] Albanian Training and Doctrine Command, (http://en.wikipedia.org/wiki/Albanian_Training_and_Doctrine_Command) (2010/12/11)

壹、海軍型海域執法機制

阿爾巴尼亞海域安全由海軍防衛部隊負責，下轄之海域防衛隊則承擔基礎巡邏任務。

貳、重視各國防單位合作

海軍身為聯合武裝指揮部的一員，分別與空軍及地區支援部隊合作，並與支援指揮部、訓練與政策指揮部互動。

參、專業教育搖籃

阿爾巴尼亞設有國防學院、斯坎德培軍事大學、基礎訓練團、綜合部隊學校、國防分析中心、培訓支援中心等軍事教育單位。

肆、注重國際交流

分別與歐盟及北約等國際組織合作，而希臘、土耳其、美國等國家則支援阿國海軍培訓及技術培養等。

第 70 章　馬爾他海域執法制度

目錄

第一節　國情概況（Country Overview） ················ 642

第二節　歷史沿革（History） ···················· 643

第三節　組織、職掌與編裝
　　　　（Organization, Duties and Equipment） ·········· 645

第四節　教育與訓練（Education and Training） ········· 646

第五節　與我國制度之比較
　　　　（A Comparison with Taiwan Coast Guard） ········ 646

第六節　結語（Conclusion）──特徵（Characteristics） ···· 647

第一節　國情概況（Country Overview）

馬爾他共和國（Republic of Malta）位處地中海（Mediterranean Sea）中央，北與義大利（Italy）西西里島（Sicily）相望，南望非洲突尼西亞（Tunisia）及利比亞（Libya）。由馬爾他島（Malta）、戈佐（Gozo）、科米諾（Comino）、科米諾托（Kemmunett）和菲爾夫拉島（Filfla）五島組成，其中僅馬爾他島、戈佐、科米諾三島有人居住。全國面積約 316 平方公里，是總面積 153 平方公里的金門的 2.1 倍。海岸線總長 197 公里，領海 12 浬，毗連區 24 浬，專屬捕魚區 25 浬。[1]

---

[1] CIA, The World Factbook.(https://www.cia.gov/index.html) (2010/12/16)
專屬捕魚區是指漁業制度空間效力範圍，沿海國對其漁業區所享的權利，與其對領海在漁業方面所享的權利相同。黃異，《海洋秩序與國際法》，台北：學林文化，頁 113。

首都瓦勒他（Valletta），全國人口 408,333 人（2011）[2]。國體共和制，政體內閣制，單一國會制。（見圖 70-1）主要輸出成衣、紡織品、肉類，輸入機械、化學產品。[3]馬國國內生產總值（GDP）7,801（百萬）美元，在 190 個國家排名第 132 名；每人國民所得（GNP）18,586 美元（2010），在 182 個國家排名第 36 名。馬國在自由之家（Freedomhouse）的政治權利與公民自由兩種自由程度在 2010 年的分數皆為 1，歸類為自由國家；透明國際（Transparency International）中的 2010 年的貪污調查分數為 5.6，在 178 個國家中排名第 37 名；聯合國（2010）最適合居住國家的人類發展指數為 7.1，在 169 個國家中排名第 33 名。[4]

西元 1523 年，聖護騎士團（Knights Hospitaller）[5]移居馬爾他，改名為馬爾他騎士團。1798 年，遭法國佔領，1800 年反抗軍在英國協助下驅逐法軍並成為英國保護地，遂於 1814 年淪為英國殖民地。1964 年 9 月 21 日，正式獨立，成為大英國協成員。1974 年 12 月 13 日，改君主立憲為共和國。馬政府及居民因北非海上非法移民過多，間接造成治安惡化、財政負擔沉重，還要承擔國際社會對馬國處理非法移民人道手段之質疑眼光，目前已請歐盟各國協助解決。[6]

第二節　歷史沿革（History）

起初作為馬爾他陸面部隊海事分支的海上分遣艦隊（Maritime Squadron）成立於 1970 年 11 月。1971 年 7 月，海軍新增砲兵隊，後以海上砲兵隊為人所知。1977 年 10 月，海上砲兵隊移至 Haywharf。1980 年 4 月 11 日，海上砲兵隊重新改組，並命名為海上分遣艦隊，於 1988 年 5 月 11 日與馬爾他武裝部隊合併。1992 年，政府重組海上分遣艦隊、空軍與緊急志願人員後備部隊。2006 年 10 月 30 日，海上分遣艦隊成為獨立單位，擁有自己的指揮官和後勤單位。2008 年 12 月 30 日，國會通過法令，定期開放海上分遣艦隊讓馬國人民瞭解其每日的海上運作。[7]

---

[2]　CIA, The World Factbook.(https://www.cia.gov/index.html) (2011/06/10)
[3]　《世界各國簡介暨各國首長名冊》，中華民國外交部，2001 年，頁 284。
[4]　五類指標詳情請見本書導論，頁 11-13。
[5]　最古老之天主教軍事修會組織之一，成立於 1099 年第一次十字軍東征後，為教會為保護其在耶路撒冷醫護設施而設之軍事組織。中華民國外交部，外交資訊網頁（2010/12/16）
[6]　中華民國外交部，外交資訊網頁（2010/12/16）
[7]　Aviation & Ships Spotting in Malta, (http://www.maltaspotting.com/) (2010/12/16)

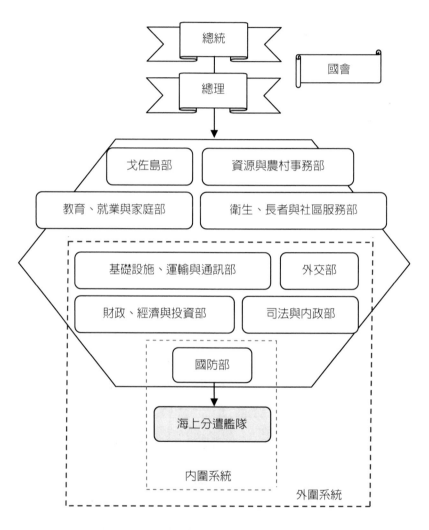

圖 70-1　馬爾他海域執法相關部門互動圖

資料來源：作者自繪

第三節　組織、職掌與編裝
（Organization, Duties and Equipment）

馬爾他海上分遣艦隊（Malta Maritime Squadron）

一、組織與職掌

　　馬爾他海上分遣艦隊為馬爾他武裝部隊（Armed Forces of Malta, AFM）的海上單位，武裝部隊包含位於 Hay Wharf 的總部、空軍（Air Wing）及海上分遣艦隊、緊急志願人員後備部隊（Emergency Volunteer Reserve Force）。海上分遣艦隊設有總部與五個分隊，分別是第一分隊的中型與海岸巡邏艇隊，第二分隊的近岸巡邏艇隊，第三分隊的培訓和快速佈署組，第四分隊為海洋工程隊，第五分隊則是後勤處。

　　海上分遣艦隊為保護領土的完整，進行取締走私槍械、販運毒品、販運人口等任務，在沿海地區、大陸架、港口、漁業保護區維持治安，提供海難搜救和民事方面的援助，遇緊急傷亡案例將送往位於戈佐的特殊醫療中心。其任務型態極廣，必須承擔與海軍、海域防衛隊、海關、海上警察、海上環境保護及海難搜救等單位一樣的職責。假使逮捕違法罪犯，便送返國內交給警察進一步偵查並進入法律程序。因為馬國政府預算有限，因此不得不將眾多職責交給海上分遣艦隊，以防止資源重複。雖自 1970 年成立以來，設備與人員逐年增加，仍然無法有效管理，2004 年後，歐盟開始協助他們維護漁業、船舶安全及邊境管制等任務。目前海上分遣艦隊在執行海上監測與控制海上販運的行動最為突出，也因為馬爾他是歐洲最南端邊境的小島，因此許多行經國家海域的商船或漁船，遇船舶故障等危難，海上分遣艦隊也提供維修協助。[8]

　　另外，2010 年 4 月，身為歐盟會員國的馬爾他，派遣 12 名海軍到歐盟護航艦隊參與索馬利亞海域的護航任務，由 12 名士兵組成的小型分遣隊被派往荷蘭軍艦值勤。[9]

---

[8]　Aviation & Ships Spotting in Malta, (http://www.maltaspotting.com/) (2010/12/16)
　　Armed Forces of Malta, Maritime Squadron, (http://www.angelfire.com/ma3/luqa/112/afm/maritime.htm) (2010/12/17)

[9]　《鳳凰網新聞》,〈馬爾他參與歐盟海軍索馬利亞海域護航任務〉, 2010/04/17,（http://big5.ifeng.com/gate/big5

二、裝備

海上分遣艦隊目前約 200 名海員，共擁有 11 艘艦艇，分別為 1 艘 393 噸近岸巡邏艇、2 艘 90 噸沿海巡邏艇、1 艘 42 噸沿海巡邏艇、4 艘 40 噸沿海巡邏艇、2 艘快速海難搜救船、1 艘快速攔截船。另外，馬爾他武裝部隊提供 15 架航空器給海上分遣艦隊執行海上巡邏。[10]歐盟協助馬國 110 萬歐元的國防資金，計畫購入 4 艘新式巡邏艇及 1 架海上監測航空器。

第四節　教育與訓練（Education and Training）

所有進入海上分遣艦隊的人員，必需具備足夠航海經驗，因此政府強制每位人員都要有作為專業船員的資格。他們的訓練有兩大分支，一為導航與航海技術，一為航海工程。導航與水手長委員會（Navigation and Boatswain courses）從航海學校（Nautical School）舉辦的資格考選出水手、副船長、工程師等人員。在陸地方面，要求各人員接受引擎維修、通訊技術、電工與科技設備維修等技術課程。[11]

第五節　與我國制度之比較
（A Comparison with Taiwan Coast Guard）

馬爾他並無專職海域執法機構，僅由身為三級單位的海上分遣艦隊負責，任務包含國防安全、走私偵緝、海難搜救與保護漁業保護區等任務。海上分遣艦隊將他國分散在海關、警察、海難搜救中心等單位的責任，綜合於一身，以防資源重複。我國的海巡署身為集中型的海域執法單位，並不需要負責國防任務，但其餘海域安全任務與馬國海上分遣艦隊大致相同。

/www.ifeng.com/）（2010/12/17）

[10] Aviation & Ships Spotting in Malta, (http://www.maltaspotting.com/) (2010/12/16)
 Jane's Fighting Ships.2004-2005, Edited by Commodore Stephen Saunders RN, Virginia U.S.A, p.464.

[11] Armed Forces of Malta, Maritime Squadron, (http://www.angelfire.com/ma3/luqa/112/afm/maritime.htm) (2010/12/17)

第六節 結語（Conclusion）──特徵（Characteristics）

馬爾他位處地中海中央，為四面環海島國，在長 197 公里的海岸線上設有一總部及五大分隊，以下為其海域執法制度特徵。

壹、海軍型海域執法機制

馬爾他並無專責海域執法單位，因政府資金有限，海域安全僅由海上分遣艦隊負責。

貳、三級制──隸屬國防部

海上分遣艦隊為隸屬於國防部的三級單位。

參、無司法警察身份

海上分遣艦隊除逮捕非法人員需交給警察偵訊外，還負責與他國海軍、海域防衛隊、海關、海上警察、海上環境保護及海難救援等單位一樣的任務。

肆、專屬航空器

目前有 15 架航空器，未來還將添購一架巡邏航空器。

伍、重視專業教育

海上分遣艦隊不管是船上海員或是陸地維修人員，都要求具備高度專業能力。

第 71 章　立陶宛海域執法制度

目錄

第一節　國情概況（Country Overview）……………………… 648

第二節　歷史沿革（History）………………………………… 649

第三節　組織、職掌與裝備

　　　　（Organization, Duty and Equipments）………… 651

第四節　權限與管轄（Authority and Jurisdiction）……… 652

第五節　教育與訓練（Education and Training）………… 653

第六節　與我國制度之比較

　　　　（A Comparison with Taiwan Coast Guard）……… 653

第七節　結語（Conclusion）──特徵（Characteristics）… 654

第一節　國情概況（Country Overview）

　　立陶宛共和國（Republic of Lithuania）位於東北歐，北接拉脫維亞（Latvia），東南鄰白俄羅斯（Belarus），南界波蘭（Poland），西南接俄羅斯的加里寧格勒州（Kaliningrad Oblast），西濱波羅的海（Baltic）。全國面積 65,300 平方公里，為台灣 1.8 倍大，海岸線長 90 公里，領海 12 浬，專屬經濟海域 200 浬。[1]

　　首都維爾紐斯（Vilnius），全國人口 3,535,547 人（2011）[2]。國體共和國，政體議會內閣制，國會一院制。（見圖 71-1）主要輸出紡織品、礦產品、木材，輸入機械、交通設備。[3] 立國國內生產總值（GDP）35,730（百萬）美元，在 190 個國家排名第 83 名；每人國民所得（GNP）10,765 美元（2010），在 182 個國家排名第 52 名。立國在自由之家（Freedomhouse）

---

[1]　*Jane's Fighting Ships.2004-2005*, Edited by Commodore Stephen Saunders RN, Virginia U.S.A, p. 448.

[2]　CIA, The World Factbook.(https://www.cia.gov/index.html) (2011/06/10)

[3]　《世界各國簡介暨各國首長名冊》，中華民國外交部，2001 年，頁 278。

的政治權利與公民自由兩種自由程度在 2010 年的分數皆為 1，歸類為自由國家；透明國際（Transparency International）中的 2010 年的貪污調查分數為 5.0，在 178 個國家中排名第 46 名；聯合國（2010）最適合居住國家的人類發展指數為 5.8，在 169 個國家中排名第 44 名。[4]

立陶宛於 1940 年遭蘇聯占領，軍事防禦也依賴蘇聯。1990 年，正式獨立後才深知軍事發展的必要，政府於是設立武裝部隊、警察及特別保護總統與議會的防禦部隊。立國社會狀況大致良好，國內愛滋病感染率逐年上升，竊盜、販毒及謀殺案件逐年增加。立國對外採取睦鄰政策並強化外交，努力加強波羅的海三國合作關係，積極融入西方國家陣營，並設法與俄國發展穩定關係。[5]

第二節　歷史沿革（History）[6]

立陶宛過去曾被德國與蘇聯占領，國民們努力的爭取自由，因而發起革命鬥爭，但這些鬥爭幾乎是沒有暴力流血的反抗。因為，立陶宛本身並沒有武裝部隊，只有執法機構及維護治安的單位去協助獨立。1991 年宣布獨立後，政府開始注重防禦裝備，逐年增加國防預算。立陶宛政府的國防政策以保護國家安全為優先，設立國防系統是響應三項威脅：「首先，立陶宛因為其邊界及位置容易遭受侵略；其次，與俄羅斯尷尬關係仍舊存在，因此常有政治活動在國內進行；最後，立陶宛國內日益嚴重的犯罪破壞國家安全，增加走私毒品、武器與外國人的威脅。」[7]立國力圖與波羅的海周邊國家友好，試圖改善與俄關係。過去立國主要防禦來自俄羅斯軍隊，在與北約[8]簽約後，才開始建立軍隊，俄國 1992 年承諾將駐守軍隊撤出，1993 年後立國軍隊漸漸形成。與北約接觸後，遂開啟國際合作關係，相互拜訪的各國官員，時常輔以北約海軍到立陶宛的主要港口克萊佩達港（Klaipeda）參訪交流，美國在 1993 年曾在波羅的海主辦 Baltops 演習（short for Baltic Operations）。俄國在加里寧格勒州設立了一個永久的軍事總部，儘管俄國當局表示將逐年減少軍備力量，但仍有數以

---

[4]　五類指標詳情請見本書導論，頁 11-13。
[5]　中華民國外交部，外交資訊網頁（2009/04/01）
[6]　State Border Guard Service, (http://www.pasienis.lt/lit/English) (2011/08/30)
[7]　(http://www.theodora.com/wfbcurrent/lithuania/index.html) (2009/04/01)
[8]　北大西洋公約（North Atlantic Treaty Organization -- NATO），其宗旨是締約國實行"集體防禦"，任何締約國同它國發生戰爭時，成員國必須給予幫助，包括使用武力。《新華網》，(http://big5.xinhuanet.com/gate/big5/news.xinhuanet.com/ziliao/2002-11/20/content_635631.htm)（2011/06/10）

萬計的軍事人員在當地活動，因此立國目前仍密切觀察俄國在波羅的海的活動。立陶宛海上防禦系統主要依賴國防部的海軍以及國家邊境警察署。

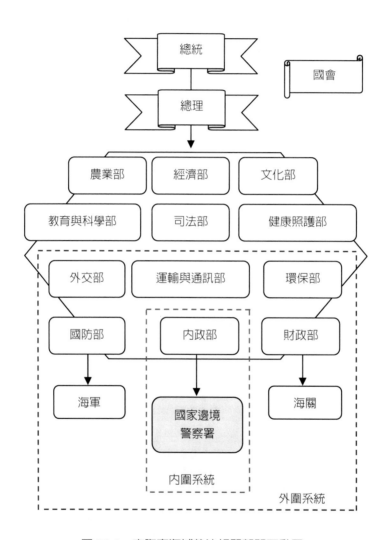

圖 71-1　立陶宛海域執法相關部門互動圖

資料來源：作者自繪

第三節 組織、職掌與裝備
（Organization, Duty and Equipments）

壹、立陶宛國家邊境警察署（Lithuania State Border Guard Service）

一、組織與職掌[9]

　　1920 年，立陶宛國防部成立邊境防衛隊保護國家邊境，邊境防衛隊為今日的國家邊境警察署建構了良好基礎。立國獨立前，邊境防衛作為戰場的第一防線後，長期遭受蘇聯武力威脅，直到 1993 年蘇聯軍隊撤出立國，邊境防衛隊已有豐富邊境防衛經驗。1994 年，政府決議將邊境防衛隊納入內政部警察署，從此邊境的安全防禦成為警察的任務。1996 年，政府將專責海域安全的海域防衛隊（Coast Guard）與警察合併，並更名為國家邊境警察（State Border Police）。邊境警察的結構有國家邊境防衛司令官、中央總部與 7 個邊境區域、海關、邊防衛兵學校、核電站的安全單位、特別任務小組與航空單位。[10]

二、裝備

　　國家邊境警察的艦艇側邊繪有一粗一細的黃色條紋與海軍區分，共配有 4 艘艦艇，分別為 1 艘 76 噸 LOKKI 級的巡邏艇、1 艘 69 噸 KBV101 級的巡邏艇、1 艘 69 噸 KBV041 級巡邏艇、1 艘 5 噸 CHRISTINA 級的水陸兩用氣墊船。[11]Total armed forces in 1994 numbered about 8,900, including a 4,300-member army, 350-member navy, 250-member air force, and 4,000-member border guard.

[9]　State Border Guard Service, (http://www.pasienis.lt/lit/English) (2011/08/30)

[10]　(http://en.wikipedia.org/wiki/State_Border_Guard_Service_(Lithuania) (2009/04/09)

[11]　*Jane's Fighting Ships.2004-2005*, Edited by Commodore Stephen Saunders RN, Virginia U.S.A, p.450.

[12]　(http://www.hotels-europe.com/lithuania/) (2009/04/09)

貳、立陶宛海軍（Lithuania Navy）

一、組織與職掌[13]

　　立陶宛依據 1991 年 12 月制定之憲法實施徵兵制，強制全國成年男性需參加一年軍事訓練或到軍事機構服務。立國海軍具備現代化裝備與訓練有素的人員，其存在目的是確保國家領海、專屬經濟海域的主權及利益，任務有巡邏海域、執行海難搜救及執行特別任務。海軍能量在歐洲國家中屬於小而精，但仍足以應付國家需求執行一系列任務。

二、裝備

　　海軍裝備有 2 艘 950 噸及 1,200 噸 GRISHA 級的軍艦、3 艘 138 噸風暴級巡邏艇、1 艘 88 噸近岸巡邏艇、2 艘 463 噸 LINDAU 級戰艦、1 艘 1,050 噸 VALERIAN URYVAYEV 級輔助船、1 艘 35 噸海港拖船、1 艘 35 噸 KUTTER 級巡邏艇。[14]

第四節　權限與管轄（Authority and Jurisdiction）

　　立陶宛海軍聽命於國防部，任務的執行範圍主要在波羅的海，執行巡邏並防止他國侵犯。海域邊境警察署的權限與任務是依據 SBGS（State Border Guard Service）的法規之上，執行任務為海上的安全維護與巡邏。雖然海軍在立國較為強大，但主要的海域執法單位仍為邊境警察。

---

[13] Jan's Navy, Lithuania Navy, (http://www.janes.com/extracts/extract/ceursu/liths130.html) (2010/09/08)
[14] *Jane's Fighting Ships.2004-2005*, Edited by Commodore Stephen Saunders RN, Virginia U.S.A, pp.448-449.

第五節　教育與訓練（Education and Training）

　　立陶宛軍隊以西方標準做訓練，其軍事教育主要在法國的軍事反恐學校受訓，各領域軍官與士官的教育也至美國與丹麥軍校學習。[15]針對國家邊境警察署人員，國內設有專業邊防衛兵學校。

第六節　與我國制度之比較
（A Comparison with Taiwan Coast Guard）

　　首先，立陶宛海上執法單位主要為內政部下轄之邊境警察，但其編裝微弱；我國海巡署則為二級制機關。其次，立陶宛邊境警察海上裝備皆為較輕型的巡邏艇，可見單位規模之小；我國海巡署管轄海洋巡防總局與海岸巡防總局，為海域執法之重要單位，裝備規模不在話下。最後，波羅的海為立陶宛唯一海面，俄羅斯的加里寧格勒州也位於西面，俄國未曾減弱軍事力量，因此立國海上力量仍以海軍為主，邊境警察的簡易巡邏艇僅能執行維護海域治安的工作，近岸海域為主要執法範圍；而我國海巡署是維護海域安全的主要單位，執法範圍甚廣。

---

[15] (http://www.country-data.com/cgi-bin/query/r-8300.html) (2009/04/09)

第七節　結語（Conclusion）──特徵（Characteristics）

立陶宛西濱波羅的海，為一面濱海國家，海岸線長 90 公里，以下為其海域執法制度特徵。

壹、警察型海域執法機制

國家邊境警察署為海域執法主管機關。

貳、三級制──隸屬於內政部

國家邊境警察署為隸屬於內政部的三級機關。

參、陸海空合一

以國境概念（border of frontier concept）為組織設計的理論基礎，並以此成立邊境警察署。

肆、海域執法能量薄弱，依靠海軍及國際組織支援

邊境警察雖為海域執法主力，但其裝備及人員薄弱，仍需要能量較完備的海軍支援。

第 72 章　格陵蘭海域執法制度

目錄

第一節　格陵蘭概況（Greenland Overview）⋯⋯⋯⋯⋯⋯ 655

第二節　組織、職掌與編裝

　　　　（Organization, Duties and Equipment）⋯⋯⋯⋯ 656

第三節　與我國制度之比較

　　　　（A Comparison with Taiwan Coast Guard）⋯⋯⋯ 658

第四節　結語（Conclusion）──特徵（Characteristics）⋯⋯ 658

第一節　格陵蘭概況（Greenland Overview）

　　格陵蘭（Greenland）位於北冰洋（Arctic Ocean）與大西洋（Atlantic Ocean）之間，全境多處在北極圈內，西隔巴芬灣（Baffin Bay）、戴維斯海峽（Davis Strait）與加拿大（Canada）相望，東隔丹麥海峽（Denmark Strait）和冰島（Iceland）相望。全區面積 2,166,086 平方公里，為台灣 60 倍大。海岸線長 44,087 公里，領海 3 浬、專屬捕魚區 200 浬。[1]

　　首都努克（Nuuk），全境人口 57,637 人（2011）[2]。政體議會制，設自治議會，元首為丹麥君王，丹麥派有一高級專員代表君王與政府。（見圖 72-1）格島曾是丹麥海外屬地，2008 年公投後走向獨立，並在 2009 年正式改制，成為一個內政獨立但外交、國防與財政相關事務仍委由丹麥代管的過渡政體。格島生產總值（GDP）2,030（百萬）美元，在 190 個國家排名第 160 名。[3]

　　今日該島經濟嚴重依賴漁業和漁產品出口，佔全國出口值 80%以上，捕蝦業是最大的支柱產業。雖有綿羊牧業發展，但飼料多由國外進口。旅遊業則是擁有短期收益潛力的部

---

[1]　CIA, The World Factbook.(https://www.cia.gov/index.html) (2011/06/29)

[2]　CIA, The World Factbook.(https://www.cia.gov/index.html) (2011/06/29)

[3]　本類指標詳情請見本書導論，頁 12。

門，但也受到旅遊季節短和消費高的限制。國有企業和市政府的公共部門在該島經濟中扮演主導角色，但政府約一半收入來自丹麥補貼。[4]近年全球暖化加劇，北極冰層暖化速度為其他地區的一倍，嚴重影響北極區的格陵蘭原住民生活。[5]

第二節　組織、職掌與編裝（Organization, Duties and Equipment）

格陵蘭海域防衛隊（Greenland Coast Guard）

由於格陵蘭目前仍沒有軍事與外交主權，因此國家防禦責任主要由丹麥承擔。另外，丹麥與格島於 1941 年簽訂「格陵蘭防務協定」（*Greenland Defense Agreement*），丹麥皇家海軍（Royal Danish Navy）在格島設有司令部，負責巡邏捕魚區、海難搜救、海洋測量、氣象服務等。美國則擁有在格島設立軍事設施權利，在圖勒（Thule）設有軍事基地、雷達站與預警系統。[6]

格島擁有一武裝海域防衛隊，主要負責海難搜救，雖然組成人員主要是格島人民，但仍由丹麥控制、指揮。2009 年 6 月後，經由公投決定格島將逐步主導軍事與外交政策，格政府未來將擁有外交主權，丹麥不再干涉格島外交政策，並將武裝海域防衛隊的控制權完全轉移到格島政府，格政府將開始主導警務工作，包含警察訓練、協助軍事行動。[7]

---

[4] 格陵蘭，維基，（http://zh.wikipedia.org/wiki/%E6%A0%BC%E9%99%B5%E5%85%B0）（2011/06/29）
[5] 蔡鵑如，《中國時報－國際萬象》〈北極暖化加劇　格陵蘭人憂喜參半〉，2011/08/23。
[6] 格陵蘭，互動百科，（http://www.hudong.com/wiki/%E6%A0%BC%E9%99%B5%E5%85%B0#17）（2011/06/29）
[7] Military of Greenland, (http://en.wikipedia.org/wiki/Military_of_Greenland)（2011/06/29）

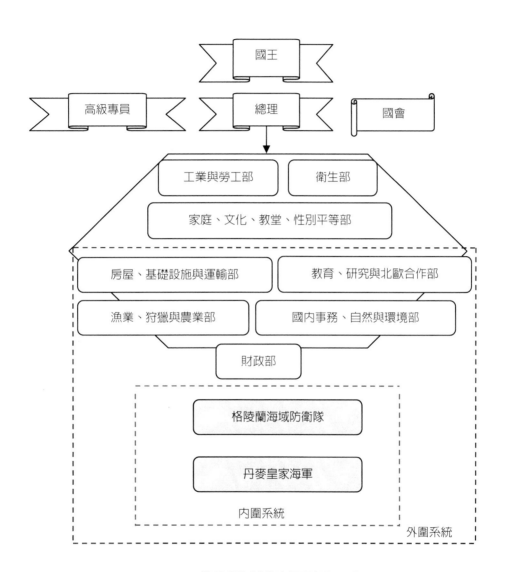

圖 72-1　格陵蘭海域執法相關部門互動圖

資料來源：作者自繪

第三節　與我國制度之比較
（A Comparison with Taiwan Coast Guard）

　　由於格陵蘭目前仍未完全掌握外交、軍事主權，因此他們的海域執法工作主要由丹麥皇家海軍執行。雖然格島設有海域防衛隊，但也僅負責海難搜救等民事服務，目前也仍由丹麥指揮。相對地，我國設有海巡署專責海域執法工作，更不需要他國協助。

第四節　結語（Conclusion）──特徵（Characteristics）

　　格陵蘭位於北冰洋與大西洋之間，西臨巴芬灣、戴維斯海峽，東濱丹麥海峽，為四面環海島嶼，海岸線長 44,087 公里，以下為其海域執法制度特徵。

壹、集中制

　　格陵蘭擁有專職海域防隊。

貳、丹麥海軍協助海域執法工作

　　格陵蘭雖設有海域防衛隊，但目前仍由丹麥指揮，而且僅負責海難搜救任務。海域執法主要由丹麥皇家海軍執行。

歐洲結論：分布、發現與詮釋

本書探討的歐洲國家有 27 國與 1 地區。首先，各國（地區）的海域執法制度特徵分為集中制、分散制、統合分散制、警察型、海軍型、軍（警）文併用、他國協助；由制度設計及巡邏範圍特徵有陸海空合一制、岸海合一制、內陸河湖。海域執法單位層級分為二級制（部會級）、三級制、四級制、隸屬國防部、軍事化、準軍事化。又，海域執法單位的裝備、教育或任務特徵則有教育搖籃、海難搜救、海洋研究、民力搜救、警犬、專屬航空器、重視環保、航海實習、保護漁業資源等。（見表 b-1（1）、b-1（2））

表 b-1（1）　歐洲各國（地區）海域執法制度特徵統計表

分區	特徵＼國家	集中制	分散制	統合分散制	警察型	海軍型	陸海空合一	岸海合一	軍警合一	軍（警）文併用	二級制	三級制	四級制	教育搖籃
北歐	芬蘭	★					★						★	
	瑞典	★					★					★		★
	丹麥				★		★							★
	冰島	★			★		★						★	
	挪威	★								★		★	★	
	格陵蘭（地區）	★												
東歐	愛沙尼亞				★		★			★				★
	立陶宛				★		★					★		
	波蘭						★						★	
	拉托維亞				★								★	
	斯洛維尼亞				★									
	烏克蘭	★					★				★			★
	羅馬尼亞				★									★
	保加利亞				★			★				★		★
	克羅埃西亞				★								★	★
	阿爾巴尼亞				★									★
	蒙特內哥羅				★									

<table>
<tr><td>中歐</td><td>德國</td><td></td><td></td><td>★</td><td></td><td></td><td>★</td><td></td><td></td><td></td><td></td><td></td><td></td></tr>
<tr><td rowspan="11">西歐</td><td>荷蘭</td><td></td><td></td><td>★</td><td></td><td></td><td></td><td></td><td></td><td></td><td></td><td></td><td></td></tr>
<tr><td>比利時</td><td></td><td></td><td></td><td></td><td>★</td><td></td><td></td><td></td><td></td><td></td><td></td><td>★</td></tr>
<tr><td>法國</td><td></td><td></td><td>★</td><td></td><td></td><td></td><td></td><td></td><td></td><td></td><td></td><td></td></tr>
<tr><td>英國</td><td></td><td>★</td><td></td><td></td><td></td><td></td><td></td><td></td><td></td><td></td><td></td><td></td></tr>
<tr><td>愛爾蘭</td><td>★</td><td></td><td></td><td></td><td></td><td></td><td>★</td><td></td><td></td><td>★</td><td></td><td></td></tr>
<tr><td>希臘</td><td>★</td><td></td><td></td><td></td><td></td><td></td><td></td><td></td><td></td><td>★</td><td></td><td>★</td></tr>
<tr><td>義大利</td><td>★</td><td></td><td></td><td></td><td></td><td></td><td></td><td></td><td></td><td>★</td><td></td><td></td></tr>
<tr><td>西班牙</td><td></td><td>★</td><td></td><td></td><td></td><td></td><td>★</td><td></td><td></td><td>★</td><td></td><td></td></tr>
<tr><td>葡萄牙</td><td></td><td></td><td></td><td></td><td>★</td><td></td><td>★</td><td></td><td></td><td></td><td></td><td></td></tr>
<tr><td>馬爾他</td><td></td><td></td><td></td><td></td><td>★</td><td></td><td></td><td></td><td></td><td>★</td><td></td><td>★</td></tr>
</table>

說明：格陵蘭為丹麥屬地。

表 b-1（2）　歐洲各國（地區）海域執法制度特徵統計表

分區	國家	重視海難搜救	重視海洋研究	民力搜救強	隸屬國防部	軍事化	準軍事化	警犬	含內陸河湖	海軍支援	專屬航空器	重視環保	重視航海實習	保護漁業資源
北歐	芬蘭							★			★			
	瑞典				★	★					★	★	★	
	丹麥		★									★	★	
	冰島	★					★							★
	挪威		★		★									
	格陵蘭（地區）													
東歐	愛沙尼亞													
	立陶宛						★							
	波蘭									★				
	拉托維亞	★							★			★		
	斯洛維尼亞													
	烏克蘭						★		★				★	
	羅馬尼亞								★		★			
	保加利亞								★		★			
	克羅埃西亞								★					
	阿爾巴尼亞													
	蒙特內哥羅													
中歐	德國								★				★	
西歐	荷蘭			★					★	★				
	比利時				★						★		★	
	法國			★							★	★	★	
	英國	★		★							★	★		
	愛爾蘭	★		★									★	

- 660 -

希臘	★								★	★	★	
義大利	★				★				★	★		
西班牙	★	★	★							★		
葡萄牙							★		★		★	
馬爾他									★			

　　接著，針對 28 國（地區）海域執法制度各種特徵的總數做出百分比統計，以顯示各項特徵在歐洲各國的比例。（見表 b-2）

表 b-2　歐洲海域執法特徵數量百分比

	國家數	百分比
集中制	9	32%
分散制	2	7%
統合分散制	3	10%
警察型	3	10%
海軍型	11	36%
陸海空合一	6	21%
岸海合一	7	25%
軍（警）文併用	2	7%
他國協助	1	4%
二級制	1	4%
三級制	9	32%
四級制	6	21%
教育搖籃	11	39%
重視海難搜救	7	25%
重視海洋研究	3	10%
民力搜救強	5	18%
隸屬國防部	3	10%
軍事化	2	7%
準軍事化	3	10%
警犬	1	4%
含內陸河湖	8	29%
海軍支援	3	10%
專屬航空器	10	36%
重視環保	10	36%
重視航海實習	7	25%
保護漁業資源	1	4%

　　以組織型態觀，在 28 個國家（地區）中，集中制國家（地區）佔了 9 國，分散制佔了 2 國，統合分散制與警察型分別佔了 3 國，海軍型 11 國，軍警文併用有 2 國。以層級觀，

主要以三級制居多，佔 9 國，其次是四級制 6 國，二級制 1 國。另外，在 28 個國家（地區）中，可知專業教育搖籃的重要，佔了 11 國。擁有專屬航空器、重視環保的國家也不在少數，各佔 10 國。

再來，以〈自由之家〉[1]2010 年的自由程度，觀察 27 個獨立國家海域執法特徵，當中高度自由國家有 25 國，中度自由國家僅有 2 國。另外，由於格陵蘭並非獨立國家，因此並未列入統計表中。（見表 b-3、b-4）

表 b-3　歐洲各國民主與自由程度暨海域執法制度關係分佈——自由（高）

程度	政治權利	公民自由	國家	海域執法制度特徵
自由（高）（25）	1	1	瑞典	集中制
	2	1	義大利	集中制
	1	1	挪威	集中制
	1	1	愛爾蘭	集中制
	1	2	希臘	集中制
	1	1	冰島	集中制、警察型
	1	1	芬蘭	集中制、陸海空合一
	2	3	烏克蘭	集中制、陸海空合一
	1	1	西班牙	分散制
	1	1	英國	分散制
	1	1	法國	統合分散制
	1	1	荷蘭	統合分散制
	1	1	德國	統合分散制、陸海空合一
	1	1	丹麥	海軍型
	1	2	克羅埃西亞	海軍型
	1	1	比利時	海軍型
	1	1	葡萄牙	海軍型
	1	1	斯洛維尼亞	海軍型
	1	2	拉托維亞	海軍型
	2	2	羅馬尼亞	海軍型
	2	2	保加利亞	海軍型
	1	1	馬爾他	海軍型
	1	1	愛沙尼亞	警察型、陸海空合一
	1	1	立陶宛	警察型、陸海空合一
	1	1	波蘭	陸海空合一

[1]　〈自由之家〉詳情請見導論，頁 11。

25 個高度自由國家中，9 個集中制、2 個分散制、3 個統合分散制、8 個海軍型、3 個警察型、6 個陸海空合一，可見集中制與海軍型的比例不相上下，分散制加上統合分散制共有 5 個，亦不在少數。2 個中度自由國家皆是海軍型海域執法機制。因此，制度類型的建置與自由度高低無關。

表 b-4　歐洲各國民主與自由程度暨海域執法制度關係分佈──部份自由（中）

程度	政治權利	公民自由	國家	海域執法制度特徵
部分自由（中）（2）	3	3	阿爾巴尼亞	海軍型
	3	2	蒙特內哥羅	海軍型

最後，為了觀察歐洲各國自由程度與其組織型態是否有直接關係，將歐洲各國民主、自由程度與海域執法制度的關係做一百分比統計。（見表 b-5（1）、b-5（2）、b-5（3））

表 b-5（1）　歐洲各國自由與民主程度暨海域執法制度百分比表

	集中制	百分比	分散制	百分比
自由（25）	8	32%	2	8%
部分自由（2）				

表 b-5（2）　歐洲各國自由與民主程度暨海域執法制度百分比表

	統合分散制	百分比	陸海空合一	百分比
自由（25）	3	13%	6	24%
部分自由（2）				

表 b-5（3）歐洲各國自由與民主程度暨海域執法制度百分比表

	海軍型	百分比	警察型	百分比
自由（25）	9	36%	3	13%
部分自由（2）	2	100%		

由上述各種統計表可知，歐洲為陸海空合一制的發源地，其以國境概念為陸海空合一制組織設計的核心，強調保護國家安全及偵查國境線上犯罪及海域執法任務的執行。海域執法特徵中，集中制、分散制、統合分散制平分天下。另外，歐洲各國尤其重視海難搜救、海洋環保的發展與能量，加上民力搜組織完整，規模現代，能量超強，可謂歐洲各國海域執法一大特色。

表 b-6　歐洲各沿海國（地區）濱海面數與海域執法制度特徵分布

	一面濱海 （13）	二面濱海 （4）	三面濱海 （6）	島嶼 （6）
集中制		芬蘭 挪威 烏克蘭 （3）	瑞典 希臘 義大利 （3）	愛爾蘭 格陵蘭 冰島 （3）
分散制			西班牙 （1）	英國 （1）
統合 分散制	荷蘭 德國 （2）		法國 （1）	
警察型	立陶宛 （1）	愛沙尼亞 （1）		冰島 （1）
海軍型	拉托維亞 斯洛維尼亞 比利時 克羅埃西亞 羅馬尼亞 葡萄牙 保加利亞 蒙特內哥羅 阿爾巴尼亞 （9）		丹麥 （1）	馬爾他 （1）
陸海 空合一	波蘭 德國 立陶宛 （3）	芬蘭 愛沙尼亞 烏克蘭 （3）		
岸海 合一	葡萄牙 保加利亞 （2）		瑞典 西班牙 （2）	冰島 愛爾蘭 （2）
軍（警） 文併用		挪威 愛沙尼亞 （2）		

說明：格陵蘭內政獨立但外交、國防與財政相關事務仍委由丹麥代管的過渡政體。

表 b-7　歐洲各沿海國（地區）濱海數與海域執法制度特徵百分比

	一面	二面	三面	島嶼
集中制		75%	50%	50%
分散制			17%	17%
統合分散制	15%		17%	
警察型	8%	25%		17%
海軍型	69%		17%	17%
陸海空合一	23%	75%		
岸海合一	15%		33%	33%
軍（警）文併用		50%		

由上表百分比可知，一面濱海國家以海軍型為主，二面濱海國家分別以集中制與陸海空合一勢均力敵，三面濱海國家與島嶼國則以集中制比例最高。

發現：

1. 集中制以二面濱海居多（75%），三面、四面濱海者亦不少（50%）。

2. 一面濱海者以海軍型居多。

最後做一小節如下：

壹、歐洲乃陸海空合一制的發源地

陸海空合一制共六個國家，除芬蘭在北歐外，其餘五國均位於東歐（愛沙尼亞、立陶宛、波蘭、烏克蘭）及中歐（德國）。

貳、集中制與分散制平分天下

歐洲採集中制共八國，北歐佔 30%，西歐佔 30%，東歐 10%。至於分散制共三國（法國、英國、西班牙），其中統合分散制有三國（丹麥、法國、荷蘭），共計六國，佔 22%。因此，分散制在歐洲較亞洲普及，尤其是德國、荷蘭更是分散制的典型國家。

參、海域執法制度歷史悠久的國家多

　　歐洲海域執法制度之創立，歷史悠久的國家瑞典 350 年、英國 188 年、義大利 143 年（止於 2011 年）。

肆、專屬教育搖籃者眾

　　專屬教育搖籃者多至十五國，佔 56%弱。

伍、專屬航空器者亦多

　　專屬航空器共八國，佔全部的 30%弱。

海域執法類　PF0079

各國海域執法制度（上冊）

作　　者 / 邊子光
責任編輯 / 鄭伊庭
圖文排版 / 楊尚蓁
封面設計 / 蔡瑋中

發 行 人 / 宋政坤
法律顧問 / 毛國樑　律師
印製出版 / 秀威資訊科技股份有限公司
　　　　　　114 台北市內湖區瑞光路 76 巷 65 號 1 樓
　　　　　　電話：+886-2-2796-3638　傳真：+886-2-2796-1377
　　　　　　http://www.showwe.com.tw
劃撥帳號 / 19563868　戶名：秀威資訊科技股份有限公司
　　　　　　讀者服務信箱：service@showwe.com.tw
展售門市 / 國家書店（松江門市）
　　　　　　104 台北市中山區松江路 209 號 1 樓
　　　　　　電話：+886-2-2518-0207　傳真：+886-2-2518-0778
網路訂購 / 秀威網路書店：http://www.bodbooks.com.tw
　　　　　　國家網路書店：http://www.govbooks.com.tw
圖書經銷 / 紅螞蟻圖書有限公司
　　　　　　114 台北市內湖區舊宗路二段 121 巷 28、32 號 4 樓
　　　　　　電話：+886-2-2795-3656　傳真：+886-2-2795-4100

2012 年 9 月 BOD 一版
定價：1800 元（全套上下兩冊不分售）
版權所有　翻印必究
本書如有缺頁、破損或裝訂錯誤，請寄回更換

Copyright©2012 by Showwe Information Co., Ltd.
Printed in Taiwan
All Rights Reserved

國家圖書館出版品預行編目

各國海域執法制度 / 邊子光著. -- 一版. -- 臺北市：秀威
　資訊科技, 2012.09
　　冊；　公分. -- (海域執法類；PF0079)
　BOD 版
　ISBN 978-986-221-967-6(全套：平裝)

　1. 海洋法　2. 國際海洋法

579.14　　　　　　　　　　　　　　　　　101009245

讀 者 回 函 卡

感謝您購買本書,為提升服務品質,請填妥以下資料,將讀者回函卡直接寄回或傳真本公司,收到您的寶貴意見後,我們會收藏記錄及檢討,謝謝!
如您需要了解本公司最新出版書目、購書優惠或企劃活動,歡迎您上網查詢或下載相關資料:http:// www.showwe.com.tw

您購買的書名:_____

出生日期:_____年_____月_____日

學歷:□高中 (含) 以下　　□大專　　□研究所 (含) 以上

職業:□製造業　□金融業　□資訊業　□軍警　□傳播業　□自由業
　　　□服務業　□公務員　□教職　　□學生　□家管　□其它_____

購書地點:□網路書店　□實體書店　□書展　□郵購　□贈閱　□其他

您從何得知本書的消息?

　　□網路書店　□實體書店　□網路搜尋　□電子報　□書訊　□雜誌
　　□傳播媒體　□親友推薦　□網站推薦　□部落格　□其他_____

您對本書的評價:(請填代號　1.非常滿意　2.滿意　3.尚可　4.再改進)

　　封面設計____　版面編排____　內容____　文／譯筆____　價格____

讀完書後您覺得:

　　□很有收穫　□有收穫　□收穫不多　□沒收穫

對我們的建議:_____

_____

_____

_____

請貼
郵票

11466
台北市內湖區瑞光路 76 巷 65 號 1 樓

秀威資訊科技股份有限公司　　　收

BOD 數位出版事業部

....

（請沿線對折寄回，謝謝！）

姓　　名：＿＿＿＿＿＿＿＿＿　年齡：＿＿＿＿　性別：□女　□男

郵遞區號：□□□□□

地　　址：＿＿＿＿＿＿＿＿＿＿＿＿＿＿＿＿＿＿＿＿＿＿＿＿

聯絡電話：(日) ＿＿＿＿＿＿＿＿＿＿＿　(夜) ＿＿＿＿＿＿＿＿＿＿＿

E - m a i l：＿＿＿＿＿＿＿＿＿＿＿＿＿＿＿＿＿＿＿＿＿＿＿